社会转型与法律秩序的重建

朱勇 主编

中国政法大学出版社

2011·北京

本书为"教育部哲学社会科学研究重大课题攻关项目《社会转型与法律变革研究》(项目批准号07JZD0013)"研究成果

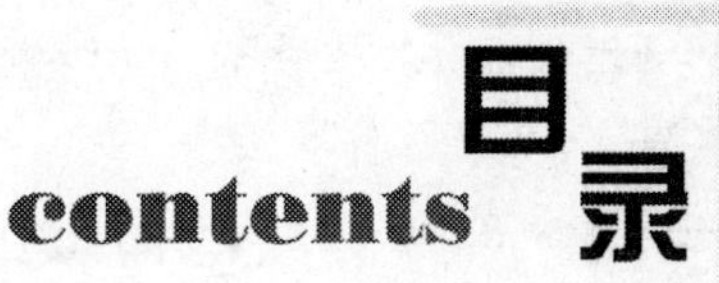

第一篇　转型、变革与秩序：社会转型、法律变革的一般理论与当代实践

第二篇　稳定与进步：古代中国社会转型与法律变革

第三篇 传承与移植：近代中国社会转型与法律变革

第四篇 他山之石，可以攻玉：外国社会转型与法律变革

第一篇

转型、变革与秩序：
社会转型、法律变革的一般理论与当代实践

法律框架下的社会转型与秩序重建

◎朱　勇*

一

社会转型是社会演进的重要途径。构成社会转型的内容，包括核心价值观、社会经济体制、政治法律制度的全面转变。社会转型，既涉及对于既定制度的调整、修改和否定，也包括新型关系的建立、运行，尤其包括从体制上巩固转型成果，并协调转型后的社会关系和各项制度。所有这些任务，均需要法律的支撑，需要通过法律变革实现对于社会转型的支持和维护。

社会转型与法律变革的关系，首先是一个实践领域的经验问题。中外历史上的社会转型，均涉及法律变革。法律变革在支持、维护、巩固社会转型方面，既有成功的经验，也有失败的教训。通过对历史上社会转型与法律变革实际进程的分析、研究，才能真实、准确地探索社会转型与法律变革的理论和规律。

社会转型与法律变革，是在不同社会背景下、不同历史时期中发生的具体社会实践。特定的历史条件和文化背景，特定的社会现实发展阶段，均直接作用于转型与变革，并影响转型与变革的具体进程，影响转型与变革的效果。根据特定历史时期与特定社会背景的多维因素，具体设计法律变革的内涵以及与社会转型的特殊关系，以获取法律变革的最佳效果。历史上发达国家在社会转型与法律变革方面的成功经历，中国历史上社会转型与法律变革所涉及价值理念、典章制度的实践，为当前我国构建和谐社会与推进法律变革提供历史经验的参照和文化资源的分析。

当前我们构建和谐社会，建立中国特色社会主义法律体系，必然是从中国特定的国情和当前特定的社会发展阶段出发、从丰富的民族文化传统以及丰富的世界各国文化宝库中吸取有价值的成分而实施的转型与变革。

二

中国古代在相对独立的环境中，自我实现社会发展和制度演进。在长期的历史

* 中国政法大学教授，博士生导师。

发展过程中，中华文明冶炼出具备自我完善、自为更新的制度文化体系。一次又一次程度不同的制度改革、法律改革，推动着中国社会的发展；而在社会转型的重要转折期，以法律变革推动制度变革，实现社会在整体稳定的基础上顺利转型。古代中国的社会转型与法律变革历史告诉我们，在历史演进过程中，作为规范社会行为、调整社会关系的制度、措施，必须适应社会本身的变化而更新；但作为中华文明的核心内容、区别中华文明与其他文明的质的规定，却会在转型与变革中经过扬弃、转化，自我完善。

近代中国在复杂的内外压力之下启动法律变革。清末法律变革，迈出了中国法律关键的第一步；但由于主政者政治出发点的偏差和法律变革的技术设计错误，清末法律变革未能在适应并推进社会转型方面起到预期的积极作用。民国时期，法律变革与社会转型在宏观层面上未能实现良好的互动关系。但在某些中观、微观层面，立法者全面吸取近代以来法律变革的经验和教训，尤其注重融通西方法律精神与民族法律传统，构建了较为完整的“六法”体系。这一法律变革进程，对于社会转型起到了积极作用。

近代时期的法律变革，是中华民族第一次主要依靠外来法律知识所进行的法律变革，但由于变革基本思路设计方面的错误、具体方法路径方面的欠缺，再加上其他复杂的社会背景因素，近代法律变革未能取得预期效果。

三

上世纪七十年代末开始，中国经历了新一轮的社会转型。三十多年的发展，社会转型已进入关键时期。新的社会形态渐具雏形，新的社会关系也全面展开。在这样一个特定时期，伴随社会转型、并作用于社会转型的法律变革也进入攻坚阶段。通过法律变革继续推进社会转型，同时，通过法律变革巩固社会转型的成果，这一任务十分艰巨。三十年多的社会发展，部分社会矛盾逐渐积累，其中部分矛盾来自新旧体制的转换，部分矛盾来自为发展阶段性经济而必须采取的放任政策。无论这些矛盾如何产生，在今天都是我们必须面临而且必须加以解决的。在社会转型整体走势基本明确的情况下，需要进一步合理配置法治资源，通过法律创制化解社会转型中的重大矛盾，实现维护新型社会关系、巩固社会转型成果的目标。同时，还需要预留法律空间，确保社会转型的整体稳步推进和局部向纵深发展。

改革开放以来，中国经济保持着高速增长，经济总量有较大提高，国家实力也有大幅提升。但同时，社会矛盾也明显加剧。其重要表现是贫富差距迅速扩大，体现贫富差距的基尼系数已超出了国际公认的警戒线。改革开放、经济增长带来的利益，大部分为部分利益群体所获取，而部分民众，并没有从改革开放、经济增长中受益。

财富和利益在不同群体之间的差别性分配，这是任何一个社会在发展过程中，尤其是在转型过程中难以避免的现象。问题在于：其一，差别性分配，需要控制在一个适当的度范围之内；其二，不同利益群体之间，应存在制度性合理流动的渠道，以使得社会层级合法化、适度的差别性分配合理化。在今天的中国，社会阶层两极分化，财富占有差距扩大；而且，体现占有不同财富的利益群体和社会层级之间，缺少制度性合理流动，尤其是部分群体利用自身的特殊身份，合法占据利益分配的有利位置，例如，政府部门、垄断行业、企业中上管理层、外资利益群体等。这一现象的长期存在，必然导致社会矛盾加剧，为社会顺利转型带来风险。为确保社会转型顺利，确保改革事业取得成功，必须通过法律变革，确立资源分配和财富占有的新原则，确立社会阶层合理流动的制度性渠道。

四

当代中国的社会转型与法律变革，是在吸收西方社会发展和法律演进理论的基础上，实施于具有深厚文化积淀和特定国情民风的中国社会。实际上，即使是作为指导思想的社会发展和法律演进理论，也在很大程度上依赖于传统中华文化的核心内涵。我们需要深度发掘中华民族传统法律文化，促进中国传统法律文化的创造性转化与西方优秀法律文化成果的本土化，在此基础上实现两者的良性融合，为社会转型与法律变革提供丰富的法律文化资源。

一百年来，中国传统文化，包括传统法律文化，经历了思想家犀利笔锋的诘难，经历了政治家无情的舍弃。但文化传统并不因思想诘难、政治舍弃而消失，而失去光彩。无论是价值理念，还是制度措施，中国传统文化中都有着值得我们借鉴的精华。

五·四运动以来，我们彻底抨击了封建家庭对于人的个性的扼杀，也彻底否定了伦理亲情在维系社会秩序方面的作用。但今天我们看到，一方面，家庭关系、伦理亲情仍然在国人心目中占有重要地位；另一方面，家庭的缺损，亲情的丧失，往往造就变态的个体，成为社会秩序的直接破坏者。家庭是社会的基石。在东方社会，家庭远不仅仅是婚姻或人类自然延续的平台，它实际承担了社会稳定的基本单元作用。在这一单元内部，人们可以宣泄情感，可以化解矛盾，可以净化心灵，可以磨却为社会所格格不入的性格和行为。法律所希望实现的调整社会关系、稳定社会秩序、化解社会矛盾等作用，其初步功能很多都能在家庭中实现。因此，在今天建设社会主义和谐社会过程中，在价值观上重新确立对于家庭关系、伦理亲情的重视，既能保护个体的独立性、创造性，也能维系家庭关系的亲情纽带，从而创造一个完美、健康的和谐社会。这符合中华民族的国情民风，有利于社会顺利转型。

在价值导向上，我们不应该长时期、广泛提倡那种斤斤计较的商人习惯，不应该放任权利意识浓厚、责任义务意识淡薄的观念氛围。中国传统社会始终坚持的重义轻利的义利观，始终坚持的责任感、义务观，对于和谐人际关系的建立、厚重民俗民风的养成，对于国家与社会健康有序的持续发展，有着积极、有效的作用。锱铢必较、张扬权利的要求，可以作为矫枉过正的短期口号，但不应作为具有普适性的价值导向。一个社会、一个国家，其物质生活发展到一定阶段，重新需要精神领域、人生价值新的导引。提倡重义轻利的义利观，树立高尚的社会责任感和享受权利并承担义务的现代公民意识，是我们继承优秀的民族文化传统和吸收有价值的西方法律精神，从而实现健康社会转型与法律变革的重要任务。

中国法治发展的目标冲突与前景分析

蒋立山*

中国的法治建设，远不是一场单纯发生在一国社会内部的、主要局限于法律层面的制度变革，而是一场与从初级工业化社会向现代工业社会、从计划经济体制向市场经济体制、从集中政治向民主政治转型（转轨）相伴随的，且与中国作为世界大国艰难崛起过程复杂交织在一起的总体性社会发展进程的一部分。法律变革与经济发展、体制转轨、社会结构转型及大国崛起等诸多方面因素相结合，其所涉及的因素之多、相互关联程度之复杂，以及对未来国际政治格局所可能产生的深远影响，远远超出了法学家们在书本中设计的静态的、孤立封闭和单纯的法治理想国图景。

过去30年中，伴随社会主义市场经济体制的确立，和谐社会建设的全面启动以及社会主义民主政治建设的稳步有序推进，中国法治建设实现了一个又一个的里程碑式的转向。从现在到2050年，中国法治还有一段相当长的路要走，还面临着诸多风险因素与相对不确定的前景。这使得人们不得不用一种宏大的战略视角来分析法治发展面临的种种挑战，把握各种风险因素，以期在多种可能的演变趋势中寻求较为合乎预期的法治路径。

在上述背景之下，本文拟讨论中国法治发展面临的目标冲突问题，及其对法治发展路径和前景的影响。本文认为，中国法治在过去几十年的发展中面临的一系列明显的目标冲突，即自由与秩序、公平与效率、民主与权威、内部自由与外部安全等一系列价值之间的目标冲突，很难在短期内同时实现。为此，中国实际走出了一条渐进的法治发展道路，以期维护社会的总体稳定和经济社会发展。从现在到2020年，中国正处于所谓“20年关键期”的转型风险期。此后，中国有望进入下一阶段，即“政治改革主导的法治建设”阶段，同时也面临其他可能的前景。

一、法治发展面临的目标冲突

从理论上说，法治发展面临的目标冲突主要有两个方面：一是法律自身目标与它所服务的外在社会目标之间的冲突问题，这在一定程度上归结为“形式法治”主张与“实质法治”主张之间的冲突；二是法律所服务的外在社会目标即“实质法治”目标之间的冲突，主要体现为社会经济、政治、文化与秩序等诸多方面之间的冲突，

---

* 法学博士，中国政法大学教授。

即自由、民主、人权、效率及秩序等法律实体价值之间的冲突。

当代中国法治发展面临的更主要的目标冲突，是体现于法律所服务的外在社会目标之间即“实质法治”方面的矛盾冲突。

在未来相当长的一段时期里，中国仍将长期面临法律制度创新、法律秩序转型及以法律维护政治稳定及国家安全等几方面的重大挑战。在法律制度创新方面，建设社会主义法治国家，在世界上是一项全新的探索，这在制度建设方面提出了远比借鉴、采用世界上已有现成经验更为复杂艰巨的任务，需要用极大的法律智慧与创新性实践来努力完成。在法律秩序转型方面，中国是一个有着13亿人口的发展中大国，大国社会转型的秩序治理本身即具有特殊的复杂性和艰巨性。如何驾驭转型秩序，减少转型成本，降低和化解转型时期的各种风险因素，依然是法律与其他方面工作共同面临的艰巨任务。在用法律维护政治稳定及国家安全方面，中国是世界上为数不多的社会主义大国，这使它更容易受到各种可能的外部敌视与干涉。加之中国尚未解决国家统一问题。由此构成复杂的国家安全局面，很大程度上影响和制约着中国法治发展的实现方式、实施步骤与改革时间表。特别是上述几个重大的挑战因素之间，存在着复杂的相互关联性。制度创新、秩序转型与国家政治稳定这几个因素相互制约、复杂缠绕。如何处理好上述因素之间的复杂制约与冲突问题，就成为中国法治发展成败的关键。

从历史经验方面看，对于一个面临目标冲突的转型国家来说，可选择的解决途径不外乎两种：一是激进式的“一揽子”解决方式；二是渐进式的分步推进的解决方式。前一种解决方式适用的条件大致分别是：原有体制已经无法维持下去，国民与原有体制有彻底决裂的决心，有短期内承担相应转型成本的心理准备；或是不存在严重的外部安全问题。后一种解决方式适用的大致条件是：原有体制的现实合理性并未完全丧失，国民不愿意承担巨大的转型风险，或是存在明显的外部安全问题。

由于上述原因，中国实际上走上了一条政府推进型的、渐进式的法治发展道路，以期用“分解成本”的策略把改革风险或转型风险相对降低。从法治角度看，其具体做法是：把法治发展的总体任务分解为由不同改革阶段分别完成的局部性目标，先完成其中的最基础、当前最突出或成本最小的那一部分，并以此为基础，逐步向前推进。由此，法治建设成为了社会改革发展总体战略中的一部分，要服从和服务于不同时期社会总体改革进程的阶段性目标，实现法治与社会的协调发展。

二、关于中国法治发展“三步曲”的构想

中国已经走上一条政府推进型的法治发展道路。在现在法治发展模式不变的情况下，法治的未来前景在很大程度上直接取决于政府对法治目标和实现步骤的战略设计与思考，取决于政府对近期行动计划与远期行动计划的统筹谋划和适时合理推进的结合。以中共十六届六中全会和十七大的相关文献资料为根据，本文将自1978年至2050年中国法治发展大致划分为三个阶段（这不排除根据未来发展情况做适当调整)。由于当前中国正处于第二阶段，关于第三阶段的划分仍属理论构想，故可把此三个阶段的划分简称为“中国法治发展的三步曲”构想。

(一) 第一阶段是经济发展主导的法治建设阶段 (1978~2000年)

在本阶段中，经济发展与政治发展的矛盾冲突及其权宜性的解决，构成了制约法治发展的最基本因素，围绕经济体制问题进行大规模的制度构建成为法治发展的主要任务。与此同时，由于中国社会仍处矛盾上升阶段，大规模的制度构建并没有带来法律秩序的同步生长，反而出现了所谓“有法律无秩序”的现象。

在经济发展主导的格局之下，中国法治发展呈现出相应的局面：一是民主法制建设得到了恢复加强，突出表现为“八二宪法”(包括后来的几个修正案) 的通过与实施，国家权力机关的产生、运行走上法治轨道；二是法律始终发挥着维护秩序的功能，竭力保持转型秩序的总体稳定；三是法律积极地围绕经济发展问题发挥着制度设计的功能，这在九十年代中后期特别明显，就是构建与市场经济相适应的法律制度框架。四是法律维护人权的价值取向得到确立，制定了一批与人权保护相关的法律制度，包括国际瞩目的刑事诉讼法的修改等。

可以这样认为，自20世纪80年代以来，中国通过经济发展优先战略在一定程度上缓解了社会发展目标冲突的矛盾，但并没有彻底地解决此项矛盾。后来的情况已经表明，经济优先发展战略的不足是明显的，这直接影响到了法律发展，使改革过程中的前二十多年的法治发展出现了诸多缺陷。

第一，民主参与不完善或民主缺失条件下的经济改革与经济发展，出现了经济成果分享的不公平，法律本可以起到的调节作用出现缺位。中国社会基尼系数多年居于高位的状态凸显了改革前二十年、特别是九十年代社会经济秩序的不公正。

第二，经济发展以其他方面的发展、特别是以环境资源的牺牲为代价，环境资源保护方面的相关法律在实施过程中成了名符其实的“软法”。中国在扮演所谓“世界制造工厂”的角色时，以人均GDP一千美元的发展水平，承担了人均五六千美元水平时的严重污染后果。在此期间，中国环保法实施普遍出现了“守法者吃亏、违法者获利”的局面，说明中国环保法的设计与实施在总体上是不成功的。

第三，经济发展不等于社会发展，反而是以牺牲教育、卫生、文化等社会事业的发展为代价，法律在促进社会发展方面明显滞后。在经济发展、社会事业倒退的事实面前，中国法律到底需要承担多少责任，也是需要认真检讨的。

第四，民主参与不完善或缺失条件下，法律制定与法律实施过分向部门利益倾斜，公共利益尤其是社会弱势群体利益被严重忽视。同时，与通过分税制调动地方发展经济积极性的制度安排相关，法律运行受到大量地方性利益驱动的消极影响，出现了普遍且严重的司法上的和行政执法上的“地方主义”倾向。

第五，由于法治建设指导思想上的偏差，出现了法律自身建设中的精英化导向，包括法律职业化、纠纷解决的司法化、原有人民调解等工作的衰退，民众利用法律的机会存在诸多障碍等。

第六，法律运行机制不健全，运行成本过高，法律效率低下。

总之，在法治发展的第一阶段，虽然法律制度大体上建设起来，但由于社会仍处于矛盾上升阶段，法律运行机制也未良好确立，法律制度的供给本身并不能有效地促进秩序的生长，出现了所谓“有法律无秩序”的现象。

（二）第二阶段是以“社会发展主导”的法治建设阶段（2000～2020年）

该阶段以本世纪初中国提出构建和谐社会目标为起点，以跨越“矛盾凸显期”即2020年为终点，以构建和谐社会、推进社会发展优先战略为核心，也大致将经过近二十年时间。.

应该看到，在民主政治发展不充分的条件下，推进社会协调发展战略，有其特定的难题。如何破解这些难题，直接关系到中国下一步发展战略的成败。

具体说，社会协调发展战略的成功，依然有赖于一些精细且苛刻的社会政治条件。

第一，它特别有赖于一种良好的上层决策，以及推进决策实施的坚强决心。经验表明，在民主制度不充分的条件下，最高层决策的正确与否则有着决定性的影响。政治上的决策失误，如果不能得到及时纠正，且酿成动乱，往往会把十几年经济发展的成果毁于一旦，甚至引发社会倒退。

第二，它特别有赖于政府对社会运行规律的知识把握。一个基本的常识是，在民主政治不发达的条件下，政府的集中决策体制需要高昂的信息成本。由此提出的问题是，政府依靠什么样的信息和知识来推进社会的协调发展？政府能否有效地获取这些知识和信息？人们注意到，中国新近提出要努力深化对“三个规律”的认识，即深化对执政党执政规律的认识、深化对社会主义建设规律的认识、深化对人类社会发展规律的认识。这表明中国已经认识到此方面问题的重要性。

第三，它特别有赖于通过制度建设（特别是制度能力建设）和机制完善，建立起一种能够调动社会各方面和千千万万普通民众的积极性的社会机制。回顾中国前期改革，除了家庭联产承包责任制的改革，中国的诸多其他改革，特别是九十年代的经济改革，其动力主要来自于地方政府的财政利益驱动，来自于各类精英集团的利益追求，而不是来自于广大社会普通民众的积极性，甚至相当多的改革是以牺牲和忽视普通民众利益为代价的。构建和谐社会，关键在于重新构建政府与民众、精英与民众的利益纽带关系，重构改革的民众基础。这也是更为艰难的挑战。

从法治建设方面看，在社会协调发展为主导的阶段，法治建设的核心是要建立良好的法律运行机制和促进法律秩序的生长。具体说，应该在如下方面实现切实转变：

第一，法律建设领域将从围绕市场经济体制构建转向公共服务与社会发展领域，法治政府建设成为“重中之重”。

第二，法律价值将从注重法律效率平等转向注重社会公平。

第三，法治自身建设重心将从制度构建转向提高法治能力方面上来。

第四，法律的基本职能将从强调维护社会总体稳定转向解决深层矛盾，构建和谐的社会关系。

第五，将从司法中心（法院中心主义）转向多元纠纷解决机制与协调治理的构建。

第六，法律建设将转向完善法律运作机制，向寻求高效低成本运行方面转变。

第七，法律从讲求形式平等转向平等地为社会民众提供可利用的良好的法律服务。

（三）第三阶段是“政治改革主导”的法治建设阶段（2020～2050年）

该阶段以前期“小步推进”的外延式政治体制改革成果为基础，以包括政党制度改革在内的政治体制改革完成为终点，以整体推进民主政治建设优先战略为核心，以全面实现法律至上和法治精神的成长为成功标志。

中国未来的法治发展是否会在2020年以后出现一个以“政治发展为主导的”法治建设阶段？这在目前并没有公认的说法，甚至也尚未见诸公开的讨论。然而，依照一种简单的逻辑推论，在1978年至2000年“经济建设阶段”和2000年至2020年的“社会建设阶段”之后，中国还剩下什么事情需要做？这是一个显而易见的问题。

对于中国的政治体制改革，截止目前最明确的时间表，是邓小平1987年在会见香港特别行政区基本法起草委员会委员时讲的一段著名的话。邓小平说：“中国在经过半个世纪以后可以实行普选。现在我们县级以上实行的是间接选举，县级和县级以下才是直接选举。因为我们有十亿人口，人民的文化素质也不够，普遍实行直接选举的条件不成熟”。[1] 邓小平所谓“中国在经过半个世纪以后可以实行普选”，其所指时间大致是在2030年至2040年之间。

在政治发展主导的法治建设阶段，中国法治将会集中于政党制度、选举制度和国家权力运作制度的改革与完善，政治体制改革将会有突破性的进展。按邓小平当初的设想，中国政治改革在体制设计上将同时满足两方面的要求。一方面，这种政治体制必须解决权力过分集中问题，防止个人专断现象的再度出现，从而“能够从制度上防止出现文革那样的失误”。另一方面，这种政治体制必须确保效率，“避免（权力内部的）很多牵制”。[2] 显然，这两方面要求在性质上是不尽相同的，如何在其中把握一种适度的平衡，将是对中国未来政治智慧的一种考验。

三、“政治主导的法治建设”阶段的条件分析

按照中共十七大报告提出的未来目标，实现人均国内生产总值到2020年比2000

---

〔1〕《邓小平文选》第三卷，人民出版社1993年版，第229页。

〔2〕《邓小平文选》第三卷，人民出版社1993年版，第220页。

年翻两番。现任中共总书记胡锦涛2005年在二十国集团财长和央行行长会议开幕式上发表了题为《加强全球合作促进共同发展》的讲话，他说："中国将在十五年内使人均国内生产总值增至三千美元左右。"国家统计局数据显示，2000年中国人均GDP为七千零七十八元，按当年汇率折算为约八百五十六美元。如果2020年实现翻两番，那么到时候人均GDP应该达到三千五百美元左右。

这里提出的第一个问题是：2020年中国人均GDP达到三千美元至三千五百美元，这背后有什么样的意义？

本文开始时说过，中国的法治建设，远不是一场单纯发生在一国社会内部的、主要局限于法律层面的制度变革，而是一场与从初级工业化社会向现代工业社会、从计划经济体制向市场经济体制、从集中政治向民主政治转型（转轨）相伴随的，且与中国作为世界大国艰难崛起过程复杂交织在一起的总体性社会发展进程的一部分。所以，中国的现代化三步走战略也好，其中的从2000年到2020年的所谓"二十年关键期"也好，都是深深嵌刻在由使千年文明古国复兴和使中国与其他世界大国居于平等地位构成的总体战略坐标上的一个具体点位。中国改革发展时间表中的每一项内容，如经济发展、政治民主、法治国家等，都被视为中华民族复兴大业的一个内在组成部分，中国政治领导人也不会允许任何事情破坏或妨碍这个大局。

由此出发，解读2020年这一时间点位背后的意义，以及全国人大同意香港在2017年这个非常接近2020年实行"双普选"的时间安排，人们就能读出一些不寻常的含义。

第一，2020年中国人均GDP达到三千美元，意味着中国顺利跨过转型风险期。按中共政治领导层目前的判断，在人均GDP一千美元至三千美元阶段是"矛盾凸显期"，中国将面临金融风险、社会就业问题、三农问题、贫富分化、台海局势等诸多风险因素的考验。按中共十六大、十七大的目标，到2020年，中国人均GDP将达到三千美元至三千五百美元，上述各种风险因素有望得到实质性的化解。届时，中国将顺利渡过"风险期"阶段，进入下一个稳定快速发展时期。

第二，人均GDP达到三千美元，对中国来说，本身是一个具有多重意义的发展界线。从经济方面看，将使中国经济开始进入中等发达国家的轨道，这将是一个更加和谐快速稳定的发展期。从国家综合实力看，在2020年前，中国将有望稳居成为世界第三大经济体，并向第二大实体的地位靠近。[1] 届时，综合国力以及与此相关的抵御外部风险和干涉的实力将大大增强。特别对于中国来说，这将有助于化解台

---

〔1〕 参见蒙代尔："2060年中国经济超过欧元区"，http://www.hangzhou.com.cn/20040101/ca580614.htm；"2030年超日本　中国国力将成世界第二"（《中国现代化报告2008》中的一个结论），http://blog.nnsky.com/blog_view_285458.html.

海问题的不利影响，至少确保台海和平的大格局不致受到大破坏。[1] 同时也会使外部间接插手政治改革（包括运用支持反对党等手段）的几率大为降低。

第三，邓小平1978年曾经说，中国要“经过半个世纪以后可以实行普选”，即到2030年至2040年实行普选。在2020年至2030年或2040年间，中国会出现一个有近20年时间跨度的“政治改革期”。其间，中国的经济有望在人均三千美元的新起点上实现新的快速稳定攀升，这为政治改革提供全面良好的社会条件。根据经济学家的不同预测，到2040年左右，中国至少将成为与美国经济总量大致相等的国家[2]，到2050年，中国将进入人均GDP五千美元（依目前水平确定的中等发达国家水平）的“政治稳定期”。全方位地推进政治体制改革（宪政建设）的国际条件和国内条件更趋于成熟，相关风险因素将大大降低。

四、法治发展的几种前景

当然，上述分析是按照中国中期发展目标的设想所做的分析，这并不意味着中国“必然”会具备实施政治体制改革的良好条件，也不意味着中国法治发展只面临着一种理想的前景。至少可以提出这样两个问题：其一，2020年中国中期发展目标能否如期顺利实现，即中国全面进入政治体制探索时期的理想条件能否具备？其二，即使到2020年，中国实现了全面建设小康社会的目标，它是否会如本文所预测的那样开始进行政治改革，进而带动中国进入“政治发展主导的法治建设阶段”，此种改革的动力何在？

1. 从现在到2020年，中国中期发展目标实现方面的不确定性，以及对近期法治前景的影响。从现在到2020年，处于社会转型风险期的中国，面临着三种可能的趋势。

第一种趋势是合乎中期政策目标预期的趋势。在这方面，经济学界和一些政府部门经常发布一些研究性成果。人们最新看到的预测情况是，2008年4月，中国国家发展与改革委员会宏观经济研究院副院长陈东琪在中国北部湾高峰论坛上说：“目前影响中国经济长期发展的因素并没有因为30年的时间有所削减，而是还有很大的空间，……不要因为当前的某一些短期的冲击就担忧中长期中国经济的发展蓝图，

---

〔1〕“未来20年，中国国防关键期”，载《环球时报》2003年5月30日，第10版。

〔2〕2008年1月12日，在第十届北大光华新年论坛（主题为“中国改革三十年：评价与展望”）上，钱颖一认为：“在未来的三十年中，中国的GDP总量是有可能超过美国，即使是按照市场规律，只要假定，如果未来的三十年，中国的增长速度每年超过美国的五个百分点，中国的人民币升值率每年是二个百分点，就很容易得出这个结论。”参见钱颖一：“从国际比较的角度看中国经济”，资料来源：http://www.cenet.org.cn/article.asp?articleid=29834.另，经济学界对中国经济总量跃居世界第一的预测时间不尽相同，大致在2020年至2050年之间。

到2020年之前中国经济都是持续增长期。"[1] 相关分析已经有不少，人们很容易看到这些资料。[2]

第二种趋势是高位风险因素暴发，导致社会总体性危机。关于中国即将出现总体性危机的议论，这些年在国内国外都有不少，诸如中国能源危机论、粮食危机论，最典型的是中国崩溃论。2001年7月，美国华裔律师章家敦在美国出版《中国即将崩溃》一书。其书声称中国经济繁荣是虚假的，在加入WTO后的强劲冲击下，中国的现行政治和经济制度最多只能坚持五年。[3] 从章氏出书至今，五年已经过去了，关于"中国崩溃论"的讨论也转变成"中国机遇论"。但书中列出的众多理由，如中国国企改革步调太慢、竞争力毫不足观、科技落后太远、失业问题严重、贪污风气恶劣、社会弊病丛生等现象，确是值得且必须认真对待的。

相比之下，2004年，国家发改委宏观经济研究所发布的《2010年，中国的三种可能前景——对九十八名政府和非政府专家的调查与咨询》报告，则显得更为客观和理性。该报告的基本结论是：2010年前，中国面临着三种可能的前景。其中，最坏的可能是，"无法达到全面建设小康社会的预定目标"，业已存在的经济体制内部的各种矛盾和社会发展中的各种问题不能得到有效治理，国际或国内的突发性事件激化了现有的内部矛盾，经济发展进程中断或发生经济倒退。在此种前景中，有可能会激发社会冲突和动荡。[4] 在此种情况下，不仅正常的经济发展受到极大破坏，已经初步建立的法律秩序也会面临崩溃的威胁。

第三种趋势是社会发展不协调的因素无法得到根本治理，虽无总体性的社会危机，但各种局部性危机接连出现，社会动荡长期化，经济发展出现类似"停滞"状态，最终使经济持续稳定发展成为不可能。正如马凯曾经说过的，在人均GDP达到一千美元这个阶段，可能会出现这样两种前途："一种是进入'黄金发展期'，……另一种是城乡、工农发展失衡，经济停滞不前"。[5] 果如此，不仅中国现代化三步走的发展战略无法实现，法治发展也会面临更多的不确定性，无法如期顺利推进。

面对从现在到2020年的三种可能趋势，第一种可能趋势，已经作为中国当前发展的阶段性目标得到多次重申，也是现实条件下较合乎人们期待的。后两种不利趋

---

〔1〕"发改委专家：中国经济增长持续至2020年"，http://news.hexun.com/2008-04-27/105585811.html.

〔2〕参见盛洪："巨国效应中国还有几十年的高速成长吗"，http://finance.sina.com.cn/review/zlhd/20060106/11102254543.shtml.新闻报道："世行预测：2020年中国将进入发达国家行列"，http://www.shippingchina.com/static/brmaininfo/200612/20304.shtml.

〔3〕"中国即将崩溃"，资料来源：http://www.sina.com.cn，《经济观察报》2006年12月3日。

〔4〕丁竹元："2010年前几种可能的国家发展前景——对98名政府和非政府专家的调查与咨询"，资料来源：http://finance.sina.com.cn，新浪财经2004年10月18日。

〔5〕江时学："'拉美化'是个伪命题"，载《中华工商时报》2004年8月13日。张红宇："城乡居民收入差距的平抑机制：工业化中期阶段的经济增长与政府行为选择"，载光明网。

势肯定是人们力图避免的。可以看出，上述三种可能的趋势分析，与中国近期法治发展问题直接相关。

在第一种可能的趋势下，中国法治发展依然会延续稳步推进的态势。随着无法可依问题的逐步解决，中国法治发展在当前和今后面临的重点问题，是解决快速建立起来的法律制度与法律秩序和法治精神生长缓慢之间的矛盾，以建立良好的法律运行机制和促进法律秩序的生长为核心任务。以此为下一阶段的法治发展奠定良好基础。

在第二种可能的趋势下，即中国转型风险因素暴发，导致社会总体性危机，政府的合法权威丧失。此种情况会使社会各方面的变化面临着极大的不确定性。其中可能导致的一种情况是，迫使政治体制改革应急启动。

从俄罗斯和中国80年代末的经验看，长期的渐进改革失败或某一领域改革的失败，很容易使改革从渐进方式转向激进方式，或是使改革从一个领域暂时转向另一个领域，以寻求摆脱危机的出路。就中国的情况看，如果构建和谐社会的目标长期无法实现，致使社会矛盾增长激化，危机因素增加，中国不是没有走向激进改革的可能。与自主平稳的政治改革相比，激进的应急启动的政治改革方式容易出现失控，增加改革后果的不确定性。法律也会参与到一场后果不确定的改革设计中，这会大大刺激法学界本来已普遍存在的“法治急躁症”思潮，并在可能出现的改革失败的情况下引发全社会的“法治悲观论”思潮。

在第三种可能的趋势下，社会发展不协调的因素无法得到根本治理，但也无总体性的社会危机，社会矛盾长期化，社会动荡长期化，良好的法律秩序迟迟无法普遍确立，已有的法律制度也只能成为一纸空文。

回顾近现代中国法律发展史，人们可以发现一个有意思的规律性的现象，即法治发展的成功固然要有法律本身的因素，而法治发展的失败却多是由法律之外的政治、经济、社会结构等多方面的非法律因素造成的。不仅中国的情况如此，近代以来的发展中国家的情况也是如此。所以，法治前景的最大影响因素，来自法律外部的社会转型状况。

2. 渡过“20年关键期”之后，中国政治体制改革能否顺利展开，其动力与压力何在？早在20年前，在一场关于中国改革理论纲领问题的大讨论中，当时的新权威主义理论的代表人物就曾提出这样的问题：“谁能保证新产生的权威不重新蜕变为传统的专制权威呢？”〔1〕

20年后的今天，人们似乎可以做出某种新的回答——中国改革开放越向前走，越能使全体人民受益，由于利益刚性的因素起作用，其走回头路的可能性空间就越

〔1〕 刘军、李林编：《新权威主义——对改革理论纲领的争议》，北京经济学院出版社1989年版，第37页。

会被极大地挤压和封杀。这就是改革自身的逻辑，是自由民主法治精神日益广泛传播的结果，也是中国日益开放的结果。

中国到2020年实现全面建设小康社会的目标之后，能否如预期的那样顺利推进政治体制改革，并带动法治发展向“核心领域”延伸？这种未来的事情虽然无法准确预测，但有以下因素是相对确定的，也是未来的中国政治家所无法回避的。

（1）民主制不完善的负面影响使中国作为有影响的世界大国形象缺失。

（2）国内理性化的公民社会的初步形成，会成为政治合法性的新源泉。

（3）2017年香港“双普选”带来的综合影响。2017年香港地区的“双普选”，将形成华人世界第二个全面推进民主化的地区（第一个是中国台湾地区），也极有可能成为构成大陆全面推进民主化进程的前奏曲。

（4）中国共产党确立的民主政治的目标如何最终实现，以及“实现人民民主”的百年承诺如何彻底兑现的问题。2021年是中共建党100周年，中国共产党自建党之日起就向全中国人民许下了建立劳动阶级的国家（人民国家）的承诺，并在追求建立新中国的奋斗进程中逐步发展起了一套关于人民民主的理论。改革开放以来，关于建立社会主义民主政治也一直是改革的核心目标之一。可以说，“实现人民民主”是中国共产党人的百年承诺。2020年，中国将进入下一个稳定快速发展的“改革收益阶段”，顺势全面启动民主化进程，兑现100年来的民主承诺，也是情理之中的事情。

基于上述因素，可以认为，只要中国改革开放在持续推进，转型风险因素逐步化解，民主自由法治的精神日益传播和深入人心，人们对中国未来的法治前景就有乐观的理由。以乐观的视角看待未来的中国，人们同样有理由相信，21世纪中华民族的崛起，不应该仅仅是作为一个经济大国崛起，同时也应该作为一个政治大国崛起——作为一个享有制度文明和法治文明的大国崛起。

中国经济法律传统及其与社会盛衰之关联

张中秋*

一

一般认为，现代经济法在西方也是20世纪30年代的产物。那么，清末“变法修律”以前的中国有“经济法律传统”吗？从现代经济法是资本主义自由市场经济发展到垄断，从而危害竞争而需要国家干预以保护竞争的视角说，传统中国没有这种严格或者说现代意义上的“经济法”，当然亦就没有这样的法律传统。然而，如果从经济法是国家对社会经济的调控和计划来说，传统中国非但有这方面内容丰富的经济法律，而且历史悠久形成传统。只是为了避免与现代经济法概念相混淆，笔者把传统中国有关这方面的法律不直接以“经济法”相称，而是统称为“经济法律”或“经济法制”。

传统中国的经济法律涉及土地、赋税、工商、专卖、货币和对外贸易等，相对来说，土地、赋税和工商（含专卖）法制是传统中国经济法律的主体。〔1〕不过，这里需要特别指出的是，笔者之所以称“中国经济法律传统”，不是说某项具体的经济法规，而是指在历史社会生活中能够传承下来具有支配性的那些经济法律思想、制度和习惯。它们具有历时性和共通性，是传统中国经济法律中最基本最持久的特征和倾向，亦即“传而统之”的意思。同样，在本文中，与“中国经济法律传统”相对应的主题词是“社会盛衰”。一般认为，传统中国在18世纪以前并不落后于西方，总体上还有所超出。〔2〕这是把中国和西方作为两个系统来比较的认识，如果从中国这个系统内部来观察，就可以发现传统社会本身是有盛有衰的。在传统中国范围内，

---

* 法学博士，中国政法大学法律史学研究院教授，博士生导师。

〔1〕参见张中秋：《法律与经济——传统中国经济的法律分析》（第一卷），南京大学出版社1995年版。

〔2〕参见陈振汉：《步履集》，北京大学出版社2005年版，第333～338页。

谈论盛衰总有一些标志，虽不精确，但人所共识。[1] 因此，尽管中国正史上记载的盛世和民间的传说并不完全一致，但无论是正史记载还是民间传说，西周、汉、唐及明清中前期，都是中国历史上的盛世。同时，所有的盛世就像行人登山一样，在到达顶点后就是下坡路，所以衰乱之世往往随之而至。本文的任务一方面是概括中国经济法律的传统，另一方面是探讨这些传统与社会盛衰的关系。

二

中国经济法律有哪些传统？这是本文首先要解决的问题。要对中国经济法律传统进行概括，这本身是一件近乎不可能的事。研究不够深入且不必说，见仁见智还是个大问题。但要分析，必须概括，否则只有放弃。因此，这里笔者依据自己的理解，试着对中国经济法律传统作一些概括。

笔者把中国经济法律传统概括为九个，这样的概括是否恰当，还有待检验。中国经济法律的第一大传统，即“重农抑商”。“重农抑商”不是简单的经济法律思想，而是贯彻在传统中国经济法律的政策和制度中的基本国策，各项经济法律制度和传统都是在它的指导下形成的，实际上它是维系传统中国经济法律的纲。有关这一传统，笔者在后面还要做详细分析，暂不深究，容后再论。

中国经济法律的第二个传统，以调整土地关系为基础。众所周知，传统中国是农耕社会，土地是农业的命根子，传统社会的盛衰在很大程度上决定于此，所谓“民以食为天，国以农为本，本固则邦强”。因此，以农立国成为传统中国最大的国策，有关调整土地关系的法律，自然也就成了传统中国其他经济法律的基础。如西周的经济法制就直接建立在“井田制”之上；春秋战国时期的经济法制变动，无不与“井田制”的瓦解和土地私有化潮流有关；受土地私有化和兼并的影响，汉代经济法制尤其是专卖制度成为突出的方面；唐代前期的经济法制基本上是在“均田制”基础上展开的；中唐以后一直到宋元明清，历朝经济法制总是直接、间接以“租佃制”土地法制为基础。要之，传统中国的各项经济法律制度都与调整土地关系的法律存在这样那样的关系，这似乎也是我们从根本上理解传统中国社会的盛衰与王朝更迭的关键所在。这一点，我们在下面第三部分的分析中可以获得足够的认识。

中国经济法律的第三个传统，以确保国家财政收入的赋役为中心。财政是传统中国的国家机器，包括皇室、行政（官僚机构）和军队等，这些机构及其人员存在

[1] 作为盛世的标志，往往是天下（中国）一统、疆域辽阔、经济繁荣、人丁兴旺、政通人和、国力强大、万国（外邦）来朝，等等。相反，衰乱之世，必是天下（中国）分裂、疆土狭小、经济凋敝、社会混乱、官场腐败、国力孱弱，等等。用这些条件来衡量，西周的成康时期，西汉的文景武帝时期，唐朝前期，明永乐年间，清康雍乾时代，都可谓是典型的盛世，而王朝的末期一般都是衰世，其他则为平常之世。

和运作的物质保障。赋役法制就是保证赋役实施的法律制度，同时又是传统中国官方调整各种社会关系的有力杠杆。赋役法制定的是否合理，实施中能否得以贯彻，关系到一个社会的盛衰，甚至影响一个王朝的兴亡。这个带有规律性的现象和经验，我们在中国王朝的兴亡史上可以看得很清楚。因此，历代王朝都把有关财政的赋役立法作为经济法律的中心任务来对待。从西周开始，赋和役，也就是各种租税和力役，包括劳务地租、实物地租、货币地租和兵役、徭役、杂役等，一直是中央政府和地方官府给予特别关注的经济法律问题。理论上，“轻徭薄赋”是传统中国赋役法追求的目标。这不仅因为它是民众的期待，也是王道政治理念的体现。但实际上，除了极少数时期有所表现外，如汉代的“什一税”制，唐代的“租庸调”法，明朝的“一条鞭法”和清朝的“摊丁入亩”，其他时期都存在不同程度的“重赋繁徭”和“苛捐杂税”，所谓“苛政猛于虎”是也，而这一点正关系着社会的盛衰。

以国家控制和干预为特色，是中国经济法律的第四个传统。这一传统在中国经济法律中颇具特色，突出表现在官方运用法律手段对工、商进行管制，对市场进行干预，必要时直接进行控制。例如，西周是统制经济，国家通过礼法直接控制经济；春秋战国时期，国家干预经济的新形式，即专卖法和平准法在齐国出现；汉唐时期的均输、平准、五筠六筦、榷酒、社仓、义仓、常平仓，特别是对盐、铁、茶的禁榷即专卖，成了国家利用法律控制和干预经济的有力制度。其中，对盐、铁、茶的禁榷，成为宋元明清专卖法制的原型。国家控制和干预是一个影响至今的传统，从国计民生讲有其合理性，从社会稳定讲有其积极性，尤其是对中国这样一个经济发展不平衡的大国来说，意义是显而易见的。但它是一个双面刃，用之恰当有益，反之有害。例如，传统中国为此付出的代价是，私营经济的不发达和专制政治的长期存在。这足以引起人们警惕。

与国家控制和干预有直接关系的是，经济法律以刑罚为主要手段，这是中国经济法律的第五个传统。依现代经济法，调整经济关系的手段主要是经济和行政性的，只有当经济违法达到犯罪时才给予刑事制裁。传统中国的法律体系具有刑事性，一切不法行为，包括不符合国家法律的经济行为，都被视为犯罪，所以经济法律以刑罚为主要手段。譬如，唐代的均田制主要是由唐令规定的，但违犯唐令则由唐律来处理，唐律是刑法典，依唐律处理即是依笞、杖、徒、流、死五刑处罚。如《唐律疏议·户婚》“里正授田课农桑违法”条规定：“诸里正，依令：‘授人田，课农桑。’若应受而不授，应还而不收，应课而不课，如此事类违法者，失一事笞四十；[一事，谓失一事于一人。若于一人失数事及一事失之于数人，皆累为坐] 三事，加一等。县失十事，笞三十；二十事，加一等。州随所管县多少，通计为罪。[州、县各以长官为首，佐职为从] 各罪止徒一年，故者各加二等。”出现这种情况，形成这样的传统，根源上乃是家国同构社会中所谓国家利益对私人利益的包容和消解，实际上是以王朝为中心的政治国家观念与权力发达在法律上的体现。[1]

中国经济法律的第六个传统，即对经济犯罪制裁的严厉化。这一传统与前一个传统相关。如上所说，由于经济违法被视为犯罪，因此刑事制裁本身即是严厉化的体现，但作为传统它还不止于此。根据笔者所接触到的材料，传统中国对经济犯罪制裁的严厉化，一是重罚，二是连带。所谓重罚就是对不守国家经济法律规定者，一般要施加经济、行政和刑事三项处罚；经济重者可以抄家，行政重者可以没官，刑事重者可以杀头。此外，还有连带。所谓连带，就是对经济犯罪的制裁不是一人犯事一人当，而是往往牵连到与当事人有关系的其他人，如家人、亲戚、长官、同仁、师生，甚至同乡、同学等。历史上的多次法令和大案都反映这点，如汉武帝的“告缗令”，唐代王涯的“榷茶”，朱元璋时期的“钱粮”案等。

笔者要提出的第七个传统，是经济法律规定中的责任制和数量式精确化。这一点让人颇感意外。一般而言，传统中国文化在整体上具有综合、直观、模糊的特征，缺乏西方科学中的分析和精确。但这只能作哲学上尤其是对儒、道两家哲学的理解，因为这两家都是有机论者。有机论的世界是一个不可分割的联系、变动着的整体，而分析和精确则适用于原子论的机械世界，所以儒、道两家的法思想确有缺乏数目字管理的特点。但我们不要忘了，传统中国的法律特别是经济法律，亦受到了法家的深刻影响，而法家的世界观具有强烈的机械论色彩，所以，正如李约瑟所言：“法家有一个特点是科学史研究者所特别感兴趣的，即他们对数量的爱好倾向。经常出现的‘数’这个字，不仅指数目而且指数量化的程度，甚至于指统计方法。戴闻达说，《商君书》的最早部分在表示事物时就偏爱数字、点、单位、刑法的等级、谷仓的数目、可利用的饲料数量等等。”[2] 事实上，法律规定严格的责任制和数量化并不是始于秦律，只是法家化的秦律更加突出罢了。譬如，在责任制方面，最著名的“物勒工名”制度，即凡为官方制作者，包括工匠、主管和长官等相关人员，都要在完成的物件上刻上姓名、身份等，表现对此负责，一有质量问题可依此追查。这项

---

〔1〕 参见张中秋：《中西法律文化比较研究》（第四版），法律出版社 2009 年版，第 94 ~ 104 页。

〔2〕 [英] 李约瑟：《中国科学技术史》（第二卷 · 科学思想史），何兆武等译，科学出版社、上海古籍出版社 1990 年版，第 231 页。另，商鞅关于法律规定的责任制和数量化的思想，参见《商君书》中的《修权》和《禁使》诸篇，更有意义的阐释参见 [英] 李约瑟：《中国科学技术史》（第二卷 · 科学思想史），何兆武等译，科学出版社、上海古籍出版社 1990 年版，第 231 ~ 236 页。

制度自西周以来就成为传统，一直为历代经济法律所继承。[1] 在数量式精确化方面，传统中国的经济法律在有关度、量、衡、时间、空间和人工工作量，以及对“赃罪”的价值额的计算上，都运用数字并且精确到了古代社会数量计算的最小单位。如秦律对量制计算到“升”，误差二十分之一升要处“赀一盾”的处罚；对衡制计算到“铢”，若黄金误差累计二分之一铢，即旧制四十八分之一两，今制三十分之一两，同样要处“赀一盾”的处罚。[2] 又如，唐律对时间计算到“刻”，对空间计算到“步”，对“赃罪”的价值量计算到布匹的“尺”。[3] 责任制和数量式精确化是中国经济法律的一个优良传统，值得我们今天借鉴继承。

国家利益中心主义是中国经济法律的第八个传统。可以说国家利益是贯通传统中国经济法律的一根主线，虽然在各领域中的轻重分布有所不同，但各项经济法律制度无不体现出国家强有力的干预，其中专卖、货币、对外贸易可为典型。我们可以对外贸易为例。传统中国的对外贸易有两种，一是与周边少数民族的贸易，谓之“互市”；二是海外贸易，谓之“市舶”。对这两种贸易，传统中国自秦汉以来一直比较重视，因此都给予了相应的法律调整，意图通过法律满足国家的各种需要。从有关这方面的法律分析来看，传统中国的对外贸易本质上不是一种单纯追求经济利益的活动。如禁止兵器和钱币流入周边少数民族，而用生活用品尽量换取对方的马匹等，说明“互市”是以国防安全为中心的。然而，对海外贸易则相对放松，原因是隔海对国家安全不构成直接的威胁，所以“市舶”较“互市”更具经济色彩，但国家安全至上的利益仍是它考量的中心。[4] 国家利益中心主义的经济立法最初形成于战国，到汉唐时发展成为全面的制度，宋元明清在实质上都加以继承，及至今日仍是我们经济立法的基石。可见，这一传统是颇符国情极具生命力的。

中国经济法律的第九个，亦即笔者所说的最后一个传统，是内含政治文化理想和道德关怀。正如笔者在以前的书中所指出的那样，唐代经济法制是以支持政治统

---

〔1〕 如《礼记·月令》曰：“……物勒工名，以考其成。功有不当，必行其罪，以穷其情。”秦汉继承这一制度，凡百工劳作都必须严格遵守统一的质量规格和数量要求。《汉书·任敖传》注曰：“百工为器物，皆有尺寸斤两斛轻重之宜，使得其法。”凡依范式制成的产品必须“物勒工名”。近年来出土的东汉“乐浪王盱墓”中的一个漆杯上的铭文证实了这个制度在汉代是被严格执行的。其杯铭文曰：“蜀郡西王造，素工回，髹工鱼，洎工文，汜工廷，造工忠，护工卒早，长汜、丞庚，掾翕，令史茂主。”（转引自张研等：《中国经济法制史》，中国审计出版社1992年版，第69页。）由此铭文可见，一个漆杯不仅刻上了各道工序经手工匠的名，也勒有相关官吏的名。此后，从唐宋的《擅兴律》到明清的《工律》，都有关于这一制度的规定。

〔2〕 参见张中秋：《法律与经济——传统中国经济的法律分析》（第一卷），南京大学出版社1995年版，第130～132页。

〔3〕 参见张中秋：《法律与经济——传统中国经济的法律分析》（第一卷），南京大学出版社1995年版，第321～335页。

〔4〕 参见张中秋：《唐代经济民事法律述论》，法律出版社2002年版，第93～102页。

治和正统道德为目的的。因此，它们在精神上成了政治和道德的工具。[1] 其实，这不仅限于唐，对整个传统中国的经济法律都可以作如是观。而且由于这种政治和道德在传统社会后期的滞后性，导致了包括经济法律在内的中国传统法律整体的落伍和瓦解。但我们还应该看到，传统中国的经济法律仍是一种具有政治文化理想和道德关怀的法律。这一传统表现在经济法律上，有土地法制中不同形式的均田制和对土地兼并的抑制，赋役法制中从以"人丁为本"到以"资产为本"的转移，工商法制中对因商业过分发展而可能瓦解农业和农民的限制等，在都体现了那个时代特有的，或者说传统中国所固有的政治文化理想和道德关怀，即对差序合理的理想社会，亦即对王道政治的最高境界"大同世界"的追求。这种追求的性质和局限另当别论，但经济法律要体现时代的政治文化理想和普遍的道德关怀，这应该是没有异议的。

三

笔者在上一部分中提到，"重农抑商"是中国经济法律的第一大传统，因为其他各项经济法律制度和传统都是在它的支配下形成的。可以说，"重农抑商"是贯通和支撑传统中国经济法律的精神支柱，也是我们把握和分析中国经济法律传统与社会盛衰之关联的"纲"。要理解这一点，首先对"重农抑商"的含义要有所了解。从字面上说，"重农抑商"就是重视农业、抑制商业。这种理解大体不错，但过于简单。从传统中国的实际情况看，农不仅仅指农业，还包括农民、农村、农事、田地、赋税、徭役等一切与农有关的事务，其中土地最为关键。同样，商不仅指商业，还包括商人、商税、商业管理，以及各种私营性质的手工业和内外贸易等。由此可见，农、商基本上代表了传统中国最大的两类职业人群和几乎全部的经济，"重农抑商"应该从这个意义上来理解。此外，由于传统中国认为，对正常的经济民生来说，农、商虽然都不可少，但两者并不同等重要，就像事物有本有末一样，农是本商是末。所以，"重农抑商"又谓之"重本抑末"。[2]

"重农"必然重视土地，因为土地是"农本"的基础。所以，重农在法律上的表

---

〔1〕 参见张中秋：《唐代经济民事法律述论》，法律出版社 2002 年版，第 9 ~ 10 页。

〔2〕 参见王大庆：《本与末——古代中国与古代希腊经济思想比较研究》，商务印书馆 2006 年版，第 3 ~ 11、283 ~ 299 页。

现和结果，自然就是以调整土地关系为基础的法律制度和传统的形成。[1] 法律对土地关系的合理化调整，内含很多的目的，但主要是为了国计民生。所谓“国计”就是确保国家财政收入，“民生”就是百姓的生活。由于国家财政取之于民，因此，连接国家财政和百姓生活的赋役就成为经济法律的中心。在传统中国，土地关系和建立在土地之上的小农经济相当脆弱，容易受到各种因素的破坏，其中最大的威胁来自于商人和商业。如果对此不加以抑制，“商末”必然冲击甚至瓦解“农本”，结果会造成严重的经济社会问题，殃及国计民生。历史反复证明，事实正是这样。因此，为了防止这种情况出现，或者出现这种情况后予以调整，国家统制和干预就变得必不可少，有关这方面的内容遂成为中国经济法律传统中的特色部分。同样，为了使统制和干预有效，具有威慑作用的刑罚成为惩罚的主要手段；而且为了做到准确有力，一方面要求经济法律规定责任制和数量式精确化，另一方面对经济犯罪的制裁也趋于严厉化。所有这样做的目的，首先是要维护以王朝为代表的国家利益，包括贸易中的国家安全利益和经济利益，然后是民众最基本的合理要求。所以，表达正统王朝对王道理念追求的政治文化理想和道德关怀，不仅体现在这些法律制度和传统中，而且它本身也成为传统的一部分。由此，我们可以看到，上述各项经济法律制度和传统都是在“重农”之下，从农本和土地发展而来的。因此，我们可以把分析中国经济法律传统与社会盛衰之关联的“纲”，集中到“重农抑商”上来。

以上分析与中国经济法律传统的历史实践相吻合。在传统中国，重农突出表现在对农业，特别是对土地关系的法律调整上。法律确认和保护什么样的土地所有制，在根子上与传统中国社会的盛衰相关联。中国从原始性的经济嬗变到西周的国家统制经济和计口授田的井田制，是一个历史性的进步，西周的兴盛因此形成。但随着不合人性又桎梏生产力发展的国家统制经济的危机和井田制的瓦解，土地私有制和私营经济在春秋战国时期逐渐壮大起来。土地私有制的确立和私营经济的壮大，一方面激活了秦汉经济社会的发展，为秦皇汉武时代的到来奠定了物质基础；另一方面又造成了农商对立和贫富两极分化，最终导致了社会的动荡与冲突。经过秦汉时代的数次社会冲突和政权更迭，新形势下的国家统制经济和计口授田的均田制在北朝，尤其是唐前期得到了恢复与重建，大唐盛世即以此为基。从中唐开始，土地兼

〔1〕 因为在传统中国，农业是其他经济（如工商、贸易、货币、消费等）存在和繁荣的前提。农业经济的核心条件是劳动力、土地以及劳动力与土地的合理结合。这三项核心条件的具备及其合理结合的实现，实质上都有赖于土地关系的法律调整，亦即法律确认和保护什么样的土地所有制，这是在根本上决定传统中国社会的经济基础。例如，唐帝国在其前期比较成功地运用了律令这一有效的经济法律武器，保护和扩大了劳动力，调整和重新分配了土地（以丁男为均田的基本单位），使劳动力与土地的结合比较合理，而且在律令的保障下，又使这种结合得以一定程度的实现，结果出现了社会经济由萧条到繁荣的发展。参见张中秋：《唐代经济民事法律述论》，法律出版社 2002 年版，第 3～31 页。

并导致均田制瓦解，农商对立和两极分化再度出现，“安史之乱”点燃了燎原之火，大唐王朝由盛转衰。中唐以后，国家放弃了统制经济与计口授田，私有的租佃制普遍代替了均田制，此后历代王朝一方面因租佃制发展而盛，同时也因由此而带来的农商对立和两极分化而衰。这在事实上已成了传统中国社会发展中的一个怪圈，直至近代也没能成功地摆脱这一困境。

纵观中国历史，传统中国发展中的怪圈，表现为社会盛衰的循环，社会盛衰的循环又与土地所有制相关。具体说，在中国史上，作为基本的法定制度，土地所有制无非是国有与私有两大类，如国有性质的井田制和均田制，私有性质的自耕农经济与租佃制，但无论是国有还是私有，事实上都带来了中国社会的盛，也引起了社会的衰。这其中的机制，或者说土地所有制与社会盛衰的具体关联又是什么呢？事实表明，传统中国的“盛”是建基在“农本”之上，以“治”即社会稳定为前提的。满足了这两个条件，社会就盛，反之则衰。井田制和均田制在它们实施良好的时期，国民经济以农为本，社会秩序稳定，所以国力强盛。但国有性质的井田制和均田制有它自身不可克服的局限，首先是缺乏激励机制，导致没有竞争而效益走低，这与人们发展经济的愿望不符；第二是时间一长，弊端丛生，无法阻挡私有经济的侵犯，其中来自“商末”的冲击最大，最后土地国有制在私人侵占和兼并下名存实亡，井田制和均田制的后期都是如此。

土地侵占和兼并亦即土地私有化，必然会产生两个直接的后果：一是大量的土地掌握在极少数地主、官僚、豪强和商人手中；二是大量的农民失去土地，不得不背井离乡，成为流民、客户。这样，少数不事农耕者拥有大量地产，而大量劳动者却无地可耕，其结果是人不能尽其力，地不能尽其利。人力和地利得不到正常的结合和发挥，农业经济就失去了发展的可能，经济社会关系因之陷入不合理的状态，严重的会出现农商对立和两极分化。[1] 这时社会开始动荡，治世开始向乱世转变，世道一乱则盛世必衰。面对这样的形势，统治者总是会动用各种手段来进行调控，其中最常见也是最有效的手段，就是借助专卖法对商人和商业加以抑制，包括政治

〔1〕 农商对立和贫富两极分化往往紧张到了于国家稳定和社会道德都难以容忍的程度，这从晁错给皇帝的上书中可以看出。他说：“今农夫五口之家，其服役者不下二人，其能耕者不过百亩，百亩之收不过百石。春耕夏耘，秋获冬藏，伐薪樵，治官府，给徭役；春不得避风尘，夏不得避暑热，秋不得避阴雨，冬不得避寒冻，四时之间亡日休息；又私自送往迎来，吊死问疾，养孤长幼在其中。勤苦如此，尚复被水旱之灾，急政暴虐，赋敛不时，朝令而暮改。当具有者半价而卖，亡者取倍称之息，于是有卖田宅、鬻子孙以偿债者矣。而商贾大者积贮倍息，小者坐列贩卖。操其奇赢，日游都市，乘上之急，所卖必倍。故其男不耕耘，女不蚕织，衣必文采，食必粱肉。无农夫之苦，有千百之得。因其富厚，交通王侯，力过吏势，以利相倾；千里游遨，冠盖相望，乘坚策肥，履丝曳缟。此商人所以兼并农人，农人所以流亡者也。”（《后汉书·仲长统传》）面对这样危险的经济社会形势，汉朝诸帝尤其是从武帝开始，彻底放弃以往的放任政策，转而采用严厉的抑商措施，并借助法律予以严格执行，以期重整经济社会关系，使之相对合理化。

上对商人歧视，经济上对商人压榨，法律上对商业加以控制。如果调控成功，社会就会化险为夷；不成功，历史就会在混乱中完成改朝换代。

乱后新生的王朝吸取教训，重新开始“重农抑商”，同时顺应潮流，承认土地私有化，允许土地买卖。这样一来，激励机制被引入，人们的生产积极性也被调动起来，“农本”经济焕发出新的活力。加上中央政府控制有力，社会稳定，假以时日，盛世又可能出现。但时间一长，这种经济又要出现新的问题，主要是因为土地可以自由买卖，所以兼并比以往普遍，结果是“能者辐凑，不肖者瓦解”，“富者田连阡陌，贫者无立锥之地”。[1] 这时社会又重新出现农商对立和贫富分化，此后的情形大体又是国有制后期历史的重演。鉴于历史的教训，乱中取胜的新王朝又回到国有制的老路上。这样，从土地国有制到私有制（如西周井田制的瓦解与秦汉土地私有化），又从私有制到国有制（如秦汉私有制崩溃与隋唐均田制的确立），历史完成了一个轮回。

国有的均田制在唐中期被废止后，私有的租佃制大行其道，以后的王朝和皇帝，甚至农民起义建立的地方政权，鉴于私有制的弊端，亦曾想恢复土地国有制，如太平天国的“天朝田亩制度”，但时移势易，直到中华人民共和国土地改革之前，占统治地位的土地国有制退出了历史舞台。原因何在？根源在经济规律，亦即私有制的力量。在传统中国，土地国有代表的主要是以皇帝为中心的国家利益，它在很大程度上和个人利益是对立的，国家利益要求控制并禁止土地买卖，以确保最高统治集团的富有、社会的安定和王朝的延续；而个人利益则希望土地买卖兼并不受任何限制，以满足个人对财富的追求。有时，为了调和这种矛盾，统治者在制定他们的土地法时，一方面限制土地买卖，另一方面又不予彻底的限制，形成某种“漏洞”现象。如唐代推行均田制时期，法律禁止土地买卖，违者治罪，然而有一个但书：“即应合卖者，不用此律。”[2] 这好像在禁止土地买卖的大坝中留了个“漏洞”。

但事物的发展有它自己的规律，私有制作为一种重大的所有制形态和其他事物一样，一旦产生，就沿着自己固有的规律发展下去。私有制发展的规律是不断深化、不断纯粹化，最后达到否定自己。中国土地私有制的发展规律也是如此。春秋以前，

---

〔1〕《汉书·食货志》。

〔2〕按唐令规定，每丁男受田一顷（唐制百亩），其中二十亩为永业，八十亩为口分。永业田可以传承，口分田在田主死后必须交还政府。因此，均田制下口分田一般不准买卖。《唐律疏议·户婚》“卖口分田”条律云：“诸卖口分田者，一亩笞十，二十亩加一等，罪止杖一百；地还本主，财没不追，即应合卖者，不用此律。”《唐律疏议》解释说：“即应合卖者，谓永业田家，贫卖供葬；及口分田，卖充宅及碾硙、邸店之类，狭乡乐迁就宽者，准令并许卖之。其赐田欲卖者，也不在禁限。其五品以上若勋官，永业田也并听卖。故云‘不用此律’。”

实行的是“田里不鬻”[1]的“井田”制度，所谓“普天之下，莫非王土”。[2]这实际上还是一种部落形式的公有制，即使有少量的私有土地存在，也不足以改变整个土地制度的性质。中国真正合法的土地私有制是从商鞅“废井田，开阡陌”开始的。马端临评论说：“盖自秦开阡陌之后，田即为庶人所擅，然也惟富者贵者可得之。”[3]由此，土地买卖逐渐盛行起来。土地买卖自然引起土地兼并。土地的买卖和兼并是土地私有制不断深化的必然途径，但买卖和兼并又往往引起经济社会矛盾的激化，造成社会的紧张和动荡。动荡后建立的新王朝鉴于教训，必然动用国家的强制手段来进行新的土地分配，调整土地和经济社会关系，限制土地的自由买卖和兼并，以免重蹈覆辙。这样一来，法律成了国家政治权力干预经济、限制土地私有制不断深化的主要工具。但是，私有制的发展是难以阻挡的，它在和法律的较量中，最终是胜利者。这就是经济的力量、规律的力量，这就是西周井田制、王莽王田制、西晋占田制、隋唐均田制等，各种不同形式的土地国有制，一个个先后失败的根源所在。

如果要问私有制何以有这种力量，归结到一点，就是它的竞争—效益机制符合人心对财富的追求。所以，私有制适合经济增长和个人利益扩展，但它固有的缺陷，即一个“私”字，如果不加以限制，任其无限膨胀，一旦超出合理范畴，必将置群体社会于解体而后已。因此，私有的租佃制取得统治地位后，如同国有的均田制一样，仍然导致了传统中国社会盛衰治乱的循环。这种国有与私有所引起的周期性的经济与社会的盛衰循环，根源于经济社会结构的单一（小农经济与农民占绝对优势）和封闭（小农经济的天然属性）。专制政治对小农经济和农民的依赖和支持，使得政治、经济和法律结为一体，从而加固了经济社会结构单一与封闭的强度；“重农抑商”的文化则使之更具韧性。所以，在社会大系统内，盛衰循环成为怪圈，牢不可破，原因就是经济社会结构没有变化。如果技术有突破，工业和商业有突出的发展，即可吸纳因土地私有化而带来的大量剩余劳力与资金，并使之转化为资本，进而促进私有经济的深化。如此点点滴滴长此以往，经济和社会结构就会发生变化，小农经济即使不退居其次，也无法绝对支配社会的进程。那么，中国的历史或许会是另一种情形。讨论到此，不免让人联想到，中华人民共和国土地国有制的确立，好像又是对中唐以来土地私有制的否定，这是否会形成一个新的更大的轮回呢？笔者以为，这只是表面上的相似，从科学原理上说，这次与以往不同，现代科技和工商经济的突破性发展，已经使中国的经济和社会结构发生了根本变化，那种基于经济结构单一和封闭的国有/私有、盛衰/治乱的循环怪圈应不易再现。

---

〔1〕《礼记·王制》。

〔2〕《诗经·小雅·北山》。

〔3〕《文献通考·田赋考》。

四

本文的主题分析已经结束，如果要做进一步的解读的话，会发现“重农抑商”这一统领中国经济法律传统的“纲”，蕴含着丰富的经济社会和政治文化意义。这可以帮助我们理解，为什么“重农抑商”在传统中国受到如此高度的重视。

让我们从社会构成开始。传统中国名义上由“士、农、工、商”四民，〔1〕亦即从事四种职业的人组成，实际上可归纳为农、商两类来认识。在传统中国，士一般都来自于农，虽然士的地位要高于农，但农是士的起点和根基所在；而且农民不仅占社会人口的绝大多数，也是国家赋役的来源。因此，法律把士、农归为一类，称之为良民。工、商因性质相同，从来都是一家，所以法律把他们视为一类，谓之贱民。这种分类至少从唐宋开始，沿袭至清末。〔2〕传统中国的这种社会构成，其实与经济结构是一致的。如前所说，传统中国以农立国，各项经济都建立在农业之上，工商作为国计民生的必要部分，自然不可或缺，但它与农相比，一是它本身要依赖农业，二是它也只是国计民生的补充部分。因此，在传统中国，社会构成与经济结构相吻合，“农本商末”成为铁一般的事实。面对这样的事实，立法者除了“重农抑商”，难道还能有其他的办法？

事实上，经济、社会和文化是相通的。因此，我们对“重农抑商”还可以作文化上的解读。传统中国的文化，不论它的表现形式多么千姿百态，理念上是一元论的。“道”是中国文化的本原，所谓“道生一，一生二，二生三，三生万物”〔3〕是也。道的基本结构是阴与阳，两者的关系是对应中有包容，包容中有统摄，阳在其中起主导和支配作用。建立在观察和体验之上的这种原初自然哲学被推及到社会政治法律领域，汉代大儒董仲舒在《春秋繁露·基义》中说的一段话可为经典。他说：“凡物必有合。……阴者阳之合，妻者夫之合，子者父之合，臣者君之合。物莫无合，而合各有阴阳。阳兼于阴，阴兼于阳。夫兼于妻，妻兼于夫。父兼于子，子兼于父。君兼于臣，臣兼于君。君臣父子夫妇之义，皆取诸阴阳之道。君为阳，臣为阴。父为阳，子为阴。夫为阳，妻为阴。……阳之出也，常县于前而任事；阴之出

---

〔1〕《唐六典》卷三“户部郎中员外郎”条曰：“辨天下之四人，使各专其业。凡习学文武者为士，肆力耕桑者为农，巧作贸易者为工，屠沽兴贩者为商。［工商皆谓家专其业，以求利者；其织纴组紃之类，非也］工商之家，不得预于士；食禄之人，不得夺下人之利。”

〔2〕参见《唐律疏议》、《宋刑统》、《大明律》和《大清律例》中“名例”、“户婚”与“杂律”篇中的相关规定，尤其是在刑事方面，“良贱相殴”与“良贱相奸”的规定区分明显。

〔3〕《老子·四十二章》。道生万物，万物又回归于道。这种有机、整体、连续、自动的宇宙生成论，成中英和杜维明先生有较清晰的阐释。参见［美］成中英：《论中西哲学精神》，李志林编，上海东方出版中心 1991 年版，第 216 页及前后；W. M. Tu, *The Continuity of Bing*: *Chinese Versions of Nature*, *Confucian Thought*, Albany: State University of New York Press, 1985, p. 38.

也，常县于后而守空也。此见天之亲阳而疏阴，任德而不任刑也。是故，……德礼之于刑罚，犹此也。故圣人多其爱而少其严，厚其德而简其刑，此为配天。”

董仲舒所说的“合”是指合成，“兼”是兼有，“县”是悬的意思。通过这段引文，我们可以看到，在董仲舒眼里，万物的合成不出阴、阳两种要素，从自然万物到家庭社会再到国家法律，莫不如此。阴、阳虽相互兼有，但阳是处于前的积极要素，是本是主是进，因此对阴有统摄和支配作用；阴是悬于后的消极要素，是末是从是守，是故对阳有依附性。阴阳可以转换，但阳对阴的统摄和支配是绝对的；阳之所以可以统摄和支配阴，是因为阳有德性，或者说阳的德性大于阴。阴阳结合、阳主阴从谓之道，道就是自然，就是和谐。所以，对于道，顺之者昌，逆之者亡。可以说，这是传统中国两千年来的国家哲学和民间信仰，亦即人们所谓的天理。至此，我们终于可以明白，在传统中国文化中，世界万物都可以对应于阴阳而归于道，中国经济法律传统当然亦不例外。如农与商、土地国有与私有、农赋与商税、官工与私匠、官商与私商、专卖与自由贸易等，就像天与地、春与秋、人与物、官与民、义与利、公与私、善与恶一样，都是阳与阴的对应与体现。因此，从“农本商末”到“重农抑商”，完全是合符阴阳之道的中国文化理念的体现。而且惟有这样，盛世才有望实现，因为有道则盛，无道则亡。这里所说的“道”贯通自然和人世，为数千年来传统中国人最基本的世界观。因此，在哲学上它可以称之为天理，政治上可称之为王道，法律上可称之为法理。其实，名异实同，一以贯之者天道也。按现代人的理解，天道的核心是自然而然的和谐。[1]

如此看来，“重农抑商”成为统领中国经济法律传统的“纲”，完全是因为它上合天理（道）下符国情（经济社会事实），可谓是有道的法律传统，所以受到如此高度的重视也在情理之中。如何评价它，可以仁智各见。但我们从中起码可以获得这样一个认识，即对中国这样一个大国来说，经济法律（传统）与社会盛衰的关联最后在于道，道可以不同，但不可以无道。

---

〔1〕 参见黄俊杰主编：《天道与人道》，台北联经出版事业公司1982年版，第1~62页。

探讨法律与社会互动的范例

刘广安*

瞿同祖先生所著《中国法律与中国社会》，是一部值得仔细阅读反复阅读的法史学经典著作。“中国文库”哲学社会科学类收入了瞿老这部为学界公认的杰出著作，由中华书局2007年9月出了新版。

重读瞿老这部著作，对其研究特点和方法，在以下几个方面，我有了更为具体的认识。

一、法律分析与社会分析互动结合

瞿老认为：法律是社会的产物，法律反映某一时期、某一社会的社会结构，法律与社会的关系极为密切。任何社会的法律都是为了维护并巩固其社会制度和社会秩序而制定的，只有充分了解产生某一种法律的社会背景，才能了解这些法律的意义和作用。瞿老对中国古代法律的基本精神及主要特征的探讨，就是建立在对中国古代社会的基础结构的准确认识的基础之上的。家族和阶级是中国古代社会的基础结构，瞿老就是根据古代有关家族和阶级的法律进行论述的。婚姻是家族延续的根本，所以对有关婚姻的法律又进行了专章探讨。从家族、婚姻、阶级的社会层面设置纲目，根据有关的法律内容，进行法律与社会互动关系的探讨，使法律分析与社会分析紧密结合，从而避免了把社会背景和法律制度分章论述容易造成的互相脱节的缺陷。不是孤立地进行法律分析，只从法律概念本身和法条相互关系去探讨法律的精神和特征，而是将法律置于社会结构、社会关系和社会生活中进行分析，这使中国古代法律的基本精神和主要特征的探讨，不是静态的、平面的或直线式的归纳总结，而是动态的、立体的、与生活密切相关的论证说明。瞿同祖先生将中国古代法律分析与社会分析互动结合的研究，是对沈家本、梁启超、程树德、杨鸿烈、陈顾远等学者所著法律史学著作的重大突破和发展。

二、法律分析与礼制分析紧密结合

中国古代社会的家族、阶级状况，在礼制文献中记载很多。礼制与古代法律关系非常密切。先秦礼制是古代法律的来源之一。秦汉以后的礼制，有的与法律互相交融，有的在法律体系之外有自己独立的体系。瞿老大量引用了《仪礼》、《周礼》、

* 法学博士，中国政法大学法律史学研究院教授，博士生导师。

《礼记》等礼制文献，结合法律规定，对传统社会的家族、婚姻、阶级的具体内容，进行深入的法律分析和礼制分析。他又广泛引用了《通典》、《唐会要》、《元典章》、《明会典》、《清会典》、《清通礼》等文献中的礼制史料进行分析，这加深了我们对古代法律与古代礼制关系的认识，也加深了对古代法律与古代社会关系复杂性的认识。

三、法律分析与儒家思想分析互动结合

瞿老认为：研究任何制度和任何法律，都不可忽视其结构背后的概念，否则是无法了解那制度或法律的，至多只知其然而不知其所以然。从这些概念中，我们才能明白法律的精神，体会为什么有这样的法律。他同时认为：中国古代法律的主要特征表现在家族主义和阶级概念上，二者是儒家意识形态的核心。瞿老将汉代至清代二千余年间的法律作为一个整体进行分析，这一时期的法律受到儒家思想的深刻影响和长期支配。瞿老通过分析儒家思想影响和支配法律的发展过程，论证了汉代之后法律儒家化的重大意义，从而指出：儒家化是中国法律发展史上一个极为重要的过程，中国古代法律因此而产生了重大、深远的变化。因为汉代以前的成文法受法家思想影响和支配，汉代以后的成文法也受到法家思想的深刻影响，所以瞿老把儒家思想与法家思想对古代法律的影响，特别列为本书的最后一章第六章，进行了集中的探讨。

四、法律分析与宗教分析适当结合

世界上许多国家的古代法都受到宗教的极大影响。瞿老将中国古代法与其他国家的古代法受宗教影响的状况相互比较之后，专列了“巫术与宗教”一章，特别论述了中国古代的神判、福报、刑忌、巫蛊等问题。其中涉及民间宗教敬城隍神对法制的影响，阴阳家天人感应思想对法制的影响，佛教对中国古代法制的影响等问题。这方面的分析，由于受所掌握的史料的限制，瞿老未能充分展开，但对认识中国古代法律与社会的复杂关系，提出了丰富多彩的课题。

五、法律分析与案例分析相结合

瞿老认为：法律条文的分析是研究法律的根据。但仅仅研究条文是不够的，我们也应注意法律的实效问题。条文的规定是一回事，法律的实施又是一回事。某一法律不一定能执行，而往往成为具文。社会现实与法律之间，往往存在着一定的差距。如果只注重条文，而不注意实施情况，只能说是条文的、形式的、表面的研究，而不是活动的、功能的研究。我们应该知道法律在社会上的实施情况，是否有效，推行的程度如何，对人民的生活有什么影响等。瞿老引用了大量的个案和判例，讨论中国古代的法律实效与社会的关系问题。在“家族”和“婚姻”的章节中，瞿老着重引用了《刑案汇览》、《续增刑案汇览》、《驳案新编》等文献中的典型案例，论述法律和社会的互动关系。在瞿老著此书之前，很少有学者系统引用案例说明中国古代法律的基本精神以及法律和社会的互动关系问题。瞿老注重案例分析的研究，突破了只注重法律条文分析的中国法制史学的局限性。长期以来，中国法制史学以制度的源流演变、内容特点的静态研究方法和成果占主导地位，缺少法条分析与案例分析相结合、与社会互动分析相结合的方法探索和优秀成果。瞿老此书的多次再版，大大推动了中国法制史学向社会深处的探索，向生活深处的探索，推动了法律与社会关系的静态研究与动态研究相结合的发展。

六、重要史料系统引证，重要概念仔细辨析

除上述研究方法的有效使用外，瞿老引证史料的严谨性、系统性，也值得我们认真学习。在引证礼制史料方面，关于生活方式的礼制史料的引证最为突出。其中，有关服饰、房舍的礼制史料，除在正文中概括性地引证外，又在注释中具体地系统地引证说明。关于丧葬、祭祀的礼制史料，也有非常详细的引证说明。在引证法律史料方面，有关论题的历代律典的史料均系统全面引用，抗战中在昆明写初稿时未找到的《宋刑统》，也在后来出版中补充引入。在引证案例史料方面，除着重引用已有的案例汇编外，还引用了正史中记载的典型个案。在引证儒法两家思想材料方面，除引用其代表人物的著作外，还引用了《左传》、《史记》、《汉书》等史书中有关的思想材料。

瞿老对重要概念的仔细辨析，同样值得我们认真学习。如对礼和义的关系，在本书第300页，瞿老写了一个十分详细的注释进行辨析说明，主要内容如下："礼义常相提并论，不胜枚举。二者实是一物之表里，义者宜也，即合理之意。《论语》云：'君子义以为质，礼以行之'（《卫灵公》）。《左传》云：'义以出礼'（桓公二年师服语，杜注：'礼从义出'）。'礼以行义'（僖公二十八年）。荀子云：'行义以礼，然后义也'（《大略》）。《礼运》云：'礼也者义之实也，协诸义而协。'可见义只是原理原则，礼乃义的具体表现。礼义本为一物，一为抽象的概念，一为具体的行为。无义则礼无所出，无礼则义难表现，缺一不可。举例来说，男女正当结合为义，怎样去实现这义呢？男女无媒不交之礼是，六礼备而夫妇成之礼是。"为充分辨明礼和义的关系，瞿老还引用了管子、韩非子和现代学者冯友兰的观点，从不同角度、不同层面加以说明。这个注释相当一篇精炼的学术短文。像这样严密的注释，在瞿老这部著作中为数不少。

对瞿老这部著作的研究特点和方法，以前我们多笼统地认为瞿老运用了社会学、法学、史学相结合的研究方法，但对于如何将这方面的知识和方法，运用到具体的研究过程中，缺乏具体的清晰的阐述。重读这部著作之后，我从以上几个方面，作了较为具体的阐述，希望这种阐述对法史学研究的深化有所助益。

从宪法变迁视角看社会变迁与法治发展

——以八二宪法为重点的考察

张明新*

一、中国百年宪法变迁的简要回顾与反思

对当代中国来说，最具重大影响和意义的事件应该是20世纪70年代末开始的改革开放及其引发的社会变迁。如果从更长远的时段考察，今天中国仍在进行的社会变迁早在清末就已经开始，中间历经转折以至中断，现在则呈加速趋势。这一变迁过程构成了中国一切制度变革的基础性背景，或者说一切制度性变革都与这一变迁过程相伴生、相纠结。法治发展是制度变迁中的核心部分之一，宪政制度又是全部法律制度的基础。全面考察和论述清末以来的中国社会变迁对于一篇论文来说显然是过于艰巨和沉重任务，也为本人学力所不逮；基于此，在本文中，笔者只想从宪法变迁视角窥视这一时段中国的社会变迁与法治发展，试图为认识这一问题提供一孔之见。

清朝末年，清廷皇权统治的合法性受到严峻的挑战：鸦片战争以后的半个多世纪里，割地赔款，丧权辱国。王道陵替，天命不佑皇清；民变蜂起，人心不向天朝。清廷仰无以对苍天祖宗，俯不足保疆土黎民。不得已开始君主立宪，寻求重建统治的合法性根基，宪政开始作为一种政治策略与工具登上了历史舞台。最初的移植、模仿迫于内忧外患的时势，而后在民族自强和现代化的驱使下转化为自主、自觉的探索以及对法治理想的追求。[1] 自那时起，中国实行宪政的历程历经百年有余，其间经历了晚清（1898～1911年）、中华民国（1911～1949年）、中华人民共和国（1949年至今）的政权更迭和意识形态的变迁，中国的宪政运动也随之走过了命运多舛的一个世纪。百余年来，几乎没有哪种宪法理论不被尝试过，没有哪一种宪政模

---

* 法学硕士，徐州师范大学法政学院教授。

〔1〕1905年，出洋考察政治大臣载泽等在《请以五年为期改行立宪政体》的奏折中提出移植西洋宪政的必要性和紧迫性。“我国东邻强日，北界强俄，欧美诸邦，环伺逼处，岌岌不可终日……环球大势如彼，宪法可行如此，保邦致治，非此莫由。”参见故宫博物院明清档案部编：《清末筹备立宪档案史料》（上），中华书局1979年版，第111页。

式（日德式、英美式、苏联式等）不被实践过。[1] 即以1949年中华人民共和国成立之后而论，从共同纲领到八二宪法，三十三年中四易宪法。自八二宪法以来则四次修宪，以适应风云激荡之变局。终至于二十世纪下半叶，法治在中国大地上的命运变成了一部血泪史、一部荒诞剧，直到二十世纪八十年代以后法治才在形式上真正地被重视。

1898年戊戌变法仅有短短百日，甫一开始随即夭折，虽有立宪之议却无立宪之举，真正的制宪还要等到十年之后。1908年清廷颁布的《钦定宪法大纲》作为中国历史上第一个宪法性文件，十四条正文是有关“君上大权”的，九条附录规定了臣民的权利与义务。其形式与内容都模仿王权专制色彩浓厚的日本明治宪法。尽管它离宪政的要求还很远，但在中国宪政史上毕竟迈出了艰难的第一步。

清政府颁布的第二个宪法性文件《十九信条》是非常时期的产物。当时武昌起义爆发，中国南方各省纷纷响应，清廷危亡在即。为应付迫在眉睫的危机，清政府不得不作出较大的让步，放弃带有更多君主专制色彩的日本宪法模式而转采带有更多限制君主权力色彩的、较为民主的英国宪法模式，且只用了三天时间就仓促出台。从它的基本精神和立法技术来看，较《钦定宪法大纲》有着较大的进步。

清末宪政改革刚刚蹒跚起步，就被“革命”打断了进程，中国进入了持续的动乱时代。此后直到中华人民共和国建立，除去中国共产党在根据地进行的立宪活动及颁布的宪法性文件之外，从宪法（以及宪法性文件）文本看，还有中华民国初建时期的《中华民国临时政府组织大纲》（1911年12月）的制定与修正；《中华民国临时约法》（1912年3月）的颁布；北京（北洋）政府时期的《中华民国约法》（“袁记约法”）（1914年5月）的出台、《中华民国宪法（贿选宪法）》（1923年10月）的产生；南京国民政府时期的《训政纲领》（1928年10月）、《中华民国训政时期约法》（1931年6月）的施行、“五五宪草”（1936年5月）的制作、《中华民国

---

[1] 据陈奎德先生的考证，从1908年晚清《钦定宪法大纲》的问世到1982年共和国第四部宪法的诞生，计有至少十四部宪法典（含草案）在中国的政治舞台上相继出台。1949年之前，计有：①清末《钦定宪法大纲》（1908年）；②清末《宪法重大信条十九条》（《十九信条》）（1911年）；③辛亥革命南北议和时期产生的《临时约法》（1912年3月11日）；④袁世凯主导的《天坛宪草》（1913年10月30日）；⑤《中华民国约法》（“袁记约法”）（1914年5月1日）；⑥《中华民国宪法》（《曹锟宪法》或《贿选宪法》）（1923年）；⑦蒋介石主导的《中华民国训政时期约法》（1931年）；⑧《五五宪草》（1936年5月5日）；⑨《中华民国宪法》（1946年12月25日）九部宪法或宪法性文件。1949年之后，大陆又有中国共产党主导制定的：①《全国人民政治协商会议共同纲领》（1949年）；②《五四宪法》（1954年）；③《七五宪法》（1975年）；④《七八宪法》（1978年）；⑤《八二宪法》（1982年）。同一时期在台湾地区，制定于1946年的《中华民国宪法》，加上《动员戡乱时期临时条款》与《戒严令》继续有效。如果周延地加以考量，中国的宪法性文件还应加上香港特别行政区和澳门特别行政区两个基本法。参见陈奎德：“中国的宪法与宪政”，载 http://www.libertas2000.net/gallery/zgxz/chenkuide.htm.

宪法》（1947 年 1 月）的制颁等宪法及宪法性文件的制定、颁布与实施等活动。但概括地看，这一时期的历届统治者尽管在中国不断演出立宪的悲喜剧甚至闹剧，然而谁也没有沿着晚清宪政之路继续前进，谁也没能在中国实现宪政。[1]

中华人民共和国成立以后，1949 年 9 月 28 日，中国人民政治协商会议制定通过了起着临时宪法作用的《中国人民政治协商会议共同纲领》（以下简称《共同纲领》）。它以法律的形式总结过去，宣布人民民主共和国的建立，规定了新生的共和国的国体和政体，并且规定了共和国的各项基本政策和公民的基本权利和义务。《共同纲领》不是一部严格意义上的宪法，但作为一部宪法性文件则应无疑义。

在这以后的几年里，随着国民经济恢复发展、土地改革、“镇压反革命”和“抗美援朝”战争的进行，新生的共和国政权得到巩固。1954 年 9 月，以中共中央拟定的宪法草案为基础，由宪法起草委员会修改审定的宪法，提交全国人大第一届第一次会议通过，正式施行。是为 1954 年中华人民共和国宪法即五四宪法。

五四宪法是在《共同纲领》的基础上产生的，在《共同纲领》中规定的关于国家制度和社会制度的基本原则和各项基本政策在 1954 年宪法中得以确认。然而从 50 年代后期开始，1954 年宪法所规定的精神、原则和政策被歪曲和背弃，到“文化大革命”中，五四宪法如同一张废纸被踩在了脚下，不宣而废。“文化大革命”期间，虽有制宪活动和 1975 年宪法的产生，但其指导思想严重错误且其本身存在严重缺陷。七五宪法与其说是为了达成法治状态，不如说确认“文化大革命”抹杀民主，破坏法制的事实。七五宪法确认了“文革”以来国家所存在的混乱状态，扰乱了国家机关的职能和作用；宪法中减少了公民的权利和自由，提出公民要向国家多尽义务。从现代宪政理念角度衡量，七五宪法尽管有宪法之名，很难说符合现代宪法的实质要件。

1978 年宪法则是在“文化大革命”结束后，为恢复国家的民主和法制，提出建设社会主义现代化国家的背景下制定的。但这部宪法同样有它的局限性：它并没有完全摆脱“左”的思想的影响，并不能真正解决中国社会主义发展的问题，并不能真正适应新的历史时期的需要。因此，七八宪法甫一出台，即被修改；两次修改后仍无法适用，只好另起炉灶，重铸新篇。

1980 年 9 月，第五届全国人大三次会议接受中共中央提出的修宪建议，决定成立宪法修改委员会，主持修改宪法工作。1982 年 12 月 4 日，五届全国人民代表大会第五次会议通过了宪法，同日由大会主席团公布实施，是为现行宪法即八二宪法。

---

〔1〕 李泽厚先生将这种状况称为“救亡压倒启蒙，革命压倒改良”的“启蒙与救亡的双重变奏”。参见李泽厚：“启蒙与救亡的双重变奏”，载《李泽厚十年集》第三卷（下），安徽文艺出版社 1994 年版，第 11 ~52 页。关于近代中国（晚清和中华民国时期）宪法文本产生过程、主要内容、影响及评价，中国政法大学卞修全副教授有较为系统的归纳、整理与解读。参阅卞修全：《近代中国宪法文本的历史解读》，知识产权出版社 2006 年版。

八二宪法结构体系依次是：序言、总纲、公民的基本权利与义务、国家机构、国旗、国徽、首都，共四章，一百三十八条。1982 年宪法在实施过程中，已经过 1988 年、1993 年、1999 年、2004 年四次部分修改，共通过了三十一条宪法修正案。

八二宪法的四次部分修改，使宪法更加符合发展变化了的社会关系需要，增强了宪法的适应性，从法治发展角度对之检视，宪法关于法治的内容也有所丰富。

作为法治的基础与法律制度的核心，宪法不仅是衡量法治发展进程与水平的标准，同时也是推进一个国家法治发展的基本因素。在现代民主和法治国家中，宪法被公认是根本法，宪政制度向来被认为是国家最重要的法律制度，它集中体现了现代国家社会制度和政治制度的基本原则和基本结构；同时宪政进程是一个国家法治程度的最重要的表现。宪法以其特有的带有根本性的制度功能记录了社会发展、演变的客观进程与社会成员对宪法功能的评价。从某种意义上说，宪法发展历程是一个国家发展进程尤其是该国法治发展进程的缩影，通过宪法，人们可以从宏观上了解一个国家政治、经济与文化的基本制度、公民的宪法地位等基本问题。百年中国宪政之路的曲折坎坷，给后人留下了许多值得记取的经验和教训；十多部宪法及宪法性文件的制定，无一不是中国努力走向宪政的或积极或扭曲的反映。

二、法治的一般涵义及其中国特色

一般认为，中国古代虽有较早发达的成文法律制度，但作为人治的工具，不具备现代法治的基本品质。现代法治理论起源于西方。尽管法治的确切含义到底为何，在西方法学理论中从来都是一个聚讼纷纭的问题，但法治思想的基本发展脉络与核心内容还是有迹可循、清晰可辨的。[1] 西方法治的思想源头可以追溯至亚里士多德，亚氏论及城邦政治生活时，明确主张法治，认为法治的基本要素有二：已成立的法律得到普遍的服从，而大家服从的法律又应该本身是制定得良好的法律。[2] 亚里士多德的法治思想经过古罗马时期与欧洲中世纪教会法和世俗法的丰富与发展，直接影响了近现代西方法治原则的形成。近代法治原则以英国宪法学家戴雪的表达较为系统，戴雪写道：[3]

> 构成宪法基本原则的所谓“法治”有三层含义，或者说可以从三个不同的角度来看。首先，法治意味着，与专横权力的影响相对，正规的法律至高无上或居于主导，并且排除政府方面的专擅、特权乃至宽泛的自由裁量权的存在。

---

〔1〕 如《牛津法律大辞典》就把法治看做一个十分重要概念，但至今尚无确定的内容，且其内容无法轻易确定。见［英］戴维·M. 沃克：《牛津法律大辞典》，李双元等译，法律出版社 2003 年版，第 990 页。

〔2〕 ［古希腊］亚里士多德：《政治学》，吴寿彭译，商务印书馆 1981 年版，第 167～168 页。

〔3〕 Albert v. Dicey, *Introduction to the Law of the Constitution* (*1885*), 1960, pp. 202～203. 转引自夏勇：“法治是什么？——渊源、规诫与价值”，载《中国社会科学》1999 年第 4 期。

> 其次，法治意味着法律面前的平等，或者，意味着所有的阶层平等地服从由普通的法院执掌的国土上的普通的法律；此一意义上的“法治”排除这样的观念，即官员或另类人可以不承担服从管治着其他公民的法律的义务，或者说可以不受普通审判机构的管辖。……作为其他一些国家所谓的“行政法”之底蕴的观念是，涉及政府或其雇员的事务或讼争是超越民事法院管辖范围的，并且必须由特殊的和或多或少官方的机构来处理。这样的观念确实与我们的传统和习惯根本相忤。最后，法治可以用作一种表述事实的语式，这种事实是，作为在外国自然地构成一部宪法典的规则，我们已有的宪法性法律不是个人权利的来源，而是其结果，并且由法院来界定和实施；要言之，通过法院和议会的行动，我们已有的私法原则得以延伸至决定王室及其官吏的地位；因此，宪法乃国内普通法律之结果。

戴雪之后，则有富勒、哈特、拉兹、菲尼斯、德沃金等现、当代西方法学家各自提出了自己的法治理论。富勒围绕法律与道德的关系，细致考察了法律的内在道德，将之归结为八项具体要求：①法律的一般性；②法律必须被公布；③法律不得溯及既往；④法律的清晰性；⑤法律体系应保持协调一致，避免自相矛盾；⑥法律不能要求不可能之事；⑦法律应保持在时间之流中的连续性；⑧官方行动与公布的规则之间的一致性。[1] 拉兹则批评了富勒所列述的法治原则，认为富勒“主张颇多并且难以区分，他的许多主张是无力且站不住脚的”。[2] 拉兹提出了自己关于法治的基本观点，认为“法治”的字面意思是法律的统治。从广义上看，它意味着人们应当遵守法律并受法律的统治；但政治和法律理论均在狭义上解读法治，即政府受法律的统治并尊重它。从这一观点出发，法治包含有以下重要的原则：①所有法律都应当可预期、公开且明确；②法律应当相对稳定；③特别法（尤其是法律指令）应受到公开、稳定、明确和一般规则的指导；④司法独立应予保证；⑤自然正义的原则必须遵守；⑥法院应对其他原则的实施有审查权；⑦法庭应当是易被人接近的；⑧不应容许预防犯罪的机构利用自由裁量权歪曲法律。拉兹认为以上列举的八项原则可以分为两组。原则①至原则③要求法律应当符合规定的标准以便能有效的指引行为；原则④至原则⑧用来确保执法设施不应通过歪曲执法来剥夺法律本身指引行为的能力，它们应当有能力监督服从法治并且当出现违法情况时提供有效的矫正。[3]

法治在20世纪90年代后的中国成为流行话语，大陆法学界主流理论所理解的法治原则的一般要素包括：①基本人权的保障；②权力的分立与制约；③法律至上；④公民的权利受到侵犯应当得到公正的司法救济；⑤所有公权力行为须受司法审查；

---

〔1〕［美］富勒：《法律的道德性》，郑戈译，商务印书馆2005年版，第55～107页。
〔2〕［英］拉兹：《法律的权威》，朱峰译，法律出版社2005年版，第193页。
〔3〕［英］拉兹：《法律的权威》，朱峰译，法律出版社2005年版，第185～190页。

⑥公正独立的司法系统；⑦法律安定性得到体现和尊重；⑧法律不得溯及既往等。[1]但是由于讨论法治问题的多数人并不具有相同的知识背景，没有应该有的知识上的根据，因此讨论难以取得让人满意的成果，法治到底是什么不很清楚。有鉴于此，中国社会科学院的夏勇教授通过梳理古往今来比较经典的、传统的西方自由主义法治理论，分析了经典法治概念的形成过程和构成要素，并根据富勒、拉兹、菲尼斯的法治学说，还有中国古代的法治学说，综合归纳出作为法治的普在要素的十大规诫。这十个规诫是：①有普遍的法律。法治所要求的法律普遍性主要有三层意思。其一，规范的制作要有一般性；其二，规范的适用要有一般性；其三，法律制度具备统一性。②法律为大众知晓。这不仅指法律制订后要宣之于民众，还包括"为公众所掌握"。③法律可预期。规则之存在须在时间上先于按规则审判的行为。"法无明文不罚"。无人能遵循溯及既往的法律，因其行动时该项法律并不存在。所以，既不能制定也不能适用溯及既往的法律。可预期性是支撑法治价值的一个较为关键的要素。④法律明确。规则必须能够为其接收者所认知和理解。⑤法律无内在矛盾。被期待服从规则的人们不能同时被命令去做既为 A 又非 A 的事情。⑥法律可循。规则的接收者必须能够使他们的行为与规则相符合。⑦法律稳定。规则不能改变过快以至难以学习和遵守。⑧法律高于政府。任何社会里的法律皆有权威，法治所要求的法律权威是立于政府之上的权威。任何社会里的政府皆有权威，法治所要求的政府权威是置于法律之下的权威。这里的"政府"包括一切掌握国家管理权力或执政的个人、群体、组织或机构，不仅仅指行政机构。⑨司法威权。设立司法机构负责在案件中适用法律，并且对案件在法律上的是非曲直做出最终判断和结论，乃是法律制度至关紧要的部分。司法威权包括两个基本要素：其一，法院应该有权通过司法程序审查政府其他部门的行为，以判定其是否合乎法律；其二，司法独立。司法独立不仅仅是审判独立，它包含一系列关于法官任命方法、法官任期安全、法官薪金标准以及其他服务条件的规则；同时在很大程度上还有赖于司法阶层作为一种独立的社会力量的崛起。⑩司法公正。司法公正首先指在适用法律上的公平；其次，法律公正还要求在拥有法律资源方面的公平。[2]夏勇教授的归纳是我所读到的目前中国关于法治的一般涵义最清晰和详尽的表达。

在中国（大陆），由于秉持不同于西方社会的政治意识形态和社会制度，因此主要渊源于西方的法治原则的一般涵义被引入后就发生了一些变化，可称之为"社会主义法治"理论或中国特色的法治。具体来说，法治作为一种治国方略，即"依法

---

〔1〕参见王家福："关于依法治国、建设社会主义法治国家的理论和实践问题——中共中央第三次法制讲座讲稿"，载曹建明等：《在中南海和大会堂讲法制》，商务印书馆 1999 年版，第 70 页。

〔2〕夏勇："法治是什么？——渊源、规诫与价值"，载《中国社会科学》1999 年第 4 期；"法治是什么？"讨论会纪要中夏勇教授的发言，载夏勇：《朝夕问道——政治法律学札》，上海三联书店 2004 年版，第 43 ~48 页。

治国"，与人治相对立，与以德治国相结合；作为一种与社会主义制度相联系的法治理论，有其不完全等同于西方一般法治理论的特定内容。

关于"依法治国"的内容，学者们的论述与官方权威文件的表述并不完全一致。总结学者们的论述，其基本要件包括以下方面：[1]

> 法治国家首先要有完善的法律，而这些法律必须都是良法，因而又需要有违宪审查制度；依法治国需要法律具有至上性，一切权力、一切国家和政治组织都在法律之下，服从遵守法律。而法律至上首先是宪法至上，依法治国的核心是依宪治国，依法治国的重点是依法治权；法治国需要法律得到遵守，因而要有良好的执法、特别是司法制度，司法的独立和高素质的司法人员是法治的保障。

按照权威的官方文件——中国共产党十五大报告的表述，依法治国就是：[2]

> 广大人民群众在党的领导下，依照宪法和法律规定，通过各种途径和形式管理国家事务，管理经济文化事业，管理社会事务，保证国家各项工作都依法进行，逐步实现社会主义民主的制度化、法律化，使这种制度和法律不因领导人的改变而改变，不因领导人的看法和注意力的改变而改变。依法治国，是党领导人民治理国家的基本方略，是发展社会主义市场经济的客观需要，是社会文明进步的重要标志，是国家长治久安的重要保障。
>
> 依法治国把坚持党的领导、发扬人民民主和严格依法办事统一起来，从制度上和法律上保证党的基本路线和基本方针的贯彻实施，保证党始终发挥统揽全局、协调各方的领导核心作用。

细加分析就可以发现，该报告一方面要求"国家各项工作依法进行"，这似乎在强调法律具有居于国家机关之上的权威；另一方面同时要求"把坚持党的领导、发扬人民民主和严格依法办事统一起来……保证党始终发挥统揽全局、协调各方的领导核心作用。"又似乎在强调一种党统领一切，党的领导权威似乎可以与法律权威并驾齐驱——如果不是凌驾于法律权威之上的话。依法治国最多是"由法律加以规范的共产党领导的民主制度运作"。而中国共产党十六大报告在谈到要通过政治体制改革来发展社会主义民主时，强调："发展社会主义民主政治，最根本的是要把坚持党的领导、人民当家作主和依法治国有机统一起来。"[3] 其重心仍可归纳为一种在强

---

〔1〕 蔡定剑：《宪法精释》，法律出版社 2004 年版，第 158 ~ 159 页。

〔2〕 江泽民：《高举邓小平理论伟大旗帜，把建设有中国特色社会主义事业全面推向二十一世纪——在中国共产党第十五次全国代表大会上的报告》（1997 年 9 月 12 日），人民出版社 1997 年版。

〔3〕 江泽民：《全面建设小康社会，开创中国特色社会主义事业新局面——在中国共产党第十六次全国代表大会上的报告》（2002 年 11 月 8 日）。

调党领导下的“由法律加以规范的民主制度运作”。再揆诸现行宪法第五条第三款、第四款的规定：[1]

> 一切国家机关和武装力量、各政党和各社会团体、各企业事业组织都必须遵守宪法和法律。一切违反宪法和法律的行为，予以追究。
>
> 任何组织或者个人都不得有超越宪法和法律的特权。

可以看出，在这里，中国官方宪法理论与宪法规范所面对的一个无法绕开而又极力想要解决的难题就是党的领导与法律权威的关系问题。这个难题在规范层面和理论上似乎真的已经解决了：“各政党”首先是中国共产党，也包括其他各民主党派。据八二宪法制定后期主持修宪工作的彭真讲，这一条是“文化大革命”经验教训的总结，就是特别讲了共产党和领导同志要遵守宪法。[2] 宪法是人民意志的反映，遵守宪法，就是尊重和保障人民的利益。共产党是人民利益的代表者，它没有自己特殊的利益，这就决定了它必须遵守宪法，必须在宪法和法律的范围内活动。从这一点来看，宪法在规范层面和理论层面已经解决了“党大”还是“法大”的关系。但是正如有学者已经认识到的那样，这个问题从宪法理论上和规范层面的解决并不等于实际制度的解决，我国违宪审查机制还没有建立，政党守宪就不可能有保障。而政党受监督的问题最终还是要从政治体制的层面上才能解决，它不仅是宪法问题，还是政治问题。[3]

社会主义法治的内涵，根据大陆主流学者普遍认可的内容，包括：①法律体系科学完备；②以社会主义民主为基础和健全的监督制度；③法律具有至高无上的权威性；④司法体制和程序的健全完善；⑤具有与现代化法制相对应的现代法治文化；⑥中国共产党的领导。[4]

将“依法治国”、“社会主义法治”的内涵与法治的一般涵义对照分析，可以看出若干意味深长的景象。在“依法治国”与“社会主义法治”的政治体制和领导力量层面，都强调以“以社会主义民主为基础”及“中国共产党领导”二点，同时又试图让人相信：强调“党的领导”与法治的一般要求并不矛盾。而事实上这两点与前述法治原则的一般涵义中的“权力分立与制约”、“法律高于政府”、“司法威权”三个要素有较大差异；其余诸要素在表达方式和用语上或许稍有区别，实质内容则基本趋同，并无明显歧异。因此可以将所谓“依法治国”、“社会主义法治”理解为在不影响既有政治体制及领导基础（中国特色的核心部分）的原则下，去推动一种

---

〔1〕《中华人民共和国宪法》（1982 年 12 月 4 日颁布实施，2004 年 3 月第四次修正）第 5 条。

〔2〕蔡定剑：《宪法精释》，法律出版社 2004 年版，第 161 页。

〔3〕蔡定剑：《宪法精释》，法律出版社 2004 年版，第 158 ~ 159 页。

〔4〕参见李步云：“依法治国，建设社会主义法治国家——第九届全国人大常委会法制讲座第二讲讲稿”，载曹建明等：《在中南海和大会堂讲法制》，商务印书馆 1999 年版，第 234 ~ 244 页。

法治国家的制度、理念与原则，而在政治体制以外的各方面均与普遍意义上的法治的概念高度同质。这一法治概念与西方的法治在文化上具有传承关系，又具有中国的特色，比如它明确要求法治应以社会主义民主为基础，不明确主张权力的分立与制约，应当在中国共产党的领导下进行等。总体上可以看成是中国现阶段囿于意识形态和社会制度的框限，在学习、追求西方式法治状态过程中所能达到和接受的、经过过滤与改造的西方法治理论的中国特色版本。

三、当代中国的宪法变迁与法治发展

自20世纪90年代以来，作为中国唯一的执政党——中国共产党强调法治，自觉地选择了依法治国作为治国的基本方略；在世纪末修宪时（1999年），更是将建设社会主义法治国家的目标写进了根本法；本世纪初（2004年），中国再度修宪，宪法中明确宣示保障人权，法治因素又有所增长。

法治必然与宪政互相牵连。因此在本文的这一部分，欲探讨的核心问题是：自清末以来至1999年修宪明确宣布追求法治国家目标之前的历次制宪活动与宪政实践，是否与法治发展毫无关联？中华人民共和国成立后至中共在十五大以前的历次修宪，是否具有法治化的实质内涵？十五大明确宣示建立社会主义法治国家后，是否确实反映于宪法变迁中？限于文章篇幅和论题的现实意义，本文在这一部分拟着重探讨中华人民共和国成立以来的宪法变迁与法治发展的关系。

1949年之前，尽管各方政治势力都积极进行立宪活动，但可以说都不想真正实施宪法或无条件实施宪法，法治状态无法达成。然而从另一方面看，这一时期的宪法变迁对推动法治进展也并非毫无意义。《临时约法》颁布之后，尤其是袁世凯复辟帝制失败后，从曹锟“贿选宪法”到蒋介石国民政府三度制宪，即使是独裁的统治者也意识到，需要有一部宪法作为统治的合法性依据。这些立宪活动，使人们心中形成了一种信仰：在中国，没有宪法的统治是非法的统治。这应该说是中国早期宪政实践对中国法治发展的贡献。

1949年之后中华人民共和国成立以来的半个多世纪时间，若以宪法变迁为角度检视法治发展，又可分为法治的蒙昧、萌芽与发展时期和法治地位稳固确立与法治内容进一步发展时期。[1]

1. 从1949年中华人民共和国成立至1976年“文化大革命”结束，中国颁布了一部起临时宪法作用的宪法性文件（《共同纲领》）和两部正式宪法（《五四宪法》与《七五宪法》）。但法治精神只是在极短的时间段内昙花一现随即凋零残败，法治

---

〔1〕 法治发展三个时期的划分借用了署名sholy的网络作者“法治在中国的发展：以八二年宪法的变迁为观察点”一文，中国公法网论坛http://www.chinapublaw.com/forum/dispbbs.asp?boardID=2&RootID=13502&ID=13502，访问日期：2005年6月20日。

状态在整体上几乎不存在，这一时期可视为中国法治的“蒙昧时期”。[1]

《共同纲领》内容简略，大致相当于后来宪法的序言和总纲部分。除序言外，有七章六十条，包括总纲、政权机关、军事制度、经济政策、文化教育政策、民族政策和外交政策七部分。由于只是临时宪法性质的纲领性文件，对于现代法治内容体现较少，主要有两个条文较为集中地规定了公民的基本权利（总纲部分第四条、第五条）；但在关于社会制度和政权机关的规定部分，明确体现了中国共产党的领导及政权性质是人民民主专政。

五四宪法被认为是制定得较好的一部宪法。它总结了近代中国宪政运动的历史经验，在起草过程中又参考吸收了国际经验（主要是苏联经验），条文、结构比较完备合理。在体现法治进展方面，比《共同纲领》有了较大的发展。宪法规定了较为广泛的公民权利，并规定了逐步扩大物质保障的措施。但毛泽东讲到五四宪法的原则时，只讲了两条：即民主原则和社会主义原则。可见在当时宪法制定者心目中，宪法主要是作为实现政治目标的工具而制定和存在的，即通过宪法为既存政权赋予合法性，法治观念并未真正受到重视。这样就使五四宪法存在着潜在的危机：一旦政治形势和任务发生变化，必然会影响宪法的稳定性，损害宪法的权威甚至视之为累赘进而弃之如敝屣。历史的悲剧性发展正是如此。[2]

1955 年的胡风事件、1957 年反右严重扩大化是对五四宪法中本就微弱的法治原则的冲击，之后随着党的高层领导对法治态度的几乎是一百八十度的转变，法治原则和精神逐步被摧毁殆尽，荡然无存，直至文革期间达到了“无法无天”的登峰造极状态。毛泽东本人是五四宪法的主持者与起草小组的领导者，但曾几何时，其言行举止判若两人。五四宪法制定期间，毛泽东曾辞恳意切地要求宪法通过以后，“全国人民每一个人都要实行，特别是国家机关工作人员要带头实行，首先在座的各位要实行，不实行就是违反宪法。”[3] 到了 1958 年 8 月北戴河会议上毛泽东曾说：“不能靠法律治理多数人……宪法是我参加制定的，我也记不得。……我们每个决议案都是法，开会也是法，……不靠民法、刑法来维持秩序。”1959 年，毛泽东更曾明确表示“要人治，不要法治。”正是在这种思想指导下，中央政法小组于 1958 年 12 月 20 日给党中央、毛主席的报告中提出：刑法、民法、诉讼法，根据我国实际情况看来，已经没有必要制定了。而正在进行的刑法、民法、刑事诉讼法、民事诉讼法等

---

〔1〕 法治发展三个时期的划分借用了署名 sholy 的网络作者“法治在中国的发展：以八二年宪法的变迁为观察点”一文，中国公法网论坛 http://www.chinapublaw.com/forum/dispbbs.asp?boardID=2&RootID=13502&ID=13502，访问日期：2005 年 6 月 20 日。网文中称为“混沌时期”。

〔2〕 参见张晋藩：《中国宪法史》，吉林人民出版社 2004 年版，第 338 页。

〔3〕 毛泽东在 1954 年 6 月 14 日中央人民政府委员会第三十次会议“关于中华人民共和国宪法草案”的讲话。转引自许崇德：《中华人民共和国宪法史》，福建人民出版社 2003 年版，第 408 ~ 409 页。

基本法律的起草工作也因此而停顿，从而使我国法制建设的正常进程受到严重干扰。[1] 此后近20年时间里，虽有60年代末与70年代上半叶的制宪活动与七五宪法出台，但“法治”在总体上被作为资产阶级意识形态的一部分遭到批判和抑制。

2. 1976年“文化大革命”结束至1997年中国共产党十五大召开，期间经过七八制宪及对七八宪法的两次修改、中国共产党十一届三中全会提出加强社会主义民主法制建设、八二宪法的制定及其两次修改，到十五大报告中正式提出“依法治国，建设社会主义法治国家”。这一时期，法治原则在70年代末80年代初得以萌芽生长，八二宪法颁布实施后更有所发展。

1978年3月，中华人民共和国第三部宪法颁布，从体例和主要内容看，基本上是向五四宪法回归，但回归远未到位。“无论从内容还是从形式上，七八宪法都只可称为一部恢复性过渡宪法。”[2] 与此前“无法无天”状态不同的是，七八宪法及其颁布实施之后紧接着的两次修改突出了社会主义民主原则和保障人民参加管理国家社会事务和监督国家机关及其工作人员，部分恢复了被七五宪法大大削弱的国家机关（1979年的修改还充实改进了基层国家权力机关及其选举办法），部分恢复了五四宪法规定而被七五宪法大规模削减的公民权利。因此，可以说七八宪法虽仍存在着严重的局限性，但已经松动了法治萌芽的坚冰冻土，透露出重视民主、重建法制的明确信号。

1978年底召开的中国共产党十一届三中全会是当代中国法治进程中的一个转折点。这次会议在总结中华人民共和国建国以来的历史经验教训，特别是“文化大革命”破坏法治、践踏人权、给国家民族造成沉重灾难的教训基础上，决定在国家政治社会生活中大力加强民主法制建设。邓小平在这次全会前夕的中央工作会议说：[3]

> 为了保障人民民主，必须加强法制。必须使民主制度化、法律化，使这种制度和法律不因领导人的改变而改变，不因领导人的看法和注意力的改变而改变。……应该集中力量制定刑法、民法、诉讼法和其他各种必要的法律，……做到有法可依，有法必依，执法必严，违法必究。

邓小平的这次讲话实际上是十一届三中全会的主题报告。这段话中使用的虽然是“法制”这个词，但其内涵已包括“法治”的基本含义，亦即不仅重视法律制度的完备，同时隐含有树立法律权威，以法律规范国家权力的意思在内。这次会议提出的“有法可依、有法必依、执法必严、违法必究”的16字法制方针，可以看作是向依法治国方向努力迈进的一个宣言。

---

〔1〕 参见项淳一：“党的领导制度与法制建设”，载《中国法学》1991年第4期。

〔2〕 蔡定剑：《宪法精释》，法律出版社2004年版，第55页。

〔3〕 邓小平：“解放思想，实事求是，团结一致向前看”（1978年12月13日），载《邓小平文选》第2卷，第146～147页。

经过十一届三中全会之后指导思想上的拨乱反正，至1982年12月4日，五届全国人大五次会议颁布了中华人民共和国的第四部宪法即现行的八二宪法。八二宪法扩大了公民的基本权利：由五四宪法规定的19条，扩大到24条，特别是将“公民的基本权利和义务”从原来第三章提到第二章，凸显了公民权利的重要地位。八二宪法还健全了人民代表大会制度，强化了民主与法制建设（如宪法第99、104条的规定），规定了国家最高领导人的任期，明确了加强社会主义法制建设的方针。宪法序言最后一自然段、宪法总纲第5条、宪法第二章关于公民基本权利的规定、宪法第135条等，都较为明确地体现了“法治”的基本含义。

但此后一段时间内，16字法制方针并没有呈线型向依法治国这一治国根本方略上转变，而是在国家和社会治理实践中“既依靠政策，又依靠法制”。即使八二宪法实施以后，仍是多讲“加强法制”，少谈“实行法治”，而且实际存在的法制中行政权力至上、长官意见或部门意志烙印未除，与法治的精神意蕴相去较远，依法治国被理解为通常意义上的“依法办事”。八二宪法实施6年后，于1988年进行了第一次修正，通过了两条宪法修正案：①宪法第11条增加规定：“国家允许私营经济在法律规定的范围内存在和发展。私营经济是社会主义公有制经济的补充。国家保护私营经济的合法的权利和利益，对私营经济实行引导、监督和管理。”②宪法第10条第4款修改为：“任何组织或者个人不得侵占、买卖或者以其他形式非法转让土地。土地的使用权可以依照法律的规定转让。”第一条修正案是对宪法原本未规定但当时已有较大发展的私营经济宪法地位的承认，并要求对私营经济实行引导监督和管理，同时也是为进一步的立法提供依据，与法治基本无关；第二条修正案是因为当时一些地方性法规和规章（上海、天津、深圳、广州、福州、厦门6市和海南岛）规定了土地可以有偿转让，引起了人们广泛关注和争论，于是通过修改宪法为已经存在的土地出租的事实和相关法律法规提供依据。当然，这一修正案允许依法转让土地，部分放宽了对组织和个人财产权的限制，使公民权利范围有所扩大，但其重心显然在于国家经济政策的调整。仍与法治发展基本无涉。因此可以说，1988年修宪对法治的实质性进展没有实际意义。

至1992年市场经济目标确立，宪法面临再度修改。于是1993年宪法修正案出台，这次修正案的主要内容有：①在序言中增加“我国正处于社会主义初级阶段”、“建设有中国特色的社会主义理论”、“坚持改革开放”的规定，将原来“把我国建设成为高度文明、高度民主的社会主义国家”的目标改为“把我国建设成为富强、民主、文明的社会主义国家”，以及增加“中国共产党领导的多党合作和政治协商制度将长期存在和发展。”②着重对社会主义经济制度的有关规定作了修改补充，将社会主义市场经济作为国家的基本经济体制规定下来。修正案第5条到第10条都是关于经济制度方面的规定，使其更符合改革开放发展的需要。③将宪法第98条县级人大代表的任期由3年改为5年。由宪法修正案内容可见，1993年宪法修正案重心仍在经济制度与经济政策，基本未涉及法治内容。但由于市场经济与法治原则天然的密切关系，为之后法治讨论提供了很好的话题。

1993 年市场经济目标入宪后，“依法治国”范畴开始进入人们的思考范围和视野之中。从初期的“法制”与“法治”之辨，进而到治国理论与方略之争，依法治国作为治国方式得到理论界较为一致的认同。

在此时期，与此前多提法制不同，政府文件中民主与法制频繁连用，表明向法治更近了一步。到了江泽民时期，“依法治国”的概念开始被正式提出，“社会主义法治”的概念也开始出现。1996 年，中共中央法制讲座上，江泽民在讲话中表示要“建设社会主义法制，实行依法治国”。这是党中央领导核心明确宣告法治国家方略，向法治化迈出了决定性一步。到了 1997 年召开的中国共产党十五大，则正式在报告中表示要“依法治国，建设社会主义法治国家。”至此，法治成为政治界、法律实务界与法学学术界的时髦话语。

3. 1997 年中国共产党十五大报告提出以“依法治国，建设社会主义法治国家”的治国基本方略后，又经过了 1999 年、2004 年两次修改宪法，法治正式成为宪法的重要原则之一，法治原则的地位稳固确立，法治的内容也得到了进一步的丰富和发展。1999 年宪法修正案中与法治发展的关系最为密切的是宪法修正案第十三条，该修正案在宪法第五条新增一款，作为第一款，规定：“中华人民共和国实行依法治国，建设社会主义法治国家。”将中共十五大报告确立的法治原则正式载入宪法予以确认，从此，法治原则成为宪法原则，同时也表明了宪法是实行依法治国的前提，宪法是法治的基础。从“法制”到“法治”，一字之差，一个词语的变化，其背后是二十年法治因素的逐步积累，是整个法治理论和治国理念的艰难变革。这次修宪可视为历次修宪中在社会主义法治化方面最有成果的一次。宪法经此修改，表明法治概念在中国已经在话语层面和制度层面得到重视和较为牢固地树立，

2004 年 3 月，第十届全国人民代表大会第二次会议对现行宪法再度修改，部分条款对法治的内容又有所丰富。这次修改通过了第 18 条至第 31 条宪法修正案，是 1982 年宪法实施以来历次修宪中修改条文最多的一次。其中第 22 条修正案完善了对公民私有财产的保护、第二十三条修正案增加了建立健全同经济发展水平相适应的社会保障制度的规定、第二十四条修正案增加了国家尊重与保障人权的规定，这些都是对法治原则具体内容的丰富与扩展。尤其是第二十四条修正案增加的关于国家尊重与保障人权的规定，对法治的发展意义尤为重大。在宪法中作出尊重和保障人权的宣示，在人权已经成为国际社会普遍承认的准则的背景下，有利于推进中国人权事业的发展，有利于中国在国际人权事业中进行交流与合作，有利于引导、推动中国的法治理念融入世界主流法治文明，也便于加强对公民基本权利的保护。

四、尝试性的结论与进一步的思考

1. 从宪法的变迁角度观察，中国法治概念与法治思想在 1949 年之前曾经起步并

有曲折发展，但极不连续、不稳定；1949 年之后的发展可分为蒙昧时期、萌芽与发展时期、稳固与继续发展时期三个阶段。法治因素的成长与快速进步主要发生在第三阶段。

2. 从清末立宪以来直至现行宪法中所体现的法治化因素的发展，尤其是现行宪法颁布实施以来历次修宪所体现的主流法治理念，结合现有的法治基础和状况推断中国法治发展趋势，似可断言中国的法治化程度在可预见得到的将来应该会持续发展与进步，但近期的进步主要会体现在公民权利的保障及宪法实施机制进步的层面上，政治体制和领导基础方面不至于有太大的改变。

3. 随着中国的和平崛起，中国的国际交往和国际影响的扩大，中国宪法变迁与法治发展会越来越趋同于世界主流宪政文明与法治文明。但在可预期的意义上，这种变迁与进步在性质上会是对现在制度的自我完善发展。法治的中国特色将得到较为明显的体现。

通过对中国一个世纪以来的宪法变迁与法治发展关系史的简单的梳理，我们可以看出，尽管充满曲折坎坷，充满艰难困苦甚至充满了荒诞不经、悲喜交加还有血泪牺牲，但法治因素的生长进步终究是“青山遮不住，毕竟东流去”。中国的法治事业一路进退失据、颠沛流离地走过一个世纪的风雨沧桑，终于走到了人类法治文明殿堂的门槛。尽管中国现实中的法治建设还有许多不尽如人意之处，我们有很多很多的理由可以去指责、抱怨这种情形，但我想说的是，作为法律职业共同体的一员，更为有建设性意义的态度可能是务实、稳健地去进行观察、研究、思考、行动。我们可以做的，不是以英雄的姿态去强行突破宪法已嫌僵化但仍敏感的关于政治体制与意识形态的规定，而应是在现有宪法制度容许的空间里，使宪法中已经相当程度体现的法治因素得以落实，培育、呵护、扩展现有的法治根基，纠正违反法治的现象。因为虽然现行宪法在内容上的确有许多自相矛盾、抵牾法治之处，但毕竟在政治现实中绝大部分弊端都是以违反宪法的形式存在的，因而在中国推行宪政、建设法治的第一步应该是护宪运动。社会中护宪的力量越强，法治成功的可能性就越大。护宪运动的目的是为了促进体制内的良性互动，整合各种社会有利于法治成长的因素及其相互作用的合力以及作为其结果的基本共识。

德国宪法学家施米特曾经力图证实：“宪法是人类政治行为的结果，并不是什么绝对的东西，不能把宪法看成一架万能机器，似乎靠宪法自身的规范系统就可以产生作用——宪法的效力有赖于制定宪法的人的政治意志。”[1] 毕竟，一个简单、朴素却又真实的道理是，世界上没有十全十美的事情，也没有十全十美的宪法与法治。即使有，也不是中国目前一步就能实现的。过于理想主义或完美主义的态度可能适合于哲学冥想或文艺创作，但肯定不适合于制度改进与法治建设。相反，却极可能

---

〔1〕［德］卡尔·施米特：《宪法学说》，刘锋译，上海人民出版社 2005 年版，中译本前言。

像富勒讽刺的“雷克斯国王”一样，陷国家于水火，使民众手足无措，最终使自己的处境也岌岌可危，抱恨而终。[1] 当然，务实、稳健与妥协并不等于得过且过，不等于放弃原则，更不等于不负责任。如果所有的人都等着坐享其成，则法治将永无实现之日；如果所有的人都不去批评抗争，则专制权力就会吞没一切权利压制所有自由。作为一个学者，一个法律职业共同体中的一员，我们应保持一份对宪政理念与法治精神的持守与执着，通过自己在学术上、智识上的自觉与努力，为国家民族也为自己赖以安身立命的法治事业奉献自己的智慧与力量，为它踵事增华，促进其成。在这方面，愚以为著名法学家、法学教育家江平先生可以作为我们的典范。江平先生总结自己的人生经历时说：[2]

> 我是一个法学教育家，我以学校为舞台，努力培育一代具有现代法治观念的，具有民主、自由开放思想的法律工作者、法律家、法学家。我是一个法律活动家，我以社会为舞台，在立法、司法、政府部门、企业等诸多领域为建立现代法治国家助推了一把力。

我们大多数法律学人若能跬步以踪，踵继其后，如此去做，做到如此，庶几可以无愧乎？法治伟业，庶几可期其成乎？

---

〔1〕［美］富勒：《法律的道德性》，郑戈译，商务印书馆2005年版，第10～55页。

〔2〕江平：《民商法纵论——江平七十华诞纪念文集》，中国法制出版社2001年版，序言。

论和谐社会的私法体系构建

蒋传光*

法治与和谐社会的构建是当代法学研究和法律实践的时代主题。和谐社会是社会转型和新的社会秩序形成的一面旗帜和价值标准。从法学层面上而言，和谐社会的提出不仅对法学的中国化和本土化提供了前景，而且为我们当下对西方法学的崇拜或“殖民化”提供了反思和批判的空间。毕竟我们所建构的法治社会是中国的，中国的传统文化在现代化的进程中必将影响和渗入我们今天社会秩序和法治秩序的进程，并使其具有中国传统和中国文化的特点。

和谐社会与法治社会的关系本身是一个宏大而难以驾驭的主题。以这样的主题来进行研究本身就要拷问研究者本身的知识水平和知识视野。本文选择从私法的视角作为问题的切入点，并将从公法与私法的关系并以私法为重点来探求私法建设对和谐社会的构建的可能意义。

一、和谐社会与私法体系的构建

（一）和谐社会理念的丰富内涵

中国共产党第十六届四中全会明确提出构建社会主义和谐社会，会议指出，“要适应我国社会的深刻变化，把和谐社会建设摆在重要位置，注重激发社会活力，促进社会公平和正义，增强全社会的法律意识和诚信意识，维护社会安定团结。”并对什么是社会主义和谐社会作了高度概括——“全体人民各尽其能、各得其所而又和谐相处的社会”。“和谐社会”概念的提出，契合了中国社会现实，为中国社会未来发展的方向提供了规定性的指引，确立了社会发展的总体蓝图和评价尺度。

和谐社会的构建，从总体上把中国特设社会主义社会的结构由原来的社会主义民主政治、市场经济、社会主义先进文化的三位一体发展为政治、经济、文化与社会的四位一体，并且把建设和谐社会作为衡量执政党执政能力的重要指标。[1]

从宏观角度看，构建和谐社会是一个全面系统的目标，既包括人与人、人与社会之间的和谐，也包括人与自然之间的和谐；既包括各个阶层之间的和谐，也包括各个社会利益群体、利益集团之间的和谐；既包括政治、经济、文化各个子系统之

* 法学博士，上海师范大学法政学院教授，博士生导师。

〔1〕 罗豪才：“公法视角下和谐社会的构建”，载《中国法学》2005 年第 1 期。

间的和谐发展，也包括各个子系统内部的和谐发展；既包括中央与地方关系的和谐，也包括各个部门之间的和谐。从微观角度看，构建社会主义和谐社会需要以人为本，保障公民的充分自由与平等，构建现代民主与法治的社会。这其中，私法构建是社会主义和谐社会建设的核心问题。

构建和谐社会的内容之一即创造公平正义的现代法治文明社会。社会主义和谐社会的建设需要建立在公平正义的时代基础之上，和谐社会只能立于法治基础之上。

（二）私法体系的构建

私法是与公法相对的概念，将二者予以划分是西方法律文化的重要成果，最早源自古代罗马国家，由古代罗马法学家创立，在中世纪日耳曼王国中曾一度沉寂，后伴随罗马法的复兴得以延续。二十世纪以来，公法与私法之间开始相互渗透，呈现出“私法公法化”和“公法私法化”趋势，甚至出现新的社会立法而无法归类。尽管如此，这种划分依然是当代大陆法系国家法律存在与发展的逻辑基础，并保持着大陆法系法律分类无可取代的基础性地位。在古罗马，罗马人不仅在事实上区分了“公法”和“私法”，而且给“公法”和“私法”下出了准确的定义。乌尔比安说，“私法是涉及个人利益的法”，“公法是关于罗马国家的法律”。这一定义概括了公法与私法的某些重要的特征。古罗马社会的公民，其公共生活和私人生活被严格加以区分，同一位罗马公民在这两种生活中可能扮演着不同身份的角色，享有不同的权能。公私法的划分理论就实现了这种公共生活与私人生活的分离，也正如此，罗马的公法与私法观念得以形成和确立，公法与私法的领域逐渐被区分和界定，两者在保障国家权力运行的公共领域和规制家庭生活的私人领域依据各自的原则施行，相互之间基本上自成一体，并行不悖。[1]

那么在当代建设社会主义和谐社会的本土化背景之下，如何建构属于中国本土的私法体系是我国法治社会建设面临的一个问题。

二、公法与私法的二元化对于和谐社会构建的功能分析

（一）公法与私法的二元化对于和谐社会构建的意义

公法与私法的二元化是公法与私法划分理论发展的必然结果。社会主义和谐社会必然是建立于法治社会基础之上的和谐社会，是高度发达的法治成果的凝结和运用。那么在构建社会主义和谐社会的宏观视野中，是否需要继续深化公法与私法的二元化划分？有学者指出，我国社会主义法律体系是否需要划分公法和私法，不能凭主观想象，也不能凭理论推导，而应看我国社会是否需要，在我国划分公法与私法是否可能。就我国社会主义经济体制改革看，在我国社会主义法律体系中划分公法和私法，完全是建立以社会主义市场经济为基础的新型社会结构体系的需要。[2]

---

〔1〕 叶秋华、洪荞：“论公法与私法划分理论的历史发展”，载《辽宁大学学报》2008 年第 1 期。

〔2〕 杜万华：“关于公法和私法制度的理论思考”，载《法制与社会发展》1995 年第 1 期。

私法构建需要建立在一定的价值基础之上，私法的发展与个人的利益密切相关，古罗马的私法发展史就是关于古罗马公民私人利益的发展史，也是古罗马成为横跨欧亚非三大洲的古代最大的世界性帝国的贸易发展史。古罗马成为贸易中心之后，东西南北的经济贸易和由此而发生的各种复杂的私法关系，使法律对罗马国家经济关系的调整与规范，突出地成为实现国家政治稳定的首要任务，也成为立法者和法学家亟待解决的法律课题。与此同时，在强有力的公法庇护之下，罗马逐渐形成了独立的市民社会，商品经济取代农业经济获得飞速发展并开始发挥基础性作用，以物权、债权和继承关系为主要内容的私法建设，客观上成为罗马法必须关注的焦点，有了巨大的发展空间和发展需求。[1] 在这个经济基础上进行私法构建，就具备了私法的法形成条件和独立的市民社会基础。在近代西方国家，取得政权的资产阶级在主张自己政治权利的同时，也积极要求通过法律手段，确认其在经济生活领域的私法权利，如主张私有财产神圣不可侵犯、契约自由、自由竞争等，而这些主张为私法在近代获得充分而迅速的发展提供了巨大的推动力。[2] 因此，私法与公法的二元化并非学理上的划分和学术主张，而是有着坚定的经济基础和发达的市民社会支撑。同时，也暗含着相对成熟的法形成条件，在法律形成的要素具备之后，方能发挥经济与社会的基础性作用，构建私法体系。也因此，在社会主义和谐社会的建设中才能积极地进行公法与私法的二元化发展，并促进社会主义和谐社会建设。

（二）法形成角度分析

公法与私法的二元化有利于社会主义和谐社会的法治构建，那么如何看待公法与私法——尤其是私法——的形成也将是理论必须面对的一个问题。从法形成角度看，私法的构建是西方法学发展的成果，是关系公民个人利益的法律构建。

这里，笔者将从著名的奥地利法学家尤根·埃利希的法形成理论出发，分析在社会主义和谐社会中的私法构建。尤根·埃利希以“活法”与法律家通过时间和理论整理而成的法——也就是“法学家法”——这两个概念为基础讨论了法的形成。他认为，法律命题、审判规范和法学家法都不是法律的基本形式，相反，而是最易忽视的“活法”——“构成了人类社会法律秩序的基础”[3]。其中“活法”概念是尤根·埃利希提出并表明其法律社会学思想的一个重要概念。它是指在日常生活中通常为各种社会团体中的成员所认可的并在实际上支配社会一般成员之行动的规范。这种“活法”它并不存在于制定法的条文中，而是存在于各种民间的婚姻契约、遗嘱、继承契约以及团体的章程中。并且尤根·埃利希认为，活法不是法院裁决案件

---

〔1〕 叶秋华、洪荞：“论公法与私法划分理论的历史发展”，载《辽宁大学学报》2008年第1期。

〔2〕 叶秋华、洪荞：“论公法与私法划分理论的历史发展”，载《辽宁大学学报》2008年第1期。

〔3〕 ［奥］尤根·埃利希：《法律社会学基本原理》，叶名怡、袁震译，九州出版社2007年版，第1097页。

时会认为此部分具有拘束力的文件内容，而仅仅是当事人在生活中实际遵守的部分。[1] 因此，从这个角度来看，私法的构建并不能仅仅从宏观立法层面构建，而应当按照法形成的规律，结合社会中的"活法"，提取其中的表达规范，将之提升到法律命题的层面予以构建。要深入社会，广泛调查和发现社会生活中存在的习惯、婚姻契约、遗嘱、继承契约以及团体的章程等。

同时，尤根·埃利希又从国家与社会的角度阐述了社会联合体的内部秩序，认为每个联合体都相当独立地创造自身的秩序，并且每个联合体均不受其他联合体中为了处理相同的关系而存在的规则的拘束。[2] 进而，社会不是凭借法律规则来维持它的平衡，而是依靠其联合体的内部秩序来维持它的平衡。[3] 人类联合体的内部秩序不但在最初是法律的基本形式，而且到目前为止也是如此。[4] 最后，尤根·埃利希还不忘说，联合体的内部秩序由法律规范决定。所以，从尤根·埃利希法形成理论的角度来看社会主义和谐社会的私法构建，我们还不能忽视社会联合体的内部秩序。构建社会主义和谐社会所具有的丰富内涵，关键在于创造公平正义的现代法治文明社会。这表明构建社会主义和谐社会需要以人为本，保障公民的充分自由与平等，以此方能构建具有现代民主与法治的和谐社会。那么，保证以人为本，保障公民的充分自由与平等，创造公平正义的现代法治社会这样一个系统的工程，应当注重国家与社会的互动以及其中每一个联合体的内部秩序，尊重和吸收每一个联合体内部相对独立和完善的自身秩序和为了处理某些关系而存在的规则。全方位地调查和了解社会中广泛存在的"活法"，并将其提升为法律命题的高度，是和谐的必要的音符，是构建具有现代法治与文明的社会主义和谐社会的必要环节。

三、和谐社会对私法体系的构建评价

（一）市民社会的评价

私法体系的构建需要一个评价标准，在资本主义国家有资本主义的私法标准；在社会主义国家有社会主义的标准。那么对于当代私法体系的构建在社会主义和谐社会的背景下又有着更加科学的标准。

和谐社会是"全体人民各尽其能、各得其所而又和谐相处的社会"，其中即蕴含一个私法理念——也是私法的核心——私法自治。私法体系的构建应当以私法自治为核心和目标。私法自治的基本理念和精义就是：在法定范围内，自己的事，自己为自己做主，自己为自己立法，自己为自己谋利，自己对自己负责。它的实践原则是，凡是自己能办到、能办好的事情就决不要别人代办，凡是能自治的事情就决不

〔1〕［奥］尤根·埃利希：《法律社会学基本原理》，叶名怡、袁震译，九州出版社2007年版，第1087页。
〔2〕［奥］尤根·埃利希：《法律社会学基本原理》，叶名怡、袁震译，九州出版社2007年版，第59页。
〔3〕［奥］尤根·埃利希：《法律社会学基本原理》，叶名怡、袁震译，九州出版社2007年版，第67页。
〔4〕［奥］尤根·埃利希：《法律社会学基本原理》，叶名怡、袁震译，九州出版社2007年版，第77页。

要他治。[1] 私法自治在资本主义社会，随着具有强大公共力量的市民社会的形成，它积极地限制着国家的干预，国家干预的程度和范围大大缩小，随之私法自治的范围大大扩大了。

和谐社会需要一个强大的市民社会。市民社会理念凭借诸种摆脱集权式统治的运动以及种种“新社会运动”（new social movements）而得以复兴并在此基础上形成了“市民社会话语”以后，便在另一个向度（dimension）上依据这种知识自身所具有的相对自主的逻辑，或者说在某种意义上脱离其直接赖以的成因而逐渐为形成种种新的理论研究而努力。[2] 近现代市民社会理论，坚持政治社会与市民社会的二分法，强调市民社会由非政治性社会组成。这主要是由黑格尔提出并由马克思加以完善的理论。黑格尔认为：“市民社会是处在家庭和国家之间的差别的阶段，虽然它的形成比国家晚。其实，作为差别的阶段，它必须以国家为前提，而为了巩固地存在，它也必须有一个国家作为独立的东西在它面前。”[3] 马克思的《黑格尔法哲学批判》一文在继承黑格尔关于市民社会概念将市民社会看做是私人利益体系的合理因素的同时，虽然重视在生产和交往中发展起来的社会组织的作用，但是却批判了黑格尔关于市民社会依附于国家的观点，认为国家以市民社会为基础，指出：“政治社会没有家庭的天然基础和市民社会的人为基础就不可能存在。”[4] 马克思的经典论证说明，以市民社会关系为调整对象的私法，必然在一个国家的法律体系中占有基本法的重要地位。

因此，私法体系的构建应当建立在强大的市民社会基础之上。缺乏一个强大市民社会基础，私法体系的建构必将难以支撑。

（二）和谐要素的评价

私法以市民社会人的价值的实现为直接目的，以非官方的市民之间的商品交换关系为调整对象，以平等自治为原则目的是保障私人利益的实现，其法律建构具有浓厚的人文基础。私法建构私权的法律价值也必然体现对人的终极关怀。因此，对私法构建的评价还要从和谐社会的这些角度来评价。

首先，和谐社会是民主与法治的社会，是公民的权利享有和利益保障完善的社会。私法的构建要推进社会主义民主的制度化、规范化和程序化。法治社会，是从制度上保障每个人都可以通过既定的规则来维护自己的合法权利。从私法自治角度看，私法自治体现的是主人翁感、主体精神和自我意识、自由品质。因此它视自由、

---

〔1〕 邱本：“论私法观念的更新”，载《吉林大学社会科学学报》1994 年第 5 期。

〔2〕 邓正来、[英] J. C. 亚历山大编：《国家与市民社会——一种社会理论的研究路径》，中央编译出版社 1999 年版，导论第 4 页。

〔3〕 [德] 黑格尔：《法哲学原理》，范扬、张企泰译，商务印书馆 1961 年版，第 97 页。

〔4〕 马克思：“黑格尔法哲学批判”，载《马克思恩格斯全集》第一卷，人民出版社 1956 年版，第 252 页。

自主、自治为终极关怀，同时又对强权暴力专制抱警惕之心，私法自治对官僚主义是一种有力的抗拒。私权是公民最为普遍、最为关切和最常行使的权利。私域是公民践行民主的第一领域，又是保障民主的最后屏障，私法自治具有民主的功能。

其次，和谐社会是稳定与有序的社会。中国共产党第十六届四中全会明确提出构建社会主义和谐社会，会议指出："要适应我国社会的深刻变化，把和谐社会建设摆在重要位置，注重激发社会活力，促进社会公平和正义，增强全社会的法律意识和诚信意识，维护社会安定团结。"可见，建设社会主义和谐社会的目标之一是要维护社会安定团结。社会主义私法体系的构建，应当在最大程度上促进社会的和谐与稳定。私法是市民社会的基本法律形式，私法是社会主义法律体系的基础。私法作为市民社会的法，通过设定权利来维持市民社会的利益秩序。市民社会是以私人利益为出发点和归宿的社会。和谐社会的构建，必须突出私法的地位与作用，实现和谐社会法治构建的私法之治。所以，与市民社会相对的政治社会即国家必须尊重市民社会关系的价值准则，通过私法正确反映市民社会关系的需要和人的私法地位，从而促进市民社会关系以私法的形式实现有序运作。[1]

最后，和谐社会是公平与正义的社会。党中央提出，和谐社会是一个"全体人民各尽其能、各得其所而又和谐相处的社会"。公平与正义的涵义包括很多方面，根据对社会公平和正义的普遍性理解，它包括四个方面：其一，基本权利不容侵犯，生命权及生存权、平等权、自由权等不可被不正当地剥夺；其二，机会均等，每个社会成员都有相似的起点，这是由社会所提供的，如接受义务教育的权利；其三，按劳分配（初次分配），即根据每个人所做的贡献进行分配，这种分配可能会使社会成员的收入形成较大的差距；其四，社会保障权利（二次分配），即第一次分配要注重效率，第二次分配要注重公平，其目的是使结果接近于平等，使社会成员普遍享受到发展所带来的好处，使生活质量有所提高。实现私法的构建就必须从这四个方面出发，以最终实现社会的公平与正义。同时，这四个方面对公平和正义的理解，正是关系公民个人利益的基础方面。所以，和谐社会对私法的构建是私法构建的重要标准。

四、私法体系的完善可能对和谐社会形成的可能贡献

私法是和谐社会法治构建的基本法律，市民社会对于和谐社会构建的基础性作用，必须通过私法的调整功能实现。和谐社会法治构建的本质即是私法之治，私法在和谐社会的法治构建中居于主导地位。

（一）私法体系的完善有助于为和谐社会的构建提供规则基础

任何社会的建立基础性前提就是能够保障社会有秩序的运行，无论是传统社会还是现代社会，无论是西方社会还是东方社会都是如此。所不同的是现代社会与传

---

〔1〕 王利民、郭明龙："论'和谐社会'的私法构建"，载《河北法学》2006年第2期。

统社会相比，传统社会对秩序的强调是在牺牲或弱化公平和正义的价值基础上的制度运行机制，甚至这种机制具有一种极端的色彩，但却是与当时的社会、历史以及政治、经济和文化等条件相一致的。在这种社会里，公法特别是刑法成为维护社会秩序的基本手段，为了维护社会秩序可以无条件的剥夺和牺牲个人权利甚至是基本的生存权。因此传统社会的私法在维护社会秩序和保障民众权利上是公法（特别是刑法）的辅助工具。这样的社会，从法律的视角，我们可以把它称为是公法社会或刑法社会和权力本位的社会，我国的传统社会就是以这些特征为典型。

而我们所要建构的和谐社会虽然强调秩序的基本价值，但是我们更强调公平正义和以人为本，更注重在维护基本秩序的条件下来追求公平正义在社会中的实现。因而传统的法律规则体系在社会转型和价值转换的今天，特别是在和谐社会时代这样的大背景下，需要不断的更新和改革。即逐渐从以公法为主到以私法为主、逐渐从权力本位向权利本位转化，重塑私法在法律体系中的地位和作用，赋予私法规则体系更多的现代人文精神和和谐理念。正如有学者指出的，以私法为基本法的法律体系的重塑，也就是立法的私法本位和权利本位，这是法治社会的基本原则，也和法治本身的价值相一致。这一法律体系的确立，以政治民主和经济自由为基础，坚持人本主义，体现对社会主体人格的终极关怀和对私权的高度尊重与保护，使人性在法律范围内得以最大限度的实现与满足，这也正是法治的要求所在。以私法为基本法的法律体系，要求处于基础地位的其他部门法的制定与实施必须以私法为根据，并不得与私法和私权保护相抵触，当其他部门法与私法和私权保护出现矛盾和冲突时，应当以私法理念和私权保护为原则予以解决，从而形成在私法权威支配下的法律秩序状态，即法治社会模式。[1]

（二）私法体系的完善有助于为和谐社会的形成提供实践动力

如何来构建私法体系，不仅仅关涉法律体系以及规则体系等静态系统，更重要的是我们要不断地去观察和调查我们身处的中国社会。从比较法的视角来看，西方罗马法的复兴，是西方法学家通过对本民族的社会生活的观察，并结合自己本民族社会的实践，结合时代的要求对罗马法的再解释而进行的，最终形成了以《法国民法典》和《德国民法典》为核心的现代私法体系。这段历史和经验中一个最值得我们发思的地方，就是：我们在构建自己的私法体系时，是不是应该立足于自己本民族国家的生活方式和本民族儒家文化传统中的和谐思想来思考自己的私法制度的构建？是不是应该更关注我们本民族的生活习惯和习俗？在结合借鉴西方私法体系科学性和理性化的规则体系的同时，是不是应该赋予更多的本土化意识？对此，尤根·埃利希主张：法律的形成有不同层次，最具有公平的法律命题应当从社会中的活法而来，活法是广泛存在于社会生活中，立法者和司法者需要认真观察社会和充

〔1〕 王利明：“论私法与法治社会”，载《社会科学辑刊》2005年第4期。

分的调查研究去发现活的法律，这样的法律才具有实施的基础和普遍的遵守。这样的答案给我们的启示可能是发人深省的。

私法体系的建构应该立足于本民族的文化和传统，特别是我们的生活实践和社会实践，并在此基础上通过观察、调查、分析、批判以及总结我们传统行为模式的利弊得失，在学习和借鉴西方法治文明的成果的基础上，不断地将法治精神和规则体系内化为现代社会伟大的实践中，并在实践的基础上不断修正和更新我们的私法体系和私法精神。只有将私法体系的构建同社会实践和生活实践结合起来才能从更深的层次实现社会主义和谐社会。

（三）私法体系的完善有助于为和谐社会的实现提供信仰支撑

和谐社会是由一系列和谐因素构成。其是指社会同一切与自身相关的事情保持着一种协调的状态，包括社会与自然环境、经济、政治、文化之间的协调等。同时，和谐社会又指社会的各个群体能够实现良性的互动，整个社会能够表现出一种公正的状态，社会能够实现安全的运行和健康的发展。[1]

从私法体系中孕育的私法自治、契约自由、所有权神圣等基本的法律信仰，虽然在现代社会被不断地修正并赋予更加丰富的内涵，但这些原则和基本价值仍然是私法社会精神支柱和社会运行的基本准则。随着我国市场化改革的趋势不断地发展，从私权利主体中所孕育的权利意识和平等以及公平、公正意识正逐渐在现代社会意识形态中不断地被强调和呼吁，虽然在具体的社会情境和个案中有着这样或那样的困境和阻力，但中国社会自改革开放30年的历程完全可以看出，权利意识、平等意识以及规则意识正成为这个社会不断前进的话语体系，并逐渐成为人们从事社会实践和解决社会纠纷最基本的行为准则和行为导向。

法律和法治的根基来源于社会，但是社会最丰富的、最具有活力的制度实践却直接来源于我们日常生活的习惯和行为方式，并不断成为我们生活的一部分，而且是必不可少的一部分。而习惯和习俗本身就是民族文化和民族传统最直接、最细微的表达，内化在民众行为和思维模式的自觉或不自觉之中，并成为一种最现实的信仰。西方私法发达，并在此基础上塑造了近代的市民社会和政治国家，而市民社会和政治国家又促进了私法的发展和理性化以及社会化运动。虽然我们国家是否必然按照这样一种轨迹来形成市民社会和政治国家还有待于研究，但法治社会的形成有待于私法的发达和社会化，以及私法所孕育的法治精神和信仰体系对西方近现代法治形成的贡献，这已经是一个普遍的共识。而私法体系所孕育的自由、平等、公正以及规则等意识日益深入人心，必将为社会和谐的实现提供信仰支撑。

---

〔1〕 吴忠民："促进社会公平和正义"，载《新华文摘》2005年第4期。

社会转型中城市社区调解信任机制研究

瞿 琨*

当下我国正处于社会转型时期，[1] 与此相伴随的是，社会的利益关系发生了重大变化，其显著特点是：利益主体日趋多元、利益来源日益多样、利益差距日益扩大。转型时期各种利益主体在追求自身利益的同时，不可避免地与其他利益主体的追求发生矛盾甚至冲突，由此造成社会纠纷的激增与尖锐，形成十分庞杂的纠纷网络。为了有效地应对这种多元化的利益冲突，需要建构一个多元的纠纷解决机制，而社区调解制度[2]作为非诉讼纠纷解决机制，正是多元化纠纷解决体系的一个重要制度，也是促进社会结构的基本细胞——社区和谐的重要路径，值得关注与深入研究。本文涉及笔者近年来对于城市社区调解制度的研究心得，深入探讨了社区调解的核心机制——信任机制，并期望这个研究有助于社区调解制度的进一步发展。

一、社会转型时期城市社区的特点以及社区调解制度在其中的价值

就社区调解制度来说，社区是社区调解人进行调解行动的场域，笔者把它称为调解场域。[3] 随着市场经济的发展，社会结构正在发生巨大的变化，在社会转型时期发展起来的我国城市社区深受社会宏观结构的影响，其中突出的表现是：国家与社会的相对分离；单位制[4]与行政制的控制力减小；身份制与户籍制度的弱化等，这些变化使“单位人”变为“社会人”，要求社区自治，但这是一个渐进发展的过

---

* 法学博士，上海大学法学院副教授，上海大学法学研究所副所长。

〔1〕“社会转型”一词源自西方社会功能结构学派现代理论的经典思想。当前，我们所说的社会转型是指社会从传统型向现代型转变的过程，是社会中的传统因素与现代因素此消彼长的进化过程，是在科学技术引导下以发展的形式表现出来的社会变化，是社会的结构性变革和整体性发展。参见陈海基：“略论社会转型期法的调控作用”，载《福建工程学院学报》2003 年第 2 期。

〔2〕“社区”是指在 20 世纪 80 年代末期随着我国社区服务和社区建设出现的具有社会自治涵义、区别于基层行政组织的城市社区。本研究中的“社区调解制度”是指街道司法所、居民委员会下设的调解委员会以及社区“调解工作室”等调解机构中的社区调解人对社区纠纷的调解机制。它与人民调解制度都属于诉讼外的纠纷解决方式，但社区调解的范畴比人民调解的范畴小。

〔3〕“场域”和“惯习”是社会学家布迪厄社会实践理论的核心概念，此处笔者借用“场域”表达社区调解发生的社区这个同时具有主观与客观意义的概念。

〔4〕在原有的高度集中的计划经济体制下，我国传统社会管理体制由两部分组成：即身份制与单位制。参见李骏：“社区建设：构建中国的市民社会”，载《人文杂志》2003 年第 3 期。

程，当下城市社区仍然受到国家行政权力、传统文化的巨大影响，具体来说，社区具有以下一些新的特点：

（一）社区的流动性加大

城市居民过去的日常生活可以说是一个“熟人社会”[1]的生活，流动性小是它的最大特点。1980年以后，城市居民的生活由于市场经济的发展带来了巨大变化，随着城市化和工业化速度加快，城市更新改造加快，人口流动性也大幅度增加，城市居民在收入提高的同时能够相对自主地选择和变换居住区，这些变化对过去长期形成的相对稳定的行政社区和居民个人的基本社会关系网络产生了相当大的冲击。如城市老住宅区出现了许多“户口空挂户”[2]，将老房子出租或卖出，使得老邻居变为新邻居；在新建造的社区里，邻居之间大多互不相识。此外，人口迁移，尤其是农村劳动人口大规模、跨地域的向城市迁移，也是社会转型时期我国在城市化进程中出现的重要变化。城市发展与城市改造使得社区人口的流动加快，社区的陌生人越来越多，这就使得当下城市社区居民之间的邻里关系发生了断裂，重建较之以往的“熟人社会”难度加大。

（二）社区成为诸多矛盾的聚集地

任何一个社会在发展过程中，都是充满了矛盾和冲突，处于转型时期的我国社会的矛盾与冲突更加多元与剧烈。市场经济的发展使原来单一的公有制转变为以公有制为主体、多种经济形式共存，出现了大量的非公有制的经济组织，这些组织以追求“效益最大化”的理念打破了原有的平均主义收入结构，拉大了人们的收入差距，产生了多元的利益群体，出现了大量低收入群体，包括国企改革产生的大量下岗职工和失业人员，他们被称为城市中的“弱势群体”。我国长期存在的城乡二元结构以及城镇化进程中产生了大量的“外来流动人口”，其中大部分是流动的“农民工”，他们是城市生活中的“边缘人”，是城市社会发展的不稳定因素。随着人均期望寿命的提高和人口出生率的下降，城市老年人口的比例逐年上升。还有一些体制外的人口，如自由职业者、个体户、私营企业主、民办非企业单位人员等，上述人群的日常生活空间主要都在居住地的社区，因此，作为社会结构的基本细胞的社区成为转型时期社会矛盾的聚集地，由此而产生了突出的纠纷解决的问题。

---

[1] “熟人社会”原指传统社会在自然经济条件下，以血缘、地缘关系为基础的人们之间的关系。而在计划经济条件下，由于人们的流动性极小，长期的交往使得陌生人之间也由于地域等因素逐渐变成了熟人关系。

[2] 指住户户籍登记册上的地址未变，但人已经搬迁到其他区域。

（三）“公民社会”[1] 的发育要求社区成为化解矛盾的前沿阵地

社会转型时期的诸多变化，要求社区成为化解大量新纠纷的前沿阵地。从理论上看，各项体制改革首先要求在社会基层的社区进行创新；从实践中看，社会宏观结构发生的各种博弈互动让社区出现了许多新事物、新情况、新问题、新矛盾，如居民在城市大规模动迁中产生的矛盾集中反映在社区；数百万栖身在社区的外来流动人口，数十万下岗职工和失业人员的就业问题与纠纷隐患问题；日益增多的老年人对社区的帮助关怀依赖等。当越来越多的“单位人”转变为“社会人”的同时，他们在社区的时间越来越长，社区中的矛盾纠纷也越来突出。公民社会的发育使社区成为这些问题的基础解决者，要求社区在发展中建构各种创新机制应对这些问题。

面对纷繁复杂的各种利益诉求和矛盾纠纷，我们可以从法人类学曾经提出的法律多元[2]的理论找到解决问题的启示，即在现代社会中，在国家法的主导下，可能同时还存在一种多元的规范体系和秩序。这种法律多元理论不仅要求观察与研究正式的法律制度和法律规范的实际运作，而且重视各种非正式的社会规范的调整机制的存在与作用。著名的法社会学家埃利希关于“活法”的观点也启发我们思考当下的纠纷解决问题，他提出无论是在现在或者是其他任何时候，“法的发展重心不在立法、不在法系，也不在司法判决，而在社会本身。”[3] 由此，“根据社会的现实来选择解决问题的办法”，[4] 是解决问题的重要理念和正确选择。

调解作为解决纠纷的一种方法在我国源远流长，社区调解制度是在社会转型时期随着社区发展出现的化解社区纠纷的一种机制，它赖以存在的社区是我国当下社会发展的重要基础，社区的稳定与良好秩序有助于社会的稳定与经济的发展，因此，作为实现社会正义的“第一道防线”[5] 的社区调解制度对于当下我国城市社区建设

---

〔1〕“公民社会”是一个外来语，最初的译名是“市民社会”，“市民社会”是 civil society 的经典译名，它来源于马克思主义经典著作的中文翻译。“公民社会”是我国转型时期引入的对 civil society 的新译名，是具有褒义的概念，它强调 civil society 的政治学意义，即公民的政治参与以及对国家权力的制约。参见俞可平：“建设一个充满活力的公民社会”，载《北京日报》2006 年 8 月 21 日。

〔2〕［日］千叶正士：《法律多元》，强世功等译，中国政法大学出版社 1997 年版，第 1 章。

〔3〕［奥］尤根·埃利希：《法律社会学的基本原理》（全三册），叶名怡、袁震译，九州出版社 2007 年版，前言第 3 页；第 21 章第 1063 ~ 1105 页。

〔4〕［奥］尤根·埃利希：《法律社会学的基本原理》（全三册），叶名怡、袁震译，九州出版社 2007 年版，前言第 3 页；第 21 章第 1063 ~ 1105 页。

〔5〕“第一道防线”最初用来指人民调解制度，作为人民调解制度组成部分的社区调解制度，也应当成为实现社会正义的“第一道防线”。

乃至整个社会控制[1]都有着举足轻重的地位。

二、信任的学理分析及其在社区调解信任的应用

一般说，在社区调解的运作过程中的调解主体有调解人一方与双方被调解人，当居民双方发生纠纷时，他们可以到法院诉讼、自己私下解决或者请社区调解人主持调解化解纠纷，但绝大部分的社区居民选择了请社区调解人来解决纠纷。从事社区调解的调解人并不像法官那样具有光环，而社区居民还是乐于把纠纷交给他们解决，这种调解成功的基础值得特别关注，笔者认为是一种特有的信任机制在其中起了关键作用，因此，就有必要分析何为信任？何为社区调解信任机制？

信任问题的学术研究开始于20世纪初，目前已经发展成为一个多学科的研究对象，学者们曾经给予信任诸多定义，但侧重点有所不同：

心理学家对信任的理解主要从人的个性特点着手进行分析，将信任看作是个人所具有的心理上的特质，它存在于个人性格中的内部。如心理学家多伊奇（Deutsch）认为，信任的产生是个人心理所作的一种预期，当个人的预期损失大于预期受益时，信任就会自然消失。人际信任是由双方合作与否来决定，信任程度会随着外界情境的改变而变化。罗特尔（Rotter）认为，信任是个体认同另一个人的言词、承诺以及口头或书面的陈述为可靠的一种概括性的期望，即信任是对他人言行方面可靠性的体认。[2]

哲学家对信任从多个视角进行了研究：从认识论的角度看，信任的产生是与人特殊的社会经验以及心理的发育状态有着密切关系，信任并不是天生的，也不是不可改变的，它总是同个人、社会的时间条件及其相互作用有关，因此，它是社会主体历史经验的产物；从价值论的角度看，信任是基于本人的安全考虑和行为结果的预期形成的一种人的内心的体验；从本体论的角度看，就是要对信任范畴作形而上的追问，信任作为行为主体对客体的主观量度和把握，在其本质上是行为主体对出于全知和无知之间不确定的状态所作出的一种期望。

经济学家视野中的信任是基于“经济人”的假设，它往往是人们理性选择的结果。如威廉姆斯（Williamson）提出，信任是一个计算的过程，当一方进行某种行为获得的利益高于付出的代价，另一方就会预计前者将会进行该种行为。博弈论经济学家提出，信任是一切交易的核心，重复博弈与经历（声誉）产生了信任。经济文

---

〔1〕“社会控制”的概念是由美国社会学家E. A. 罗斯在1901年出版的论文集《社会控制》一书中首次提出的，他是从社会学的意义上使用这个概念，认为各种社会因素对于人们行为的约束过程就是社会控制。当代学者对于社会控制的理解含有协调与积极引导人们行动的重要内涵，指社会利用各种手段对社会成员实施约束使其遵守社会规范，建立和维持社会秩序的过程。苏振芳等主编：《现代社会学》，上海人民出版社2001年版，第355～356页；徐昕：《论私力救济》，中国政法大学出版社2005年版，第61页。

〔2〕白春阳：“社会信任的基本形式分析”，载《河南社会科学》2006年第1期。

化学家福山（Fukuyama）将资本分为经济资本、人力资本以及社会资本三种，而社会资本的核心就是信任，信任是与传统、习俗、文化以及伦理道德紧密联系的，由此开辟了信任的经济文化研究路径。

社会学家对信任的理解除了强调行动者个人的特性以外，还从一种社会关系、社会结构等社会性因素进行分析，认为人们之间的信任并不是孤立存在的，而是植根于一个社会的经济、政治、文化的系统之中，随着社会的发展，信任的构成和产生信任的机制也会发生变化。对个人取向的突破是社会学对信任研究的一大贡献。信任可以分为社会信任和个人信任，社会信任以个人信任为基础，但并不是个人信任的自然延伸或简单相加；社会信任是社会性的，信任的范围已经从亲人、熟人扩展到陌生人，理性成分较多。如卢曼（Luhmann）认为，信任是与怀疑相对立的，人们会对某一个人或事物产生信任具有一种预期，这种预期是建立在一种制度的可靠性基础上。吉登斯（Giddens）认为，信任是一种特殊类型的信心，这种特殊信心总是与一种制度相关联的，是对系统有效运作的一种信赖。甘贝塔（Gambetta）认为，信任是一种评估的结果，是行动者对他人是否采取某种行动的概率估算，然后再决定自己如何行动——合作或者不合作。[1] 科尔曼（Coleman）、普特南（Putnam）等社会学家从社会资本角度研究信任问题，认为信任是社会资本的一种特定形式，强调信任这种社会资本的形式在经济与社会发展中的独特作用。[2]

当代我国不少学者对信任问题进行了研究，如彭泗清、郑也夫、张维迎等教授。学者们有的采取现代生物学的新视角；有的运用比较方法研究中美日三国的信任问题；有的从信息、信任及其法律三者的关系角度出发；有的研究中国人的信任结构、特征以及原因；有的采用问卷调查、实证分析或者理论考察的方法。比较一致的观点认为：信任具有维系社会稳定的功能与现实价值。

笔者认为，上述学者对信任的学理分析各有其积极意义，但社区调解信任不仅是一个学理问题，而且是对上述信任学理分析的实践应用，当然，它是以上述的学理分析作为基础。

从心理学上分析，社区调解信任是建立在人们之间相互关切、认知的基础上，离开了人们这种心理上的关切与认知，就无所谓信任而言。

从哲学上分析，社区调解信任实际上反映了一种比较高的认识境界，纠纷当事人与社区调解人之间的相处在开始时是不经意的，如果说当事人对调解人产生信任的印象，也往往具有模糊、不稳定等特点，但经过调解过程的交往，当事人对调解人的信任就具有了理性的成分。

从经济学上分析，当事人选择社区调解而非法院诉讼与“经济人”的理性计算

---

〔1〕 倪霞：“信任定义辨正”，载《理论与实践》2005 年第 4 期。

〔2〕 董才生、吴克领：“论社会信任在社会生活中的作用”，载《淮阴师范学院学报》2005 年第 2 期。

异曲同工，因为社区调解是不收费的公益服务，对于经济不富裕的普通居民来说，法院诉讼既花钱又耗时，因此，社区调解受到广大社区居民的青睐，居民对于社区调解人有着经济理性计算后的信任。

从社会学意义上分析，社区调解信任并不是抽象的，一定的调解场域内涵着一定的社会关系，邻里之间的社会关系、亲朋好友之间的社会关系、政府推行的政治理念对社区生活所形成的社会关系等，都在调解的过程中交织发生作用，纠纷当事人对于社区调解人的信任就是在这种社会关系构成的调解场域中建立。

总之，社区调解信任是社区纠纷当事人出于对社区调解人的心理预期、理性计算、情感联系、制度基础等综合考虑后作出的选择，作为信任学理分析的实践运用，社区调解信任的产生表现在居民们的一系列行动中，如自愿把纠纷交给社区调解人处理，配合调解人的调解行动，达成并执行调解协议等，它是由调解开始时信任的心理转化为后来的配合与合作的行动。

三、对于社区调解信任机制的理解及其文化内涵的分析

研究还须进一步深入，分析社区调解信任机制。因为社区调解的运行是人们在制度体系下进行的一项工作，而社区调解信任不仅是人们在主观理念上的企求的表现，它也应当在制度层面上有所反映，因此，研究就从社区调解信任的主观层面，进入到主客观统一的层面，即进入到社区调解信任机制中进行分析。

笔者认为，所谓社区调解信任机制，是指社区调解信任在一定模式或文化基础上的运作。也就是说，在社区调解信任机制中，即使社区调解人从主观上获得了纠纷当事人的认可，使当事人对调解人产生了调解化解纠纷的心理预期，同时社区调解信任机制又是在制度体系下运行的，有着丰富的制度层面的内容，这就是社区调解信任机制的文化内涵，以下是具体分析内容：

（一）社区调解信任机制是价值事实和价值判断的统一

价值事实和价值判断是哲学概念，价值事实是指存在于主体客体相互作用的运动之中，它包括关于客体对象事实，主体人的需要等内在规定性的事实，客观事实和主体事实之间关系事实，以及由此决定的对客体如何改造的事实，人们进行的价值活动的事实，价值物在主体身上引起的效应和结果的事实等，所有这一切事实的总和才是价值事实。[1] 价值判断是关于价值的判断，指某一特定的客体对特定的主体有无价值、有什么价值、有多大价值的判断。它在评价活动中具有重要地位。[2]

社区调解信任机制是社区调解人在人格上具有的能力，但这种人格能力是被社会化了，同时这种社会化过程也是经验交换的过程。人们对于社区调解人的信任表现在委托处理纠纷，通过社区调解人不辞辛苦多次找纠纷当事人苦口婆心地劝导、

---

〔1〕 黄树光、何海花："究竟什么是价值事实?"，载《湖北社会科学》2004 年第 7 期。

〔2〕 陈新汉："论价值判断"，载《天津社会科学》1994 年第 1 期。

说服，最终化解了纠纷，由此，人们在评论该社区调解人时，会说，“他（她）值得信任”，或者直接对某个社区调解人说，“我信任你。”这里的“信任”表达了对某个社区调解人的肯定、相信。人们之所以会对某个社区调解人作值得信任的评价，是因为过去发生的事实使他对这个社区调解人产生了信任，这个事实是调解人曾经成功地化解了纠纷，这使得纠纷当事人与社区调解人之间形成了一种信任关系。在这个信任关系中，信任他人者，即纠纷当事人被称为“施信者”，接受他人信任者，即社区调解人被称为“受信者”。这种信任关系是一种事实上的价值关系，对此可以这样诠释：首先，受信者——社区调解人以成功调解的行动事实证明了自己在纠纷解决方面是有价值的人；接着施信者——纠纷当事人据此而认为社区调解人在处理纠纷方面可以信任。这个评价是对社区调解人成功化解纠纷事实的如实表达，也是对社区调解人作出的一种价值判断。从这个意义上说，社区调解信任机制是价值事实和价值判断的统一。

（二）社区调解信任机制是施信者与受信者之间的一种价值关系

所谓价值，通俗地讲就是有用处、有意义。在纠纷当事人看来，由于社区调解人对他们有用处、有意义就与之产生了价值联系。这种价值联系，或者说价值关系不是一个简单的理性过程，而是理性成分和感性成分综合在一个价值系统中起作用。信任的产生是以施信者的需求为基础，而人类的需求具有无限性的特点，要满足这种需求依靠自己的力量是不够的，这就出现了需求的无限性与自我能力有限性的矛盾，要解决这个矛盾就有必要通过与他人的合作来增长能力，那么，什么样的合作者才符合要求呢？这就涉及对合作者的预期和选择。在这里，合作者的能力和忠诚是双方建立信任关系的主要因素，合作者有能力进行施信者托付的事务，同时又相当可靠，才会成为受信者，接受施信者的信任与委托。因此，信任又是施信者预期受信者有能力、很可靠而将自己的事务托付于受信者形成的一种价值关系，是施信者对受信者的信任。当作为施信者的纠纷当事人认为社区调解人具有化解纠纷的能力、敬业精神以及优秀品德时，就会把调解人作为受信者，委托调解人处理纠纷，这时，纠纷当事人与社区调解人之间就形成了一种信任的价值关系。

（三）社区调解信任机制是有制度支撑的

社区调解信任机制不是单纯的纠纷当事人对社区调解人的个人信任，这个信任机制背后有着制度的支撑。这个被誉为维护社会稳定的“第一道防线”的制度，既是我国非诉讼纠纷解决体系的重要组成部分，也是我国法治体系的年轻成员。人们信任社区调解人，不仅因为他们有调解能力，能化解纠纷；还因为社区调解人是社区调解制度的执行者，制度给调解人提供了行动保障，并以法律法规以及党的政策作为调解人的行动规则，使调解人具有一定的权威。如果没有社区调解制度本身给予调解人的保障和支撑，那么，这种信任就纯粹是一种个人信任，而非社会信任。

四、社区调解信任机制的运作模式

在考察了社区调解信任机制的文化内涵的基础上，笔者认为，有必要继续分析这个包含了抽象的文化内涵的信任机制是如何运作和行动的，并以此来深入探讨社区调解信任机制的特点。一般说，社区中的纠纷大多是社区居民因日常生活琐事而产生的矛盾，属于民事纠纷和轻微的刑事纠纷。当发生纠纷时，纠纷当事人出于对社区调解人的信任选择了社区调解而不是去法院诉讼；有了这个信任，纠纷当事人才会接受调解人的安排，积极配合参与调解，达成并履行调解协议。这种信任机制的运作模式表现在以下几个方面：

（一）社区调解信任机制是一种工具型与情感型的统一

工具型信任也可称为谋算型信任。它是指行动者双方在内心经过成本——收益计算作出是否给予对方信任的理性选择。这是立足于“经济人”的理性，采用经济学的分析方法研究人的行动，强调行动双方信任的产生或者丧失都是理性计算的结果。

当事人出于信任把纠纷交给社区调解人处理，但这种信任背后是存在理性思考的。纠纷当事人出于对解决纠纷的成本和效率的考虑，会将法院诉讼与社区调解进行比较。法院诉讼虽然具有权利实现的强制性和复杂的程序保障，但解决纠纷的成本较高：诉讼当事人要承担诉讼费与律师费；法院诉讼的时间也较长，我国诉讼实行二审终审制，民事纠纷的一审程序时间是六个月，二审程序时间是三个月，然后才能进入执行程序。此外，法院解决纠纷具有“刚性”色彩，法院诉讼是“以事实为依据，以法律为准则。”证据是诉讼之王，一定要在分清诉讼双方是非曲直的基础上才能够作出判决。法官面对完全陌生的当事人和案件，需要付出大量的精力和时间了解案件的事实，进行案件的调查、认证和执行等，有时会出现“合法不合理”的判决。至于法院对于判决的执行，更是一个棘手的问题，由于当事人对判决的不服，往往导致在判决执行时的不配合，每年我国法院都会因为执行不能而产生大量的“法律白条”。[1]

诉讼具有的这些不足恰恰是社区调解具有的比较优势。社区调解程序简便，以简易的事实认定代替了严格的举证责任，使纠纷当事人可以不请律师就解决纠纷；社区调解还是免收调解费的，与法院诉讼相比，省去了律师费与诉讼费。社区调解对于调解协议的执行没有另外设定单独程序，只要达成了调解协议就能即刻进入执行，由于社区调解协议是在调解人主持下促使纠纷当事人自愿达成的，而大多数当事人又都是居住在同一社区里的熟人或半熟人，俗话说邻里之间“低头不见抬头见”，这就使得社区调解协议的执行率近乎于百分之百。[2] 此外，社区调解人相对

---

〔1〕“法律白条”是民间俗语，指法院的判决书因为得不到执行而成为法院给当事人出具的欠条。

〔2〕根据笔者的调查情况。

法官而言具有比较灵活的工作方式，几乎是24小时的日夜待命工作，使从事一定职业的社区居民在时间上有了解决纠纷的便利。社区调解机构设置于社区中，楼组长与纠纷排查制度的设计，有助于了解社情、民情，掌握纠纷的根源和真相，特别是对于婚姻家庭、赡养继承、债权债务、损害赔偿、相邻权纠纷等细小、琐碎、熟人之间的纠纷，采用社区调解具有较好效果。

情感型信任是建立在双方经过较长时间的持续交往的基础上，施信方与受信方已经积累了关于对方的有意义的信息或知识，双方的关系融入了情感，形成了感情的纽带，产生了信任。

一般来说，能够从事社区调解的调解人都是比较优秀的。根据笔者的调研，他们具有以下特点：大都比较年长，笔者调查的社区调解人的平均年龄达到了60岁。年长意味着他们具有丰富的人生阅历，笔者的个别访谈显示：这些社区调解人在没有从事调解工作以前的工作经历有：工会主席，小学校长，居委会干部、企业的厂长或者经理等。他们待人和蔼可亲，感觉就像自己家里的长者亲戚，对他们不必设防，只要敞开心扉就能解决面对的难题。他们中的大部分文化程度并不高，但他们具有高尚的道德品格、奉献的工作精神以及高度的责任心，具有耐心细致的性格和良好的与人谈话沟通的技巧。社区调解人面对的是社区中的日常琐事和纠纷，要与不同类型的居民打交道，要求他们具有较强的判断能力，善于找出纠纷的症结，把纠纷的感性认识上升为理性认识，抓住当事人的内心活动，及时引导，达成和解，案了事了。当居民有纠纷或者麻烦事找到他们，他们一接手，就会让居民感到：他们是有能力解决这个纠纷的。

社区调解人拥有的人们交口称赞的口碑，他们在调解过程中表现出来的令人信服的力量都使纠纷当事人对他们产生了一种情感上的信任，事实上，当事人对调解人的信任很大程度上也是由于社区调解人具有人格魅力，这种人格魅力包括道德高尚、知识渊博、思维敏捷、和蔼可亲、社会经验丰富、具有娴熟的调解技巧、通晓法律政策和人情世故等内涵，这种信任是建立在伦理道德准则上的个人信任，它是社会和谐的基础，是个人和社会的统一。[1]

社区调解信任机制存在纠纷当事人对于法院诉讼与社区调解解决纠纷的经济计算的成分，也存在与社区调解人的交往建立的情感信任，这个情感信任的产生途径可以是其他居民当事人成功的社区调解经历间接产生，也可以通过参与调解人主持的调解过程，在调解人的人格魅力的感召下逐步产生，因此，社区调解信任机制聚合了工具型信任与情感型信任，是二者的统一。

（二）社区调解信任机制由制度体系的运作支撑

制度体系也可以产生信任机制，它被称为制度信任，也可称为系统信任。这是

〔1〕 蔡升桂、范秀成："信任研究理论基础比较"，载《山东社会科学》2005年第9期。

建立在正式的、合法的社会规章制度基础上，依靠整个法治系统、制度系统而形成的一种信任。社会中各种制度的确立为人们的交往提供了预期性，包括产权制度、货币制度、专家制度、法律制度等制度中的信任，这种信任运作的主要机制是契约行为。

有学者关于信任基于制度的内在制度和外在制度因而有“内在制度型信任”与“外在制度型信任”的观点值得关注：[1]“内在制度型信任”是指由于习俗、惯例以及道德规范等内在制度形成的信任；“外在制度型信任”指由于法律制度、规定、规章等外在制度形成的信任。

社区调解信任机制有着制度基础的支撑，这个制度是在不断发展的动态过程中。近年来，社区调解制度在实践中出现了一些创新机制，如“首席人民调解员”制度；[2]“调解工作室”[3]的新型调解机构等。最高人民法院还在2002年颁布了《关于审理涉及人民调解协议的民事案件的若干规定》，明确了社区调解协议具有民事合同的性质。

社区调解制度所具有的化解纠纷的“柔性模式”，[4]它的灵活快捷与低成本、高效率，被老百姓亲切地誉为“布衣法官”的社区调解人那种公而忘私、只讲奉献、不求利益的崇高品德，使得社区调解制度成为基层百姓解决社区纠纷的首选方式，这种社区调解信任机制是由制度运作支撑的。

（三）社区调解信任机制是互动信任的过程

社区调解信任机制离不开互动，这个互动关系，包括社区调解人与纠纷当事人之间的互动，纠纷当事人双方之间的互动，当纠纷当事人双方出于信任而将纠纷交由社区调解人处理时，纠纷当事人就开始接受社区调解人的调解安排，从调查了解纠纷发生的情况到召开评议会达成调解协议。纠纷当事人这种配合调解的态度使得社区调解人加快了调解步骤，凭借自己的经验和知识对这个纠纷的性质、状态、可能采取的解决纠纷的方式作出基本判断后，提出纠纷解决的方案，并促使纠纷双方接受该方案，如请参加评议会的社区居民投票，反映民意，利用舆论压力达成和履行调解协议。可以看到，这时的纠纷当事人与社区调解人之间的互动呈现出合作的

---

[1] 董才生、吴克领：“论社会信任在社会生活中的作用”，载《淮阴师范学院学报》2005年第2期。

[2] 指人民调解组织通过规范的程序，在社区内选聘具有较好法律知识和较高威望的调解员担任首席人民调解员的制度，是上海市于2001年在全国首创的制度。

[3] 指由社区政府与调解工作室的负责人签订调解服务合同，以货币购买工作室的调解服务。2003年，上海市长宁区江苏路街道“李琴调解工作室”是全国第一家民办非企业性质的调解机构。

[4] “柔性模式”与“刚性模式”是学者对法治模式的抽象，两种模式具有不同的内涵和特点，一般认为，西方的法治思想和实践更多地表现为刚性法治模式，但二十世纪以来，西方法治模式在原有的刚性法治模式上出现了一定程度上的柔化；与西方形成对比的是，东亚地区由于受到儒家文化的影响，比较重视法治模式的柔性因素，法治更多地表现为柔性法治模式。参见侯建：“法治的刚性、柔性与东西方法治模式的比较”，载《华东政法大学学报》2004年第4期。

状态，或许这期间纠纷当事人对纠纷解决的方案有异议，但只要最后达成了调解协议，他们之间就形成了合作关系。而当事人双方对调解协议的履行表明他们之间也形成了一种合作关系。上述合作关系都是建立在信任的基础上。

由此，社区调解信任机制是在双方多次接触、沟通、合作后才产生的，即信任的形成必须经过相识、相知、相信，从初步相信到高度信任的过程，它以一定时间为前提条件。随着社区调解的进行，纠纷当事人与社区调解人根据对方的实际行动与所期望行动的比较，不断地调整信任关系。社区调解进行的时间越长，终止反悔的成本就越高，这包括已经花费的时间和精力，以及再到法院诉讼的重复成本；而终止成本越高，就越会增强互动方之间承诺的可靠性，使他们之间的信任关系得到维护，从而形成一个互动的反馈循环过程。最终，纠纷当事人与社区调解人之间的这种可靠稳定的信任机制将内化在社区文化、习俗、惯例中，形成一种普遍的信任文化和信任价值观，影响每一个社区人乃至社会人，使信任逐渐发展成为一种默契。

信任，是人类的一种情感，也是人类行动的一种方式，它是一个国家或民族的文化和社会产物。如果说法律是实现社会控制的“硬规范”，那么，信任就是促进社会和谐的“软机制”。社区调解信任机制不仅是促进社区和谐的“软机制”，也对构建当下转型社会的和谐秩序具有重大价值。

中国的社会转型与消费者保护法的变革

杨 琴*

中国改革开放前，长期实行计划经济体制，消费生活中存在的主要问题是商品供应不足。但随着1978年经济体制改革目标的确立与随后的社会转型，消费问题随之发生并日趋严重，从而催生了消费者权益保护法的制定与变革。消费者权益保护法的变革，是对中国改革开放30年来政府决策的总结和认可，虽经历了一个与时俱进、创新发展的过程，但与社会转型的速度相比已显得相对滞后。因此梳理并探讨消费者权益保护法变革的历程，对法律的完善、社会的进步应有所助益。

一、社会转型与消费者问题及其立法

中国的社会转型，分别以1978年、1984年、1992年、2001年为界，形成了各自不同的发展时期。从1949年建国到1978年以前的三十年间，实行的是计划经济体制，社会生活中长期存在的问题是消费品短缺，而不是消费者问题。但是，1978年后，以十一届三中全会的召开为标志，党和政府作出了实行社会主义市场经济改革的新决策，开启了中国改革开放的历史新时期。1984年，以第十二届三中全会为标志，决定了经济体制改革、计划经济向市场经济转换等一系列措施。1992年，以第十四次全国代表大会及邓小平的“南巡讲话”为标志，我国从此告别计划经济时代。2001年，以第十次政府纲要制定及中国加入WTO为标志，我国开始走上市场化、国际化的发展道路。由于政府这一系列的决策转换，中国经济迅速增长，人们的消费生活也由计划经济时代的商品供应不足向相对富裕转变。在这样的背景下，消费者问题产生了，并随着经济体制改革的深入及商品经济的发展日趋严重，且转化为阻碍经济发展的社会问题，迫使政府不得不采用法律手段来进行整顿和制衡，消费者保护法由此应运而生，并随社会的转型而不断变革。

笔者以上述政府决策的变化为基准，将中国的社会转型分为四期，并将各期内产生的消费者问题及消费者立法归纳如下：

（一）Ⅰ期（1978～1983年　社会形态：计划经济向市场经济过渡期）

这一时期，国家的经济体制形态主要是以计划经济体制为主，商品还不丰富，生活用品供不应求，但不论消费者还是生产经营者已经十分在意各自的经济利益，

---

* 贵州大学法学院副教授，日本山口大学东亚研究科在读博士。

并在交换中表现出来。经营者开始制售劣质商品、商品出现计量不足问题等，由此造成消费者人身伤害和财产损失的情况开始发生。消费者保护组织基本上尚未成立，消费者运动主要是以消费者个人或者有良知的人士为代表的自发维权活动。虽然1983年河北省新乐县的几个离退休老干部自发成立了中国第一个消费者协会[1]，但从总体考察来看，此期的消费者权益保护基本上处于自发保护阶段。没有制定消费者保护的专门法律，消费者权益主要是通过政府依据刑法、行政命令、行政法规等在整顿市场秩序的过程中进行间接保护。消费者保护属于启蒙阶段，变化趋势是由个人自发保护开始向节日、运动化维权转变。

（二）Ⅱ期（1984～1991年　社会形态：市场经济体制建立期）

这一时期，经济改革从农村转向城市，经济体制主要采取计划经济与市场经济并行的模式。市场开始开放，各种生产厂家如雨后春笋般发展起来，一些耐用家电产品也在这一时期开始大量生产和销售，人们首次迎来了改革开放后的物质丰富的局面。但与此同时，商品计量不足、饮料瓶炸裂、电视机显像管喷火爆炸、燃气热水器煤气泄漏、制造贩卖假药假酒和有毒食品等严重危害消费者人身财产安全的事件频发。在此背景下，1984年12月，国务院正式批准成立中国消费者协会。随后，各省市县相继成立各级消费者协会。1987年9月中国消费者协会被国际消费者组织联盟接纳为正式会员，意味着中国消费者权益的保护工作初步与世界惯例接轨。此期虽仍未制定消费者保护的专门法律，但一些与消费者权益保护的关联法开始陆续制定，例如，1984年《药品管理法》、1985年《计量法》、1986年《民法通则》、1988年《标准化法》、1989年《进出口商品检验法》等，但尚未形成体系。消费者权益保护工作停留在仅仅以消费者协会组织对消费纠纷的调解上。消费者保护属于组织保护期，变化趋势是以节日化维权向常态化维权转变。

（三）Ⅲ期（1992～2000年　社会形态：市场经济初步发展期）

1992年后，国家明确了市场经济改革目标，并正式告别以往的计划经济与市场经济体制并行的局面，从此完全进入到市场体制改革中去，完成了又一次的体制转型。这一时期，市场更为开放和繁荣，商品出现相对过剩，消费社会开始出现。但由于经济改革仍处于向市场经济转型过程中，市场发育还不完善，市场规则没有建立，市场行为不规范，致使消费者问题越发严重。此期出现的消费者问题除了上述两期存在的假冒伪劣商品仍然泛滥等问题外，①虚假广告、不真实表示等新的消费者问题不断出现，消费者难以获得真实、充分的消费信息；②在商品销售和服务提供中，欺诈行为严重；③劣质种子、劣质化肥、劣质农药、劣质农机导致农民遭受损害的情况很严重；④一些地方政府片面追求地方经济发展，以致乡镇企业、个体企业生产销售假冒伪劣产品和严重危害消费者人身安全的缺陷产品；⑤因受到地方

[1] 参见史际春："公益诉讼与消费者保护法制"，2007年中国公益律师培训班上的演讲。

保护主义的庇护，受害消费者投诉难、打官司难、索赔难、取证鉴定难等[1]现象普遍存在。立法方面，鉴于当时连续发生因缺陷产品造成消费者人身伤害、死亡的重大案件，1993年制定了《产品质量法》。随后由于这些越来越严重的消费者问题已经不能仅仅依靠调整市场秩序的行业法规来规制的背景下，1993年10月，第八届全国人民代表大会常务委员会第四次会议通过并颁布了《消费者权益保护法》。这是一部宣言性的法律，是消费者权益保护的基本法。该法的颁布，标志着中国消费者保护法制建设发展到了一个新的阶段。随后，与消费者权益保护相关联的1993年《反不正当竞争法》、1994年《广告法》、1994年《国家赔偿法》、1994年《仲裁法》、1995年《食品卫生法》、1995年《保险法》、1997年《价格法》、1999年《合同法》、2000年《种子法》等一系列法律相继出台并实施，为完善社会维权机制、解决消费者权益纠纷、打击违法行为、提高消费者维权意识、促进消费者运动的蓬勃发展、维护社会经济秩序等发挥了很大的作用。这一时期的消费者保护属于立法保护期，其变化趋势是由社团化维权向法制化维权转变。

（四）Ⅳ期（2001年以后　社会形态：市场经济逐步发展期）

进入21世纪后，经济体制改革已经进入攻坚阶段。由于消费者权益保护随着社会历史的演进也在不断的发展，因此消费者权益保护也进入了攻坚阶段。具体表现为近年来，中国消费者权益保护呈现出“停滞状态”[2]。表征之一：由消费者协会和媒体公布的消费者保护重点难点在数年时间里趋同。例如商品房、通讯器材等商品，铁路、民航、电讯等垄断行业，医疗、教育、保险等严格管制行业，汽车销售及售后服务行业，食品行业等持续成为消费者投诉重点和维权难点。另一表征为：消费者权益保护出现了“二元化”趋势。一方面，传统的假冒伪劣现象在农村和相对落后地区大行其道、产品缺陷致人伤害及食品安全事件频频发生。另一方面，由于经济全球一体化、信息化等的发展，网络购物等引起的纠纷也在迅速扩大；而跨国消费者诉讼的法律适用，在消费者权益的立法保护、司法保护、行政保护、社会保护、行业保护、消费者自我保护以及国际保护的协同方面，缺少有效的协调机制，因而影响了保护的整体效率和效力等的新的消费者权益保护盲区不断被发现[3]；特别是2001年加入世贸组织后，国内市场上假冒伪劣商品横行，已成为加入WTO后政府必须尽快解决的棘手问题。为此，国家工商总局以及各省市工商局专设了消费者权益保护机构。而在立法方面，立法范围与以前相比明显扩大，即从过去的食品、药品、化妆品以及日常用品的价格、质量等方面，扩大到消费品的信息、环保、安

---

〔1〕参见梁慧星：“中国的消费者政策和消费者立法”，载《法学》2000年第5期。

〔2〕参见李巨微：“消费者权益保护提供改革攻坚推动力”，载《东方早报》2005年3月15日。

〔3〕参见丁世和：“2006年‘构建社会主义和谐社会与消费维权座谈会’综述”，载《中国工商管理研究》2007年第1期。

全、信贷保护等各方面。其中主要表现为：2004 年《电子签名法》、2005 年《可再生能源法》、2006 年《农产品质量安全法》、2007 年《物权法》、2007 年《反垄断法》等具有新时代特点的法律被陆续制定和实施。至此，中国消费者权益保护立法以《消费者权益保护法》为基本法，《民法通则》、《合同法》、《产品质量法》、《食品卫生法》、《反不正当竞争法》、《反垄断法》等关联法组成的法律体系初步形成。此期的消费者保护属于规范阶段，变化趋势是法制化维权向综合化维权转变。

二、消费者政策

中国经济体制改革的突出特点是，市场不是自发形成的，而是由政府逐步退出形成的，政府基于在计划经济条件下完全控制经济活动的惯例，对经济秩序仍然采取控制的政策。因此，政府对消费者权益保护所采取的政策，是从整顿经济秩序的活动开始到立法的发展过程。尽管在政府早期的立法中也隐含有消费者保护的内容，但其立法的主旨却是为了维护公共利益、施行行政管理，而不是为了消费者的权益保护。随着政府决策开始走向法治化后，消费者的权益保护才走上法治的轨道。

为此，笔者仍以上述所分社会转型期将政府的消费者政策论述如下：

（一）Ⅰ、Ⅱ期

在经济体制改革之初，消费者保护不是通过消费者法的保护来实现，而是通过政府为保护国家利益、维护经济秩序的一系列活动中得以实现的。在此期的法规、规章及政策性文件中，有关消费者权益保护的表述，都是放在保护国家利益、维护经济秩序等内容之后。同时，文件标题也显示，这些文件制定和下发的主要目的是整顿经济秩序。例如，1983 年的《城乡集市贸易管理办法》、1987 年的《投机倒把行政处罚暂行条例》、1990 年的《国家标准管理办法》等。所进行的活动名称也是中国惯用的运动式口号。例如：打击欺行霸市、以次充好，治理整顿经济秩序；规范个体私营经济的发展等。

1. 打击欺行霸市、以次充好，治理整顿经济秩序。市场开放之初，基本上还没有什么市场规则，属于摸着石头过河的阶段，各种违规行为较多，市场比较混乱，从而促使政府不得不对市场进行清理和整顿。“打击欺行霸市、以次充好，治理整顿经济秩序”是当时政府对市场调节频繁采取的主要措施之一。在这一运动式的整顿市场秩序的过程中，由于经营者的行为受到了一定规制，消费者的权益也从中得到了一定程度的保护。

2. 规范个体私营经济的发展。尽管个体私营经济的发展是中国经济改革保持活力的重要因素之一，但由于多种原因，个体私营经济在一定程度上存在着通过生产劣质产品加快原始积累、获得非法超额利润的内在动力，特别是在发展初期尤其如此。此期的私营企业多是小型、分散、以劳动密集型、家族经营型、拾遗补缺为主，所以缺乏规范的和现代化的管理，……很多企业无规章制度，财务不建账或建假账；厂房、设备、工艺流程简陋，不符合环保和保健要求；产品质量低，假冒商品多；

雇工伤亡事故多；……[1]。有的个体和私营经济具有片面追求价值和利润的特征，其生产资料和劳动产品直接归个人占有，生产经营好坏与个人利益直接结合在一起。这些因素使某些个体户和私营业主往往见利忘义，出售和生产假冒伪劣商品，损害国家和消费者的利益。因此，对个体和私营经济实行引导和强化管理，实为当时政府的当务之急。这些政策措施，兼有保护消费者权益的作用。

（二）Ⅲ期

1992年是中国社会转型的另一个转折点。在这一年，以市场为导向的渐进式改革发生了质的飞跃，正式提出建立社会社会主义市场经济的目标，由此引发了经济、政治体制及立法上的一系列变化。

市场经济是消费者主权的经济，消费决定着生产的内容、规模、结构和增长速度。保护消费者的权益，营造消费者放心的环境，可以促进消费，拉动经济发展[2]。建立和完善市场经济新体制，是中国经济发展的必然走势，而消费者法的发展和完善，是建立新体制必不可少的环节。因此，1992年也是中国消费者政策及消费者法变革的转折点。消费者政策，从以往的单纯的运动式活动转变为以运动式活动与立法相结合形式。

1. 打击地方保护主义。20世纪80年代末至90年初期间，全国各地形成了一大批假冒伪劣产品的制造中心[3]。由于税收、就业等方面的原因，这些对国家和消费者产生巨大损害的不法企业却受到地方政府事实上的支持和保护。地方保护主义成为损害消费者权益的间接力量。针对地方保护主义，政府在1994年前后进行了“分税制”改革，从体制上切断地方保护主义的经济动因；同时组织了五十多家新闻媒体，从1992年开始持续进行“中国质量万里行”活动，每年集中一段时间对各地突出的质量问题进行报道，促使各地技术监督部门配合查处了一批制假售假案。政府所采取的这种类似“钦差出巡”的技术监督加上媒体监督等方式，对遏制严重的地方保护主义起到了一定的作用，减少了假冒伪劣产品的生产。

2. 扩大内需。1998年，由于受亚洲金融危机的影响，中国经济遭遇了一定困难，主要表现是国内需求不足、市场疲软。对此，政府提出立足于扩大国内需求的对策，开始重视增加消费对促进国民经济增长的作用。1999年3月6日国家发展计划委员会主任曾培炎在《关于1998年国民经济和社会发展计划执行情况与1999年国民经济和社会发展计划草案的报告》中指出：“继续扩大国内需求，是当前应对亚洲金融危机和国际市场变化的正确选择，也是我国经济发展的基本立足点和长期战略

---

〔1〕 参见李欣欣：“私营经济发展中存在的主要问题”，载《中国党政干部论坛》1994年第7期。

〔2〕 参见张少龙、丁世和：“社会主义市场经济与保护消费者权益理论研讨会综述”，载《经济科学》1994年第1期。

〔3〕 例如，河北白沟的假电器、福建云霄的假卷烟、山西的假酒等。

方针。”即强调在注重扩大投资的同时，要注重引导和鼓励消费，开拓城乡消费市场，开辟更多的消费渠道。实际是将消费者保护作为促进经济发展的重要一环纳入了政府的决策中；1999 年国家工商行政管理局局长王众孚在中国消费者协会成立 15 周年纪念大会上发表讲话：“加强消费引导、维护消费者权益，为扩大内需推动经济增长服务”，“各级消费者协会要深刻领会启动消费的重大意义，在实际工作中，注重教育广大消费者转变消费观念，改善消费心态”。由此可见，此期政府消费者保护政策，不仅满足于将其作为补救市场经济的消极面和救济受害消费者的手段，而是将其作为国家经济政策的一个重要环节来实施。

3. 立法。此期全国人大不仅颁布了具有划时代意义的《消费者权益保护法》，还颁布了大量的有关消费品安全、产品质量、商品标示、市场管理、消费者权益救济等方面的法律法规，是消费者保护立法的主要时期，消费者保护从此进入法制轨道。

（三）Ⅳ期

21 世纪，随着经济全球化、信息化社会到来，特别是 2001 年中国加入 WTO 后，消费者权益保护出现了许多前所未有的新情况。此时政府对消费者的保护政策，已经不再局限于只作为对弱者的特殊保护，而是作为中国经济起飞和持续发展的一项前提条件，作为中国经济政策的一个必要环节及法制建设的一项基本任务和基本原则来实施。这些变化，主要体现在政府的各项重大举措、会议议题及立法上。

1. 加入 WTO。WTO 规则虽然主要是规范一国政府的行为，并没有消费者权益保护的具体规定，但是 WTO 的宗旨和消费者权益保护的目标是一致的，中国政府在履行入世承诺并做出适合 WTO 规则的重大调整中，消费者已经从中获得了许多利益。例如，加入 WTO 后，大量国外优质商品输入中国，国内企业为在市场竞争中立脚，必须采取促进技术革新和进步的措施，以提高商品质量和降低商品价格来增强商品的竞争力[1]，消费者便从中获利。另外，加入 WTO，标志着中国已经以更加开放的姿态融入全球经济一体化中，为适应这一变化，政府不得不启动经济体制、行政体制和司法体制的新一轮改革，其中也包括了消费者法的变革与完善。

2. 十六大报告。2002 年政府召开的第十六次全国人民代表大会，是中国在新世纪开始实施第三步战略部署的新形势下召开的一次盛会。这次会议的精神及其内容就消费者权益保护而言，在很多方面都作了明确的要求，这对于进一步修改和完善消费者权益保护法起到直接的指导作用。例如十六大报告中指出：“建成完善的社会主义市场经济体制和更具活力、更加开放的经济体系”，并把“健全统一、开放、竞

---

〔1〕 参见孔祥俊：“消费者权益保护若干问题的思考”，载《工商行政管理》2001 年第 6 期。

争、有序的现代市场体系"[1] 作为至关重要的一个组成部分，同时强调要深化流通体制改革，整顿和规范市场经济秩序。这就必然要求培育产权明晰、自主经营、行为规范的市场主体；打破行业垄断和地区封锁，消除市场优化资源配置的人为障碍，使经营者在平等条件下参与市场竞争；对经营者提出了加强信用建设、依法经营的要求。国家通过经济、法律和行政等手段完善宏观调控、加强市场监管，依法查处欺诈售假、违背诚信等各种破坏市场经济秩序的违法犯罪活动。由此可见，政府对消费者权益保护法的完善与变革，提出了新的要求。

3. 十七大报告。十七大报告提出的新时期的历史任务在很多方面也与保护消费者权益密切相关。例如，十七大报告中指出："必须坚持以人为本。全心全意为人民服务是党的根本宗旨，党的一切奋斗和工作都是为了造福人民，要始终把实现好、维护好、发展好最广大人民的根本利益作为党和国家一切工作的出发点和落脚点"；要"着力解决人民群众最关心、最直接、最现实的利益问题"；要"健全社会信用体系"，"加强政府监管和社会监督"；要"保障人民各项权益"；要"引导人民自觉履行法定、社会责任、家庭责任"；"要加快推进以改善民生为重点的社会建设"等。消费者的利益就是广大人民的根本利益，也是人民群众最关心、最直接、最现实的利益问题，消费者的合法权益就是民生的重要组成部分，做好消费者权益保护工作就是促进改善民生、推动十七大确定的和谐社会建设。

4. 立法。该时期制定了多部新型法律。

(1)《电子签名法》。为了应对信息化社会的到来，2004 年制定了《电子签名法》。虽然这部法律的立法目的并不是为了保护消费者权益，也没有规定保护消费者权益的具体条款，但从法律上确认了电子签名的合法性，这就承认了电子商务消费者的主体资格，承认了电子商务合同的效力，维护了消费者的合法权益；该法还包括了电子商务的管理规则，从而提高了电子商务交易的安全，实现网上自动在线支付，大大增加消费者网上交易的便捷性和安全性。该法的制定，不仅能打击电子商务交易的违法行为，维护网络消费者的合法权益，也能营造良好的社会诚信环境，促进电子商务的繁荣发展，推动信息化社会的变迁。

(2)《物权法》。《物权法》的立法目的主要是明确物的归属，发挥物的效用，保护权利人的物权。《物权法》虽然没有像《消费者权益保护法》、《反垄断法》那样非常明确地将保护消费者权益作为其立法宗旨，但从物权法条文中却体现了对消费者权益保护的效用。例如，有关商品房购买和维护方面的规定，《物权法》对于人们购买、使用商品房提供了更加全面和完整的保护。这种保护包括消费者购买住房，成立物业管理委员会，聘请物业服务公司来提供物业服务等方面。既涉及人们作为

---

[1] 江泽民："全面建设小康社会，开创中国特色社会主义事业新局面"，载《党的生活》2002 年第 12 期。

消费者与商品房开发商之间的房屋买卖关系，也涉及与物业服务公司之间的提供与接受物业服务的关系，从而为新时期消费者的权利救济提供了法律依据，也促使了消费者权益保护法由公法向私法规则的转变。

(3)《反垄断法》。现阶段垄断已成为中国消费者的“切肤之痛”，《反垄断法》是消费者期待已久的法律。反垄断法是市场经济的基石，有“经济宪法”之誉。随着时代的发展，反垄断法的立法宗旨已从最初单一的提高经济效率转变为多元化的追求。《反垄断法》虽然是以“预防和制止垄断行为，保护市场公平竞争，提高经济运行效率，维护消费者利益和社会公共利益，促进社会主义市场经济健康发展”（第1条）为宗旨，但其已将对消费者权益的保护纳入反垄断法的范畴，这对从根本上维护消费者权益有着积极、深远的意义。

三、消费者法变革的特征

纵观中国消费者法的产生与变革，其经历了一个与时俱进、创新发展的过程。首先，先借用政府在计划经济时期遗留下来的运动式活动，间接保护消费者权益的利益；其次，在集体利益本位主导的社会结构中，个体利益先借用集体利益的名义，把个体利益转换为集体利益、国家利益，从而实现了对消费者权益事实上的保护。最后，随着市场经济改革深入到社会生活的各个领域，消费者权益保护才逐渐得到真正实现。

中国消费者权益保护法的产生，最初不是从传统民法而是从以行政法为主体的公法发展起来的。但随着中国经济体制改革的不断深入及民法的发展，消费者权益保护法逐步实现了一定意义上的过渡，开始从民法领域寻求法律资源的支持，从而在一定程度上显示出与市场经济发达国家类似的情况。

总之，消费者法的变革过程，是中国改革开放30年来法治建设的一个缩影。改革开放以来，中国的社会转型与消费者法的变革及其特征请参见下表。

社会转型、消费者问题、消费者立法、消费者政策与法变革特征经纬

社会转型期	转型标志	消费者问题	消费者立法	消费者政策与法变革特征
Ⅰ期（1978～1983年计划经济向市场经济过渡期）	①以1978年第十一届三中全体会议； ②提出了改革开放政策； ③计划经济向市场经济转换； ④以计划经济为主。	劣质商品、商品供不应求，消费者问题不明显。	主要是行政法规	整顿经济秩序，反射保护消费者权益。

Ⅱ期（1984～1992年市场经济体制建立期）	①1984年第十二届三中全会； ②决定了经济体制改革； ③计划经济向市场经济转换； ④计划经济与市场经济并行。	假冒伪劣商品、计量不足等，消费者问题开始出现。	1986年《民法通则》、1985年《计量法》等及行政法规	①整顿经济秩序反射保护消费者权益； ②立法保护开始； ③行政规制开始向民事规则转变。
Ⅲ期（1993～2000年市场经济初步发展期）	①1992年邓小平“南巡讲话”、1992年第十四次全国代表大会； ②确立了市场经济体制改革； ③告别计划经济； ④以市场经济为主。	假冒伪劣商品泛滥、计量不足、假药、假酒、有毒食品、劣质种子、劣质化肥、虚假广告、地方保护主义严重、市场混乱等，消费者问题严重。	1993年《产品质量法》（2000年修改）、1993年《消费者权益保护法》、1993年《反不正当竞争法》、1994年《广告法》、1997年《价格法》、1999年《合同法》、2000年《种子法》等及各种行政法规	①整顿经济秩序与立法保护并行； ②消费者权益保护基本法及关联法相继制定，法体系开始形成； ③行政规制向民事规则转变。
Ⅳ期（2001年以后市场经济逐步发展期）	①2001年全国人民代表大会； ②第十次五年计划决定政府纲要、加入WTO； ③进入经济全球化、信息化时代； ④以市场经济为主。	食品安全、房地产纠纷、汽车质量及售后服务、农资类产品质量、网络交易欺诈、跨国诉讼等，消费者问题严重。	2004年《电子签名法》、2005年《治安管理处罚法》、2005年《可再生能源法》、2007年《反垄断法》、2007年《物权法》等及各种行政法规	①整顿经济秩序与立法保护并行； ②许多与时俱进的新法被制定，消费者保护法体系形成； ③行政规制向民事规则转变、企业自主规制开始。

注：本表参考《中华人民共和国民事法律法规大全（2008年）》[1] 及《验证现代中国的

〔1〕 参见法律出版社法规中心编：《中华人民共和国民事法律法规大全》（2008年），法律出版社2008年版。

经济政策决定》[1] 制作。

四、结语

中国的社会转型，深刻地注解着经济持续增长、社会观念激变、各项改革迭出和民主化进程发展迅速等所有社会现象，也从根本上决定了中国在社会转型中的消费者权益保护法的变革必然会面临一系列冲突和难题。近年来，食品安全、消费欺诈、群体性事件等恶性案件时有发生的现象，说明中国消费者保护法的变革速度已经跟不上社会发展的步伐。总之，中国从 1978 年到 2008 年的 30 年的社会转型是一个极其复杂的过程，所引起的消费者权益保护法的变革也是复杂多变的，还有待研究。

---

〔1〕 参见田中修：《验证现代中国的经济政策决定》，日本经济新闻出版所 2007 年版。

第 二 篇

稳定与进步：古代中国社会转型与法律变革

简论社会转型与法制变革

——以春秋战国与后金为视角

张晋藩*

法律与社会的相互关系与内在联系，是马克思主义法理论范畴的问题之一，也是研究法制史学开宗明义的第一章。社会是法律的形成与发展乃至其全部历史的真正发源地。法律关系是社会关系的反映，法律的形式与内容、思想与语言、制度与实施都不过是社会生活的记录。但是，法律不是消极地反映社会、适应社会，而是积极地作用于社会，或者促进社会的发展，或者阻碍社会的进步。中国古代的统治者之所以视法律为“治世之具”，就在于他们充分认识到法律所具有的调整社会与维系国家活动的功能。特别是社会发生激变的转型时期，法律更是发挥着清除旧势力阻挠和为新社会开辟道路的作用。

人类历史上的各种社会形态，是由不同的生产关系的总和所构成的，各种社会形态的本质和特点都植根于社会生产关系的总和之中。原始社会解体以后，由新的生产关系所形成的社会结构，存在着阶级利益的对立与冲突，由此而产生了国家与法律以及相应的意识形态。社会的变革与转型，总有它的物质前提和条件，那就是旧的生产关系已经成为社会生产力发展的严重桎梏，而新的生产关系也已孕育成熟，先进的社会力量手中所掌握的不仅有物质性的武器——政权与法律，还有精神性的武器——新的意识形态，最终在激烈的斗争中取得胜利。

在中国历史上，就中原地区而言，主要发生过三次社会形态的重大转型：从氏族社会晚期转型至殷商奴隶制社会；从春秋中后期的礼崩乐坏转型至战国秦封建社会；从晚清的自救改革转型至近代社会。每次社会转型都是指社会结构的整体性、根本性的变动，是由经济、政治、文化等诸因素所决定的，因此每次社会转型都含有结构转换、机制转轨和观念转变的内容。每次社会转型总是引起法律的相应的激烈变革，并从多方面立法建制确保转型成功。在这个过程中，新的法律思想与理论起着重要的导向作用。本文以战国秦及关外时期后金为例，概述社会转型与法制变革的相互关系与规律性。

---

* 中国政法大学终身教授，中国政法大学法律史学研究院名誉院长，博士生导师。

一、春秋至战国秦的社会转型与法制变革

自公元前770年周平王东迁洛邑至公元前221年秦统一，是中国历史上由奴隶制社会向封建制社会转型的大变动时期。春秋中叶以后，铁制生产工具广泛应用于农业，迅速提高了生产力，"千耦其耘"的奴隶制集体耕作方式，为以一家一户为生产单位的农业经济所代替。铁制农具的使用还大大加强了"辟草莱"的能力，新开垦出的土地归开垦者所有，以致私田的数量不断增多，而且经营远较公田出色。在这个过程中土地国有制逐渐瓦解，地方经济迅速发展。周初"诸侯并列，王室独尊"的局面，和王臣公、公臣大夫、大夫臣士的等级制度遭到彻底破坏。礼乐征伐不再自天子出，而是自诸侯出、自卿大夫出。列国之间展开了以扩张领土、掠夺财富为目的的无休无止的兼并战争。过去调整等级秩序的"礼"，也在赤裸裸的权力之争中丧失了约束作用。为了适应社会的发展，摆脱由于落后的生产关系所带来的社会危机，各国都进行了以田制、税制为基本内容的改革。例如，公元前645年，晋国"作爰田"，为后来的按军功赐田宅开了先例。公元前594年，鲁宣公实行"初税亩"，承认私田的合法性，而一律取税。公元前552年，楚国"量入修赋，赋车籍马、赋车兵、徒卒、甲楯之数"。[1] 即按土地收入的多少征集军赋。公元前538年，郑国"作丘赋"和齐国管仲实行的"相地而衰征"，都不外乎"履亩而税"。[2] 至商鞅变法"废井田，开阡陌，民得买卖"，从法律上确认土地的私有制和土地买卖的合法性，而且从这时起推行重农抑商的政策，凡"僇（始）立本业，耕织致粟帛多者，复其身（免除徭役）；事末利及怠而贫者，举以为收孥（官奴隶）"。[3]

适应社会转型的历史潮流和对新法律规范的需求，法制也相应地发生变革，主要是：

1. 成文法的公布。《左传》昭公六年，"郑人铸刑书"，杜预注曰："铸刑书于鼎，以为国之常法。"由于"铸刑书于鼎"，打破了"临事制刑，不豫设法"，"刑不可知，则威不可测"的旧传统，而遭到以晋国叔向为代表的旧贵族势力的激烈反对："昔先王议事以制，不为刑辟，惧民之有争心也，……民知有辟，则不忌于上，并有争心，以征于书，而侥幸以成之，弗可为矣……"[4]

郑铸刑书二十三年以后，晋国"铸刑鼎"，也公布了"刑书"。据《左传》昭公二十九年记载："冬，晋赵鞅、荀寅帅师城汝滨，遂赋晋国一鼓铁，以铸刑鼎，著范宣子所为刑书焉。"晋铸刑鼎公布刑书，也受到孔子的批评。"仲尼曰：晋其亡乎！失其度矣。……民在鼎矣，何以尊贵？贵何业之守？贵贱无序，何以为国？"[5]

---

〔1〕《左传·襄公二十五年》。
〔2〕《左传·庄公九年》。
〔3〕《史记·商君列传》。
〔4〕《左传·昭公六年》。
〔5〕《左传·昭公二十九年》。

春秋时期成文法的公布，反映了正在形成中的新的生产关系的要求和社会结构的变动。为了维护不断发展的私有财产权，确认变动中的社会关系，调整由于宗法等级制度的松弛而形成的政治结构，巩固新势力已经获取但尚不巩固的权力，代表新兴地主阶级的政治家以极大的勇气和魄力公布了成文法。围绕公布成文法所展开的争论是新旧势力的权力之争，是封建制法制取代奴隶制法制的历史进程中所不可避免的。但是，新生的事物终究是要战胜旧事物，公布成文法自郑、晋开其端，其他各国也群起仿效，至战国李悝著《法经》，为春秋各国公布成文法的历史性运动作了总结。不仅如此，由于《法经》是秦汉律之所宗，而北魏律又源自汉律，因此可以说《法经》奠下了封建法制大厦的基石。

2. 法治思想的兴起。社会的大变动不仅使夏商以来的神权法思想受到进一步冲击，即使是周公所制之礼和明德慎罚的政策，也在上下相克的斗争中失去了权威。新产生的更为复杂的社会关系，急需新的理论进行论证、规范和指导，于是法治思想兴起，法家学说成为显学。

以管仲为代表的早期法家，提出“以法治国”,〔1〕取代“为国以礼”。〔2〕迄至韩非，法家学说从理论上已经十分完备。譬如，提倡“法莫如显”，即法的公开性；借用度量衡器比喻法的公平性，“尺寸也、绳墨也、规矩也、衡石也、斗斛也、角量也，谓之法”,〔3〕“有权衡不可以欺轻重，有尺寸不可以欺长短，有规矩不可以欺方圆，有法术不可以欺诈伪”；阐述“君臣上下贵贱皆从法”,〔4〕以示法治的平等性；强调“宪既布，有不行宪者，谓之不从令，罪死不赦”,〔5〕“有敢删定法令损益一字以上者，罪死不赦”,〔6〕表明执法与守法的严肃性。

在法家理想的“法治国”中，“无书简之文，以法为教；无先王之语，以吏为师；无私剑之捍，以斩首为勇。是境内之民，其言谈者必轨于法，动作者归之于功，为勇者尽之于军，是故无事则国富，有事则兵强……”〔7〕“法之所加，智者弗能辞，勇者弗敢争。”〔8〕由此，法家将法治与国家的盛衰密切联系在一起，所谓“国无常强无常弱，奉法者强则国强，奉法者弱则国弱”。〔9〕

以上说明社会的大变动推动了法治思想的兴起，并且转化为强大的物质力量，

〔1〕《管子·明法》。
〔2〕《论语·先进》。
〔3〕《管子·七法》。
〔4〕《管子·任法》。
〔5〕《管子·立政》。
〔6〕《商君书·定分》。
〔7〕《韩非子·五蠹》。
〔8〕《韩非子·有度》。
〔9〕《韩非子·有度》。

造就了秦国统一天下的大业。

3. 改法为律，注重法的统一适用性。商鞅在秦国变法，改法为律，充分发挥法律的社会调整功能与治国工具的作用。自商鞅变法至秦始皇统一中国，秦在经济、政治、军事、司法、文化等各个领域，以及社会、家庭与个人的多个方面，进行了立法。从出土的《秦律杂抄》与《秦律十八种》，可见其立法范围之广，条目之多，内容之详细，程序之严谨。这雄辩地说明了，秦律是作为新产生的上层建筑的重要组成部分。而改法为律，就是为了法律的统一适用，发挥其特殊的功能，确认和保护封建经济关系的确立。

4. 律学的出现。随着立法的复杂化，解释法律之学——律学也应运而生了。秦简中的“法律答问”，就是最早出现的注释律学形式。其所注释的对象是现行的法律，其所注释的内容是律意的理解、罪名的确定、量刑的幅度以及相关者的责任。“法律答问”是官定的，是援法为治的需要，因而具有与律文同样的权威性。它出现在以法相尚的秦国，有其历史的必然性，在中国古代注释律学的发展传统中，秦律学具有开创性的价值。

自战国至秦统一，变革中的法律不是消极地适应社会转型的需要，而是积极地推动和巩固社会的转型。譬如商鞅变法时便用法律打击阻碍社会前进的保守势力，“法及太子，黥劓其傅”[1]；同时也运用法律破除旧贵族的特权，“宗室非有军功论，不得为属籍”[2]，建立了王权专制下的官僚制度体系，从政治体制上确保社会转型的成功。此外，商鞅变法通过多方面的立法，规范了新的社会所必需的基础，而且强调以诚信执法、司法，使法律具有稳定性、权威性，以至“商鞅虽死，其法未败”。[3]

二、后金的社会转型与法制变革

清朝在1644年入关以前，已经在东北辽沈地区建立了女真族的后金（清）国。女真族是一个古老的民族，它的历史可以上溯至公元前十一世纪周朝的肃慎；发展至十五六世纪之交，以建州女真为核心，聚集“海西女真”、“野人女真”，并融合在其统治区内的部分汉族、蒙古族和朝鲜族居民而成为满洲族，它是我国多民族大家庭中的一个既古老又年轻的民族。从万历十一年（1583年）满洲族的杰出领袖努尔哈赤起兵伐明，至顺治元年（1644年）清兵入关，定鼎燕京，是清朝发展史上的肇基时期。在这六十年间，崛起于东北一隅的满洲族，统一了东北地区，摆脱了落后的生产方式，完成了由奴隶制社会向封建制社会的转型。在这六十年间，适应社会经济发展和社会结构的变化以及对明战争的需要，根据“参汉酌金”的原则，满州

---

〔1〕《战国策·秦策》。

〔2〕《史记·商君列传》。

〔3〕《史记·商君列传》。

族进行了艰巨的法制改革，形成了特有的法律制度。这不仅是清朝“神武开基”的光辉一页，为其入关以后的法制建设奠定了重要基础；而且也为研究社会的转型与法制变革提供了范例。

努尔哈赤从1583年起，经过三十几年的残酷斗争，终于完成了女真族的统一。1616年（明万历四十四年）努尔哈赤建立后金国，建元天命，自称“英明汗”。在创建后金国的实践中，努尔哈赤逐渐形成了治国必须重视法律的意识。他曾告诫诸子侄和八旗将领说：“要怀有公正之心，教导国人牢记法令。”〔1〕他以明为鉴，指出明朝之所以每况愈下，就在于“法令不公平，不严明”〔2〕。后世史官称颂努尔哈赤确实做到了“有罪者，虽亲不赦，必置之法；有功者，虽仇不遗，必加之赏”〔3〕，这对于团结部属，鼓励他们进取图功，起了积极的作用。

为了适应社会形态的发展变化，努尔哈赤开始吸收明朝的法律。天命六年（1621年）他谕令都堂阿敦、副将李永芳、毛右铭和汉人众游击官“把尼堪（汉人）行事的各种法规律例，全都写在文书呈上来，抛弃不适当的地方，报告适当的地方”。〔4〕

作为后金国第二代君主的皇太极，面对社会的迅速转型，以极大的魄力积极推行“参汉酌金”的立法路线。一方面他表示“朕闻国家承天创业，各有制度，不相沿袭……朕传承基业，岂可改我国之制，而听从他国?”〔5〕另一方面他积极吸收汉族法律文化，用以改变满洲的旧俗，适应新的社会变化。天聪五年（1631年）七月，皇太极在申明谕禁同族嫁娶，违者以奸论罪的理由时说：“明与朝鲜皆礼仪之邦，故同族从不婚娶。彼亦谓既为人类，若同族嫁娶，与禽兽何异？是以禁止耳。”〔6〕天聪六年（1632年）三月，皇太极对民间讦告一事发布上谕：“若子告父、妻告夫及同胞相告，果系反叛逃亡，有异心于上及诸贝勒者，讦告，其余不许。”他特别解释说：“所以严禁者，以此乃古圣王之成法，故今仿而行之耳。前禁不许乱伦婚娶，亦此意也。”〔7〕天聪十年（1636年）六月，皇太极颁布“定上下问对应各有区别”谕，再次强调：“我国之人，向者未谙典礼，故言语书词，上下贵贱之分，或未详晰。朕阅古制，凡上下问对，各有分别。自今俱宜仿古制行之。”〔8〕皇太极所说的“古圣王之成法”和“古制”，就是指明朝封建等级伦理的典章制度。在“参汉酌

〔1〕《满文老档·太祖》卷十一，天命四年七月初八日。

〔2〕《满文老档·太祖》卷十一，天命四年七月初八日。

〔3〕《清太祖高皇帝实录》卷四，第20页。

〔4〕《满文老档·太祖》卷十一，天命六年四月初二日。

〔5〕《清太宗实录》卷十八，第12页。

〔6〕《清三朝实录采要·太宗》卷二，天聪五年七月庚辰。

〔7〕《清太宗实录》卷十一，第19页。

〔8〕《清太宗实录》卷三十，第7页。

金”思想的指导下，皇太极时期以“十恶”入律，但摒弃“八议”；有世爵者犯一般过误虽可罚赎以代体刑，但世爵愈高罚愈重；其他如不依服制定罪、不族诛连坐、斩决人犯不待时节、父母在别籍异财不为罪等，都是从早期满洲国情出发，贯彻“参汉酌金”的“一代制作”。

进入辽沈地区以后，在汉族先进生产方式的影响下，满洲族的社会经济迅速向封建农业经济过渡。作为新生的封建社会上层建筑的法制，起了重要的调整和促进作用。譬如为了重新组织农业生产，颁布“计丁授田”法。按天聪朝汉官记载：“我皇上立法，每丁计田五日，一家衣食，凡百差徭皆从此出”。[1] 计丁授田法确立了一种新的土地所有制，这只有在向封建制社会转型的过程中才是可能的。由于分得土地的一般士兵忙于作战、训练、驻防及其他应役，无暇从事耕种，至崇德年间，已开始出现了租赁田土的现象。《盛京刑部原档》记载，镶红旗下原大凌河守备刘士登“狎妓女刘达，将银用光，后将牛卖掉，不得耕田，只得将人田租赁他人”。[2] 值得注意的是，刑部虽然判处刘士登以应得之罪，但却不是因“将人田租赁他人”。实际上此时将国家分配的土地出租已经得到了认可，开始了土地由国有向私有转化的过程。

最足以反映社会转型期法制变革的是保护农业立法的制定。如行师出猎禁止纵马食禾。天聪五年（1631 年）六月辛亥有“二人纵马食禾，上见之，坐以纵马食禾罪，命各贯一耳以循”。[3] 崇德七年（1642 年）皇太极特命大学士范文程等宣谕诸王贝勒：“太祖时凡遇行兵巡幸，军士有践踏田禾者，重则射之，轻则鞭之，处分严明，所以重农事也。近来诸王贝勒行兵出猎，见有践踏田禾者，亦曾察出定罪否？何并无一究治者耶？若果有之，朕何未之闻耶？”对于皇太极谴责性的宣谕，诸王贝勒大臣慌忙复奏：“臣等遇有践踏田禾之人，应鞭责者鞭责，应罚赎者罚赎，不敢疏纵也。”[4]

又如牲畜闯入他人田中损害田禾，罪其主人。天聪五年（1631 年）定法：“如豕入人田者，令送还本主。每次计豕罚银五钱；过三次，许赴告该牛录额真，即以其豕给之。如羊入人田者，计每只罚银二钱。骆驼、牛、马、骡、驴入人田者，计每匹头罚银一两，仍偿其禾。”[5] 天聪九年（1635 年）皇太极谕诸贝勒大臣，禁止贵族子弟郊外放鹰，蹂践田园：“昔太祖时曾禁止诸贝勒子侄不许郊外放鹰，盖以扰害人民，蹂践田园，伤残牲畜故也。今闻违背禁令，仍复扰民，此风渐不可

---

〔1〕《天聪朝臣工奏议》上卷，第7页。

〔2〕《盛京刑部原档》一六六号，第16页。

〔3〕《清太宗实录》卷九，第7页。

〔4〕《清太宗实录》卷九，第11页。

〔5〕《清太宗实录》卷六十一，第6页。

长。……嗣后放鹰之人如扰民不止，事发之后，决不轻恕。"[1]

由于牛马骡是农业生产中最重要的生产力，为此皇太极颁布禁令，严禁宰杀牲畜："马骡以备驱驰，牛驴以资负载，羊豕牲畜以供食用，各有所宜，非可任情宰杀也。嗣后自宫中暨诸贝勒以至小民，凡祭祀、宴席，及殡葬、市卖，所用牛、马、驴、骡永行禁止。如有违禁用者，被家人及属员举首，将首人离主，仍照所用之数追给首人。牛录、额真及章京失察者，罚锾入官。惟国家大宴仍用牛，祭太祖、列祖陵寝照旧仍用大小牛只。至于诸贝勒、大臣有牧牛多者，亦须节用，毋得妄杀，自宫中及诸贝勒以至小民，凡祭祀、宴席及殡葬、市卖止许用羊、豕及鸡、鹅、鸭等物。"[2]

为了"用恤民力，专勤南亩，以重本务"，[3] 天聪九年（1635 年）三月，皇太极训谕大臣，不得滥役民夫，以妨农务："朕昨出见民间耕种愆期，盖因牛录章京有事城工，欲先时告，故额外派夫，致误耕作。筑城固为正务，然天地荒芜，民食何赖？嗣后有滥役民夫致妨农务者，该管牛录章京，小拨什库等俱治罪。"[4] 崇德八年（1642 年）六月，皇太极严谴工部大臣"重困民力，甚为扰累"，并将工部承政萨穆什喀等"坐以应得之罪"。[5] 同年八月，都察院大臣谏阻皇太极暂缓改建房屋，免误农时说："今适当秋禾告成之时，改造庐舍，恐妨收获。"皇太极采纳了这个意见，下令："改建房屋，著即停止。"[6]

上述保护农业生产的立法，一事一法，或以口谕的形式，或制定成条款，用语朴素，处罚规定带有习惯法的遗痕，同《大明律》中保护农业经济的立法不可同日而语，反映了法制文明的初级阶段。但它却具有较高的权威和应用性，对于保障农业生产起了重要的作用。

与生产关系变化相适应的阶级关系也发生了急遽变化，其在法律上的表现就是天聪五年（1631 年）制定的《离主条例》。其中规定：凡告主私行采猎，隐匿出征所获，擅杀人命，奸淫属下妇女，冒功滥荐等，如所告属实，准其属下奴隶离主。天聪六年（1632 年）又对离主的条件作了以下补充规定："凡讦告之人，务皆从实，如告两事以上，重者审实，轻者审虚，审实一款。亦免坐诬告之罪；如所告多实及虚实相等，原告准离其主。所告多虚，原告不准离主。所告两事以上而轻实者，重者虚……坐诬诉罪，不准离主。"[7] 用法律的形式确认奴仆的告主权，在奴隶制时

---

[1] 《清太宗实录》卷二十三，第 38 页。
[2] 《清太宗实录》卷三，第 32 页。
[3] 《清太宗实录》卷一，第 9 页。
[4] 《清太宗实录》卷二十五，第 3 页。
[5] 《清太宗实录》卷六十五，第 13 页。
[6] 《清太宗实录》卷六十五，第 30 页。
[7] 《清太宗实录》卷十一，第 19 页。

代是不可能出现的，因此《离主条例》的颁布反映了后金奴隶制的社会关系已经不占主导地位。

关外时期的立法活动，虽然历时不长，数量不多，但却具有鲜明的社会转型时期的时代特点。其特点如下：

1. 保留了某些早期的习惯法。处于急剧变动的满族社会，不可避免地保留了早期的带有氏族社会遗痕的某些习惯法。例如，审判活动强调“偕众听断”，就是对氏族部落时代议事和审案习惯的沿袭。又如，确认家主死后，妻妾殉葬，直至议定《崇德会典》时才有所限制：“凡妻从夫死，若平昔素所恩爱者许死，众必称扬之。若恩爱的妻不死，反逼房下侍妾而死，问死罪。若丈夫索不恩爱者及侍妾，不许从死。若违命死者，该部大人将尸首令犬食：仍令本主照死数，赔人入官。举首者将人断出。死者的兄弟亦令赔人入官，各问应得之罪。”再如，允许不同辈分之间缔结婚姻关系。子侄可以娶继母、伯母为妻，兄叔也可以娶弟妇、侄妇为妻。至天聪三年（1629年）才以“乱伦婚娶”的罪名，废除了这种婚姻关系上的习惯法。“凡娶继母、伯母、弟妇、侄妇，永行禁止……同族嫁娶，男女以奸论。”〔1〕

2. 国法与家法不分。后金政权建立以后，努尔哈赤既是一国之主的后金汗，又是女真部落的最强大家族的族长，他的权威来自政权和族权双重支柱。在以家族血缘与政治的二重原则为依据的条件下，努尔哈赤颁布的谕令，既是家法，也是国法，二者统一而不可分。至皇太极时期，社会经济、政治与文化的发展，以及对明战争的胜利，使得短暂的“八王共治”阶段，迅速向帝权独尊过渡。随之而来的是君主集权取代贵族民主。政治体制的变动决定了法律体系中家法的比重逐渐削弱，国家制定法的比重逐渐增强。家法与国法开始呈现出分野的趋势，这是法制文明发展的必然性的表现。

3. 汉族法文化的吸收。从努尔哈赤时起便注意吸收先进的汉族法律文化，尤其是皇太极积极推行“参汉酌金”的立法路线。所谓“参汉”就是援用明朝的典章制度，所谓“酌金”就是酌取满族固有的某些习惯法。为此后金翻译了明朝的会典、刑法条例，为制定新法律提供了蓝本。刑律中“十恶”条款的引进，尊卑贵贱之间同罪异罚原则的确立，非反叛、逃走、犯上等事，子告父、妻告夫、弟告兄处以应得之罪；行政法律中，六部职掌条约的制定，职官管理制度的建立，监察考绩之法的推行等，都是“参汉酌金”立法路线的产物。没有法律文化的融合，就不会有充满活力的清政权统治中国二百六十余年的法制历史。

4. 皇权至上的法律化。自努尔哈赤被推举为后金汗以后，专制权威不断发展，但尚未得到法律的确认。至皇太极建帝号，国号大清，改元崇德以后，皇帝的权威已经法律化。按《崇德会典》规定：“凡皇帝言，或写书，或称呼，俱云上命。皇帝

〔1〕（清）朱璘：《明纪辑略》。

有颁行的言语，俱谓降旨。或对答禀陈，俱谓奏上。外藩差来的人，不许称使臣，或送马匹，财物，俱谓之贡。凡差事俱谓之奏。”可见，上命已成为最具权威性的法律渊源，可以改变固有的定例。例如，《崇德会典》虽然规定了丧葬礼制，但“或有功劳，或上怜爱，祭礼破格多费，惟听上命，不拘定例。”在崇德二年（1637 年）经过修改颁布的“十恶”大罪条款中，以“犯上”为首，皇太极之兄大贝勒代善曾因“轻慢皇上”〔1〕几乎被革职。至于危及皇帝人身安全的行为，处重刑。天聪四年（1630 年）围猎时，大贝勒代善部下猛克射麆，误中御前，众拟死罪，上以误射“令鞭一百释之”。〔2〕

综括上述，可见关外时期的社会形态处于急遽变动中，复杂交错、变化不定的社会关系透过法律关系这面镜子的折射，反映得十分清楚，太祖、太宗二代法制建设的历史，既含有满洲传统的法律观念与习惯法的特色，又表现出强烈的民族间法律文化的融合。这是南北朝、辽金西夏、元所经历过的民族融合和文化交流的历史在新的条件下的新发展。但是，它所记述的统治者的法律思想更为丰富，法制建设的实际过程更为翔实，对于社会转型所起的作用也最为明晰，特别是它所反映社会转型与法制变革之间的特殊规律性，极具研究的价值。

---

〔1〕《清太宗实录》卷二十五，第16页。
〔2〕《清太宗实录》卷七，第32页。

礼序·法序　解构·复构

——秦汉大变局与社会秩序大变迁

卜安淳*

统观以汉民族为主体的中国社会，已有的五千多年历史之中，社会变化不断，但真正可称为社会大变局者，我认为，至今仅有两次。一次是周末至秦汉的大变局，一次是清末至今的大变局。[1] 清末以来的中国社会与周末到秦汉的中国社会相比较，许多方面都是不同的。其中话语和概念更有很大的不同。周末到秦汉时的所谓"法治"只是《周礼》"以八法治官府"之类的君王以法治臣民。君王以法治臣民，但并不受法的管治。这实际上是人治，而非今日意义上的"法治"。表述类似于今日所谓"法治"的理念的词语，在周末秦汉之世，可能应该是"礼法"、"礼制"之类。"礼法"的基础是社会的礼序，"法治"所维护的则是社会的法序。本文对周末秦汉社会大变局的一个方面做一粗略的考察和分析，力求探寻这一时期社会礼序毁坏，社会法序解构，复在新的背景下法序礼序重新建构的变迁脉络。

一、等级礼序的历史演变

中国社会的上古时期有怎样的历史，我们今天已很难考查明白。秉承清代学者的学术思想，二十世纪二三十年代兴起的史学疑古派极力否定《大戴礼记》之《五帝德》、《帝系》和《史记》之《五帝本纪》等所叙述的从黄帝到尧舜禹的历史的真实性。他们作为疑古的依据的最重要预设是《诗经》中没有关于五帝的内容和《诗经》、《楚辞》中之"天"或"帝"皆为天神。[2] 但《诗经》内容皆为歌词，即便有些史诗类的歌词具有点断代史的性质，我们也不能据其内容中无所述即断定人类历史中无所有。《诗经》、《楚辞》中之"天"和"帝"是否皆指天神更是需要进一步讨论之事。并且，即便《诗经》、《楚辞》中之"天"和"帝"是指天神，也难断定其他古代文献所言之"天"或"帝"亦指天神。再退一步说，即便古代许多文献中之"天"和"帝"是指天神，我们还应该考查"天"和"帝"何以会指天神。

---

* 江苏警官学院学报主编，编审。

〔1〕 王国维认为，"中国政治与文化之变革，莫剧于殷、周之际"。参见王国维：《观堂集林·殷周制度论》。

〔2〕 顾颉刚：《中国上古史研究讲义》，中华书局1988年版。

"天"字本与"大"字相类，皆指身份显要之人，只是"天"字强调这类人之脑袋(天者颠也)。"大"与"天"，最通俗地理解其原始字义，应该相当于后来的爹，即父亲。时至今日，尚有一些地区子女称父亲为"大"，也有一些地区子女称父亲为"爹"。所以，"天"本为爹，古中国最早的时候子女称呼爹应该就是"天"。正是因为"天"最早是指人，所以后人用"天"指称人头顶上之天空之后，才可能因"天"而想像出具有人的形象的天神。"帝"与"天"字形有别，但字音相类，其字形源于花蒂之形，其字音可能借于天颠之音。蒂是瓜果之源，爹是子女之源，用"帝"指称父亲也就很有可能。所以，天、帝先是人王，后为天神，应当是合理的，不然天神不可能具有人之形象和人之意志。[1] 我并不否认史学疑古派具有特别的学术贡献，但基于对他们的这种学术预设的思考，我认为对上古帝王之传统说法作彻底的否定尚无充分的依据。因此，本文讨论上古中国社会之礼序，依然按《五帝德》、《帝系》和《五帝本纪》之说法，从黄帝之世开始讨论，并且认为礼序从黄帝时即已开始。

按《大戴礼记·帝系》的说法，黄帝是少典之子，黄帝之子有元嚣（青阳）和昌意。昌意之子高阳，即帝颛顼。元嚣之子蟜极，蟜极之子高辛，即帝喾。帝喾之子放勋，即帝尧。颛顼之子有穷蝉和鲧。穷蝉之子敬康，敬康之子句芒，句芒之子蟜牛，蟜牛之子瞽叟，瞽叟之子有重华、象、敖，重华即帝舜。鲧之子文命，即禹。[2] 这就是说，《帝系》作者认为，帝颛顼、帝喾、帝尧、帝舜和禹皆是黄帝的

---

〔1〕《尔雅·释诂》："林、烝、天、帝、皇、后、辟、公、侯，君也。"郝懿行《尔雅郭注义疏》："天与帝俱亦训为君者，天、帝俱尊大之极称，故臣以目君焉。《易·说卦》云：'乾，为天为君。'《左氏·宣四年》传云：'君，天也。'《鹖冠子·道端篇》云：'君者，天也。'是皆以君为天之证。古者称君或言'昊天'，或言'天王'，或言'天子'其名异，其实同也。《说文》云：'帝，谛也，王天下之号也。'《风俗通》引《书大传》云：'帝者，任德设刑，以则象之，言其能行天道，举错审谛。'《谥法篇》云：'德象天地曰帝。'是帝本天之号，又为王者之称。故《诗》'上帝板板，上帝甚蹈'，《毛传》皆以'上帝'为王矣。"所谓炎帝、黄帝、帝颛顼、帝喾、帝尧、帝舜，帝都是指王天下的君主，并不是西方人意识中那样的上帝。夏、商及其后的人谈帝或上帝，很可能只是谈其当代的人王或其先代的人王。上帝者在上之帝或上代之帝也，与后世之所谓皇上或先帝，应该没有太多的不同。顾颉刚《中国上古史研究讲义》据《史记·封禅书》中所述秦国祭祀白帝、青帝、黄帝、炎帝，即认定黄帝、炎帝与白帝、青帝属于一类，乃作为天神之四方上帝，其后被伪史作者从中分出黄帝、炎帝以做上古之人王。我认为，《史记·封禅书》中的这一内容只能说明在秦国的祭祀中的黄帝、炎帝与白帝、青帝并为四方天神之上帝，但到底是先有了人王之黄帝、炎帝，后幻造出白帝、青帝与此相并而分做四方神祇之上帝，还是黄帝、炎帝、白帝、青帝同时幻造，而后拈出黄帝、炎帝以作为伪史中的上古人王，实在难以据之断定。

〔2〕《大戴礼记·帝系》："少典产轩辕，是为黄帝。黄帝产元嚣，元嚣产蟜极，蟜极产高辛，是为帝喾。帝喾产放勋，是为帝尧。黄帝产昌意，昌意产高阳，是为帝颛顼。颛顼产穷蝉，穷蝉产敬康，敬康产句芒，句芒产蟜牛，蟜牛产瞽叟，瞽叟产重华，是为帝舜，及产象，敖。颛顼产鲧，鲧产文命，是为禹。"

后代。《史记·五帝本纪》中的说法大致与此相同："自黄帝至舜、禹，皆同姓而异其国号，以章明德。故黄帝为有熊，帝颛顼为高阳，帝喾为高辛，帝尧为陶唐，帝舜为有虞。帝禹为夏后而别氏，姓姒氏。"

《史记·五帝本纪》说："黄帝者，少典之子，姓公孙，名曰轩辕。"[1]"轩辕之时，神农氏世衰。诸侯相侵伐，暴虐百姓，而神农氏弗能征。于是轩辕乃习用干戈，以征不享，诸侯咸来宾从。而蚩尤最为暴，莫能伐。炎帝欲侵陵诸侯，诸侯咸归轩辕。轩辕乃修德振兵，治五气，艺五种，抚万民，度四方，教熊罴貔貅貙虎，以与炎帝战于阪泉之野。三战，然后得其志。"这是说，神农氏之世，为帝者是炎帝，但公孙轩辕因修德振兵而得诸侯拥戴，因而成为炎帝的竞争者。阪泉之战最终以轩辕之胜告终，轩辕因此得以为帝，称为黄帝。

所谓诸侯，应该是指众多的邦国。因为众多邦国不服从神农氏炎帝的辖制，轩辕氏才乘机起势，在众邦国的支持下取代炎帝而成为黄帝。这说明，在当时的中国大地上，不仅邦国（诸侯）众多，而且邦国的向背决定着帝王的废立。或者说，当时的所谓帝王，其实只是被众多邦国所拥戴的某一邦国的首领。所以，我们讨论上古帝王，不能基于秦汉开始的一统模式而以皇帝的威势做衡量。神农氏之炎帝，轩辕氏之黄帝，黄帝之后之帝颛顼、帝喾、帝尧、帝舜、帝禹直到夏、商、周之王，皆只是诸侯拥戴下的邦国首领。史学疑古派对五帝世系最大的一个疑点就是周末秦汉之前不可能有大一统之思想，体现大一统的五帝系统只可能出于周末甚至秦汉人之编造。其实黄帝或尧舜禹并不是大一统的君主，只是众邦国拥戴的一个大邦国的首领。且黄帝一系的这一邦国能够始终得到众邦国的拥戴，也是充满着斗争的历史。

轩辕氏成为黄帝后，为了稳固自己的威势，他"置左右大监，监于万国"。[2]但仍有邦国不服从黄帝，其中最强大的是蚩尤。"蚩尤作乱，不用帝命。于是黄帝乃征师诸侯，与蚩尤战于涿鹿之野，遂禽杀蚩尤。而诸侯咸尊轩辕为天子，代神农氏，是为黄帝。天下有不顺者，黄帝从而征之，平者去之，披山通道，未尝宁居。"[3]其后，帝尧很重视修德和民，与众邦国（万国）维护好感情，但问题依然很多。虞舜佐尧，其"流共工於幽陵"、"放驩兜於崇山"、"迁三苗於三危"之类，很难说不是对付对立邦国的措施。

据说由神农氏往前推，还有女娲氏、伏羲氏、燧人氏、有巢氏、神农氏，更往前推，据说还有人皇氏、地皇氏、天皇氏。所以，上古中国大地上众多邦国（诸侯）

[1]《史记索隐》："少典者，诸侯国号，非人名也。又案：国语云'少典娶有蟜氏女，生黄帝、炎帝'。然则炎帝亦少典之子。"《史记集解》引谯周曰："（黄帝）有熊国君，少典之子也。"引皇甫谧曰："有熊，今河南新郑是也。"《史记索隐》："黄帝有熊国君，乃少典国君之次子，号曰有熊氏，又曰缙云氏，又曰帝鸿氏，亦曰帝轩氏。"

[2]《史记·五帝本纪》。

[3]《史记·五帝本纪》。

何时形成？何以形成？是如传说之言（或一些古人类考据之言）由一两个氏族（如伏羲氏、女娲氏）化育分蘖而来，还是如另一些古人类学考据之言是由多个人类源头化育生成？各种可能，今人皆可猜测，但皆难以证实。需要我们重视的应该是邦国（诸侯）林立局面存在的历史实际和这种历史状态的实际演变。当然，我们更需要明白，上古的邦国，即所谓“国”，只是土墙（甚至栅栏、篱笆）围护着的一个人群聚居区。这种人群聚居区的首领就是所谓“国君”。众多这类国君即所谓“诸侯”。众多这类邦国服从于一个更大更有威势的国（人数更多的人群聚居区），这个大国的首领就成为帝王。

从《史记·五帝本纪》等文献的记述来看，从炎帝到黄帝，威权的移转是基于武力的战争。这可能是帝王名号从一邦国移转给另一邦国的常见形态。但在一邦国之内，无论是邦国首领权位的承继还是能号令天下众邦国的帝王权位的承继，其常态应该是和平的。从《史记·五帝本纪》中“轩辕之时，神农氏世衰”的话来看，神农氏为帝王应该不止一代。《史记索隐》说，所谓世衰，是“谓神农氏后代子孙道德衰薄，非指炎帝之身”。神农氏后代子孙道德衰薄之时，应该正是炎帝为帝王之世。据此，炎帝之前应该有神农氏道德兴盛时的帝王。因此可以说，神农氏应该有多任帝王。神农氏之多任帝王之间如何承继，今已不可考查。但轩辕氏自黄帝开始的多任帝王，其承继的基本原则，我们大致可以明白。这就是嫡脉继承制。

《史记·五帝本纪》中说：“黄帝二十五子，其得姓者十四人。”[1] 又说：“黄帝居轩辕之丘，而娶於西陵之女，是为嫘祖。嫘祖为黄帝正妃，生二子，其后皆有天下：其一曰玄嚣，是为青阳，青阳降居江水；其二曰昌意，降居若水。昌意娶蜀山氏女，曰昌仆，生高阳，高阳有圣德焉。黄帝崩，葬桥山。其孙昌意之子高阳立，是为帝颛顼也。”[2] 在黄帝的二十五子中，玄嚣和昌意是正妃嫘祖所生，是嫡子。高阳是昌意之子，是黄帝嫡孙。黄帝崩后由嫡孙高阳继承帝位，最可能的情况是玄嚣和昌意都已先黄帝而逝。因为据说黄帝崩时年已一百一十一岁。[3] 其子玄嚣和昌意先其父而逝完全可能。但黄帝二十五子全都先于父而逝应该不大可能。所以，高

---

〔1〕《史记索隐》说：“旧解破四为三，言得姓十三人耳。今案：国语胥臣云‘黄帝之子二十五宗，其得姓者十四人，为十二姓，姬、酉、祁、己、滕、葴、任、荀、僖、姞、儇、衣是也。唯青阳与夷鼓同己姓’。又云‘青阳与苍林为姬姓’。是则十四人为十二姓，其文甚明。唯姬姓再称青阳与苍林，盖国语文误，所以致令前儒共疑。其姬姓青阳当为玄嚣，是帝喾祖本与黄帝同姬姓。其国语上文青阳，即是少昊金天氏为己姓者耳。既理在不疑，无烦破四为三。”

〔2〕《大戴礼记·帝系》：“黄帝居轩辕之邱，娶于西陵氏之子，谓之嫘祖，氏产青阳及昌意。青阳降居泜水，昌意降居若水。昌意娶于蜀山氏，蜀山氏之子谓之昌濮，氏产颛顼。”

〔3〕《史记集解》：“皇甫谧曰：在位百年而崩，年百一十一岁。”《史记索隐》：“案：《大戴礼》宰我问孔子曰：‘荣伊言黄帝三百年，请问黄帝何人也？抑非人也？何以至三百年乎？’对曰：‘生而人得其利百年，死而人畏其神百年，亡而人用其教百年。’则士安之说略可凭矣。”

阳之继位为帝，只能解释为嫡脉继承。其后“颛顼崩，而玄嚣之孙高辛立，是为帝喾。”[1] 这样，君位从昌意一支转归玄嚣一支，依然在黄帝正妻嫡出之嫡脉范围之内。“帝喾娶陈锋氏女，生放勋，娶娵訾氏女，生挚。帝喾崩，而挚代立。帝挚立，不善，而弟放勋立，是为帝尧。”[2] 尧之母陈隆氏和挚母陬訾氏应该都是帝喾之次妃。《大戴礼记·帝系》中说：“帝喾卜其四妃之子，而皆有天下。上妃有邰氏之女也，曰姜原，氏产后稷；次妃有娀氏之女也，曰简狄，氏产契；次妃曰陈隆氏，产帝尧；次妃陬訾氏，产帝挚。”但上妃有邰氏之子后稷和次妃有娀氏之子契不能成为帝位继承者应该皆有其原因。

《史记·周本纪》说：“周后稷，名弃。其母有邰氏女，曰姜原。姜原为帝喾元妃。姜原出野，见巨人迹，心忻然说，欲践之，践之而身动如孕者。居期而生子，以为不祥，弃之隘巷，马牛过者皆辟不践；徙置之林中，適会山林多人，迁之；而弃渠中冰上，飞鸟以其翼覆荐之。姜原以为神，遂收养长之。初欲弃之，因名曰弃。”《史记·殷本纪》说：“殷契，母曰简狄，为帝喾次妃。三人行浴，见玄鸟堕其卵，简狄取吞之，因孕生契。”据此，帝喾应该是不认弃和契为自己亲生之子。所以位次第三的陈隆氏之子尧应该被帝喾视为嫡子。因而其最终继承帝王之位应该被看做符合嫡脉继承之制。

《史记·五帝本纪》中说，帝尧“能明驯德，以亲九族。九族既睦，便章百姓。百姓昭明，合和万国”。所谓“九族”，按《白虎通义》的说法，是指父之族四，母之族三，妻之族二，但也可能是指黄帝子孙之嫡系正脉支派，“百姓”可能指黄帝子孙之其他庶脉支派，“万国”则是指原先各邦国（诸侯）所延续和分化出的更多的邦国（诸侯）。

对于如此国众民盛的天下，帝尧很明白自己力量的单薄，所以他广求仁德贤能之士以辅其执政。特别是到了晚年（尧执政七十年时年龄已八十六岁），他更感到自己衰迈乏力，必须有仁德贤能之人代其治理天下。他经多方考察后选定虞舜，一是因为虞舜善于广纳贤才，特别具有管理才能，一是因为虞舜是帝颛顼之后，属于黄帝后裔中的嫡系正脉。其后继舜为帝的禹，是帝颛顼之孙，当然也属于黄帝后代中之嫡脉一系。

嫡子为正脉，这是上古礼序的主干。嫡脉子孙（嫡长或嫡善）为君王，其余嫡脉子孙既可待机嗣位，更可成为辅佐重臣。其余庶支的嫡子（嫡长、嫡善）亦可成为辅佐重臣。这应该是我们理解黄帝之后帝颛顼、帝喾、帝尧、帝舜、帝禹之帝王之位移转的一种依据。舜作为帝尧的辅臣，禹作为帝舜的辅臣，皆能说明帝王之嫡脉子孙可作为辅佐重臣而待机嗣位。

---

[1] 《史记·五帝本纪》。

[2] 《史记·五帝本纪》。

弃与契虽不被帝喾看做己子，但依然有一定的地位，能成为帝王之重要辅臣。[1]而帝王子孙各个支脉往往各自成立邦国，成为诸侯。这些邦国再分化出邦国，世代绵延，不断壮大。其中的帝王之嫡长子，无论其贤或不肖，则皆可受帝王之封而立国。《史记·五帝本纪》记载："禹践天子位。尧子丹硃，舜子商均，皆有疆土，以奉先祀。服其服，礼乐如之。以客见天子，天子弗臣，示不敢专也。"这样一种特殊制度一直影响到周代。《史记·陈杞世家》记载："昔舜为庶人时，尧妻之二女，居于妫汭，其后因为氏姓，姓妫氏。舜已崩，传禹天下，而舜子商均为封国。夏后之时，或失或续。至于周武王克殷纣，乃复求舜後，得妫满，封之于陈，以奉帝舜祀，是为胡公。"正是基于同样的道理，周"武王封纣子武庚禄父以续殷祀，使管叔、蔡叔傅相之"，"封箕子于朝鲜而不臣也"。[2]"武王追思先圣王，乃褒封神农之后于焦，黄帝之后于祝，帝尧之后于蓟，帝舜之后于陈，大禹之后于杞。于是封功臣谋士，而师尚父为首封。封尚父于营丘，曰齐。封弟周公旦于曲阜，曰鲁。封召公奭于燕。封弟叔鲜于管，弟叔度于蔡。余各以次受封。"[3]这些封国无论是续古而来还是周朝初封，其后皆是嫡长承继，并按宗亲之大小远近而序尊卑贵贱。

从黄帝到尧舜禹到夏商周，基于亲族嫡长而形成的君王世系和贵族脉络大致是清晰的。[4]其实，贵族脉络亦是基于其各自支派的亲族嫡庶长幼。嫡长为尊，其余次之，大宗小宗，各个支脉皆是如此，君臣亲疏贵贱，皆由此而序定，贤能才干则是显隐与否的参数。如此的宗亲等级秩序，在中国上古的二千余年历史中发挥着特别重要的稳定社会的作用。在这二千余年中，源于亲序的礼序，是社会秩序的主要特征。

《史记·礼书》中说："礼由人起。人生有欲，欲而不得则不能无忿，忿而无度量则争，争则乱。先王恶其乱，故制礼义以养人之欲，给人之求，使欲不穷于物，物不屈於欲，二者相待而长，是礼之所起也，故礼者养也。"《史记》著者的这种解释也许已触及上古中国礼序的根本，源于亲序的礼序之所以能制人欲而养人欲，应该源于亲序合于人类社会之所以生成的自然之道。人类化育必须有夫妇配合，夫妇生育子女则自然成为父母，子女亲其父母，子女间叙其长幼，皆是人类之天然情感。因上古中国社会家庭的夫妇结构常为一夫一妻多妾，所以诸母及诸子女间存在嫡庶

---

〔1〕《史记·五帝本纪》："舜得举用事二十年，而尧使摄政。摄政八年而尧崩。三年丧毕，让丹硃，天下归舜。而禹、皋陶、契、后稷、伯夷、夔、龙、倕、益、彭祖自尧时而皆举用，未有分职。舜曰：弃，黎民始饥，汝后稷播时百穀。舜曰：契，百姓不亲，五品不驯，汝为司徒，而敬敷五教，在宽。"

〔2〕《史记·宋微子世家》。

〔3〕《史记·周本纪》。

〔4〕参阅马骕：《绎史·世系图》所编列之上古帝王诸侯世系图表。（清）马骕：《绎史》，王利器整理，中华书局2002年版。

之分。夫妇之制源于自然，一夫一妻多妾之制，从许多动物群体结构来看，作为上古人类家庭之一般结构，应该也是源于自然。正因为一夫一妻多妾家庭的普遍存在，从一个家庭扩展为一个家族，从一个家族扩展为众多家族（形成氏族，形成邦国），按最初父母子女兄弟姊妹之亲序展开，大宗小宗嫡庶长幼，因而君臣尊卑亲疏贵贱，就极其自然。亲序构成礼序，礼序派生出许多的社会规范，上古学者称之为礼法。

二、礼序的破坏和法序的建构

从黄帝到周代，礼序维持二千余年。周代后期，礼序之所以会逐渐衰败破坏，原因可能很多。其中一个主要的原因，我认为，应该是基于人口繁多之后宗亲伦序的复杂化和模糊化，并由此而造成礼序之亲序基础的丧失。

先谈上古中国人口不断繁多的情况。

皇甫谧《帝王世纪》中说："及禹平水土，还为九州，今《禹贡》是也。是以其时九州之地，凡二千四百三十万八千二十四顷，定垦者九百三十万六千二十四顷，不垦者千五百万二千顷。民口千三百五十五万三千九百二十三人。"皇甫谧此言何据，今已难以考知。皇甫氏卒于西晋太康三年（282 年），其所生活的时期远距夏代数千年，即使《禹贡》著于战国时期，与皇甫氏相距亦有六七百年。他的说法只是推测，可做参考，难以证实。

周代前期社会秩序有较长的稳定时期，二百余年没有大的战争和动乱，这期间人口繁殖应当数量庞大。但西周结束东周开始，社会秩序逐渐混乱，春秋战国数百年，动乱不止，战争频繁，杀戮不已。梁启超推测，战国七雄共有兵员数量大约 700 万。"由兵数以算户数。据苏秦说齐王云，临淄七万户，户三男子，则临淄之卒可得二十一万。是当时之制，大率每户出卒三人，则七国之众，当合二百五十万户也。由户数以算人数，据孟子屡言八口之家，是每户以八人为中数，则二百五十余万户，应得二千余万人也。此专以七雄推算者，当时尚有宋、卫、中山、东西周、泗上小侯及蜀、闽、粤等，不在此数。以此约之，当周末时，人口应不下三千万。"[1] 这三千万人口是数百年动乱战争的劫后所剩，周代和平时期的人口数量应该比这个数字大得多。对于这一点，我们可以从其后的中国历史中的人口变化来做类比推测。西汉社会有两百年的稳定，其人口数量一度增至近六千万，[2] 但西汉末年战乱，五十年间人口锐减三分之二，东汉初年人口只剩下了二千余万。[3] 东汉社会两百年稳定，人口最盛时又达到五千多万，但东汉末战乱，经三国到西晋初，全国人口又只

---

〔1〕 梁启超《饮冰室文集》之十。

〔2〕 据《汉书·地理志》记载，平帝元始二年（公元 2 年）全国有一千两百二十三万三千零六十二户，五千九百五十九万四千九百七十八人。《后汉书·郡国志》注引《帝王世纪》的西汉户数和口数为："民户千三百二十三万三千六百一十二，口五千九百一十九万四千九百七十八。"

〔3〕 汉光武帝中元二年（公元 57 年），全国有四百二十七万九千六百三十四户，两千一百万七千八百二十人。据《后汉书》志第二十三《郡国五》注引伏无忌所记。

剩下一千六百万。据此，我们可以推断，经过五百余年动乱和战争之后的战国末期还剩有三千万人口，说明西周盛时的人口数量应该超过五千万。

如此数量庞大的人口，对于地域广大的中国来说，并不足以构成资源匮乏的危机。以当时的自然资源，应该是随着人口数量的大增，带来物质财富的不断增加和人类知识的不断丰富。这一点，后世的器物考古可以提供一些证据，而春秋时期兴起的文化繁荣和哲学繁盛，更是一种有力的证明。春秋时期的历史情况说明，随着社会人口数量的增大而出现的，一方面是诸侯国势力增强，有能力扩张而侵吞其他小的诸侯国，大的诸侯国也可分裂而成多个新的诸侯国。诸侯坐大，向上对抗周王朝廷，则是礼序解体的最关键的因素。所谓“礼崩乐坏”，最显著的体现就是“礼乐征伐自诸侯出”（《论语·季氏》），而不再由周王朝廷控制。另一方面是帝王诸侯之后裔普遍沦为众庶，〔1〕社会文化亦由帝王诸侯的宫殿移入庶族平民的社区，出身庶族的寒士亦能掌握最高层级社会知识。

孔子属于士一阶层，但他能掌握最高层级的文化知识。他又兴办私学，教育那些地位与他相似甚至地位比他更低的士人的子弟，使他们成为高层级的文化知识的掌握者。按照社会礼序，孔子、老子、墨子、孟子、庄子这类人可能祖上是贵族，但到他们自己，已是支庶之支庶，其社会层级地位都不高，但他们在文化知识水平上都处于当时社会的最高层级。这不能不说是当时中国社会的一个新情况，新变化。尽管孔子、孟子、荀子等儒家人士所思所教是要恢复社会的礼序，但他们在社会中下层普及文化知识，倡导道德修养，培育治国精神等本身，无疑促进了原有的礼序社会的解体。儒学的进一步发展还促进了法家学说的理论化、系统化和严密化，当韩非子的学说帮助秦王嬴政强大秦国时，法家的努力使得上古中国社会的礼序彻底地毁坏。

商鞅和韩非出身于贵族，应该属于礼序社会中较高层级的人物，但时至战国，他们早已不能凭藉原来的礼序维护自己的层级地位。他们与低层级的知识人一样，不得不凭借自己的才能和智慧获得理想一点的社会地位。而那种使他们成功的智慧恰恰彻底地摧毁了原先维护他们高层级地位的礼序及其制度。

“法者，所以爱民也；礼者，所以便事也。是以圣人苟可以强国，不法其故；苟可以利民，不循其礼。”〔2〕到了商鞅的嘴里，礼只是便事的工具，只要以爱民为理由，祖宗之法，传统礼序，一概可以抛弃。商鞅说：“三代不同礼而王，五霸不同法而霸。”〔3〕可以说五霸不同法，却难以说三代不同礼。因为如前所述，从黄帝到周

---

〔1〕《左传·昭公三十二年》。史墨曰：“社稷无常奉，君臣无常位，自古以然。故《诗》曰：‘高岸为谷，深谷为陵。’三后之姓，于今为庶，王所知也。”注：“三后，夏商周。”孔颖达疏：“正义曰：从周而上故数三代。三代子孙自有为国君者，言其贱者为庶人也。”

〔2〕《商君书·更法》。

〔3〕《商君书·更法》。

代，基于亲序的礼序一直是社会秩序的根本性依据。商鞅说："前世不同教，何古之法？帝王不相复，何礼之循？伏羲神农教而不诛，黄帝尧舜诛而不怒，及至文武，各当时而立法，因事而制礼。"[1] 这是明显的歪曲历史和虚化历史，但符合秦孝公的强国之梦，所以秦孝公欣然采纳商鞅的主张。商鞅主张最核心最关键的内容是什么？我认为，是他的壹赏、壹刑和壹教。《商君书·赏刑》说："圣人之为国也：一赏，一刑，一教。一赏则兵无敌，一刑则令行，一教则下听上。"这个"一"就是统一标准，即统一赏罚和教令的标准。这就是对任何人都按统一的标准规训和赏罚。这样一来，国君之下，人人平等，无亲疏远近，无尊卑贵贱，礼序彻底消解，法序遂行建构。

礼序本源于亲序，但世代传承太久，家族繁盛，人口太多，嫡长一脉与支庶臣民之间距离越来越远，亲缘意味越来越淡薄。亲序基础淡薄以致丧失，礼序就成为仅是源于传统的社会等级制度。当庶民不再能感觉到帝王公侯与自己存在亲缘，当帝王公侯已不明白自己的权位来源于宗亲血脉，帝王公侯就不再把庶民视为子弟，庶民也不再认为帝王公侯之地位来源正当。"王侯将相宁有种乎？"[2] 秦末庶民造反者的这种质疑是礼序毁坏后的产物，但王侯将相之种脉的中断实源于作为礼序基础的亲序的湮灭丧失。

三、法序的特性及其挫折

这里所说的法序，是礼序消解过程中，按君王的统治需要而建构起来的依法治民的社会秩序。作为君王治理臣民的"法治"的基础的这种法序，维护的是君王治臣民的社会秩序。君王设官择吏以为自己的耳目臂膊，官吏秉承君王意志，执行君王法令以治理庶民。庶民违法则受罚，建功则获赏，官吏胜任则受赏，渎职则受罚。官民之间没有固定的界限，有功则民可为官，有过则官即为民。到了韩非子为秦王政提供法权势的一套理论，一君在上万民在下之势更显分明，从将相到士卒的工具化，使法序社会的特征彰显到极致。

礼序衰微，法序生成，体现于当时的制度建构，是实行编户齐民制、客卿制和郡县制。

（一）料民、编户和齐民

《史记·周本纪》记述周宣王一生，仅录其三件事（即位、逝世除外）：不籍田，败绩于姜氏之戎，料民。料民发生于战败之后，且与战败有关，即"既亡南国之师，

---

[1] 《商君书·更法》。
[2] 《史记·陈涉世家》。

乃料民于太原”。[1]

所谓料民，用今天的话说就是清查统计人口数目。周宣王料民之事详载于《国语·周语上》：“宣王既丧南国之师，乃料民于太原。仲山父谏曰：‘民不可料也！夫古者不料民而知其少多，司民协孤终，司商协民姓，司徒协旅，司寇协奸，牧协职，工协革，场协入，廪协出，是则少多、死生、出入、往来者皆可知也。于是乎又审之以事，王治农于籍，搜于农隙，耨获亦于籍，狝于既烝，狩于毕时，是皆习民数者也，又何料焉？不谓其少而大料之，是示少而恶事也。临政示少，诸侯避之。治民恶事，无以赋令。且无故而料民，天之所恶也，害于政而妨于后嗣。’王卒料之，及幽王乃废灭。”

周宣王料民的用意可能有不信任职官之嫌。但仲山父反对料民的理由却道出了从黄帝到周代，帝王无需料民的制度安排和治理策略。帝王并非无需掌握人口情况，而是人口情况由不同职司分类统计。孤儿和死亡者由司民统计，封族赐姓者由司商统计，兵士由司徒统计，罪犯由司寇统计，职官由牧统计。这样分类统计的制度安排源于人分等级的社会礼序。破坏这样的分类统计制度而由帝王不分类别地计算人口数量，无疑会导致人的礼序等级的丧失，所以仲山父强调，这样的料民“害于政而妨于后嗣”。

周宣王毕竟还是个想有所作为的帝王，到了他的儿子周幽王，除了玩乐，一概不想，料民之事自然废弃。但这毁礼害序的“料民”却成为诸侯们壮大自己的有效手段。诸侯料民史书乏载，但诸侯开始实行的编户制度，无疑是以料民为基础的。[2]

秦孝公六年（公元前356年）行商鞅之法，“令民为什伍，而相收司连坐，……民有二男以上不分异者，倍其赋。”[3]《史记索隐》说：“刘氏云：五家为保，十保相连也”；“一家有罪而九家连举发，若不纠举，则十家连坐”。将民按户编保，应该就是编户，编户上籍，就是《管子·禁藏》所谓“户籍”。编籍民户，然后才可能实行连坐制度。而民户中有二男子必须分家析户的制度建构，则要求管理者不仅了解户数，还必须了解各户之人丁。所以这样的编籍民户的制度，其基础必然是料民，即对人口数量的清查登记。

什伍编民并非商鞅首创，早于他的管仲既有这方面的理论，亦有这方面的实践。

---

〔1〕《史记·周本纪》：“共和十四年，厉王死于彘。太子静长於召公家，二相乃共立之为王，是为宣王。宣王即位，二相辅之，脩政，法文、武、成、康之遗风，诸侯复宗周。十二年，鲁武公来朝。宣王不脩籍於千亩，虢文公谏曰不可，王弗听。三十九年，战于千亩，王师败绩于姜氏之戎。宣王既亡南国之师，乃料民于太原。仲山甫谏曰：民不可料也。宣王不听，卒料民。四十六年，宣王崩，子幽王宫涅立。”

〔2〕《周礼·司民》：“自生齿以上皆书于版，辨其国中与其都鄙及其郊野，异其男女。”似乎周制中有人口统计制度，但这可能只是（战国或汉代）儒者的构想。

〔3〕《史记·商君列传》。

"分国以为五乡，乡为之师。分乡以为五州，州为之长。分州以为十里，里为之尉。分里以为十游，游为之宗。十家为什，五家为伍，什伍皆有长焉。"[1] "夫为国之本，得天之时而为经，得人之心而为纪，法令为维纲，吏为网罟，什伍以为行列，赏诛为文武。"[2] "令曰：常以秋岁末之时，阅其民，案家人比地，定什伍口数，别男女大小。其不为用者辄免之，有锢病不可作者疾之，可省作者半事之。并行以定甲士，当被兵之数，上其都。"[3] 尽管《管子》所述不一定即是管仲的言行，但我们亦难以否定管仲有编民入户的理论和实践。其实，儒家的孟子主张"制民之产"[4] 也应该是以料民为基础的。

当然，商鞅料民的目的既有别于管仲，更不同于孟子。商鞅改革最重视的是齐民。

所谓"齐民"，到了汉代，指的是地位齐等之民。《史记·平准书》说："汉兴，接秦之弊，丈夫从军旅，老弱转粮饟，作业剧而财匮，自天子不能具钧驷，而将相或乘牛车，齐民无藏盖。"《史记集解》引如淳曰："齐等无有贵贱，故谓之齐民，若今言'平民'矣。"但在春秋战国之时，齐民应当另有所指，可能应该指使民等齐而抹去贵贱，即商鞅所强调的去强。"贫者使以刑则富，富者使以赏则贫。治国能令贫者富，富者贫，则国多力，多力者王。"[5] 消除贫富，消除贵贱，从而消除礼序等级，自然达到齐民的目的。所以，齐民是一种措施，是一种过程，商鞅法制中的"去强"正是齐民的重要措施和重要过程。[6]

为了齐民而编户，编户成为一种重要的制度安排，编户图册遂成为诸侯最重要的档案材料。对于编户档案，从国君到县吏，都知晓其重要性。所以，秦律《效律》规定，官吏登记人口差错一户以上，便是犯"大误"。[7] 因此，做过县吏的萧何很懂得人口统计资料的重要性，他进入秦都，做的最重要的事情，就是搜集秦朝的律令图书，其中包括编户图册。其后"汉王所以具知天下阨塞，户口多少，强弱之处，民所疾苦者，以何具得秦图书也。"[8]

(二) 任用客卿

黄帝以来，嫡长继帝位，亲族出辅臣，公侯伯子男，皆按宗亲定序，即使非常

---

[1] 《管子·立政》。

[2] 《管子·禁藏》。

[3] 《管子·度地》。

[4] 《孟子·梁惠王上》。

[5] 《商君书·去强》。

[6] 参阅杜正胜：《编户齐民——传统统治社会结构之形成》，联经出版事业公司 1990 年版；杜正胜："'编户齐民论'的剖析"，载邢义田、黄宽重、邓小南总主编：《台湾学者中国史研究论丛》之《政治与权力》卷，中国大百科全书出版社 2005 年版。

[7] 睡梦虎地秦墓竹简整理小组编：《睡虎地秦墓竹简》，文物出版社 1978 年版。

[8] 《史记·萧相国世家》。

时世需要另择辅臣，也需仁德为先，贤能兼具。但周室衰微之后，诸侯坐大，先是君臣尊卑错位，然后诸侯择臣更是不顾礼序，且不论德性，只择贤能。齐桓公称霸，端赖管仲治齐有方。但管仲富于才而乏于德。秦孝公用商鞅，秦王政用李斯、赵高之辈，更是只重其能，不论其德。孔子、孟子不被信用，鸡鸣狗盗或成养士，皆是这方面的例证。

诸侯用人对于礼序构成的最大冲击，是客卿的任用。秦孝公为了强国，下诏求天下贤能之士，因而任用了众多客卿。商鞅就是一位客卿。客卿辅政，从任用者君王一方面看，是打破了宗亲辅政的礼制；从被任用者一方面看，不辅佐本国君主而辅佐敌国君主，是败坏了君臣的礼义。钱穆《国史大纲》中说："秦之强，得东方游士（客卿）之力为多，商鞅、张仪、公孙衍、甘茂、范雎、蔡泽、吕不韦、皆东方人也，彼辈皆不抱狭义的国家观念。"所谓不抱狭义的国家观念，是今人的观念，在当时的社会，应该是这些人背叛了礼序，趋附于强权，并促使强权进一步壮大，从而使法序取代了礼序。当然，礼序解构是当时社会之大势，当周王朝廷已无力统治天下，当天下诸侯各逞其强，即使是以恢复礼序为己任而致力于兴灭国、继绝世的孔子，亦曾周游列国，试图到鲁国之外寻求可辅之诸侯。所以，客卿之兴乃时世之必然。我们需要特别重视的是秦孝公之类君主之所以重用客卿的目的和任用客卿的结果。

在当时之世，诸侯如何强盛，是诸侯追求之事，也是众多学者探讨之事。用儒家的概念，君王强大有两个途径，一是王天下，一是霸天下。所谓王天下者，即亲亲尊尊，以亲序筑礼序，上承三代，下和万民，达到社会稳定，天下大治。所谓霸天下者，即强权强兵，严刑峻法，并吞弱小，消灭诸侯，镇压民众，威霸天下。王者以仁义，霸者以威权。道德优劣似乎分明，即前优而后劣，但实际成效也明显，则是前劣而后优。一国独立，天下一国，取仁义而王天下，自是正途。但诸国并争，天下纷乱，仁义之举适利于敌国，强权强兵才是取胜之途。所以，秦国任用的客卿不可能是施用仁义之儒者，相反多是任法用策甚至善于诡计之士。

需要指出的是，在商鞅为秦孝公创设的法制实施之后，客卿辅臣与本国辅臣一样，皆只是君王治国强国的工具。一旦君王认为他们不利于治国或强国，就会立即据法而惩罚，甚至据法而剪除。商鞅本人亡于自己所设之法，张仪、公孙衍、甘茂、范雎、蔡泽、吕不韦等人，或逃亡或刑杀，亦大都没有什么好的结果。当秦王政怀疑客卿有害于国，就要尽皆逐去（可能是杀灭），李斯、韩非，皆未逃脱被杀的命运。

（三）设郡县，任官吏

客卿非本国人才，故有信用上的特殊性；客卿有特别的才能，故于国政国策往往发挥特别重要之作用。但客卿制只是官吏制之一种。客卿的特别在于其出生于别国，且特别富于才能，除此，则与其他类的官吏没有多少区别。但客卿之所以得以任用，是因为官吏之制逐渐取代了卿士之制。

礼序毁坏，世卿世禄之制随之毁坏。诸侯富国强兵，相互争战，需要高效的管理机制，需要精强的管理人才，卿士之制不适于需要，遂逐渐淘汰。相对于卿士制的卿士按嫡脉亲序辅君，其地位按礼序确定，官吏制之官吏辅君则据法按能而择取，因功而升迁，嫡庶无别，长幼皆可，且可不分本国他国甚至敌国。正是因此，客卿得以任用。卿士辅君，循礼而行事；官吏辅君，按法而行事。礼能限君，法由君定。按礼序而行事，天下如家，君臣共同经营。按法序而行事，君王即是国家，臣民按君意行动。所以，官吏只是君王的耳目和臂膀，不可能似礼序之下，君臣可成朋友和手足。

与官吏制同时兴起的是郡县制。既然卿士已经不是诸侯的依靠，强盛起来的诸侯既然可以对上不遵从于周王朝廷，对下自然也可以剥夺卿士和臣民。于是，卿士的采邑被占夺改造成郡县，卿士的邑民，成为编户之民。〔1〕 由采邑改成的郡县由君王委任的官吏管理，官吏制由中央延伸到地方，君王的威权和命令因此而下达到地方基层。“春秋时，县的长官叫大夫，战国时期，大都改称县令，令下有丞。秦、魏、韩等国县令下还设有御史。楚国不设县令而设县尹为县的最高长官。凡县皆建立了一套从属于中央政府的官僚组织和征收赋税、征发兵丁的制度。县令对县内的重大事项必然报请国王决定，无权擅自处理。”〔2〕

法序之下的官吏，形式上也存在等级。商鞅变法之时，为秦国制定二十级爵制，〔3〕 看上去等级分明。秦朝确立，有三公九卿之官制，形式上更是等级森严。但与礼序之下的公侯伯子男之等级相比，官吏制最突出的特点，是官吏之等级源于事功而不源于亲序，且职官随时可更，等级随事换移。还有最根本的一点，是没有等级承继制度。商鞅的爵级只是奖赏事功的手段，是西方人所说的胡萝卜，与之相应的还有大棒，即刑罚。任你事功多大，爵级多高，一旦犯有错误，就会以法刑罚，不仅爵级丢失，性命也可能难保。三公九卿也只是任事之职，任职者全由君王确定，且办事之旨也必须秉承于君王。〔4〕

当秦王政依韩非子的理论为指导，将其法术势发挥至极致，当官吏臣民一齐成为皇帝治下的群氓，当天下原有的贵族、豪族皆无望恢复往昔的地位，当天下臣民皆在法制的重压下难以呻吟，法序的辉煌达到了极致，法序的弱点也就暴露出来。其后庶民举义，天下响应，秦厦倾圮，时世大变，五年之间，刘邦兴汉。秦之所以

---

〔1〕 例如，《左传·昭公二十八年》：“魏献子为政，分祁氏之田以为七县，分羊舌氏之田以为三县。”

〔2〕 徐世虹主编：《中国法制通史·战国秦汉卷》，法律出版社 1999 年版，第 33～34 页。

〔3〕 参见《汉书·百官公卿表》。

〔4〕 秦始皇泰山封禅，其峄山刻石之文中曰：“皇帝躬圣，既平天下，不懈於治。夙兴夜寐，建设长利，专隆教诲。训经宣达，远近毕理，咸承圣志。贵贱分明，男女礼顺，慎遵职事。”见《史记·秦始皇本纪》。

亡，汉之所以兴，从汉初开始，多少学者探讨、争论，直到今天，依然难以论定。

四、礼序的复构

司马迁说："法家不别亲疏，不殊贵贱，一断于法，则亲亲尊尊之恩绝矣。可以行一时之计，而不可长用也，故曰'严而少恩'。若尊主卑臣，明分职不得相逾越，虽百家弗能改也。"[1] 显然，司马迁认为基于亲序的礼序是不能毁坏的。法序确立因而毁坏礼序，一时可行，长久则生变。

但汉初人对这一问题有不同的看法。陆贾认为："秦非不欲为治，然失之者，乃举措暴众，而用刑太极故也。"[2] "圣人怀仁仗义，分明纤微，忖度天地，危而不倾，佚而不乱者，仁义之所治也。"[3] 所以，陆贾强调："故无为者乃有为也"。[4] 陆贾所论，"高祖未尝不称善"。[5] 所以，汉初朝廷以"休养生息"为国策，"从民之欲而不扰乱"，[6] 奖励耕织，轻徭薄赋。这一国策利于天下大乱之后的民生恢复，取得了很好的成效。

到了文帝之时，贾谊论秦之所以兴所以亡，仍然强调酷刑与仁义问题："秦灭周祀，并海内，兼诸侯，南面称帝，以四海养。天下之士，斐然向风，若是何也？曰：近古之无王者久矣，周室卑微，五霸既灭，令不行于天下，是以诸侯力政。强凌弱，众暴寡，兵革不休，士民罢弊。今秦南面而王天下，是上有天子也。即元元之民，冀得安其性命，莫不虚心而仰上。当此之时，专威定功，安危之本，在于此矣。秦王怀贪鄙之心，行自奋之智，不信功臣，不亲士民。废王道而立私爱，焚文书而酷刑法，先诈力而后仁义，以暴虐为天下始。夫并兼者高诈力，安危者贵顺权。推此言之，取与攻守不同术也。秦虽离战国而王天下，其道不易，其政不改，是其所以取之也，孤独而有之，故其亡可立而待也。借使秦王论上世之事，并殷周之迹，以制御其政，后虽有淫骄之主，犹未有倾危之患也。故三王之建天下，名号显美，功业长久。"[7]

在天下大乱的情况下，秦以强力兼并，是得天下的有效途径。但天下既定，守天下而治国家，应当效法三王，施行仁义。但贾谊所谓仁义，有别于陆贾。"贾生以为汉兴至孝文二十余年，天下和洽，而固当改正朔，易服色，法制度，定官名，兴礼乐，乃悉草具其事仪法，色尚黄，数用五，为官名，悉更秦之法。孝文帝初即位，

---

〔1〕《史记·太史公自序》。

〔2〕《新语·无为》。

〔3〕《新语·道基》。

〔4〕《新语·无为》。

〔5〕《史记·郦生陆贾列传》。

〔6〕《汉书·刑法志》。

〔7〕《新书·过秦》。

谦让未遑也。诸律令所更定，及列侯悉就国，其说皆自贾生发之。"[1] "悉更秦之法"而"兴礼乐"才是贾谊的主要主张。他的论议得到了从汉文帝到大臣们的肯定。"是时贾生年二十余，最为少。每诏令议下，诸老先生不能言，贾生尽为之对，人人各如其意所欲出。诸生于是乃以为能，不及也。孝文帝说之，超迁，一岁中至太中大夫。"[2] 之所以如此，不仅是贾生分析深入，说理透彻，主要是天下苦秦已久，惧法已久，渴望亲序的回归。尽管周勃、灌婴、张相如、冯敬等人压制贾生，[3] 但这些新兴的贵族实际上也希望有一种制度能保障他们既得的地位利益传之子孙后代。他们之所以压制贾生，是担心书生依仗才智而轻易得到高位，会动摇他们既得的地位和利益。

礼序以亲序为基础，而亲序是发于自然的。只要存在家庭，只要家庭中存在夫妻妾之结构，嫡庶之分，长幼之别，自然无可避免。社会承平时日一长，君臣庶民，皆会有权位财产继承的问题，基于亲序而产生礼序，是人类构成社会之后的必然。所以，汉代兴起，数百年社会稳定，亲序基础上恢复礼序，是必然之势。但是，需要重视的是，春秋战国，尤其是秦国的兴起，对礼序的破坏既是全方位多层面的，也是深刻的难以接续源头以做恢复的。王侯将相已无种，帝王之位人人思得，礼序之乱与道德败坏互相促进。所以贾谊指出，"商君违礼义，弃伦理，并心于进取，行之二岁，秦俗日败。秦人有子，家富子壮则出分，家贫子壮则出赘。假父耰鉏杖彗耳，虑有德色矣；母取瓢碗箕帚，虑立谇语。抱哺其子，与公并踞。妇姑不相说，则反唇而睨。其慈子嗜利，而轻简父母也，念罪非有伦理也，其不同禽兽懃焉耳。然犹并心而赴时者，曰功成而败义耳。蹶六国，兼天下，求得矣，然不知反廉耻之节，仁义之厚，信并兼之法，遂进取之业，凡十三岁而社稷为墟，不知守成之数，得之之术也。悲夫!"[4] 亲情，伦理，即作为礼序根基的亲序，已无法接续自黄帝以来的脉络，其从历史源头上遭受的毁坏，已无法得恢复。所以，汉代复兴的礼序只能建基于天下太平后新生的亲序。

秦末反秦最激烈者应该是六国贵族。陈涉揭竿只是导火之索。楚国的项梁、项籍，魏国之魏咎、魏豹、张耳、陈余，韩国之韩王信，齐国之田儋、田假、田角、田间、田荣，原本皆各有其地位。秦王统一天下，这些人与其他诸侯贵族一样失去原有之地位，所以庶民举义，他们就起兵响应。六国贵族之起兵，主要是为恢复原有之地位，或乘机取得更高的社会地位。战乱中新起的将领也燃起夺取社会地位的欲念。项籍明于此而不欲他人分享。刘邦本不明于此，但得辅佐者之谋，暂时满足

---

〔1〕《史记·屈原贾生列传》。

〔2〕《史记·屈原贾生列传》。

〔3〕《史记·屈原贾生列传》："绛、灌、东阳侯、冯敬之属尽害之，乃短贾生曰：'雒阳之人，年少初学，专欲擅权，纷乱诸事。'于是天子后亦疏之，不用其议，乃以贾生为长沙王太傅。"

〔4〕《新书·时变》。

了诸将的欲望。所以，不仅战争中刘邦容忍诸将称王，汉朝立国后，刘邦更是大封功臣王侯。这无疑可以看做是礼序的一种恢复。

但法序的最大特点是皇帝超越于法制，皇帝据法术势而统治天下，其威权基础上的恣意和自在，会令既得皇帝之位者不愿再放弃其威权和自在。〔1〕而且，法序的另一大优点是令许多缺乏嫡长血脉之亲序基础的才智之士有机会进入为官作宰的行列，无论随刘邦造反起家的功臣或是因才学而被提拔的后进，他们从利益考虑，都会坚持承秦而来的法序。所以，汉承秦法，无论是叔孙通编演确定的朝堂礼仪，还是萧何编定的汉代刑律，〔2〕都是以秦代的成制为母本。所以，汉初封建虽是在形制上恢复了礼序，但其实质已与周初封建不可能相同。其主要原因是，经历春秋战国后，诸侯之心志已不复周初情形，皇帝之心态也不复似周王。所以，诸侯不安于为臣，皇帝不放心诸侯，既是必然之形态，更是历史之事实。贾谊说，“窃迹前事，大抵强者先反。淮阴王楚最强，则最先反；韩王信倚胡，则又反；贯高因赵资，则又反；陈豨兵精强，则又反；彭越用梁，则又反；黥布用淮南，则又反；卢绾国比最弱，则最后反。”〔3〕诸侯想着谋反以篡位，即使他们不谋反，皇帝也会怀疑他们谋反。因为，汉初之封建并无亲序之基础，只是强力强权之产物。

其后汉朝廷以宗亲王取代异姓王，似乎更符合周初封建的形制，且有了血亲的基础。但郡县之服从皇帝与诸侯之独立于朝廷，终会产生不可调和的矛盾。尤其是当诸侯力量壮大，且帝王亲序失常之时，朝廷与诸侯的冲突就愈显激烈。对比周朝后期与西汉中期，我们可见到秦朝确立的法序维护皇帝权威的力量。周初的平定管蔡叛乱颇类于汉初的平定异姓王叛乱，但汉朝对付宗亲诸侯的办法，无论是“削藩”〔4〕还是“众建诸侯而少其力”〔5〕，在周朝廷皆是不可能提出，更不可能施行的。但正因为周朝廷不可能削藩而汉朝廷能够削藩，周朝廷终于亡于诸侯之强大，而汉朝廷能够遏制诸侯之强大。我认为，这其中最关键的是汉承秦制，是有了法序基础上的强大的皇帝之权。

---

〔1〕当刘邦坐定了朝堂，叔孙通编定朝仪之法，使皇帝威风得到彰显之时，刘邦大发感慨：“吾乃今日知为皇帝之贵也！”见《史记·刘敬叔孙通列传》。

〔2〕《史记·萧相国世家》：“沛公至咸阳，诸将皆争走金帛财物之府分之，何独先入收秦丞相御史律令图书藏之。”《汉书·刑法志》：“汉兴，高祖初入关，约法三章曰：杀人者死，伤人及盗抵罪。蠲削烦苛，兆民大说。其后四夷未附，兵革未息，三章之法不足以御奸，于是相国萧何攈摭秦法，取其宜于时者，作律九章。”

〔3〕《新书·藩强》。

〔4〕《史记·袁盎晁错列传》：“晁错者，颍川人也。学申商刑名於轵张恢先所，……迁为御史大夫，请诸侯之罪过，削其地，收其枝郡。”《史记集解》引徐广曰：“一云言景帝曰‘诸侯或连数郡，非古之制，非久长策，不便，请削之’，上令公卿云云。”

〔5〕《新书·藩强》：“欲天下之治安，天子之无忧，莫如众建诸侯而少其力。力少则易使以义，国小则无邪心。”

另外，汉朝初立，虽其将相大臣大都是新人，但执法之役难免任用旧吏。《汉书·刑法志》说："当孝惠、高后时，百姓新免毒蠚，人欲长幼养老。萧、曹为相，填以无为，从民之欲而不扰乱，是以衣食滋殖，刑罚用稀。及孝文即位，躬修玄默，劝趣农桑，减省租赋。而将相皆旧功臣，少文多质，惩恶亡秦之政，论议务在宽厚，耻言人之过失。化行天下，告讦之俗易。吏安其官，民乐其业，畜积岁增，户口浸息。风流笃厚，禁罔疏阔。选张释之为廷尉，罪疑者予民，是以刑罚大省，至于断狱四百，有刑错之风。"但实际上当时肉刑未除，刑罚苛严。

所以，汉代承平，礼序逐渐恢复，但法序没有消解。在礼序恢复增长的过程中，法序以新的方式延续、变化和发展。最初出现的叔孙通的所谓礼，只是朝堂之礼仪，与法序不构成矛盾，且可增皇帝之威权，刘邦自然欣然接纳，将相也无以反对。其后出现的贾谊论议，实际上也不触动皇帝之权，且要维护朝廷权威，所以文帝和诸多大臣都能够同意。但法序之势的强大，已使贾生之论不免于被搁置。待董仲舒之辈出来，汉武帝已然使皇帝威势和朝廷权威发挥至极致，儒生努力恢复的礼序只是皇帝法术势之下的治安方略，其受到重视，与酷吏峻法之受到重视一样，皆只是皇帝治理臣民的手段而已。武帝之后，诸帝力弱，致使强臣弄权，以致王莽篡政。王莽以"礼"为名的制度建构，实际上是以自己的法序取代既有的法序。到了东汉，帝王重礼，似乎礼序得以复兴，但真正的结果，只是援礼入法，法礼相辅，法序礼序同为社会的基本结构。并且，法序是朝廷政制的基础，是郡县治理的基础，是皇帝治理臣民的基础，而礼序只是家庭家族（包括帝王之家、豪族之家和平民之家）稳定延续的基础，进而成为社会秩序稳定的重要基础。

所以，需要强调的是，汉后的所谓"礼法"已不是类于今日所谓"法治"的先秦礼法。礼法已降抑于王法之下，礼序只是法序的一种补充。

五、结语

礼序发于亲情，法序因应竞争，但两者实皆源于利益分配。竞争是利益之竞争，是战争祸乱时期生存竞争之必需，是亲情难以顾及之时的利益分配方式。但人一旦争得利益，在和平条件下，利益在亲属子女间的继承性分配就显得重要，基于亲情的礼序因而成为必需。

西方中世纪的千年基督教统治，作为上帝选民的教民，在教皇牧师的管理下，基于血亲的伦常观念被消解，被淡忘，当其近代社会开始，乏于亲情而重于竞争的西方人，颇便宜地建构起法序社会。但西方人并非完全不顾及亲情礼序，一直与教权抗衡的王权，其继位方式一直以血亲序列为依据。且资产阶级兴起后，普遍追慕封建贵族，其遗产之继承，皆以血亲序列为依据。西方近现代社会的法序主要体现于政治权位的移转是非礼序化的。但这还只是就不存在王权或王权与政权分开的国家而言的，王权与政权没有完全的分开的国家，政治权位的移转依然有礼序性内容。

中国社会没有经历过西方中世纪式的教权统治时期，自秦朝而降，中国社会一直是法序礼序相抗相成的社会，一方面是皇帝和朝廷以法序治民，另一方面是家族家庭对血亲伦序的重视。政治利益以法序移转，经济利益按亲情分配。这看上去与西方社会制度没有太多的差别，所不同的只是具体的形制、方式和办法。

今天的中国社会出现了新的情况。因一夫一妻制的确立，家庭中的嫡庶问题不复存在；因长时期的计划生育（实际上是国家限制家庭以生育单一子女），中国家庭单子女化，既使家庭利益的分配和承继趋于简单，血亲伦序的价值趋于弱化，也使家庭不可能再衍生出家族，家族因而逐渐消亡，从而使社会构成单一化，使作为礼序基础的亲序归于消解。在这样的情况下，当下和未来的中国社会不可能复构起古代中国那样的礼序，而当下和未来的中国社会的法序该如何建构，亦需要我们有全新的思路。

宋代社会变革与民事诉讼制度的演进

屈超立*

虽然宋代立国以后，长期面临严重的外部压力，以至于被认为是一个非常困弱的时代，但从社会发展的角度来看，唐宋之际经历了中国历史发展中一个非常重要的转型时期，如著名的历史学家陈寅恪先生指出："综括言之，唐代之史可分为前后两期，前期结束南北朝相承之旧局面，后期开启赵宋以降之新局面，关于政治社会经济者如此，关于文化学术者亦莫不如此。"[1] 这一变革到北宋前期基本定型，而变革所带来的许多新的因素，促进了社会经济文化的发展，宋王朝因此而成为"当时世界上经济最繁荣、文化最先进的国家，在中国历史上是一次经济腾飞，一次文化高涨，足以同汉、唐前后辉映，相互争妍丽。"[2] 与之同时，宋朝也是古代法制成就最高的时代。[3] 而作为传统法制的一个重要组成部分的民事诉讼制度在该期也取得了令人瞩目的发展。本文拟通过对宋代民事制度发展的社会原因及民事证据、民事案件的判决和上诉等几个重要的民事诉讼程序的分析来看宋代社会变革对民事诉讼制度的演进所带来的影响。

一

虽然传统中国没有制定过独立的民事诉讼法典，但实质意义上的有关民事诉讼程序规定在国家法令中却是存在的。早在西周时期，民事诉讼与刑事诉讼已出现初

* 法学博士，中国政法大学教授，博士生导师。

〔1〕 陈寅恪："论韩愈"，载《金明馆丛稿初编》，上海古籍出版社 1980 年版，第 285 ~ 297 页。关于唐宋之际社会变革更详细的讨论，可参看李华瑞："20 世纪中日'唐宋变革'观研究述评"，载《史学理论研究》2003 年第 4 期。

〔2〕 张邦炜："瞻前顾后看宋代"，载《河北学刊》2006 年第 5 期。

〔3〕 例如徐道邻认为，"到了宋朝——这是中国过去最讲究法律的一个朝代"。见徐道邻：《中国法制史论集》，台北志文出版社 1975 年版，第 188 页。王云海则称"宋代是中国封建社会法制成就最高的朝代"。见王云海主编：《宋代司法制度》，河南大学出版社 1992 年版，第 1 页。

步区别,[1] 秦汉以降，民事诉讼制度虽然有所发展，但是在宋代以前，自然经济占据主导地位，大土地所有制和国有土地所有制并存，土地所有权基本上处于凝固状态，商品经济格外凋零。人与人之间的人身关系多于经济关系，偶有发生的民事纠纷在族内以伦常道德规范即可消解，民事诉讼制度的发展因无现实社会的必要性、紧迫性而非常缓慢。唐中期以后，均田制瓦解，土地买卖现象逐渐增多，而曾在中国社会凭借世袭特权长期活跃的门阀世族势力，在历经安史之乱及唐末农民大起义的打击之后，终于退出历史舞台，封建庄园经济彻底崩溃，这一切大大促进了土地私有制的演进。

入宋以后，统治者顺应时代发展的潮流，允许土地自由地进入流通领域。一般的田地买卖，除了亲邻享有优先购买权之外，几乎没有任何的限制。土地买卖的合法化，造成了土地所有权转换的加速。土地流转交易的空前频繁，促进了社会快速流动，贫富地位的变化频繁，以至出现“人家田产，只五、六年间便自不同，富者贫，贫者富”的局面。[2] 私人土地买卖是以对土地拥有所有权为先决条件，土地买卖的盛行，是土地私有制向前发展的重要标志，它表明两宋土地私有性质已经比之前代大为增强。而土地流转过程中所引发的层出不穷民事纠纷，更是对促进民事诉讼制度的演进起到了重要作用。

两宋之前，拥有广泛特权的豪强世族及部分平民，才有资格在民事诉讼法律关系中作为独立当事人。而世族豪强所占有的劳动者（部曲、奴婢）对主人有很强的人身依附关系，唐代的法典就明确规定，“奴婢、部曲，身系于主”。[3] 即便是具有一定民事当事人资格的自耕农，在封建官府的压榨盘剥之下，也不断地破产流亡，沦为豪强的部曲，即所谓“依托强豪，以为私属”。[4] 部曲不仅未经主人允许不得随意移徙，而且其日常经济活动，甚至婚姻都由主人决定，不能以自己的自由意志参与民事活动，完全不具有独立的民事主体资格。强烈的人身依附关系的存在，是制约民事诉讼制度发展的一个重要原因。唐中期以后，随着世族豪强势力的加速衰落，森严的社会等级制度有所削弱。加之均田制瓦解，土地占有形态发生变化等原因，租佃契约关系逐渐取代部曲、佃客制。作为地主“私属”的部曲转变为佃农，“私属”的身份发生了变化。宋代社会等级结构进一步松解，开宝四年（公元971

---

〔1〕 据《周礼·秋官·大司寇》记载：“以两造禁人讼，入束矢于朝然后听之；以两剂禁人狱，入钧金三日于朝然后听之。”郑玄注：“讼，谓以资财相告者；狱，谓相告以罪名者。”这里不仅对民事诉讼的内容（以资财相告）与刑事诉讼的内容（相告以罪名）及称谓作出区分，而且对于诉讼程序也作出了不同规定，表明当时的民事诉讼程序法已开始建立。

〔2〕（宋）朱熹：《朱子语类》卷一〇九《论取士》，四库全书本。

〔3〕《唐律疏议》卷十七，中华书局1983年版。

〔4〕《唐律疏议》卷六，中华书局1983年版。

年）七月，宋太祖下诏通检全国丁口，将主户、客户一并抄入版籍。[1] 宋代的客户系指“佃人之田，居人之地”的无地农民。[2] 佃户被正式列入国家户籍，成为国家的编户齐民。北宋中期司马光指出：主户与客户，“皆编户齐民，非存上下之势。”[3] 南宋初期的胡宏也认为：“虽天子之贵，而保民如保赤子，况主户之于客户，皆齐民乎。”[4] 这些观念反映了两宋佃农法律地位提高的现实，表明佃户已经取得了与主户平等的身份地位，成为民事权利的主体。

在向以等级森严著称的中国传统社会，处于社会最底层的莫过于奴婢。宋代以前，奴婢的来源主要是罪犯及其家属被籍没入官强制为奴，或是世袭为奴，他们的社会地位极其低下，象畜产一样被其主人所占有、转让，唐律即明确规定“奴婢既同资财，即合由主处分”。[5] 在民事法律关系中，奴婢完全没有独立的人格地位，更不具有民事诉讼当事人的资格。宋代奴婢与主人之间已经被雇佣关系所取代，一般被称为人力（男性仆人）、女使（女性仆人），地位得到明显改观，宋人即认为：“古称良贱灼然不同，良者即是良民，贱者率皆罪隶。今世所云奴婢，一槩本出良家。”[6] 已由民事关系的客体转化为主体。两宋时期的佃客与婢仆由过去民事法律关系的客体转化为民事权利主体，可以以自己的意志参与经济活动，并可因维护自己的民事权益而与主人对簿公堂，寻求司法救济，表明民事权利主体范围已比以前大为扩大。

两宋社会结构的变化促进了农业与手工业的发展，加之传统宗族模式的崩溃，经济关系更多地代替了人身关系，这些变化导致了民事关系的复杂化和民事纠纷的大量产生。民事纠纷如果得不到妥善处理，将会导致矛盾激化进而严重地影响社会生产和稳定。宋代统治者在强化中央集权的过程中，适应商品经济的发展，注意运用法制的手段调整民事关系，及时进行民事立法，民事法律规范日益丰富，为了保证民事实体法的贯彻实施，对民事程序法也给予了相当的重视，推动了宋代民事诉讼制度的发展。

二

查明和确定证据，是审理民事案件的中心问题。要查明案件的事实，则必须依靠证据。早在西周时期，官府在审理民事诉讼时就已经认识到诉讼证据的重要性，

---

〔1〕（清）徐松：《宋会要辑稿》食货十二之一。

〔2〕（宋）李觏：《直讲李先生文集》卷二十八《寄上孙安抚书》。

〔3〕（宋）江少虞：《宋朝事实类苑》卷十五《顾问奏对》。

〔4〕（宋）胡宏：《五峰集》卷二《与刘信叔书》。

〔5〕《唐律疏议》卷六，中华书局1983年版。

〔6〕（宋）罗愿：《罗鄂州小集》卷五《鄂州到任五事札子》。

“凡民讼，以地比正之”，[1] 即审理民讼时要以邻人为证。但是直到宋代以前的漫长历史时期里，民事诉讼的证据制度还是相当简单的。随着宋代社会结构的变化，地权转移的空前频繁，租佃关系发展，婢仆地位的提高以及商品经济的活跃，各种契约文书，如货物买卖、借贷、租赁以及产业抵押、典卖、绝卖契约等相当周详完善，“典卖田宅，条令所载契要格式备矣”。[2] 宋代称契约为“干照”，田地的交易不仅有现立契约，而且还必须有前一次物权转移的契书，即“上手干照”，民间典买卖土地的契约须经官印押，并向官府纳税。经官印押的契约称为赤契，是买业人在法律上取得该项财产所有权的依据，“田产典卖，须凭印券交业。若券不印及未交业，虽有输纳钞，不足据凭”。[3] 宋政府规定民间田地买卖的契约必须经官府印押，其目的固然主要是为了征收田地交易税，但同时也有公证的意义，经官府印押的契书，是买业人取得土地所有权的法律依据，也是发生民事纠纷之后最重要的诉讼证据。

租佃关系的普遍也是影响宋代契据制度发展的一个重要原因。由于租佃关系在宋代社会经济生活中已经相当普遍。太宗太平兴国七年（公元982年）规定，佃户与地主形成租佃关系时一定要“明立要契”，收获之后，“依契约分，无致争讼”。[4] 租佃双方在民事法律关系中的地位至少在形式上是平等的，不存在主仆名分。佃户能够以自己的意志参与民事活动，享有自愿签订契约、及契约期满之后可以自由起移的权利。仁宗天圣五年（1027年）十一月诏：“自今后客户起移，更不取主人凭由，须每田收田毕日，商量去住，各取稳便，即不得非时衷私起移。如是主人非理拦占，许经县论详。”[5] 规定佃农契约期满之后可以自由起移，如果田主侵害佃农的这一民事权利，则可以向官府告论，寻求法律的保护。而当出现租佃纠纷案件时，官府则以租佃契约作为审理的重要依据。

宋代奴婢地位因得到明显改观而由民事关系的客体转化为主体，雇主与婢仆成立雇佣关系时，双方也要签订契约，以明确各自的权利义务关系。为了防止雇主对其婢仆的永久性占有役使，两宋立法对雇佣关系定有期限。南宋时规定：“在法，雇人为婢，限止十年，其限内转雇者，年限、价钱各应通计。”雇佣的期限一般不得超过十年。期满之后，婢仆可以自己决定日后的去向，雇主不得强留。有的雇主为了长期占有役使婢仆，乃“隐落原雇之由，径作牙家自卖，别起年限”，[6] 针对此类违法行为，宋政府规定：“如有违犯，其雇主并引领牙保人，并依律不应为从杖八十

〔1〕《周礼·地官·小司徒》。

〔2〕《宋会要辑稿》食货六十一之六十六。

〔3〕（宋）《州县提纲》卷二《交易不凭钞》。

〔4〕《宋会要辑稿》食货六十三之一百六十二。

〔5〕《宋会要辑稿》食货一之二十四。

〔6〕（宋）罗愿：《罗鄂州小集》卷五《鄂州到任五事札子》。

科罪，钱不追，人还主，仍许被雇之家陈首。"[1] 另外如分家析产时往往要订立分析文书，民间婚姻也要有定亲帖子等等。宋代关于契约的条件、书写格式、保存方式等皆有明确的规定。由于许多的民事行为都需要作成文书，当事人的权利义务往往是通过文书形式确定的，是当事人意志的体现，最能直接反映真实的法律关系，其作为民事诉讼证据的意义十分重要，所以官府在审理民事诉讼时，非常重视书证的作用，往往根据这些书证便直接对民事争议作出裁决。"交易有争，官司定夺，止凭契约。"[2] "大凡官厅财物勾加之讼，考察虚实，则凭文书。"[3] 契据成了宋代民事审判的"证据之王"，对促进民事诉讼证据制度的发展产生了极为重要的影响。

由于契据在民事诉讼中的重要作用，有的当事人为了获得有利的证据，于是故意伪造、涂改契据。所以官府在使用书证时，辨别书证的真伪，便成为审查证据的关键。官府无法辨验书证的真伪时，往往是委托代写状词的书铺进行鉴定。[4]

除了书证之外，当事人的陈述和承认，以及知情人、见证人所提供的与本案有关联的证词以及物证等，都是宋代民事诉讼中很常见的证据。宋代的证人称为"干证人"或"干连证佐"。证人出庭作证，必须要作真实的客观的陈述，如果故意作伪证，要承担法律责任，所以证人作证之前要在法庭立"罪赏状"。[5]

诉讼法律关系从起诉开始，就围绕着提供证据与调查证据，进行一系列的审理活动。宋代地方政府的一部分官员在审理民事案件时，注意对各种证据的搜集、鉴定，有利于民事案件的公正裁判。

三

南宋以前的历代王朝，尚未明确规定在判决民事案件时一定要援引法令为依据。宋代民事关系的复杂化导致民事案件的激增，使得官府穷于应对。尤其是一些民事诉讼当事人，往往未经州县审结诉案，就直接到中央机构论诉，严重地影响了诉讼秩序，给朝廷带来很大的麻烦。鉴于这种情况，绍兴二十二年（1152 年）臣僚奏言："比来遐方多有健讼之人，欺绐良民，舞玩文法。州县漕宪未结绝，则申冤于部、于台、于省，官司眩于偏词，必与之移送重定，外方往往观望，为之变易曲直。欲今后所讼，如婚田、差役之类，曾经结绝，官司须具情与法，叙述定夺因依，谓之断由，人给一本，厥有翻异，仰缴所结断由于状首，不然不受理，使官司得以参照批

〔1〕《宋会要辑稿》刑法二之一百五十五。

〔2〕《名公书判清明集》（以下简称《清明集》）卷五《物业垂尽卖人故做交加》，中华书局 1987 年版。

〔3〕《清明集》卷九《质库利息与私债不同》，中华书局 1987 年版。

〔4〕参看戴建国："宋代的公证机构——书铺"，载《中国史研究》1988 年第 4 期；陈智超："宋代的书铺与讼师"，载《刘子健博士颂寿纪念宋史研究论集选编》，日本同朋舍 1989 年版。

〔5〕《清明集》卷五《田业侵界》，中华书局 1987 年版。

判，不失轻重，而小人之情状不可掩矣。将来事符前断，即痛与惩治。可使户婚讼简，台省事稀，亦无讼之一策也。”上曰：“自来应人户陈诉，自县结断不当，然后经州、经监司，以至经台，然后到省。今三吴人多是径至省。如此则朝廷事多，可从所奏。”[1] 文中所说在结绝以后给以断由的“户婚”类的诉讼，即有关婚姻、田地交易、财产继承等类的纠纷，大致相当于我们今天所说的民事诉讼。因为官府在审结民事案件以后，要将记载有诉讼的事实、判决的法律依据及判决的理由的断由发给当事人，这就从国家法令的层面上明文规定了民事判决的依据是法令，因此断由制的实行，明白无误地昭示了南宋的民事审判是以法令为依据的这样一个不争的事实。

绍兴二十二年的这一规定，在以后的孝宗乾道七年（1171 年）、光宗绍熙元年（1190 年）、宁宗庆元三年（1197 年），[2] 还曾多次加以重申，并且具体规定了对于违反断由制的惩罚，如果不出具断由，承行人吏要被重行断决。断由制的多次重申，表明南宋政府对于坚持用法律的规定判决民事案件的重视。[3]

中国古代法律规定与司法实践之间难免有一些差距，由于时代的久远及资料的缺乏，断由制要求必须依法判决，由于其执行的情况并不是特别清楚，所以也就容易造成宋代民事判决并不是严格依照法令为根据的看法。但是资料表明，断由制在宋代基本上是得到认真执行的一项制度。例如南宋乾道年间知临湘县王炎在一封致上司的书信中就曾经说到他审断民事案件之后，“又准条令为给断由，其断由之中，必详具两争人所供状词，然后及于理断曲直情理，恐人户以为所断未公，即当执出断由，上诣台府陈诉，庶几上司见得元断是非，若元断之是则虚妄者无以肆其欺，若元断之非，则抑塞者可以伸其枉。”[4] 结案以后给当事人发放断由，作为日后上诉的依据，完全合乎南宋断由制的规定。

还有不少的南宋书判中提及断由制度，例如吕文定诉吕宾占据田产案，契据证明了这是一次合法的典买卖，但根据法令规定，吕文先所典田产，吕文定系是连分人，有优先购买权，而文定未曾着押，所以合听收赎为业。官府作出判决以后，当

---

〔1〕（宋）李心傳，《建炎以来系年要录》卷一五九。

〔2〕《宋会要辑稿》刑法三之三十四、三十六至三十八。

〔3〕徐道邻在“宋朝的县级司法”一文中，列举了《宋会要辑稿》中有关断由制度的四条规定。据笔者所知，这是学界最早对断由制度加以研究的文章，收入徐道邻：《中国法制史论集》，台北志文出版社 1975 年版，第 146 ~ 147 页。其后叶孝信主编：《中国民法史》，上海人民出版社 1993 年版，第 451 ~ 452 页。张晋藩主编：《中国民事诉讼制度史》，巴蜀书社 1999 年版，第 80 ~ 86 页。屈超立：《宋代地方政府民事审判职能研究》，巴蜀书社 2003 年版，第 89 ~ 103 页。刘馨珺：《明镜高悬——南宋县衙的狱讼》，台北五南图书出版公司 2005 年版，第 319 ~ 350 页。以上论著都对断由制有所论及，可参看。

〔4〕（宋）王炎：《双溪类稿》卷二十一《上孙漕》，四库全书本。

厅读示并给断由为据。[1] 再如聂士元告论陈子国强占所买学粮租田案，官府查证本案系陈子国侵夺人户田产分明，遂判决“钞书给还聂士元收掌，并前已给公据管业，札子两封附案，再给断由，付聂士元收执”。[2] 瓯宁县寡妇张氏论叔范遇争立继夺业的纠纷上诉到建阳府，建阳府审理此案时，首先是“看详诸处断由。”[3] 而在黄清仲与陈跌的田业争讼中，由于本案的反复上诉，以致同一案件由各个机构多次发给断由，[4] 断由制的实行，对于防范司法官员的司法擅断行为，维护民事诉讼当事人的诉讼权利具有积极作用。

四

传统社会中的民事上诉制度，在宋代也有了显著的发展。众所周知，中国传统社会非常重视亲邻之间和睦相处，在这一思想的影响下，人们视诉讼为畏途，很少会因民事纠纷而打官司，即使是诉讼到官府一般也是以调解结案，至于经官府判决以后还要提起上诉的案件就更是少见。但是这一情况在宋代社会结构变革的大背景之下却有了很大的变化，因民事纠纷到上级官府提起上诉成为一个常见的现象。这种情况的出现与当时人们观念的变化有密切的关系。

宋代社会结构的变化及商品经济的发展，民事关系的日益复杂，对人们的法律意识产生了很大影响。如北宋中期的秦观就认为：“昔者以诗书为本，法律为末；而近世以法律为实，诗书为名。”[5] 反映了士大夫阶层对法律的重视。[6] 民间社会的法律意识在两宋时期也迅速增强。北宋中期的江西人邓思贤写了一本名为《邓思贤》的书，其内容“皆讼牒法也”，在民间流传很广，“村校中往往以教生徒”。[7] 民间出现了一批专事法律服务的“讼师”。民间讼师们熟悉辞讼事务，“词熟而语顺，虽跷跷独辩庭下，走吏莫敢谁何”。[8] 他们为当事人提供法律服务，对于维护当事人的合法权益，防止官府的枉法专断有一定的作用。但是，也有不少讼师以健讼为能事，“以恐胁把持为生”，[9] 无端反复上诉，严重地干扰了正常的司法秩序，[10] 成为宋代民事上诉案例大量增加的重要原因之一。导致民事上诉案件众多的再一个原

---

〔1〕《清明集》卷四《吕文定诉吕宾占据田产》，中华书局1987年版。

〔2〕《勉斋集》卷三十三《聂士元论陈希点占学租》。

〔3〕《清明集》卷八《嫂讼其叔用意立继夺业》，中华书局1987年版。

〔4〕《清明集》卷十三《以累经结断明白六事诬罔脱判昏赖田业》，中华书局1987年版。

〔5〕（宋）秦观：《淮海集》卷一四《法律下》。

〔6〕详细的讨论，请参看陈景良：“试论宋代士大夫的法律观念”，载《法学研究》1998年第4期。

〔7〕（宋）郑克：《折狱龟鉴》卷八《韩据考枉》引。

〔8〕《州县提纲》卷二。

〔9〕（宋）王楙：《燕翼诒谋录》卷四，四库全书本。

〔10〕参看郭东旭：“宋代的讼学”，载《河北学刊》1988年第2期。

因是官府枉法或误判而出现的错判案件，受屈一方的当事人为了维护自己的权益也往往会到上级官府上诉。正如有的官员所指出的："乡民持讼，或至更历年深，屡断不从，故多顽嚣，意图终讼，亦有失在官府，适以起争。如事涉户昏，不照田令，不合人情，偏经诸司，乃情不获已，未可以一概论。"[1]

因民事上诉案件的普遍，宋代政府制定了严格的上诉程序。民事案件是先在县衙起诉，不服判决者可以经州、经转运司、经提点刑狱司、户部（刑事诉讼则是经刑部）、御史台、尚书省上诉，对判决不服的当事人，有很多次上诉的机会，但是必须依法逐级上诉，对于"隔越陈诉"者，要予以"惩革"。[2] 为了防止上诉过程中出现徇私舞弊枉法用情的弊端，宋代法令规定受理民刑上诉案件的官府绝不能指派原审司法机构或官员审理，上诉到州级官府的民事案件，由知州指派属官审理，"诣州诉县理断事不当者，州委官定夺"。上诉到监司的案件，则是由监司送邻州委官定夺，"若诣监司诉本州者，送邻州委官"。如果违反这一规定，当事人可以向上级越诉，"诸受诉讼应取会与夺而辄送所讼官司者，听越诉"。[3]

为了保证判决的客观公正，宋政府还制定了司法审判中"鞫谳分司"的规定，即负责审问案情的官员只能对诉讼中的证据进行收集与判断，查明案件的事实，不得过问判决的情况，另由专门负责检详法律条文的官员，查出与案件判决有关的法律条文，提供给长官作为判决的依据，[4] 最后如何判决仍需长官亲自决定。[5] 审理机构与检法机构各司其职，不得沟通，违者处刑，"录问、检法与鞫狱官吏相见者，各杖八十"。[6] "鞫谳分司"的规定，对刑、民审判皆适用。这种"审"与"判"由不同的机构负责的做法，对于防止司法腐败起到了极为重要的作用，是宋代司法制度中一项非常重要的举措。这一规定主要适用于州级以上的官府（县级官府由于机构设置简单而无法实行），由于州级以上官府是民事上诉案件的第一审的机构，所以这一规定主要是适用于民事案件的上诉审。

民事诉讼制度的主要任务是调整民事诉讼活动，解决平等主体之间的财产关系和人身关系的争端。它的发展与商品经济的发展密切相关，只有在商品经济有相当程度的发展，因财产关系日益复杂而导致民事争端大量出现的前提下，民事诉讼制

---

〔1〕《清明集》卷九《漕司送下互争田产》，中华书局 1987 年版。

〔2〕《宋会要辑稿》刑法三之二十六。

〔3〕《宋会要辑稿》刑法三之二十六。

〔4〕参看徐道邻："鞫谳分司考"，载徐道邻：《中国法制史论集》，台北志文出版社 1975 年版，第 115～127 页。

〔5〕如《清明集》卷七《立继有据不为户绝》条，就是一较典型的由法司检法并拟判之后呈报长官决定的判词。该司法参军就一继承案检出有关的法令条文并拟出判决意见后称："所有案官引用户绝与拨女分之拟，本司难于检断，仍乞备申仓台照应。管见如此，取台判。"

〔6〕《庆元条法事类》卷九《职制门六·馈送·断狱敕》。

度的发展才会有其必要性。宋代是中国历史上的一个重要转型时期，由于经济结构的变革及商品经济的活跃，推动了民事诉讼制度的长足发展，特别是在民事诉讼证据、判决制度、上诉制度等方面的演进尤为显著。这些措施为保障宋代民事诉讼的正常进行，防止官府任情轻重、贪赃枉法、维护民事诉讼当事人的合法权益起到了积极作用。宋代统治者在转型时期利用法制的手段维护社会稳定、保障经济发展的经验值得我们今日加以认真总结借鉴。

法律变革的法律史解读

——熙宁变法（1070 年代）与依法治国（1990 年代）

苏基朗*

内容摘要：本文目的是通过一个法律史的视角，比较北宋熙宁变法的法律变革与九百年后中国改革开放时期的依法治国法律变革。虽然表面看来两者时代相差甚远，缺乏明显的可比较性，但若能从一个比较抽象的理论分析架构入手，两者仍可有一定的比较价值。更重要的是，这个比较分析能否提供一种具有历史深度的启发，帮助我们对两者的了解同时得到提升？当然对两者的分析结果，性质不可能一样。前者完全是过去历史的新诠释，但后者一则方兴未艾，一则后果难料，这里的分析只能作为一种审时度势的努力，希望对二十年来纷至沓来而又瞬息万变的法律变革，带来具方向性的启示。

本文所提供的分析架构，包含几个层面：其一，变革的动机。包括合法性的要求、危机处理以及意识形态的追求三个因素。其二，变革的人事。包括决策、执行、意见三类法律事务相关精英以及受变革影响的广泛群众（含所有与法律无关的各级官员）。此外亦须从三个来源——原创、本土、外来资源来分析变革精英所采纳的变革理型模式。其三，法律系统分析。包括意识形态、立法法规、司法组织（含人事如司法官员及律师等）、执行四个层面。其四，变革的演化动态。包括内部稳定性的分析（平衡分析）、系统表现分析（效率分析）以及规模与速度分析。对变革的演化动态的分析，则观察变革可能出现的几种情况，即平衡而高效（EE）、平衡而低效（EI）、失衡而高效（DE）、失衡而低效（DI）。（见图 1）

本文在分析熙宁法律变革后，结论是变法前法律属于平衡而低效，变法后产生失衡而高效的形态，再其后的结构调整失败而导致失衡而低效的情况，这恐怕与北宋乃至南宋均亡于外族不无关系。（见图 2）至于依法治国法律变革的分析，则认为变革二十年发展至今，内部平衡从四个系统层面而言，均越来越不协调，但从改革开放的尺度衡量，则越来越高效。二十年来的变革从规模到速度均属惊世创举，但

* 香港中文大学历史系。

急变剧变增加了内部失衡的压力，但过分缓不济急的步伐，亦对全球一体后的国情世局无补于事。如何在两端之间取得有机的平衡，相信为今后的结构调整成败关键所在。(见图3)

I. Introduction

Legal system of every civilization is always evolving. In normal circumstance, the pace of evolution is seldom drastic given the need of stability by the legal aspect of life in a society. However, there are cases where legal changes or developments became accelerated in terms of pace and scope. These are legal reforms in history and reality, which call for more elaborate conceptual framework of analysis so that we can comprehend them in a meaning context.

Chinese legal history is a not a popular field in the study of China in the past 100 years, compared to intellectual history, political history and socioeconomic history. There is a great deal of room for exploration in new perspective and methodology to document and reveal complex phenomena, and more important, to explicate their meanings and relevance.

China has become one of the major players in international affairs and world economy in recent years. Its legal system has been undergoing enormous changes since the declaration of the country's open policy in the late 1970s. Over two decades or so, there are new constitution being introduced, new institutions being established, new legal community emerging, new legal education being formulated, new image of law being projected, and immense quantity of laws being enacted. More important, new legal culture and ideology are taking shapes that would have been unthinkable to be part of China's legal system just 3 decades ago.

All these provide a fascinating phenomenon of a legal reform that discourages a simplistic and instinctive interpretation, for that would hardly be constructive for one to understand the current reality which is full of contradictions. Worse still, such a simplistic view of China's legal reform may become misleading and detrimental to one who needs to not only understand what is going but also take action and make decision of importance within this new legal context. Therefore, it is an urgent task for the academia to come up with more analytical tools to enhance understanding of China's legal reality. This paper is an attempt to develop a conceptual framework towards this goal from a legal history perspective.

The paper will first postulate a conceptual framework to understand Chinese legal reform in general. The framework will then be applied to the case of legal reform in Sung China, i. e. the legal reforms of 1070s. This part is taken from my previous work on the legitimation implications of the Song – dynasty legal reforms in the 960s and 1070s. Although also applicable, I will skip the part of the 960s legal reform and focus on that of the 1070s. It will then be employed in an analysis of the legal reform in China in the 1990s, which was the outcome of reforms in the 1980s and lay the foundation for further reforms in the 2000s. By doing so, it is hoped that the framework hence developed may provide a way forward to understand China by linking its present and future with its past.

II. A conceptual framework of legal development

The conceptual framework employed in this paper was first and foremost derived from my own reading, as a Song - dynasty historian, into Song legal reform history. However, experience of the past may not bring us much insight unless efforts are made to relate their meanings at a theoretical and transcendental level to what we are concerned. Although it may be done in different approaches, I am doing it with immense insight and inspiration from the social science and legal studies in recent decades, in particular those in new institutionalism in economics and sociology. But understandably it would not be constructive to impose a social science theoretical framework on the Chinese data as those constructs were generated primarily from empirical data and information, namely human and societal experiences, of non - Chinese social settings. The framework herewith is therefore an outcome of conceptualization combining Chinese experience and social science conceptual insights rather than an implantation of Western empirical theories. It consists of four components: sources of change, agents of change, structural analysis of the legal system, and structural dynamics of change. It is not taken from any existing social science theory to my knowledge.

A conceptual framework hence produced is not a theory constructed by generalizing a pool of empirical cases and data. It is a product of empirically - based reasoning. It provides no fixed causality and hence cannot be used to produce predicted outcomes of legal reform. What it may help us to achieve is to identify objects of observations for analysis which may lead to a more comprehensive insights of what is going on and what possible paths and outcomes may reasonably be expected ahead. The framework provides a guide of observation. It is not a fixed theory and hence can be very flexible to adjust itself or very compatible with other theories. Insofar as the outcome of subjecting a real - world case of legal reform to this construct of analyses one can observe important phenomena in the reform and come out with a deeper and more comprehensive understanding of the reform, the framework can be useful. Furthermore, it is a positive conceptual framework instead of a normative theory. It does not serve teleological proclamation and explanation of the reality, nor place it in a normative framework for moral judgment.

2.1 Sources of change

In this analysis, it is assumed that any legal reform, due to the high stake and cost of fundamental change, must take place for good reason. Legal reform is after all a matter of government policy and operation given the fact that legal system cannot be separated from the government and is always a part of the constitutional order under any political order. It follows that any legal reform has to be a government behavior. The question is why any government would want to change its legal system drastically? There must be compelling reason (s) for a fundamental change in law. The high cost of change must be conceived by the government as a price still lower than the cost of not inducing a reform. We may imagine many compelling reasons as such. The following three are the common ones, but not exclusively:

(a) Legitimation measures. Due to political need or crisis, a regime may need to strengthen its legitimacy at some points of time. There are many ways to enhance legitimation of a regime but I have argued elsewhere that doing a legal reform could be an effective one.

(b) Problem – driven measures. When a government is facing imminent and far – reaching problems and crisis in governance that are beyond what its existing governance structure could cope with effectively, a very usual response is to have a reform in its governance structure. Depending on the scale and scope of change in governance, it may also need to drastically changing the legal framework of the government so as to institutionalize all the necessary changes in its governing structures. Legal reform hence can be a manifestation of problem – solution in governance.

(c) Ideological/cause pursuit. Legal reform may yet be driven solely or largely due to change in values and norms. As explained further below under the structural analysis of legal system, a legal system must have ideological foundation. Once the values and norms of the legal system are no longer shared by the larger segment of the population, it would fail to maintain its function as a system of justice. Again, under normal circumstance the ideology of a society evolves only incrementally. However, should there be a fundamental change in the society's ideology or value system legal reform may well be expected to take place soon.

2.2 Agents of change

When there is compelling reason for a legal reform, it does not mean that it will take place. Legal system has its own inner strength in persistency due to the expectation of sustainability and predictability in law and the difficulty of enforcement and observance if the law is constantly changing. Legal system relies on experts who know the law and it reinforces persistency in path dependency like most professional communities. Legal reform is therefore an undertaking more difficult than reform in many other agenda and is likely to face more resentment from within the system. It means to materialize a legal reform, the agents of change must make a very strong impact, and to do so persistently with resolution. The role of agent of change in legal reform is hence a very crucial factor for a good understanding.

(a) The agents.

Agents of change are not only those who initiate changes but also those who inform and guide the changes. Often it is the elite that are playing the vital role in a legal reform given the complex legal knowledge that required, which is hardly what non – elite may acquire easily. However, there may still be different types of elite in a legal reform.

(i) Dominant elite. It is the political elite that held key positions in the government in relation to the legal system. They are decision – makers and at times also set the policies and directions. Their role in upholding the legal reform is also of paramount importance. Their legal knowledge may be leading but they may also not be knowledgeable in law.

(ii) Operational elite. It is the elite that possesses the necessary expertise in law who is to support the implementation and ensure that the legal reform can be put into practice and the new laws enforceable. The enforceability of a new legal system is as crucial as the decision to introduce a new legal system. They are therefore the agents of change who make changes happen.

(iii) Opinion elite. These are the experts who possess the necessary legal knowledge for the reform but not in a decision – making position, nor take part in enforcement. Their opinions are however influential as legal system is built on ideology and elite opinions are an important factor in shaping the ideology or instilling change in the ideology.

We also need to pay attention to the mass consumers of a legal reform. The mass refer here to the rest of the society that is not included in the elite group described above. Even for those in the government but not involved in the legal system, either in decision – making or enforcement, if they are not in the process, they too constitute this mass category. Their government positions do not make them elite in legal reform, unless they have an influence in or are relevant to it. Legal reforms necessarily affect every member of the society and therefore have to be consumed by every member. This highly diverse mass of consumers of a legal system is not directly involving in the legal reform but nonetheless not entirely outside of the legal culture where the reform takes place. They will influence the direction and outcome of a legal reform by reacting to it and feeding back to the elite their acceptance of and adjustment to the reforms, or otherwise. To the extent the elite may listen to this feedback from the mass of consumers there is a chance that the legal reform may gain broader support and acceptance.

(b) The models. For the agents of change, when they are acting toward vital and fundamental change, it is important to analyze what are the models that are available to them as alternatives for change. This is a matter of knowledge and the question is where the knowledge comes from.

Pure innovation. A reform model may come from an agent of change's pure imagination or innovation. It may have some knowledge bases or origins but it cannot be determined. It hence can only be considered an outcome of creativity and innovation. This kind of innovation in its pure form does not work well with legal reform due to the nature of law that emphasizes authority. A product of legal system that comes entirely from an agent of change's innovation may encounter immense difficulty in persuasion.

Endogenous cultural resources. A very common source to provide a model of change with sufficient authority is to go back to the tradition and seek endorsement by endogenous cultural heritage. For a society that highly values tradition and heritage, it is a good way of setting a model. Otherwise, it may not work. Also problematic is the interpretation of the tradition and heritage. There can be different and divergent views. However, this is a source of model more persuasive than pure innovation.

Exogenous influences. To introduce legal reform based on models implanted from outside of the original legal system and cultural system will be effective. It contains enough new components like innovation yet it does carry authority which comes from outside experience. It is more persuasive than pure innovation. Insofar as the authority of that particular exogenous source is convincing and persuasive to the community it works as a model and, more important, there is no dire conflict between the value system underlying the exogenous model and the value system of the society to introduce such a model for reform, it will work.

2.3 Structural analysis of legal system

Legal reform is not a piece meal change of a legal system in a few of its components. It signifies a fundamental change of the system. To understand legal reform it is imperative to look into the system as a whole and identify changes that represent a structural change of the system. Any legal system may be subject to a structural analysis in accordance with the following four dimensions. Analysis of the changes in these four dimensions of a legal system can provide a basic account of a legal reform.

(a) Ideological dimension. It deals with the ideological dimension which includes major legal values and norms of the society, as well as dominant legal philosophy and jurisprudence from which they derived.

(b) Legislative dimension. In this dimension, various forms of written and unwritten laws formally made by the legislative authority of the time, and the specific rules they embodied make the focus.

(c) Organizational dimension. This dimension includes the structure of legal apparatus for the making and implementation of law, e. g. the legislature, the court, the bar (if a legal profession exists and gets organized), and the people who play an important role in the structure, e. g. emperor, legislators, judges, lawyers, etc. It comprises the judiciary and the legal personnel, official or otherwise.

(d) Enforcement dimension. Legal ideology may be embodied in a set of national laws which are meant to be implemented by the legal organizations. However, enforcement is itself an independent variable, for law in existence does not always being carried out. Even if they are enforced, there is still an issue of degree of enforcement which defines law in action. It deals with the enforcement characteristics of a legal reform. The operational factors that affect more specifically actual legal practice within the system are as follows:

(i) Universality. whether law is enforced across its jurisdiction in spatial term.

(ii) Coherence and consistency. whether law is enforced coherently and consistently.

(iii) Persistency. whether law is enforced constantly and persistently.

(iv) Cost of enforcement. whether law is enforced in a manner that the cost of its enforcement is manageable by the government and the society.

(v) Execution. whether law is enforced with the necessary technicality and knowledge being addressed by the organization and its personnel.

2.4 Structural dynamics of change

Agents of change provide the drive and direction of a reform when there is a need to change the system drastically. They introduce fundamental changes in the entire legal system at the ideological, legislative, organizational, as well as enforcement dimensions. Yet these do not necessarily create an outcome corresponding to the need of change, the desire of the agents of change, and the structural changes introduced in each of the four dimensions of a system. We therefore need to have another analysis of the structure of dynamics in change itself. It is in this analysis, together with analyses in the other three aspects, that insights directly addressing the outcome of a legal reform may be generated.

The analysis is constructed on the inquiry of how to account for different paths and outcomes of legal reform or fundamental change in a legal system. Three variables are proposed here for observation:

(a) Internal stability variable. The conditions of a legal system can be observed in terms of structural equilibrium and disequilibrium. In the equilibrium condition, the four dimensions of the system are in line with each other, or at least compatible among themselves. If there are fundamental conflicts or contradictions among these four dimensions internal to a legal system and the tension cannot be resolved in time the system will enter a condition of disequilibrium, where internal tension and conflict surface. A legal system in equilibrium is more stable and vise versa. When a legal reform takes place, there is a need to have the four dimensions of the legal system adjusted to each other. To the extent this process progresses in a synchronized manner, internal stability may be achieved in the legal reform. Otherwise, there is a good chance of disequilibrium and hence increasing internal conflict and tension, which is detrimental to the legal reform. Reform must manage the issue of stability.

(b) System performance variable. The condition of a legal system can also be observed in terms of its system efficiency and inefficiency. A legal system is efficient when it performs well in its expected functions with the minimum cost. When failed to deliver the expected functions or deliver it at a cost far more than expected, the system becomes inefficient. Efficiency and stability may not necessarily occur at the same time even though there is a possibility that they do. For instance, it is not hard to witness in history that an inefficient legal system being stable and sustained for a very long time. One of the major sources of change in legal reform as discussed above is that the legal system is encountering imminent problem and crisis that call for a reform – level change to cope with the challenges. If the status quo cannot cope with a new challenge, its former efficiency is in doubt. The reform must mean to enhance the system's efficiency so that it can cope with the challenges. Legal reform is hence efficiency – oriented.

(c) Scope and pace variable. Changes in a legal system happens all the times but legal reform suggests a more fundamental change in it in all four dimensions. The pace and scope variable of change is however an important factor affecting the cost and outcome of any change. Legal reform makes no exception. This variable can be analyzed by identifying two types of changes that are introduced as alternatives: incremental change and drastic change. Incremental change takes much longer time and a more gradual approach in terms of both pace and scope; whereas drastic change induces sudden and large – scale reforms across the system. These two categories are a matter of degree and therefore allow a continuum between the two. In our analysis here, we are not dealing with the measurement issue and will not deal with the continuum option.

(d) Dynamics of change. The analysis of dynamics of change puts together the three variables discussed above and examines the possible paths and outcomes that may be postulated from these analyses. It takes equilibrium/efficiency (EE) as an ideal stage; equilibrium/inefficiency (EI) reflects a problematic stage that is likely to first emerge from EE and requires readjustments overtime but not represents a stage of overwhelming discontent (disequilibrium). Yet it depends on the imminence of the challenges and crisis the system encounters and the urgency of efficiency that it needs to cope with. The paths of change in terms of incremental or drastic change may at this stage lead to divergent outcomes; the stage of disequilibrium/inefficiency (DI) will lead to collapse of the legal system by internal or external negativities, which, if not urgently rectified, may even undermine the political order as a whole. Its outcome signifies system failure; the stage of disequilibrium/efficiency (DE) keeps the legal system going but only in a short term, as prolonged structural disequilibrium would have adversely affected efficiency. Structural readjustment is necessary, but it may lead to three possible outcomes, i. e. DI, EI or EE. The web of possible paths and outcomes of this analysis of the dynamics of change is presented more graphically in Fig. 1.

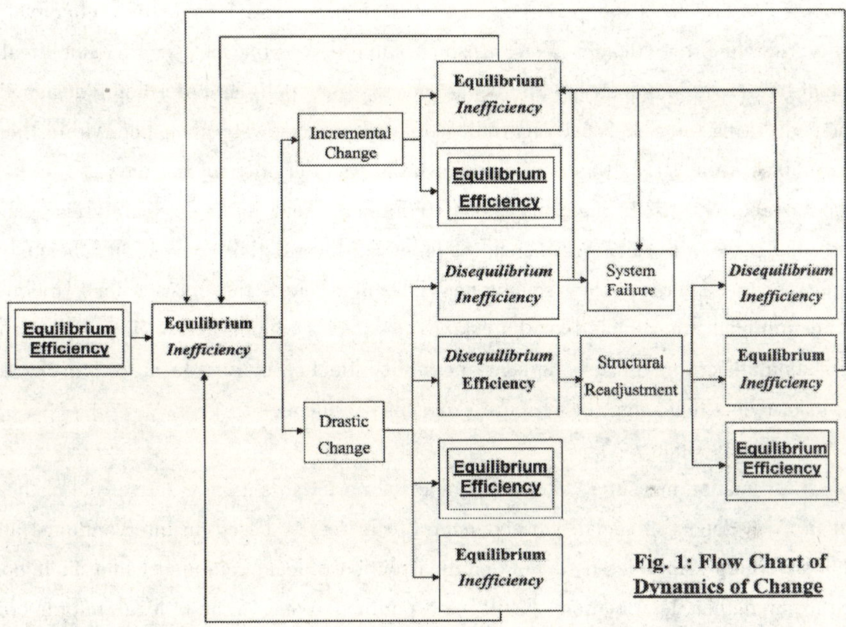

Fig. 1: Flow Chart of Dynamics of Change

III. Legal reforms of Emperor Shenzong (1068 ~ 1085)

The legal reform of 1070s took place during the reign of Emperor Shenzong 神宗 (1068 ~ 1086) and by this time the Sung dynasty had been ruling a unified, albeit territorially reduced, empire for over a hundred years. Compared to the short – lived Five Dynasties, it was already a remarkable achievement. However, there were widespread beliefs at least among the ruling elite that the empire was now under serious crisis, which threatened its very survival. There were in general four areas of problem that the contemporaries seem to have been most concerned:

(1) financial crisis in the government;

(2) breakdowns of law and order;

(3) inefficient bureaucracy including the judiciary; and

(4) military weakness against the semi – nomadic neighbors crossing the northern border. Driven by a sense of crisis in civilization against disorder of society and foreign threats and that of a mission to revive the civilization to make it once again strong, rich, and moral, the young emperor Shenzong determined to rectify the situation. He embarked on cause by introducing a series of new policies and initiatives that together were often labeled the New Policy by historians. Very few of these policies were originally Shenzong's own designs but initiatives proposed to him by a group of scholar – officials who were later called collectively the New Party, of which their leader Wang Anshi became one of the most eminent political and intellectual figures in Song history. There was indeed a new political order being designed and implemented during the Shenzong reign. Most related policies were abolished within the next fifty years, but in the 1070s this new political order was the order of the day.

The models from which Shenzong and his reformers drew from were mainly endogenous. But they went back to the classics instead of following the existing convention inherited from the founder of the dynasty. They sought new interpretation of the classics for principles to support institutional innovations like the establishment of a commission on financial planning and legislation. There might also be some possible influence of Buddhism, e. g. money – lending instruments that might be obscure exogenous influence.

3. 1 Sources of Change:

(a) Legitimation measures. For a political reform towards a more active role of the government in every aspect of social and economic life in society based on interventionist and egalitarian governing principles as a new political outlook, legal reform became an important measure to strengthen legitimation of this new political order. A new legal reform created three essential effects of legitimation among the commoners that the new political order is theoretically justifiable, morally rightful, and practically beneficial to the majority. I have elaborated this point in greater detail elsewhere and would not be repeating it here.

(b) Problem – driven measures. It represents measure to deal with the four major crisis for the regime at this time: Financial crisis; law and order crisis; inefficient bureaucracy including the judicial; and military weakness in confrontation with foreign countries.

(c) Ideological/cause pursuit. The sense of crisis in civilization against disorder of the society and constant threats from foreign countries and the sense of mission to revive the country and its civilization to be strong, rich, and moral, constituted an important drive for change.

3. 2 Agents of Change

(a) The elite. The dominant elite included Emperor Shenzong, Wang Anshi and his political allies. The operational and opinion elite were mostly from the existing bureaucracy. It meant that they were mostly conservative and conventional - oriented scholar - officials.

(b) The consumer mass. This legal consumer mass occupied the much larger segment of the society but possessed little influence over the legal reform.

IV. Shenzong legal reforms in structural analysis

4.1 The ideological dimension

There were a couple of important features in the legal thoughts and values underlying the Shenzong legal reform. Firstly, he and his ministers had adopted a dynamic perspective of law. Following this view, laws were to be introduced and functioned according to what was needed in the society. They should not be restricted by conventions or former laws that were once lay down by former emperors, including the founder of the dynasty. This was in fact a highly pragmatic orientation, contrary to the more traditionalistic approach more commonly found in traditional Chinese legal thoughts including that held by Song Taizu.

Secondly, their legal values were in particular instrumental in the realms of criminal law and administrative law. Under this line of thinking, they believed that the best way to enhance efficiency of the bureaucracy in general and in financial administration in particular was through the process of legal formalization. In other words, rules for these governance matters had to be formally legalized so that they became standards for conformity. And conformity in government administration would be the key to success in the new political order.

Thirdly, they put emphasis on leniency and rehabilitation in criminal justice in particular. This was different from Taizu's emphasis on leniency basically as an imitation of the legendary sage kings' leniency policies. Shenzong and Wang Anshi's legal values of leniency and rehabilitation were more philosophically oriented in a sense that it stressed on the theoretical and ethical foundations of such policies. And they did try to establish a Confucian textual foundation for these legal principles. For them the source of legal authority for such principles came directly from their interpretation of the classical cannons, especially The Rite of the Zhou (Zhou Li), which provided justification, models, and inspiration of institutional innovation.

Finally, the Shenzong legal reform adopted a strict constructionist approach in statutory interpretation and judicial decision. This was in line with the legal formalization orientation that required higher determinacy in legal practice so as to materialize standardization in bureaucracy. The reform also took a more amoral approach in contrast with the traditional moralistic concerns in adjudication so as to maintain legal formalism and avoid arbitrariness in legal practice that might result in greater injustice.

4.2 The legislative dimension

The first and foremost feature of the Shenzong legal reform can be witnessed in the rather significant alteration in the relative status of the forms of law. Prior to the reform, the body of Song laws was structured in order of authority as below:

(a) Code (lu, penal rules on criminal, civil and administrative matters);

(b) Ordinances (ling, non - penal administrative rules);

(c) Regulations (ge, rules of measurement nature);

(d) Specifications (shi, administrative formalities);

(e) Judicial edicts (chi, imperial edicts carrying generally applicable rules, usually further clarify or supplement rules literally set in the Code, use. selectively compiled, refined and enacted as "compiled edicts", bianchi);

(f) Precedents (duanli, imperial decisions on novel cases which are not specifically confined, periodically compiled into "digest of precedents" for future reference).

Under the Shenzong reign, the above order was altered as below:

(a) Judicial edicts that set new rules superseding those codified in the Song Code;

(b) Precedents that became more decisive in legal practice than they previously were, especially for criminal cases;

(c) Code that included penal rules, ordinances, regulations, and specifications.

Secondly, and no less importantly, Shenzong and his ministers had made massive legislative efforts, especially administrative laws on fiscal matters. There emerged a huge quantity of legislations in the forms of compiled edicts and digest of precedents. Among the over two hundred legislations of all sorts promulgated during the entire Sung dynasty of some 300 years as recorded in early Yuan dynasty, around one third were made under the Shenzong reign of some 17 years. In terms of collected edicts, those promulgated in 962 and 991 contained 4 and 30 volumes respectively. Under Shenzong's reign, he promulgated one that contained 2006 volumes. The contents of these Shenzong legislative initiatives also covered the widest scope of application. This represents attempt to legalize and standardize detailed rules as much as possible in every areas of administrative affairs, including the judiciary, with a clear view to enhancing overall efficiency of governance.

4.3 The organizational dimension

In terms of legal institutions, Shenzong's government also committed to judicial centralization. This was an institutional change to embody the direction of legal formalization. Concrete measures taken include:

(a) To largely expand the function of the chief ministers in the highest - level of judicial decision. They now would actively participate in the adjudication of the most novel cases subject to final decision by the throne.

(b) To establish a Financial Planning and Legislation Commission (chizhi sansi tiaoli si) to draw up and issue laws for financial reforms. This commission was empowered to directly issue laws bypassing the normal procedure of legislation through the Imperial Secretariat. The laws thus promulgated were given the equal status as other laws through the normal channel. And severe punishment would be incurred had they not been implemented promptly. This high – power legislative commission was not abolished until 1070 when it was absorbed into the Secretariat.

(c) To simplify and centralize the judiciary mechanism in central government. It was done by a restructuring to strengthen the function of the Bureau of Punishment (xingbu) and by abolishing the Judicial Review Council (shenxingyuan).

(d) To strengthen authority of the provincial judicial commissioners so that they now could finalize capital cases which were straightforward in law and undisputed in evidence.

In terms of legal personnel, the Shenzong government recognized that it was imperative to cultivate a new generation of better – trained judicial officials so as to implement fully the new laws effectively and efficiently. They also made sweeping reform in legal education. Most important measures include:

(a) promotion of legal studies by establishing a new subject of law in Imperial University; and

(b) improvement of legal knowledge among serving officials. It was done by introducing a series of qualifying examinations for officials eligible for general government positions, especially those regarded as judicial assignments. More importantly, there now was a new subject of legal studies in the civil service examination that had become increasingly a basic qualification for a respectable government career.

4.4 The operational dimension

There are some characteristics that represent the legal reform under Shenzong's reign.

(a) Comprehensiveness: It was most successful in criminal justice reform but not in administrative law due to lack of overall blueprint in planning. In one of the most important reform areas, i. e., the financial reforms, most related legislation were piece – meal designs with little overall coordination.

(b) Incoherence: There was incoherence in handling of law and order. Emphasis was made on leniency principle yet there were an expansion of "heavy – penalty law of robbery and theft" (1071, 1077), resulting in large number of capital cases.

(c) Persistency: The main architect of reform Wang Anshi served in the chief minister's office for less than 6 years, and the entire Shenzong reign lasted for only 17 years. Reforms became intermittent after Shenzong's reign with the consequence that there was enormous difficulty to generate desirable effects.

(d) Cost of enforcement: There was high enforcement cost due to the strong opposition from the mainstreams of the ruling elite. Even the mass suffered heavier taxation burden and was subject to more severe penalty in violation of financial and criminal laws. The strategy to promote a new generation of officials familiar with laws created only a more conformed bureaucracy. After Shenzong, these newly risen officials gradually formed a new mainstream among the elite. Most eminent elite was to be kept outside the government and had their own mainstream contrasted with that inside the government.

(e) Operation problems: two problems appeared to be unresolved in the reform: first, it would be hard to achieve conformity at execution level, because human and circumstantial diversities made it impossible; second, abuse in quota system for conformity.

V. Structural Dynamics in Shenzong's Legal Reform

5.1 Pre-reform era: (Structural equilibrium but inefficient—EI)

Structural equilibrium was maintained within the legal system with only incremental changes. But as domestic and international situations deteriorated, the legal system became increasingly inefficient in response to these problems/crisis, reaching a point that prompted the dominant elites of the country (Shenzong and the Wang's group) to look for a more fundamental change in the system, i. e. the Reform.

5.2 Shenzong era/ Reform era: (Improved efficiency but structural disequilibrium—DE)

Reform was top-down fundamental change imposed by the dominant elites, resulting in improvement of the system efficiency. Some objectives achieved, most notably financial crisis was lessened and government enjoyed huge surplus. However, legal reform does not seem to improve the law and order problem too much and too long. The bureaucracy was deeply divided and then factionalized, largely upsetting the efficiency generated by legalization and standardization of the legal administration. Finally the country remained military weak and suffered two major defeats by the Tanguts in 1080s. So in terms of efficiency, some areas was successful but others not.

More importantly, such efficiency improvement was made at the expense of structural equilibrium. As reform forged on against the mainstream ideology among the operational elite, opinion elite, and the consumer mass, it now created serious disequilibrium within the legal system itself.

5.3 Post – Reform era: (Structural readjustment leading to disequilibrium/inefficient)

While most of the financial reform laws were abolished later, other legal reforms continued. As a consequence, there did emerge a new bureaucracy over time which was better trained in legal matters, more conformed to a highly centralized pattern of governance, and in a short term more efficient in maintenance of social control. Its efficiency was just enough to eliminate any internal threat to the regime. And it is attested by the fact that the dynasty was able to survive for another 200 years, given all its weaknesses. In terms of equilibrium, there was success in converting the operational elite to the same ideology of the dominant elite, hence leading to a new mainstream of ideology in the government. The price for such conformity was a wide – spread attitude of passivity among the operational elite who became more and more egocentric and career – minded. They could no longer represent the conscience of the society as its opinion elite.

However, the new legal order was never able to persuade the majority of the opinion elites, who now together with the consumer mass constituted another opposing mainstream outside the government. It meant the structural readjustment was not complete and the legal system remained in disequilibrium. As such, the new political order that grounded on the core idea of interventionist governance was never able to benefit from the legitimation effect of a successful legal reform. That adversely affected the quality of officials now willing to serve in the government. The natural consequence was deterioration of efficiency in a long term.

Continued disequilibrium and lowering efficiency in the legal system does not imply that the system would collapse right the way. As mentioned, such a system was still efficient enough to maintain internal security. However, when facing strong external challenge, the internal problem of the legal system would easily manifest and make the system collapse quickly, as witnessed during the onslaughts of first the Jurchens in the 1120s and the Mongols in the 1270s. In this sense, the structural readjustment after Shenzong's legal reform had never succeeded in creating another equilibrium/efficient legal system to support a strong country. (See Fig. 2)

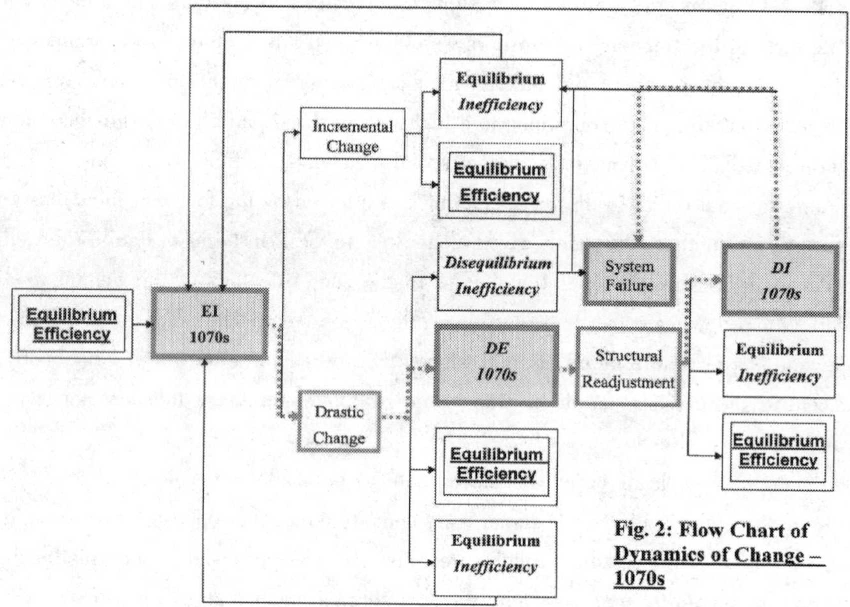

Fig. 2: Flow Chart of Dynamics of Change – 1070s

VI. How about the Legal Reform of the 1990s?

An analytical framework that can enhance our understanding of the legal reform of the 1070s is not necessarily relevant to a concern of the legal reform of the 1990s. However, there are intriguing similarities between the two reforms even though they took place in rather different national and international settings and with almost a thousand years apart. While the immediate and common feature of their similarities may be the fact that both are complex political phenomena in Chinese context, there are indeed certain other features that can be observed and can serve as guides toward a constructive comparison between the two.

6.1 Similarities of legal reforms in 1070s and 1990s

(a) Comprehensive and fundamental change. Both witness fundamental changes in ideological, legislative, organizational, as well as enforcement dimensions of the legal system.

(b) Legal professionalism. Both generate remarkable expansion of the legal profession, the effect of that for the 1990s reform is still being unleashed.

(c) Market economy backdrop. Both have the background of a rapidly commercializing Chinese society, itself not a usual phenomenon in Chinese historical context. In the 1070s, economic development preceded the legal reform; whereas in the 1990s legal reform follows closely the economic growth in a complex relationship that is so complicated that no consensus is reached among scholars.

(d) New political order. Both follow political reforms to establish a new political order due to serious crises in state finance, bureaucracy, law and order, military, and legitimation.

(e) Non – economic orientation. Both regimes stress on an economic agenda, which however was politically oriented rather than economically oriented.

(f) Necessity but not top priority. Both regimes do not take a new legal system as their top priority but nevertheless recognize it as a necessary formal matrix of regulatory rules, only within which other national goals of higher order can be realized. A more instrumental approach to law is adopted at the beginning.

(g) Directional choice of interventionism vs. non – interventionism. Both regimes have to choose between nonintervention or intervention as a response to economic development. Their paths diverge in that the 1070s reform went from noninterventionist to interventionist; whereas the 1990s one has been moving from interventionist to noninterventionist.

(h) Authoritarianism and paternalism. Both regimes are highly centralized, authoritarian and paternalistic. This last factor is particularly important in traditional Chinese political culture. It implies provision of material well – being and moral examples, among others, by the government to the people of the society.

6.2 Sources of change

(a) Legitimation measures. Coming out from the turmoil, lawlessness and chaos of the Cultural Revolution, the CCP faced a formidable task to reaffirm its legitimacy as a sole ruling party that alone governed the country by promising it dignity and prosperity. One of the major concerns in this endeavor was to revive the legitimation of the regime in its ability to resurrect its legal system almost from scratch.

(b) Problem – oriented measures. The newly emerged governance of pragmatism, highlighted in the cat doctrine of Deng Xiaoping, towards a long list of national problems and crises led to urgent search of new mechanism that facilitated outcome – driven solutions to these pressing issues. Following the proclamation of an opening policy and increasing engagement of China in international affairs and global economy, it is imperative to not only rebuild a legal system but also create one that befits the new national goals.

(c) Ideological/cause pursuit. The first – hand experiences of lawlessness among most, including dominant elite, operational elite and the consumer mass, during the Cultural Revolution, in particular those arising from the breakdown of legal protection to personal safety and property, created a popular yearning that urges for a legal system not just for control and ruling but also for protecting. This popular urge soon rendered the old Soviet legal model inadequate and ineffective, hence calling for fundamental change also in the ideological dimension of a new legal system.

There were admittedly many forces in place when the legal reform of 1990s set off in the late 1970s. What noted above are no more than a scratch of them but from the legal development point of view they are representative. Once the ball started rolling, things changed and momentum of change also accelerated as mindsets were liberated from the more rigid ideological constraints of the past. In search of new legal paradigm, much older traditional values and nationalism become increasingly influential. Meanwhile, foreign legal knowledge and its ideological foundations also emerge as a formidable force in shaping the path of legal reform in China. The latter force soon took root in China's legal landscape and acquired its own life among the elite in China's legal system. It became the latest major source of change.

6.3 Agents of change

(a) Dominant elite. This includes decision – makers in the party and the government, especially in the NPC, the judiciary, and other law – enforcement and legislative organs. These are CCP leaders at various levels.

(b) Operational elite. This include judicial officials, judges, procurators, and so on in the judiciary. In addition, there is an emerging community of legal professionals consisting of lawyers and those working at various levels of legal organizations within or without the judiciary. While most would be members of the CCP, there are non – members as the legal knowledge and professional qualification are opened to all through study and public examination. Membership of this elite is increasingly more based on meritocracy. The state – sponsored National Lawyers Association is the vital organization of the profession. There has been frequent exchange between Chinese judicial officials and their counterparts in European Union and America. Mutual understanding is definitely being enhanced over time. Many members of this elite were sponsored to pursue formal legal training in Europe and America in the 1980s and 1990s. Many have since then returned to work in China's judiciary. However, the majority of the operational elite belonged to those transferred to the judiciary from other government organizations including the military. In fact, a sizeable proportion had not received any formal legal training and hence might not be equipped with the knowledge – based capacity to carry out the complex operation of a new legal system befitting the new national goals.

(c) Opinion elite. This include legal academics, intellectuals, and those in the media who had a focus on legal affairs. There are various academic associations that regulate and organize the community. The background of this elite is also changing rapidly in the 1980s and 1990s as more European and American legal academics came visit China for short or long term. Their teaching had direct influence on the Chinese students. More important is that many of their major works have been translated into Chinese and readily available at large bookshops in major cities. Many members of this elite had opportunities to visit overseas academic institutions themselves and gained first hand exposure to Western laws and ideas. Some chose to remain in the West but many did return to China and brought with them the knowledge they acquired overseas. However, it should not be noted that in the 1980s and 1990s most academics teaching at law schools or intellectuals writing of laws in China were educated in the era of Soviet - model if not earlier under the Republican regime. There is therefore a strong and noticeable continuity of the former legal ideology in the mainstream legal academia in China way down to the 1990s that co - existed alongside with the newly implanted Western legal values and ideas.

(d) The consumer mass. This category now must include the emerging communities of entrepreneurs and modern professionals like accountants and medical doctors. Their roles became more prominent in the 1990s and soon became fully recognized in the CCP Constitution in the next decade. As the first generation of such social groupings in China, a very substantial proportion of them would have strong connection with the political and legal establishment. Many are former officials. There are also a great deal of current officials who are working in governance apparatus that had no legal functions. They too are increasingly engaged in the consumption of the legal system whose regulatory effect has been penetrating into more and more aspects of social life. As such, the consumer mass in China since the 1990s is increasingly aware of and ready to resort to law as a solution of conflicts of all sorts. They hence became another major drive behind the dynamism and direction of legal reforms in the 1990s.

Contrasted with 1070s, both the dominant and operational elite are not necessarily identical with the opinion elite. The dominant elite in general uphold the inspiration of a "socialist legal system with Chinese characteristics" whose definition has been evolving. From ideological to legislative and organizational dimensions, everything has been subject to drastic change. Changes have not been so much being engineered with long - term blueprints. Rather, they reflect a high degree of flexibility but at the same time also highly pragmatic on the part of the dominant elite. As a result, they seem to be more receptive to the opinion elite and foreign influences than before. But essentially it is pragmatism rather than cause - pursuit (requiring complete identity with a set of new values), or the old ideologies that have been the de facto guiding principles.

The operational elite do not seem to play much of a role as agent of change up to the mid-1990s. Most in the judiciary, especially those in the middle and lower levels, remained to be officials more familiar with the pre - Cultural Revolution Soviet - style legal system than with the newly reformed legal system. It is a classic situation of path – dependence where the elite could not play of the role of agents of change. This situation, however, began to change in the late 1990s when the target of providing formal legal training to a majority of those working the judiciary became fully underway. Lawyers, especially those in private practice, are playing an increasingly important role in the enforcement characteristics of the changing legal system, but their impact on the whole did not become more noticeable until the 2000s.

The opinion elite seems to be the most crucial force in providing reform substances and concrete directions to the legal reform, mainly through consultation mechanism in government decision making process, in particular the legislative process. In the 1990s legal reform, they were the major agents of change in both pushing through the legislations and in shaping the new substances of the substantive laws. Compared to the opinion elite, the role of the consumer mass is more obscure up to the 1990s, much like the lawyers and judges among the operational elite. As noted above, they are going to play an increasingly important role as prime users of the legal system and a major drive behind the dynamism of legal reform in the 2000s, but their days had yet to come in the earlier decade.

6.4 Models of change

The 1990s Legal Reform took up multiple sources of model. It now involves all three types: innovation; endogenous resources, and exogenous influences.

In general terms, advocates of exogenous influences, basically the Western model of legality, are mainly, though not exclusively, to be found among opinion elite, and also from the consumer mass from the late 1990s. These will be backed up by support and encouragement of the international community and some Chinese overseas. And as China is engaging more and more in international affairs, this type of model will gain strength in shaping the path.

On the other hand, dominant and operational elite are more likely to prefer endogenous resources and innovation. The approach of socialist legality system with Chinese characteristics has been a major rhetoric of this approach. These two ideological directions in their more genuine and fundamental forms might be very divergent and hence posing enormous difficulty in reaching a compromise. This divergence has created tensions and conflicts in the process of reform, and even persecutions at times, but that so far has not hindered the reform itself, mainly due to the immense flexibility of the general goal "socialist legal system with Chinese characteristics".

There may be extreme opinions of either complete transplantation of Western model or total rejection of it. Given the political and economic climate, either one of them is not easy to prevail. The latest official line is still negotiating a conciliatory and organic mixture of the two, hoping that they could become less contradictory and mutually exclusive and more mutually compatible and complementary in the process of China's legal reform. It means that, ideally speaking, a creative synthesis of the East and West, though itself a century – old aspiration among Chinese intellectuals, might still be the more desirable outcome. The hope is that deepening understanding of Western legality and legality with Chinese characteristics in the future may yield a better model that can strike a balance between not only East and West, but also ideal and reality.

6.5 Structural analysis and dynamics of change

(a) Pre – Reform Era (Equilibrium and Inefficiency – EI). As noted above, the Legal Reform of 1990s began in late 1970s after the fall of the Gang of Four and the proclamation of a new grand strategy of opening and reform (gaige kaifang 改革开放). This whole legal reform project came into being not for the purpose of reforming an existing legal system. Instead it meant to rebuild the entire legal system from whatever meager remnants that left behind after the Cultural Revolution. It was a tremendous task that started with very limited numbers of trained judges and lawyers nationwide. By 1981, there were about 60, 000 judges and less than 1, 000 lawyers. It is no doubt that the legal system as it embarked on the new long march in rebuilding a new and viable legal system befitting the new direction of a China more opened to and connected with the rest of the world in economic and international affairs, among other arenas, could not have been efficient. For one thing, there were far from enough legislations at all levels of administration, amidst the surging need of regulatory frameworks to regulate the many aspects of life in the society that were changing rapidly in response to the new national goal. Secondly, there were too little legal professions who possessed enough training to operate a legal system for the country of 1.2 billion population efficiently. The system was clearly highly inefficient towards its new tasks.

However, immediately after the heydays of the immense social engineering and conformity building efforts under the Mao's regime, the common languages and values among the elite and the consumer mass remained largely homogeneous. There were new ideas and indeed even clash of ideas. Some might perceive clash of ideologies. The fundamentals of the society were basically intact and all legal and political discourses were mostly within commonly accepted, and recognizable, ideological contexts. At this time, although the legal system was still in its infancy, hence inefficient, the ideological, organizational and operational dimensions of the system were, to certain extent, surprisingly consistent and coherent. What was lacking in the picture was the legislative dimension but whatever laws that were enacted in this stage were, and indeed had to be, very coherent with the rest of the legal system, thanks to the effective control of the CCP over the legal system.

In short, the legal reform of the 1990s was built on something, if a recognizable legal system at all, that were in the stage of equilibrium and inefficiency in the late 1970s.

(b) Reform of the 1990s (Disequilibrium and Efficiency – DE)

The legal reform progressed incrementally in the 1980s. Momentum was more noticeably picked up in the 1990s and the reform entered a period of drastic change. Within a short period of last than 20 years, it is almost universally agreed that what have been happening in this reform was nothing less than a great and massive transformation, one scholar described it as a new Great Wall. In accordance with the conceptual framework developed above, this transformation may now be subjected to the analysis of dynamics of change.

Stability variable: Equilibrium to Disequilibrium

(i) Ideological dimension. The mainstream of the legal system in this respect became obscure in the 1990s and was ever – evolving. It therefore appeared to be confusing to some within and without the system. Although there were tensions and from time to time even conflicts and persecutions, there was no serious and widespread clash in ideology through the decade. However, when a mainstream of ideology with increasingly concrete substances eventually takes shape among the dominant and operational elite at some stage, its gap with the opinion elite and the consumer mass might either be widened or narrowed. It is therefore a critical dimension but undetermined in the 1990s, even down to now.

(ii) Legislative dimension. It was in this dimension that the legal reform achieved the most. It has been the main reform engine throughout the 1990s. It was a massive endeavor to promulgation of hundreds and thousands of legislations at all judicial levels. Meanwhile, massive legislative formalization of a new legal order has immense effect on the expanding need of an ever more sophisticated legal profession to cope with its technicality in implementation and further development. Also witnessed are the educational and social effect on ideology and mentality among the three types of elite and the consumer mass.

(iii) Organizational dimension. The judiciary was reestablished after the Cultural Revolution from scratch first along the old model of the 1950s and 1960s. The model was soon found not adequate in coping with the new national goals and underwent a process of evolution. In this process a key problem arose from the contradicting fundamentals between a Soviet – style legal order, on which the 1960s Chinese system modeled, and a new legal order which had to embody both the new values and reality of a market economy (though at the time it was called socialist market economy). The most obvious example lies in the area of so – called separation of power. In Western legality it is believed that one of the fundamental of the system is the separation of power among legislative, executive and judicial branches of the government. This has not been accepted in the legal reform in the 1990s although there were efforts to create more check and balance both within the judiciary and against the party and other government apparatus vis – à – vis the judiciary.

(iv) Operational dimension. The main problem in this dimension was the inadequacy of human resources lagging behind the surging demand resulted from the formalization process of law in China. In the mid – 1990s the state target was to train up 150, 000 lawyers within 10 years. Considerable resources have been deployed to legal education and professional institutions to rectify the shortfall. While the target was met in the mid – 2000s the growth of demand probably outpaced this development. However, due to the mass production in legal education, both domestic and overseas, to catch up with the fast pace of demand expansion, the substances and quality of education became immensely diverse. Operational standards hence greatly varied depending on the highly diverse backgrounds of the judicial and legal personnel involved. It means that the operational dimension of the legal order remains lagging behind and cannot be fully in line with the other dimensions of the system in the reform process.

In short, beginning with better equilibrium the legal system evolved into a stage of disequilibrium due to diverging ideologies, conflicting principles in organizational building, and inadequacy of qualified human sources to cope with the new challenges. The repeated calls by the government and the party to "unify the thought" (tongyi sixiang) pertaining to the legal reform somewhat reflects this pattern.

Performance variable: Inefficiency to Efficiency

Efficiency seems to improve in terms of national goals: By the 1990s there were different degrees of success in the areas of economic law reforms for market economy. There were more legal protection of private individuals and property in procedural laws, e. g. the criminal procedure law of 1996. As a result, government actions and public affairs were better regulated by the legal framework. There was also a slow and unmistakable trend of convergence to international legal practices and standards. All these preceded the signing of ICCPR and WTO. The efficiency of the legal system coming out from scratch in 1978 can always be debatable depending on which standards the assessor is employing. The efficiency of the system in providing protection and legal remedy to civilians in private law domain appears to be improving much faster than in civilian disputes with the government. Even in this latter domain, there have been increasing numbers of litigations and of cases won by the civilians. The fact that Chinese society has become more litigious in the 2000s than in any period of Chinese history might suggest an overall change in public mentality towards the legal system as a worthy and viable vehicle of dispute solution. It reflects the efficiency of the reform in the 1990s.

After all, legal reform in the 1990s should have positive effects on economic growth, the most important national goal in the post – Mao era. China's economy have been performing surprisingly well over that decade, even though some economists had expressed doubt about how long it could be sustained without a rule of law in the Western sense. Others had argued that the legal system was so inefficient that it could not have been able to catch up with the growth and instead would have obstructed development. But still it is clear that the system was improving quite remarkably in the 1990s and beyond. With the wisdom of hindsight we now are clear that the system has been efficient enough to sustain the rapid economic development through the late 2000s and made an economic miracle in history.

Pace variable: Drastic Change vs. Incremental Change

Discussion above points to the view that characterizes the 1990s legal reform as disequilibrium but improved efficiency, or DI. Structural readjustment inevitably took place. Three areas were crucial to the outcome. They are in order of significance according to above analysis.

(i) Ideological readjustment among all four types of agents of change and emergence of a new mainstream would be almost decisive to the outcome in a long run to foster a new equilibrium. Given the existing political order, legal transplantation or a convergence imposed from without would not have been possible. It would also become increasingly difficult to achieve this end through a top-down and coercive approach to iron out the divergent views in ideological dimension of the reform. Persuasion, coordination, and cooperation, where practicable at all, would turn out to be more efficient and effective in creating a new mainstream with legitimacy in a global age. It means a choice between the paths of soft power and hard power. The latter often calls for rapid change and involuntary implementation which may be more difficult to sustain a consensus. The former may need a more incremental approach but may lead to a more lasting outcome.

(ii) The continued fast expansion of the legal profession would significantly alter the characteristics of the judiciary and the lawyers' community, enabling them to become a lot more influential in the ideological and operation dimensions, as both new opinion elite and enforcers of the law. This development would make an incremental approach all the more desirable as the more people engaged in the legal profession with highly diverse legal education backgrounds and exposures, the greater the need to take a persuasive approach, which takes time.

(iii) The readjustment of the operational dimension to the other dimensions of the legal reform would also be decisive. A key factor was the professionalization of the judiciary. It is not so much a matter of whether new laws are being enforced, for the quality of enforcement relies heavily on the operational quality in the local jurisdictions of the judiciary. It is imperative that the quality of operation at all levels of the judiciary and the legal profession, in particular the lawyers, would readjust corresponding to the pace of legal reform.

In short, above discussion suggests the advantage of incremental change rather than drastic change. Yet given the fact that prolonged disequilibrium would often affect the efficiency in a long run, the structural readjustment process taking place since the 1990s might not have all the desirable times at its disposal. There is a need to strike a balance between incremental and drastic change. Fig. 3 gives a graphic imagination of this path heading towards the future.

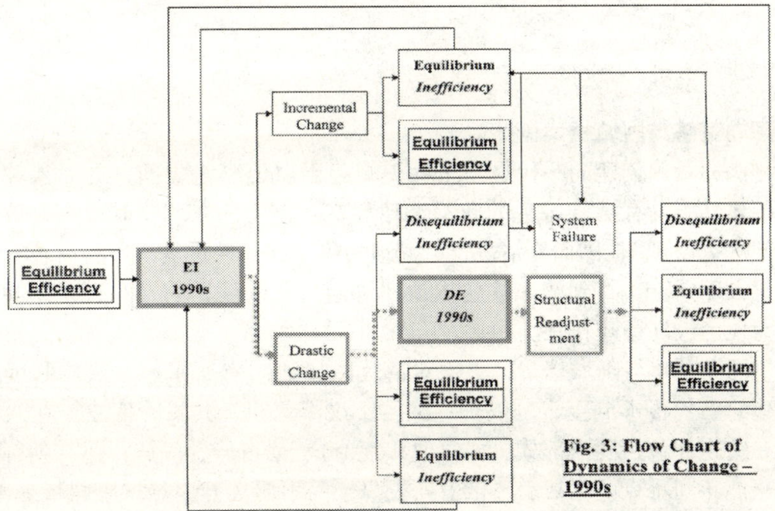

Fig. 3: Flow Chart of Dynamics of Change – 1990s

VII. Final remarks

There is no way to predict the exact outcome of a legal reform in any time and society. However, through systematic analysis we may be able to identify certain key factors and variables that may significantly shape the direction of future development, to put our observations in focus, and to appreciate further the complexity of human endeavors like legal reform. The framework and its application proposed in this paper are not built on over – buoyant or over – pessimistic instincts. Nor does it imply determinism. It is but an analytical tool for us to comprehend the immensely complex and inherently contradictory phenomenon of legal reform in the reality, to make more sense of it, and to follow the development in perspective, and with historical insight. The model postulated in this paper points to three possible scenarios in this process: disequilibrium/inefficiency (if reform completely fails); equilibrium/inefficiency (if reform eventually manages the disequilibrium problem but at the expense of efficiency); equilibrium/efficiency (if reform prevails). It also anticipates that the current stage of disequilibrium/efficiency may not be sustainable for too long.

从阿城档案看清代对东北旗人土地权利的保护

宋 玲*

一、阿勒楚喀与阿城档案概述

清朝是满洲贵族创建的一代封建王朝，崛起于白山黑水之间，之后入关定鼎中原，在全国建立了具有满族特色的政治法律和文化制度。东北是其故乡，被清朝统治者尊为“龙兴之地”，因而终清之世，其地始终受到格外重视。并且行政建制与关内诸地有很大不同。它直到清末才仿内地建立起行省制度，而在二百余年间，一直以将军作为地区最高行政长官。

欲了解阿勒楚喀与阿城档案，必须对清代八旗建制有所了解。八旗制度为努尔哈赤所创建的一代根本制度，分满洲、蒙古、汉军八旗，共二十四旗。在八旗组织内，不仅有满族（包括同语部族，如锡伯和索伦）、蒙古族、汉族，还有朝鲜族、俄罗斯族（康熙年间雅克萨之战后，俄罗斯投降士兵不愿离开，恳求康熙帝妥善安置，故收入八旗，组建一俄罗斯牛录，后逐渐被汉化）、达斡尔族等民族。满族一般被编入满洲八旗，蒙古族一般被编入蒙古八旗，汉族则一般被编入汉军八旗。

最初，八旗是按照传统游牧民族的方式，按人口来划分势力范围，其制度属于一种“属人法”制度。但是随着政权的日趋稳固以及所占区域的日益扩大，渐渐的，在“属人”的基础上，统治者又加上了“属地”的人身控制。后来旗人所占之地，为其营生所必需的，即称为“旗地”。八旗以满洲八旗为核心，分正黄、镶黄、正白、镶白、正蓝、镶蓝、正红、镶红八旗，其基层组织为牛录，统三百人，五牛录为一甲喇，五甲喇为一固山，每固山又设左右梅勒额真各一协助固山额真工作。[1]

清朝定都北京后，以盛京（沈阳）为留都，设文武大臣驻守其地“自山海关以东，留都之地，统以盛京、吉林、黑龙江三将军。”这是清入关初，以留都总管三省

---

* 中央民族大学法学院讲师，中国政法大学法学博士。

〔1〕 有关清代八旗制度的源流始末与各旗编制等详细内容，参看孟森：“八旗制度考实”，载孟森：《明清史论著集刊正续编》，河北教育出版社 2002 年版，第 120～217 页。

一切军政庶务。[1] 所以东北的建制与关内各行省大不相同，关内行省以督抚为最高军政长官，基本延续明朝的地方行政统治模式。而东北则依然维持原有统治模式，只不过定一省最高行政长官为将军，然后下设各副都统衙门来管理本省地方。阿勒楚喀即为副都统衙门这一级别的行政区域。

阿勒楚喀城，以阿勒楚喀河（今阿什河）得名。雍正二年（1725 年），清廷决定，于金代上京会宁府故址（今阿城市白城），设置拉林阿勒楚喀协领一员，拨兵驻防。雍正七年（1729 年），协领衙门移驻新城（今阿城市市区），仍名阿勒楚喀城。乾隆七年（1742 年），再添协领一员，“分翼管辖”。乾隆九年（1744 年），设置拉林阿勒楚喀副都统一员，驻拉林城。翌年，又将阿勒楚喀原驻协领一员及佐领等官员拨出一半移驻拉林。乾隆二十年（1755 年），增设副都统一员驻扎，分地管辖。额辖协领一人，佐领七人，防御八人，骁骑校七人，领八旗满洲兵四百零六名。乾隆二十六年（1761 年），将原驻拉林城两员副都统，移驻阿勒楚喀城一员，以阿勒楚喀协领旧署为阿勒楚喀副都统衙门，并添给阿勒楚喀副都统印。乾隆三十四年（1769 年），裁撤拉林副都统，改设协领，隶属阿勒楚喀副都统管辖。光绪三十三年（1907 年），清廷官制改革时，将将军、都统、副都统等都裁撤，建立东北三省，但阿勒楚喀副都统衙门则继续存在，直到宣统二年（1910 年）才予以撤销。

阿勒楚喀副都统主要掌管所属地区的军政事务及旗务，其内部机构有左司、右司、印务处、文案处、边务营务处等。左司管理行政、民政、财经等项事宜；右司管理军务、边防、司法等项事宜。本文主要选取阿城档案中左右二司的行文，来探讨清代对东北旗人土地权利的保护。

阿勒楚喀能从原拉林阿勒楚喀副都统衙门中分立开来，乃至于最后撤销拉林副都统，改设协领，隶属阿勒楚喀副都统管辖，可见其地位的逐渐重要。根据近年新发现的档案材料，这和乾隆年间将北京闲散旗人组织到阿勒楚喀进行垦殖的政策有关。

原来，清入关后，为巩固政权和加强对全国的统治，清廷把八旗兵视为“固国之根本”，实行“恩养”政策，以至有清一代，八旗子弟，全属旗籍，不务生计。康熙中叶以后，多数旗人无职闲散，经济困窘，甚至负债累累，难于度日。所谓的

---

〔1〕 顺治三年（1646 年），改为奉天昂邦章京，乃全权掌管三省。以后，三省分治，各设独立行政机构。今吉林省初设于顺治十年（1653 年），称宁古塔昂邦章京，兼辖黑龙江，即两省为一个机构所辖，治所设于宁古塔（黑龙江宁安）。至康熙十五年（1676 年）将治所迁至吉林乌拉城（今吉林市）。乾隆二十二年（1757 年），改称“镇守吉林等处地方将军”，简称吉林将军。今辽宁省是在乾隆十二年（1747 年）改称为“镇守盛京等处将军”，简称盛京将军。黑龙江省设治，是在康熙二十二年（1683 年）反击沙俄前正式设立的，名称即为：“镇守黑龙江等处将军”，简称黑龙江将军。治所初设于瑷珲城（即旧瑷珲）。康熙二十九年（1690 年）再迁至墨尔根（今嫩江县），三十八年（1699 年）时，又迁到齐齐哈尔，此为将军衙门的长久治所。

"生计日绌"。康熙与雍正两朝，为解决八旗生计问题，都曾作过努力，如数次发帑金或赏赐钱粮给贫困旗人，可惜积习难改，于事无补。到乾隆初年，情形日甚，朝臣纷纷上书，痛陈在京八旗"举数十万之众，生齿日繁，聚居京师，不农不贾，优游坐食"，如任其下去，绝非长治久安之策。这就迫使清政府另辟途径，作出决定，将在京的闲散八旗移驻东北。

乾隆六年（1741 年），清廷派大学士查郎阿赴东北，勘察是否有可耕屯垦之处，开始了移民的筹备事宜。经勘察，确定在松花江右岸拉林河与阿什河流域的拉林阿勒楚喀地区，作为京旗闲散的移驻区。乾隆七年春，清廷又派一名户部侍郎前往该地区，与地方官员一道负责进行移驻前的准备事宜，包括划拨土地、派当地旗丁代垦、建造房屋、挖掘井泉与打造农具碾磨等。经过近三年准备，三百户在京闲散旗人首次移驻阿勒楚喀地区。在首批京旗闲散移驻十年后，清政府又作出决定，再移驻三千户京旗到拉林、阿勒楚喀地区，并计划从乾隆二十一年到二十七年（1756～1762 年）分六批派遣，每批五百名。乾隆二十一年（1756 年）二月，第二批移民到达拉林，于阿勒楚喀东北海沟立屯八处；乾隆二十二年（1757 年）十一月，在阿勒楚喀洼浑建第三批京旗移驻房舍，翌年春，五百户京旗苏拉如期而至；次年春季，又有五百户旗人由北京到达阿勒楚喀西沟（今阿城市杨树乡）；乾隆二十四年（1759 年）春，拉林霍济墨又迎来了五百户京旗闲散。至此，拉林、阿勒楚喀地区共移驻京旗苏拉三千户。[1]

由此可见，阿勒楚喀地区不仅仅是"龙兴之地"，且还属于解决北京旗人生计的垦殖区域，尽管京旗移驻垦殖的规模并不算大，而且此项政策后来并没有完全按照计划执行。但是此项政策产生了深远的影响，它改变了长期以来，旗人靠战争劫掠、

---

〔1〕2000 年 7 月，有关部门在阿城市永源镇一满族农户家中，征集到一册题为《拉林阿勒楚喀京旗原案》的手抄本，经哈尔滨社会科学院地方史研究所所长王禹浪等专家鉴定，确认其系流散在民间的清代专项档案。此档册为宣纸抄本，高二十二厘米，宽二十厘米，正文二十页，每半页十一行，每行二十至二十八字不等，总计近万字。共收入清代朝廷文书十件，包括乾隆八年（1743 年）、十三年（1748 年）上谕两件，嘉庆十七年（1812 年）军机处廷寄吉林将军上谕一件、户部咨文一件，及乾隆九年至二十四年（1744～1759 年）军机处领班大臣张廷玉、鄂尔泰、纳亲、傅恒的奏议六件。这些文书均与当时北京闲散旗人移驻今黑龙江拉林、阿城地区相关，是一册经过整理编汇的专题原始档案。这件《拉林阿勒楚喀京旗原案》的收藏者叫傅瑞彦，是满洲镶白旗人，姓富察氏，其九世祖于清乾隆二十四年（1759 年）由北京拨民移驻阿勒楚喀（今黑龙江省阿城市）屯垦，居阿城县料甸乡北洼浑镶白旗屯。对档案记载的内容，傅氏族人囿于文化修养，均不甚清楚，但他们知道这同其先祖从北京迁徙到黑龙江的历史有关。在傅瑞彦家藏的黄色绢质谱单上，清楚地记载着其家族"原系京都顺天府宛平县右翼末甲喇齐宝林佐领下苏拉满洲，于乾隆二十四年（1759 年）拨至阿勒楚喀洼浑厢白旗金升佐领旗下充差。"据此可知，傅瑞彦即系京旗苏拉（注：苏拉，满语闲散之意）移民的后裔。从中可知阿勒楚喀在清代一直属于垦殖区域，本文的档案材料许多皆与农垦相关。从农垦中亦可看出清代对东北旗人的土地权利的保护。载 http://www.hljdaily.com.cn/swxx_ly/system/2001/04/16/000297342.shtm.

游牧狩猎乃至国家“恩养”赖以生存的状态，体现了国家鼓励旗人按照汉民族进行农耕种植、养殖的一种策略。因此，在阿勒楚喀地区，我们从档案中可以看出因农垦导致的土地纠纷以及国家对旗人土地权利的保护就显得尤其突出。阿勒楚喀旗人土地权利的保护几乎就可以看做是清代对东北乃至对全国旗人土地权利保护的一个缩影，极具有代表意义。

本文所要研究的阿城档案，并不是《拉林阿勒楚喀京旗原案》，而是由中国第一历史档案馆所藏的《阿勒楚喀副都统衙门》档案全宗选辑出来，由东北师范大学与第一档案馆合编的《清代东北阿城汉文档案选编》。阿勒楚喀副都统衙门全宗档案，在光绪二十六年（1900 年）八国联军侵华时，被俄国劫走。1956 年 9 月苏联政府交还我国。该全宗档案共四百三十四卷，起于同治五年（1886 年），止于光绪二十五年（1899 年）。[1] 经过选编，该档案文字虽然不多，但比较全面的反映了清代同治光绪年间阿勒楚喀地区的社会状况，其中就有我们所关注的清代对东北旗人土地权利的保护问题。

二、清代对旗人土地权利主要政策法律保护

清代对旗人土地权利非常重视，并且在政策和法律上给予了特殊的保护，在土地的取得、占有、使用、收益、处分等各方面制定了详尽的法律制度。

1. 通过“圈地令”和“互换”政策取得旗人土地所有权。清入关后，为解决大量涌入京城的八旗贵族及驻扎在京畿附近的八旗官兵对土地的需求，顺治元年下令：

> “我朝定都燕京。期于久远。凡近京各州县无主荒田。及前明皇亲驸马公侯伯内监没于寇乱者。无主庄田甚多。尔部清厘。如本主尚存及有子弟存者。量口给予。其余尽分给东来诸王勋臣兵丁人等。盖非利其土地。良以东来诸王勋臣兵丁人等。无处安置。故不得已而取之。可令各府州县村满汉分居。各理疆界。以杜异日争端。今年从东先来诸王各官兵丁。及现在来京各部院官。著先拨给田园其后至者。再酌量拨给。”[2]

此法令开启了清初“圈地运动”的潮流。[3] 此后清初进行了三次大规模的圈地，虽然清朝统治者认为此为“闲置荒地”或者“无主土地”，但是但凡被圈占者，其中原有的人民，被驱逐出自己的土地，导致了原来土地的所有者只能靠租佃圈占者圈占的土地或者投充到圈占者家里充当旗下家奴为生。

因此，清代对旗人土地权利的保护一开始就是建筑在武力强占的基础之上的。在圈占之余，又将闲置的土地，又拨给八旗壮丁。顺治元年又奏准：

---

〔1〕 参见东北师范大学明清史研究所、中国第一历史档案馆合编：《清代东北阿城汉文档案选编》，中华书局 1994 年版，“编辑说明”第 1 ~3 页。以下引该书简称《选编》。

〔2〕《钦定大清会典事例》（光绪朝）卷一五九“户部・田赋宗室庄田・畿辅官兵庄田一”。

〔3〕 有关八旗圈地的田亩和地域可参见《钦定户部则例》（乾隆朝）卷五“田赋・旗地上・八旗圈地”。

> “清厘无主之地，安置旗下庄头。如内有主之地，犬牙相错，势必旗民杂处，争端易生，应按州县大小，定拨地之多寡。务使旗人聚处一方。阡陌庐舍。耕作牧放。互相友助。而后以清出无主之地。与有主之地互换。令旗民我疆我理。”〔1〕

从中，我们可以看出清政府为了避免旗人被汉人同化，乃至被淹没于广大汉族人民（习惯性我们将他们称为“民人”，以区别于“旗人”）的汪洋大海之中，将一般旗人安置在一处，这些旗人并非贵族，但是也得到了法律的特殊保护，如果这些人所占的是贫瘠的土地，那么他们在所谓“互换”的法令之下，本着“旗民我疆我理”这样一个旗民聚居政策，将此土地与民人耕种的肥沃土地进行互换，无形中剥夺了原有民人的土地所有权。

对于分配给旗丁的土地（大部分是由其旗主通过圈占再进行分配），清初规定业主只有使用权，而没有土地所有权，“但是随着时间的推移，这些常年使用的土地渐渐成为旗人心目中的自由土地。”〔2〕这样通过类似于“先占”的原则，最终旗人拥有了此类土地所有权。

2. 制定法律禁止旗人将旗地出典及卖于民人（禁止旗民交产）。康熙八年（1743年），为了调和满汉关系，正式颁布法令停止圈地。“至于旗人无地。亦难资生。应否以古北等口边外空地，拨给耕种。”〔3〕此时，旗地基本上已经划定，客观上京畿地区此时基本上也无地可划了。正如我们上文所讲的那样，随着八旗子弟生齿日繁，不得不考虑迁徙外地去屯田垦殖。此时该如何保有已经被确定的旗地，是政策法律着重应该考虑的问题。康熙九年，题准定例：“官员兵丁地亩。不许越旗交易。其兵丁本身种地。不许全卖。”〔4〕后来此规定扩展到所有的旗地，不准私自买卖及出典。

但是康熙中期，国家承平日久，八旗的军事组织性质有所萎缩。加之人口孳生，另外旗人因不习耕作，或者急需用钱，出现了将旗地私自典押、转卖给民人的现象。为了保有旗地，俾使旗人不至于出现生存危机。国家屡次定例禁止此类行为。雍正七年（1729年），重申禁令，谕：“八旗地亩。原系旗人产业。不准典卖与民。向有定例。”〔5〕同时对旗地重新做丈量，防止八旗欺隐余地。乾隆十二年（1747年）十二月又规定：“旗户屯地私行典卖与民人，已有定例，至旗人转相典卖，一体查禁，

〔1〕《钦定大清会典事例》（光绪朝）卷一五九“户部·田赋宗室庄田·畿辅官兵庄田一”。
〔2〕张晋藩主编：《清朝法制史》，中华书局1998年版，第249页。
〔3〕《钦定大清会典事例》（光绪朝）卷一一一七“八旗都统·田宅宗室庄田·官兵庄田一”。
〔4〕《钦定大清会典事例》（光绪朝）卷一一一七“八旗都统·田宅宗室庄田·官兵庄田一”。
〔5〕《钦定大清会典事例》（光绪朝）卷一一一七“八旗都统·田宅宗室庄田·官兵庄田一”。

其另派旗户顶种及出银典买之人，按律治罪。"[1] 但是国家同时明白，在现实面前，要强迫旗人一直在一块土地上耕作是不可能的，土地的出租和买卖势所必然，但是政府始终坚持一条原则，就是不管该田地怎么流转，它必须保持土地的"旗地"性质，故乾隆二十三年（1758年），议准：

"嗣后旗人田地，遇有缓急，情愿出典者，呈报该旗佐领注册。若因价银较多，情愿出卖者，准其不计旗分，通融买卖。至立契时，著赴左右翼税局上税，不准私立文契，若有违例隐匿等情，将买卖之人照例治罪。又议准，嗣后，赏种官地，不准典卖与民人，即典卖与旗人，亦所应禁，各州县官将各该户现种地亩，责令保长等互相稽查，违禁者，本人名下追价入官，并将原地撤出，报明户部，仍为旗地"[2]

为了杜绝旗地的买卖与出典，加大对于此类行为的打击力度，嘉庆十三年，专门定下一条例文：

"旗地旗房，概不准民人典买，如有设法借名私行典买者，业主售主俱照违制律治罪。地亩房间价银一并撤追入官。失察该管官，俱交部严加议处。至旗人典买有州县印契跟随之民地民房，或辗转典卖与民人，仍从其便。"

作为《大清律例》第九十五条"典卖田宅"条下的第十一条例文。[3] 此条为清代禁止旗民交产的法律依据。

但是这一条实行起来并不顺利，事实上民间明的暗的进行交产的屡禁不绝。咸丰年间干脆允许旗民交产，并明定章程，同治间《户部则例》内《旗民交产》各条内有，无论京旗屯田、老圈、自置。俱准旗戶民人互相买卖，照例税契升科等语俱与嘉庆定例不同。[4] 但是我们千万不要以为统治者就认可了旗民交产，那只是咸丰同治间，军兴不已，为了最大限度的筹措经费，而开的特例。到了光绪十五年（1889年），朝廷重新申明旧例，谕：

"本日户部奏，旗民交产，请规复旧制一摺。宗室及京屯八旗，从前所得田产，允宜永远世守。查照旧例，本不准民人典买。咸丰年间，因违例典买，涉讼繁多，量为弛禁。兹据该部奏称，开禁以来，民人置买甚多，将来旗产势必日见其少，仍请申明例禁等语，所奏甚是。已依议行矣。旗人户口日繁，亟宜筹久远之谋，俾资生计，以培元气而固根本。嗣后宗室八旗京屯田产，无论老圈自置，永远不准卖与民人。如有违例私自买卖，即行照例惩办。至从前民置

〔1〕《清高宗实录》卷三〇四。

〔2〕《钦定大清会典事例》（光绪朝）卷一一一八"八旗都统·田宅官兵庄田二"。

〔3〕《大清律例》（道光六年版）卷九"户律·田宅"。

〔4〕薛允升：《读例存疑》卷十"户律之二·田宅"。

旗地，已经升科报部者，仍准执业。其已投税升科，尚未报部，及已经交产有契，尚未投税升科者，均自此次降旨之日起，予限六个月，一律升科。该都统及地方官，务当实力奉行，认真分别办理，用副朝廷惠爱旗民至意。"[1]

这条谕令最为全面地反映了朝廷对旗地的法律保护，正是担心旗产"日见其少"，担心旗民以后的生计，所以朝廷等一旦局势略有稳定，就急忙实行从严的措施，可见直到清朝末期，统治者始终在苦心孤诣的在保障旗人的土地权利。

3. 通过"回赎"政策将已经典卖于民人的旗地赎回。那么对于事实上已经典卖给民人的土地，清廷是怎么处理的呢？清廷为了避免社会矛盾激化，没有采取强制没收的手段，而是通过由国家出资赎回这些土地，使其重新变成"旗地"。

雍正七年（1729 年），有感于旗地典卖于民人的情况较多，朝廷除了重申禁令外，还下令：

"今竟有典卖与民者，但相沿已久，著从宽免其私相授受之罪。各旗务将典卖与民之地，一一清出，奏请动支内库银，照原价赎出，留在各该旗。给限一年。令原业主取赎。如逾限不赎，不论本旗及别旗人，均准其照原价承买"[2]

虽然没有追究典卖旗地的不合法交易，但是先前如果在典卖的时候，没有取得官方验契纳税后家改官府印鉴，那么对此种未取得官府认证即所谓的"白契"成交的土地，官府仅仅出半价或者不给价予以回赎。但如果先前是通过官府认证用"红契"成交的土地，则是全价回赎，因当时典卖旗地大多为地下交易，所以实际上大量的交易均是"白契"交易，因此，"这实际上是以部分剥夺或者完全剥夺承典人与买方利益的手段来维护旗人的经济利益。"[3]

乾隆四年（1739 年），八旗又就旗地流失的问题奏上朝廷，朝廷决定：

"八旗议奏将公产地价，赎回民典旗地等语。我朝定鼎之初，将近京地亩，拨给旗人，在当日为八旗生计，有不得不然之势。其时旗人所得地亩，原足以资养赡。嗣因生齿日繁，恒产渐少，又或因事急需，将地渐次典与民闲为业，阅年久远，辗转相授，已成民产，今欲将从前典出旗地陆续赎回。"[4]

不过这次回赎则并不以红契、白契为据，而是以典期长短为限。适当地照顾到了民人的利益。总之，国家回赎的目的就在于保持旗人土地的"旗地"性质，确保旗人生计得以维持，当然其中不乏以法律的强制手段来进行一定的剥削。

就土地权利的保护而言，大致有这么三类，应该说除了清初的"圈地"和"互

---

[1] 《清德宗实录》卷二七九。

[2] 《钦定大清会典事例》（光绪朝）卷一五九"户部·田赋宗室庄田·畿辅官兵庄田一"。

[3] 张晋藩主编：《清朝法制史》，中华书局 1998 年版，第 248 页。

[4] 《钦定大清会典事例》（光绪朝）卷一一一七"八旗都统·田宅宗室庄田·官兵庄田一"。

换”带有严重的暴力侵占的意味之外，其余两项制度则是经久常行的措施。在法律角度上清廷始终强调“旗地”的特殊性质，对于旗地的保有始终是统治者考虑的重点。

三、从阿城档案看清代对东北旗人土地权利的特殊保护

明确了以上阿勒楚喀的独特的地缘因素以及清代对旗地普遍保护的情形，我们再来看清代对东北旗人的土地权利保护，就可以知其然，亦知其所以然了。清代对东北旗人土地权利的保护，有与关内其他地区旗地保护一样的特性，但是更有其特殊性。

其共性是，对旗人的保护始终是居于第一位的，同时对民人的限制逐渐呈放松状态，这和关内一样，慢慢的，旗民逐渐融合，其土地交易日趋频繁，从《清代东北阿城汉文档案选编》（以下简称《选编》）中透露的案例，即可知这类情形是存在的。如《选编》内载，光绪十八年（1892 年）六月，旗人常太呈控王坡霸占地产，经过审查，系典卖，但官府并未细究典卖非法，也并未追究王坡霸占情事。[1]

当然，较之于关内，清代显然对此“龙兴”之地的旗人土地权利更加注重保护。东北土地所有权状况较之于关内最大的不同之处在于，对于入关后的旗人而言，其旗地的取得是通过圈占互换等掠夺措施而致，是属于“反客为主”，从民地转化为“旗地”；但是在东北，则不存在这样的问题，因为这些地方本来就是“旗地”，民人往往只能租佃耕种，无从谈所有权，即使是后来禁令松弛，民地相对于旗地而言，大概就相当于汪洋中的一条船。

第二个不同之处在于，东北存在大量未开垦的荒地，这个和关内不一样，且东北林牧地较多，内地则多为耕地。此处的旗民，原先是不必担心因土地不足而导致生计问题的。且东北是旗人的大本营，保持此地的满洲特色，是清政府政策考虑的重心。

因此，清政府对东北旗人土地所有权的保护，主要的目的不在于“保有旗地”，而在于尽量阻止汉人（民人）势力的进入，保持其满洲特色和旗民的纯粹性。怎么来实现这个目的呢？最好的办法就是让民人无法在东北立足，或者即使到了东北，始终居于较为底下的地位，而这个办法的直接推行措施就是加大对东北旗地的保护，防止汉人染指。

对于汉人进入东北垦殖，清廷颇为忌惮。《阿勒楚喀副都统衙门右司为札饬拉林协领查禁招民垦荒事呈稿》就提到个中原因：

> “……东三姓为我朝发祥旧域，列圣缔造经营，历载圣训。自流民之禁大开，土著旗丁沾染奢靡风气，久不如前。加以军兴以来，征调太繁，劲旅凋敝，

---

〔1〕“阿勒楚喀副都统衙门右司为查报旗人常太呈控王坡霸地案事致将军衙门咨文呈稿”，载《选编》，第 220 ~ 223 页。

非休养生息，无以复林总旧观，非提倡教育，无以复精强旧俗……奉天、吉林两省客民日多，旗丁几成寄旅。尚赖黑龙江地处极边，古风犹存。可为鉴者，呼兰等处经流民屯聚垦种以来，迄今不过二十余年，树木日伐，貂参殆尽，土著旗丁已形凋敝……"[1]

很显然，一是怕土著旗丁沾染上流民的“奢靡习气”，坏了以前美好的风俗，二是怕客民多了，会喧宾夺主，尽管内中有夸张，但是面对源源不断而来的民人，这种忧虑自然也是可以理解的。

于是清政府先后制定了三种措施来对东北旗人土地权利进行特殊保护。

1. 尽行驱逐流民或者阻止流民进入。这是一种最为极端的措施，在《阿勒楚喀副都统衙门右司为札饬拉林协领查禁招民垦荒事呈稿》这一档案中，就曾提及清廷对东三省的政策：

“恭查乾隆四十一年（1776年）十二月，钦奉上谕：盛京、吉林，为本朝龙兴之地，若听流民杂处，殊与满洲风俗攸关……至吉林，原不与汉地相连，不便令民居住。今闻流寓渐多，着传谕傅森办理，并永行禁止流民勿许入境。钦此。"[2]

阿勒楚喀正是属于吉林省辖区，所以上面要求阿勒楚喀副都统衙门做好阻止流民进入的工作。当然，此档案发生的时代已经到了光绪十六年（1890年），客观上已经阻挡不了关内民人“闯关东”的脚步，但是从该档案反映的情况来看，朝廷依然是要求尽量阻挡他们的步伐，所以还援引了乾隆四十一年（1776年）的上谕。

其实最初，清代法律明文规定，在这一地区驱逐流民。乾隆三十四年就曾规定：“阿勒楚喀拉林地方，流民二百四十二户，俱系陆续存位。在二十七年定议之前，定限一年，尽行驱逐。"[3]

然而这个规定是不太实际的，即使驱逐，也只能驱逐到东三省其他荒僻的地方，比如以上的驱逐流民的上谕就规定“（驱逐）至伯都讷地方，每户拨给空甸一具，令其入籍垦种，二年后纳粮"[4] 只是不让其在阿勒楚喀这一地区垦殖而已。

尽管如此，我们切不可忽视这种阻挡的力量，同样在这一件档案内，还引用了道光六年的一道上谕。当时的将军富俊反对驱逐流民的政策，道光帝严厉批评了他，谕曰：

“道光六年（1826年）八月钦奉上谕：富俊奏，流民无籍可归，一时难令

---

〔1〕“阿勒楚喀副都统衙门右司为札饬拉林协领查禁招民垦荒事呈稿”，载《选编》，第192页。

〔2〕“阿勒楚喀副都统衙门右司为札饬拉林协领查禁招民垦荒事呈稿”，载《选编》，第193页。

〔3〕《钦定大清会典事例》（光绪朝）卷一五九“户部”。

〔4〕同上。

迁移，吁垦免其驱逐，仍禁严行查禁，不准再有潜住等语。吉林为我朝根本之地，该将军等既听流民前往，漫无察觉，迨积渐增多，辄以穷民无籍可归，难令驱逐失所，妄思乞恩。朕抚有寰区，岂不知痌瘝在抱。惟此等无业流民，始而为佣工远出，投身服役，继则渐向旗人佃种田亩。迨佃种既多，旗人咸图安逸，不知力作，必致生计日蹙。且耳濡目染，习成汉俗，不复知有骑射本艺。积重难返，其害岂可胜言？若如所奏，从此责令官兵常川稽查，不准再来潜住。果能如此，令行禁止，现在流民何致遂有一千余户之多？前此既已容留，则此后严查禁绝，亦只纸上空言。数年之后，必又渐积至一千余户。该将军不过援照成案，一再乞恩。而于培养根本之地，有何裨益？夫涓涓不塞，遂成江河。若不亟加整饬，于此时准其弊政，不思远图，朕固不能辞责，而为是奏者则富俊始，试问能当此重咎否也？等因，钦此。”[1]

驱逐流民道理同样不外乎三点：一是如果流民来了，必定会租佃旗人的田，旗人因此好逸恶劳，必定影响生计；二是流民会带来汉族习气，败坏风俗；三是如果不实力奉行查禁政策，那么以后会越来越多的汉民进入，长久当危及旗人的土地权利。

实际上这一档案是御史杨宸奏请山东灾民资送东三省垦荒，朝廷做出的驳回批示，然后交东三省地方传达。里面运用了各种法律依据，从其引用的法律依据来看，清廷对东三省旗人的土地权利保护的第一招就是驱逐流民，或者阻止流民进入。类似于“御敌于国门之外”，理论上是最能保证东北旗人土地权利的，但是其可行性在实践中大打折扣。不得已，清廷便启用了第二种措施。

2. 严禁流民垦荒。

既然无法阻止关内流民逃荒到东北，那么只能采用另外一种灵活措施。就是严禁流民开垦荒地，而必须靠租佃旗人的土地为生。也就是说采取措施不让其拥有土地所有权。

同样是以上档案，之中亦记载了一黑龙江将军为乞求开垦荒地事被朝廷驳回的事例：

“光绪十五年（1889 年）十二月十六日，钦奉上谕：前据黑龙江将军依克唐阿奏，遵筹通垦荒地，开禁招垦，有利无弊，当交总理海军事务衙门、户部议奏。兹据会同妥议，分别复陈。朕详加披阅，所筹各节均属深中切要。东三省山场荒地，系旗丁游牧围猎之区。乾隆、嘉庆、道光、同治间，历奉谕旨，严禁流民开垦，深恐有碍旗人生计。圣训周详，用意极为宏远。通肯为向来封禁之地，近年以来，迭据中外臣工奏请招民认垦，均未允行。诚以该处荒地一

〔1〕“阿勒楚喀副都统衙门右司为札饬拉林协领查禁招民垦荒事呈稿”，载《选编》，第 194 页。

经开垦，势必将牧猎之场渐行侵占，旗丁生计日蹙，流弊不可胜言，岂容轻议更张，显违圣训。所有通肯荒地，着依克唐阿仍遵光绪十年（1884年）、十三年两次永远封禁之旨，实力奉行，勿任奸民潜往私垦。其无碍牧猎之处，着该将军悉心筹度，绘图贴说，俟奏准后，分给旗丁耕种。详定收获助饷章程，以足兵食，仍严禁流民混迹及私典盗卖等弊。务使土著旗丁日臻饶裕，方为久远之策。嗣后该省，无论何处，断不可招民垦荒，致滋后患。该将军等倘不实力奉行，或别滋弊端，定即予以严惩，决不宽贷。"[1]

朝廷的考虑首要的还在于保护旗人的土地权利，害怕民人荒地开垦后，会侵占旗人的牧猎之场，造成旗人生计日蹙。即使要开垦，也要求由旗人来开垦，保证旗人的土地权利，使得旗人"日臻饶裕"。总之，是万万不能由民人开垦荒地的，害怕民人一旦拥有土地所有权会反客为主，损害旗人利益。

因此，就阿勒楚喀地区而言，流民的土地权利几乎就只是租佃权利，即使越界私垦，也要入官，成为官产，然后由官府佃给流民。在《阿勒楚喀副都统衙门造送拉林地方佃户越界私垦归公田亩清册》这样一件档案中，我们可以发现此佃民五百零二户，私垦后承种地五千五百五十九垧三亩。其中旗佃仅仅四名，承种地五百二十四垧六亩。[2] 从中可以得到两点认识：第一，即东北大量流民是以佃民身份存在的；第二，其私垦的土地被追回官田，只是其用了在这块垦殖土地上的承佃权。我们所指的严禁流民垦荒，主要就是指流民不可能指望着通过垦殖获得土地所有权，私垦的土地最后依然属于"旗地"，这是对旗人土地权利的一项切实保障措施。

《户部则例》中同样规定了阿勒楚喀地区禁止垦殖的内容，在"流民入籍"条内规定："吉林、宁古塔、都伯纳、阿勒楚喀、拉林等地方不准无籍流民前往私垦，责成边门官严行查禁，若各该处于例前安插各户外（乾隆二十七年以前），后经查有流民，将看守边门官严参议处。"[3]

当然，禁止流民垦荒还有一重考虑，就是害怕汉人太过精明，容易投机钻营，承揽地亩，转售渔利，导致不仅损害了旗人的土地权利，而且还败坏了社会风气，这一点从同治十五年五月的一道上谕中可以反映出来（该上谕同时收录于阿城档案中）：

"……至吉林、黑龙江山场荒地，原为旗丁游牧演练之区，现在良莠杂处，往往有盗匪窝藏其间。虽经德英将呼兰等处开垦之事奏请停止，而奸民、土豪仍有承揽地亩，转售渔利之事。若该省将军再行认真严禁，并着该部明定章程，

---

〔1〕"阿勒楚喀副都统衙门右司为札饬拉林协领查禁招民垦荒事呈稿"，载《选编》，第189页。
〔2〕"阿勒楚喀副都统衙门造送拉林地方佃户越界私垦归公田亩清册"，载《选编》，第5～15页。
〔3〕《钦定户部则例》卷四"户口·流民入籍"。

将防获钻营地亩之揽头，照依土豪恶棍例（从）重惩办……”[1]

3. 旗人优先认垦。

但是严禁流民开垦这一措施，在清末也渐渐松动。理由是私垦客观上不仅为流民本人带来利益，至少他可以合法获得租佃权，同时也为政府增加财政收入，当时时局艰难，外债较多，正如档案中所显示的那样：

> “……抑臣等更有请者，有治法，尤贵有治人。方今时局艰难，黑龙江地处边陲，尤宜力图自强，以固吾圉。若通肯、克音、汤旺河、观音山等处荒地，及早开垦成熟，租赋增多，则由富而强，即屹然东北一重镇地。拟请饬下黑龙江将军等，严饬各委员，务将放荒收款各事，认真办理，核实造报，勿致有名无实，以副朝廷轸念边疆之致意。”[2]

又何况东北具有许多荒地可供开垦。所以地方官府为了实际利益的考虑，对开垦荒地一事多较为热心。而这个光凭借旗人或者当地原始土著去开垦，力有未逮，因为耕种技术仍以民人为最熟练。如《阿勒楚喀副都统衙门为札饬拉林协领派妥员查勘开办边荒事呈稿》这件档案中，内就有“……至富克锦地方，相距较远。该处赫哲，不谙耕种，素以渔猎为生。能否招民垦荒……”[3] 于是到清末，逐渐允许流民开垦东北地区的荒地。

但是即使在这种情形下，清政府依然不忘保护东北旗人的土地权利，就是在认垦的过程中，保障旗人优先。在《阿勒楚喀副都统衙门右司为札饬拉林协领于黑龙江通肯克音分田设屯事呈稿》这一档案中，即载有：

> “……奴才等公同商酌，将克音一段，暂亦留作起存。拟自开放之日起，予限一年。限满无人认领，再行搭放民户，以示朝廷轸念旗丁至意。”[4]

> “以上各节，均属妥协，拟请准如原奏办理。所有通肯一段荒地九十九万垧，应（领）先行分设旗屯。俟通肯荒地全数放竣，再将克音荒地一十二万九千余垧，放给旗户。予限一年，如限满之日，旗户未能全领，即照民户补之。”[5]

---

〔1〕“阿勒楚喀副都统衙门右司为札饬拉林协领查禁招民垦荒事呈稿”，载《选编》，第195页。

〔2〕“阿勒楚喀副都统衙门右司为札饬拉林协领于黑龙江通肯克音分田设屯事呈稿”，载《选编》，第293页。

〔3〕“阿勒楚喀副都统衙门为札饬拉林协领派妥员查勘开办边荒事呈稿”，载《选编》，第271页。

〔4〕“阿勒楚喀副都统衙门右司为札饬拉林协领于黑龙江通肯克音分田设屯事呈稿”，载《选编》，第292页。

〔5〕“阿勒楚喀副都统衙门右司为札饬拉林协领于黑龙江通肯克音分田设屯事呈稿”，载《选编》，第293页。

此外，在另外一件档案《阿勒楚喀副都统衙门右司为札饬左右翼协领等遵办吉林所属垦务事呈稿》中，同样有这样的内容：

> “各该处如果土性均优，即行一律画设旗屯。其欧梨厂一处，先尽附近之伯都纳并省城各旗丁备价承领。方正泡一处，先尽附近之三姓、阿勒楚喀、五常堡及省城各旗丁备价承领。如该二（处）荒数较多，旗丁不能尽领，再行搭放民户，以实闲田。”[1]

从中我们可以看出，即使在旗民都可以认垦荒地的前提下，清政府还是规定了旗人的优先认垦权。这样可以保证最肥沃、地段最好的土地最后会控制在旗人手里，依然是对旗人土地权利的一种保护。这是和关内的旗人土地权利保护所不同的。

四、结论

清代为满洲旗人所创，旗人为清代的最基本依靠力量。为了使旗人不至于在众多的汉族民族中被逐渐同化，清王朝入关后采取了旗民分治的办法，将旗民尽可能安置在旗民居住区，并且给予旗地。而关外东北地区，则尽力使之保持满洲本色。为此针对两地，采用了不同的对旗人土地权利的保障办法。

就全国一般地区而言，就旗地所有权的取得，采用了“圈占”、“互换”等掠夺性的法律措施，在取得了土地所有权，为了保有旗地，又通过颁布严禁旗民交产的政策法令，及对已经典卖给民人的土地采取“回赎”的办法，保障旗人土地所有权。

但是在东北地区，对旗人土地权利的保护，无论是保护目的还是在保护方法时，都与内地不同。尽管其中有某些共性，但是就目的而言，内地更多是为了旗人生计，而东北则在于培养满洲根本。其保护方法则是在流民“闯关东”上下功夫。最初采取驱逐流民或者禁止流民进入的办法来保证旗人土地所有权。此后用法律禁止流民垦荒的办法来保障旗人对土地的占有，到了清末不得不招徕民人垦荒时，依然确立了旗人优先认垦权。

而阿城档案，以其未加修饰的史料，能更客观、准确的反映清代对东北旗人土地权利的保护。阿勒楚喀，作为清代吉林根本重地里面的重要区域，也作为北京旗人对外垦殖的安置点，以及流民深入东北的地带，具有四民交错，满汉杂处的特征，因此，其同光年间的档案材料，向我们展示了一幅社会生活的“原生态”，也极具有代表性，通过阅读此档案，我们可以更深刻地领会清代对东北旗人土地权利的保护。

---

〔1〕“阿勒楚喀副都统衙门右司为札饬左右翼协领等遵办吉林所属垦务事呈稿”，载《选编》，第301页。

从陋规现象到法定收费

——清代讼费转型研究

邓建鹏*

引 言

所谓诉讼费用，通常而言是指诉讼当事人向审判机构缴纳为进行诉讼所需的费用。大体上，诉讼费用由一部分诉讼公共成本（即审判费用）和一部分诉讼私人成本（即当事人费用）构成。不过，在晚清法制改革之前，清代中国国家法律对讼费未作明确规定。理论上，清朝的当事人参与诉讼勿需向衙门呈缴任何费用。然而在司法实践中，讼费普遍存在。[1] 大体上，清代诉讼费用大致由以下几部分构成：一是衙门“办事人员”（衙役、书吏等）向当事人收取的费用；二是当事人向讼师、代书等人支付的获取诉讼技巧与信息、代写诉状、购买状纸等的费用；三是当事人往返县衙的差旅费、投宿特定的旅店（当时通常称为“歇家”）的费用等；四是，其他费用，如机会成本（比方，当事人因参与诉讼荒废农业生产），非法的秘密开支（如向官员行贿）。其中，第一部分稍接近今天中国诉讼费用中的案件受理费，其余部分近似于当事人负担的实际开支。本研究主要涉及衙门的诉讼收费问题，故，重点探讨的范围是当事人经常性地被迫支付的那部分费用（即第一部分）。

尽管讼费是整个清代司法实践中的一个重要问题，然而，学术界对清代或整个传统中国的讼费问题研究甚少。[2] 此外，清代中国的讼费如何由一种非法的收费现象在晚清转化为法定费用？这方面的探讨亦甚为罕见。近年来关于晚清至民国初年司法制度的重要研究日增，但既有研究对晚清法定讼费制度的成形、诉讼收费的传统及其在清末法制近代化过程中的转变、晚清讼费制度的司法实践等问题，目前的

---

* 中央民族大学法学院副教授，中南财经政法大学法律文化研究院兼职研究员。

〔1〕 正如宣统二年（1910年）十月，《浙江讼费暂行规则法律案》解释该法立法理由时亦云：“我国向无讼费之目，差役婪索，例禁甚严。”载《浙江法制报告》之“浙江单行法·咨议局决案”，浙江调查局（辑）铅印本。

〔2〕 笔者曾对清代讼费作过专题探讨，参见邓建鹏：“清代诉讼费用研究”，载《清华大学学报》（哲学社会科学版）2007年第3期。

研究罕有探讨。[1] 为此，本文试对当时的诉讼费用在清末法制转型过程中的变化试作研究。

一、陋规化的讼费

在晚清法制改革之前，清代衙门收取讼费缺乏国家法律依据，其先主要是作为非法或半合法化的陋规现象普遍存在。广义上而言，陋规是衙役及书吏利用职务之便，超越法律规定向他人捞取的所有利益。其重要组成部分来自于诉讼过程中的花费。[2] 在司法实践中，衙役、书吏等人向案件当事人收取的陋规名目最为繁多，也最普遍。嘉庆年间曾在湖南长沙任知府的张五纬的分析表明，这些诉讼收费没有法律依据，并对当时的司法秩序产生负面影响："乃呈词批准，经承挨延索费，方准出票，及至票纸发行，差役又复索规，始肯下乡。至两造唤到，门丁签押有索，投到礼者有索，挂牌礼者官不及察，长随、书役从中朦蔽，亦属事之所有。穷民无力供应，……总由受累太过，是以铤而走险，罔知顾忌。"[3]

陋规化的讼费给案件当事人带来沉重经济负担，关于这方面的报告在当时公私文书中屡见不鲜。比如，康熙十八年（1679 年），福建陈仁丰等称，朱佛恩声称陈家祖遗坟山属其所有。为此，陈姓家族共同主持会议，"倘朱佛恩固执恃强，则当赴县控告，费用银两依照各房人丁均出，不许推托。"[4] 讼费由族众平摊，固然是因为涉讼标的关系族众公共利益；另一方面说明讼费不菲，非族众公摊难以承担。嘉庆二十三年（1818 年），陕西道监察御史程伯銮向皇帝报告四川省各地衙门在诉讼中存在名目繁多的陋规：

即如川省州县衙门，多有堂规等陋习。凡狱讼，无论大小，初递呈词即需使费，谓之"呈子钱"；及呈审之时，又有打扫衙门之说，谓之"坐堂礼"。除人命盗案外，田土、婚姻各件，辄计家资之贫富为多寡，用费不到，则望审无期。"若欲速提速结，则所费尤巨。内而长随茶房，外而书胥差役，莫不分润。每签提一案，差役多至十数人，到彼先索鞋脚钱、轿马钱。人证到案后，又索酒食钱、差使钱。不满所欲，则虽官长屡催，总以人证不齐登答蒙混。结案之后，又苛求辛苦钱、酬谢钱。案愈延，则诛求愈广。……应请敕下四川总督通饬所属，革去一切漏规，遵照旧例

---

〔1〕 赵晓华对此曾作过初步探讨，但未及深入。参见赵晓华：《晚清讼狱制度的社会考察》，中国人民大学出版社 2001 年版，第 27～30 页。

〔2〕 关于陋规的一些探讨，参见瞿同祖：《清代地方政府》，范忠信、晏锋译，何鹏校，法律出版社 2003 年版，第 78～84、107～112 页。

〔3〕 张五纬：《风行录续集》卷二之"启各属速办案"，嘉庆十八年重印本，载杨一凡、徐立志主编：《历代判例判牍》（第 8 册），齐钧整理，中国社会科学出版社 2005 年版，第 360 页。

〔4〕 参见"闽南契约文书综录"，载《中国社会经济史研究》1990 年增刊。清代南方宗族聚集地区，以宗族整体力量进行诉讼、由族众共同分担讼费的现象并不少见。乾隆五十九年（1794 年），曾、陈两姓担心两家山场被吉土人谋占界址，特签订合约："其吉土人如果坚执谋占，或请正人调处，或致词讼，不论费钱多少，两家均出，不许推委。"同上书，第 224 页。

不得滥设差役。案则随到随结，勿听蒙混拖延。如有前项需索，一经告发，即行从重惩办。则积案可以速靖而讼风亦稍息矣。"[1]

诸如程伯銮建议官员革除陋规以至减少差役，降低民众讼累的观点在当时较为普遍。[2] 四川总督针对程伯銮对本省陋规现象的指责，于该年上奏皇帝——"至于官役藉事勒索陋规及各衙门滥设挂名差役，各直省多有此弊。臣到川后，业经严行禁革，出示晓谕。"[3] 四川总督认为，"各直省多有此弊"，也就是说，四川省的类似现象在全国各省都存在。至于他根据嘉庆帝的指示下发一纸"业经严行禁革"的晓谕会有多大效果，颇值疑问。比如，道光十年（1830年），四川总督琦善针对本省发布如下告示，"自人命盗劫，以至田土钱债细故，一事到官，（差役）不论案情之重轻，先探两造之贫富。如案内有家道殷实之户，则先设法夤缘贿买差票，只求承行到手，即可高下在心。……于是乡里愚民，无不堕其术中，愿出重资。包办讼事，盈千累百，尽入贪囊。余如讹索饭食钱文，开销夫马用度，犹其费之小者。及至人证唤齐，又须讲说讼费，开单铺堂等项，名目繁多，少则数千，多则数十千。家丁暗中染指，书吏坐地分肥。"这相当于将十多年前程伯銮的描述重复了。同他的前任一样，琦善要求四川各地州县"除密访严拿，并通饬各属随时查察，有犯即惩外，合行出示严禁。"[4] 一方面，这种事隔多年重复表述的公文让人感觉不过是向上级自我表白的官样文章；另一方面反映，上级官员除了以严刑峻法或因果报应恫吓差役等人不得向当事人需索外，就只能寄托于差役等人的道德自律了。比如，琦善针对四川省各地衙门发布如下告示，"为此示仰正佐各衙门差役人等知悉：尔等即已隶身在官，须知奉公守法，无事则安静听差，有事则勤谨效力。遇勾摄，当惜两造之拖累，将人证赶即传齐；遇缉捕，当思事主之疮痍，将赃贼迅为破获。在民间皆可安居乐业，即尔等亦觉理顺心恬。如其逞狡狯之谋，肆贪饕之念，大则酿成人命，小则破坏人家。法网固属难逃，恶孽亦复至重。试思充当书役发迹起家者，未尝无人，然皆转眼之间，一败涂地，身罹罪罟，妻子流离。可见不义之财，万无享用之理。尔等即不顾性命，岂意不顾子孙？何苦徇利忘身，转成祸种，害人肥己，仍属

---

〔1〕"陕西道监察御史程伯銮奏折"，载四川省档案馆、四川大学历史系主编：《清代乾嘉道巴县档案选编》（下），四川大学出版社1996年版，第221页。

〔2〕此类观点在清代官箴书中多见。比如，雍正年间田文境的下列告示："劝谕约束衙蠹以肃关防事"，载《牧令书》卷四；"严禁点充柜书里长以杜私派以肃吏治事"、"严禁铺堂陋规以肃法纪事"，均载《牧令书》卷八。（清）徐栋辑：《牧令书》，道光二十八年刊本。

〔3〕四川省档案馆、四川大学历史系主编：《清代乾嘉道巴县档案选编》（下），四川大学出版社1996年版，第219页。

〔4〕四川省档案馆、四川大学历史系主编：《清代乾嘉道巴县档案选编》（下），四川大学出版社1996年版，第225~226页。

虚花。尔等虽为贱役，具有人心，亟应尽改前非，勿再以身试法。”[1] 除以这种说教威逼利诱外，并无制度上的创新以制止陋规现象蔓延。这种在诉讼过程中当事人被衙役收取各种陋规以致敲诈勒索的现象，贯穿清朝的终始。

清代诉讼费用的实际数额，主要是在一些官员的司法文集、遗留下来的少部分州县司法档案中有所提及。这种陋规化的诉讼费用缺乏法律的规范，其往往从当事人可忍受的范围、官员默许的程度漫无边际、变本加厉地朝敲诈勒索转变。尤其是愈到清朝后期，随着吏治日渐腐败，此种情况更加严重。道光六年（1826 年）二月初六日，四川省巴县陈上贵呈交的状纸向知县控诉差役向他勒索钱财：“票差李坤并不至彼。着令伊徒牟倖来家，给伊发脚钱二千文查缉。腊月十七，牟倖等缉获一贼程四，（搕）去钱一千文。送贼来渝。……牟倖将贼带至家坐食，陆续搕去食米铜钱共钱十七千六百六十文。账单可凭。惨蚁被贼窃去多赃，至今赃贼未获，反遭蠹等勒搕多赃。”[2] 此类情形甚为惨烈。光绪七年台湾有相应实例：新竹县民妇张氏的呈状上写道：“蒙金差到家，开票礼勒银十六大圆。求宽病稍愈而自行到案，又欲大礼银百余圆。一时典借无路。宽限卖子奉幼而不肯。”[3] 在同治四年正月十五日，顺天府宝坻县民“立退约宗室宝子馨提及其所开设的广成钱铺”，“原有资本银陆百两整，作为银股三股，广成号生理三年，共亏欠滥账九百九十五两钱，打官司共用银六百两”，[4] 这个数字相当惊人。针对诸如此类的严重现象，当时全国各地衙门经常以刻碑勒石形式禁止衙役人等下乡需索。[5] 这种告示伴随清朝的始终，因此其落实的效果完全令人怀疑。而类似以衙门名义申明禁止差役勒索案件当事人的各种碑文在清代各地常见，说明当时差役借案件勒索民众已经相当普遍。

陋规为何在清代司法过程中成为普遍存在的严重现象？这个问题必须结合清朝中央与地方可支配的税收及衙役、书吏等人的收入来分析。

清代中央与地方收入的分配上，大部分从民间征收的钱粮赋税收转变成了中央财政，留存于地方并供地方衙门开支的税收少之又少。据陈锋的研究，清朝初年战

---

〔1〕“道光十年（1830 年）三月初三日重庆府抄发川督告示”，载四川省档案馆、四川大学历史系主编：《清代乾嘉道巴县档案选编》（下），四川大学出版社 1996 年版，第 226 页。

〔2〕巴县档案，档案号 6－3－13017－4，四川省档案馆馆藏。

〔3〕淡新档案，档案号 22506－93，哥伦比亚大学东亚图书馆馆藏（缩微胶卷）。

〔4〕顺天府档案，档案号 28－4－332－048，中国第一历史档案馆馆藏。

〔5〕清代四川省巴县知县在签发差票、令衙役下乡执行任务时，往往特意在差票上注明“去役毋得籍票需索，滋事干咎不贷。”，参见四川省档案馆编：《清代巴县档案汇编》（乾隆卷），档案出版社 1991 年版，第 177 页。在当时的巴县，有的当事人指责差役“惟知索诈，不顾伦纪”，同上书第 179 页。清代黄岩县知县指派衙役下乡执行任务时也特别提及“去役不许滋扰，”参见田涛、许传玺、王宏治主编：《黄岩诉讼档案及调查报告》（上卷），法律出版社 2004 年版，第 233 页。在乾隆五十四年（1789 年）顺天府宝坻县知县给衙役签发的传票上，亦注明“去役毋得违延、滋扰、干咎”。顺天府档案号 28－2－95－060。此类告诫成为传票上常见的套话。

乱不断，康熙七年（1668 年）田赋银二千五百八十三万九千两。其中起运（解送到中央的钱粮赋税）占百分之八十六点九，存留（留给地方支配的钱粮赋税）仅占百分之十三点一。因此，导致地方经费无着，弊端百出。并进一步裁减存留银。以直隶东安县为例，将原额存留银、顺治朝裁减存留银、康熙朝三藩之乱期间裁减剩余存留银三十二款中，诸如吏书工食银、民壮工食银、马快工食银、门子工食银等被裁减。东安县裁减存留的情况，不是特殊的个例，而是具有普遍性的。至乾隆年间，起运与存留的比例为百分之七十八点三八。也就是说，在正常年份，存留于地方公用的财税仍然非常少（只有百分之二十一点六二）。[1] 东安县的存留比例还算是高的。比如据清朝制度的规定，四川省温江县正常年份岁征地丁条粮银五千九百零八两七钱，除扣留知县衙役、民壮、斗级、捕役、禁卒、更夫、铺司及典吏、衙役、儒学、膳夫、廪生饩粮、春秋祭祀等银六百二十四两，实解银五千二百八十四两七钱一分八厘，缴布政使司贮库。[2] 存留仅约占正税总额的百分之十点六。至光绪年间，政府向日本赔款及筹备川汉铁路公司，中央王朝向民间搜括更剧。

而存留于地方公用的财政支出去向同样值得我们关注关注。在曾小萍的研究中，清初山西省所有供地方使用的地丁钱粮中，超过百分之八十四是用在了主要关乎中央政府利益的支出上。山西省的钱粮额居于全国地丁钱粮额中间水平，因此具有代表性。[3] 也就是说，清代地丁钱粮留给地方支配的数额本已非常有限。在这有限的数额中，最后用于支付衙役、书吏薪水的比例，则少之又少。在这种情况，在整个清朝均未得到改善。陈锋据《大清会典》记载，清代前期较为固定的财政支出共有十二款：祭祀、仪宪、俸食、科场、饷乾、驿站、廪膳、赏恤、修缮、采办、织造、公廉。其中，康熙中期兵饷一项为岁出大宗，占岁出的百分之六十五，各省存留俸工、驿站、河工等银占百分之二十六点六。《清史稿·食货志六·会计》概述乾隆三十一年（1776 年）岁出银合计三千四百五十一余万两，其中“京师各衙门胥役工食银八万两有奇，……各省留支驿站、祭祀、仪宪、官俸役食、科场廪膳等银六百余万两。”这里明确提及京师胥役工食银八万两有奇，占岁出总额的绝对少数。而在各省存留的份额中，未明确提及衙役及胥吏的工食银问题。[4]

清初即便最廉洁的地方官员也会发现，在极低的收入分配制度下施政极难。以至后来雍正帝同意一小部分官员使用火耗（正税之外的收费）弥补亏空，并以此为省里的行政提供更稳定的收入来源（即火耗归公），但诸如河南巡抚田文镜的相应改

---

〔1〕 参见陈锋：“清代中央财政与地方财政的调整”，载《历史研究》1997 年第 5 期。

〔2〕 参见民国《温江县志》卷二，“民政·赋税”，第 14 ~ 15 页，载鲁子健编：《清代四川财政史料》（上），四川省社会科学院出版社 1984 年版，第 500 页。

〔3〕 参见［美］曾小萍：《州县官的银两——十八世纪中国的合理化财政改革》，董建中译，中国人民大学出版社 2005 年版，第 29、32 页。

〔4〕 陈锋：“清代财政支出政策与支出结构的变动”，载《江汉论坛》2000 年第 5 期。

革主要涉及州县以下官吏（如州同、州判等）的养廉，甚少惠及衙役、书吏等。即使这种财政合理化改革也因“人存政举”而好景不长。嘉庆六年（1801 年）户部下令每省削减公费开支，支出各省胥吏工食的公费锐减。于是地方官员又开始求助于各种陋规。[1] 理解这种财政背景，可以明白衙役人等收取高额讼费乃“势在必行”。

关于清代中后期衙役的收入，巴县档案提供了相应数据。据咸丰十一年（1861 年）四川巴县向上级呈交的报告称，该县正佐各衙门额设衙役四十九名，每名支给银六两，共支银二百九十四两。正佐各衙门民壮弓兵二十名，每名支银八两，共支银一百六十两。[2] 每名衙役年收入白银六两，意味着维持其个人的生存都成问题，更不要说维持整个家庭的生活了。另一方面，这仅涉及到向额设衙役支付薪水。早在道光初年，巴县知县刘衡初到任时，发现“巴县衙役七千。予莅任一年后。役等无所得食。退散六千七八百人。存者寥寥百余人耳。”[3] 在这七千衙役中，90% 以上的衙役均非额设的，势必向他人敲诈勒索度日。

衙役与书吏们收入低，但并没有什么配套的财政措施给予补助。一些务实的官员，如光绪朝后期香山县知县杨文骏认识到向衙门“工作人员”支付薪水的重要性，因此在向“各家丁已由官按名月给工银五六两不等，门稿入息甚丰”的情况下，提出“均不准再有需索。嗣后凡遇堂事以及和息具结销案，宅门内有向两造索取前项陋规者，准即扭禀究办。”[4] 但这种薪水支付依赖的是人存政举式的一时举措，从未在全国范围内形成有效制度，阻止衙门“工作人员”普遍的无止境的物质欲望。比方，至晚清刑部据前两江总督刘坤一、湖广总督张之督奏称：“凡有命案，应相验者，尸棚厂、官吏、夫马之费甚多，均取之被告家。不足则派之族邻，小村单户则派之一半里外之远邻。间有恤民之吏自备夫马帐棚厂，严禁差役科派。然亦不过百之一二，终无禁绝之法。”[5] 于是，衙役相互间争夺案源以获得收入的现象在所难免。比如，乾隆二十七年至三十年（1762 ~ 1765 年），巴县皂班壮班争办差务引起

---

〔1〕 参见［美］曾小萍：《州县官的银两——十八世纪中国的合理化财政改革》，董建中译，中国人民大学出版社 2005 年版，第 34、87、187 ~ 188、281 ~ 282 页。

〔2〕 参见《巴县呈咸丰十一年分支过正佐各衙门民壮弓兵工食银两清册》，巴县档案号 6 - 4 - 958。

〔3〕 刘衡：“蜀僚问答·先审原告例有专条”，载官箴书集成编纂委员会编：《官箴书集成》（第 6 册），黄山书社 1997 年版，第 154 页。

〔4〕 杨文骏：《公牍偶钞》卷上“禀整顿书差积弊并筹款津贴办法（香山县任）”，光绪年间刊本（序乙未年）。

〔5〕 参见《大清法规大全·法律部》（影印版）卷八“检验·刑部奏核议恤相验条奏折”，考正出版社 1972 年版，第 1883 页。

争执。[1]

陋规能在清朝成为普遍的现象、并在晚清愈加严重，同各级官员自身利益有重大关系。如，道光初年，洪亮吉曾上书论及各级官员收受陋规的现象："出巡则有站规、有门包，常时则有节礼、生日礼，按年则又有帮费。升迁调补之私有馈谢者，尚未在此数也。以上诸项，无不取之于州县，州县则无不取之于民。钱粮糟米，前数年尚不过加倍，近则加倍不止。督、抚、藩、臬以及所属之道、府，无不明知故纵，否则门包、站规、节礼、生日礼、帮费无所出也。州县明言于人曰：'我之所以加倍加数倍（赋税）者，实层层衙门用度，日甚一日，年甚一年。'究之州县，亦恃督、抚、藩、臬、道、府之威势以取于民，上司得其半，州县之入己者亦半。初行尚有畏忌，至一年二年，则成为旧例，牢不可破矣。（民众）诉之督、抚、藩、臬、道、府，皆不问也。"[2]

洪亮吉的上书是以当时的事实为基础的。如咸丰四年四川学政何绍基"奏为请旨饬裁陋规以恤吏困而肃官方事"提及他"每接见各牧令，询问地方情形，无不以上司到任及节礼陋规为苦者。缘以各州县每年致送总督、藩、臬、及本管道府三节两生日并到任规礼，缺分优者约一万数千两，中下者以次递减。……而上司各项陋规等于正供，不能短少，其司、道、府、州又以所得于属吏者，如孝纳于上官。……道光初年，协办大学士英和奏请核定陋数目，有旨全行裁革。各省未能一体奉行，积习难返，视为固然。"[3] 明白于此，我们才能更好地理解，当各级官吏因陋规而结成稳定的既得利益群体后，从清初直至王朝的结束，上至皇帝下至知县，不断发布所谓裁减一切陋规的上谕、奏章或告示，从来都只是表面文章，并未收到实效。关于这点，瞿同祖曾在《清代地方政府》一书中精辟指出，中国这种紧张（即官民之间、官吏及其上司之间等）没有导致显著的变革，一个决定性因素就是，所有这些（既得利益）集团，都在现行体制下获得了最大的回报，唯一例外的是普通百姓。因此，尽管会有紧张（冲突），他们没有兴趣去改变现状。[4]

当各级地方官员基于收受陋规而形成利益同盟后，作为陋规的讼费，就牢不可破，而成为普遍现象，并且随着时间推移而益加严重，成为广大民众不得不接受的事实。这样的陋规就逐渐成为常规。陋规化的讼费一旦成为全国普遍的收费现象，

---

〔1〕参见四川省档案馆编：《清代巴县档案汇编》（乾隆卷），档案出版社 1991 年版，第 227 页。有关清代巴县差役、书吏向当事人索取费用以及衙役相互间对案源争夺的重要研究，参见 Bradly W. Reed, "Money and Justice: Clerks, Runners, and the Magistrate's Court in Late Imperial Sichuan", *Modern China*, July 1995, pp. 345 ~382.

〔2〕《清史稿》卷三五六，"洪亮吉列传"。

〔3〕何绍基：《东洲草堂文钞》卷二，第 4 ~6 页，光绪刻本，载鲁子健编：《清代四川财政史料》（上），四川省社会科学院出版社 1984 年版，第 531 页。

〔4〕参见瞿同祖：《清代地方政府》，范忠信、晏锋译，何鹏校，法律出版社 2003 年版，第 338 ~339 页。

日久天长，“取之而不觉其非”，于是成为常规。

二、常规化的陋规

清代陋规数量繁多，瞿同祖认为，政府所能做的仅仅是努力将此种收费陋制规范化，但不成功。要确定哪些费用构成合法的行政费用以及它实际上需要多少，是相当困难的。官员及衙门员们很快就会滥用“陋规”制度，给政府制造严重的行政难题。因此主要对策便是由省级长官监控陋规。[1] 但是，对于在司法审判中收取的各种陋规，当时一些地方官员将之常规化，并取得了一定的收效。作为讼费的陋规常规化，是指务实的官员们认识到，在地方财政长期无法改善的情况下，与其因未能彻底取消讼费而默许衙役或书吏向当事人敲诈勒索，不如明确限定某些讼费类型的合理存在和承认衙役或书吏收费的正当性。从而，这些讼费类型虽然依旧没有国家法律的许可，但通常获得官员认可、案件当事人的容忍，并在当地成为惯例的正当收费。

陋规常规化的典型是四川出现的三费局。晚清四川总督给刑部的一份报告中提及三费局成立原因与时间：“窃谓刑狱，政之大者也；命盗，情之重者也。而胥役即窟宅其中，往往藉以鱼肉斯民，其害至深且烈。……而其弊终莫能革者，其故安在？则由于费无自出也；其费何？相验也、缉捕也、招解也。官之禄不足以给胥役之食，遂勾而致之于民是驱，而纳于弊之中而不已也。欲已其弊，而第绳以法，所谓徒法而不能行者也。蜀自道咸间创三费之法，始于什邡县，遍于通省。数十年来，举昔日所不能革之弊，悉蠲除之；至今踵行不替，民困予以大苏，可谓救弊之良法，允宜仿行者矣。”[2] 也就是说，三费局之设，是为了解决衙役办理刑事案件的经费，道光年间首创于四川什邡县，后通行全省。据白瑞德·W. 里德（Bradly W. Reed）的研究，至十九世纪中期，巴县及四川其他一些地方的官员将规费限定在三种可许可的类型内：捕费、解费、棚费。在这个基础上，通过当地士绅向知县提议，三费局成立了。三费局的产生在于调整过高的陋规，使当地居民免遭他人命盗案件指控而受到敲诈。三费局通过税外加捐（比如增加百分之三的契税）使得收费足额，以支付费衙役的相关费用。十九世纪晚期，巴县的衙役解送一位犯人至成都，可获得六十千文费用，每增加一名人犯，可增加四十千文费用。衙役伴随仵作下乡，若在五十至八十里路程内，可获得六百八十文的路费及二百文的饭食费。晚清巴县三费局存在四十八年，其重要功能在于收费标准化。案费的法定化为知县提出了区分习惯上可容忍的收费到敲诈勒索的基准。另外，案费标准化及公示使得当事人对其费

〔1〕 参见瞿同祖：《清代地方政府》，范忠信、晏锋译，何鹏校，法律出版社2003年版，第49～50页。

〔2〕 “四川官报”光绪三十一年（1905年）十月中旬，第20件册，公牍类，第2页，载鲁子健编：《清代四川财政史料》（上），四川省社会科学院出版社1984年版，第405～406页。

用支出更具有可预测性。[1]

作为曾经不便示人的违法现象，陋规常规化使得讼费收取逐渐走向台面，进而成为官方试图规范而非彻底取缔的对象。四川官员与士绅从名目繁多的讼费陋规种类中，抽取三种最重要的讼费类型，并通过他们的努力，而非中央或地方政府的财政支持，使得讼费在当地制度化，一定程度减轻了特定案件当事人的经济负担。比如，据晚清《调查川省诉讼习惯报告书》记载，命盗案件受害之家，本应不出费用。招解犯人一切费用（主要是招解费、勘验费、缉捕费），统由三费局公款支给，犯人家属不负支给义务。如当地未设三费局，则各费全由犯人家属支付。[2]

四川的三费局引起了晚清高层官员的注意。当时刑部据前两江总督刘坤一、湖广总督张之督奏称："查四川有三费局，由绅民、粮户捐办。一为招解费，一为相验费，一为夫马费。民甚便之。行之已三十年。此事似宜令各州县就地筹款，务以办成为度。仍责州县轻验简从，不准纵扰，违者严参等语。……（刑部认为）该督等洞悉情形，欲筹绝妙之法，采用四川三费局章程。法至良意至美，应如所奏请旨，饬下各自督抚体察地方情形，一面咨取四川省三费局章程，依照斟酌办理。"[3] 四川总督收刑部要求提供三费局章程后，于光绪三十一年（1905）向刑部上报相关信息："窃照前准刑部咨，议复前两江督部堂刘会奏变法二折，行令依照川省三费章程，以省民累。随准各省督、抚部堂院咨取，行司检查详送在案。……惟是各属就地筹费，章程不一，当时取其便民。若遍加征采，裒录咨行，转恐错杂旁岐，纷乱耳目。爰饬司详加厘正别择，撮其大要，都为一册，以便核定。"[4] 不过，在后来清末的诉讼立法过程中，作为本土制度创新，三费局并未纳入其中。三费局涉及的"三费"主要针对刑事案件尤其是人命案件。也正是这些刑事重案，衙役、书吏勒索最甚。对于民事案件的讼费问题，如前引《调查川省诉讼习惯报告书》所述，三费

〔1〕 See Bradly W. Reed, "Gentry Activism in Nineteen – Century, Sichuan: The Three – Fees Bureau", *Late Imperial China* Vol. 20, No. 2 (December 1999), pp. 99 ~ 127.

〔2〕 参见李光珠辑：《调查川省诉讼习惯报告书》第十项"案费"之十九至二十，四川调查局报告，稿本一册。本书无出版时间，据学者称，四川调查局于光绪三十四年（1908 年）八月开局办事。参见张勤、毛蕾："清末各省调查局和修订法律馆的习惯调查"，载《厦门大学学报》（哲学社会科学版）2005 年第 6 期。则本书完成时间当在 1908 ~ 1911 年间。

〔3〕 参见《大清法规大全·法律部》（影印版）卷八"检验·刑部奏核议恤相验条奏折"，考正出版社 1972 年版，第 1883 页。

〔4〕《四川官报》光绪三十一年（1905 年）十月中旬，第 20 件册，公牍类，第 2 页，载鲁子健编：《清代四川财政史料》（上），四川省社会科学院出版社 1984 年版，第 405 ~ 406 页。

局基本未曾涉及。[1] 以近代西方法制标准来看，刑事案件涉及国家统治及社会利益，一般由检察机构代表国家进行控诉，由审判机构进行审理。其所产生的费用，一般由国家支付，最后由全体纳税人买单，而非由某个特定的当事人支付具体费用。清代四川省的三费来源与地方性税费非常接近：通过当地纳税人以税收方式上缴当地"国库"（即三费局），并由三费局财政以类似于行政拨款形式统一分配给全社会一般纳税人共同享用的费用。这与近代以来民事案件讼费的支付方式大相径庭。有学者认为，民事诉讼程序的设置旨在保护当事人的私权，与国家的利益关系不大，法院在民事诉讼程序中实施的审判行为，是国家对于纷争当事人的特别服务，就此费用的支出，不能像刑事诉讼那样由国家财政即全国纳税人负担。[2] 这可以解释，为何三费局在晚清法律改革中作为本土制度的创新并未纳入到诸如《各级审判厅试办章程》之类的诉讼法中。

三费局的重要意义，在于将部分陋规在台下私自收取提升为台面公开支付并进而正当化。促使作为陋规现象的部分诉讼收费及讼费类型逐渐获得地方官员以致中央王朝的正式承认。

四川三费局的出现是陋规常规化的典型。在四川之外的地方虽未成立三费局，但在有的地方，讼费也已作为常规而出现在官方判决中。在清光绪年间蒋如冲控蒋丙全之子蒋金标盗窃案，知县倪望重在裁决中提到，"经族中蒋元耀等理令蒋如冲送还蚕丝，帮贴讼费，先为呈请销案。旋以讼费未给，蒋丙全往向原中蒋元耀讨取……断令蒋如冲罚出洋银四元，戚周渭罚出洋银八元，限于明日缴给蒋丙全收领，以为讼费、服礼之资。"[3] 这里的"讼费之资"当是蒋如冲等人支付给蒋丙全参卷入诉讼的开支。

伴随着清末的法制改革，清政府主持了一系列的民商事习惯调查，其中规模较小、且不为大众熟知的一项调查，宪政编查馆主持下，一些省的调查局进行了对诉

---

〔1〕 宣统元年（1909 年）四川总督发布的公文亦提及："命盗案件厂费及书仵差役口食等项，向由三费局支给。"说明三费局主要是因刑事案件而设。参见"四川官报"宣统元年（1909 年）八月中旬，第 24 册，公牍类，第 5～6 页，载鲁子健编：《清代四川财政史料》（上），四川省社会科学院出版社 1984 年版，第 572 页。

〔2〕 参见肖建国：《民事诉讼程序价值论》，中国人民大学出版社 2000 年版，第 303 页。

〔3〕 倪望重：《诸暨谕民纪要》卷二"蒋丙全与蒋如冲互控窃夺各情由"，载杨一凡、徐立志主编：《历代判例判牍》（第十册），高旭晨、俞鹿年、徐立志整理，中国社会科学出版社 2005 年版，第 428 页。

讼习惯的调查。据笔者了解，对诉讼习惯的调查至少在四川、广东和广西等区域展开。[1] 这些清末的习惯调查为我们了解当时诉讼实践中常规化的陋规的种类与数据提供了完整信息。有学者认为，清末诉讼事习惯调查，一般包括诉讼总则、民事诉讼、刑事诉讼、诉讼费等四项内容。《广西诉讼事习惯报告书》涉及的问题，则包括诉讼机关、诉讼当事者、诉讼手续、诉讼费用等四章。诉讼费用一章涉呈状费、传提费、审判费、抄卷费等内容。[2]《直隶调查局法制科第一股调查书（四）》第五部为诉讼事习惯。其中，诉讼费分民事、刑事两项十四目，民事涉及状纸费、代书费、投状费、差费、堂费、房费、上控费等七目；刑事涉及状纸费、代书费、投状费、验伤及验尸费、踏勘费、差费、房费、堂费、上控费等九目。[3]

目前现存的四川省诉讼习惯的调查较为全面，提供了当地讼费的各种类型与大致金额。《调查川省诉讼习惯报告书》的第十项《案费》提供了晚清四川讼费的详细类型与数据。这包括状纸费：至少者六十文，至多者八百文。代书费：至少者一百文，至多者一千文。传呈费：至少者七百二十文，至多者二千一百文。差役收取的费用名目繁多，最普通的包括，双方付给者有六种：票钱、路费、草鞋钱、下马饭钱、烟茶钱、带案钱；败诉付给者有三种：看押钱、开锁钱、口食钱；胜诉付给者，惟喜钱一项。房费主要为向各房书吏缴纳的规费，房费名目共分八种：伤单钱、勘案钱、开单钱、站堂录供钱、具结钱、抄录呈稿钱、抄批钱、抄判钱。案经覆审，当事人缴给书差的费用有如下几种，给房书者有二：开单钱，少至二百文，多至六百文；站堂录供钱，少至一百文，多至二百文。给差役者：名为带案钱，最多有至千余文者，至少亦必需二百文。虽然“各属书差规费均系立案刊碑，但积久弊生，违章揞索者往往有之。”堂礼至少者二千二百文，至多者四千文。此外如附加之一切陋规及各种名目各属有如下数种：站堂钱、看门钱、唱名钱、录供钱、茶房钱、带案钱、提刑钱、少数钱、换毛钱、灯油钱。诉讼堂礼以双方分担为原则。

具结完案，还要缴纳状式费，至多者二百四十文，至少者六十文；写结费，至多者六百文，至少者一百六十文。已成讼案而和息者，应缴和息费。命盗案件受害

---

〔1〕关于当时清末诉讼习惯调查的报告，目前可见的至少有《直隶调查局法制科第一股调查书（四）》、《广西诉讼事习惯报告书》、《调查川省诉讼习惯报告书》。不过，笔者借阅《广西诉讼事习惯报告书》时恰逢此书装订，未曾亲睹。据查，中国社会科学院法学所图书馆有《广东省调查诉讼习惯第一次报告书》稿本两册，但笔者未曾寻获。又，诉讼习惯调查由各省调查局主持，晚清调查局成立于1908年，故诉讼习惯调查均在1908年或之后数年完成。

〔2〕参见《广西诉讼事习惯报告书》第1~3页。转引自眭鸿明：《清末民初民商事习惯调查之研究》，法律出版社2005年版，第84页。

〔3〕参见直隶调查局法制科第一股编：《直隶调查局法制科第一股调查书（四）》第5部。按，该书内容均按宪政编查馆要求所设定的问题以备地方州县回答，但该书本身并不提供答案。本书第一册“法制科调查书凡例”提到：“此书系遵照宪政编查馆奏章，分为五部。”说明这里所例举的讼费类型当面向全国所作的调查，则此讼费类型具有全国代表性。

之家，概由地方公款支给，包括招解费、勘验费、缉捕费。若地方未设三费局者，则各费全出。招解犯人一切费用，统由三费局公款支给，犯人家属不负支给之义务。但地方之未设有三费局者，不在此限。上控案件讼费包括状纸、代书、投词、审讯、具结各费，与初审衙门比较，普通上控案件费用增加之数较初审衙门增加一倍。[1]

清末推行的诉讼事习惯调查对后来的诉讼立法有一定的影响。一方面，早在诉讼事习惯调查之前，1906 年沈家本和伍庭芳等人制定了《大清刑事民事诉讼法草案》。1907 年年底制定并颁行的《各级审判厅试办章程》中所列举的各种讼费类型（主要是案件受理费及各项诉讼的直接开支）与本国的讼费传统类型近似。

三、法定化的收费

晚清讼费的法定化与当时的一位知名人物——袁世凯有密切关系。早在光绪二十八年（1902 年）八月，北洋大臣袁世凯针对当时“俨为成例，取之而不觉其非者，则莫如收受陋规一事。……（直隶下属各级官员）禄入既甚微簿，而办公用度又甚浩繁。乃不得不取给予属吏。于是订为规礼，到任有费，节寿有费，查灾查保甲有费。甚或车马薪水，莫不有费，此等风气，大抵各省皆然，非仅直隶有之。……当此修明内政之时，必以整饬官方为当务之急。然平情而论，又必须先有以养人之廉，而后可以止人之贪。使举所有各项陋规扫荡而廓清之，而不筹给办公之费。则一切应用均无所出，势难责治理地方。现已国币空虚，诚不能另增公费。莫如姑就旧有之陋规，为化私为公之一法。臣通饬道府厅州，各将每年应得属员规费，据实开报，和盘托出。即按其向来所得之多寡，明定等差，酌给公费。……其各州县仍将向来应出节寿等项，一律径解司库，不加耗费，另款存储。道府厅直隶州应支公费，按月赴司库请领，不准折扣。”[2] 显然，袁世凯的上述观点与晚清之前的许多地方官员提出彻底取消陋规、官吏注重洁身自好、控制衙役向当事人敲诈勒索的理想主义相比，显得甚为务实。高层官员的这种设想直接影响到了包括讼费在内的晚清诉讼法制改革。

不过，光绪三十二年（1906 年）沈家本、伍庭芳等人起草的《大清刑事民事诉讼法草案》并未直接受到袁世凯上述改进措施的影响。这年四月，沈家本等制定《大清刑事民事诉讼法草案》第十一节“各票及讼费”系首次法律草案对讼费作出规定。第一百九十四条以下对此有明确规定：

> “第一百九十四条，每发单票（如传票、拘票等）一张，按照后列之讼费表向请发单票人征收各费，（这相当于将传统中的陋规化的讼费法定化）由公堂派员专司其事。

---

〔1〕 参见李光珠辑：《调查川省诉讼习惯报告书》第十项“案费”，四川调查局报告，稿本一册。

〔2〕 参见《大清法规大全·财政部》（影印版）卷十二“北洋大臣袁奏请将道府厅州所有各项陋规一律酌改公费折”，考正出版社 1972 年版，第 2713～2714 页。

第一百九十五条，讼费表须悬于公堂墙壁或门外，务使众人易见。（此同“各级审判厅章程”）

第一百九十七条，凡公堂所收各费，均须详细注册，按季呈报本省督抚及藩臬，行知户刑二部，以备存查。

第一百九十八条，凡公堂裁判案件，讼胜者应交讼费，可判令讼负者代缴。然体察案情，有时亦可判令两造分缴。至数之多寡，由公堂秉公核夺。

附民事案件讼费表：

公堂签发盖印传被告到堂之传票

讼件之值在一百圆以下者，每票费银一圆，另派票差费银五钱。

讼件之值逾一百圆至五百圆者，每票费银二圆，另派票差费银七钱五分。讼件之值逾五百圆至一千圆者，每票费银三圆，另派票差费银一圆。讼件之值逾一千圆者，每票费银四圆，另派票差费银一圆。发知会证人到堂之知单，讼款之值在一百圆以下者，每单费银五钱，另派单差费银二钱五分。讼件之值逾一百圆至一千圆者，每单费银一圆，另派单差费银五钱。讼件之值逾一千圆者，每单费银一圆五钱，另派单差费银五钱。拘拿被告之拘票或查封票或查封在逃被告财产票，债款在一百圆以下者，每票费银一圆五钱，另差费银五钱。债款逾一百圆至五早圆者，每票费银一圆，另差费银七钱五分。债款逾五百圆至一千圆者，每票费银三圆，另差费银一圆。债款逾一千圆者，每票费银五圆。另差费银一圆，两造争讼请公证人决断券约存案，每张费银一圆，公证人决词存案，每张费银五圆。到公堂查阅案卷者，每次费银五钱，抄录案卷，每百字费银一钱，知照部审人员，每次费银八圆，另差费银二圆。陪审员到堂陪审，每员一日或不足一日，所得酬讼件，逾三百圆至一千圆者，银五钱，逾一千圆者，银一圆。凡人请公堂用印于文件为表内所未载明者，每张费银一圆。公堂颁发表内未载之票，每张费银二圆，另差费银一圆。各省高等公堂允准律师接办案件，注册费银五十圆。会审公堂允准外国律师接办案件，注册费银二十五圆。一切差费均由公堂专员收取，转交该差弁，永不准自行接收。”[1]

该草案公开后，整体上受到各地督抚的反对，认为其不符合中国国情。在具体条款上，一些督抚认为该草案中的讼费部分所定标准太高，甚至超过了现行常规化的陋规，增加了当事人的负担。如陕甘督升按：“甘省地瘠民贫，向来遇事涉讼，两造花费无多。讼费表所载，知照陪审人员每次须费银八元，使遇疑难之案，覆审至再至三，其讼费不将靡所底止乎？……若照新章办理，恐小民之破家愈速矣。”

鄂督张按：讼费有表，固为严杜浮索而设也。讼费表内，列有“凡人请公堂用

---

〔1〕 参见《大清法规大全·法律部》（影印版）卷十一“法典草案一”，考正出版社 1972 年版，第 1926～1928 页。

印于文件为表内所未载者，每张费银一圆；公堂颁发表内未载之票，每张费银二圆”，则已于“载明各费之外”先开“另索”端，立法殊未妥善。且券约存案有费，讼词存案有费，查阅案卷有费，抄录案卷有费，较之州县，讼费更多，其知照陪审人员，每次费银八圆，另差费二圆。详核本法审讯，似难于一堂定断。若历审多次，即此知照陪审员一项，穷民已不堪其累，而陪审之酬劳费更属琐碎，似应将名目、数目一并裁减，明定简约之数，方不累民。且本法讼费，但言控关财产之案，此外婚姻、争继各案亦应一并议及，以昭周密。

针对第一百九十八条：“凡公堂裁判案件，讼胜者应交讼费，可判令讼费者代缴。然体察案情，有时亦可判令两造分缴，至数之多寡，由公堂秉公核夺。”鄂督张按：“判讼以事理定曲直，讼之有费，理曲者缴，固可藉示儆戒，甚公允也。至判令两造分缴之案，必系曲直相平，无所胜负，则原被平分，当不致嫌多较少。若以数之多寡由公堂核夺，即此判缴讼费，恐两造已哓哓不休。”[1]

由于反对意见过大，整个草案后来曾生效，但是这一讼费及各地督抚表达的意见，一定程度上吸收到后来的《各级审判厅试办章程》中。在1907年初，袁世凯组织一批留日法政人员起草了《天津府属试办审判厅章程》，于二月实施。该章程第四编为“讼费规则”（共四章，分别为印纸费、承发吏规费、杂费、保证）。[2] 之后，袁世凯率先在天津府的天津县试办审判厅。他在1907年6月向中央呈上的奏议提及，“臣于上年迭饬天津府县暨谙习法律并法政毕业各人员拟议章程，稿凡数易，至本年二月初十日始克成立。现经试办数月，积牍一空，民间称便。……此项审判，系从天津一府试办，而一府之中又先从天津试办。”[3] 新式审判厅雇用了书记生、承发吏、司法巡警等司法工作人员，向其支付较优厚的薪水。审判厅首次将正式的讼费制度付诸司法实践。袁世凯提到，“从前酌收讼费，定数太多，且征收于结案之后，往往延宕不缴，无法传催。今变通旧章，一切状纸，由厅发卖，每纸制钱五十文，并遵章贴用印纸方予收理。此外，承发吏规费俱限有定数，交厅存储，务使酬其奔走之劳，而较从前书差等费，民力已轻倍蓰。既有划一章程，丝毫不容出入，是以行之数月，民间翕然从风，良由费省而事便，无从上下其手。此明定讼费之实在情

---

〔1〕以上为官员对《大清刑事民事诉讼法草案》所提意见的汇编——“诉讼法驳议部居”，载陈刚主编：《中国民事诉讼法制百年进程》（清末时期第一卷），中国法制出版社2004年版，第160页。

〔2〕参见陈刚主编：《中国民事诉讼法制百年进程》（清末时期第一卷），中国法制出版社2004年版，第382页。

〔3〕袁世凯：“奏报天津地方试办审判情形折”（光绪三十三年六月初九日，1907年7月18日），载天津图书馆、天津社会科学院历史研究所编：《袁世凯奏议》卷四十四，廖一中、罗真容整理，天津古籍出版社1987年版，第1492～1493页。

形也。"[1] 袁世凯的奏折虽难免有自我表扬成分，但对后来相应的法律产生重大影响。学者认为，正是由于《天津府属试办审判章程》的实施，才使清政府找到了如何切实解决新旧两种审判制度相冲突问题的钥匙，并为后来在全国具有普适性的《各级审判厅试办章程》以及《法院编制法》的出台提供了宝贵的实践经验。[2] 在1907年7月，法部编纂《各级审判厅试办章程》中的"讼费"部分时，特别提到参考了天津的章程——"至讼费一节，系比照天津审判现行之例，而更从轻。盖诉讼所用之费，取偿于输服之人，乃东西各国之通例，而又有酌量减免之法，以救其穷不知者。或且以为诟病，仰思一切院厅设备、官吏俸糈，无非出自公家，若讼费尚须仰给度支，焉得人人而济？且此项规费，亦向来所不能无，与其隐恣诛求，不如明定限制。"[3]

清王朝于1907年12月公布的《各级审判厅试办章程》第三章确定了"讼费"一节，并确定审判厅征收讼费的标准如下：

> "第八十七条，凡民事因财产而诉讼者，从起诉时讼物之价值，按下列之等差征收诉讼费用：
>
> 一、十两以下，三钱；二、二十两以下，六钱；三、五十两以下，一两五钱；四、七十五两以下，二两二钱；五、百两以下，三两；六、二百五十两以下，六两五钱；七、五百两以下，十两；八、七百五十两以下，十三两；九、千两以下，十五两；十、二千五百两以下，二十两；十一、五千两以下，二十五两；十二、五千两以上，每千两加二两。其价值系银元计者，准上率依比例推算。

第八十八条，凡民事非因财产而起诉者，照百两以下之数目，征收诉讼费用。"另外，该节还规定，录事抄录案卷，每百字连纸征收银五分，作为录事办公费。承发吏递送文书及传票，每件征收银一钱，作为承发吏办公费。承发吏递送文书及传票，于十里以外者，每五里加征银五分，路远不能一日往返者，每日加征食宿费银三钱。证人到厅费，每次银五钱。鉴定人到厅费，每次银五钱以上、五两以下，由审判官酌定。如证人、鉴定人等住所在十里以外者，每五里加川资银一钱。证人、

〔1〕 袁世凯："奏报天津地方试办审判情形折"（光绪三十三年六月初九日，1907年7月18日），载天津图书馆、天津社会科学院历史研究所编：《袁世凯奏议》卷四十四，廖一中、罗真容整理，天津古籍出版社1987年版，第1493～1494页。

〔2〕 参见陈刚主编：《中国民事诉讼法制百年进程》（清末时期第一卷），中国法制出版社2004年版，第384页。

〔3〕 "法部奏酌拟各级审判厅试办章程折" 光绪三十三年十月二十九日（1907年7月4日）奏准依议，载《大清法规大全·法律部》（影印版）卷七"审判"，考正出版社1972年版，第1857页。

鉴定人每日旅费银五钱，但可视身份酌量加增。规定了讼费在一定情况下可以减免。[1]

该章程既规定了审判厅与当事人之间、也规定了当事人之间的讼费关系，尤其规定了对证人、鉴定人的费用补偿，以往的诉讼实践表明，证人往往是受牵连以及被敲诈勒索的对象。这与传统的讼费相比，有重大不同。传统的讼费作为陋规，主要由官吏收取。之前法定讼费草案有“讼件之值”、“债款”等项目，比较混乱。该章程讼费一节则划分了民事财产与非财产两类案件不同的讼费标准。前一草案刑事案件是否一并征收讼费，并不完全清楚（如前有拘拿之被告），本案则明确限于民事案件。

一方面，上述诉讼费具有西方近代法制的鲜明特色，这主要体现在案件受理费的征收标准上。这种征收标准是传统中国的陋规化讼费所不具有。另一方面，上述讼费中向承发吏等人支付的费用，考虑了传统中国的讼费类型。这与《各级审判厅试办章程》本身具有过渡性质特征相关。

宣统二年（1910年），沈家本等人完成了《大清民事诉讼律草案》。该草案主要借鉴了大陆法系，对讼费作了详尽的规定。《大清民事诉讼律草案》第五章《诉讼费用》按语云：“诉讼费用分为审判上费用及审判外费用两种。第一，审判上费用复别为公费与垫款。公费乃对于国家司法行为之报酬。如当事人于诉讼书状贴用诉讼印纸，是垫款，乃国库所暂行垫付，应由当事人赔偿之费用是。第二，诉讼外之费用，如邮递费用，应付证人、鉴定人等之日费、鉴定费，当事人之旅费及承发吏所应得之公费，并垫款等皆是。”这种讼费分类与现代公共成本与私人成本之分有些相似性。按语还提到：“关于诉讼费用之法律关系，发生于国库并办理诉讼官吏与当事人及当事人两造之间。当事人两造间之法律关系为本案所规定。国库并办理诉讼官吏与当事人之法律关系则属特别法（民事诉讼费用法、民事诉讼印纸法、承发吏公费法等）。此乃出于立法上之便宜，又为多数立法例之所一致者也。”

“诉讼费用”一章规定当事人负担诉讼费用之根本法则——请求赔偿诉讼费用权利及负担费用义务之法则；规定审判诉讼费用之法则——审判负担费用人之法则；规定判断诉讼费用额之方法；规定系属原则。有学者认为，长期以来，我国受传统诉讼观念影响的人认为，诉讼费用制度主要是调整人民法院与当事人之间关于承担诉讼公共成本所形成的责任与风险关系。[2] 这个见解如置于《大清民事诉讼律草案》，恐怕不能成立。

《大清民事诉讼律草案》未及颁行，清朝即宣告结束。尽管如此，《大清民事诉

〔1〕 参见《大清法规大全·法律部》（影印版）卷七“审判”，考正出版社1972年版，第1864～1865页。

〔2〕 廖永安：“《诉讼费用交纳办法》之检讨”，载《法商研究》2008年第2期。

讼律草案》及其中对讼费的规定在民国初年一些地方得到援引。如“上海地方审判厅征收诉讼费用示”规定，征收诉讼费用有两种办法：一为审判上诉讼费用，由原告提存；一为判决后诉讼费用之确定，向败诉人征收之。兹依《民事诉讼律》第一百四十九条之规定，特明定别项期限。该项保证金俟本案判决后，如原告胜诉，即行分别给还。惟确系贫苦无力，合于《民事诉讼律》第一百五十二条之条件，并由该地自治团体或公正绅士证明，方许援照诉讼救助例办理。[1] 讼费法定对当事人而言的一大益处在于，自诉讼法规区分了民事与刑事诉讼后，刑事诉讼对当事人基本不再收费（诉讼状纸费等纯私人成本性质的收费除外）。

四、法定收费的制度实践

《各级审判厅试办章程》颁行后，一些省的诉讼规则依此制了地方性法规。比如，宣统二年（1910年）十月十六日浙江巡抚部院札准公布由该省咨议局议决施行的《浙江讼费暂行规则法律案》——讼费单行法的立法理由论及：“嗣经法部奏定《各级审判厅试办章程》及《诉讼法》草案，皆为审判厅而设。对于旧问刑衙门，讼狱如何办法，尚未议及。此项规则专为浙省审判厅未成立以前改良诉讼而设。故此项规则可认为本省单行规则。”该规则法律草案依据《各级审判厅试办章程》中的讼费一节，作了具体规定，总共有四十六条，是“讼费”一节的大大扩充。据该法第五条，讼费包括如下几类：一、印纸费。二、经承费。三、差费（相当于“章程”中付给承发吏的费用）。四、诉讼纸费。五、证人旅费。六、勘验旅费。七、拍卖费。

《各级审判厅试办章程》对讼费缴纳方式比较含糊。与此不同，该草案对讼费缴纳凭证与方式——印纸费作了详细说明。浙江推行的印纸费系仿照自天津审判厅制度，由法部颁行的《各级审判厅试办章程》第八十七条系依日本民事诉讼印纸法规定，其印纸贴用之数也是仿效自日本。根据浙江草案第六条：“凡呈请官署办理之民事案件，无论公务私务，但关于诉讼呈状，皆当用正式诉讼纸，并贴用印纸。”诉讼当事人必须按规定交付诉讼费用，换取与诉讼费相同面额的诉讼印纸，这些诉讼印纸粘贴在规定的状纸页面上，以便验看与盖销。[2] 清末的诉讼印纸制度虽来自日本。然而，明代中国即有类似制度。比如明代嘉靖年间四川地方司法档案反映，地方官府在判决中一般会责令告状人缴纳“告纸银”一钱五分，被告缴纳“民纸银”一钱，“纸银每钱扣留二分买纸公用”。[3] 《大明会典》规定：“凡本司（镇抚司）纸札，

---

〔1〕 参见汪庆祺编：《各省审判厅判牍》，李启成点校，北京大学出版社2007年版，第291～292页。

〔2〕 关于诉讼印纸的探讨，可参见谭金土：“司法印纸——那个时代的诉讼收费凭证”，载《法学家茶座》（第九辑），山东人民出版社2005年版。

〔3〕 相关案例及判决，参见杨一凡、徐立志主编：《历代判例判牍》（第三册），刘笃才等整理，中国社会科学出版社2005年版，第163～300页。

正统五年（1440）奏准，令囚人买用。"[1] 因此，审判后缴纳纸银的现象可能是于明代后期比较普遍的现象。现代学者认为，明代对诉讼人课以的诉讼费用，就是这种纸费（纸札）。但并非犯人均须负担裁判费用。[2] 到了清朝，类似制度为何消失，以致立法者向日本引进该制度，及日本的诉讼印纸制度是否得自明朝？此问题尚未有答案。

当事人贴用诉讼印纸的数额与《各级审判厅试办章程》规定的数额完全一样，只是将单位银两换成了银元。如："（一）十元以下，三角。……（十二）、五千元以上，每满千元加二元。凡贴用印纸，均以原告初呈为限，若以后催呈注明旧案，不必另贴。对于刑事一律不能收费"。第四十四条还规定"凡诉讼费用不足之时，得由公费协助之。"以下情况应由公费协助："（一）凡本规则及他法令载明应由本公费支垫者。（二）关于刑事诉讼应用之费。（三）因民事诉讼人实无财产并因他故无从追缴者"。法案还规定了公费的来源："（一）本署诉讼印纸及诉讼状纸二项收入之款，除发卖时应用开支外，余数皆入公费存储，以备支给。（二）原有公费及地方绅富乐捐之款。"[3] 总之，上述规定比章程更为详细。

其他一些省的诉讼法规也在《各级审判厅试办章程》的基础上作了一些补充规定。关于讼费收取的具体机构或人员，《各级审判厅试办章程》未具体规定。有的地方性规则中作了补充性说明。如据《法部奏颁修正承发吏职务章程》，承发吏承审判、检察厅之命令而执行之事件，征收讼费。[4] 另外，《四川各级审判厅及检察厅事务规则》第七十八条规定："凡应收讼费及罚金，由审判厅分别移请检察厅或命令承发吏征收。"第七十九条："凡检察厅或承发吏征收之讼费及罚金，应移交审判厅收存，取具收条存案。"[5]

《直隶省各级审判厅办事规则》第六章"讼费"第七十八条规定："一切呈状不缴讼费者，概不受理。其起诉时实系无力，得酌量变通办理"。[6]《直隶省各级检察厅办事规则》第二十一条亦规定："其准者即令递状人呈缴讼费。"[7] 相当于讼费在审判前呈缴，这与《各级审判厅试办章程》规定判决后呈缴不一致。

宣统元年（1909年），《法部奏筹办外省城商埠各级审判厅补订章程办法折》提出"补订高等以下各级审判厅试办章程"凡八条，其中第六条提出：原章（即《各

---

〔1〕（明）申时行等修，赵用贤等纂：《大明会典》卷二二八，第11页。

〔2〕参见杨雪峰：《明代的审判制度》，黎明文化事业股份有限公司1978年版，第352～353页。

〔3〕参见"浙江讼费暂行规则法律案"，载《浙江法制报告》"浙江单行法·咨议局决案"，浙江调查局辑，铅印本。

〔4〕参见汪庆祺编：《各省审判厅判牍》，李启成点校，北京大学出版社2007年版，第350页。

〔5〕参见汪庆祺编：《各省审判厅判牍》，李启成点校，北京大学出版社2007年版，第387页。

〔6〕参见汪庆祺编：《各省审判厅判牍》，李启成点校，北京大学出版社2007年版，第374页。

〔7〕参见汪庆祺编：《各省审判厅判牍》，李启成点校，北京大学出版社2007年版，第393页。

级审判厅试办章程》）第八十七条之诉讼费，各省得斟酌情形，量为增减。但其增减之数，不得过原额十分之五，且须先将酌定数目咨部考核，并列表悬示，俾众周知。其第八十九条至九十五条各项，亦可照此办理。[1] 这一规定相当于对原章程讼费征收额度作了重大变通。各地审判衙门基于自身利益驱动，必然倾向于在原章程标准上加收讼费。而法部是基于何种原因作出如此重大修订，笔者尚不得而知。但是这种举措无疑又开辟了对当事人合法高额收费的新道路。

《各级审判厅试办章程》是民国初期司法中使用的重要法规，直到1922年北京政府颁布新的民、刑事诉讼法规后，该《章程》方告失效。据此，《各级审判厅试办章程》中的“讼费”一节仍然在民国初期有效。比如，民国二年（1913年）八月直隶高等审判厅在针对赵柏年与张晋卿债务涉讼一案作出判决时，针对讼费，提出“诉讼费用从《各级审判厅试办章程》第八十四条之规定，应令控诉人负担。”[2]

除《各级审判厅试办章程》对诉讼费用作了详细规定外，法部还对诉讼所需的各类状纸类型、价格作了统一规定。光绪三十三年（1907年）十月，“法部等会奏京师各级审判厅由部试办诉讼状纸折”认为之前全国状纸未统一，“民间随意具呈，授讼师以舞文之渐，甚至一词之入，需费繁多。而官代书又往往勾串吏差，肆其婪索。”“方今司法独立，既以臣院专司审判，为推行宪政之初基，而京师创设高等以下审判厅，尤为直省各级审判之标准。若不将诉讼状纸先后厘定，何以便民情而去宿弊?”为此，法部提出统一状式共计五种，由法部及各级审判厅发售。奏折中提及直隶总督袁世凯先已在天津府推行统一的诉讼状纸，统一发卖和贴用“诉讼印纸”，“良由费省而事便，（官吏）无从上下其手”。诉讼状纸每纸定价当十铜圆十枚（一百文）作为纸张印刷发行等费。[3] 宣统元年十二月法部上奏《推广诉讼状纸通行章程》共计十二种状纸，由法部设定状纸格式、法部或地方督抚印制发卖。十二种状纸价格从每套二百文（十铜元二十枚，民事诉状）到每套一百六十文（十铜元十六枚，刑事委任状）到每套一百文（十铜元十枚，限状）不等。[4]

晚清讼费制度的变革影响了基层社会。如清末四川省南部县规定了诉状价格以及讼费标准，并将之预先印于状纸边缘：“官印刷局制售。每张定价钱二十文，代售九折。此外不准私加分文。此项正副状格，诉讼人与辩诉人均可通用。惟各照录格详晰填写。勿得混乱，但不能用于审判检察等厅。”“院控状费二千文，上控状费一千六百文。本州县诉状八百文，命盗案不取分文，因公具禀不取分文。以上数目系

---

〔1〕《大清法规大全·法律部》（影印版）卷七“审判”，考正出版社1972年版，第1872页。

〔2〕参见王树荣：《直隶高等审判厅判牍集要》（第三册）“民事”，1914年，第11页。另可参见该书第14、19页等。不过，该书所载判决未明确列举讼费数目。

〔3〕参见《大清法规大全·法律部》（影印版）卷七“审判”，考正出版社1972年版，第1854～1856页。

〔4〕参见《大清法规大全·法律部》（影印版）卷六“诉讼”，考正出版社1972年版，第1845页。

督宪规定，不准私加分文。"[1] 显然这些标准并非依照《各级审判厅试办章程》或法部另行拟定的状纸价格，而是四川省的自定标准。光绪三十四年（1908 年），时当新政开办之际，时任南部县的史久龙提出精简书吏、裁撤差役及明定讼费的改革方案，经督宪批准得以实行。其中，关于讼费一项规定：讼费由理曲者出。在宣统元年（1909 年）赵良玉卖妻案，被知县判令出讼费八千文。[2]

随着 1907 年《各级审判厅试办章程》颁行，讼费由之前衙门私自收取的常规化陋规逐渐成为国家法定收费。至清政府被推翻之前的几年，京师及各省省城商埠相继设立了审判厅，讼费制度也相继在司法审判过程中推向了实践层面。不过，章程规定的讼费主要在各省城商埠得到实施，在其他州县，更多是自定的讼费标准得到推行有的判词表明审判厅在参考《章程》标准的基础上自行设定讼费。如云南地方审判厅的一判词上叙明："本案财产诉讼费照十两以下征收五角，录事办公费一元五角；承发吏办公费一元四角。"[3] 这显然系当地审判厅变通了法定收费标准。《各省审判厅判牍》等书中记载了许多清末征收讼费的数据，为我们考察讼费制度的实践提供重要参考。晚清省城及商埠的审判厅开办后，征收讼费的法律依据来自于《各级审判厅试办章程》。其中关于讼费数额的规定直接影响了一些地方性诉讼规则。如《直隶各省审判检察厅暂行章程》第七节"讼费"基本沿袭了《各级审判厅试办章程》的数额。[4]

《各省审判厅判牍》编纂时间为 1911 ~ 1912 年春，共收民刑事判词一百九十五个，涉及十四省及京师。[5] 经笔者粗略统计，共有六十八个民事案件。其中有五十七个判决中明显向当事人征收讼费，约占民事案件总数的百分之八十三点八，对于我们探讨清末审判机构征收讼费提供了一般意义的素材。说明当时各审判厅向当事人正式征收讼费已成为较普遍的现象。具体数据参见本文末尾的附表。

其中，有十一个判决征收的讼费超过《各级审判厅试办章程》的标准，约占总数的百分之十九点三，尤其是宁波审判厅审理的一起债务纠纷，按法定标准，讼费本应为二两，实际多收讼费十一两。[6] 在"侵蚀产业"案，原告张袁氏谷子等产业被张有鉴扣留。贵阳地方审判厅判决张有鉴照缴讼费，"所有讼费按照应交谷子时价合算，依价额七十五两以下，征收银三两零八分。"这显系违法超收。依《各级审判

---

〔1〕 南部县档案，档案号 Q1 - 22 - 174 - 1 - 2，四川省南充市档案馆藏。

〔2〕 转引自赵娓妮："晚清知县对婚姻讼案之审断——晚清四川南部县档案与《樊山政书》的互考"，载《中国法学》2007 年第 6 期。

〔3〕 参见汪庆祺编：《各省审判厅判牍》，李启成点校，北京大学出版社 2007 年版，第 82 页。

〔4〕 参见汪庆祺编：《各省审判厅判牍》，李启成点校，北京大学出版社 2007 年版，第 303 ~ 304 页。

〔5〕 相关介绍，参见李启成："晚清地方司法改革之成果汇集"，载汪庆祺编：《各省审判厅判牍》，李启成点校，北京大学出版社 2007 年版，第 8 页。

〔6〕 参见汪庆祺编：《各省审判厅判牍》，李启成点校，北京大学出版社 2007 年版，第 112 ~ 113 页。

厅试办章程》，起诉时讼物价值，七十五两以下，征收讼费二两二钱。[1]

有十九个判决征收的讼费合乎《各级审判厅试办章程》的标准，约占总数的百分之三十三点三。有十二个判决征收的讼费低于法定标准，约占总数的百分之二十一点一，其中有三个案件是按照判决后的实际标的、而非起诉讼时诉讼物之价值计算讼费的。[2] 显然，这对当事人更为有利。如有一个案件起诉时讼物价值为一千一百余两银，据《章程》"凡民事因财产而诉讼者，从起诉时讼物之价值"。但在判决时仅按五百两以下征收讼费，也即按判决后确定的财产数额呈缴。[3] 重庆地方审判厅审理的一起债务纠纷案中，起诉时涉及金额为一千三百两。若按法定标准，"二千五百两以下"征收，而千两以下则为十五两，则级数之间差异太大，对当事人而言缺乏实质公平，且此案经判决后确定的金额为四百五十八两，或许因为此原因，最后判决"讼费照章应征银二十两，加恩减半。"[4] 同样，重庆地方审判厅审理的一件工资纠纷案，起诉与判决时的金额差异过大。杨荣生起诉吉利洋行经理人及周辅臣涉及金额七千余两包工工资。审判官最后判令周辅臣两帮给杨荣生银五百两。讼费银仅为十两，实际按照金额五百两的标准征收，法官以衡平方式实现实质正义。[5] 在"租船被溺"中，黄桃盛应赔偿对方损失一百六十元，澄海商埠审判厅判决一百五十元。一百五十元约等于一百零八两银子，征收讼费银三两。则此案讼费银应以一百两以下之标准征收。[6] 云南高等审判厅审理的"措给恤银"案。上诉人马学义缴纳要求被上诉人给付赏银二千两。高等审判厅判决驳回上诉，征收讼费一元三角。此案讼费即非按上诉时价值，也非按民事非财产类案件征收讼费银，不知何据。笔者推论，或许因为如按上诉时价值征收二十两银讼费（而上诉人向被上诉人索取二千两赏银被驳回），对上诉人而言负担甚重，[7]

当然，以起诉时讼物价值征收讼费的居多。如安庆地方审判厅审理的一件债务纠纷，原告败诉，其起诉时涉及的白银二百五十两纯属子虚乌有，结果按讼费标准征讼费银六两五钱。针对此案征收的讼费，以起诉数额征收，不以实际存在的数额或判决确定的数额征收。[8] 说明各地审判厅执行章程各有不同。其中有十一个判决由于缺乏相关数据，无法确定是否按标征收讼费，约占总数的百分之十九点三。

---

〔1〕 参见汪庆祺编：《各省审判厅判牍》，李启成点校，北京大学出版社 2007 年版，第 233～234 页。

〔2〕 参见汪庆祺编：《各省审判厅判牍》，李启成点校，北京大学出版社 2007 年版，第 108、132、219～220 页。

〔3〕 参见汪庆祺编：《各省审判厅判牍》，李启成点校，北京大学出版社 2007 年版，第 108 页。

〔4〕 参见汪庆祺编：《各省审判厅判牍》，李启成点校，北京大学出版社 2007 年版，第 128 页。

〔5〕 参见汪庆祺编：《各省审判厅判牍》，李启成点校，北京大学出版社 2007 年版，第 132～133 页。

〔6〕 参见汪庆祺编：《各省审判厅判牍》，李启成点校，北京大学出版社 2007 年版，第 230～231 页。

〔7〕 参见汪庆祺编：《各省审判厅判牍》，李启成点校，北京大学出版社 2007 年版，第 231 页。

〔8〕 参见汪庆祺编：《各省审判厅判牍》，李启成点校，北京大学出版社 2007 年版，第 108～109 页。

有的审判厅如判决“如证人不欲费用，听其自便。”[1] 大部分判决都明确了讼费的支付方，其中以败诉方支付讼费为主。一些案件涉及原被告共同支付讼费，来自于审判官的衡平考虑。如贵阳地方审判厅审理的索还契券案，“本应由被告张星五一人承缴，姑念甫经到庭，即供认交还，尚非始终狡赖者可比，酌令该原、被告平均分缴”讼费。[2] 在一份判决中，审判官员写道：“姊弟至谊，不能因债账细故，致令失和”。[3] 在宁波地方审判厅审理的一件债务纠纷案件，判决由裘运夫（原告）、李尚烃（被告、债务人）分担缴纳。之所以原告亦要分缴讼费，判决书未明说理由，但法官认为：原告裘王氏（裘运夫之妻）未嫁之先，不应与被告同居，致被称为其妾，“亦属咎由自取。”[4] 南昌地方审判厅审理的一件“措执谱饼不发及不允上谱”案件中，裁决由原告刘思胜及被告刘连生、刘洪美、刘六仔四人分缴。此案中刘思胜疏于祭扫祖先、狃于争讼，致族人不给其子上谱，审判官认为其亦有过错。[5]

在上述案件中，一盗窃电气的刑事案件，导致原告损失一百二十五元，“因新律未颁，暂由民庭审理”。芜湖地方审判厅判决被告（盗窃犯）茂盛办馆缴付讼费六元五角。这是非常罕见的。[6]

同一个审判厅审理同是非财产性质的案件，征收的讼费有时也大不一样。如重庆地方审判厅审理的一件“捏情妄控”案，判决原告刘子谦呈缴讼费银十两，违法多征收讼费七两银。[7] 该审判厅审理“把持租房拒不搬迁”案时，判决由败诉人淡泰丰源呈缴讼费银三两。[8]

重庆地方审判厅审理的一件争夺松柴案件，此案两造申请和息结案。所征收的讼费低于正式判决的讼费。[9] 对于和息案件讼费如何缴纳，《章程》未作任何规定。此外，在征收讼费的依据上，一些审判厅或许为利益所驱，或系理解错误，而大大超越法定标准征收讼费。“私当息折”案，此案原告、被告依靠一公司股息银维持学费，立有息折为凭。被告私将息折交与他人致原告学费无着，当事人“具禀无力呈缴，念系远道求学，官费无多，从宽一律免征，用示体恤。”[10] 云南高等审判厅认为，此案讼费应以杨济所得学费银三十七两为诉讼物之价值，地方审判厅按照股本

---

〔1〕 参见汪庆祺编：《各省审判厅判牍》，李启成点校，北京大学出版社 2007 年版，第 104 ~ 105 页。
〔2〕 参见汪庆祺编：《各省审判厅判牍》，李启成点校，北京大学出版社 2007 年版，第 177 页。
〔3〕 参见汪庆祺编：《各省审判厅判牍》，李启成点校，北京大学出版社 2007 年版，第 107 页。
〔4〕 参见汪庆祺编：《各省审判厅判牍》，李启成点校，北京大学出版社 2007 年版，第 112 ~ 113 页。
〔5〕 参见汪庆祺编：《各省审判厅判牍》，李启成点校，北京大学出版社 2007 年版，第 129 ~ 130 页。
〔6〕 参见汪庆祺编：《各省审判厅判牍》，李启成点校，北京大学出版社 2007 年版，第 134 ~ 135 页。
〔7〕 参见汪庆祺编：《各省审判厅判牍》，李启成点校，北京大学出版社 2007 年版，第 197 ~ 198 页。
〔8〕 参见汪庆祺编：《各省审判厅判牍》，李启成点校，北京大学出版社 2007 年版，第 216 ~ 217 页。
〔9〕 参见汪庆祺编：《各省审判厅判牍》，李启成点校，北京大学出版社 2007 年版，第 217 ~ 218 页。
〔10〕 参见汪庆祺编：《各省审判厅判牍》，李启成点校，北京大学出版社 2007 年版，第 231 ~ 232 页。

征银三十元系属错误，自应更正，照章征银二元五角。

另外，尽管诸如《各省审判厅判牍》显示，晚清全国诸多审判厅的诉讼费用的收取大多依据《各省审判厅试办章程》，引进了新式的法定诉讼收费制度，但这并不意味着这种由传统向近代过度的法定收费在当时全面推广。毕竟，审判厅主要设在省城与商埠。其他大部分地方基本上还是旧式问刑衙门，因此讼费制度未必得到推广。比如，直至宣统三年（1912 年），《河南省直隶州厅州县司法统计表目》所列“直隶州厅县诉讼费统计表”中，讼费类型包括：书状费、状纸费、投呈费、差传费、带案费、堂费、具结费、和息费、快票费，共计九种。其中，民事案下，书状费计一千零二十七千四百一十文，状纸费两千五百八十九千文，投呈费九百八十三千文，具结费六百七十六千五百文，和息费一千零九十三千七百文；刑事案下，书状费三百七十二千文，状纸费六百八十九千三百文，具结费七十三千文。[1] 这些讼费仍然是传统讼费类型，与《各级审判厅试办章程》中的讼费类型不同。值得注意的是，诸如民事案下，差传费、带案费、堂费、快票费数据空缺，刑事案下，投呈费、差传费、带案费、堂费、和息费、快票费数据空缺，不知是否当地作为不合理的陋规已经革除。

五、相关分析

为什么直到晚清，讼费才逐渐纳入法律制度的轨道？本文认为，清王朝乃至整个传统王朝的理想近似实现一个“天下无事乐耕耘”的社会，回复到三代道德黄金时代是其理想目标。这种理想类型的社会反对争讼，以无讼为追求。正如有学者认为，在传统中国偏私政府的体制下，社会公益只能是政府的附带职能。只有当王朝私益和社会公益处于交叉、重合状态时，官吏的双重职能和双重身份（皇帝仆从和国家公务员）才处于重合状态。[2] 因此，无讼理念下，诉讼（尤其是涉及私人利益的民事诉讼）不是王朝所关心的对象。相反，通过各级官僚的道德舆论与意识形态的宣教，诉讼是应千方百计去除的社会现象。在这种情况下，作为诉讼的伴生物讼费问题，就更不可纳入国家法律的轨道。相反，讼费只是在官方理念中应该去除或避免、在现实中又是官员又睁一只眼闭一只眼的对象。缺乏道德上充分的正当性与法律上的足够依据。

在传统官方的思维中，诉讼，尤其是参与涉及纯粹私人利益之间的纷争往往被认为非正当性。官方经常以讼费高昂劝说当事人息讼。其中颇具官方代表性的，便是清代甚为普及的“圣谕广训”。其“圣谕十六条”中的“和乡党以息争讼”（直

---

〔1〕《河南省直隶州厅州县司法统计表目》，宣统三年（1911 年）统计处科员报告。按，以上费用均未标明单位，推论当为铜钱“文”。此书标明“前清宣统三年（1911 年）”，说明该书出版时间当在民国初期。

〔2〕参见苏亦工：“公正及公益的动力——从《未能信录》看儒家思想对清代地方官行使公共职能的影响”，载《北方法学》2008 年第 1 期。

解）称："我今更把争讼的利害讲与你们听：一纸入公门，定要分个胜负，你们唯恐输却，只得要去钻营，承行的礼物、皂快的东道、预先费下许多，倘然遇着官府不肖，还要借端诈害，或往来过客、地方乡绅讨情揽管，或歇家包头、衙蠹差役索钱过付，原被有意扯过两平，蚤已大家不能歇手，若一家赢了，一家输下，还要另行告起，下司衙门输了，更要到上司衙门去告，承问衙门招详过了，上司或要再驳，重新费起。每有一词经历几个衙门，一事挨守几个年头，不结不了，干证被害，牵连无数，陷在囹圄，受尽刑罚，一案结时，累穷的也不知几家，拖死的也不知几人，你们百姓就是有个铜山金穴也要费尽，就是铁铸的身躯也要磨光了，你道这样争讼厉害不厉害？"[1]

在这种主流观点下，息讼是值得追求的境界。由于参与诉讼的行为缺乏道德甚至法律上的正当性，故，对于诉讼的伴生物——对讼费进行法律规范，自然无从谈起。而只有在后来官方认可诉讼行为的正当性以后，也即，诉讼尤其是民事诉讼具有正价值的情况下，通过制定国家法律规范诉讼行为，才有可能进而将诉讼的伴生现象——讼费一并纳入法律规范的对象。但是，到了晚清，伴随着外来冲击与法律改革，这种传统理想受到重大挑战，以致行将就木。代之而起的，是司法独立、权利正当、私权保护等西来的理念。由此，民事诉讼日渐在道德上具有正当性，并以各种类型的诉讼法制成就其法律上的依据。由此，作为民事诉讼行为伴生物——诉讼费用也就自然地被纳入了法制的轨道。也就是说，民事诉讼正当性理念的普及，才可能催生出民事诉讼法，进而出现讼费法定化。

在晚清西法东渐时期，诉讼正当化理念开始逐渐普及。民事诉讼涉及对私权的保护，因此，诉讼正当化是与私权正当性联系在一起的。私权思想又与清末民法学说的传入密切相关。在西方近代法律思想传入之前，这种理念在中国甚为罕见。学者认为，二十世纪初，权利学说大张，关于"权利"的各种解释都涌入国门。但无论采何说，权利乃个人的应有利益这一基本涵义是无可怀疑的。[2] 私权正当性的理念逐渐影响了后来的立法者。

如1907年"法部奏酌拟各级审判厅试办章程折"中提及为何要制定审判厅试办章程的原因之一在于："闾阎之衅隙，每因薄物细故而生，苟民事之判决咸宜，则刑事之消弭不少。惟向来办理民事案件，仅限于刑法之制裁。今审判各厅既分民事为专科，自宜酌乎情理之平，以求尽乎保护治安之责。"[3] 在这里，法部认为民事判

---

〔1〕 周振鹤撰集：《圣谕广训：集解与研究》，顾美华点校，上海书店出版社2006年版，第24页。各级官员劝民息讼的类似言论在当时随处可见，比如，（清）刘衡：《庸吏庸言》卷下"劝民息讼告示"，清同治七年楚北崇文书局刊本。

〔2〕 参见俞江：《近代中国民法学中的私权理论》，北京大学出版社2003年版，第101～102页。

〔3〕 "法部奏酌拟各级审判厅试办章程折"光绪三十三年十月二十九日（1907年7月4日）奏准依议，载《大清法规大全·法律部》（影印版）卷七"审判"，考正出版社1972年版，第1857页。

决合理，有助于消弭刑事案件的发生。当然，类似观点并非清末才出现。之前，崔述也表达过此类观点。只是当私权正当及民事诉讼正当性的理念未成为普遍的思想潮流时，崔述的观点在当时显得有些突兀。[1] 至宣统二年（1910 年）十二月，沈家本等“奏为民事诉讼律草案编纂告竣谨缮写成册敬呈御览恭折”中称：“窃维司法要义本非一端，而保护私权，实关重要。东西各国法制虽殊，然于人民私权秩序维持至周，既有民律以立其基，更有民事诉讼律以达其用。是以专断之弊绝而明允之效彰。中国民刑不分，由来已久。……民事诉讼因无整齐划一之规，易为百弊丛生之府。若不速定专律，曲防事制政本讼理，未必可期司法前途，不无阻碍。”[2] 沈家本认为司法的核心之一在于保护私权，因此理应制定民事诉讼法。诸如此类的认识，均是对传统官方无讼理想的重大突破。为了通过民事诉讼保护私权，在特定情况下，当时的立法者还认为国家应该对当事人给予一定的协助，比方，减免诉讼费用。《大清民事诉讼律草案》第七章“诉讼救助”案语云：“诉讼救助”乃准暂缓交纳诉讼费用之谓。夫国家对于人民应不问贫富，保护其利益。然诉讼行为必需相当之费用。若有权利而贫困之人不能暂缓交纳费用，则无从伸张其权利或加以防御。

地方民众在请求官方及时审理民事案件时，也以民事诉讼的正当性为理由。如清末山东烟台商务总会总理张应東等向农工商部禀称当地衙门未及时审理民事案件，拖累商民，要求农工商部通饬各州县秉公讯结钱债案件，农工商部认为，“查诉讼法，民事与刑事并重。现在地方官办理钱债案件，诚有如该总理等所禀，任意延宕，应请严饬各属，力祛前弊。遇此等案件，务须迅速讯理，以恤商艰，而维商政。是为至要。”[3]

其二，讼费纳入法律规范的对象同晚清财政困境有密切关系。[4] 晚清财政接近山穷水尽，从中央到地方各级衙门为使司法可正常运转，为使新设立的审判厅有必要的经费，不得不思索各种开源的可能途径。结合传统诉讼中的制度性资源——各种陋规性收费，正好形式上同西方近代的民事诉讼法中的讼费相合，讼费也就自然地出现在相关法制中。试分析如下：

晚清中央与地方的财政极为困难。比如，陈锋统计自光绪三十年（1904 年）至三十四年（1908 年）间，有三个年份盈余，两个年份亏空，盈亏相抵，尚亏空银七

---

〔1〕 对崔述相关思想的研究，参见陈景良：“崔述反‘息讼’思想论略”，载《法商研究》2000 年第 5 期。

〔2〕 参见《大清民事诉讼律草案》（第 1 编），修订法律馆刷印，中国社会科学院法学研究所图书馆藏，第 1 页。

〔3〕 参见《大清法规大金·实业部》（影印版）卷九“农工商部通咨认真审讯钱债词讼文”，考正出版社 1972 年版，第 3042 ~ 3043 页。

〔4〕 韩秀桃分析清末审判独立改革的障碍时，初步探讨过经费的缺乏是其中之一。参见韩秀桃：“清末审判独立改革的障碍分析”，载《法律史论集》（第四卷），法律出版社 2002 年版，第 265 ~ 268 页。

十三万七千零六十六两白银。光绪末年，除了以前的固定开支外，新增的勇饷、局费（关局经费）、洋款（赔款、还债息款等）三项已占岁出的30～40%左右，直至清政府的崩溃。[1] 庚子以后，对外赔款、外债偿付使清政府原有的财政管理体制无法正常运转，如宣统三年（1911年），学部柯劭文提到：近日民穷财尽，各省皆然，几有无从罗掘之势。[2] 这直接影响了当时新式司法制度的引进与建立。讼费法定，正可在一定程度缓解各级司法衙门的困境。如，沈家本在《大清民事诉讼律草案》第五章《诉讼费用》按语云："诉讼费用由当事人负担，不由国库负担者，盖为防止无益之诉讼及不当之抗辩，并为国库筹经费也。"诉讼费用纳入相关审判机构或国库的收入，有助于缓解当时司法运作及新式审判机构建立的财政困境。法部在"通行各省将司法收入各费切实整顿文"谈及：审判事项的收入分三类，一为罚金，此项收入"自应切实查核通饬，悉数归公，毋任隐漏。"二为讼费，"其民事财产诉讼及录事抄录案卷各费，皆属公家收入，尤应涓滴归官。"三为状纸费，状纸推行，"既免吏胥需索之扰，而以盈余拨济公用，属筹款之一，各省可仿办，藉广行销，期于官民交益。""以上三端，所取虽微，而积之则钜，应责成提法司详拟稽核整顿之法，行令各属切实遵行，并饬将所收款目，如诉讼费之旅资，状纸之工料各费等类关费，于本项用款，均准声明列入开支外，其余应尽数作为司法岁入，……至此项收入或留归各该州县改良司法之用，或拨补司厅经费不足之需。"[3]

在晚清财政上下交困的情况下，地方衙门纷纷将讼费作为舒解困难的重要途径。如《贵州各级审判检察厅办事规则》第十章"诉讼费用"第八十五条规定："各厅征收各款，除照章应解部外，其余均汇存高等审判厅典簿所，以备各厅公用。"[4] 宣统元年法部针对筹办各级审判厅事务中的筹款等事项，拟订了《各省城商埠各级审判厅筹办事宜》，对于经费问题，法部认为"其照章所收之讼费、及各项罚金（除向章应解部之外），亦均应充各厅常年之用。"[5] 同一年，山东巡抚袁树勋在奏折中提及审判经费时，入款之大宗有：为固有之官款，为民事诉讼之例银，为照章之罚款。但与支出相比，出入必不能相抵。[6] 同年，河南巡抚吴重熹提及办理审判厅的经费，"以前项公费及裁撤督审局委员薪水，及各厅所收讼费、罚金尽数充用，下余

---

〔1〕陈锋："清代财政支出政策与支出结构的变动"，载《江汉论坛》2000年第5期。

〔2〕故宫博物院明清档案部编：《清末筹备立宪档案史料》（上册），中华书局1979年版，第348页。

〔3〕汪庆祺编：《各省审判厅判牍》，李启成点校，北京大学出版社2007年版，第276页。

〔4〕参见汪庆祺编：《各省审判厅判牍》，李启成点校，北京大学出版社2007年版，第409页。

〔5〕参见陈刚主编：《中国民事诉讼法制百年进程》（清末时期第二卷），中国法制出版社2004年版，第542页。

〔6〕参见陈刚主编：《中国民事诉讼法制百年进程》（清末时期第二卷），中国法制出版社2004年版，第603页。

所短，亦由藩司设筹。"[1] 但是这不意味着诉讼费完全解决了当时的财政问题。宣统二年（1910 年），山东巡抚孙宝琦奏折中提及“司法费以旧有清讼发审等项，及新定状纸讼费为准，届时划提增收，为数无多，不敷尚巨。"[2]

宣统二年（1910 年）十月初十日，与之前的知县兼理司法不同，“浙江巡抚增韫条陈审判事宜折”提及成立新式审判厅，办事人员大增，故而需要大量经费：“今欲司法之独立，宜先期薪俸之持平。拟于未设审判厅之处，州县公费，照常支给，已设审判厅之处，州县不管词讼，可酌提公费三分之一以补助之。以州县公费，平均约立百金计算，初级厅成立后，提出二百金，足养一推事、一检察官。再如刑幕修金、秋录招解等费，差役工食，凡应归司法经费者，悉数提出，已足养录事、庭丁之属而有余。”这些经费来源的重要渠道即是讼费：“况各厅成立后，本有正当之收入，如诉讼状纸、印纸、登记费、罚金等项，足供支出费用大半。推行愈久，收入愈多，即有不足，由国库支出者，当亦有限，正不必震惊于经费过大，而以裁减薪俸为唯一之目的也。"[3]

值得一提的是，晚清英租山东省威海卫，英国官员也引入了讼费制度。不过，威海卫的英国官员引入讼费制度与清政府的讼费法定化的目的有所不同。之前，在威海卫进行民事诉讼基本免费，村族调解费用反而比诉讼费用高。结果大量案件涌入威海卫的衙门，使得英国官员不堪忍受。以讼费作为调节诉讼的经济杠杆。在 1910 年，当地诉讼费为两元（墨西哥洋，一块银元折算为七钱二分银，即零点七二两白银）。由于诉讼费对于减少细微案件进入诉讼领域的效用不大，殖民官员庄士顿于 1916 年将诉讼费提高到五元，并于 1917 年提高到十元。一定程度上抑制了诉讼大量进入司法。[4]

六、结语

晚清之前中国的讼费由陋规现象——一种非法但普遍存在而被默许的行为朝后来法定收费转化，颇像雍正年间的财政改革——火耗归公与养廉银制度。当时养廉银制度的出现主要弥补地方各级官员法定薪俸严重不足。

关于养廉银的来源与制度化，《清史稿》“食货志”中有如下记载：（雍正）二年（1724 年），以山西巡抚诺敏、布政使高成龄请提解火耗归公，分给官吏养廉及其他公用。火耗者，加于钱粮正额之外。盖因本色折银，镕销不无折耗，而解送往返，

---

〔1〕 参见陈刚主编：《中国民事诉讼法制百年进程》（清末时期第二卷），中国法制出版社 2004 年版，第 615 页。

〔2〕 参见陈刚主编：《中国民事诉讼法制百年进程》（清末时期第二卷），中国法制出版社 2004 年版，第 621 页。

〔3〕 故宫博物院明清档案部编：《清末筹备立宪档案史料》，中华书局 1979 年版，第 882 ~ 883 页。

〔4〕 See CGS Tan, *British Rule in China: Law and Justice in Weihaiwei 1898 ~ 1930*, Wildy, Simmonds & Hill Publishing, 2008, pp. 188 ~ 190.

在在需费，州县征收，不得不稍取盈以补折耗之数，重者数钱，轻者钱馀。行之既久，州县重敛于民，上司苛索州县，一遇公事，加派私征，名色繁多，又不止于重耗而已。康熙季年，陕甘总督年羹尧请酌留秦省火耗充各官用度，馀者捐出弥补亏空，圣祖不许。至是诺敏等复以为言。诏从其请。诺敏又请限定分数。帝以“酌定分数，则将来竟成定例，必致有增无减。今耗羡与正项同解，州县皆知重耗无利于己，孰肯加征？若将应得之数扣存，势必额外取盈，浮于应得之数”。于是定为官给养廉之制。河南巡抚石文焯请将捐穀耗羡充公，帝曰：“耗羡存库，所以备地方公用也。国家经费，自有常额，岂可以耗羡牵入正项，致滋另取挪移诸弊乎！”〔1〕

用于养廉及地方公用的火耗相当于正税外的加派，火耗本属地方自行的陋规，之前并无国家法律的依据。随着其普及和对地方行政及公用的重大功能，于是在后来得到皇帝的确认。陋规成为法定制度。但随着雍正之后的耗羡归公，以应付之后的财政窘境，于是又开始了新一轮的税外加派。尤其是到了晚清，为应付镇压太平天国运动及向外赔款，税外加派的数量相当于正税的五六倍以上。〔2〕上述财政改革未涉及衙役书吏。讼费的法定化，其收益者波及了衙役与书吏。使他们原先的部分收费项目与数额合法化，收入来源由曾经的灰色地带转变到是非黑白分明的不同区域——要么是在依法收费的合法区域，要么是在超越法律勒索的违法行为。在税收非法定的晚清社会，虽然讼费从陋规现象成为法定收费，以应付晚清的财政窘境，尤其是讼费成为开办中央到地方新式审判厅重要财政来源之一。这样一来，衙役（承发吏）等人并不完全是主要的法定收益者，故而在讼费之外再向当事人敲诈勒索，很难说就彻底得到结束。这种轮回，谁又能说，它就不是类似耗羡归公问题在法制近代法过程中的再现？

晚清政局飘摇，诉讼法律制度随着权利观念的输入而有所变化，但这未能在短时期内促使司法实践得到根本性的改观。清末各级审判厅筹设时遇到了财力和人力等方面的困难，所筹设地区仅限于省城、商埠等有限地方，其他广大地区仍处于传统的司法制度下。而那些已筹设的审判厅运行时受到财力等因素制约，取得的成就有限。总体而言，清末法制改革及新设立的审判厅制度并未解决讼费问题，诉讼费用仍然成为诉讼当事人的沉重负担。从1909年初清廷再度发布的上谕可见一斑：“据称自停止刑鞫以后，残酷之风虽减，拖延之害愈深，……各省讼费名目繁多，百端需索，冤纵获理，家产已倾。若如所陈情形，实堪痛恨。著京外问刑各衙门将一切弊端认真厘剔，不得视此旨为具文。倘再查有各项情弊，定行严加惩处。”〔3〕

〔1〕《清史稿》卷一二一“食货二·赋役、仓库”。

〔2〕比方，至咸丰中叶，四川钱粮之外按粮摊派，正赋一两加征一两。至咸丰末年，大县正赋一两加征近十两，小县正赋一两加征五六两。参见鲁子健编：《清代四川财政史料》（上），四川省社会科学院出版社1984年版，第513页。

〔3〕参见《大清法规大全·法律部》（影印版）卷首“谕旨”，考正出版社1972年版，第1661页。

该上谕有现实基础、绝非空穴来风——清末浙江高等检察厅在一份针对山阴县傅丁氏的批词中提到："兹据状称，原差周渭欲索厚规方肯传集，情果非虚，殊属胆玩已极。"[1] 清末山东烟台商务总会总理张应柬等向农工商部禀称当地衙门未及时审理民事案件，拖累商民，"钱债讼案一入地方衙门，差役如得鱼肉，不问债务能否追偿，只要堂规。纵地方官廉洁，而衙门上下非钱不行，商民视为畏途。"[2] 而据晚清《调查川省诉讼习惯报告书》记载："川省差费刑事与民诉无甚差别。向来并无通章，各属自为规定。且有任书差婪索无厌者。……惟现在遵章改订案费，每案钱十千文，民刑诉讼一律征处。但非长官严明，仍不免额外需索之弊。"[3] 清末讼费虽已遵章明确规定，仍难免差役等人额外勒索。诸如此类颇类似于雍正年间将陋规（火耗）改为正供，于是官吏在正供之外进行新一轮的勒索。

因此，"上海地方审判厅受理民刑诉讼案件应征费用通告"：在发布征收讼费的细则同时，规定对违法收费的吏员进行惩儆，"本厅书记及承发吏等，如有应收各费，藉端需索额外浮收者，悉照官吏受财法论罪，并许受害之人据实呈控。"[4] 该"通告"还规定："查从前衙署诉讼有代书经承差役等项，名目甚多，无一项不需要费用，且任意勒索，均无定数，民间词讼俱受其害。本厅有鉴于此，将所有陋习一律革除，以期完全保护人民之权利。兹特另订各项章程，凡属购状、写状、传审、抄录各项均定有划一费用，俾资遵守。"[5]《浙江讼费暂行规则法律案》第三条规定"自本规则施行之后，凡各属所有以外一切名目用费，全行禁绝。"[6] 联系到整个清朝不断发布的类似禁令，此类规定能起多大作用，值得怀疑。在税收与公共财政缺乏宪政的依托，种种收费制度的改进都难免陷入"黄宗羲定律"的咒语之中："陋规"编为养廉，于是又生新的"陋规"，永无止境。正如秦晖认为，公民作为纳税人的权利如果长期受到忽视，那么任何单纯的"税改"都不能根本解决问题。[7]

---

[1] 汪庆祺编：《各省审判厅判牍》，李启成点校，北京大学出版社 2007 年版，第 29 页。

[2] 参见《大清法规大全》（影印版）卷九"实业部 · 农工商部通咨认真审讯钱债词讼文"，考正出版社 1972 年版，第 3043 页。

[3] 参见李光珠辑：《调查川省诉讼习惯报告书》第十项"案费"，四川调查局报告，稿本一册。

[4] 汪庆祺编：《各级审判厅判牍》，李启成点校，北京大学出版社 2007 年版，第 287 页。

[5] 汪庆祺编：《各级审判厅判牍》，李启成点校，北京大学出版社 2007 年版，第 285 页。

[6] 参见"浙江讼费暂行规则法律案"，载《浙江法制报告》"浙江单行法 · 咨议局决案"，浙江调查局辑铅印本。

[7] 黄宗羲认为，历代税赋改革，每改革一次税就加重一次，而且一次比一次重。黄宗羲的观点以及所反映的历史现象，被现代学者秦晖总结为"黄宗羲定律"，参见秦晖："并税改革与'黄宗羲定律'"，载《农村合作经济经营管理》2002 年第 3 期。

附　表

案件性质	起诉时金额	讼费金额	讼费支付方	审判机构	是否合标准	所在页码
娶妾退妾	五十元	一元九角	上诉人江成映（败诉）	云南高等审判厅	合标准	第68页
娶娼为妻套良作妾	非财产事项	不明	两造分担缴纳	云南地方审判厅	不明	第70页
夫妻纠纷	非财产事项	四两二钱	原告于登瀛，原告理曲	贵阳地方审判厅	超标	第74页
离婚案件	非财产事项	四两二钱	原告杨云阶，原告有过错	贵阳地方审判厅	超标	第77页
田产纠纷	不明	二元	两造分缴	云南高等审判厅	不明	第79页
房产纠纷	三百五十两	三元一角	原上诉人马成和，原告有过错	云南高等审判厅	低于标准	第80页
田产纠纷	十两以下	讼费五角；录事办公费一元五角；承发吏办公费一元四角	被告李锡、李老双	云南地方审判厅	不明	第82页
田产纠纷	三十二两	讼费二元八角	败诉人王慎斋	云南地方审判厅	超标	第82页
侵占基址	非财产事项	二元六角	王一山，事不干己、无理取闹	云南地方审判厅	低于标准	第82页
土地纠纷	五十两	五元四角	两造分担	云南初级审判厅	超标	第83页
占房不搬	非财产事项	不明	张源发	云南初级审判厅	不明	第84页
盗砍树木	洋一元	讼费三钱，证人到厅费五钱、承发吏随勘川资、食宿费二两二钱	败诉人杨奉先	安徽高等审判厅	合标准	第85页
争执坟地	不明	讼费银三两，五位证人到庭一次、每人征银五钱	败诉人谢振钧、谢百福分别缴纳	安庆地方审判厅	合标准	第86页
股份争执	一百二十五元九角二分	讼费龙洋十元，证人三名各到庭一次，应征银一两五钱	败诉人潘玉度缴纳	安庆地方审判厅	超标	第87页

（续表）

案件性质	起诉时金额	讼费金额	讼费支付方	审判机构	是否合标准	所在页码
争执坟地	不明	讼费银三两	败诉人谢振钧、谢百福分别缴纳	安庆高等审判厅	合标准	第 88 页
山地纠纷	不明	讼费按顶价银计算，征银一两五钱	胡树声缴纳	安庆地方审判厅	不明	第 90 页
田土纠纷	不明	不明	被告韦可球缴纳	梧州地方审判厅	不明	第 91 页
土地纠纷	一百五十元	讼费银三两	原被告各出一两五钱	澄海初级审判厅	合标准	第 93 页
土地纠纷	四千八百吊（典价）	讼费典价照章征银十两、诉讼人到庭十一次、应征洋三元三角，证人到庭六次，应征银三两，诉讼人到庭费的收取不合法	败诉人白恒坤呈缴，分别归公给领	抚顺地方审判厅	讼费低于标准	第 94 页
土地纠纷	不明	十五两	败诉人马张氏	延吉地方审判厅	不明	94 页
土地纠纷	不明	八钱四分	败诉人胡荣春	贵阳第一审判厅	不明	第 95 页
妄控捎赎	一百二十千文	印费洋六元五角	妄控人致炳纬	鄞县初级审判厅	合于标准	第 96 页
霸占住居	五百二十两	应征讼费银十两从宽折半	由宋传纶等分缴	安庆地方审判厅	低于标准，按标准，当为讼费十三两	第 97 页
破产还债	资不抵债	讼费赤贫免追	债务人薛明玉	新民地方审判厅	讼费救济	第 101 页
债务纠纷	四万两	九十五两	公兴泉	新民地方审判厅	合于标准	第 103 页
债务纠纷	洋二百八十九元	赤贫免追	被告张光梯，赤贫免追	安庆地方审判厅	讼费救济	第 103～104 页
债务纠纷	五百五十吊	讼费银六两五钱，承发吏传票费银一两一钱、证人沈华甫到庭费银五钱、共计银八两一钱	被告万长青呈缴	天津高等审判分厅	低于标准	第 104～105 页

（续表）

案件性质	起诉时金额	讼费金额	讼费支付方	审判机构	是否合标准	所在页码
债务纠纷	八千六百五十一两七钱	讼费银六十二元五角，	原告承担，原告败诉	宁波地方审判厅	大大超标	第105～107页
债务纠纷	二百三十余两	按民事因财产起诉者二百五十两以下征银六两五钱	两造分缴	重庆地方审判厅	合乎标准	第107页
债务纠纷	一千一百余两	讼费照章征银十两（按实际判决确定的数额征收，事关亲谊，原告同意被告仅还三成，计三百五十两。）	被告梁俊卿呈缴	重庆地方审判厅	低于标准	第108页
债务纠纷	二百五十两	讼费银六两五钱，三位证人到庭一次，每人应征到庭费五钱	原告杨星庚措缴	安庆地方审判厅	合乎标准	第108～109页
债务纠纷	二百八十九元	姑念赤贫，遵章宽免	被告张光梯（逃逸）	安庆地方审判厅	讼费救济	第109～110页
债务纠纷	洋五百元	讼费本洋十元，中证四人，二人到庭二次，二人到庭一次，共征到庭费银三两	理曲者徐性斋、周万盛各半完纳	芜湖地方审判厅	合乎标准	第110～111页
债务纠纷	洋九十元	初级与本厅讼费共本洋四元五角，二位证人各到庭一次，应征银一两	债务人戚成义呈缴	芜湖地方审判厅	不明	第111～112页
债务纠纷	洋五百元	讼费十三两（多收十一两）	由原告、被告分担缴纳	宁波地方审判厅	远远超标	第112～113页
债务纠纷	一百三十六两	讼费二元四角（此案被告折半缴银六十八两给原告）	被告周达卿缴纳	云南高等审判厅	低于标准	第113页

（续表）

案件性质	起诉时金额	讼费金额	讼费支付方	审判机构	是否合标准	所在页码
债务纠纷	九十三两六钱	讼费六元八角，此案原告方的证人二人到庭，但未征收庭费	原告万玉清缴纳，此案属诬告	云南高等审判厅	远远超标	第114页
遗产继承	二千串文	讼费按二百五十两以下之财产诉讼计算，征费银六两五钱，三个证人各到庭二次应征银三两，川资旅费三两，另三名证人到庭一次应征银一两五钱，川资旅费银一两五钱	败诉人赵济来、赵济昌措缴	安庆地方审判厅	合乎标准	第127页
债务纠纷	一千三百两	讼费照章应征银二十两，加恩减半	败诉人张茂廷缴银十两	重庆地方审判厅	合乎标准	第128页
异姓乱宗	价格不明	讼费银四两二钱	案由熊升妹争立构衅，由其照缴	贵阳地方审判厅	不明	第128～129页
措执谱饼不发及不允上谱	非财产事项	讼费银三两	刘思胜、刘连生、刘洪美、刘六仔四人分缴	南昌地方审判厅	合标准	第129～130页
争继遗产	十万五千两银	印花费三百五十五元	原被告均非为自己诉讼，讼费于遗产项下支销	宁波地方审判厅	合乎标准	第131～132页
工资纠纷	七千余两	讼费银十两	原、被告分缴	重庆地方审判厅	低于标准	第132～133页
将寄存货物抵债	价值不明	讼费银一两五钱	储若镕、潘成望呈缴讼费	安庆地方审判厅	不明	第133页
盗窃电气	一百二十五元	讼费六元五角	由被告茂盛办馆缴付	芜湖地方审判厅	合标准	第134～135页
索还契券	非财产事项	讼费银四两二钱	原、被告平均分缴	贵阳地方审判厅	超标	第177页
捏情妄控	非财产事项	讼费银十两	由原告刘子谦呈缴	重庆地方审判厅	超标	第197～198页

（续表）

案件性质	起诉时金额	讼费金额	讼费支付方	审判机构	是否合标准	所在页码
把持租房拒不搬迁	非财产事项	讼费银三两	由败诉人淡泰丰源呈缴	重庆地方审判厅	合标准	第216～217页
争夺松柴	三百两银	讼费银六两五钱	由两造分缴	重庆地方审判厅	低于标准	第217～218页
财产纠纷	二千三百两	讼费银十两	被告翟氏	芜湖地方审判厅	低于标准	第219～220页
寺僧争充方丈	非财产讼案	讼费印花三两	原、被告分担缴纳	宁波地方审判厅	合于标准	第225页
租船被溺	一百六十元	讼费银三两	黄桃盛呈缴	澄海商埠审判厅	低于标准	第230～231页
翻刻地图	非财产事项	讼费银三两	鼎新书局	澄海商埠审判厅	合乎标准	第231页
措给恤银	赏银二千两	讼费一元三角	上诉人马学义缴纳	云南高等审判厅	低于标准	第231页
私当息折	三十七两	照章征银二元五角	从宽一律免征	云南高等审判厅	讼费救济	第231～232页
侵蚀产业	价额七十五两以下	征收银三两零八分	张有鉴照缴	贵阳地方审判厅	超标	第233～234页
侵吞捐职款项	一千一百三十四元	二十元	两造分担	宁波地方审判厅	合乎标准	第234页

"通漕"与"变漕"

——明清漕运法规变革研究

吴 欣*

明清时期，"军国之需，尽仰给予东南"，[1] 漕粮从征收、起运、交仓到保管程序诸多，漕运制度也因之极为复杂，由一系列的"律"与"例"构成并加以维持。清承明制，漕规多有沿承，形成了明清"通漕"之制。在时间的脉络之中，明清社会经济形态的相似性决定着它们始终被看作是一个连续不断的整体，并被研究者冠以"前近代"之名。[2] 但具体到漕运法规中，这种相似性却在社会的不断演进之中实现了"因""革"之变。探讨漕规因、革背后的根源，考量法律与社会变革的关系是本文的写作初衷。明清漕运法规堪称其经济诸法中的大法，款项浩繁，条目众多。明代有关漕运的法规多集中在《漕运通志》卷八"漕例"中，其他如曹溶著《明漕运志》及《明会典》等政书中也多有零星记载。比之明代，清代的漕规则比较集中且全面，康熙年间曾编订过内容相对简单的《漕运议单》；雍正十二年（1734年）纂成《漕运全书》，之后每十年续编一次，现存光绪朝《漕运全书》是有关清代一切漕运事务最根本法律准则。此外，曾为漕运总督的杨锡绂著于乾隆三十五年（1770年）的《漕运则例纂》，也汇集了清初至乾隆朝的所有漕运例法。

一、明清通漕之制与变漕之法

明永乐九年（1411年），工部尚书宋礼奉命重开会通河，筑东平戴村坝，遏汶水南入汶上南旺湖，分流南北济运，又自汶上袁口开新河于旧河东，北至寿张沙湾接旧河，运道畅通，岁漕四百万石皆取道于此。自此明代漕运先后经历了"支运"、"兑运"、"改兑"三种运法。[3] 宣德五年（1430年），明政府接纳漕运总兵官平江伯陈瑄的建议，以驻守东南各地卫军承担漕运的任务，官军专运的长运"改兑"之法至此成为定

---

* 山东聊城大学历史系，副教授。

〔1〕 张瀚：《松窗梦语》卷八"漕运纪"，续修四库全书本。

〔2〕 比如黄宗智著名的"内卷化"理论的提出，彭慕兰关于明清江南与英格兰的对比研究，李伯重先生对江南经济的考察，都将明清十七至十八世纪的明清看作一个研究之整体。

〔3〕 邵宝："国朝运法五变议"，载《明臣经济录》卷二十二，四库全书本。

例。中央漕司（府址在淮安）直辖运军十二总，另有遮洋总，共十三把总，每把总督率官军万余人，运漕“军丁之号盖尽于屯伍中抽选”。[1] 明代漕军采用军事建制，这一方面因自于漕粮运输任务繁重，即“运也者，朝廷所以禄百官，廪庶工，食宿卫士，饱关辅戎马，国计之大者也”；[2] 另一方面也有“寓兵于漕之意”，[3]“漕运之制，军驾运漕原意，行则撑挽，止则操练，一遇地方有变，保此漕粮于无虞也”，[4]“军至十万之众，既有都御史总兵参将为统制，又有把总都指挥等官分领之，又有指挥千百户等官管押之，大小相承，居则有卫，行则有次，导前距后，俨然行师之规。”[5] 可以说，运军体系在明代建立之始，是被当作一项军事工程建设的。

清初继承明制，继续采用省卫军挽运漕粮的办法，“本朝以来，官则裁去卫指挥等衔改为守备千总，随帮员弁司屯务，运粮丁则因前明”。[6] 但也做了部分修改：一是陆续将与漕运无关的卫所裁撤，划归地方管理，保留有漕运任务的卫所，使之成为单纯负责屯种与漕运的机构，军事组织功能彻底消失，卫所军改为屯丁；二是将原来世袭的卫所指挥、千百户等军官改为流官，由兵部和漕运总督任命。这是明清政治军事制度变革带来的变化。

明代以世袭军籍约束军户，藉以确保军役。在这样的体制之中，运丁由军户而来，世袭为运丁，军户制以三丁以上之户出成丁一名从军，称“正军”，其余为余丁、继丁，正军有缺（如死亡、出逃）则由余丁、继丁中签补。如洪熙七年漕例规定：“各处运粮官军但有软弱事故者，见于操屯田官军内兑补”。[7] 入清以后，屯丁的军籍依然存在，只是至顺治十二年，漕运总督蔡士英在明代屯田的基础上，提出了“计屯起运”的方式，清政府遂将有漕卫所的屯田归船赡运。其分配方式大致有两种：一是以运丁为单位，如东昌卫每丁分配五十亩；一是以船为单位，如扬州卫每船由三百九十亩到一千二百亩。[8]

明代漕运官员制度已经较为完备，但其间也多有变化。明初漕事由一般官员兼管，宣德年起由负责运粮的总兵官、巡抚和侍郎于每年八月进京，商定明年漕运事宜。至景德年，始设固定的专职官吏漕运总督，总督“与总兵、参将同理漕事”，[9] 漕运总兵负责督促徐州、邳县的漕船“过洪入闸”，协同理漕参政，并“管押赴京”。明代共一

---

〔1〕 杨锡绂：《漕运则例纂》卷十六，四库未收辑刊，壹辑二十三册，第661页。

〔2〕 黄训：《皇明名臣经济录》卷十八，文海出版社影印嘉靖刊本，第1322页。

〔3〕 马从聘：《兰台奏疏》卷二“陈漕政书”，四库全书存目丛书本。

〔4〕 王在晋：《通漕类编》卷四“漕运”，台湾学生书局1970年版。

〔5〕《御选明臣奏议》卷十三，文津阁四库全书本。

〔6〕 杨锡绂：《漕运则例纂》卷十六，四库未收辑刊，壹辑二十三册，第416页。

〔7〕 杨宏：《漕运通志》卷八“漕例”，北京图书馆古籍珍本丛刊，书目文献出版社1998年版，第460页。

〔8〕 李文治：“清代屯田与漕运”，载《学原》1984年第2期。

〔9〕《明史》卷九十七“食货志三”。

百零一个漕运卫所，运军十二万多人。由于政治制度的变化，清代的漕运官员设置比明代复杂，清初就已设置了一套完备而庞大的漕运官制：漕运总督驻淮安，统领漕政，凡收粮起运，过淮抵通，"皆以时稽核催攒，综其政令"；[1] 各省粮道，监督漕粮征收和起运；征收漕粮由州县官员负责；河道总督和各省督抚负责催攒漕船；漕粮抵京通，又设仓场侍郎、坐粮厅、大通桥监督等官员。随着时间的推移，漕政渐趋败坏。各级漕臣为己之利，多向各机构安插私人。例如，嘉庆年间，因亲友谋充，漕运总督所派漕务委员已骤增至八十余人，他们"添雇走役，逞暴作威，需索帮费，邀求货物，无所不至"。[2] 清初挽运事宜皆由卫所承担，各卫帮千总负责领运，设有两官，两年轮换出运，但仍觉不足，另委候补一员押运空船，令本帮千总押重，一官三人。每省粮道负责督押，又别委同通为总运。漕船行经沿途地方的督催大员，也"借帮丁之脂膏，以酬属员之奔竞，且为保举私人之地"[3]

道咸以降，海运逐步成为漕粮运输的主要方式，维持河运的体制失去了赖以存在的合理性和合法性，逐步走向崩溃。

如上，明清漕的继承与变化在时间的脉络中清晰显现。在这两个朝代之中，漕运有关京畿百万居民乃至政府官员和皇室的用粮，更具有稳定和协调社会、经济的作用，因此作为经济大法，漕运的律例较多，事实上，漕运的维护也正是依赖律例的"赏罚制度来维系的"。[4] 明清两朝有关漕运的律例条款，经历了一个由简到繁的过程。

先就明律而论，其法律制度的制定大略分为三期：第一期包括洪武、永乐两朝，这一时期是为"以榜文为主，以律为辅"时期；第二期包括仁、宣、英、景四帝，为"以洪武三十年所定律为主，例的合法性仍有问题"[5] 时期；第三期则包括宪宗至明末，为"以例辅律"时期。[6] 漕运的律例变化，大致也遵循这一规律。如成书于嘉靖初年的《漕运通志》在漕例开篇就言道"凡制国必有成法，法久必坏，坏必更始，然后例生焉。例也者，所以辅法而植事也者。故观法可以知其常，观例可以知其变"。[7]《明臣经济录》中所载大臣们自正德三年（1508 年）至嘉靖二年（1523 年）的各项漕例奏议，也从侧面反映了漕例的变化情况。[8]

清代漕运律例沿袭明代，但仍有改变，这种变化集中在"例文"的增删以及"例

---

〔1〕 纪昀：《漕运官制·国朝官制》，《历代职官表》卷六十。

〔2〕 熊墀：《奏陈漕务积弊疏》，参见董醇：《议漕折钞》卷三。

〔3〕 包世臣：《畿辅开屯以救漕弊议》，参见《安吴四种》卷七，近代史料丛刊第三十辑二九七册，文海出版社 1968 年版。

〔4〕 李文治、江太新：《清代漕运》，中华书局 2007 年版，第 171 页。

〔5〕 黄彰健：《明洪武永乐朝的榜文峻令》，参见《明清史研究丛稿》，台湾商务印书馆 1977 年版，第237～286 页。

〔6〕《明史》卷九十三"刑法志一"，第 2287 页。

〔7〕 杨宏：《漕运通志》卷八"漕例"，第 457 页。

〔8〕 参见《明臣经济录》卷二十二，四库全书本。

文”法律位阶的大幅提升上。自雍正三年（1725 年）开馆修律、雍正五年（1727 年）颁布律文之后，律文从此不删不修，而“例”则愈修愈多。乾隆三十五年（1757 年）成书的《漕运则例纂》将此前的漕例进行了系统编纂，共分二十卷，比成书于明嘉靖七年（1528 年）的《漕运通志》中的漕例更加系统，所涉及的漕运禁例更加繁密。除例文数目增加之外，漕例的法律地位也逐步上升，乾隆四十四年（1779 年）明令：“既有定例，则用例不用律”，“例”在法律运用上对“律”的优位性正式确定。光绪朝修纂《漕运全书》中“例”的内容涉及漕粮征收、兑运额数、运漕脚价、回空限例。沿途攒运、船帮额数、选补官丁、扣追欠款等 78 个方面的内容，并编订事例加以说明。光绪年间杨荣绪所作《读律提纲》中曾对“律、例”关系以及“新例、故例”关系进行解读，他认为“例较律加严密，故议狱者，有例，则引例，不引律”，因为“新例视旧例为变通”，“故治狱者，有新例，则用新例，不用旧例”。[1]

在这样的制度性变革之中，运河漕运兴衰既承载了社会的渐变也体现了立法的革新。通漕之制与变漕之法在一些具体的漕例之中有着更加细致的表现，以下仅以“选丁”和“土宜搭载”漕例变化为例，挖掘漕例变化背后的根源，以期进一步探讨社会与法律之间契合、适应、背离、变革的关系。

二、漕例“选丁”之变

明代漕运运丁由卫所军户而来，清初继续采用省卫军挽运漕粮，漕例规定“运丁正身不押运，雇觅匪徒及舵役代运者将押运通判罚俸六月”。[2] 但到康熙年间，有关运丁佥选的漕例却出现了两个特别值得关注的变化：一是康熙三十五年（1770 年），漕船运丁部分由屯丁充任改为民间雇募，即“核准漕船出运，每船佥军一名，其余水手九名雇觅有身家并谙练撑驾之人充役。”[3] 二是康熙五十一年（1612 年）定例：将明代及清初“责成各卫运官自行遴选”的运丁选拔定例改为“佥选运丁必须千总保结，呈报卫备府厅等官验看，加具印结。”[4]

关于第一点变化，主要针对运丁减少的问题而定。事实上该问题早在明代就已出现，如宣德六年（1431 年）六月陈瑄就曾以运军“连年输运，当苏其力”[5] 为由，奏请于浙江、湖广、江西、苏松常镇太平等府“金民丁及军多卫所添军，与见（现）运军士通二十四万人，分为两班”每年更替。但明宣宗认为“民运粮已非易事，又欲全点助军，是重劳民，此不可行”。[6] 面对运军减少的问题，明廷的解决方式是进行运军佥补：或是由本军户内部佥补，“若在运病亡者，即补本户空丁，无则选于别户，不可

---

〔1〕 杨荣绪：《读律提纲》，丛书集成三编，第 17 册。

〔2〕《大清会典则例》卷十七，四库全书本。

〔3〕《大清会典则例》卷四十二，四库全书本。

〔4〕 杨锡绂：《漕运则例纂》卷十六，四库未收辑刊，壹辑二十三册，第 417 页。

〔5〕《明宣宗实录》卷八十，宣德六年（1431 年）六月乙卯。

〔6〕《明宣宗实录》卷八十三，宣德六年（1431 年）九月癸亥。

重复差拨";[1] 或是"(运军)正军不足，于空闲余丁或别差下选补；该卫所无丁，同卫所拨补；本卫无丁，于本总（别）卫所拨补。"[2] 还可能将其他户等的操、屯田军等转为运军，如成化年间漕例："运粮军余逃亡事故并贫难无补者，各都司所必以守城操练及空闲军余内选补"；也有在卫所屯田军士内选补的情况，如正统初年定例：运军人数不足时，"令于本卫屯（田）军及见在京各卫食粮军内选补原数潜运"。[3] 以上几种佥补方式都是在军中选补，并未涉及民间，更无雇募之说。

但至清康熙年间，运丁人数大减，运丁"不得民间雇募"的情况被改变。自康熙三十五年为始，运丁雇募成为定例，这与康熙二十六所定"运丁正身不押运，雇觅匪徒及舵役代运者将押运通判罚俸六月"的漕例相差仅仅九年，且其后雇募人数逐渐增加，"嗣后由船只体积日增，水手人数亦增加，每船旗丁、舵工、水手不下三四十人。"[4]

运丁的减少与运丁逃亡有着直接关系。明清律例有关运丁逃亡的处罚方式和处罚程度略有不相，明代规定管运官将脱逃者"呈把总官，转呈漕运衙门拿问，解发沿边墩台瞭哨。"[5] 清康熙二十六年定例："旗丁不正身出运，以自定代运者，定例将正身及代运之子弟俱发边卫，永远充军"，不但如此，还对漕运官员的附带责任给出详细的惩罚之规定："将承派之卫守备罚俸一年，押运丞卒罚俸六个月，领运弁员徇私不行察出者，降一级调用"。[6] 从这两个时期的处罚来看，比之明代，清代的处罚不可谓不重，对运丁的威慑力不可谓不强，但清代运丁逃亡的普遍性却迫使清廷改变了"不可以雇募"的定例。

应该说，明成化九年所实行的漕运"长运法"，在当时的历史条件之下是一种比较完善的漕运方式，堪称军民两便，在其实行之初，"军既加耗，又给轻赍银为洪闸盘剥之费，且得负载他物，皆乐从事"。[7] 也就是说，在初始时运军可以获得一定的经济利益，其经济来源大致由三部分组成，一是屯田；二是行粮；三是月粮。但这种情况到明后期就逐渐发生了变化，虽屯田行粮与月粮之制并无太大变化，但随着土地兼并的严重以及运军负担的加重，漕规自身的弊端也逐渐暴露出来。仅就屯田来看，初屯军赴运，屯田改由户下余丁耕种，甚者改由佃耕，运军则坐取租利，但屯田多为豪强所占，或因年远不知田所，致沦于佃户之手。至清初，这种情况愈加严重。清代实行保运制，从漕粮上船开始，就由运丁完全负责，将遭粮安全运抵京师，如果途中出现遭粮短欠或

〔1〕《明宪宗实录》卷二〇七，成化十六年（1480年）九月戊戌。
〔2〕王在晋：《通漕类编》卷四。
〔3〕《明英宗实录》卷五十九，正统四年（1439年）九月庚申。
〔4〕《清高宗纯皇帝实录》，卷一四五三，乾隆五十九年（1784年）五月丙午上谕。
〔5〕杨宏：《漕运通志》卷八"漕例"，第476页。
〔6〕杨锡绂：《漕运则例纂》卷十六，第420页。
〔7〕《明史》卷七十九，"食货三"。

发生霉变，以及因风火事故导致漕粮漕船受损，均由运丁赔偿。运丁“管领重运，远涉江河，经行数千里始抵通州，身家性命攸关，其责甚巨。”[1] 所以富宦之家中的军籍屯丁，想方设法脱离军籍，逃避出运。据杨锡拔记：“各省卫所绅宦官户因办运艰难，遂百计图维，思脱军籍，或将本有屯田转售于人而专置民产，向州县纳粮；或考试之时冒入民籍，入学中试；或以民籍报捐、贡、监职官”。[2] 官府佥选运丁时，也是积弊丛生，“官设上下通同，卖富差贫”，“富且贵者以势力求脱，而所金者皆无力之穷民咽。运丁被迫出运，日益困窘”。[3] 一般富户绅宦“财势既大，青吏证佐多为左袒，州县府厅或碍于情面，或办理粗疏，往往凭捏饰之据，狡脱之词，断为是民非军，卫所官弃徒坐视而莫可如何。是全一富户即脱一军籍，全一绅宦亦脱一军籍也”。[4] 这些都导致运丁数目减少，尤其是“殷实”运丁数目的减少。

为解决运丁减少的问题，漕例有关运丁佥选发生了一系列变化。先是康熙三十五的定例：“核准漕船出运，每船佥军一名，其余水手九名雇觅有身家并谙练撑驾之人充役”。[5] 之后，至乾隆三十年，清廷又对军籍进行编订，这次编订除却清理军籍之外，同时也规定“嗣后四年编审之时，将各丁田地房产一并查明，注于各丁户口之下”，[6] 在原有清查户籍之上增加清查军丁经济状况的内容，其目的在于掌握其田地房产的变化情况，以保证佥选殷实军丁参加漕运。漕例还相应规定：“嗣后各省每年出运船只照例佥定殷丁，即于开帮册内将现在正副丁名于该船名下分析注明，毋得仍前蒙混造报，致滋弊端。”[7] 这样，明清运丁佥选就发生了从注重军籍到注重军籍中军丁个人收入的变化。

至此我们看到康熙年间漕丁佥选定例的矛盾：一方面面对漕丁逃亡的事实，不得不雇募水手。而康熙五十一年（1712 年）之后逐渐推行的摊丁入亩制度，使传统户籍控制政策松动、雇佣关系进一步发展，大批破产农民和手工业者投身到漕运业中，这为漕运雇募提供了人力支持。另一方面，伴随着土地交换的日益频繁，运丁不断将屯田变卖，其收入日渐减少，一旦挂欠就无法偿还，因此在以“保运”为主旨的漕例制定过程中，加强了对运丁财产的清查，要求以殷实屯丁佥选为运，以保证挂欠赔偿。

当然，伴随着佥选制度的变化，运丁水手的管理也发生了相应改变。明代运军是军事化管理，五船一甲制是明代遭船编队转运的基层单位。漕船编队运行，“运船自旗

---

〔1〕《清圣祖实录》卷二二九，康熙四十六年（1707 年）五月戊寅。

〔2〕杨锡绂：《四知堂文集》卷十五。

〔3〕杨锡绂：《四知堂文集》卷十五。

〔4〕杨锡绂：《四知堂文集》卷十五。

〔5〕《大清会典则例》卷四十二。

〔6〕《户屯》，乾隆五十五年（1790 年）六月二十日漕督管干珍题。

〔7〕杨锡绂：《漕运则例纂》卷六，四库未收辑刊，壹辑二十三册，第 420 页。

军以上至于把总指挥，上下相维，什伍相助，行以帮行，止以帮止，师行之纪律寓焉"，[1] 沿途各总漕船由各级运官分别统率提督，以加强对运粮船的管理，保证潜船安全和顺利地抵达京通二仓。

清代运丁的管理相沿于明，实行甲帮制，并进行相互间的保结，所不同的是由于舵头水手多为雇募，缺乏了军人身份，又缺乏可稽查的身家，他们极易形成"朋比为奸，不服运军弹压，当漕粮兑足之后，仍挨延时日包揽货物，以致载重稽迟迟，易于阻浅浅，不能如期抵通，及回空经产盐之地，又串通奸顽收带私盐，此其弊端之彰著者；闻尤有不法之事，凡各省漕船水手多崇尚邪教，聚众行凶，一呼百应，迩年以来或因争斗伤害多人，或行劫盐店抢夺居民，种种凶恶渐不可长，亟宜惩治"[2] 的情况，甚至"监守自盗"的事情也时有发生。如乾隆五十年正月山东巡抚明兴所奏"兴武帮漕船被盗案"事件，主谋刘四就曾在该帮充当水手，直至案件发生，才经多方调查查出刘四其人的身份——曹州府郓城陈家庄人，一直在外流浪觅食。[3]

如何实现对这些"无籍"雇募水手的有效管理？康熙五十一之定例——将明代及清初"责成各卫运官自行遴选"的运丁选拔定例改为"佥选运丁必须千总保结，呈报卫备府厅等官验看，加具印结"[4] ——就是通过进一步确定水手身份和强化卫备府厅责任的方式来加强管理。不仅如此，雍正三年进一步定例："各省帮船雇募水手头舵，责成卫所及运弁正丁雇募谙练之人，开明姓名，籍贯，各给腰牌，严行保结之法，令前后十船互相稽查并取正丁甘结，十船连环保结，一船生事将本船旗丁照例治罪，十船连坐。其粮道及押运等官沿途稽查，有生事者许地方官会同查讯惩治，倘有隐匿不报者，总漕察出一并题参。若总漕不行题参，别经发觉者，将总漕一并交部严加议处"。[5] 该漕例试图继续用"互保"加严格选拔与督促的奖惩之制实现自下而上的管理。

但事实上，该漕例的制定却并未收到理想效果，由于漕运水手的主要成分已由军人变为雇佣劳动者，"随处雇觅水手，其素质低劣，水手来源多为下层社会的游手好闲之徒，各帮水手拜师授徒，联结党伙，杀伤劫夺行旅之事，旁见迭出"。[6] 这些雇募水手组成的水手群体在具体的漕运过程中逐渐形成共同的利益诉，并因雇佣、工价、福利以及各种利益的分配和协调等问题不断与运官、沿岸居民甚至政府之间产生矛盾，并最终发展成为秘密社会组织。

三、漕例"土宜夹带"之变

如上，佥选漕丁漕例的改变，反映了明清漕运制度乃至社会自身的渐变过程，事

---

〔1〕《明武宗实录》卷八十二，武宗六年（1493年）十二月辛巳。

〔2〕《钦定大清会典则例》卷四十三，四库全书本。

〔3〕《军机录副档案》，第一历史档案馆，档案号04-01-08-0071-002。

〔4〕 杨锡绂：《漕运则例纂》卷十六，第417页。

〔5〕 杨锡绂：《漕运则例纂》卷十六，第423页。

〔6〕 张哲郎：《清代的漕运》，台北嘉新水泥公司文化基金会1969年版，第12页。

实上，明清漕规的变化也深刻的体现了社会经济发展与人们思想观念的改变，这一点在有关“土宜夹带”的漕例中表现得最为明显。

漕运“土宜夹带”源于朝廷对漕军的运途遭受盘剥的怜悯，为“资给盘剥折耗之费”，“许令粮船附己物自给官司”。[1] 在明代，有关漕船搭载的规定曾几经变化，早在明洪武年间，已允许搭载，但至宣德二年（1427年）又因定例：“运量军船工部及诸衙门不许拨载他物，致误儧运”；[2] 至洪熙三年（1427年）又“许官军粮船内附载物货，给盘剥折耗之费”，[3] 并于成化十二年（1476年）将其设为定例。当然定例中也明确规定，搭载之物不能是“客货”，否则“照例究治”。但因为“客货”与“已物”两者是很难区别的，所以才有“军卫有司巡捕，依例不分土宜货物一概拦阻、盘查、拘留、索害，甚将各军行李衣装抡抢一空”[4] 的情况出现。

成化（1465～1487年）时期每船准带土宜十石，嘉靖（1522～1566年）末放宽到四十石，万历（1573～1620年）朝又增为六十石。随着时间的推移，土宜携带数量逐渐增加。但总起来看，明代对携带土宜限制较严。明代文献中有关土宜搭载的讨论，也多是以解决运军经济困难为主题。如正德年间都御史丛兰曾对运军搭载的原因进行过统计，他认为其由有五：“或因漂流磕沉船粮不得勘报开豁借债，买粮赔补，一也；或因原粮米湿润，经过三伏腐烂亏折，借债买粮赔补，二也；或因使用不足收受斛面大重以致掛欠筹斛借债买粮赔补买，三也；或因天雨泥泞车驴脚贵轻赍不足借债赔补，四也；或因不才运官营干已事假以雇脚卖粮为由诓借债负遗赖卫所偿还，五也”，[5] 土宜搭载可以部分解决这些问题。在明王朝统治后期，月粮经常推迟发放；或者即使发放，每人所得也是大为减少。除此之外，漕军可用来支付运输花费、驳船和运货马车的服务费，购买诸如竹席之类的防水材料的漕粮征收的额外收入——“轻赍银”，从正德六年（1512年）起，以防止贪官污吏的盘剥为，由漕运总理统一掌握并分发给漕军，但最终被运往宫廷，变成了宫廷的普通收入了。[6] 运军生活之苦可见一斑，文献中就有“运官自缢身死，如袁州卫百户王宗是也；或削发脱身，如东昌卫指挥王镛是也”[7] 的记载。

丛兰以“人情至此，诚可流涕，若不权宜区处设法改救，将来运政臣不敢言”[8] 的略带悲凉的语调阐述了他对运军的同情。万历督河道王在晋也说：“……祖宗谨念运

〔1〕 杨宏：《漕运通志》卷八“漕例”。
〔2〕《大明会典》卷二十九，文渊阁四库全书本。
〔3〕 杨宏：《漕运通志》卷八“漕例”。
〔4〕 杨宏：《漕运通志》卷八“漕例”。
〔5〕《明臣经济录》卷二十二，“正德十四年（1519年）漕例奏”，文渊阁四库本。
〔6〕《大明会典》卷二十七，四库全书本。
〔7〕《明臣经济录》卷二十二，“正德十四年（1519年）漕例奏”，文渊阁四库本。
〔8〕《明臣经济录》卷二十二，“正德十四年（1519年）漕例奏”，文渊阁四库本。

军有家人一体之谊，怜其缓急多方轸恤，今轸恤之意全虚，而唯一意督责，此运军所以益贫而漕务所由日替也。今而后将不知其所税驾矣"。[1] 在以漕运为重的语境之中，土宜搭载是以解决运军困难为目的的，因而漕例中有关搭载的规定虽有增加但被限制在一定的范围之内。

这种情形至明代中后期发生了变化，尤其是入清之后，尽管仍有漕规如是规定："漕运重船除定例准带土宜外，不许夹带私货，淮安济宁地方严加稽查，如有漕船夹带私货，沿途包买，通同商人搭船者，将不行严禁之，该管粮道罚俸一年，监兑官降一级调用，押运官降一级留任"，[2] 但实际私货夹带不断，且日益繁多。

针对于此，雍正年间的新例没有继续其"禁止性"的内容，而是进一步扩大了夹带的数目，如雍正十一年例："着于旧例六十石之外，加装四十石，永着为例"，之外，"各船舵手二人，每人准带土宜三十石，水手无论人数准带土宜二十石，核算没船准带土宜一百二十六石。"[3] 其后，嘉庆年间增至一百五十石，土宜范围也不断放宽。[4]

表面看来，土宜夹带是为缓解国家与运丁之间矛盾而定，也是清廷在不直接增加运丁报酬的情况下，采取的曲折补救措施，即放弃部分商税收入，允许运输者利用漕船贩运贸易，改善生活。即所谓"国家以数百万之漕粮仰给予东南，其所藉以长运者，运军也。运军之所系也，诚重矣；运军之当，惜也，亦明矣。历观往代有许带土宜四十石者，有许带六十石者，皆所以恤之也，虽借贷不行而存此遗意，运军犹有所赖。"[5] 虽然这种以放弃税收为代价的措施也引发了税收不足额的问题，如淮关就曾发出过"饬令严查运军夹带之弊"的文告："为淮关走漏之多，运弁夹带尤甚，恳赐严究，以足额课事。……止有南来一线，稍可补苴万一。岂意茶布杂货，尽遭宁绍各帮不法运弁从地头恣意包揽，以重运北上，势同哨聚，莫敢顾问。惟是浙绍漕船，悉皆艨艟大艘，无不满载而上。何堪有此漏卮，关税连年缺额"，[6] 但这并未动摇朝廷允许夹带的决心。

这种"决心"背后隐含了明清代社会变化以及由此而生成的君臣思想一种渐变。早在明弘治年间，丘浚就主张漕船按其吨位，八成运粮，二成准其运载私货，并认为"此策既行，则南货日集于北，空船南回者必须物实，而北货亦日流于南矣"，[7] 此议于嘉靖年间被采纳，允许漕船沿途招揽货源，代客运输酒、布、竹、木等大宗货物，往来贸易。入清后，康熙帝也部分的认同这种思想，如康熙三十四年（1695年），在对

---

〔1〕张伯行：《居济一得》卷八。

〔2〕《钦定大清会典则例》卷十七"吏部考功清吏司漕运"。

〔3〕杨锡绂：《漕运则例纂》卷十六，第661页。

〔4〕光绪朝《大清会典事例》卷二〇七"漕运"。

〔5〕张伯行：《居济一得》卷八。

〔6〕《淮关统志》卷十一"文告·移行"、"咨呈总漕部院文"。

〔7〕丘浚：《大学衍义补·漕挽之宜》，四库全书本。

"漕运总督王樑奏参卫千总杨奉漕船装带货物"一案的处理过程中，康熙帝曾面谕："从来总漕未曾禁漕船带货，而漕运并未迟误。今王梁禁止带货而漕运迟误，至今尚未到。装带些微货于事何妨?"[1] 并认为"商人装带货物，于运何妨"，而王樑将货物搜出弃置两岸的行为甚暴，随即将其解任。[2] 时人蓝鼎元也认为准许漕船搭载私货实则是"裕国裕民之道"。[3]

其后的雍正皇帝也延续了这种思想，于雍正七年（1729 年）谕令："旗丁驾运辛苦，若就粮铰之便，顺带货物至京贸易以获利益，亦情理可行之事"。[4] 皇帝的这种思想与大臣们不谋而合，雍正九年（1731 年）江西巡抚谢明所奏；"南北货物多于粮船带运，京师藉以利用，关税藉以充足，而沿途居民藉此以为生理者亦复不少。若一停运，则虽有行商贩卖贸迁，未必能多，货物必致阻滞，关税亦恐不无缺少"。[5] 至乾隆年间，当有人奏请将油船额式改小以利航行时，乾隆帝认为："船身收小，旗丁等例带土宣或至不敷装载，自断无将漕米减去转载货物之理。而漕船所带货物，俱民间日用所需，若令减带，则京师百物不无腾贵，殊非便民恤丁之道"，[6] "酒粮为天庾正供，所关匪细。况京师众人所用南货，俱附粮腔装载带京，总以催令抵通，多到一帮，于团计民生，均得其益"。[7] 道光朝时，人们继续在讨论漕运夹带之利，如康文河在其著述的《漕河驳辩》一书中就认为"黄河运道，非独有济漕粮，即商贾百货皆赖此通行"；[8] 包世臣也在《中衡一勺》说道："南货附重舷入都，北货附空南下，皆日用所必需，河之通室则货之贵贱随之焉"。[9]

以上有关漕运夹带的讨论中，我们看到漕运搭载在明清实际经历了一个从"以资运费"到"恤丁伍而通商贾"[10] 的过程。在这里，"通商贾"不仅表明扩大商品流通已经成为当时的客观要求，而且也反映了观念层面的变化。

因此，尽管明清社会具有一致性，但商品经济的发展及人们观念上的变化，还是使承明之漕法在清代发生了新的变化，虽然这种变化在整个明清社会的发展过程中并不明显，但我们还是通过漕例的改变看到社会演进过程中渐变的脉络。

四、余论

把漕规的变化放置在明清社会发展的长时段之中，社会的变革应该是其不断发生

---

〔1〕《清史编年》，康熙三十四年（1695 年）三十日庚申，第 73 页。

〔2〕《清史稿》卷七"本纪七"，六月庚申。

〔3〕蓝鼎元：《鹿洲全集·鹿洲奏疏·漕运兼海运》。

〔4〕杨锡绂：《漕运则例纂》卷十六，四库未收辑刊，壹辑二十三册，第 664 页。

〔5〕《雍正朱批谕旨》，第十一函，雍正九年（1731 年）。

〔6〕《清高宗实录》卷一二四〇，乾隆五十年（1785 年）十月。

〔7〕《清高宗实录》卷一四〇三，乾隆五十一年（1786 年）十一月。

〔8〕《清史编年》，康熙二十一年（1682 年）十七日庚申，第 433 页。

〔9〕包世臣：《安吴四种》卷七"中衡一勺"。

〔10〕康文河：《漕河驳辩》。

变化的核心根源。在漕运管理体制的开始阶段，问题并不复杂，它只是在军队的控制之下建立的漕河体系，并通过漕规的奖惩规则来保证漕运正常进行。但明中后期，尤其是入清之后"摊丁入亩"政策的实施以及商品交换扩大化的要求，使得诸如运军佥选、漕船夹带等漕规不得不随之发生变化，这是清廷适应社会之发展而做出的适时调整。漕例不断应时而变，表明旧有的传统制度既有顽固性的一面，又有灵活性的一面，这种基于自身传统改变而发生的灵活性改变在当时的社会中具有一定积极意义。

由于这种改变本身在执行过程中并未使多方关系得以及时调整，也因此造成了一系列新的问题，其中最为突出的就是"漕规细密"与"漕政败坏"的事实。其具体表现在：

第一，从乾隆朝《漕运则例纂》和光绪朝的《钦定户部漕运全书》可以看出，清代已经形成了一套"律"与"例"兼备且严密漕运制度。清代漕运法规中的"律"、"例"细密繁杂，清人陈宏谋曾就此认为"迩来漕政，半由于例之太多，偶有未善，即设一例，究竟法立弊生"。[1] 虽然漕运中"律"、"例"及惩罚规章之多是当时漕运制度臻于完善的体现，但也反映了漕弊众多的事实。每当漕运中出现一个新问题时，即制定一个新"例"加以规范。"例"的通行，渐渐也就产生了法律效应。在新"例"出现之初，朝廷即希望此项新规定能在漕务官员体系中迅速推行。但新"例"的推行及普及到整个漕务官员体系中，都须经过一个解释的过程，而在这一过程为官员营私舞弊制造了"时间"。不仅如此，一些新规推行的过程中也会遇到各种问题，如乾隆十七年，乾隆皇帝将南漕陋规各款与军机大臣会议，欲令总漕将各省漕船陋规逐一革除。但"该总漕酌定规例章程之内，有必不可禁革之处。"[2] 同时制度的严密化往往使法令失去本义，而专门在防弊上着想。[3] 例如，若雇募水手盗卖漕粮，领运丁弁会受到降调和罚俸三个月的处分，因此他们会尽量隐瞒不报。[4] 如此，即便再严密的律例至此也无法通行，表达与实践的矛盾在这样的具体条规中表现得十分突出。

第二，漕规过于严厉，缺乏人性化。在保障"天庾正供"的名义之下，漕规的严厉程度非同一般。例如明清漕例对运军官丁耽搁漕运和造成漕粮损失的惩罚是冷酷无情的，无论怎样，一旦损失超过了规定数量，运输者注定要受到惩罚。如"漕运船在里河漂流者有不准豁免之例"；[5] "漕船被火焚烧……无免追之例"；[6] 再如"乾隆二

---

〔1〕 陈宏谋："论漕船余米书"，载贺长龄编：《皇朝经世文编》卷四十六"户政二十一"，光绪十四年（1888 年）上海广百宋齐桥印。

〔2〕 杨锡绂：《漕运则例纂》卷十六，第 653 页。

〔3〕 斯普林克尔也认为"律"与"例"两部分组成了具有惩罚性的帝国时期的法律，参见［英］S. 斯普林克尔：《清朝的法律制度》，张守东译，中国政法大学出版社 2000 年版，第 59 页。

〔4〕 参见杨锡绂：《漕运则例纂》卷十六，第 648 页。

〔5〕 杨锡绂：《漕运则例纂》卷十四，第 607 页。

〔6〕 杨锡绂：《漕运则例纂》卷十四，第 607 页。

十九年江西永新帮旗丁曾彭周船在天津地方遭风沉溺，板木四散，漂流米石，颗粒无存”，经漕总杨锡绂奏请，才允许先买本帮余米三百石交仓，其余六百石俟下年搭运。[1] 即使导致损失的原因并非人为，运输者也要受到同犯偷盗罪一样的惩罚。这些法规中所提到的惩罚，主要是在役士兵发配到前线去，对军官则降职，停止支付薪水。即使作了这样的惩罚，受惩罚者仍然必须在规定的时间里弥补损失。这就必然导致他们去借钱来弥补，从而负债。负债又必然导致运丁利用多种方式去寻找财源，失之于此，取之于彼。例如，运丁向州县增索帮费，每以米质不合为借口，勒索名目则有收兑漕粮之前的“铺舱费”，兑粮上船之时的“米色银”，开船离境之时的“通关费”和过淮安的“盘验费”。道光初年，两江总督孙玉庭指出：运丁勒索州县，必借米色刁难，“或所索未遂，即藉称米色未纯，停兑喧扰”，州县不敢不应。及至委员催兑开行，各丁不俟米之兑足，即便开船，“冀累州县以随帮交兑之苦”。[2]

除索要帮费，盗窃漕粮也是运丁水手常为之事。盗卖之后再用“掺和”方法进行弥补，或是掺和杂物，如沙土、石灰、糠秕、米屑；或是将发胀药品拌入米中，使体积胀大，如五虎、下西川、九龙散等。再是渗水浸泡，以石灰洒入米上，暗将温水灌入船底，借饭火熏蒸，使米粒发胀，可以使每石多出数升，但经过这样处理的漕米“贮仓之后，易于霉变”。[3]

在这条恶性循环之链中，各类漕讼案件不断增多，每一个环节上漕例的变化都会牵涉到其他方面，形成了多方制衡的局面。当然这一切都肇端于朝廷的漕运立法原则，在所谓“漕粮乃天庾正供，岂容不肖弁役自行婪赃”的立法主旨之下，严厉的漕运奖惩制度极易缺乏人性化的规制。如在催攒方面，若催攒过缓，导致粮船重运、回空迟误，总漕必须受处。[4] 但是，催攒过急的情况下容易引发漕船出事。一旦漕船出事，中央不但不能体谅总漕，反而对他百般责备与抱怨。[5]

第三，吏治腐败，新漕规缺乏实施的实效性。对于禁而不止的漕弊问题，各朝皇帝有着清醒的认识，即漕弊本身很大程度是因吏治腐败造成的。雍正皇帝曾对运军的不法行为有过这样的一段议论：“朕惟漕运关系甚大，经费本无不敷，运军恣行不法，皆由官弁剥削所致，如开兑之时粮道发给钱粮任意扣克，运军所得十止（只）八九，而佥军之都司、监兑之通判又多诛求，及至开行沿途武弁借催趱为名百计需索，又过淮盘查私货，徒滋扰累，究属无益，运军浮费既多，力不能支，因而盗卖漕粮偷窃为非无

〔1〕 杨锡绂：《漕运则例纂》卷十四，第605页。

〔2〕《清经世文编》卷四十六，中华书局1992年版。

〔3〕《钦定户部漕运则例》卷八十二，北京图书馆出版社2004年版。

〔4〕《清朝通典·食货》卷十一；《漕运则例纂》卷十四；《钦定户部漕运全书》（光绪朝）等文献均对漕船过淮、抵通的违限处罚条例进行了详细的规定。

〔5〕《漕运则例纂》卷十四“钦定户部漕运全书”中就有不少这种例，恕不一一列举。

所不至矣。”[1]

道光帝即位之初就发布上谕，著令有漕省各督抚，破除情面，有弊即惩，“使群知警惕，以塞漏卮”。[2]

嘉道年间，吏治腐败严重，面对这种情况，在如何解决漕规的执行问题上，皇帝曾试图通过某些强硬的人物的个人力量来改变现状，如道光皇帝曾任命当时“勤于政事，明敏干练”的周天爵署漕运总督，“时漕务积弊，运丁水手尤恣悍，特用天爵严驭之，劾卫官十二员以儆众，诏褒勉之”。[3] 但因制度本身存在的致命弱点，个人之力很难收到实效，各项工作或仅能收一时之效。难怪康有为在评价漕运体制时认为：“旧制以卫领军，以屯养军，以军出运，因名实不符，以不文不武之官，领不农不贾之民，天下冗员游手，莫甚于是”。[4] 当漕运危机成为这个世纪最初几十年政府公共职能普遍崩溃的一个方面[5]时，漕例变革的积极意义随即消失在消极执行的过程之中。

---

〔1〕《钦定大清会典则例》卷四十三。

〔2〕中国第一历史档案馆：上谕档，道光元年（1821年）六月二十五日。

〔3〕《清史稿》“列传一八〇”。

〔4〕冯桂芬：《裁屯田议》、《校邠庐抗议》。

〔5〕费正清、刘广京：《剑桥中国晚清史（1800～1911年）》，中国社会科学出版社1985年版，第134页。

第三篇

传承与移植：近代中国社会转型与法律变革

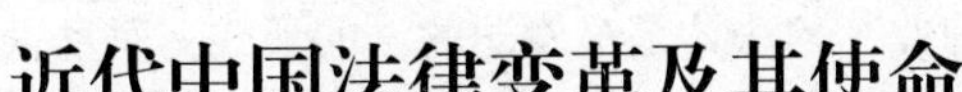

近代中国法律变革及其使命

——来自两种法律分类理论的初步分析

杜文忠*

近代中国学习、移植西方政治法律制度，其内容是以西方之法治主义而行之于中国，以近代西方法治主义而论，其实质是宪政主义中之法治主义，这既不同于中国古代儒家法律的泛道德主义，也不同于法家于封建专制主义之下的“法治”。在西方法学中，宪政的基础是法治主义，这种法治主义与中国传统礼治的“尊尊亲亲”原则不同，其本质是要体现宪政以个人权利为核心的价值目标。为了体现这些价值原则，法律在社会中必须具有独立发挥自己的理性功能，同时具有自足和普遍的性质。同宪法一样，它“不是建立在自然和历史的血统、语言、宗教、文化和人种基础上”。[1] 这是宪政主义原则下的法律不同以往封建专制主义条件下的法律之处。

这里我们首先以西方两种典型的分类方法为参照，来看近代法律改革之前的中国法的特点。所谓两种分类方法，一是指马克斯·韦伯的法律分类方法；二是指昂格尔的法律分类方法。首先，以马克斯·韦伯对法律分类看，这里我们可以有这样的推论，从法律文化类型来看，迄今为止，人类的法律都可以划分为两种类型：一类法律是具有宗教、道德性质的法律，其特点是法律与宗教、道德相混同，它表现为法律呈现出宗教化，或者本身就是宗教教义；或者则表现为法律道德化或者本身就是一种道德标准。其共同的特点是法律在社会生活中没有自身独立的价值，独立的表现自己的理性功能。从这个意义上讲，传统的中国法、伊斯兰法、印度法都可以归结为同类性质的法律。另一类则与之相反，法律具有独立的、形式化的程序功能，它在社会政治生活中独立运行，与宗教、道德之间有着严格的界限，西方法律文化就是典型例。马克斯·韦伯通过对历史上存在的法律的分析，认为存在着四种法的“理想类型”（ideal type），[2] 即“形式不合理”的法（如巫术、神判）；“实质不合理”的法（如宗教法官的神启判决）；“实质的合理性”的法（这种法律为了诸如像道德这样的一般性公正原则可以对

---

* 法学博士后，西南民族大学法学院教授。

〔1〕 参见［德］哈贝马思：《在事实与规范之间——关于法律和民主法治国的商谈理论》，董世骏译，生活·读书·新知三联书店2003年版。

〔2〕 参见［德］马克斯·韦伯：《论经济与社会中的法律》，张乃根译，中国大百科全书出版社1998年版。

法律程序进行修改，具有功利性、政治性、合目的性的原理）；“形式合理性”的法（追求法律的程序合理性和独立性）。近代西方法就是这样一种“形式合理性”的法，并认为只有“形式合理性”的法才是最发达的法的形式，而且正是这种类型的法律成为西方向资本主义过渡的制度前提。如果依照马克斯·韦伯关于法的几种抽象分类的理论来看，上述凡是没有和宗教、道德相分离的法律都不是具有“形式合理性”的法。

近代法律移植前中国儒家的法制理念，不同于西方法制那样追求逻辑形式上“形式的合理性”，也不是追求中国法家式的“一绳以法”，或者说是“法律至上”。而是在整个治国思想上，追求一种源自自然关系的和谐，它首先认识到法律固有的局限性和片面性，认为法律不可能解决人们在社会生活中面临的所有问题。儒家“德主刑辅”的治国方略实际上意味着它首先认识到了法律本身具有的工具主义和理性主义缺陷，它对社会生活倾注了更多的人文情怀，认为社会本身存在着一个并非法律所能调整的非理性的制度空间，而那种法家式的“以法为教”、“以吏为师”的没有教化的法治社会并不是一个美好的理想社会。儒家不愿意让人们生活在这样一个机械的、没有情感的社会中。换句话说，中国古代法律没有真正的与道德相区别，二者相互含混不清。从汉代的引经决狱，到唐代的“礼法合一”，其法典都基本上贯彻了儒家道德的内容，中国古代法律重“人文”，讲“仁道恕道”，以及对“法律灵活运用之倾向”，[1] 使得法律总是要服务于某种特定的文化道德，以某种文化的标准为其标准，这也使得其法律具有很强的民族文化色彩，强调并依赖某一类别的“地方性知识”的特征，进而削弱了它本身的在程序上的功能，在司法上也贯彻了儒家的“道德首出”的思想，同时这种“道德首出”思想包含了超越神圣性（天道）和世俗合法性（人道）的成分，表现为某种程度的非形式化的特征，并出现了以“天道”、“人道”为标准来衡平司法的传统。[2] 此外，有别于许多近代国家，近代中国法律移植的一个特殊制度背景，还在于它在一个统一的国家范围内还存在着性质上多元的法律格局。古代中国中央政府对边疆民族地区的治法的本身就承认民族文化的差异，部分承认各边疆民族的“俗法”在当地的效力，这是中国古代法制的一个重要特点之一。[3] 由此出发，整个中国古代，无论是边疆还是内地的法律，在性质上都应当归结为上述第一类法律，因为它们不是道德权威力量的产物（比如以中原汉族法文化为代表的国家法），就是与宗教相混同（比如边疆习惯法和宗教法），这就必然使得近代中国法律的变革具有了更深刻的多元制度

---

〔1〕 陈顾远：“中国固有法系之简要造像”，载陈顾远：《中国文化与中国法系》，台湾三民书局1969年版。

〔2〕 中国古代的公平、正义观念是由“天”、“人”、“法”三要素构成，在司法实践中“天道”、“人道”是具体司法衡平的标准，“天道”、“人道”也是儒家思想的基本内容，在法官的判决书中，往往首先要先阐述“天理”、“人情”，最后才是谈到“国法”，这是汉代董仲舒“春秋决狱”开创的传统，这是不同于英国16世纪出现的“衡平法”的一种中国式的衡平法。

〔3〕 参见杜文忠：《边疆的法律——对清代治边法制的历史考察》，人民出版社2004年版。

文化背景。[1] 就近代中国法律变革面临两种地方性的法律：一是地方性的习惯法，二是地方性的宗教法。而且无论是前者还是后者，都不同程度地具有某种宗族（主要是汉族）和宗教（主要是少数民族）文化背景，而少数民族制度文化中又存在着差异，有的地区由于受到外来的宗教文化的影响，其法律制度是某种成熟的宗教文化与当地简单的地方习惯混合的产物，如：西北回疆地区以伊斯兰法为主，兼含当地原有习惯的政教合一制度；西藏、蒙古由印度佛教文化与本地自然宗教的融合而形成地方性制度文化。而西南地区的制度文化则主要是简单的自然宗教背景下的习惯法，这不同于“回疆”和“蒙古”，“回疆”和“蒙古”那种源于更高级、更成熟的宗教背景的法律文化。

依照马克斯·韦伯的分类理论，西藏、“回疆”地区因为受到佛教和阿拉伯宗教的影响，是以伊斯兰教义为法源的、更发达的宗教法，应当属于“实质不合理”的法律；[2] 西南“苗疆”的法律更多的应当属于“形式不合理”的法律；而中国的汉民族泛道德主义法律则属于“实质的合理性”的法律。也就是说，无论是儒家法，还是边疆民族习惯法、宗教法，这三种存在于清代的典型法律形式都不是最发达的法的形式，换句话说，这些法律都不可能使得清代的中国，具有西方那种向资本主义过渡的制度前提，即中国近代法律改革前，其法律的基本特点是法律总是与道德和宗教混为一体，不具有客观化和形式化的性质。而法律客观化，即法律与道德、宗教相分离，进而在此基础上独立发挥它的功能，是近代西方以法律至上为前提的法治主义于近代发展中的一个基本环节。

其次，以昂格尔的分类方法而论，仅仅从形式上讲，传统中国人的民事法律生活是以群体主义或家族主义的习惯法为主要规范的生活方式（族规法），其国家公共法律生活也是以国家官僚法兼具习惯法而进行调整的（国家司法活动中也在一定程度上吸收民间习惯法），中国古代法律本身具有习惯法和官僚法混合的特点。在西方学者粗略看来，这样的法律就是习惯法。所谓习惯法，美国学者昂格尔的解释应当说是一个比较确切的表述：“在最广泛的意义上讲，法律仅仅是反复出现的、个人和群体之间相互作用的模式，同时，这些个人和群体或多或少地明确承认这种模式产生了应当得到满足的相互的行为期待。我将其称为习惯法或相互作用的法律。”[3] 这里突出了习惯法的一个重要特征是它的“不具备公共性和实在性，它的非公共性在于它属于整个社会，

---

〔1〕 马克斯·韦伯认为：“在中国、印度，就像在伊斯兰的地域，人们认真地对待神法或永不改变的传统之效力。作为自然的结果，法律统一的障碍不可能消失。”参见［德］马克斯·韦伯：《论经济与社会中的法律》，张乃根译，中国大百科全书出版社 1998 年版，第 236 页。

〔2〕 关于此一问题的分析，可以参见杜文忠：《边疆的法律——对清代治边法制的历史考察》，人民出版社 2004 年版。

〔3〕 ［美］昂格尔：《现代社会中的法律》，吴玉章、周汉林译，译林出版社 2001 年版，第 46 页。

而不专属于置身于其他群体之外的中央集权政府”。[1] 而它的非实在性则是指“它由一些含蓄的行为标准，而不是公式化的行为规则所构成”。[2] 而这些特征恰恰是中国古代法律的一个重要特点，尤其是它的民事法律本身缺乏公共性和实在性，这与西方民事法律的概念法学（公式化的行为规则）传统之间有着很大的区别，同时它也是由一些非国家法典性质的“含蓄的行为标准”所构成，具有伦理法和习惯法的性质。此外，由于“法律是特殊社会形态的独特现象”，[3] 因此这种法律它还与中国古代独特的社会形态（家族主义的血缘宗法社会）相一致，如果按照昂格尔在《现代社会中的法律》一书中关于“三种法律的概念”的分类，即习惯法（不具备公共性和实在性）、官僚法（具备公共性和实在性）、法律制度（不仅具备公共性和实在性，而且具备普遍性和自治性）。这里昂格尔所谓的第三种法律概念，即“法律制度”，它最大的特点是它的自治性，所谓自治性，按照他的解释是指它并非是某种神学观念的法典化，而是一种“世俗的规则体系”，“它不仅远离支配人与上帝关系的戒律，而且还远离任何一种有关社会关系的宗教认识”。[4] 此外，它还具有普遍性，所谓普遍性是指“它服从于立法的普遍目的和判决的一致性目标”，[5] “正是法律的普遍性确立了公民在形式上的平等，从而保护他们使其免受政府的任意监护之害。为了确保普遍性，行政必须与立法相分离；而为了确保一致性，审判必然与行政相分离。实际上，这两个分离恰恰是法治理想的核心”。[6] 这里昂格尔所谓的“第三种法律概念”实际上是在“官僚法”的基础上加进了西方近代宪政主义的内容，这种被昂格尔称为“法律制度”的法律概念指的就是近代西方法律，它“是与现代欧洲自由主义社会的形成联系在一起的”。[7] 这些性质使得它具有了西方宪政的意义，“不仅构成立宪的奠基石，而且还成为政治思想中的一个指导原则”。[8] 不过这种“法律制度”仍然是“在习惯法以及官僚法的背景中逐渐发展的，而且不同法律类型之间的区别总是处在变动之中”。[9] 而对于从“习惯法”、“官僚法”到“法律制度”这一变化过程，我们同样可以用“法律客观化”来对之定义。

因此，无论是马克斯·韦伯的法律分类方法，还是指昂格尔的法律分类方法，尽管有所不同，但是实质上都是以近代西方法治主义的话语下的法律制度（“形式合理的

---

〔1〕［美］昂格尔：《现代社会中的法律》，吴玉章、周汉林译，译林出版社 2001 年版。
〔2〕［美］昂格尔：《现代社会中的法律》，吴玉章、周汉林译，译林出版社 2001 年版。
〔3〕［美］昂格尔：《现代社会中的法律》，吴玉章、周汉林译，译林出版社 2001 年版。
〔4〕［美］昂格尔：《现代社会中的法律》，吴玉章、周汉林译，译林出版社 2001 年版。
〔5〕［美］昂格尔：《现代社会中的法律》，吴玉章、周汉林译，译林出版社 2001 年版。
〔6〕［美］昂格尔：《现代社会中的法律》，吴玉章、周汉林译，译林出版社 2001 年版。
〔7〕［美］昂格尔：《现代社会中的法律》，吴玉章、周汉林译，译林出版社 2001 年版。
〔8〕［美］昂格尔：《现代社会中的法律》，吴玉章、周汉林译，译林出版社 2001 年版。
〔9〕［美］昂格尔：《现代社会中的法律》，吴玉章、周汉林译，译林出版社 2001 年版。

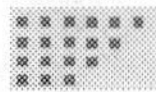

法”或“法律制度”）为参照，对历史上的法律进行的分类，以“法律客观性”为标准，描述法律从不发达到发达的进化路线。

由此出发，观照中国传统的国家法律，它既非前述马克斯·韦伯的“形式合理的法”，也不属于昂格尔所说的“法律制度”，但是它具备了公共性和实在性的要求，应当可以属于昂格尔所说的“官僚法”的范畴。中国古代“法”从战国时期魏国李悝的《法经》开始到《大清律例》，其法律规范的基本特点、内容甚至体例没有性质上的根本变化，已经形成了一个具有公共性和实在性的法律体系。历史上形成了以“律”为主体，由“式”、“比”、“例”、“令”、“敕”、“诰”以及“礼”共同组成的中国古代规范的法律实体。在这些规范中，“律”是核心，代表着其规范的稳定和“不变”的方面，而同样具有实体法意义的“式”、“比”、“例”、“令”、“敕”、“诰”以及众多反映道德规范性质的“礼”，对以“律”为核心的规范体系不断在进行补充，代表着它的“变”的方面，二者共同构成了这个“官僚法”体系的内容。但是，在这个体系中，由于“比”、“例”、“令”、“敕”、“诰”以及“礼”本身具有可变的道德化（天理、人情）的性质，并在一定的情况下甚至可以改变“律”，仍然是以身份、道德要求作为立法和司法的一个原则，因此它不具有“自治性”和“普遍性”，又不属于昂格尔定义的“法律制度”的范畴。

此外，由于近代中国的民事法律规范基本属于“习惯法”的范畴，就其民事法律来讲，无论在形式上，还是实体上都缺乏公共性和实在性，同时由于它在诸如财产的占有和处理上由于往往以家族的形式而进行，因此更不具有自治性和普遍性。中国古代的民事法律由于它“不专属于置身于其他群体之外的中央集权政府”，同时因为“它由一些含蓄的行为标准，而不是公式化的行为规则所构成”，所以它不具有公共性和实在性。如果按照这样的法律模型进行分析，我们可以进一步看到近代中国法律移植实际上面临着两个方面的问题：一是在民事法律方面，它要实现从“习惯法”向“官僚法”的转变，即必须具备法的公共性和实在性；二是公法方面，包括近代的一系列宪法和其他法律都要完成从“官僚法”向“法律制度”的转变，同时还必须要建立一套保证这些法律的自治性和普遍性的政治体制，由此其法律才称得上是发生了性质上的变化，才符合宪政主义背景下对法治的要求，进而使得国家制度具有近代宪政意义。因此，从晚清到民国时期的法律近代化改革要实现这种跳跃式的法律创制，所面临的问题是十分艰巨而复杂的。它要完成从“习惯法”向“法律制度”的转变，所涉及的不仅是法律形式的问题，而且更为主要的是一个法律社会学的问题，即由于“法律是特殊社会形态的独特现象”，[1] 这种跳跃式的法律创制努力与近代中国的经济、政治形态之间必然存在着内在的联系。同时，近代中国民事法律要实现“习惯法”向“法律制度”跳越，涉及两个部分：一是中国主体民族部分的法律变革；二是中国少数民族地区的法

---

〔1〕［美］昂格尔：《现代社会中的法律》，吴玉章、周汉林译，译林出版社2001年版。

律改革。而且对两类法律的改革还需要指向昂格尔所说的具有特定价值标准的“法律制度”。

“法律制度”的根本含义体现在它是一种包括宪法在内的以平等权利为核心的、能够有效制约政府权力的国家法律体系，也就是说它需要完成以实现宪政为标志的、凯尔森式的金字塔结构权利法体系，而这个体系的形成不仅仅作为一种制度，而是需要在实践中同时满足上述三个基本前提：即权利的抽象性和平等性；权利的封闭性和独立性；个人权利与国家权力之间的对立性，它关系到像“权利”、“自由”这样一些与近代西方法律相关的词汇。

“权利”的概念与“习惯法”的概念是必须解决的一对矛盾。它不仅涉及“私权”，还涉及“公权”，就汉族地区而言，需要在形式和内容上破除具有“习惯法”性质的、以亲亲尊尊为内容的礼，而对这种“习惯法”的改革主要是“祛礼”。

对习惯法的调查始终是中国近代民事立法的一项重要工作。清朝光绪三十三年(1907年)十月，在中央法律馆的统一领导下，各省设“调查局”，各府县设“法制科”作为调查的组织机构，调查正式激活。调查历时四年，后因为清廷瓦解而废止。此次调查内容丰富，对“民情风俗”、“地方绅士办事习惯”、“民事习惯”、“商事习惯”、“诉讼习惯”等五“部”进行了广泛的调查。与调查相一致的是晚清制定的《民律》第一条规定：“民事，本律所未规定者，依习惯法；无习惯者，依法理”。此后从1908年到1930年，中国一直在这方面做出了自己的努力，这些调查的最终目的是要在中国这样一个“十里不同风”的国家里，将传统地方习惯与国家统一的法律相协调，依照西方法的原理实现其“法典化”的目标。虽然调查成果“各省除边远外，络绎册报，堆案数尺，浩瀚大观”。[1] 但是，由于这些调查仅仅是由国家官僚政府机构组织进行的，而不是由司法系统在司法实践中总结的，因此它往往缺乏具体运用的价值，也缺乏一种“司法发现”的过程，而且这些调查的整理也只是按照德国——日本的民商法模式，对各省的调查结果进行了体例上的分类，而没有完成在西方权利法的理论框架下进行系统的法理上的分析和融合的历史任务。甚至在具体的司法实践中，习惯法的运用也为数很少，[2] 同时从内容上看，它没有涉及广大的少数民族地区。因此，就法律客观化而言，这一项兼具有技术性和学理性的工作至今仍然是一个没有完成的任务。

黄宗智先生曾在他的一篇文章中论证了清代中国晚清基层司法存在着“一定程度

---

〔1〕 北洋政府《司法公报》第232期，《各省区民商事习惯调查报告文件清册叙》。

〔2〕 根据一些西方学者的研究，在从1912年到1919年民事案件中抽出的大约2000件民事判例中，只有5%的判决涉及民事习惯，在这涉及民事习惯的100个案例中，只有9%的判决符合“法律所未规定者，依习惯；无习惯者，依法理”，超过25%的判决表现出对习惯的拒绝适用，这种情况尤其是发生在，法官认为对习惯的适用妨碍了贸易和经济发展的时候。William C. Kirby, *Realms of Freedom in Modern China*, Stanford University Press, 2004, p. 105.

上有公民权利的实际”,[1] 这也只是民事案件的增加。但是从法律类型学的角度看，民事案件在县衙门处理的案件中比例的不断提高，只能说明清代后期中国社会经济的变化对她的法律和司法提出了新的要求，并不能认为在晚清法律之前，中国法律的“习惯法”和“官僚法”性质发生了什么变化，据相关研究，到1913年，中国产业资本总额只有15.4亿元，其中外国资本占80.3%，中国官僚资本占9.7%，民间资本只有10%,[2] 而民族资本仅占国内总产值的2.7%。[3] 而且从晚清到民国，中国广大的农村在经济性质上也没有发生根本性的转变，对权利的要求在很大程度上并没有冲破家族权的束缚；另一方面，中国近代在国家制度层面不断掀起的宪政变革运动和法律移植活动中，由于传统“习惯法”与西方权利法之间的冲突不仅仅是制度上的差异，而且是文化性质上的差异，因此近代中国移植的西方法律，如果要在乡村发生作用，就必须与这种乡村“习惯法”之间建立起某种联系，否则就只能通过国家政治的力量破坏它并由此重建。事实上，清后期以来的保甲、团练以及民国时期的乡村自治试验，国民党在大陆统治后期在乡村重新实行的保甲制，都体现了近代国家政治的力量对传统乡村原有秩序的破坏，这也一直是中国近代乡村制度发展变化的一个特点。由于1840年以来国家主权沦丧，中国不得不进一步进行国家法律制度上的改革，加之太平天国运动后，清朝中央政府对地方控制力也不断遭到削弱，即使是晚清民国立法成果都开始发生效力，也可能会因此受到制约，而难以深入。事实也是如此，近代中国社会一直是被动的受到这种外来法律文化的影响。在清王朝灭亡后，国家无论是在表面上，还是在事实上都长期处于分裂的局面，要落实国家法制，要做到不仅在国家法律意义上确立个人私权，冲破对私权的封闭社会形态，存在着制度改革之外的许多困难。

除私权外，在近代西方法学中，公权的概念是一个宪政概念，是对公民政治权利、自由的概括。而公权的具体实现不仅需要国家以法律的形式进行规定，而且需要应有的法治化的公共领域和契约化的公共意识，“公权”是一个与“契约”和“公民”相关联的概念。在宪政条件下，公权的基础是“法治”，“法治”的前提是“法律客观化”。在传统的法律治理模式下，不仅在国家法律上不存在“公权”的概念，在乡村社会生活的基本场域中也缺乏“公权”的意识。

中国广大乡村法律生活与其说是一种法律生活，不如说是一种“习惯法”状态下的道德生活，传统“习惯法”生存的土壤是乡村的家族制度，这种制度使它形成了人

---

〔1〕［美］黄宗智：“中国法律制度的经济史·社会史·文化史研究”，载中华书局编辑部编：《比较法研究》2000年第1期。

〔2〕吴承明：“中国资本主义的发展述略”，载中华书局编辑部编：《中华学术论文集》，中华书局1981年版，第337页。转引自周俊旗、汪丹：“略论民国初年的转型社会特征”，载《天津师范大学学报》1996年第2期。

〔3〕［美］费正清主编：《剑桥中华民国史》（第一部），章建刚等译，上海人民出版社1991年版，第44页。

们生活的基本法制状态，也在最大范围内构成了这个社会公共领域。汉代尽管就有名义上的分封，但实际上采取的仍然是郡县制。这种兼具行政与司法一体的郡县制，是一套以“国家”为最终目标的自上而下的中央集权体制，作为郡县制的一个有效的补充，它还与中国古代的“乡村自治”结合在一起，共同构成了中国封建时代的基层政治体制。在传统中国这样一个大陆农业社会，“乡村自治”无疑与绝大多数中国人生活权利和自由空间相关，也是他们生活的主要公共领域。乡村自治的基本价值和规范与国家政治的价值和规范是一致的，而且必要时国家的法律也可以直接渗透于其间，因此，家族管理仍然是国家官僚制度的一个延伸。但是这样的“乡村自治”本身不具有契约化的性质，在族长与族人之间、在村民与官府之间也不可能存在契约化的经济、政治关系。在封建时代的中国，人们居处以族，生产以族、喜庆以族、丧葬以族、军兴以族、械斗以族，以祖先崇拜为主要内容的宗族活动频繁，〔1〕公共活动局限于族的祭祀场所，族内司法，也有少量的超出族规和族内司法之外的国家司法救济，如到官府控告和“直诉”，宗族利益突现，而基于个人权利的公共利益不彰。这里无论是礼教，还是刑律都是被预设了的，更不可能具有现代西方法理学如哈贝马斯所谓的“商谈”的可能。即使是晚清以来的刑法的改革确立的“刑法不溯及既往之原则”，“凡律例无正条者，不论何种行为不得为罪”，〔2〕“禁止了比附”，出现“公权”的概念，近代“公权”的概念作为一种国家法律概念出现于晚清法律改革中。但在在个人的民事权利仍然束缚于传统家族法和习惯法的情况下，公共权力也很难得以伸张。

此外，近代中国“公权”得以落实的另一个障碍是“司法独立”问题。“司法独立”意味着一个国家的司法活动不仅不受任何来自宗教、道德的干预，而且也不受行政的干预，也就是说它不受任何非法律因素的干涉，以此来保证法律的自足性和普遍性。近代中国的法律变化面临着从传统礼法文化向近代法律的转化，这种转化不仅是作为规则的法律制度的变化，而且也是一种法学性质上的变化。在政体上，司法与行政“分立”是西方分权政治的产物，近代宪政主义尤其强调司法与行政“分立”，防止行政专横，以此来保障“民意首出”、“议会首出”的地位。清末的法律改革者认识到了“司法独立与立宪关系至为密切”，〔3〕他们建立了近代中国最早的法院系统和司法的级别管辖体制。作为当时法律改革的主要人物，沈家本是一位坚定的审判独立主义者，这也是清末立宪改革基本认可的原则。关于司法独立的合法性，沈家本采取的不是西方式的论证方式，而是以一种中国式的方式进行的，他借助中国人习惯的“托古改制”的方式进行论证，企图从传统中国元典制度文化中论证它的合理性。他认为：“司法独

---

〔1〕参见郝铁川：“国人不仅仅缺乏权利意识”，载《法学家茶座》2004年第6辑。

〔2〕《大清新刑律》第一案，参见《大清法规大全·法律部》第十一至十三卷，《法典草案（一至三）》，考证出版社1972年版。

〔3〕（清）沈家本：《历代刑官考》（上）。

立非惟欧西通行之实力，亦我中国固有良规”，“成周官制，政刑分权。教官之属，如乡师、乡大夫、州长、党正，各举其所属之政教禁令，此持政权者也。刑官之属，如乡士、遂士、县士、方士，各掌其所属之讼狱，此持刑权者也。……近日欧洲制度，政刑分离，颇与周官相合”。[1] 司法独立的实质是法律能够独立的发挥自己的功能，而不仅仅是司法与行政的“分离”，为此法律客观化的问题已经变成政治体制问题。司法独立是在国家权力分权制衡的基础上的独立，这样才能保证法律的运行不受到法律之外的因素的干扰。由于晚清宪政改革没有超越君主的权力，这样的论证方式实际上也只是对司法与行政的“分离”进行了论证，并非西方宪政理论上的“分立”原则，只是做到了“三权分离”，而不是“三权分立”。而在民国统治时期，由于国家长期处于国民党推行的“训政”准备阶段，“国会”和“司法独立”问题都被搁置。

〔1〕（清）沈家本：《历代刑官考》（上）。

近代社会转型与法律思想的变革

——以龚自珍法制变革思想为例

李 鸣*

任何一个社会转型期的到来，必定要求法制的变革，而社会法制的变革，又以法律思想观念的更新为先导，呼吁法制变革的思想为社会的转型清除障碍，鸣锣开道。变法维新的思想不外乎两项基本内容，一是对现存体制的反思和批判，二是对未来美好世界的憧憬。但由于转型伊始，思想家受客观因素的种种限制，往往以固有的知识否定传统，以主观想象构筑未来，使这种叛逆思想本身就带有先天的缺陷，龚自珍的法制变革思想就有这方面的典型意义，并给我们许多关于思想变革的启示。

鸦片战争的前夜，清廷在宋代剥夺地方实权、明代废除丞相的基础上，迈出了加强封建专制集权的第三步，即大兴文字狱，推行文化专制，封建制度愈加黑暗腐朽，令人郁闷，致人窒息。而正在此时，以英国为首的西方资本主义列强对中国虎视眈眈，蠢蠢欲动，想对这个内在空虚、日渐衰败的东方大国进行一次空前的侵吞和掠夺。面对危在旦夕的严峻局势，封建统治集团内部一批地位卑微、头脑清醒的中低层官吏挺身而出，他们面对现实，力陈当时社会的阴暗面和现存制度的不合理，呼吁进行由上而下的政治变革。这批“识时务”者的精神领袖是自认为“一事平生无齮龁，但开风气不为师”[1] 的龚自珍。

作为中国近代“开风气之先”的思想家，龚自珍认为：“纵使文章惊海内，纸上苍生而已。”[2] 他看不起“避席畏闻文字狱，著书都为稻粱谋”的读书人，既反对做学问不过问政治，也抨击学问屈从于政治，主张学术与政治协调、统一，他指出：“一代之治，即一代之学也；一代之学，皆一代王者开之也……是道也，是学也，是治也，则一而已矣。”[3] 学问与治世不可截然分割，应该浑然一体，互相支撑：以治世的经验充实学问，以学问去批判改造现实，促进治世。龚自珍的法制变革思想主要体现在两个方面：其一，无情地揭露和批判封建社会的种种弊端，从而触动了“专制政体”的痼疾；

---

* 法学博士，中国政法大学法律史学研究院教授。

〔1〕《龚自珍全集·己亥杂诗》(以下只注篇名)。

〔2〕《金缕曲·癸酉秋出都述怀有赋》。

〔3〕《乙丙之际著议第六》。

其二，热情地倡导内政改革，移风易俗，抵御外敌。鉴于清廷推行的文化禁锢政策，龚自珍表述思想的方式也比较独特，他往往引经据典，以古喻今，“求杂治断”，随处讥讽，一针见血，时有“非常异义可怪之论”，动人心弦，发人深思，催人猛醒。

一、讥切时政，抵诽专制

龚自珍把世道分为三等，“治世为一等，乱世为一等，衰世别为一等”，衰世在形式上、名目上、声音笑貌上类似于治世，但深入观察，就会发现这个社会黑白杂糅，善恶不分，是非不明，真伪难辨，人心麻木，举世无才。这正如“履霜之屩，寒于坚冰；未雨之鸟，戚于飘摇；痺痨之疾，殆于痈疽；将萎之华，惨于槁木”，[1] 这样的世道是不可“求治”的。

龚自珍将自己所处的“嘉（庆）道（光）”之世定位于“衰世”，他指出：“自乾隆末年以来，官吏士民，狼艰狈蹶，不士、不农、不工、不商之人，十将五六，又或飧菸草，习邪教，取诛戮，或冻馁以死，终不肯治一寸之丝、一粒之饭以益人。承乾隆六十载太平之盛，人心惯于泰侈，风俗习于游荡，京师其尤甚者。自京师始，概乎四方，太抵富户变贫户，贫户变饿者，四民之首，奔走下贱，各省大局，岌岌乎皆不可以支月日，奚暇问年岁?”[2] 这就像一个气息奄奄、濒于死亡的老人，“日之将夕，悲风骤至。人思灯烛，惨惨目光。吸引暮气，与梦为邻”。[3] 专制制度，大限已至，无法自救。

龚自珍认为，造成“衰世”的主要原因有三个：一是政治体制过于专制；二是法律过于繁苛；三是人才过于压抑。于是，他便从这三方面入手，对封建制度进行了猛烈的攻击和深刻的批判。

（一）一人为刚，万夫为柔

封建专制体制是如何形成的？龚自珍以史为证，他说，过去称霸天下的君主，除了假借神的旗号，不断展示自己力量的强大、意志的坚定、头脑的灵活、财富的充足之外，为了进一步树立自己的绝对权威，不惜以仇视天下读书人的态度，以去掉他人廉耻之心的手段，来抬高自己，独断专行，让人们都屈从于君主手中的权力，从而造成了“一夫为刚，万夫为柔”的局面，在这种极端的君主专制统治下，“政要之官知车马、服饰、言词捷给而已，外此非所知也。清暇之官，知作书法、赓诗而已，外此非所问也”。[4] 他们只知明哲保身，苟且偷安，沽名钓誉，谋取私利。君主将大臣视为犬马，视为囚徒，用利禄在前面引诱他们，以刑罚在后面教训他们，大臣就只会出卖人格，放弃原则，俯首帖耳地顺从君主的意志。由此可见，君主的淫威和霸道，造成了士大夫的

---

〔1〕《乙丙之际著议第九》。

〔2〕《西域置行省议》。

〔3〕《尊隐》。

〔4〕《古史钩沉论一》。

无耻和柔弱。换句话说，士大夫的寡廉鲜耻、碌碌无为，并不仅仅是他们的个人道德品质的沦丧，问题的关键在于专制体制营造的政治环境改变了他们的形象。但是，一旦国难当头，“其家求寄食焉之寓公，旅进而旅豢之仆从，伺主人喜怒之狎客，试召而诘之，则岂有为主人分一夕之愁苦者哉?”[1] 他们不会承担为臣的责任，是绝对靠不住的。

（二）无才之世，士不知耻

龚自珍察古观今，并结合自己的亲身感受，把人才的境遇视作衡量时代兴盛与衰落的重要标准。他认为自己的所处的时代是一个“无才之世”：“左无才相，右无才史，阃无才将，庠序无才士，陇无才民，廛无才工，衢无才商，抑巷无才偷，市无才驵，薮泽无才盗；则非但鲜君子也，抑小人甚鲜。”[2] 不仅将相士大夫无才，各行各业无才，就连小偷、大盗也无才，这是一个平庸、鄙俗的社会，毫无生机，尽失新意。

举世无才，特别是无社会精英的原因有三个：

1. 呆板、腐朽的科举考试。“今世科场之文，万喙相因，词可猎而取，貌可拟而肖，坊间刻本，如山如海。四书文禄士，五百年矣；士禄于四书文，数万辈矣，既穷既极。”[3] 大家抄袭模仿，装腔作势，千篇一律，陈词滥调。腐朽的科举制消磨了人的青春，损耗了人的生命，扼制和摧残了人的才华，扭曲和践踏了人的心性，造成了“沉沉心事北南东，一睨人材海内空”[4] 的惨境。

2. 论资历用人。清廷任用官吏，轻视才华，看重资历，“累月以为劳，计岁以为阶”，熬上一定年月，只要不出差错，就会按部就班徐徐升迁，但这一进程十分漫长。初入仕途的读书人，有的二十岁，有的四十岁，平均年龄为三十岁。有翰林出身的，从士爬到尚书位置，大概需三十年至三十五年，要当大学士又得差不多十年的光景。不是翰林出身的士，按法律是不能任大学士的。“凡满洲、汉人之仕官者，大抵由始宦之日，凡三十五年而至一品，极速亦三十年，贤智者终不得越，而愚不肖亦得以驯而到”。“夫自三十进身，以至于宰辅，为一品大臣，其齿发固已老矣，精神固已惫矣，虽有耆寿之德，老成之典型，亦足以示新进；然而因阅历而审顾，因审顾而退葸，因退葸而尸玩，仕久而恋其籍，年高而顾其子孙，累然终日，不肯自请去。或有故而去矣，而英奇未尽之士，亦卒不得起而相代。”这样一来，资格不深的人，尽管辛苦勤劳，也不会破格提拔；身居高位的人保职守俸，无所作为。“一限以资格，此士大夫所以尽奄然而无有生气者也。”[5]

3. 用“名教”杀人。清廷用高压手段推行纲常名教，而纲常名教实质上是摧残人

---

〔1〕《明良论二》。
〔2〕《乙丙之际著议第九》。
〔3〕《与人笺》。
〔4〕《夜坐》。
〔5〕《明良论三》。

才的软刀子："戮之非刀、非锯、非水火；文亦戮之，声音笑貌亦戮之……徒戮其心，戮其能忧心、能愤心、能思虑心，能作为心、能有廉耻心、能无渣滓心。"[1] 大兴文字学、言韵学、训诂学、考据学，引诱士人脱离现实，自甘封闭，埋头故纸堆中，搞烦琐的考证。学问与现实的严重脱节，学术与政治的彻底绝缘，使读书人轻易放弃了自己关心政治、改造社会的历史使命，其社会价值消失殆尽。

最令龚自珍痛心的是，由于人才遭到多方扼杀，导致了"士不知耻"的严重后果，他说："士皆知耻，则国家永不耻矣；士不知耻，为国之大耻。历览近代之士，自其敷奏之日，始进之年，而耻已存者寡矣。官益久，则气愈偷；望愈崇，则谄愈固；地益近，则媚亦益工。"士人一入仕途，便开始恬不知耻，当官的时间愈长，当官当得愈大，就愈加厚颜无耻。"士不知耻"将造成"始辱其身家，以延及于社稷"。[2] 由此可见，士人的道德情操是衡量人才高下的基本标准，如果士人都寡廉鲜耻，出卖道德良心，丧失气节情操，士之所以为士的资本便缺失了。这既是士人个体的小悲哀，也是国家民族群体的大悲哀。士之无耻，毕将祸国殃民。

（三）不破之例，幕僚作祟

清廷除了极力加强皇权外，还设立了种种繁杂森严的礼仪律令约束和控制臣民，纵容吏胥，张牙舞爪，徇私枉法，出入人罪。清朝的司法黑暗集中表现在以下两个方面：

1. 以"不可破之例"，束缚各级官吏。清廷所立礼仪法制，繁琐呆板，其主要功能是"约束之，羁縻之"，惩治之，这样一来，"朝廷一二品之大臣，朝见而免冠，夕见而免冠，议处，察议之谕不绝于邸钞。部臣工于综核，吏部之议群臣，都察院之议吏部也，靡月不有。府州县官，左顾则罪俸至，右顾则降级至，左右顾则革职至，大抵逆亿于所未然，而又绝不斠画其所已然"。各级官吏处处受到防范与牵制，时时将遭遇惩治和处罚，整日诚惶诚恐，诸多顾忌，不可能在政治上有所建树。另外，社会瞬息万变，在政治统治中，会随时遇到一些新问题，这就需要官吏发挥主观能动性，积极、灵活地加以解决，但清朝"天下无巨细，一束之于不可破之例，则虽以总督之尊，而实不能以行一谋，专一事"。这正如"人有疥癣之疾，则终日抑搔之，其疮痏，则日夜抚摩之，犹惧未艾，手欲勿动不可得，而乃卧之以独木，缚之以长绳，俾四肢不可以屈伸，则虽甚痒且甚痛，而亦冥心息虑以置之耳。"[3] 本来封建统治就有病在身，还以"不可破之例"自缚手脚，不允许大臣为之消痒止痛，它就只能自作自受，坐以待毙了。

2. 刑狱黑暗，幕僚猖獗。龚自珍指出："古之书狱也以狱，今之书狱也不以狱"，

---

〔1〕《乙丙之际著议第九》。

〔2〕《明良论二》。

〔3〕《明良论四》。

司法官吏判案时，不顾案情事实，主观擅断，畸轻畸重，出入人罪；或不按章程办事，自作主张，“书狱者之言将不同”，“或亢或逊，或简或缛，或成文章语中律令，或不成文章语不中律令”。牵强附会，陷人于罪，制造许多冤狱错案；或办案官吏杜撰案情，各地抄狱案完全雷同；或上级司法官吏不认真审查案卷，人云亦云，盲目依从，主动放弃“驳难”的权力。或下级官吏畏惧上司，敷衍了事，穷于应付，不敢秉公执法，据实裁断。因此，“天下无一不犯法之官”。[1]

对清朝司法危害最大的不外乎幕僚专擅司法权力。清代官吏无论以科举、捐纳、门荫进入仕途的官吏，一般都不具备法律知识，也不了解社会的风土人情，他们往往自聘幕僚，让幕僚代替自己处理刑名事务，幕僚也借此拿捏官吏，操纵控制了司法。龚自珍对这种现象进行了形象的描绘：“是有书之者，其人语科目京官来者曰：京秩官未知外省事宜，宜听我书。则唯唯。语入赀来者曰：汝未知仕宦，宜听我书。又唯唯。语门荫来者曰：汝父兄且慑我。又唯唯，尤力持以文学名之官曰：汝之学术文义，不中当世用，尤宜听我书。又唯唯。今天下官之种类，尽此数者。既尽驱而师之矣。”官吏心甘情愿拜幕僚为师，幕僚就“挟百执事而颠倒下上”。[2] 全国十八行省都有这样的幕僚，他们像豺狼一样盘踞各地，像猫头鹰一样伺机而动，像毒藤一样到处延伸，像苍蝇一样迅速繁殖。他们时而互相勾结，时而彼此攻讦。幕僚以恶势力的面目出现，扰乱了正常的司法秩序，使司法领域暗无天日，惨绝人寰。

作为清朝统治集团的边缘人物，龚自珍对封建专制的种种弊端知根知底，了如指掌，他的批判就能做到有的放矢，入木三分，揭示了问题的普遍性和严重性。

二、更法改图，任用人才

龚自珍认为，人类社会在不停地变化，“古人之世，倏而为今之世；今之世，倏而为后之世；旋转簸荡而不已。”[3]《易》曰：“穷则变，变则通，通则久。”变易是万物生存的必然方式。他以“公羊三世说”作为变法的理论依据，“夫礼，据乱而作，故有据乱之祭，有升平之祭，有太平之祭”，[4] 他把人类社会分为“据乱世”、“升平世”、“太平世”等三种形态，并认为“万物之数括于三：初异中，中异终，终不异初……万物一而立，再而反，三而如初”。[5] 社会的变化是在不断变易中循环，由“初”到“中”，由“中”到“终”。经过了“中”否定“初”，“终”否定“中”的复杂过程，从而完成了“终”对“初”的回归。回归远古就成了社会变革的唯一走向。

龚自珍指出，清王朝已经到了非更改不可的地步了，他将官僚贵族盘踞的“京师”与民众聚集的“山中”作对比：京师如同“鼠壤”，基础空虚；“山中之壁垒坚”，有一

---

〔1〕《乙丙之际塾议三》。
〔2〕《乙丙之际塾议三》。
〔3〕《释风》。
〔4〕《五经大义终始论》。
〔5〕《壬癸之际胎观第五》。

定实力。因此，“京师之日短，山中之日长”，“俄焉寂然，灯烛无光，不闻余言，但闻鼾声，祖祖漫漫，鹖旦不鸣，则山中之民，有大音声起，天地为之钟鼓，神人为之波涛”。[1] 但龚自珍认为，社会变革“可以虑，可以更，不可以骤”，[2] 他并不希望由下而上彻底推翻现存制度，他告诫统治者“一祖之法无不敝，千夫之议无不靡，与其赠来者以劲改革，孰若自改革。”[3] 统治者自觉地循序渐进的主动变革更为有利。

如何进行“更法”“改图”呢？龚自珍以诗言志：“霜豪掷罢倚天寒，任作淋漓淡墨看。何敢自矜医国手？药方只贩古时丹。”[4] 他的改革方案，主要是所谓“仿古法而行”，其基本内容有：

（一）摆正君臣关系

首先，要重建君臣礼仪。中国是礼仪之邦，全民都注重礼仪。行礼的方式有三种：“一曰坐，二曰立，三曰跪”，“凡常朝之仪有三，一曰主坐臣亦坐，二曰主立臣亦立，三曰主坐臣立。”[5] 君臣同属统治集团的核心成员，身份同样显赫，地位同样尊贵，应当互相敬重。跪拜之礼只用于祭祀天地祖先神灵，而不用于君臣之间。古时大臣在君主面前“巍然岸然师傅自处之风”，[6] 君主赐坐、赐茶，他们讲古论道，直言不讳，“急公爱上，出于天性”。[7] 但近古以来，“臣节之盛，扫地尽矣”，臣子会君主，“朝见长跪，夕见长跪”，没有发表议论的机会，“殿陛之仪，渐相悬以相绝”，[8] 这种礼仪导致臣子在君主面前唯唯诺诺，规规矩矩，实际上则心存芥蒂，离心离德。龚自珍主张“人主之遇其臣也，厚以礼，绳以道”，臣特立独行，报君以气节赤诚，便能达到君臣同心协力、和谐相处的境地，“内外官吏，皆忘其身家以相为谋，则君民上下之交，何事不成？何废不举？”[9]

其次，合理分配君臣权力。龚自珍崇仰古代君臣分权，天子、百官、吏胥各守其职、各尽其责的做法。“律令者，吏胥之所守也；政道者，天子与百官之所图也。守律令而不敢变，吏胥之所以侍立而体卑也；行政道而惟吾意所欲为，天子百官之所以南面而权尊也。”官府的办事人员严格遵从律令，依法行事；君主大臣共同商议国家的大政方针，坦诚地表达自己的政见，形成共识。但明清两代，“朕即国家”，“君权独断”，在极端的君主专制统治下，“官司之命，且倒悬于吏胥之手，彼上下其手，以处乎群臣

---

〔1〕《尊隐》。

〔2〕《平均篇》。

〔3〕《乙丙之际著议第七》。

〔4〕《乙亥杂诗》。

〔5〕《撰四等十仪》。

〔6〕《明良论二》。

〔7〕《明良论一》。

〔8〕《明良论二》。

〔9〕《明良论一》。

之不合乎吏胥者”，大臣“权不重则气不振，气不振则偷，偷则敝；权不重则民不畏，不畏则狎，狎则变”。君主专断，大臣权轻，必定使大臣无能，吏胥猖獗，吏治腐败、社会涣散在所难免。龚自珍主张“乾纲贵裁断，不贵端拱无为”，“圣天子总其大端而已”，而“重内外大臣之权”，“命大臣之所当为，端群臣以所当从”，君主“但责之治以天下之效，不必问其若之何而以为治”，[1] 在宽松和谐的政治氛围中，实现君臣共治天下。

（二）不拘一格降人才

龚自珍认为，改除时弊，推行新政必须解决人才的问题。他说：“自古及今，法无不改，势无不积，事例无不变迁，风气无不移易，所恃者，人材必不绝于世而已。”[2] 他以诗急切地表达了自己对人才的渴望：“九州生气恃风雷，万马齐喑究可哀！我劝天公重抖擞，不拘一格降人材。”[3] 要打破沉闷的政治局面，要给毫无生机的社会生活注入活力，就需要一大批“不拘一格”的人才。

要造就人才，首先就得解除专制制度对人的各种限制和约束，在《病梅馆记》一文中，龚自珍以梅喻人才，由于“梅以曲为美，直则无姿；以奇为美，正则无景；以疏为美，密则无态”，因此，“天下之民，斫直，删密，锄正，以殀梅、病梅”，使“江浙之梅皆病”。其解决的办法只能是“毁其盆，悉埋于地，解其棕缚”，使它们按本性自然生长。

所谓人才，有两项基本标准：其一，推崇自我。龚自珍说：“天地、人所造，众人自造，非圣人所造。圣人也者，与众人对立，与众人为无尽。众人之宰，非道非极，自名曰我。我光造日月，我力造山川，我变造毛羽肖翅，我理造文字言语，我气造天地，我天地又造人，我分别造伦纪。”[4] 是众人而非“圣人”创造了世界，众人的主宰是每个人的“自我”，每个人按“自我”的方式和意图创造了天地日月、山川人物、语言文字、人伦纲纪。龚自珍在这里强调了两个观念，一是自我，一是创造。自我的内涵是以个人为本位的人格尊严和独特个性，创造是人的主观能动性的外化、物化，即改造客观世界，生产劳动产品。无“自我”，就不能有“创造”。其二，张扬“心力”。“心无力者，谓之庸人。报大仇，医大病，解大难，谋大事，学大道，皆以心之力。”[5] 所谓“心力”，就是自由意志，主体精神。龚自珍说：“夫有人必有胸肝，有胸肝则必有耳目，有耳目则必有上下百年之见闻，有见闻则必有考订同异之事，则或胸以为是，胸以为非，有是非，则必有感慨激奋，感慨激奋而居上位，有其力，则所是者依，所非者去；感慨激奋而居下位，无其力，则探吾之是非，而昌昌大言之，如此，法改胡所弊？

[1] 《明良论四》。
[2] 《上大学士书》。
[3] 《己亥杂诗》。
[4] 《壬癸之际胎观第一》。
[5] 《壬癸之际胎观第二》。

势积胡所重？风气移易胡所惩？事例变迁胡所惧?"[1] 人有了"心力"，就有了主见，有了是非观念，有了真情实感，就会冲动振奋。这种人居上位，就能坚持原则，捍卫真理；居下位，也可以毫不掩饰的发表自己的政治见解。有了"心力"，除旧布新才会顺利成功。

（三）修改礼法，本乎人情

龚自珍指出："史之百王，仁不仁之差，大端有三：视其赋，视其刑，视其役而已矣。"[2] 就"赋"而言，清廷"开捐例，加赋，加盐价"，是"割臀以肥脑，自啖其肉"。[3] 东南农民负担尤其沉重，"国赋三升民一斗，屠牛那不胜栽禾"。[4] 统治者与民众的矛盾十分尖锐，礼仪法制已经到了非改不可的地步。龚自珍认为，变法修礼，必须体现三项原则：

1. 礼律应"合人情"，"厚民生"。《礼》曰："夫礼之初，始诸饮食。"龚自珍说："圣人之道，本天地之际，胪幽明之序，始乎饮食，中乎制作，终乎闻性与天道。"[5] 他追根溯源，对礼仪法律为什么要产生进行了深入的探讨：古时候并没有后王君公，没有礼乐刑法，也没有礼乐刑法所确立的等级与特权。君主与礼法是人类社会发展到一定阶段的必然产物，人们对此并不感到疑惑和惊恐。这是因为，当自然生长的食物短缺，人们开始重视用自己的智慧和力量来生产食物，并将耕种的土地据为己有。"土广而谷众"者，为了报答祖先的恩德，为了庇护自己的子孙，为了维护自己的物质利益和社会地位，为了稳定社会秩序，就确立了各种名目的规章制度，"名之曰礼，曰乐，曰刑法"，[6] 建立了以农为本的国家。因此，礼仪法制是从饮食、人伦中产生的，是由下而上形成的。礼法应以农为宗，满足人的基本物质需求，维系主要的宗法人伦关系。律何本？本人性。礼何出，厚民生。

2. 平均土地。龚自珍指出，"天有私也"，"地有私也"，"日月有私也"。[7] 人的本性也是自私的，所有人都有追求财富的欲望，但社会上却出现了贫富不均，"贫相轧，富相耀；贫者阽，富者安。贫者日愈倾，富者日愈壅"。这样下去，"小不相齐，渐至大不相齐，大不相齐，即至丧天下"。因此，"有天下者，莫高于平平之尚也"，"随其时而剂调之"，以平均富贵。这种平均，不是数量上的绝对平均，而是"君取盂焉，臣取勺焉，民取卮焉"，[8] 大家各有所取的质量上的平均。龚自珍说："木无二

---

〔1〕《上大学士书》。
〔2〕《升平分类读史雅诗自序》。
〔3〕《西域置行省议》。
〔4〕《己亥杂诗》。
〔5〕《五经大义终始论》。
〔6〕《农宗》。
〔7〕《论私》。
〔8〕《平均篇》。

本，川无二原，贵贱无二人，人无二治，治无二法，请使农之有一田、一宅，如天子之有万国天下。"[1] 在以农为本的国家，最根本的问题是以平均的方式解决农民的土地问题，所以，他请定"王法"，即仿照古代宗法制度，按血缘关系的远近确定不同份额的土地占有关系，平均富贵，使人们各守其业，各安其分，上下不相侵夺。

3. "兴化善俗"为"制治之本"。龚自珍说："古之奉法者曰：夫明庶物，察人伦，总是非，申仁恕，极精微。"[2] 他指出："人心"为"世俗之本"，而"世俗之本"又是"王运之本"，如果人心亡，世俗坏，则"王运中易"，国家就会灭亡。为了正人心，淳风俗，应加强德礼教化，不在专用力和刑："全德不恃力，莫肯不服，其次用力"，[3] "非礼无以劝节，非节非礼无以全耻"。[4] 刑的作用是辅助礼，维护礼："刑书者，乃所以为礼义也；出乎礼，入乎刑，不可以中立。"[5] "应试之以至难之法，齐之以至信之刑，统之以至澹之心"，[6] 就容易收到政治统治的成效。他力主以"刑乱国用重典"的方式禁绝种植，贩运和吸食鸦片：吸食鸦片者处绞刑；种植鸦片者斩首示众，并将其"三族"内的亲属收为官奴；贩卖和制造鸦片者斩首；破坏禁烟的夷人和奸民，就地正法，杀一儆百。[7]

由此可知，龚自珍的"更法""改图"是比较幼稚和肤浅的，面对积重难返的封建专制，要么是重臣权、用人才的局部改良，要么是均田、农本、宗法的复古幻想，这都不能从根本解决问题。

龚自珍以在晚清"开风气"自诩，所谓"开风气"表现在两个方面，一是不把钻研学问作为政治的避风港，而大力倡导经世致用的务实学风，让读书人关注社会，参与变革，在推动时代前进的过程中体现自己的价值；二是推崇现实批判精神，摧枯拉朽，石破天惊，让人们看到封建专制已经千疮百孔，无可求药，以激发人们对美好事物的眷恋向往。龚自珍"开风气"的方式是"怨去吹箫，狂来说剑，两样魂味"，[8] 但"侠骨幽情箫与剑，问箫心剑态谁能画"，[9] 剑态宣泄的是对丑陋现实的淋漓畅快的攻击，招招命中要害："箫心"寄予的是对回归远古的缠绵深情，声声飘缈空灵。这就意味着龚自珍常会处于一种矛盾的状态，他清楚地了解现实的症结，但古时药方上却没有根治它的灵丹妙药；他毅然堵死了封建专制活命的通道，但却找不到社会变革真正的出

---

〔1〕《农宗》。
〔2〕《五经大义终始答问》。
〔3〕《农宗答问第五》。
〔4〕《明良论二》。
〔5〕《春秋决事比自序》。
〔6〕《平均篇》。
〔7〕参见《送钦差大臣侯官林公序》。
〔8〕《湘月·泛舟西湖》。
〔9〕参见《定庵先生年谱》。

口。他敏锐地揭示了一些重大的社会问题，但却没能提供切实有效的解决办法，其忧患、怅惘在所难免。还是梁启超对龚自珍的评价最为妥帖和公允，他说："龚自珍……喜为要眇之思……讥切时政，抵诽专制……晚清思想之解放，自珍确与有功焉。光绪间所谓新学家者，大率人人皆经过崇拜龚氏之一时期，初读《定庵文集》，若受电然，稍进乃厌浅薄。"[1] 而我们感叹："老屋尘土难清除，我有弊帚当自珍。"呜呼！一代大师龚自珍……

[1] 梁启超：《清代学术概论》。

社会变迁与立法语境的转换

——以“奸党”罪的嬗变为线索

陈 煜*

“奸党”一词，最初并非是一个法律用词，而是指“朋党”之狼狈为奸者。朋党之争、党同伐异，古已有之，作为政治用词或者社会生活用词，它更多被表述为“夤缘为奸”等。但是将“奸”和“党”并称并作为一个法律概念，则是从明朝开始，初始被编入《大明律》（编入之确切时间待考），其后清承明制，自《大清律集解附例》（顺治三年律），经《大清律集解》（雍正三年律），到《大清律例》（乾隆五年）迭经细微修改，最后定型。直至宣统年间《大清现行刑律》出，终被废止。本文试图从考证“奸党”一词在明清律典中的变化入手，继而揭示罪条背后所体现的立法语境的转变，从而在“词”与“物”中间找到一个分析的支点，推而广之，也可以将其看作为法律发展与社会变迁关系的一个有力例证。

一、“奸党”罪条的由来

“奸党”何时作为法律概念正式入律的，迄今尚不能确知。考查明初太祖朝的法律制定情况，凡有四次：即吴元年（公元1367年）草创至洪武元年颁行的《大明律》，洪武七年律，洪武二十二年律，洪武三十年律，以洪武三十年律为定本，此后有明一代，历朝相承无改。[1] 因笔者无法见到洪武七年律和吴元年律，所以不敢妄断此中有无“奸党罪”，不过据宋濂《进大明律表》中所称洪武七年律“篇目一准之于唐”[2]，似乎可以推断，洪武七年律不太可能出现“奸党”罪条，何况此时，明太祖并无多少指斥“奸党”的话语。一般情形而言，依照中国传统法律思维习惯，我们来确定法律概念，更多的是一种对社会现实生活中具体情形的归纳总结，不太可能创造一个法律概念，来适应以后可能会发生的社会现象。由此来看，在法律世界内，中国传统更多倾

* 法学博士，首都医科大学法学系讲师，中南财经政法大学法律文化研究院兼职副研究员。

〔1〕 有关明初立法过程参看《明史·刑法志一》。

〔2〕（明）宋濂：“进大明律表”，载《明经世文编》卷一。

向于如中世纪“唯实论”的观念[1]，喜欢对已经有的、可以名状的社会现象加以规制，而不喜欢用一种纯粹的理念去表达法律制度。那么“奸党”是否是到洪武二十二年才规定到律中的呢？此时需要纠正一个误区，即除此四次修律外，明初就再没有制定过法律。恰相反，到洪武三十年大明律最后定型之前，立法者始终在考虑律文如何修改完善，此四次只是正式颁行的而已。

不过有一点可以肯定，至迟在洪武十九年（公元1386年），律内已经有“奸党”之条。因为明初上海松江人何广，曾经于洪武十九年撰写了一本律学作品《律解辩疑》，该作品就是按照《大明律》所载律文逐条作注解，其中关于“奸党”罪条，他是这样撰注的：

> 奸党
>
> 凡奸邪进谗言左使杀人者，斩。
>
> 【议曰】谓人本无罪或罪不至死，被奸邪谗僭于上而杀者，鞫问明白，斩。
>
> 若刑部及大小衙门官吏不执法律，听从上司官主使出入人罪者，罪亦如之。（止）或赏银二千两。
>
> 【议曰】犯罪之人，轻重各随其情，依律拟断。若【上】司官徇私故为轻重，大小衙门掌法官吏不执法律，阿附顺从，听其主使，出入人罪者，依交结朋党紊乱朝政律，皆斩。妻子为奴，财产入官。其议拟刑名之际，上司、属官所见不同，一时听从，别无私曲者，自依失出入人罪。[2]

可见，何广注律的方式是模仿《唐律疏议》的体例，在每条律文后面加以“议曰”来表达自己对该条律文的理解。只要是法典中所载律文，他都要进行注解。不存在遗漏

---

〔1〕关于中世纪“唯实论”和“唯名论”的争论，美国法学家博登海默概括道：“根据中世纪唯实论的观点，在人们提出的普遍概念同与之相关的外部世界客体种类之间存有一种对应关系，在人的头脑中所形成的每个一般概念或观念都被认为在人的头脑之外亦即客观现实中具有着一种完全相对应的东西……唯名论者则争辩说，自然界自有个别事物，而且用以描述我们周围世界的一般性概括与分类只是些名称而已，亦即是一些适用于一般情况的语言符号，而这些符号不能被认为是存在于现实的事物的忠实复制品，换言之，人之心智的世界必定同客观世界相分离。”参见［美］博登海默：《法理学：法律哲学与法律方法》，邓正来译，中国政法大学出版社1999年版，第484～485页。这场争论涉及人的认识限度问题以及语词与对象的差异问题，在中国传统法律领域，喜欢将一切问题具体化，观历代法典，对法律制度所规制的对象都尽可能的趋于具体，缺乏概括和抽象色彩，实际上与中国传统思维追求确定性相关。

〔2〕（明）何广：《律解辩疑》“大明律卷第二·职制·奸党”，载杨一凡、田涛主编：《中国珍稀法律典籍续编》第四册《明代法律文献》（下），黑龙江人民出版社2002年版，第70页。

或者因个人好恶或注或不注的问题。[1] 因此我们可以知道此时的律文中已经有奸党罪，惟独与洪武三十年大明律不同的是，该奸党罪条文仅有二款，比较粗糙，而正式成形的奸党条共有四款（后详），表明自洪武十九年之后，奸党条文还是有很大的发展。

那么是什么机缘使得“奸党”成为法律用语被载于一代法律大典的呢？现在难以寻觅当时的立法资料，立法人员如何考虑而使之载入律文，现在也无从得知。清末法学大家沈家本在研究历代刑律的时候，对“奸党”一罪，曾经论道：“此五条（指‘擅勾属官’、‘官吏给由’、‘奸党’、‘交结近侍官员’、‘上言大臣德政’五个法条）《唐律》并无文。前二条乃明制与唐不同之处。后三条乃所以防闲大臣，前人议其苛刻者非一人矣。此等律文，当定于胡惟庸乱政之后，所谓亡羊补牢也。”[2] 由此可知，该文字反映出两大信息：其一，沈也无法确知奸党条文具体纂定时间；其二，沈家本推知，此条文出现是在胡惟庸谋反案之后，制定的目的是为了“亡羊补牢”。

沈的说法是有依据的，考查明初的政治状况，我们可以知道，明太祖是依靠各路英雄如所谓开国功臣六国公二十八侯等人的支持，扫灭群雄，北逐元廷，澄清寰宇。但建国不久，朱元璋就与文臣武将围绕权力问题产生了不少矛盾，而且官僚集团中文臣派李善长与武臣派徐达间的斗争也很尖锐，两者皆威胁皇权。文臣武将又自恃功高，益发骄矜难驯。所以朱元璋时时警惕勿使皇权旁落。明初行政体制中，在中央设立中书省，有左右丞相总理吏、户、礼、兵、刑、工六部事务。当时中书省大权掌握在左丞相胡惟庸等人手中，胡作威作福，独断专横。更为严重的事是胡拉帮结派，图谋不轨。洪武十三年，胡以“谋不轨”罪被杀，胡死后，案件并没有平息，事过五年，李善长之弟李存义为人首告，到十九年，胡惟庸勾结倭寇逆谋造反之事又被牵连进来，于是牵出开国功勋李善长等与胡惟庸共谋不轨之事，帝发怒，肃清逆党，到洪武二十三年（公元1390年）止，十年间坐而连诛者三万余人，如李善长、朱亮祖二国公、二十列侯皆论死。此所谓明初第一大狱胡惟庸狱，此后在洪武二十六年，又诛蓝玉，牵连一万五千余人，与胡狱并称“胡蓝大狱”，至此功勋故旧几乎被诛杀殆尽。明太祖以大屠杀解除了皇权的危机。[3]

---

〔1〕 明清律学家们几乎都是按照法典体例而逐条注释比对，有时从律学家的著作中，我们也可以明了其时的法律条文是如何编纂的。当然，也有例外，比如清末律学大家吉同钧的《大清律讲义》就并未将所有律文全部加以解释，仅仅就大清律例部分条文作解，计有“名例，刑律贼盗，人命，斗殴，詈骂，诉讼，受赃，诈伪，犯奸，杂犯，捕亡，断狱，吏律职制，审判要略”十四个部分，但吉是因为要给律学馆学生讲课用，所以会有侧重，且吉限于时间故，未能完成全部注释。但是观其后吉的《大清现行刑律讲义》则是将所有律文都一一讲遍。所以明清律学家更注重全面完整的解释律例，吉注大清律实属例外。

〔2〕 （清）沈家本：《历代刑法考》之《明律目笺》二“擅勾属官、官吏给由、奸党、交结近侍官员、上言大臣德政”，郑经元、骈宇骞点校，中华书局1985年版，第1828页。

〔3〕 关于胡惟庸谋反案件，参见孟森：《明史讲义》，上海古籍出版社2002年版，第64～70页；另见陈茂同：《中国历代职官沿革史》，百花文艺出版社2005年版，第407～408页。

胡蓝之狱引起的后果很严重，在政治领域里面，结束了明太祖长久以来关于命相与废相的考虑，直接造成了权分六部，而一统于上的政治体制；在法律领域里面，则开有明一代竣法与守法的潮流。同时，太祖个人的性格日益复杂，纳谏与拒谏，除弊与流弊，几乎是很矛盾的管理模式，一直伴随到太祖驾崩。其中影响到法典，就是洪武十三年以后，法典体例模式势必要向六部七篇制过渡，导致洪武二十二年律，就是以名例，外加吏、户、礼、兵、刑、工这样的七篇为体例。而具体到本文所要谈论的“奸党”罪条，则是在正式的国家文本中，直接出现了“奸党”二字。即在洪武二十一年，胡惟庸已死八年，在对此谋反案件的审理中，太祖专门制定一书名曰《昭示奸党录》，将与胡案有牵连的官员都入“奸党”之列，布告天下，株连蔓引。可以想见，在胡惟庸案发，即洪武十三年论死之后，太祖必定已经经常提及对奸党的惩治问题，立法者也将皇帝的意思纂入法典中，我们上文提及何广的注释，就是在十九年的时候已经有奸党罪条两款，到二十一年，《昭示奸党录》出，“奸党”一词给立法者的印象必定更为深刻。考虑到洪武二十二年七篇制体例的新大明律颁布，可以推断，此时“奸党罪”法律条文必也因太祖前一年的强化而得到完善。从而使得一个政治用词变成了一个正式的法律用语，此后凡五百余年，此律皆相沿用。

清末法学大家薛允升的著作曾在明律“奸党”诸条之下，比较汉、唐、明有关律文：“明祖猜忌臣下，无弊不防，所定之律亦苛刻显著，与唐律迥不相同。……汉有非所宜言、大不敬及执左道乱朝政法，唐律不载，明此律则更甚矣!”[1] 直接将“奸党”律的产生归结为明太祖猜忌臣下，防止臣下结党舞弊所致。当然此律中隐含有极强烈的专制帝王个人色彩。当时不管怎样，奸党律是在胡惟庸谋反案件之后逐渐纂入律文的，这一点似毋庸置疑。于是到了洪武三十年律中，“奸党”罪条正式成形，共四款，沿用了五百年，录之如下：

> 奸党
>
> 凡奸邪进谗言、左使杀人者，斩。
>
> 若犯罪律该处死，其大臣小官，巧言谏免、暗邀人心者，亦斩。
>
> 若在朝官员，交结朋党，紊乱朝政者，皆斩。妻子为奴，财产入官。
>
> 若刑部及大小各衙门官吏，不执法律，听从上司主使出入人罪者，罪亦如之。若有不避权势，明具实迹，亲赴御前执法陈诉者，罪坐奸臣。言告之人，与免本罪。仍将犯人财产，均给充赏。有官者，升二等，无官者，量与一官，或赏银二千两。[2]

较之于前述何广注中所引条文，不惟条款上增加了二款，而且就编排而言，增加

---

〔1〕（清）薛允升：《唐明律合编》卷九，中国书店1990年版，第73页。

〔2〕《大明律》卷二“吏律·职制·奸党”，怀效锋点校，法律出版社1999年版，第34页。

的是第二款、第三款，此两款同属于奸党核心罪行的表现，而第四款，只能作为类同于奸党罪处理的情况。从何广的律注中，我们可以看出，在他注律之前，可能当时已经有过一个“结交朋党，紊乱朝政律”的草案，所述的情形与如今“奸党罪”里的第二款正好相符，到洪武三十年，遂将此款放入“奸党”作为第三款来处理了。

因此，我们大致可以知道，“奸党”是随着明代政治生活中罢宰相，严朋党之禁的态势之下，随着胡惟庸案件作为直接的导火索，而从政治语言转化成法律语言的，起始于洪武十三年胡案之后，最终于洪武三十年纂成。

二、“奸党”罪在大清律中的演变

洪武定律以后，《大明律》被宣布为万世不易之典，[1] 所以虽然明代此后法律也经过修改，但多用“附例”形式，加以完善，这种律中附例的形式，为后来清代所继承。所以终明之世，“奸党律”再无修改，到万历三十八年，重刊《大明律集解附例》时，“奸党”没有附例。[2]

清入关后，承明制，法律上“准依明律”，一直持续到顺治三年（公元1646年）五月《大清律集解附例》颁布。[3] 期间从顺治元年到三年五月，入主中原的新朝也开始进行了修订新朝法律的活动。对于“奸党”罪条，有所更改，但并未出现过颠覆性的改动。

顺治三年律中，主要是针对明代“奸党”律文增加了个别小注，律文并小注附于下：

> 奸党
>
> 凡奸邪将不该死的人进谗言。左道使朝廷杀人者，斩。监候。
>
> 若犯罪，律该处死，其大臣小官，巧言谏免，暗邀市恩，以结人心者，亦斩。监候。
>
> 若在朝官员，交结朋党，紊乱朝政者，凡朋党官员皆斩。监候。妻子为奴，财产入官。
>
> 若刑部及大小各衙门官吏，不执法律，听从上司主使出入已决放者。人罪者，罪亦如之。若有不避权势，明具实迹，亲赴御前执法陈述者，罪坐奸臣。言告之人，虽亦已听从，致罪有出入，亦得与免本罪，仍将犯人财产均给若止一人陈奏，全给，充赏。有官者升二等，无官者量与一官，或不愿官者，赏银二千两。
>
> 左使杀人，谓不由正理，借引别事，以激怒人主，杀其人以快已意。刑部而

---

〔1〕《明史·刑法志一》载，大明律成，太祖令“子孙守之，群臣有稍议更改，即坐以变乱祖制之罪”。

〔2〕笔者查到一个万历三十八年的《大明律集解附例》版本，在“奸党”罪条后，只有编纂者的纂注，而无例文，此编纂者自称为“承行典吏姚世俊磨对”，即姚世俊这个人所磨对的，所谓磨对，是指“查明验对”的意思，可见，直到万历年间，并未出现过针对此条文发展所设的例。

〔3〕清入关后立法活动，可参阅张晋藩主编：《清朝法制史》，中华书局1998年版，第356~367页。

上言“上司”，乃指宰执大臣有权势者言也。[1]

可见，顺治三年律仅仅是在明律“奸党”律条中加入了小注，使得语句更通顺，语气更连贯，指代更确切。在第一款中，要求奸邪所进谗言的对象是不该死之人，而手段为左使杀人，杀人者为朝廷。立法者尚恐律意不够明确，在本律条最后，还专门加了一个律后注，表明“左使杀人”的涵义，这样第一款就有奸邪之徒借刀杀人的意思。至于斩罪后面，用小注表明“监候”二字，表示具体施行的状态，跟清代死刑执行方式的变革有关。此小注中体现了清朝的立法创造，并不是简单承袭明律，而是有所更张。

第二款加的小注不多，仅仅疏通了“暗邀人心”作何解释，是借受宠于皇帝，树立个人威信，有恩于犯罪者，从而结交人心。这个小注更多是起到疏通文句的作用。

第三款所加的小注则是用来使得指代更明确，指出在朝官员结交朋党，紊乱朝政，不仅仅是在朝官员要被处斩，而且其结交的朋党本身也要被处斩。避免歧异。

第四款文字比较多，所加小注“已决放者”也是为了用来使得指代明确，加入出入人罪的对象是指“已决放者”，执法人员在上司的命令下，对于已经判决罪行的人将之放跑，对于已经要开释罪行的人而再将他拘禁，就是出入人罪，这样一种行为，就比照奸党加以处理。如果这类执法人员不畏惧上司的权势，秉公执法或者虽然受上司挟制不得不枉法裁判，但能够事发后告发上司的，那么免除其罪过，还要给予嘉奖。可见这个条款重视的是奖励告奸。为了打消“言告之人”的顾虑，清律还专门增加了小注“虽亦已听从，致罪有出入，亦得”的字样，对于法司而言，刑部已经是最高法司了，那么刑部还有上司否？为了解决这个问题，在律后的小注中专门注释：“刑部而上言‘上司’，乃指宰执大臣有权势者言也”[2] 就将该律文意思明白无误的说清了。

可见，顺治三年律对奸党的范围、行为模式和法律后果，做了相应的界定，通过在律内加注的方式，使得律意更为明确，是一大进步。当然，因为这个律文相对还是比较简单的，所以并未引起律学家的重视。比如薛允升在《唐明清三律汇编》中提及此律时，竟未加入一句评论，仅仅援用夏敬一《读律示掌》的一段文字就给此律作解：“《示掌》云：此条缘坐妻子为奴，与下交结近侍条及人命律杀一家三人条内妻子俱流二千里安置者不同，与‘采生折割’、‘造畜蛊毒’两条内妻子及同居家口并流二千里安置者亦异。而谋叛之缘坐，又较谋反者有间条，虽有七而等居其五，所谓轻重诸罚而

---

〔1〕 引自《顺治三年奏定律》卷二“职制·奸党”，载杨一凡、田涛主编：《中国珍稀法律典籍续编》第五册，黑龙江人民出版社 2002 年版，第 171 页。因法典内大小字号相间，难以区分，为便于阅读，故本文将律正文大字加上着重黑体字样。

〔2〕 引自《顺治三年奏定律》卷二“职制·奸党”，载杨一凡、田涛主编：《中国珍稀法律典籍续编》第五册，黑龙江人民出版社 2002 年版，第 171 页。

有权也。"[1] 这可能有两种解释：其一，薛更关注于法律的实用色彩，而“奸党”罪，如我们下面将要分析的那样，它并不是那么实用的；其二，关于“奸党”的精神实质，我们上文中所引的薛在《唐明律合编》中已经交代过了，他觉得没有什么可说的了。他的另一本巨著《读例存疑》，充满精辟的见解，谈到“奸党”罪条时（“奸党”条无例），仅仅用了一句话“此仍明律，其小注，系顺治三年添入，乾隆五年改定。"[2] 当然我们又必须看到，律学家关注的更多是律文的内容，因为律学家本身的素养足以使得他们即使没有注解，他们也能按照律文中透露出来的意思去理解，且与小注的内容相差不大。但是不可否认的是，加入律注，更有利于消除司法活动中可能出现的分歧。清律制定者对于法律的确定性和可适用性的追求，于此可见一斑。

康熙至雍正年间，立法者继续在完善大清律，雍正三年，《钦定大清律》成（又称《大清律集解》），“奸党”条文，改动不大，但细细比对，仍有细微差异：

在第一款中，将“左道使朝廷杀人者”，仍改为“左使杀人者”，因为在律后注内已经对左使杀人做了解释，而最初的左道使朝廷杀人，同样容易引起歧义，因为左道有的时候还可以解释诸如“采生折割”、“造畜蛊毒”等行为，而作为一种政治犯罪，这样写不宜，且与律后注有矛盾之处，至于朝廷，应该为皇帝，不过专家国家之内“朕即国家”，说朝廷也未尝不可，只是后面已有激怒“人主”，前面就没有必要再提，当然这一点是后来乾隆五年修律时也注意到的。

第二款、第三款没有更改。

第四款则将“听从上司主使出入已决放者”改为“听从上司指奸臣主使出入已决放者”，加入了“指奸臣”三字，这样把该法司的上司界定得更加清楚，指出只有是奸臣的上司，如果指使属下徇私枉法，那么该上司就照“奸党”处理，但是如果上司并非奸臣，而是一般的人，那么可能就需要另案处理了。虽然雍正朝律文中仅仅改动了几个字，我们同样对奸党的认识会进一步清晰，至少可以排除某些似是而非的观念，比如“左道”与“左”，“奸臣”和“奸邪”。

当然，雍正律最为醒目之处就是在每一条律文后面还附有一个总注，我们看其“奸党”条的总注：

> 注：此指人臣欺罔乱政者而言也，前三节正言奸党之罪，第四节事同奸党，因并及之左使杀人，是怨归于君，巧言谏免，是德归于己，故并斩。然此二条作奸者犹止于一身，紊乱者止于一事。若相与交结朋比为党，互生异议，以紊乱政令，则其罪更重，况左使谏免，虽欺罔行私，而生杀之权犹自上出，交结紊乱则背公植党，将威福之柄，几至下移，故罪无首从，皆斩。妻子为奴，财产入官。

---

〔1〕 引自《唐明清三律汇编》“吏律·职制”，载杨一凡、田涛主编：《中国珍稀法律典籍续编》第八册，黑龙江人民出版社 2002 年版，第 129 页。

〔2〕（清）薛允升：《读例存疑》卷七，“吏律之一·职制”。

若问拟刑名，不执法律，听从奸邪主使出入，则蔑纲纪之是非而奉权要之私意，是即朋党乱政，故罪亦如之。若不避权势，明具主使出入实迹陈奏者，虽业已听从，亦免本罪，既开首免之门，又重告言之赏，所以遏奸恶于初萌也。[1]

这个总注，可以看成是对律文的解释，同时加入了自己的立法意见，可能是立法者将立法缘由也附在条文后一并列出。后来嘉庆间，番禺人潘德畬主持辑录了卷帙浩繁的《大清律例按语》，其取材于雍正以来立法档案，其中奸党条的按语用“臣等谨按”开头其内容于以上“奸党”条总注一模一样，是可以确认，此总注即为当年修律诸公的一个立法意见，可以看成是对“奸党”条最权威的注解。[2] 但是遗憾的是，《大清律例按语》并没有交代雍正以后该律的发展状况，还得另觅材料进行研究。

笔者经过对大清律例文本不断的搜索，有幸在国家图书馆古籍部内觅得一个残本，正好是关于“职制律”的。上面注云：“清乾隆律例稿”，虽没有注明乾隆多少年，但根据律文内容，我们可以明白是乾隆五年前的文字。上面还印有“京师图书馆，本馆旧藏。”该稿本在“奸党”篇上原来一段文字，和雍正三年律一样，只是删除了总注而已。其后最有价值的一段文字，是对该律文的修改意见：

臣等谨按：此律专为奸邪而设，（例）律内“听从主使之上司”，即下文“坐罪之奸臣”。“上司”下增注“指奸臣”三字，则文义明显，既经增注，则末后“刑部而上言上司”等注可删。再注内“不由正理，借引别事”等句。专为注解“左使杀人”句。应移在“左使杀人”下。谨将增删律注，开列于后。

由此我们可以知道乾隆五年修律的一些情况，用的是雍正三年的底本，但是在修改之前，统统除去了总注，大约认为法典当简约，立法意见不应纂入律典内。但是对于雍正三年律的律文律注，修订者依然是字斟句酌。此稿本最后开列了一个修改稿，录之于下：

奸党

凡奸邪将不该死之人进谗言，左使杀人不由正理，借引别事以激怒人主，杀其人以快己意者，斩监候。

若犯罪，律该处死，其大臣小官，巧言谏免，暗邀市恩，以结人心者，亦斩监候。

若在朝官员，交结朋党，紊乱朝政者，凡朋党官员皆斩监候，妻子为奴，财产入官。

若刑部及大小各衙门官吏，不执法律，听从上司指奸臣。主使，出入已决放

---

〔1〕《钦定大清律》“吏律卷之二”，载四库未收书辑刊编纂委员会编：《四库未收书辑刊》第一辑，北京出版社2000年版，第26～106页。

〔2〕见潘德畬辑：《大清律例按语》（海山仙馆藏版），“吏律职制下”。

人罪者，罪亦如之。若有不避权势，明具实迹，亲赴御前，执法陈述者，罪坐奸臣。言告之人，虽亦已听从，致罪有出入，亦得与免本罪，仍将犯人财产均给若止一人陈奏，全给。充赏，有官者升二等，无官者量与一官，或不愿官者赏银二千两。[1]

将此律条与现在通行的乾隆五年的律文比对，一模一样[2]，所以可见，后来此按语被全部采纳，至此，"奸党"条文完全确立，直到清末法律改革之前，再无变化。

三、清末修律"奸党"条文的嬗变

清末限于各种情势，统治者推行新政，法律改革迈出了实质性的一步。朝廷设修订法律馆修订旧律、起草新律。法律馆由此进行了一系列活动。[3] 从光绪三十四年开始，沈家本领导修订法律馆同人，以"删除总目、厘正刑名、节取新章、简易例文"四项原则，对大清律例进行了历史上最后一次，也是最大的一次改造。这次改造之后的法典被命名为《大清现行刑律》。

因档案保存完好的缘故，我们可以知道对"奸党"条文的修改过程。宣统元年七八月间，修订法律馆对"职官律例"进行修订。就"奸党罪"而言，首先作为修订法律的基础稿本，即《大清律例》卷六"吏律·职制·奸党"篇（同上乾隆五年稿所列"奸党条"，兹不备录）。[4]

修订法律馆修订旧律的方式是采用墨笔粘单的方式，就是馆中同人大家都对一个稿本中的律文表示建议，在一个纸条上作出批注，然后将此纸条粘贴在待修改律文的稿本上，再请示上一级领导审批。

法律馆馆员即要针对此"奸党"条文加以修改。首先，时任修订法律馆第一科纂修的朱汝珍在该律文上方"墨笔粘单"，给出对此条文总体修改意见：

案：立宪国必有政党，为世界各国所公认，若无政党，则虽有良法美意，不能得多数有势力者之赞成，便难实行。吾国人思想一若党则无不奸者，稽之历史亦往往而然，不知立宪国之政党党于主义，非党于私人，今所谓奸党者，党其私人非党于主义，故大相径庭也。然总希望中国前途有宗旨纯正、学识宏通之政党出现，实行立宪，今以奸党二字为律目，微觉不安，拟改为"奸邪"二字，并将律文内朋党等字改削，将小注"凡朋党官员"等字删除，仍俟钧定。[5]

---

[1] 《大清律例稿本》（清乾隆律例稿），未分卷，国家图书馆古籍部藏。

[2] 对比乾隆五年的版本为田涛、郑秦点校《大清律例》乾隆五年本，法律出版社1999年版，第154～155页。

[3] 关于晚清修律的动因、法律馆的开设、法律馆人员结构、从事的活动以及修律中出现的论争诸方面，可详细参看陈煜：《清末新政中的修订法律馆》，中国政法大学出版社2009年版。

[4] 见《修订法律馆对职官律例修改稿》，第一历史档案馆藏，修订法律馆全宗，全宗号10，第3包。

[5] 见《修订法律馆对职官律例修改稿》，第一历史档案馆，修订法律馆全宗，全宗号10，第3包。

末了，朱汝珍在该单最后签上“珍注”二字，表明他即为此意见的责任人。其中“仍俟钧定”一语，即表明他在稿本上粘上此单所要呈上的对象即为修订法律大臣。朱修订意见所据的理由是立宪国政党制度与“奸党”一词不协调，所以意见是要去除“奸党”的条目，改用“奸邪”作为律名。

随即另一张批注单又粘在了此稿本上，朱汝珍的字清晰俊秀，为正体小楷，而此粘单上则为行书大字，上写“奸党此律，明代所创，薛尚书以为残刻，此义应否，亦之记酌”。体会此批注语气，再对照沈家本的笔迹，可知此为沈之意见。[1] 是沈家本内心同意此奸党律文为残刻律文，只是沈为人沉稳，揣度删除此律，又必招致非议，于是写下“记酌”二字，答复朱汝珍。

同时，另一馆员又在该律条上粘单云：“按：奸党诸律均系严惩官邪，历次修律均未敢擅议更改，惟缘坐现已奏明宽免，是以‘妻子为奴’等语节删，余悉仍旧。律目曰奸党，律文曰奸邪，曰交结朋党，紊乱朝章罪坐奸邪，紊乱并非以一党字为罪案，似不必忌避，必从而删改之，恐谤议又将峰起矣。”该粘单未落款，只书“谨记”二字。似乎也是对朱汝珍的意见的补充，但字体与朱、沈皆不相似，此意见比较保守，考虑到革新可能带来的压力，还对历来修律为何不及此条做出注解，笔者推测，该条作者当为编案处总纂吉同钧，吉在修律馆中的思想倾向于务实与保守，其工作又主要是修订旧律。所以可能性较大，但因笔者尚未查到吉氏之笔迹，所以在此故存此疑，俟日后有确切证据再补录之。

此外，同以上字迹（指笔者疑似吉同钧）相似的是另一张粘单，上云：“‘上司’二字应酌改，现在法部尚书在参与政务之列，无所谓上司矣。”[2]

对此，修订法律大臣沈家本，又粘上一单，上书：“删语下注，刑部现改为法部，法部尚书系在参与政务之列，并无所谓‘上司’，似不如将‘刑部’及三字一并节去，较为浑括。”

最后，综合上述“墨笔粘单”，沈家本等得出一个修改意见稿，云：

> 臣等谨案，律内斩候罪名应改绞候，缘坐之法新章已分别宽免，则律内妻子为奴，财产入官，仍将犯人财产均给充赏，并小注若止一人，陈奏全给等语，均应节删，至刑部现改为法部，法部尚书系在参与政务之列，并无所谓上司，似不如将刑部及三字一并节去，较为浑括，谨将律文开列于后。[3]

于是在此基础上形成的《大清现行刑律草案》中“奸党”律文就变成为：

---

〔1〕 笔者认定此条为沈所批，乃是据《沈家本未刻书集纂》扉页中附带的两页沈家本手迹影印图，据此笔迹比对法律馆修律稿本上的批注，则笔迹相同。

〔2〕 因光绪三十四年法部尚书戴鸿慈已参与军机，成为军机大臣，故谓之“参与政务”，并不直接掌理法部事务，故无所谓上司。

〔3〕 见《修订法律馆对职官律例修改稿》，第一历史档案馆，修订法律馆全宗，全宗号10，第3包。

奸党

凡奸邪将不该死之人进谗言，左使杀人不由正理，借引别事情以激怒人主，杀其人以快己意者，绞监候。

若犯罪，律该处死，其大臣小官，巧言谏免，暗邀市恩，以结人心者，亦绞监候。

若在朝官员，交结朋党，紊乱朝政者，凡朋党官员皆绞监候。

若法部及大小各衙门官吏，不执法律，听从上司指奸臣。主使，出入已决放人罪者，罪亦如之。若有不避权势，明具实迹，亲赴御前，执法陈述者，罪坐奸臣。言告之人，虽亦以听从，致罪有出入，亦得与免本罪，有官阶者升二等，无官者量与一官，或不愿官者赏银二千两。[1]

对照此前的权威文本《大清律例》内“奸党”条的规定，我们可以发现此次改定为：

第一款“斩监候”变成了“绞监候”；第二款“斩监候”变成了“绞监候”；第三款“斩监候”变成“绞监候”，删掉“妻子为奴，财产入官”；第四款改“刑部”为法部，删掉“仍将犯人财产均给若止一人陈奏，全给充赏”。

此律文对于奸党的定性和实质界定问题，未作任何改动，惟独在量刑上做了较大幅度的改动，去除了株连妻子的刑罚，并且将刑种处罚力度下降一级，原来斩监候变成了绞监候，而且去掉了附加的没收财产刑罚。可以看出，对“奸党”的修改，法律馆还是非常慎重的，其中主要原因笔者认为还是如吉同钧所说的“奸党诸律均系严惩官邪，历次修律均未敢擅议更改”所致。事实上此次改定的律文，基本上是按照吉同钧的意思修订的。其贯彻的修订原则，则是沈家本此前提出过的“改重为轻”。

修订法律馆最后将各篇修改稿汇总，重新缮写誊清，上呈朝廷，即成为《大清现行刑律草案》。奏上后，朝廷命交宪政编查馆核订，宪政编查馆大刀阔斧，将《奸党》条文全部删除。草案经宪政编查馆核订后，就变成了《核订现行刑律》，再上呈朝廷，朝廷准奏，于是最后出来的《钦定大清现行刑律》中即无“奸党”之条。“奸党”罪至此成为历史遗迹。

四、“奸党”罪条背后的立法语境的转换

以上叙述了“奸党”罪在明清五百多年当中的嬗变与消亡的历程，叙述事实并不是法律史学最终要解决的内容，尽管它也无比重要。然而我们需要理解的是，是什么促使了这一切的改变。因素很多，笔者此处只想就立法语境的转换与法律变迁关系做一个探讨，以明法律变化之因。

如上所述，奸党是洪武年入律，表面上是洪武皇帝猜忌臣下所致，而实际上，它

---

〔1〕 见政学社印行《大清法规大全·实业部》所附《核订现行刑律》。

有更深刻的时代背景。当元朝灭亡之时，群雄峰起，朱元璋靠各路草莽英雄投奔是卒以立国。在征战中，他看到了这些文臣武将的谋略与骁勇，在和平年代如何安排这些功臣成为朱元璋的一大头疼之事，他的智慧不可能超越于其时代和自身知识的限制，所能想到的，也就是重施将皇族立为藩王之故伎，而自己亲历亲为加强对臣下的管束，为此他立制度，逐渐将一切政权事权统统集中到自己手里。并根据自己的经验，发觉个人能力小，集团事务大，为此，他必须尽量分功臣的权，使之互相涣散，而只对自己一人负责。因此，他竭力控制臣下结党，不管此结党出于什么目的。本质上，这并未超越中国传统政治思维。

他对于自己靠勇气和阴谋取得的帝位，非常珍惜，多年的统御经验，使得他对于“烛奸”有自己的体会，比如在他传给后世以为不刊之典的《皇明宝训》中即有：“凡帝王居安，常怀警备，日夜时刻不敢怠慢，则身不被人所窥，国必不失。若恃安忘备，则奸人得计，身国不可保矣！其日夜警备常如对阵，号令精明，日则观人语动，夜则巡禁严密，奸人不得而入。虽亲信如骨肉，朝夕相见，犹当警备于心，宁有备而无用。”[1] 可见，警惕“奸人”已经成为朱元璋自洪武六年就日夜思考的大事，乃至于被列入自六年开始编纂的《祖训》首章。“烛奸”此时即构成了太祖朝初年政治生活中的主要话语，观《明太祖宝训》、《皇明祖训》，大量条文就是教导子孙怎么样防备奸邪的。

一方面，太祖现实中处心积虑要“防奸”，另一方面传统政治思维时时提醒太祖官僚容易“党同伐异”、“结党营私”，因朋党之争误国误家的事例历史上比比皆是。所以太祖想尽了各种办法，包括设十三清吏司监察各路，设厂卫特务机构秘密监视百官。适值胡惟庸案爆发，太祖原来思虑中的“结党朋比为奸”成为了现实。胡案带来了政治体制的大幅度改革，废丞相，权归六部，而六部直接对皇帝负责，此时皇帝统抓政权，而六部所分得的不过是一些事权而已。同时伴随着胡惟庸案件而带来的还有十余年清理奸党的运动，在这场大清洗、大肃反的运动背后，不难明了此时的政治语境就是中央集权，确切的是如何更好地加强个人专制。在这样的政治空气下，受太祖命令的立法者自然是要将政治话语转换到法律当中去的。

法律是对社会生活的一个总记录，社会生活时时限制并提供了某种立法语境，在举朝皆在纠举奸党的同时，奸党势必会成为立法者关注的对象。可以这样说，是过去朋党之争的故事和现实胡蓝党狱使得洪武朝把“奸”和“党”两词最终凝成了一词，又随着正式文件《昭示奸党录》使得“奸党”成为当时立法的一个热点。法律概念乃是解决法律问题所必须和必不可少的工具，我们通过它将法律思考转变为语言，继而传达给他人。而促使一个法律概念的产生，在于人类对法律概念的需要，以及人类使用此

---

〔1〕（明）朱元璋：《皇明祖训》首章。

概念所受到的限制不能太大。[1] 当时处理胡蓝党人需要这样一个概念的产生，于是政治话语迅速向法律概念转化，"奸党"条因此成立，当然当时的立法者尚没有考虑到适用此条是否受限，而后者恰恰是"奸党"条此后在五百年发展中的遇到的最大阻力。

清承明制，此律总体改变不大，除了在文字上、句法上日益求精之外，此律的性质和外延绝无变化。大致而言，此律的出现，意味着专制主义发展到高峰，为维护一己统治而做的制度上的最后的努力。

但是同时此律条又存在另一个现象，即五百多年的发展过程中，它始终没有产生条例，条例是应社会发展的需要而逐渐增删的，难道奸党条不适应社会需要吗？其实不然，是因为奸党规定的比较宽泛，又是一种政治性的犯罪，其中的弹性很大，司法上不容易操作，当日在血雨腥风的大清洗中产生，一旦此运动过去，为求案件的正确处理，往往会引用别条，而尽量避免用此宽泛性条文。所以此条，亦可看成是一类原则性条文，只有当其他具体规则难以解决司法问题时，才沿用此条。而这在力求确定性和具体化的传统司法中，是很少碰到的。也就意味着，运用"奸党"这一法律概念事实证明所受的限制是比较大的。

因此，诚如清末法律大家吉通钧对该律所评论的：

> 此仍明律，顺治三年添入小注，乾隆五年改定，盖指人臣欺罔乱政者而言，此与下交接近侍上言德政二条，唐律均无明文，系明洪武初年所增定，明太祖猜忌臣下，所定律文苛刻显著，与唐律迥不相同，孙氏星衍序唐律有云：唐自永徽定律，宋元皆因其故，惟明代多有更改，又增奸党一章以陷正士，而轻其轻罪，重其重罪，非善政也云云。盖早以此律为不然也。
>
> 国朝于前明弊政，革除殆尽，而此律犹因仍未改，然亦徒为厉禁而引用绝少，按刑部以上，并无上司，此律所为刑部上司者，即指宰执大臣，国初六部皆属中书省故也，左使二字，所包甚广，或借人主忌讳之事以动之，或发人主隐微之私以怒之，或阳为解之而实阴为中之，或正言救之而实反言激之，皆左使之事。此等奸邪害人，不独挟仇已也。或妒其宠眷，或妒其贤能，或畏其持正执法，或怒其奉公碍己，皆奸邪之所欲杀者，上节是杀人以快己意，下节是活人以市己恩，怨归于君德归于己，假公济私，虽皆不忠之臣，而生杀犹在人主，故较上节罪分首从而免其缘坐。三节重听从之罪者，所以惩奸臣之党，赏陈诉之人者，所以离奸臣之党也，陈诉人内有不避权势而执法者，亦有先畏权势不敢执法后乃惧祸而陈诉者，律意则予其以首发故一体赏之。刑律有附合结党妄预官事而治罪较轻者，盖指民人而言，与此不同，当分别观之。[2]

---

〔1〕 参见［美］E. 博登海默：《法理学：法律哲学与法律方法》，邓正来译，中国政法大学出版社 1999 年版，第486 页。

〔2〕（清）吉同钧：《大清律讲义》，上海朝记书庄印行，宣统元年，卷十五"奸党"。

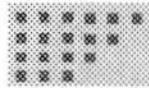

从中可以看出此律文在清代的命运“徒为厉禁而引用绝少”，所以它只是作为一个不常援用，但又能使官僚见之生畏的条文。

总结从洪武开始到清末法律改革这一段过程，可以看出，“奸党”律作为惩治官邪、肃清吏政的条文，始终是统治者所青睐的，但是因为该条款内涵的不易掌握，司法过程当中的不便运用，所以又绝少援用。在此段期间，此立法语境并没有发生变化，所以清朝虽然于“前明弊政，革除殆尽，而此律犹因仍未改”，是因为在这一点上，清朝也是需要用“奸党”罪条来威慑臣下。

所谓“语言的深层差异代表思想或世界观的根本差异”〔1〕，如果思想或世界观一致，那么语言是不会有深层差异的，法律语言同样是如此，清代政治体制、统治模式，几乎全仿明代，导致其继受此一“奸党”罪毫无窒碍。本质上，依然是立法语境的前后相统一。

但是到了清末法律改革，因为本国的法律改革是一种“外源型”模式，此一模式就导致统治者希望改定的法律有“中外通行，有裨治理”的功用，而尽量地将法律改造的能让中外都能适应。立法语境此时已经发生了巨大的转变。就“奸党”律而言，诚如上文法律馆朱汝珍所说的：“立宪国必有政党，为世界各国所公认，若无政党，则虽有良法美意，不能得多数有势力者之赞成，便难实行。吾国人思想一若党则无不奸者，稽之历史亦往往而然，不知立宪国之政党党于主义，非党于私人，今所谓奸党者，党其私人非党于主义，故大相径庭也。然总希望中国前途有宗旨纯正、学识宏通之政党出现，实行立宪，今以奸党二字为律目，微觉不安。”〔2〕清末，西方宪政思潮大量侵入，“党”这个词更多的是指“政党”的党，政党本来就是冲着国家政权而去努力的，再用“奸”来名“政党”，不符合立宪之潮流。然而即使很有经验的人学习一个新词，通常也是一定的语境中进行的。修订法律馆诸君子肯定也面临着此种压力，要适应现行的语境。何况，如果我们“把语言看成是人的当下的言语行为倾向的复合，在这个复合体中，说同一语言的人必定是彼此相似的。”〔3〕且不说面对西方国家的压力，在当时已经预备仿行立宪的中国，“政党”早就不是一个非常陌生的语词，在中国近内，各种党团已然在蓬勃兴起，各地的宪政请愿团体就可以看作一个个政党。因此，在“政党”一语已经为士大夫所知晓时，法律改革再也不能把“奸”字名于“党”之上。

刺激-反应模式同样适用于法律语言和社会变迁上，我们可以把一个人当时的语言看做是其对当时的刺激作语言反应的当时的倾向。尽管后来修订法律馆的老成的君子们因为惧怕责怪，毕竟彼时仍然是皇帝统治的时代，而没有改动“奸党”一罪最实质的部分，仅仅将刑罚改轻。然而其不适应当时的立法语境已断无可疑，立法语境此时

---

〔1〕参见［美］蒯因：《语词和对象》，陈启伟等译，中国人民大学出版社2005年版，第78页。

〔2〕见《修订法律馆对职官律例修改稿》，第一历史档案馆，修订法律馆全宗，全宗号10，第3包。

〔3〕［美］蒯因：《语词和对象》，陈启伟等译，中国人民大学出版社2005年版，第28页。

已经从“专制中央集权”转为“君主立宪，宪政下分权”，尽管也许是清王朝玩的宪政骗局，然而有宪政之名，就给予法律条文以改革的契机。所以现行刑律草案呈交给宪政编查馆审查时，宪政编查馆毫不犹豫地就把这整个“奸党”罪条给删除了，这也意味着传统的专制统治模式走到了尾声。

考察“奸党”罪条的沿革，可以发现，早在其适用的过程中，就有人批评此为一代弊政，难以深入人心，只是因为加强专制统治之需，虽其不敷应用，依然将之留在法典成为具文。等到借西方宪政思潮传来的契机，此立法语境很快发生了变迁，一方面固然是因为时代宪政思潮所致，另一方面又何尝不是其“徒为厉禁、引用绝少”所致呢?观后来法律改革中礼教派和法理派竭力争夺的几个罪条，均为深入到中国人灵魂深处的“亲属容隐”、“干名犯义”等礼教人伦的事情，而这些罪名，又是实践中例文较多的罪条。由此可见，法律的发达，要靠其社会的实践运用，而为社会生活所决定的立法语境的转换，又导致了法律的变革。当我们深切体认什么是我国法律活的传统，什么是导致我国固有法律变革的深层原因，到那时，陷我们于困境的法律史诸题，将会为我们了然于心，成为我们的财富。

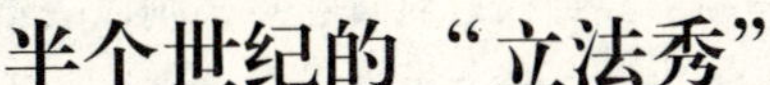

半个世纪的“立法秀”

——近世中国司法主权的收复与法律创制

张仁善*

列强在华享有的“领事裁判权”，一直是近世国人背负的精神枷锁。中国法制近代化的步伐，因谋求司法主权的收复而起，却因司法主权收复而止。二十世纪前五十年立法成果，随着1949年新华社受权发布的《关于废除伪法统》声明，而化作翩翩碎片，进入“历史的垃圾堆”。作为国家上层建筑的一部分，法权问题首先是主权问题，一国没有主权的独立，就无所谓法权的独立。众所周知，近世中国法律变革的直接动因是为撤销西方列强在华攫取的领事裁判权，收回治外法权，即维护法权独立。往昔学者一般多关注列强这一特权的存废过程及其对国家主权及国民利益的危害性〔1〕；或多从外交政策视角，探讨这一问题。〔2〕或讨论司法独立与近代中国关系时，兼涉相关问题。〔3〕兹就撤销领事裁判权、收复司法主权与近代中国法律创制的关系进行论述。

一、“立法秀”的开场——司法主权的丧失与低成本的法律仿制

传统中国社会，司法主权几乎没有受到外来法律文明的挑战，相反，外国人在华违法行为的法律适用，无论是唐朝的“化外人犯罪”的规定，即“同类相犯，以本俗论，异类相犯，以律论”，还是宋元时期，无论同类、异类相犯，概以中国法律论，外人从未发生异议。原因在于领土主权完整，国力处于强势，外人必须遵守国法。

近代国门被打开，列强强迫中国签订一系列不平等条约，中国被迫割地赔款，领土主权受到侵犯，司法主权踵相丧失。于是，作为废除不平等条约内容的重要组成部分，撤销列强在华领事裁判权、收回治外法权运动，成为近代中国民族运动的最强音符之一。

领事裁判权在华的存废，始自1843年的《中英五口通商章程》及其后的一些不平等条约，迄至1943年中美、中英等新约的签订，历时正好百年。此后，中美、中英条

* 张仁善：南京大学法学院教授，博士生导师。

〔1〕 如张耀曾“关于撤销领事裁判权问题”的系列讲座，参见《法律评论》第70~72期、第76、107期等，1924年10月26日、11月2日、11月9日、12月7日，1925年7月19日出版；孙晓楼、赵颐年：《领事裁判权问题》，商务印书馆1936年版；吴昆吾：《不平等条约概论》，商务印书馆1933年版。

〔2〕 如吴孟雪：《美国在华领事裁判权百年史》，社会科学文献出版社1992年版。

〔3〕 如韩秀桃：《司法独立与近代中国》，清华大学出版社2003年版。

约的签订，带动了中国与其他国家协约的签订。1943～1947年间，国民政府经过一系列谈判，从比、巴、挪、瑞典、荷、瑞士、丹、葡等国收回治外法权。西班牙，则在其内战之际，被中国撤销在华领事裁判权。对日、意，则以战争为由，终止其特权。法国在第二次世界大战结束后，解决此项特权。[1]

司法主权丧失之初，国人对其危害性并无足够的警醒，甚至还以为是外交通例和胜利，其实都是我们对国际形势的无知和法律识见的懵懂，正如蒋廷黻所说，“不平等条约的根源一部分由于我们的无知，一部分由于我们的法制未达到近代文明水平”，例如，治外法权，是后世人所认为不平等条约的核心，可是当时的人并不这样看。治外法权，在道光时代的人的目光中，不过是让夷人管夷人，他们想那是“最方便、最省事的办法”，还以为外交成功了，其实是损害了中国的主权。连以后给英国人的通商及治外法权等特权，也毫不犹豫地给了美国、法国，指望美、法感激中国，这样可以联络两国，对付英国。所以，美国、法国竟能和平与中国订约。[2] 由于国人先期对领事裁判权的无知，到清末的认知，国人尤其是法律人，无不视之为奇耻大辱，必欲撤废而后快。撤销列强在华领事裁判权，收回治外法权，是近世中国自沈家本、伍廷芳之后，几代中国法学家、政治家的心愿，很大程度上促进了国人的法律觉悟，中国法制近代化及司法近代化也随之起步。（时至1949年，列强势力彻底被赶出中国，主权最终完全收回，实际上的司法主权才真正收复，故本文讨论将延至该年）。

表面看来，英、美、日等列强一句“中国深欲整顿律例，以期与各国改同一律，英国允愿尽力协助，以成此举；一俟查悉中国律例情形及其审断办法，及一切相关事宜，皆臻妥善，英国即允弃其领事裁判权”等口头承诺，[3] 就使得朝野上下，大张旗鼓地呼吁改革法律。列强的承诺难道真的有那么大的魔力；英、美、日三国的法律均不同，况且至二十世纪初，有近二十个国家在华享有领事裁判权，中国法律到底与哪个列强的法律一致，才会满足它们的要求，从而放弃在华司法特权；袁世凯、张之洞、刘坤一等封疆大吏的修律宗旨与以修订法律大臣为代表的法律精英的修律初衷是否相同；列强关心的是司法问题，还是法典问题；真关心中国的法律的进步，还是故意刁难中国，延续在华司法特权；为什么一开始修律，就师法日本，引进了大陆法系；修订法律，为何要彻底抛弃传统法律，是不是《大清律例》不好，还是在大清律之外，只需颁布一部程序法即可；如果没有治外法权问题，大清律能否延续……诸多问题，在清末

---

〔1〕 参见王宠惠：“废除不平等条约之回顾与前瞻”（1943年1月16日），原载《困学斋文存》；王宠惠：“五十年来的外交”（1945年5月），载张仁善编：《王宠惠法学文集》，法律出版社2008年版；江庸：“五十年来中国之法制”，载上海《申报》发行馆编：《最近五十年——申报五十周年纪念》（1872～1922），1922年；吴孟雪：《美国在华领事裁判权百年史》，社会科学文献出版社1992年版，第254页。

〔2〕 参见蒋廷黻：《中国近代史》，上海古籍出版社2004年版，第41～42页。

〔3〕 1902年9月5日“中英续议通商行船条约”，载王铁崖：《中外旧约章汇编》第二册，三联书店1982年版，第109页。

曾引起过激烈讨论，观点歧义很大。时至今日，学界意见仍不能统一。

清末法律变革，随着“新政”运动的掀起而开展。自1902年沈家本等接手修律任务后，开始了艰辛创制法律的过程。从光绪二十八年（1902年）至三十一年（1905年），数年间，从修改旧律及译书着手，编订法律。三十二年（1906年），延聘日本法学者冈田朝太郎、松冈义正等，开始从事民商法及刑法的编订。

中华法律传统悠久，成文法的历史源远流长，稳定性超越任何一个国家。晚清以前，也没有外国人对中国法律中外适用提出异议。难道修律就一定要抛弃中国传统的法律体系及立法精神？最初列强意见最大的是中国的司法问题，尤其是诉讼程序不公、刑罚过重、监狱条件太差等，一旦外国人犯罪，交由中国司法机关处理，担心遭到不公正待遇，“侵犯”了他们所谓的“人权”。倡议修律者也主要针对改良中国司法条件而言。天津府知府凌福彭等地方官吏，在新律创制之前，即已开始了司法改革。连代表修订法律馆赴日考察回国的董康等人，也指出，“方今力行新政，而监狱尤为内政外交最要之事，虽其中条目纷繁，骤难力臻美备，而缔构之初，宜注意者，厥有四：改进新式监狱，培养监狱官吏，颁布监狱规则，编辑监狱统计。”[1] 改善监狱等司法条件，才是“新政”的当务之急。是否要彻底推翻中国传统法律，他们并无太多建议。这就为修律过程中出现的“礼法之争”打下伏笔。先是1906年沈家本在冈田朝太郎、松冈义正等帮助下起草的“大清刑事民事诉讼法草案”甫一出炉，即被“礼教派”批得体无完肤，中途夭折。接着是围绕1908年提交的“大清刑律草案”的争论，更是趋于白热化。1909年已经沈家本修改过的刑律草案，先由宪政编查馆咨交各省签注，军机大臣兼长学部的张之洞、尚书廷杰等激烈反对，提议附加《暂行章程》，有了《暂行章程》，“而新律之精神尽失”。刑律草案交资政院议决时，劳乃宣等礼教派又群体而攻之。“新律几有根本推翻之势”。[2]

根据按礼教派的观点：要撤销列强领事裁判权，必须改革法律；改革法律，却不一定废弃传统法律及其立法精神。清廷的“折中世界大同各国之良规，兼采近世最新之学说”，又“不戾乎中国数千年相传之礼教民情”的指导思想，礼教派的撤销领事裁判权无需变更本国法律及立法必须适应本国风俗习惯民情的主张，曾遭到社会的讥讽，却给法理派设置了难以逾越的理论障碍：不顾中国国情，完全移植日本、德国等大陆法系国家的法律体系，列强是否就会心满意足，拱手放弃司法特权？对此，法理派始终未能给出一个合理答案。

礼教派的观点陈旧保守，却不失其合理性。他们对法律改革的关注热情也令人钦佩，“劳氏思想虽旧，其研究法制之热心，要不可及”。这次立法大讨论，是我国继春

---

〔1〕 转引自《日本政法考察记》“前言”，第5页。

〔2〕 江庸：“五十年来中国之法制”，载上海《申报》发行馆编：《最近五十年——申报五十周年纪念》（1872～1922），1922年。

秋战国时期"百家争鸣"运动以来绝无仅有的一次。二十年后，江庸对此还难以忘怀，称"此为吾国朝野研究法制最有兴味之时代"。[1]

二、"立法秀"的高潮——法律创制的紧迫性与法律体系的超前性

清末法律变革因辛亥革命爆发及清王朝灭亡暂告一段落，列强在华领事裁判权则依然存在。此后的撤废领事裁判权运动与法律变革及废除不平等条约同步进行。与清末修律浪潮高涨不同，北京政府时期，由于政局动荡，国家控制功能削弱，创制成文法的活动虽仍在进行，但步伐有所放缓。刑法典、民法典等多处于"草案"状态，中国尚无系统成文的民法典，民刑诉讼法也前后修正，均未告竣颁行，其他法典，多未创制颁布。

没有统一的法律文本，并不等于当时中国没有统一的司法适用原则。事实上，北京政府时期，大理院根据法律、习惯法及条理，创设了大量判例，大理院的判例及解释例，实际上起到划一法律的作用。司法裁判时，常依赖判例为法律的补充，大理院判例在实际上与法律有同一效力，"以隐示各级法院以取法之矩矱，各级法院遇有同样事件发生，如无特别反对意见，多下同样之判决，于是无形中形成大理院之判决而有实质的拘束力之权威"，大理院编辑的历年《判决要旨汇览》，"承法之士，无不人手一编，每遇讼争，则律师与审判官皆不约而同，而以'查大理院某年某字某号判决如何如何'为讼争定谳之根据"。[2] 大理院判例不仅于国内司法机关具有同一约束力，在外国人把持的法院，如上海英美法院，同样具有拘束力，"每逢适用中国法律而无明文可引用时，亦采用我国判例。我国大理院判例在中国法律上占有之地位，其重要亦可想见矣"。[3]

判例的权威性及拘束力，即使到南京国民政府的最高法院时代，"犹不稍杀，纵谓我国自民元迄今，系采判例法制度，亦无不可"。[4] 可见至少在1930年《中华民国民法》制定颁布前，中国民事审判实际处于"判例法"的黄金时段。中国即使没有成文法，只要司法主体审理得当，法官造法的判例法模式一样可行。既然判例在中国可以适用，为何还要对成文法念念不忘呢？还是因为"领事裁判权"的"紧箍咒"在作祟。

1921年华盛顿会议上，经王宠惠等法学家们的争取，列强被迫同意后会后三个月，组成中国法权调查委员会，来华调查中国法律状况。对一个主权国家的司法指手画脚，随意干涉，本是霸权行为，可中国政府却无力抗争，反而对列强的要求百般迎合，设法满足。政府为了给列强留下较好的法治印象，大兴"面子工程"：如催促法典创制，改

〔1〕 江庸："五十年来中国之法制"，载上海《申报》发行馆编：《最近五十年——申报五十周年纪念》(1872~1922)，1922年。

〔2〕 胡长清：《中国民法总论》，中国政法大学出版社1997年版，第35~36页。

〔3〕 郑天锡："大理院判例之研究"，载《法律评论》第32~37期合刊，1924年4月10日再版，《法律评论》社发行，总第35、36页。

〔4〕 胡长清：《中国民法总论》，中国政法大学出版社1997年版，第35~36页。

良司法条件等。后因政府主动请求，调查委员会推迟到1925年底才组成来华。中国法权调查委员会成行之前，国内法律创制的呼声越来越迫切。

北京政府为了加快修律步伐，先期于1920年成立由张耀曾任会长的法权讨论会，调查研究全国法制现状。1925年8月，政府特任命王宠惠接替章士钊，为修订法律馆总裁，负责修订法律。此前由8月10日，临时执政任命梁敬錞为修订法律馆总纂。一些住外公使也给国内来电，通报法权调查委员会成员国的可能调查意向。修订法律馆希望，在调查委员会来到之前，正式颁布民法总则、民法中的债权法。至于物权一项，外国人在华既然不得置房地等产业，则物权法颁布的迟早，与外人没有多大关系；继承等法与此同理；商法中的票据法，因外人与我国往还商务上的事最繁，票据法与商务关系最为密切，所以此项法律极应公布，已整理就绪，正在签注之中；至于海商法，也在着手调查预备。[1]

1926年，中国法权调查委员会将调查结果汇总成报告书，对中国法律缺点作出四点结论，其中就有法律适用不统一问题。[2] 列强指责的所谓法律适用不统一问题，不仅指刑事法典的不够完善，也包括当时中国还没有形成完整的法律体系，一些最重要的法典如民法及程序法都没有创制颁布。不过，当局理解的法律适用的不统一，似乎更多在于没有统一的成文法典，对大理院判例的既判力却没有予以足够的重视，总以为法律必须有一部独立的法律文本，给法律创制者造成巨大压力。至南京国民政府时期，这种压力不减反增。

南京国民政府建立后，为了迎合列强英美等列强“渐进放弃”领事裁判权的要求，适应收回治外法权的需要，一方面在外交上进行废除不平等条约的努力，一方面加快创制新型法律的步伐。1928年，《中华民国刑法》、《中华民国刑事诉讼法》率先颁布施行。尔后，《中华民国民法》的创制迅速被列上议事日程。

1929年至1930年间，为配合上海会审公廨的撤废，国民政府加大立法力度，在两年左右的时间内，即推出完整的《中华民国民法》，包括总则、债、物权、亲属、继承五编。前三编主要照搬德国、瑞士、日本模式，后两编兼顾中国传统习惯。《中华民国民事诉讼法》随之创制颁布。当然，实践孙中山三民主义之一的“民权”主义，完成民主革命任务，也是国民政府创制民法典特别是亲属法、继承法的重要催化剂。

外部有国际势力的强大压力，内部有革命形势的迫切需要，内外结合，汇聚成政治上的强大动力。本该复杂浩大的民事立法工程，瞬间变得简单、高效。如中国亲属、继承法的创制进程之快，连日本民法专家都自叹不如，“起草之速，颇足令人惊叹……彼此相较，奚啻天渊！盖中华民国正努力国民革命，朝野上下，皆新近气锐，排除万难

---

[1] 参见《法律评论》1925年第13、117期，“法界消息”。

[2] “调查法权委员会报告书”，载《法律评论》1926年第182期增刊；吴祥麟（吴绂徵）：“改进中国司法制度的具体方案”，载《中华法学杂志》新编第一卷5、6号合刊，正中书局1937年版，第68页。

而为之，实非我国意骄气馁行将衰老者，所可同日而语者也。"[1]

随后，国民政府1932年通过、1935年7月22日修正公布了《法院组织法》，其他一系列行政法规也相继颁布。至1936年5月5日，"中华民国宪法草案"的颁行，南京国民政府的"六法体系"初步形成，也标志中国法制近代化（特指文本近代化）的基本完成。1947年，《中华民国宪法》的颁布施行，则标志"六法体系"趋于完备。从现行付梓的一百册《民国法规集成》所收集的法律法规看，[2] 民国法律体系洋洋大观，法无巨细，靡不明载华章，体系的完整性，结构的严密性，不输于任何一个大陆法系国家，英、美法系国家更是难以望其项背。

三、"立法秀"的落幕——司法主权的收复与法制近代化步伐的停滞

任何后进国家的法制近代化过程，都是不断学习先进国家法律的过程，学习模式有主动学习，有被动学习，有全盘抄袭，有结合本土法律传统有选择地学习。法律文化为民族文化的一部分，民族文化浸透在民族历史血脉之中，须知废弃传统文化，必须割断民族历史血脉，这对于任何民族来说都不可能，正如钱穆先生指出的那样，"无文化便无历史，无历史便无民族，无民族便无力量，无力量便无存在"。[3] 一个失去文化、历史的民族，无法产生存续、发展及振兴的力量，更不用说会有独立的法律文化。

中国的近代化，基本是沿着"西化"前行的，形成了中国近代化进程的特殊性，这就决定了中国的现代化从一开始，就是一个单向的运动过程，变成简单摧毁传统和外来文化或简单地取代本土文化的态势。[4] "西化"内容本身就很复杂，"西化"圈内诸多国家的文化、制度未必全是正义的原型、公理的化身，而是良莠不齐，善恶并陈。近世中国法律基本是大陆法系的移植，造成了中国追随大陆法系立法理论及立法实践的路径依赖，演变成简单摧毁传统法律、用外来法律体系取代本土法律体系的行动。

中国为了模仿大陆法系，便不顾自己"东方之种族"特性，毫不犹豫地破坏传统法律，而没有看到英美及大陆法系中，有关权利等的主张还处于学者讨论试验之中，尚无定论可言，而中国却对那些尚未成熟的法律样式全盘复制，无异于"削趾就履"。究其根本，还是因为中国迫切需要将看得见、摸得着的法律文本呈现在列强面前，奢望以此换取治外法权的早日收复，却失去了"内发型"或"原发型"近代化氛围下那份应有的神定气闲、从容不迫的立法风度，专注于法律形式，就难免"立法秀"痕迹。近世法律学人吴昆吾曾对当时中国法律人群体的此类心态作过剖析，认为中国法学家对待法律存在"八过"（笔者简称）倾向，即：过于审慎；过于细密；过求划一；过于信

---

〔1〕［日］中岛玉吉："读中华民国法制局亲属法、继承法草案"，胡长清译，载《日本法学论丛》1929年第21卷第4号。译文载《法律评论》1929年第6卷第29号，总第289号。

〔2〕蔡鸿源主编：《民国法规集成》，黄山书社1999年版。

〔3〕钱穆：《中国历史研究法》，生活·读书·新知三联书店2001年版，第167～168页。

〔4〕参见郑大华：《民国思想史》，社科文献出版社2006年版，第165～166页。

法；陈义过高；过于模仿；过重形式；解释法律过于寻章摘句。[1] 它们反映出近世中国法律人过于追求法律形式的统一、法律条文的详备及法律摹本的先进等诸端偏颇。

沈家本、伍廷芳等之后的法学精英，既然创制了一整套光鲜完备的法律体系，列强应该心满意足，慷慨大方地放弃在华司法特权。历史告诉我们，领事裁判权问题没有因为法制文本的完善而很快解决，1943 年英、美等主要列强在华领事裁判权条约上的撤废，并非中国法典创制和健全所致，而是因为中国在抗日战争中国际地位的提升、日本对汪伪政府的拉拢庇护给英美等国造成的外交压力、英美等国内的民情倾向等所致。[2] 国民政府"六法体系"的完成，也没有促使国民党真正实现"三民主义"，引领中国迈上法治化轨道。由于没有社会改造与法律变革配合，没有司法保障使法律文本行之有效，法律与社会脱节现象严重，法律几乎变成一堆包罗一切法条的文档。著名学者徐道邻曾于 1949 年指出："过去二十年中，平常时期一半，战争时期一半，所有已经颁布的法规，可称包罗万象，应有尽有。然而事实上发生的效果在哪里？如果法令条条有效，拿一部内政法规来看，中国应该是怎么样的一个法治国家？我们现在不是缺乏法规，而是法规太多；不是我们的法规不好，而是我们的法规不生效……"[3] 虽然近世社会动荡不安，并非法律超前所致，但新型法律没有给近世中国带来法治秩序倒是事实，"在世界宪典史或宪政史上，虽不乏宪典促成宪政之例，然而，也有多少国家，宪典尽管制定，而上轨道的政治始终是不能变成事实的幻影，我们的三十余年的制宪史更是最现成又最近的实例……中国的问题绝不能单靠白纸上的黑字就能解决……"[4]

法律精英们费心尽力五十年创制法律以收回治外法权的努力，还不如中国共产党的一声宣言。1949 年新政权建立前夕，行将接管国家政权的中国共产党发布"社论"和"训令"，宣布废除以"六法全书"为核心的国民党"伪法统"，斩钉截铁地宣告了近代法律体系命运的终结。毛泽东声明："在国民党反动政府统治下制定和建立的一切法律、典章、政治制度、政治机构、政治权力等均归无效，人民完全不能承认它们"；[5] 董必武宣布："反动的法律和人民的法律没有什么'蝉联交代'可言，而是要彻底地全部废除国民党反动的法律。"[6] 从此，江山易主，物是人非，百年来列强在华

---

〔1〕 吴昆吾："论中国今日法学家之过"，载《法律评论》1924 年第 53 期。

〔2〕 参见吴孟雪：《美国在华领事裁判权百年史》，社会科学文献出版社 1992 年版，第 238、244 页。

〔3〕 徐道邻："假如政府肯全面革新"，载《申报》1949 年 2 月 6 日。

〔4〕 楼邦彦："如何能粉饰得了太平？——由召开行宪国大想到种种"，载《观察》1948 年第 4 卷第 5 期。

〔5〕 "关于废除伪法统"，转引自中国人民大学国家与法的历史教研室编：《中国国家和法的历史参考资料》，中国人民大学出版社 1956 年版，第 73 页。

〔6〕 1949 年 3 月 31 日，由董必武签署，董必武、蓝公武、杨秀峰以华北人民政府主席、副主席名义发布的训令："废除国民党的六法全书及其一切反动法律"，载《董必武法学文集》，法律出版社 2001 年版，第 15 页。

的所有不平等条约统统作废，一切在华的列强势力必须驱逐出境，所有条约上的、实际上的领事裁判权化作历史烟尘，随风飘逝，国家主权完全独立，司法主权被彻底收复。

活生生的现实也给二十世纪前五十年法律精英们开了个历史玩笑：创制法律，为了促进司法主权的收复；司法主权一旦收复，创制法律的成果也寿终正寝，法制近代化的步伐随即终止。如此结局，实非一代法律精英们所能料及。

收回治外法权，不是创制近代中国法律的全部动因，但至少是直接的和外部的动因。近世法律创制活动仿如一旦大戏：列强的坚船利炮拉开大幕，治外法权问题如同导演的指挥棒，法律创制者则为演员，法律体系的创制过程为剧情发展；及至中国共产党降下大幕，“剧终”继而闪现。立法舞台的搭建，新型法律的诞生，却以彻底抛弃数千年来中国传统法律体系为代价，可谓沉重；司法主权收复后，又以近代化法律体系的废除作牺牲，可谓悲壮。曲终人散之后，留给人们思考的问题多多。

四、结语——强势法律基于强势国力

法律、规则总是由强势群体及先获利者制定的。一个国家或民族的法律文明在世界法律文明大潮中不被淘汰，居于强势地位，必须依据强大的国力及民族的兴旺。任何时候，主权压倒法权，法权从属于主权。正如唐代中国是绝对强势国家，法律即为强势法律一样，东亚国家无不惟中华法律文明马首是瞻；近世中国则正好相反。

国家的一切法权、自由、平等、博爱等，都是基于主权独立，一个没有主权的国家，无从谈法治。近世中国的法权问题，实际上是主权问题，没有主权独立意义上的法律是不健全的法律；只有保有主权独立，根据本国历史、社会、经济及文化发展的进程，合理引进先进法律文明，创制出适合本土社会的法律才是正常的法律。近世中国受西方强势文化的影响明显，可是法律体系西化了，政治、社会却没有西化。一批法律人天真以为，只要把法律引进了，就引进了自由、平等、博爱，就引进了公理。其实不然，一个失去主权独立的国家和民族是无公理可言的。民主、法治精神是否在存在，近世在欧洲已经遭到质疑，两次大战足以证明公理遭到践踏，民主、法治已经异化，多数人的暴政，恰恰成为疑似民主、实为专制的典型。列强所谓的中国变革法律，就会放弃领事裁判权，所谓“法权高于主权”，无非是当下的“人权高于主权”的先声。法权高于主权的论调，仿如列强挂在国人头上的“胡萝卜”，他们划定了圆形轨道，让中国这头“毛驴”围绕圆心不停奔跑，却永远没有终点。实际上只有把那副沉重的石磨掀翻，司法主权才能真正收复。

收回治外法权，是修律的宗旨，却不是修律的必然结果；收回治外法权，并不是靠法律的完备获得的，法律创制未能解决民族主权问题。因收回治外法权，中国法制步上近代化之路，并结出近代化之果，不能不算是近代中国法律发展的意外收获。毕竟不是土生土长，或科学改良嫁接，法律根基不牢，难免缺乏旺盛、持久的生命力。因为西方法系移植过来已是参天大树，对土壤养分的要求格外高，包括社会的、政治的、民主的、心态的，缺乏充足的养分，简单的移植，难以成活。近世西方有文艺复兴，启蒙运动，法律传统，三权分立，天赋人权，自由平等博爱观念，共和制度，市民组织，权利意识，宗教信仰，君主立宪，议会制度……这些我们都没有，凭空将法律大树移植，无疑将孤树置于浩瀚沙海，坐等枯萎。到头来，还是靠战争、实力，靠中国共产党的枪杆子。中国共产党的“反帝”口号，并不专指领事裁判权，而是包括一切“帝国主义”列强的在华势力。它只要关注民族革命运动，而无需专门关注法律变革问题，一旦民族革命力量强大，别说列强“领事裁判权”，其他一切势力均可被打回老家。根须浅薄的近代法律体系，在战争、强权面前则显得苍白无力，新政权一建立，即像秋风落叶，飘落无踪。新政权对“六法体系”的痛恨和否决，正是收复国家主权包括司法主权的需要。主权与法律之间的悖论因而产生：司法主权完全收复后，法律近代化的步伐竟然戛然而止，为了维护主权，政治上“一边倒”，毅然摈弃既有法制近代化成果，走上另一条法律移植之路，开始另一场“立法秀”。

救亡图存的民族主义情结，反帝爱国的革命精神，在建国后很长一段时间，遮蔽了我们理智观测评估西方法律文明价值的视野，但那只是中国维护主权而带来的负面效果。历史已经证明，法律现代化的道路不止一条，法律不能拯救司法主权，收复司法主权也无须彻底抛弃法律传统。香港、澳门等殖民时代租界地的彻底回归，并非中国法律亦已“英国化”、“葡萄牙”化，它显然不是法律的胜利，而是主权的胜利，这倒在很大程度上验证了清末“礼教派”的变法既要模仿列强又不能违背中国固有之礼教民情观点。

最后，借用钱穆先生一句话结束本文：“若中国人不能自己创制立法，中国今后将永远无望。我们若只知向外抄袭，不论是民主抑是集权，终究是一条行不通的一边倒主义！”[1]

---

〔1〕 钱穆：《中国历史研究法》，生活·读书·新知三联书店2001年版，第36页。

法律继受与转型期司法机制

——民国初年大理院“司法兼营立法”论

黄源盛*

一、序说

近代民主法治制度的确立是以权力分立，以及宪法的最高位阶性作为前提的。帝制中国未曾有以民主制度为基础的宪法，国家各种事权皆一统于君主，因而不存在近代意义上立法、司法、行政权力的划分问题。但是，传统中国法时代，国家在中央一级，也有职能的区分，而由不同的机关分别执掌行政、司法两权。惟立法一项，一般是由臣工草拟法案，终由君主才可颁布，并无专门常设机关。迨及清末，实施变法修律，光绪三十二年（1906 年）七月始有《宣布预备立宪谕》的颁发，九月又有“改定官制”之举。在预备立宪和官制改革的大背景下，权力分立的雏形乃现，同年九月二十日，颁旨：“刑部著改为法部，专任司法；大理寺著改为大理院，专掌审判。”此为大理院操独立司法权之始。

民国建立以后，基本上沿袭清末定制，同样以大理院为最高司法审判机关。而如果依照严格权力分立的理论，立法与司法自应分属不同机关职掌，裁判官在任何情形下都只能“适用”法律，甚至在无“法”可“司”的时候，也只有知会立法机关请求立法或修法。但实际上，政府的权力运作似乎无法如此简单地切割，何况历史的情境毕竟是现实的，在民初的十余年间，刑事法虽大致上有成文法可依，惟确切说来，倘若民国元年无临时大总统的那一纸命令[1]，该法源亦无根据；至于民商法等法律的立法，则又属特殊情况。

由于政治大环境以及立法程序和立法技术上的困难，致使一部统一的民法典始终无法产生，而部分零散的特别民事法令也缺乏统一性，如此一来，民事审判的法源依据自是困境重重。立法机关未能完成的任务，等于推诿给了司法机关，特别是职司最高审判机关的大理院。民国初期，大理院面对的是这样的民事法规范多元化的局面。《大清现行刑律》“民事有效部分”、民商事特别法、民商事习惯、民法草案、外国民法的立法例与学说见解等都可以作为裁判的依据，而每一种规范又各自为标准，却又无法涵

---

* 台湾政治大学法律学系教授，台湾“中央研究院”历史语言研究所兼任研究员。

〔1〕 参见“临时大总统元年三月十日令”，载《政府公报》，文海出版社 1968 年影印本。

盖全部民事法律关系，不足以建立统一民事法律体系。杂乱无章的法规范和日滋纷繁的民事案件，置大理院于困厄之境，却也为大理院有所作为提供了历史的契机。

之前，我曾以民初北洋政府时期（1912～1928年）的最高审判机关大理院为例，就这个主题做过些初探的工作[1]。循着这个脉络，本文想针对民初大理院民事裁判的“法源性”再做进一步的阐明。尤其，要对下列几个问题作一些精进的思考：在立法功能不彰及成文法阙如的年代，大理院如何去探寻民事规范的法源？当法源相互冲突时，规范间的效力高下又该如何解决？在民国初期，帝制中国的最后一部传统刑法典《大清现行刑律》如何改头换面，变成民事裁判的法源依据？大理院时期“判例要旨”的性质是否属英美法系中的判例法（Case law）？民国正式的“民法典”尚未出世前，曾有《大清民律草案》的编纂，该部民律草案的性质及地位究竟该如何看待？此外，大理院的民事判决先例在法学方法上的运用，究竟留给世人哪些值得省思的课题？

二、《大清现行刑律》如何换装成民事审判的法源依据

民国肇建以后，于纪元即行公布《暂行新刑律》（公元1912年），该律系由清宣统二年十二月间继受欧陆法的《大清新刑律》经过删修后而成，施行至民国十七年（公元1928年）六月方才寿终，是北洋政府统治时期始终适用的刑法典。吊诡的是，同样制颁于宣统二年间的过渡性传统刑法典《大清现行刑律》，在这段期间内不但没有完全消失于法制舞台上，反而以另一种形式活跃于民国初期的司法实务中。据查，民国甫经成立，临时大总统即于元年三月十一日颁令：

> 现在民国法律未经议定颁布，所有从前施行之法律及新刑律，除与民国国体抵触各条应失效力之外，余均暂行援用，以资遵守，此令。

之后，参议院于民国元年四月三日议决：

> 嗣后，凡关于民事案件，应仍照前清《现行律》中规定各条办理[2]。

由以上两项文件来看，清代施行的一切法律，除与共和国体抵触者外，概为民国政府所承受。而这项承受，其后亦经大理院三年上字第三零四号判例所确认：

> 本院按：民国民法法典尚未颁布，前清之《现行律》，除制裁部分及与国体有抵触者外，当然继续有效。至前清《现行律》虽名为《现行刑律》，而除普通刑事部分外，关于特别刑法、民商事及行政法之规定仍属不少，自不能以名称为刑律

---

〔1〕详参黄源盛：“民初大理院司法档案的典藏整理与研究”，载《政大法学评论》1998年第59期。再参“民初大理院”，载《政大法学评论》1998年第60期。另参“民初大理院关于民事习惯判例之研究”，载《政大法学评论》2000年第63期。

〔2〕参阅北京政府印铸局编：《法令辑览》，1917年4月。

之故，即误会其已废。[1]

从编制体例观察，《大清现行刑律》“民事有效部分”，依然沿袭《大清律例》的旧制，律文以门相率，门下分条，条例附于相关律文之后。或许有人想问，《大清现行刑律》终究是一部刑事法典，刑事规范如何转换成民事规范而被援用？当时既未将“民事有效各条”一一抉出，纂辑成书，则何者有效？何者失效？援用时是否会取舍互异而疑义滋生？

实际上，刑法规范大部分是所谓强行的命令或禁止规定，而依近代民法理念，民事法律行为如果违反强行规定，效力或属无效，或得撤销。因此，这些原本属于刑事规范的条文，自然而然地顺势转化成民事的规定而被适用。换言之，在民国初年，若民事法律行为属于《大清现行刑律》所不禁止的行为，例如“不坐”，则转成为“有效”；至于被禁止的行为，通常被认定为“无效”或“得撤销”的法律效果。例如，大理院八年上字第八三二号判例即指出：

> 民国民律未颁布以前，现行律关于民事规定除与国体有抵触者外，当然继续有效；即其制裁部分，如民事各款之处罚规定（例如处某等罚罪亦如之等语），亦仅不能据以处罚，关于处罚行为之效力仍应适用，以断定其为无效或得撤销。故若引用该律文以判断行为之效力，而不复据以制裁当事人，则其适用法律即不得谓为错误。[2]

如是，由原先的刑事规范转换成民初用来断定私法关系的民事规范，看来其承转适用也有其法理脉络可寻，并非过于突兀。从北洋政府十余年间继续适用《大清现行刑律》“民事有效部分”的内容及其运用实况考察，主要有“服制图”、“服制”、“名例”、“户役”、“田宅”、“婚姻”、“犯奸”、“钱债”、“河防”等部分。举例来说，以“户役门·立嫡子违法”条作为法源者，律文载：“凡立嫡子违法者，处八等罚。其嫡妻年五十以上无子者，得立庶长子，不立长子者，罪亦同。”而大理院八年上字第二一九号判决谓：

> 按现行律例，无子立嗣不得紊乱昭穆伦序之规定，原为保护公益而设，应属强行法规，其与此项法规相反之习惯，当然不能有法之效力。本案上告人之于孙全本系属祖孙，昭穆并不相当，无论该地有无以孙称祖之特别习惯，上告人均不能为全本之嗣，则当初被上告人之故翁书元兼祧全本，无论是否合法，及是否由被继人或亲族会所择立，要非上告人所能告争。[3]

---

〔1〕详参黄源盛纂辑：《大理院民事判例全文汇编》第一册（点校本），2005年版，第7～12页，尚未正式刊行，政治大学基础法学中心典藏，第24～33页。

〔2〕黄源盛纂辑：《大理院民事判例全文汇编》第一册（点校本），第86页。

〔3〕黄源盛纂辑：《大理院民事判例全文汇编》第十册（点校本），第377～379页。

以“婚姻门·男女婚姻”条作为法源者，如大理院八年（1919年）上字第三二一号判决：

现行律载：“祖父母、父母俱无者，从余亲主婚。”等语，其于余亲主婚之顺序虽未明定，然依据条理，其与订婚男女同居而服制最近者，较别居之远族，自应尽先有主婚之权。[1]

以“婚姻门·妻妾失序”条作为审判依据者，如五年上字第一一六七号判决：

查现行有效之前清现行律，妻妾失序门内载：“若有妻更娶妻者，后娶之妻离异归宗。”等语，是已有妻室之人，如果欺饰另娶，其后娶之妻，自在应行离异之列。

以“河防门·失时不修堤防”作为法源者，如大理院三年上字第五四零号判例：

查现行有效之前清律例，关于河防内载：“若不先事修筑圩岸，及虽修而失时者，处三等罚，其因而淹没田禾者，处五等罚。”等语。寻绎律意，自系强制人民以修堤之义务无疑，现行律关堤防之修筑既有强行规定，即不容上告人有主张习惯之余地。

以上相关部分，施行至民国十八年（1929年）十月《中华民国民法》公布施行后，才被废止。因此，如果说，《大清现行刑律》“民事有效部分”为民初大理院时期的“实质民法”，诚有其道理在。申言之，它虽无民法典或民事法之名，然实为民事有效的实定法规范；从而，在理论上，位阶高于习惯法及条理。

从实证的角度看，我们屡屡见到大理院运用《大清现行刑律》的实例，在为数相当多的大理院判决（例）上，在征引某一“民事有效部分”时，每有“查现行律例”、“查现行有效之前清律例”、“按现行律载”等之类的用语，足以支持此项说法。据初步统计，《大清现行刑律》“民事有效部分”几乎每一门每一条都有被大理院适用过，且有些条文还是一再被援用，显见其重要性之一般。[2] 尽管如此，“民事有效部分”终究不是以权利为本位的近代意义式的民事法律规范。而耐人寻味的是，大理院推事们常以权变的方式，用尽心力，企图将传统的刑律条文，透过新的法学解释方法，使其与近代法学理论相结合；甚至时而将律文“旧瓶新装”，以解决新时代所产生的社会纷争问题。

此外，我们也可以清楚地发现，在大理院的判决（例）中，常有意无意地将当代

---

〔1〕 黄源盛纂辑：《大理院民事判例全文汇编》第九册（点校本），第154页。

〔2〕 详参郑爰诹编：《现行律民事有效部分集解》，上海世界书局1928年版。另参阅黄源盛纂辑：《大清现行刑律之校注与研究》（九十四年度台湾行政院国家科学委员会专题研究计划结案报告，尚未公开刊行，2006年8月）。另参阅黄圣棻：《大理院民事判决法源之研究》，台湾政治大学法律学研究所硕士论文，2003年7月，第50~98页。

民法私权利的观念导入。虽然《大清现行刑律》是帝制中国最后一部传统的刑法典，然而，大理院却常透过近代欧陆法概念来阐释其内涵，结果造成权利观念得以蕴含于刑律条文之中。例如将尊长主婚制裁的相关规定，转化成婚姻的“同意权”，如大理院四年上字第一九零七号判例：

孀妇改嫁或童养媳出嫁，未经有主婚权人主婚者，除有主婚权人得请求撤销婚姻外，并准孀妇或童养媳撤销，但当事人于改嫁缔婚时，如达于成年而表示情愿者，则不得自行主张撤销。盖主婚之制，本为尊重尊长权，并保护当事人之利益而设，自尊长权言之，如未经其主婚，应认其有撤销之权，自不待言。而自当事人之利益言之，主婚之人概系关系较为亲密之人，主婚既有一定，自可藉以杜绝希图分产者之干预嫁事，而得保全其孀守或择良改嫁之志愿，故当然应认主婚人能有撤销之权。惟当事人如果已达成年，改嫁缔婚确系出自情愿，并无受人诱胁之事实，而主婚之人又并未主张撤销，固无准当事人撤销之必要。

又如将承嗣如何处理的规定，转化成“择嗣权”，例如大理院三年上字第一一六零号判例：

现行律载：“妇人夫亡无子守志者，合承夫分，须凭族长择昭穆相当之人继嗣。”等语，寻绎法文，其夫生存时既有立继专权，及其亡故，则守志之妇承其夫分，亦得行择继之权，惟其夫得迳自立继，而守志之妇因受以上条文限制之结果，其实施择继之权，原则上应经由族长行使之，至若族长或其它亲族不得守志之妇之同意，而迳行为其夫立继者，其所立之嗣，非经守志之妇确认，于法当然不发生效力。

再如将离异的事由，转化成“离婚权”，如大理院五年上字第七一七号判例：

凡妻受夫重大侮辱，实际有不堪继续为夫妇之关系者，亦应准其离婚，以维持家庭之平和，而尊重个人之人格，至所谓重大侮辱，当然不包括轻微口角及无关重要之詈骂而言，惟如果其言语行动足以使其妻丧失社会上之人格，其所受侮辱之程度至不能忍受者，自当以重大侮辱论，如对人诬称其妻与人私通，而其妻本为良家妇女者，即其适例。

由上述诸判例看来，大理院从原本一部缺乏私权概念的刑法典导出一系列当事人所得主张的民法上诸种权利，这不能不说是古今中外法制史上相当奇特的现象。不过，《大清现行刑律》毕竟是传统中国刑律性质的法典，所体现的依旧是宗法伦理身分所蕴涵的秩序价值，以之用于解决民国时期的民事纷争案件，其尽不合于社会实际，乃可想见。当兹民事法典未备之时，职司审判者若仍须拘泥于此，终不免会有捉襟见肘的窘状。例如大理院十五年上字第一四八四号判例云：

本院按：夫犯奸，通常固不可与妻犯奸并论，迳许离异。但若已因犯奸处刑，则情形又有不同，为保护妻之人格与名誉计，自应援用现行律“未婚男犯奸，听女别嫁”之规定，许其离异。本件被上诉人因与于王氏和奸，经判决确定，处徒刑四月为不争之事实，上诉人据此诉请离异，按诸上开说明，即得认为正当。其它所谓抑勒子妇通奸，受夫虐待遗弃等情，无论是否实在，可以不问。[1]

本例系离婚事件得援用《大清现行刑律》关于解除婚约规定的创例。从正面言，大理院毅然打破中国社会向来重男轻女的陋见，而辟成“夫妻齐一”的蹊径，其正义、胆识，诚属可敬；遗憾的是，大理院显然陷于必须援引《大清现行刑律》以自苦，以至于无法更开怀地阐释律文，也就不能完全迎合男女平权的时代呼声！[2]

三、大理院时期的“判例”性质是否属英美法系的判例法（Case law）

前已述及，近代中国第一部民法典是于一九三零年代前后，由南京国民政府的立法院所制颁。因此，在大理院存立的十六年间，就民事案件而言，并无一部独立的“民法典”可资为审判的依据。从而，大理院在审理具体案件时，外观上看来，似系“任由”法曹依其所信，就该案件为落实社会正义所应适用的具体规范与法理，形成“心证”而下判决，致有学者以之类比于英美法系国家法制下“法官造法”（Judge - made law）的情形，且遽认为依大理院所制作的判例性质，系属英美法系的判例法（Case law）者[3]。此一说法是否得当？在近代中国法制变革过程中，是否真正出现过世人所称的英美法系国家的“判例法”？

要探讨大理院时期的“判例”性质是否属英美法系的判例法（Case Law），恐怕得先说明判断的标准是什么。一般来说，一个重要的标准是判例法必须符合两个要件：①它是主要的法源；②它跟其他主要的法源系处于平行而不是等级的关系。John Henry Merryman 在其经典名著 The Civil Law Tradition[4] 第四章法源（The Sources of Law）中说：欧陆法系国家的法源有一个等级（hierarchy of sources of law），依次是宪法、法律、规章和习惯（constitution，legislation，regulations，and custom），而判例不

〔1〕 黄源盛纂辑：《大理院民事判例全文汇编》第九册（点校本），第621~623页。

〔2〕 当然，此种论断或不免沦于“春秋责备贤者”之讥，盖即使是美国的妇女，从1820年代开始，经过近百年的争取，迟至1920年代才取得与男性平等的投票权（可见 Aileen Kraditor, The Ideas of the Woman Suffrage Movement, 1890~1920），英国更晚，20世纪初年的男女平权是相当有限的。

〔3〕 胡长清：“纵谓自民元迄今（新民法实施），系采判例法制度亦无不可。”参阅胡长清：《中国民法总论》，商务印书馆1934年版，第36页。另戴修瓒：“……然民商事等成文法典，多未颁行。当新旧过渡时期，不能无所遵循，大理院乃酌采欧西法理，或参照习惯，权衡折衷以为判例。各法原创略具其中，一般国人亦视若法规，遵行已久。论其性质，实同判例法矣。”参阅郭卫编：《大理院判决例全书》，《序言》，1931年6月。另外，大理院推事郑天锡也说：“大理院判决殆采取盎格鲁萨克逊判例之法术，虽言理处，不无差异，然其准备法律规条之方法则一也。”参阅黄天锡：《大理院判例汇览》，《序言》，北京，1920年，第3页。

〔4〕 John Herry Merryman, *The Civil Law Tradition: An Introduction to the Legal Systems of Western Europe and Latin America*, Stanford University Press, 1969.

是主要法源；英美法系国家的法源，主要是法规、判例和习惯（statutes, judicial decisions, and customary practices），就形式而言，法规（如美国某些州的州法）的权威性犹在判例之上，但在实践时却是平行而没有等级的。究其实，传统观念中，英美及欧陆两大法系的理论基础及其方法论并不相同。前者审判法源以判例为主，重视程序法优位，拥有独特的法律分类与概念，在方法论上强调逐步验证归纳的过程；而后者的审判法源显然偏重成文法典，在法律体系方面拥有相同的分类，法律基本概念具相类似性，在方法论上注重并趋向于井然有序完整体系的演绎过程。可以这么说，英美法系国家法曹判案时，所探求者是应适用之具拘束力的判决先例；而欧陆法系法曹判案时，所探求者为应适用之成文法典及其附随的法律解释。而世人对于此两大法系的优劣曾经争论不休过，如今两大法系之间，固仍存在基本性的歧异，此涉及历史、文化与民族性诸般因素，尚难遽期其统合，但因在操作面已有相互借鉴并获致若干折衷与调和，孰优孰劣，似乎已不再是绝对的了。[1]

当今要再厘清的倒是，民初大理院真否实行英美法系的“判例法制”？大理院的“判例”性质该如何予以定性？这也是一个众说纷纭的问题。

（一）肯定说

就民初法制情势而言，关于上级审判的“判例”有无判决先例的拘束力，并无明文，《法院编制法》第四十五条仅规定，下级法院对于大理院发交的具体案件，不得违背该院法令上的意见。乍看之下，该院判例似无拘束一般抽象案件的效力。然同法第三十五条却明言：“大理院长有统一解释法令必应处置之权。”大理院院长职在综理全院事务，由本条规定间接窥探立法者的真意，或可解为大理院有统一解释法令之权。既有统一解释法令之权，下级审倘违反大理院所下的判决先例，固可以破坏法令解释之统一为理由予以撤销，而利害关系人也可据以违反大理院的判例为理由，请求上级审变更或撤销其判决，此就法律上的根据言，民初大理院的判例明显有约束下级审的效力。

再就司法政策来说，民国初期，民商法典多未颁布，处理案件之人每苦于无所准据，虽说法律无明文者，可依习惯法，无习惯法者，可依条理，然习惯法常因地域而浮动不定，条理原为主观的，可能因人而异。当时，若非有大理院的判例示其准则，判决必涉多歧，人民将不知何所适从，故创例之难，几乎等同于立法！况国体初建，法学教育未能普及，下级审法官尚少富于经验学识之人，此实无可讳言。倘听其各依己见以下判决，而不以大理院的判例为其依归，规范或将流于不安定的窘境。所以，民初大理院的判例，事实上其权威性几与英美的判例法无异。

而从实际的情况来看，自民国二年以迄九年（1913～1920年），几凡有一判决即

---

〔1〕参阅黄静嘉：“民初大理院及平政院之裁判档案之整理与研究”，载黄静嘉：《中国法制史论述丛稿》，清华大学出版社2006年版，第322页。

有一判例，其中尤以七年至九年，三年间所产生的判例为最多[1]。因彼时既乏法律明文可资依据，又无成例可以遵循，情非得已，每逢一案即成一判例。民国十年以后，判例明显减少，此或因为已有成例可援，毋须别开新例。因此，有谓此种判例的产生实即逼近大理院的立法矣[2]！

（二）否定说

虽然如此，仍有人认为不能以大理院的判例，类比于英美法系国家之判例法者，理由何在？首先，必须再回眸一下清末民初继受外国法的历程。晚清实施变法修律之际，对于继受的对象，究宜采英美法系，抑或采欧陆法系，从文献上看来，并未产生过激烈的论辩，似乎也理顺成章地在原则上决定采用欧陆型的成文法制。纳闷的是，当时与沈家本共同受命膺任修订法律大臣的伍廷芳，不但拥有英美法的法学博士学历，又具有英国大律师（barrister）的资格[3]，观其所受的法学训练，系属英美式而非欧陆式的，何以未发生本位思维的实质影响？在我看来，可能原因如下：

第一，在当时世界各大法系中，要属欧陆法系为最强势的法律文化，而以习惯法及判例法为主的英美法系，本质上系基于经验主义与实证主义的分析哲学思维而来，是一种由下而上的自发性法律秩序，实际上较不适合作快速而有效的立法继受。

第二，中华法系自战国时代李悝的《法经》以迄清季的《大清律例》，本有血脉相承的法典编纂文明，而以成文法典为核心的欧陆法系，本质上就是一种自上而下的理性设计法律秩序，它蕴含着法典的权威，比较符合中国人的法律生活感情。

第三，晚清之所以要变法修律，有很大因素是受到日本明治维新继受欧陆法成功的启迪，两国地理相邻，政体民情最为接近；而在所邀请来的外籍修律顾问中，又以日籍人士为主，这些顾问所熟稔的是日本继受欧陆法的经验，很自然地，清廷步上了“以日为师”的后尘。

---

〔1〕 据统计，民元以迄民十七年，大理院存续的十六年期间里，大理院共有民事判例一千七百五十二则，而其中民国七年至民国九年，三年间所创的判例即有四百一十七则，约占百分之二十四。

〔2〕 参阅余棨昌：“民国以来新司法制度——施行之状况及其利弊”，载《法律评论》1928 年第 24 期。按：余氏曾任大理院推事、庭长及院长等职。

〔3〕 伍廷芳（1842～1922），字文爵，号秩庸，广东新会人。咸丰十一年（公元 1861 年）毕业于香港圣保罗书院（St. Paul's College），光绪二年（公元 1877 年）再毕业于伦敦林肯法律学院（Lincoln's Inn），获英国大律师资格，即应香港政府之聘，为法官兼立法局议员。1882 年充当直隶总督北洋大臣李鸿章幕僚，1896 年候补道任出使美、西、秘等国。1902 年召回，以候四京任修订法律大臣（1902～1906 年），会办商务大臣、外务部右侍郎、刑部右侍郎等职。1907 年再度出使美、墨、秘、古，两年后被召回。1912 年民国成立后，任南京临时政府司法总长；1916 年任段祺瑞内阁外交总长；1921 年 5 月，孙文在广州就职非常大总统，伍氏为外交部长兼财政部长；1922 年兼任广东省省长，同年病逝。主要著作有：《中华民国图治争议》、《美国费城大书院演说》等。详参张云樵：《伍廷芳与清末政治改革》，联经出版社 1987 年版。另参丁贤俊、喻作凤编：《伍廷芳集》（上、下册），中华书局 1993 年版。

第四，伍廷芳当时常须分身于外交事务，真正负责修律的时间相当有限[1]，是以修律之事，始终由沈家本一手主导。而从各种修律的纪录或结果考察，在起草近代化的法典时，伍廷芳除了在程序法上曾企图引进一些类似英美法的程序规定外[2]，对于实体法上之采取欧陆法的路线，事实上一直没有异词，也从未强烈主张应采取英美法过，致晚清法律近代化的主要法典，自始系一面倒地采取欧陆法系统。

另外，前面已提过，英美法系在方法论上强调逐步验证的归纳过程。就判例法的演进，特别是从英国法演进为美国法而论，今日英美法系之判例法制度实已浸润了美国实用主义（Pragmatism）的色彩，即实验→错误→再实验的过程。从而，在采例案法制的国家中，终审法院的判决虽常成为实证的判例法源，但实证的判例法源并不排除上诉法院甚至初审法院的判决，而且为数不少。反观民初大理院判例的情形，除该院的判决先例外，上诉审及初级审的判决，殊无成为实证的判例法源的可能。实际上，大理院判例的制作，很容易让人联想到欧陆法系国家由终审法院独占统一解释法令之权的制度。因此，仅就大理院在民初法制下，得独享统一解释法令之权这一点来说，恐怕已难属于判例法之行列[3]。

（三）我的看法

关于大理院“判例”的性质，历来说法不一，除了上述的判例法肯定与否定之

〔1〕 光绪二十八年至光绪三十二年间（1902～1906年），修订法律大臣为沈家本、伍廷芳。光绪三十二至宣统三年间（1906～1911年），修订法律大臣，为沈家本、俞廉三、英瑞（满人）。宣统三年二月以刘若曾取代沈家本。详参钱实甫编：《修订法律大臣年表》，出自《清季新设职官年表》，中华书局1961年版，第57页。

〔2〕 光绪三十二年（公元1906年），修订法律大臣沈家本、伍廷芳等模仿列强、仿效西法，采取实体法与程序法分别编纂的体例，编成《刑事民事诉讼法》，奏请试行。这是中国法律史上第一部单行的诉讼法草案，全文共五章，二百六十条，实行西方的陪审制、律师制和公开审判制。上奏后，立即遭到以张之洞为首的礼教派之反对。张之洞于光绪三十三年（公元1907年）七月，上《遵旨复议新编刑事民事诉讼法折》，大加挞伐，全盘否定，清廷从张氏之议，该草案未及审议，即告废弃。详参张之洞、刘坤一：《江楚会奏变法三折》，光绪辛丑（公元1901年）九月，两湖书院刊本，文海出版社重印。

〔3〕 参阅黄静嘉：“民初大理院及平政院之裁判档案之整理与研究”，载黄静嘉：《中国法制史论述丛稿》，清华大学出版社2006年版，第327～328页。

说外，另有习惯法说、司法解释说以及独立法源说[1]等。理论上，我认为宜采“条理说”为妥。

当然，判例是不是，或者应不应该成为“条理”的一种，往往视“条理”涵义的宽狭而定。在民初，除大理院外，无论高等审判厅或地方审判厅，其所做的判决书，除送达诉讼当事人外，皆无公布之方，外界亦缺少重视法院判决先例的习惯，大理院虽有判例的刊布，然究其效力如何？法律也无规定。惟依《法院编制法》第三十五条前段规定：“大理院长有统一解释法令必应处置之权。”是故，大理院解释法令的解释例，经大理院长许可刊布者，固得解为基于大理院长解释权的作用，有拘束下级法院的效力。

然民事的判决先例，大部分为“创设性的判例”（Original precedents），其性质又如何解？按此种创设的判例，系法院于法律有欠缺时，以补充方式填补其漏洞，具有创新的意义，与仅系宣言成文法或习惯法内容以明法意的所谓“宣示性的判例”（Declaratory precedents）有所不同。观诸《大清民律草案》第一条关于民事法律适用的顺序，于“法律”、“习惯法”、“条理”之外，并未明列“判例”一项即可明白，所以，“判例”在理论上，实无拘束下级法院的根据，要仅如德、法、日各国法院的判决，可作为“条理”以资参考而已。

不过，从目前留存下来的大量大理院民事判例、解释例全文统合分析，却不难发现大理院在运作过程中，的确具有“司法兼行立法”的准立法机能倾向。就形式上言，大理院乃试图创造一新法律的基础，始终抱有一种“民法法典化”的理想，企求将判例、解释例营造成法典的形式。细细翻阅大理院民事庭所为的“判例要旨”、解释例，虽然是针对个案进行裁断与阐明，惟在审判者与解释者的心目中，似乎有意形成一些“普遍的规则”，并利用这些规则，把《大清现行刑律》“民事有效部分”、民事习惯、条理都纳入到一个体系中，使之折衷调和，达到内在逻辑的稳定性。举例来说，大理院判例的编纂方式，大致上，依各编分列章次，有成文法者依其所定；无成文法而有草案者，依清末“修订法律馆”各该草案所拟。而若连草案亦阙如者，例如，不动产典权系传统中国固有的独立物权，与近代所谓不动产质权

---

〔1〕主张习惯法者，有曾任大理院院长的余棨昌等，余氏谓：“判例法乃广义习惯法之一。其所以与一般之习惯法异者，盖一般之习惯法渊源于一般人民自己所为之惯行，而判决法乃渊源于法院之判决。”详参余棨昌：《民法要论总则》，北平朝阳学院1933年版，第28页。主张司法解释说者有张生，张氏认为“大理院民事判例”不具有法源性，而“判例要旨”才具有法源性，同时认为把民事判例及其要旨定性为判例法、条理或习惯法均不妥当，从而主张大理院民事判例要旨其性质应为“司法解释”。详参张生：《中国近代民法法典化研究》（1901～1949），中国政法大学出版社2004年版，第66～73页。而采独立法源此说者，有黄圣棻：《大理院民事判决法源之研究》，台湾政治大学法律学研究所硕士论文，2003年7月，第152页。另外，美国白凯（Kathryn Bernhardt）亦认为大理院判决例为独立的法源，见解类同。详参［美］白凯：《中国的妇女与财产：960～1949年》，上海书店2003年版。

的性质迥异；又如习惯法上的先买权、铺底权亦为具有历史渊源的独立物权性质，“物权编”为安顿其在整个民法体系的位置，均不能不另列专章以对。

而为了避免体系内部矛盾和便于司法运用，大理院所著成的民事判例、解释例，采用统一的样式加以汇编。根据《大理院编辑规则》规定，民法判例、解释例依准《大清民律草案》的体例结构，以条为单位，按照编、章、节的顺序编排。收入汇编的判决例，略去具体的案件事实，只录入具有普遍规范性的部分，称作“判决要旨”；解释例亦采用概括的方式收入。属于同一节而内容相关的判决例、解释例，判例又置于司法解释之前。随着判例和解释例的日积月累，大理院的民事判解汇编逐渐结集而形成的民事法律体系，如果说，这就是大理院的“立法成果”也不过言！其结果，“承法之人无不人手一编，每遇讼争，则律师与审判官皆不约而同，而以‘查大理院某年某字某号判决如何如何’为讼争定谳之根据”[1]。

可以觉察到，民初社会新旧思想正加速交融更替，时势给了大理院机会，大理院似也踌躇于如何创设平允的判决例，以向社会交代。例如，关于婚姻问题，在往昔为父母代订，当时则讲婚姻自由，且因潮流所趋，离婚案件日渐增多，审判机关安能固守旧理而不为所动？尤其，新闻媒体对于新思想极力鼓吹，司法当局也绝不能不顾时代新义。本文前已提过的大理院对于婚姻案件的判决，乃以“父母为未成年之子女所定之婚约，至子女成年后，苟有一方子女不同意者，为贯彻婚姻尊重当事人意思之本旨，自无强令受该婚约拘束之理”，形式上是“判决例”，实质上也似“立法”。

表面上看，民国元年至十六年以来，下级审判厅均奉大理院判例为准据，论实际情形，可以说具有法律的效力，大理院即不啻兼有最高立法的任务。不过，严格说来，大理院的“判例”仍有别于英美法系的“判例法”体制：

（1）大理院的判例是成文法典的补充形式，仅为法院裁判时所表示的法律上见解，并非法规的本体。它一般不能与成文法典的原则和规定相违背，否则无效。换言之，民初时期的民事法源有一个“等级”关系，依序是法律、习惯法、条理，判例充其量只是成文法典原则与规定的具体解释、价值补充和漏洞补充；而英美的判例法，“判例”是主要的法源，而与其他的法源处于“平行”，而不是“等级”的关系，具有不受限制和制约的法律效力。

（2）在英美法系国家法院对于先前判例的运用，常将个别判例的内容区分为不具拘束力的内容（obiter dicta）及具有拘束力，且有关法律原则与内容的阐述（ration decidendi），而且在汇编判例时，也会将各该判例内的法律原则阐述撮出摘要，作为重要的参考。而民国初期由于成文法体系的存在，以及法律赋予审判官较大的自由裁量权和类推适用的权利，在判例的适用上，并不一味地遵从“先例拘束原则”

---

〔1〕 胡长清：《中国民法总论》，商务印书馆1934年版，第36页以下。

(Stare decisis)。判例虽然被下级法院广泛援用，但并未严格受制于既判力的拘束。

(3) 民国初期的判例，只有大理院可以颁布，所颁布的判例汇编仅录“判例要旨”，并非登刊判决全文[1]。而又不分主旨、傍论，似“凡认为文句通顺，可成为抽象之原则者，即将之摘录为判例要旨”。此仍系抽象的结论，与条文、解释所差无几。反观同时期的其他国家，无论系用判例法的英美法系国家，或以判例补充成文法的德、日法系国家，其所颁布的判例汇编，殆多就该项判决的原案，同时宣布其系争事实、双方所持法律上的理由，而最后乃表明法院所认定的结论以为判决。故所谓“判例汇编”者，实应指包括事实在内的整个案例而言，绝非仅止于从判决理由中摘取数句，更易数字，即予“着成”。必如是，建立在“事实”平等原则之上判例规范的合法性基础才能显现；也惟有如此，方能由案件的内容推知法律与社会的呼应真况。

所以，我的结论是，大理院判例的性质，从理论上言，宜属“条理”；而从实际上看，它具有创新规范、阐释法律及漏洞补充等功能，可以说，“实际上创例视同立法”。换言之，它具有“裁判的准立法机能”，或者可以说，有“司法兼营立法”的功能倾向，但犹不能说它就是完全等同于英美法系的判例法性质。

四、《大清民律草案》的性质与地位宜如何看待

除了《大清现行刑律》“民事有效部分”外，尚须提及者，还有清末宣统三年的《大清民律草案》(民律第一次草案)及民国十四年《民国民律草案》(民律第二次草案)的存在。《大清民律草案》含“总则编”三百二十三条，“债权编”六百五十四条，“物权编”三百三十九条，“亲属编”一百四十三条，“继承编”一百一十条，总计一千五百六十九条，前三编由日籍修律顾问松冈义正主导起稿，后两编则由松冈氏协同国人朱献文、章宗元、高种及陈箓等人负责草拟。由于该草案在晚清变法修律期间并未通过正式的立法审议程序，也未正式公布施行，自无法律效力，因此，民初参议院否决援用该民律草案。虽然如此，综览大部分大理院的判决(例)，可以发现，《大清民律草案》对大理院法曹在判决中形成“心证”过程的影响相当大。[2]

也许，大理院的法曹以及原被告两造的在野律师们，依他们当时所受的法学训练，显然是较偏于传统中国法或欧陆法系的思维模式，因此，在处理实际讼案时，很自然地会选择或必须去适用成文法典。但是，在正式民法典及其附属各法尚未订颁，只有两次民律草案存在的情形下，又不得不想尽办法采用此等既成的民律草案，甚至参以各该民律草案的立法原则及说明，以作为断案的法源依据。例如大理院四

---

[1] 事实上，依据《大理院编辑处规则》第六条第二项规定：《大理院公报》“登载判例解释，其要旨及全文一并登载，无要旨可以摘记者，则无庸摘记。”可惜该公报只于1926年3月、6月、9月发行3期。

[2] 由于《民国民律草案》(民律第二次草案)草就时间已近于大理院时期的末期，致被援引以为“法理”者少，故本文暂置不论。

年上字第二一一八号判例说：

> 然查失火延烧是否需有重大过失始负赔偿责任，在现行法上尚属待决问题，惟即以需有重大过失论，重大过失即欠缺轻微注意之谓，故仅需用轻微注意，即可预见有侵害他人权利之事实而竟怠于注意，不为相当之准备者，即不可不谓有重大过失。

上述所援引的条理依据，在《大清民律草案》中即可找到相同的内涵，该草案“债权编”第八章“侵权行为”第九百四十五条规定：“因故意或过失，侵他人之权利而不法者，于因加侵害而生之损害，负赔偿之义务。前项规定，于失火事件不适用之。但失火人有重大过失者，不在此限。”该条的立法理由说：“无论何人，因故意或过失侵害他人之人格或财产而不法者，均须赔偿其所受之损害，否则，正当权利人之利益必至有名无实。惟失火如无重大过失，必责令赔偿因失火而生之重大损害，未免过酷，此本条所由设也。”详细比对上引判例所援用的法理，几与民法草案雷同。

例如大理院三年上字第一九五号判例：

> 上告人引用民律草案第两百零三条：“向对话人间之要约未定承诺期间者，非及时承诺不生效力。”第两百零四条所谓“要约经拒绝者，失其效力。前项规定逾两百零二条所定之期间者，准用之”以及第两百零五条所谓“承诺非对话人之要约，须于要约人所定期间，或第两百零二条内所定期间内承诺之”的规定，主张其所为书函要约与委任余森庭之面商要约不生效力，不负契约上之责任。

大理院指出：民法尚未颁布，民律草案条文当然不能适用，本案上告人遽引该律草案条文，主张殊难认为正当。惟本案按民事法条理而论，契约的成立，应于要约到达后相当期间内为承诺之表示，若因行为地，或当事人间之通常惯例，或要约人之意思表示，其承诺为不必通知者，则自有可认为承诺之事实时，契约始为成立，否则承诺逾相当期间，于要约既失效力后始行到达者，则惟可视承诺为新要约，其契约并不因而成立也。本案大理院虽然驳斥《大清民律草案》的直接适用，但是观其判决理由中所谓“民事法条理”的适用结果，其实与民律草案并无太大差异。再例如大理院三年上字六七八号判例：

> 前清民律草案未经颁行，当然不能适用，即作为条理观之，民草五九二条所称依市场价格约定价银等语，亦系指买卖时当事人协议，不径自订定价银而以市场之价格为所买之货之价银者而言，至卖主于出售货物时，已将其所订之价，通知于买客，而买客对于卖主所定之价，并无异议，且收受其货物者，在法律上自可推断买客对于卖主所定之价已合法表示同意，此项价银于法既可认为业经买卖当事人协议订定，即无主张增减之余地。

可以看出，大理院其实是把《大清民律草案》的规定转换成条理来运用，事实上，通览大理院的大多数判决，其适用的条理纵然与民律草案相同者，也从不直接援引民律草案以对，以避免法源位阶错置的误会。

又例如大理院十二年上字第一八九四号判例，大理院于论证受典人若善意取得典权，所有人是否应偿还典价始得收回原物时，藉由第三人善意受让盗赃物，原所有人应支付对价始可回复其物的法理，以彼喻此，说到：

> 诚以社会进化，法律观念自亦变迁，故各国立法例及学说多变其昔日绝对保护所有权主义，而着眼于保护交易之安全，虽关于此项法则之如何应用，因观察点各殊，尚非一致。有偏重保护交易之安全者，即无论所有人之丧失占有是否由于己意，只须取得人于占有之始，系善意无过失，即令其取得所有权，此假称为绝对保护交易安全主义。亦有于保护交易安全之中，仍寓保护所有权之意者，此主义复因所有人丧失其所有物之占有是否由于己意有所不同，即①由于己意者（如寄托物之类），若取得人于占有之始系善意无过失时，即令其取得所有权（参照德国民法九三二至九三四条，日本民法一九二条、一九五条，瑞士民法九三零条，民律草案一二七八条）。②不由于己意者（如盗赃遗失物之类），其主义更细别为二：（甲）取得人在原则上不能取得所有权，尚许所有人于相当期间内请求回复原物。而例外则如取得人系由拍卖场，或公共市场贩卖同一种类物品之商人善意买得者，仍不许其回复（参照德国民法九三五条、民律草案一二七九条）。（乙）无论取得占有之情形如何，应许所有人于相当期间内请求回复原物，惟取得人系于拍卖场或公共市场贩卖同一种类物品之商人善意买得者，则须所有人赔偿对价，始能请求回复（参照日本民法一九三及一九五条、瑞士民法九三四条），此假称为相对保护交易安全主义。凡此种种，在学理上有无绝对之是非姑置不论，要其为所有权追及效力之一大例外，不能不审度国情，因时取舍，则可无疑。

本案，大理院认为系争关键全在上诉人受典该物是否属于善意，并认为既有判例引用即时取得之条理，以说明非因己意丧失占有（如盗赃等物），买得人苟善意买得之情形，所有人非偿还其对价，不能收回原物。因此，本于相同之法理，本件甚至是起于己意丧失占有，因此受典人取得典权果系善意，所有人必须偿还典价，方许其收回原物。大理院于本案判决论证时，直接述及《大清民律草案》极为罕见。

事实上，此之民律草案代表了当时外籍修律顾问及本国主持草拟法案诸硕学之士殚智竭虑、积累多年之研究调查所得的结晶。唯其既尚为“草案”阶段，作为一个当时在朝的法曹，他们或基于自身的使命感，或本于法律人的理想性，在适用的过程中，企图检验草案条文的妥当性，甚至企求在将来从草案制定成正式民法典时，积累可供立法者参考的依据。

细读《大理院判决例全书》[1]，其汇编方式，根据《大理院编辑规则》，略去个案的具体事实，只摘录具有普遍规则效力的"判决理由"部分，并按照《大清民律草案》的编排体例，以条为单位，依编、章、节的结构编排。其编制体例几与《大清民律草案》相同。想象上，大理院法曹很有可能恒将民律草案备置案头，遇有案情及争点相当的讼案，即援引草案的相当条文，以制作判决。另外，观时人所编纂之《大理院法令判解分类汇要》[2]一书，更进一步将《大清现行刑律》"民事有效部分"之相关规定依附于《大清民律草案》的编排体例之中。例如有关"户役门"私创庵院及私度僧道，"田赋门"有关寺院庄田附于第三章第三节"财团法人"项下；再如"钱债门"违禁取利条列于第二编"债权"、第一章第一节之"债权之标的"项下；再如"钱债门"费用受寄财产条及"杂犯门"失火与放火故烧人房屋条附于第二章"契约"第十三节"寄托"项下等。

至于现今在法学方法论的讨论上，为解决实际法律秩序中所遭遇的有法律漏洞的不圆满性，而有所谓的"法官造法"现象。倘以此类彼，想问的是：当大理院的法官们在从事"漏洞补充"时，他们究竟想要根据何种"条理"，来填补所遭遇到的"漏洞"？

本文在前述中曾列举多项具体的"条理"，例如"托孤"、"夫妻不相和谐得两愿离异"乃至于"妾与家长得依协议解除关系"、"诚实信用原则"、"婚姻应尊重当事人意思"、离婚事件应采"夫妻齐一"原则等，面对这些具体的"条理"，令人好奇的是，上述大理院在民事审判中所实际援用，并且拿来作为"漏洞补充"依据的各种"条理"，它们是否又能够回溯或归纳至一个可以声称具有圆满性，且具有内部一致性的民事法律体系呢？如果答案是肯定的话，在当时民刑分立才刚开始推展，且又欠缺独立民事法典的情况下，大理院的推事们究竟要如何建立，或是要到哪里去寻找这样一套具有圆满性的民事法律体系呢？

或许可以这么说，在当时虽尚无成文的民法典，然于大理院推事的心目中，一部"具有圆满性的民事法律体系"的民法典却可能是"隐然存在"的。事实上，大理院三年统字第一四四号解释亦称："民法草案虽未颁行，其中与国情及法理适合之条文，本可认为条理，斟酌采用。"虽然，此民律草案当时只能作为"条理"法源而被援用，但引用民律草案而来的"条理"，其具有的规范效力似已非一般的条理可以比拟。如果这是合理推测的话，显然民律草案已具有"准"民法典地位的倾向[3]。

---

〔1〕 此书为郭卫氏所编辑，全书仅有"判例要旨"，而缺乏"判例全文"。参阅郭卫：《大理院判决例全书》，台湾"司法院"秘书处1978年重印。

〔2〕 详参黄荣昌编：《最近修正大理院法令判解分类汇要》（民例之部），上海中华图书馆1921年版。

〔3〕 此种观点，最早由黄静嘉先生所提出，本文亦持相同看法，黄静嘉："民初大理院及平政院之裁判档案之整理与研究"，载黄静嘉：《中国法制史论述丛稿》，清华大学出版社2006年版，第325～326页。另参阅吴从周："论民法第一条之'法理'"，载吴从周：《民事法学与法学方法》第一册，台北，保成，2007年，第39页。

五、结语

民国初期的法律之所以不能及时制颁，也无法适用于全国，一方面，固与国权不能统一、政府权力基础不稳固有关；他方面，也因为各省军阀任意制定“法规”，干涉司法所致。北洋政府时期的大理院，在如此恶劣的大环境里，针对当时成文法大量欠缺和诸多不完备的情势下，能不畏其难，大胆采用判决先例补充方法，肩负起“司法兼营立法”的双重任务，不仅维护了法制更迭的过渡，而且推动了近代中国法制的前进，诚属不易。而“制定法”与“判例”如此巧妙的结合，亦属民国法制的另类异彩。当下观察，在继受外国法初期，大理院所扮演司法机制的角色，在法制史上的意义相当特殊：

第一，晚清变法修律乃至民国肇建，尝欲步日本后尘，创立法典，自媲德法，然屡修屡废，至十六年尚无所成。十余年来，民法“立法”的枢纽，乃寄望于司法机关，大理院判例实为该期间“私法”重要的审判根据。虽然如此，当时人民法律程度尚属幼稚，涉讼者类皆争于事实之存否而罕争于法律适用之当否，是以该期间的判例，其所包含的民事法律关系，仅占整部民法的少数部分，而其成长的步调也呈现徐缓的现象。不过，从内容上看，大理院十几年来权衡中西法理所取得的经验和成就，已为其后创制民法典奠下扎实的基础。许多具有指标性意义的民事判例原则，不仅为南京国民政府的立法院创制民法所采用，司法实务上也直接成为私法审判的依据。可以说，倘若没有大理院十多年来的努力，立法院显然无法在初建的短短两三年内就颁行如此庞大的民事法典。

第二，大理院法曹的出身与能力迥异于当时的下级法院，人文荟萃[1]，判决书的制作体例与文体深受外来法律文化的影响，其中尤以日本为最，而从目前所留存下来的判牍看来，可读性的确相当高。大理院推事既然大半以上都具有国外的学习经历背景，不论是长期留学或是短期游学，渠等对于西方近代法学的概念自然耳濡

---

〔1〕 或许是时势因缘，民初大理院推事的出身，大都是自幼学习科举志业，甚至博得功名职位者，深具传统学问根柢；更重要的是，后来有机缘再接受西方新式的法学训练，有别于古来的“讼师”或“法匠”。据民国十一年（公元1922年）的调查所得，大理院当时共有推事四十三人，此辈法界人员中，其四十人曾留学于日本，二人曾留学于欧美，仅有一人系专研传统中国法律者。又据十五年（公元1926年）九月间《法权会议报告书》所载：“本委员会各委员在京及各省所见之法界人员，均似有法律训练。现任之推事及检察官，多数已服务在十年以上，且颇多在国外毕业，尤以日本为多。当二五年（公元1936年）时，大理院推事三十二人中，二十一人系在外国毕业者。”而根据我的调查统计，民国元年至民国十六年间，包括历任院长及推事共计七十九人，其中就学经历已查清楚者有六十六人。在这六十六人当中，留学日本法政科者四十三人，毕业自美国、英国各大学法律科者，分别为五人及四人，而出身自新式京师法律学堂者有十人，旧式科举出身者有四人。以上资料详参“法权会议报告书”，载《东方杂志》1927年第24卷第2号。至于有关“民国大理院历任院长及推事略历一览表”，详参黄源盛：“民初大理院（1912～1928）”，载黄源盛：《民初法律变迁与裁判》，台湾“国立”政治大学2000年版，第40～56页。

目染。由于当时的民法学多半系透过日本间接输入，而日本无论早期的继受法国法或中晚期的继受德国法，都是属于罗马法传统下的法律体系，因此，大理院民事裁判中整个法学概念的思维几乎为欧陆法系所笼罩。从其判决（例）中不难发现，所谓“意思表示”、“法律行为”、“物权行为”、“债权行为”、“撤销权”、“同意权”等概念，对于当今的法律人而言，自是相当熟悉，而这些概念在传统中国法律体系中，却是陌生的语汇。非常奥妙的是，这些欧陆法学新概念经常被大理院的推事们用来诠释传统中华法系下《大清现行刑律》里的律文，而运作起来似乎也还算顺畅。不过，从大理院诸多判决（例）中，似可依稀看到，应用现代法律名词于诉讼中，有时可能是源于当事人或其律师在诉讼时的主张，例如前揭所引大理院二年上字第六四号判决，在该案中，上告人主张“遗嘱”，被上告人主张“亲族会”，此一现象似显露出，除大理院及其他的司法机构外，当时尚有若干曾经接触，或受现代法学名词、观念熏陶的人士，在“旧法新用”的转化过程中，发挥某种催化作用，进一步促成大理院发挥以司法判决进行“准立法”的功能。

第三，在民国八年之前，可以说，几乎大多数的大理院判决都可以作为“判决先例”。然而自民国八年以后，其开始进行“判例要旨汇览”的编辑工作，所谓“判例”系指业经编辑选录的判决先例，而这样的制度也几乎影响其后国民政府的最高法院判例制度以迄于今的台湾。所不同的是，在民法典各编于1930年代陆续颁布之后，由于成文法成为民事审判的主要依据，判例的功能也就相对弱势化。

第四，民初由于民事、刑事审判法源截然二分，而民商法典未能即时订颁，民事纠纷案件又层出不穷，究该如何应对？让人意外的是，继中华法系倾圮之后，值司法方向迷茫之际，大理院的推事们凭着睿智与胆识，在一片荒野法林中摸索前进，倒也建立出一套独特的司法运作模式。而从我们多年整编的大理院民事判决（例）看来，就司法机制转型期而言，如何从“民刑混同”过渡到“民刑殊途”，要想探究民事审判的法源依据，其重心显然不在“民事法典”的有无，而是要于“司法实践”中去寻绎。

民初大理院审判独立的制度与实践*

张 生**

一、序说

从清末司法改革，历经民国北京政府时期，迄至南京国民政府时期，审判独立始终是司法审判制度建构的核心。从制度建构的角度来讲，审判独立是指司法机关[1]独立行使审判权，并且能够避开社会中行政机构或其他当权者的摆布，以实现必要的司法公正。[2] 具体而言，西方国家法院的模型是中国审判独立建构的制度原型：①法官独立；②适用先存的法律规则；③在对抗性诉讼程序之后，形成一个权利、义务两分的判决。[3] 纵观清末、民国北京政府时期、南京国民政府时期，全面继受西方审判独立制度，唯民国北京政府时期（本文简称为“民国初期”，即1912年至1928年期间）而已。[4] 民国初期在继受西方司法制度、确立审判独立制度的过程中，当时的最高法院——大理院在中央层级最大限度地实现了审判独立，并且成为地方司法机关的楷模。本文以下从审判权的独立、推事（法官）的独立，以及法治环境恶劣三个方面，来阐述大理院所依据的审判独立制度，以及如何克服各种阻力推行审判独立；并对特定历史条件下，审判独立难以在中国全面贯彻的原因略加探讨。

---

* 本文为教育部哲学社会科学研究重大课题攻关项目《社会转型与法律变革研究》的阶段性研究成果。

** 中国政法大学教授，博士生导师。

〔1〕“普通称法院为司法机关，称法院的职权为司法权”，即“对于诉讼事件的审判权”。参见王世杰、钱端升：《比较宪法学》，中国政法大学出版社1997年版，第295页。

〔2〕参见［美］埃尔曼：《比较法律文化》，贺卫芳、高鸿钧译，三联书店1990年版，第134页。

〔3〕［美］马丁·夏皮罗：《法院：比较法上和政治学上的分析》，张生、李彤译，中国政法大学出版社2005年版。

〔4〕清末预备立宪与法律改革仍以至高无上之皇权为基点，及至辛亥革命爆发，皇权难以维持其神圣性之时，司法改革亦陷于停顿；南京国民政府时期，虽在宪法上明定司法独立，但司法党化之运作破坏了真正的司法独立。民国北京政府时期，为中国近代体系上采取三权分立原则之时期，司法独立为政体组织之基本原则。

二、大理院审判权的独立

民国初期所颁布的宪法性文件[1]都从确立三权分立宪政体制的角度规定了审判独立原则。1912 年 3 月 11 日公布之《中华民国临时约法》，奠定了大理院独立行使审判权的法制基础，该法第四条规定："中华民国以参议院、临时大总统、国务院、法院，行使其统治权"；第九条规定："人民有诉讼于法院，受其审判之权。"民国初期所援用的清末《法院组织法》，[2] 对大理院的权能有更为具体的规定。此外，民国北京政府还多次发布政府公告，重申审判独立之原则，从公众舆论和民众法律意识方面培育司法独立的社会基础。例如 1912 年 9 月 5 日，北京政府国务院曾发布通告，称"立法、行政、司法分权鼎立，为共和国之精神，凡司法范围以内之事，无论何项机关，均不得侵越干预"。[3]

在确认和保障独立审判权的各项法令之中，以当时的法院组织法——《暂行法院编制法》最为重要，该法规定，大理院为全国最高审判机关，其独立的审判权表现为最高审判权和统一司法解释权。

1. 大理院之最高审判权。《中华民国临时约法》对审判权进行了二元制划分："法院依法审判民事诉讼、刑事诉讼。但关于行政诉讼及其他特别诉讼，别以法律定之"（第 49 条）。民国初期实行之《暂行法院编制法》以大理院为最高审判衙门（第 1 条、第 33 条）。具体而言，大理院依法行使之最高审判权包括以下两个方面：

第一，终审权，大理院为民事、刑事案件的最高审级，其判决、裁定、决定皆为终局裁判。此类案件又分为两种：①不服高等审判厅第二审判决而上告之案件；②不服高等审判厅之判决或命令，按照法令而抗告之案件。

第二，第一审并终审权。依法令属于大理院特别权限之案件。所谓"特别权限之案件"为概括性规定，旨在适应社会发展需要，对新产生的法律问题皆有诉讼救济手段。

因为民国初期沿用了清末的《法院编制法》，所以从制度形态来看，民初大理院职掌的审判权与清末大理院的职权基本相同。所不同的在于以下两端：首先，以宪法明定司法独立，使得立法机关、行政机关对审判权加以干涉需要承担违宪的法律责任，这无疑大大增加了审判独立的安全性；其次，从分权制衡的角度来看，司法行政机关可以对审判机关进行合法制约，但是制约须保持在合理的限度之内。清末司法行政机关——法部对大理院的制约已经超出了合理的限度，以至于有干涉审判

---

〔1〕 民国初期公布的宪法文件有三个：1912 年 3 月 11 日南京临时政府公布的《中华民国临时约法》，1914 年 5 月 1 日民国北京政府公布的《中华民国约法》，1923 年 10 月 10 日民国北京政府公布的《中华民国宪法》。

〔2〕 清宣统元年十二月（1910 年 1 月）公布《法院编制法》，民国四年五月（1915 年 5 月）修正公布，称《修正暂行法院编制法》。

〔3〕 张晋藩主编：《中国百年法制大事纵览 1900～1999》，法律出版社 2001 年版，第 43 页。

权的消极效应。[1] 而民初大理院与司法行政机关——司法部的权限划分甚为明确，二者之间的工作关系也甚为融洽。因为民国初期高级法律人才极为缺乏，司法部历任总长大多都有在大理院担任过推事的经历，[2] 所以民初司法部不仅深谙审判独立对于法治的价值，能够与大理院连横一气维护审判权的独立。

2. 大理院之统一法律解释权。大理院之统一解释法令权，为保障独立审判权所必须。因为立法往往会滞后于社会发展，立法者在立法时也可能因思虑不周形成立法上的漏洞，这就需要最高审判机关有权对现行法加以解释，以避免事无巨细皆由立法机关加以解释，从而造成立法机关对司法的频繁干涉。

民国初期大理院采取解释例和判例两种形式来行使统一法律解释权。依《暂行法院编制法》第三十五条规定："大理院长有统一解释法令、必应处置之权。"大理院院长根据全国各机关或团体之函电请求可以做出普遍性的法律解释。依《暂行法院编制法》第三十七条规定："大理院各庭审理上告案件，如解释法令之意见，与本庭或他庭成案有异，由大理院长依法令之义类，开民事科或刑事科或民、刑两科之总会审判之。"大理院院长之解释和各庭推事在判决中表达的法律意见，虽然解释的对象不同，但是一旦被大理院编辑处选录为"解释例"或"判例"，则对人民和下级司法机关均具有强制拘束力。例如《暂行法院编制法》第四十五条规定，"大理院及分院札付下级审判厅之案件，下级审判厅对于该案件不得违背该院法令上之意见。"该条所称大理院札付之法令意见即指解释例和判例。同时，大理院的院长、各庭庭长以及普通推事以他们深厚的法学修养做出的判例、解释例，为大理院树立了法律理论与司法经验的权威，使得司法独立建立于专业知识的基础之上。

三、大理院推事之独立

（一）推事之选任

依《中华民国临时约法》第四十八条规定："法院以临时大总统及司法总长分别任命之法官组织之。法院之编制及法官之资格，以法律定之。"《暂行法院编制法》对各级司法官的任职资格做出了不同的规定，其中对大理院推事的任职资格要求最高。为进一步规范司法官之任用，北京政府司法部于 1914 年制定《法官任用程序》，1915 年公布《司法官考试令》。因此，大理院推事名义上由总统与司法部任命，但由

---

〔1〕 参见"法部尚书戴鸿慈等奏酌拟司法权限缮单呈览折"，载故宫博物院明清档案部编：《清末筹备立宪档案史料》，中华书局 1979 年版，第 824 页以下；"修订法律大臣沈家本等奏酌定司法权限并将法部原拟清单加具案语折"，载故宫博物院明清档案部编：《清末筹备立宪档案史料》，中华书局 1979 年版，第 827 页以下。

〔2〕 许世英为民初大理院首任院长，1912 年年内即转任司法总长；张宗祥 1912 年接许世英之职任大理院院长，1914 年任司法总长；再者如，王宠惠、董康、江庸、罗文干、余启昌、王有龄皆先后出任大理院院长、司法总长两个要职。民国初期的名士梁启超，以其巨大的社会影响和法学建树，曾出任过司法总长，他也是唯一一位没有在大理院任过职的司法总长。

于极为严格的职业任职资格，致使行政长官在任免法官方面可以发挥作用的余地是十分有限的。

从出任大理院推事的履历来看，1912年至1927年间，任大理院院长及各庭推事者共七十九人（含各庭庭长），现已查明履历者六十五人，其中留学日本法政科者四十三人，毕业于美国法学院者五人，毕业于英国大学法律科者四人，本国京师法律学堂毕业者九人（以上），旧时科举出身者四人（均经过新式司法培训，又多有考察外国司法之经历）。[1] 再以1921年大理院编制为例，当时大理院在职推事共三十二人（院长一人，民庭分为四庭，共有推事二十人；刑庭分为二庭，共有推事十一人），其中毕业于日本法政院校者十八人，毕业于本国公立法律学校者十一人，毕业于美国大学法学院者二人，毕业于德国柏林大学者一人。[2] 民国初期，不仅在司法界，即便是在民国北京政府所有的机构之中，大理院也称得上是素质最高的机关。也正是因为严格的选任制度，使得大理院既保持了精简的机构，又汇集了当时的法界精英，能够树立司法权威以贯彻审判独立之原则。

（二）推事之职禄保障

民国初期的各项法令对大理院推事的职位、俸禄给予严格保障，以养成推事的独立人格，以裨审判权之独立。《中华民国临时约法》对法官职禄保障已有较为概括之规定，例如该法第五十二条明定："法官在任中不得减俸或转职，非依法律受刑罚宣告，或应免职之惩戒处分，不得解职。惩戒条规，以法律定之。"《暂行法院编制法》对于推事待遇又有更加明确之保障，非依法律规定，司法部对于推事不得勒令调任、借补、停职、免官、减俸；推事虽在惩戒或刑事被控告期间，薪俸仍应照给。[3]《司法官官等条例》和《司法官官俸条例》推事的俸禄列有具体数额之规定。

对司法官薪俸待遇予以特优保障的同时，于司法官之操守、兼职也从严限定，以避免他们卷入政治争端或溺于利益诱惑。《暂行法院编制法》规定凡出任推事者，不得干预政事，不得参加政治团体、选任为各级议会议员，不得经营商业等。司法部又先后颁发或转发了一系列的法令，对推事设定种种纪律限制，如《法官不得牵入政潮贻误职务令》、《法官不得与律师来往或同居一所令》、《司法官吏不得沾染嗜好令》、《告戒法官令》等。

在优厚的待遇保障和严格的纪律限制之下，在民初大理院的推事鲜有受到贪墨惩治者。当时法界名流董康（1867～1947）[4] 对大理院推事的评价，正可以为法官操守之佐证，他说："吾国法官以操守言，入学伊始，讲师日以法律提斯惕厉。学成

[1] 根据台湾政治大学黄源盛教授之统计，参见"民初大理院（1912～1928）"，载《民初法律变迁与裁判》。

[2]《民国大理院推事经历一览表》，民国大理院1922年制。

[3] 参见《暂行法院编制法》第125、126条。

[4] 曾任大理院院长、司法总长、司法官高等惩戒委员会会长等职。

而仕，复经法定之资格，其出处自异横流，历年以贿闻者，较行政官一与百之比也，当亦舆论所公认。”[1]

（三）推事行使审判权的个人独立

审判独立最具体、最本质的表现就是推事在裁判活动中依据法律和自己的良心行使法定职权，即推事行使审判权的个人独立。

审判独立的首要表现是法官独立行使审判权，即“法官除了法律就没有别的上司。法官的责任是当法律运用到个别场合时，根据他对法律诚挚的理解来解释法律”。[2] 其次，法官须不受长官及其他机关的干涉。《中华民国临时约法》第五十一条规定：“法官独立审判，不受上级官厅之干涉”。《暂行法院编制法》在审判制度方面也对推事的独立给予充分保障，例如该法第三十五条规定，即便是大理院院长也“不得指挥审判官所掌理各案件审判”。该法第七、七十五、七十六、七十八条规定大理院行使审判权时采取“合议制”，“判断之评议概不公开”；“评议判断时，该（合议庭）庭员须各陈述意见”；“判断之决议，以过半数之意见定之”。

四、法治环境的恶劣，审判独立为时局所累

民国初期在中国近代史上又被称作“北洋军阀统治时期”，各个派系的北洋军人基本左右了国家政治生活，法律所确立的审判独立制度最终难以在全面推行。

（一）民主政治之蜕变

民国初期公布的《中华民国临时约法》和民选的国会，为共和国民主之基础，也是维系审判独立的基石。然而，先有袁世凯废弃《临时约法》、解散国会，继而生出一系列非法国会和伪宪法，宪政在民国初期以失败而终局。[3] 蜕变之国会不仅不能维系三权分立的宪政体制，反而成为审判独立的破坏者。当时的法界人士曾愤然抨击国会与军阀、政客同流合污：“三权分立，立法机关与司法机关相依为命，如司法受行政官、军人摧残，立法机关亦不能保全其生命。征之民初各国历史及现状，立法机关对于司法，无有不表同情者。民国国会、省议会对于司法，不惟不表同情，且有与行政、军阀联络以施其摧残之计者，此民国独有之现象。”[4] 因民主政制之蜕变，立法机关丧失应有之立法职能而陷于瘫痪，民初在法律体系完善方面建树殊少，大理院缺少“先存的法律规则”来实现依法裁判，大理院推事裁判事务既多，又须斟酌法理、习惯而确立法律规则。从大理院民事、刑事判例、解释例的数量来看，大理院在很大程度上担负起了造法的职能，其工作量之巨大难免累及裁判质量。

---

〔1〕 董康：“民国十三年司法回顾”，载《法学季刊》第2卷第3期。

〔2〕《马克思恩格斯全集》第一卷，人民出版社1961年版，第76~77页。

〔3〕 详见朱勇：“论民国初期议会政治失败的原因”，载《中国法学》2000年第3期。

〔4〕 江庸：“法律评论发刊辞”，载《朝阳法律评论》1923年第1期。

（二）地方司法机关之残缺

1913年2月21日，司法部通令各省改组法院。在各省省城设高等审判厅，在地区级行政区及商埠设地方审判厅，县级地方设初级审判厅。可是由于受到法律人才短缺、司法经费不足等问题困扰，至1928年，全国仅成立高等审判厅二十一所，地方审判厅六十七所，地方以行政官兼理审判职务的极为普遍，几无司法独立之可言。

（三）军事机关特别司法对司法独立之破坏

一般而言，军法上规定的审判为特别诉讼，不在普通法院管辖范围之内。但是，民国初期军阀割据、武人掌政，军法会审适用范围极为广泛。凡在军队防区之内，各项管辖权尽为军人所控制，属于普通法院管辖的民事、刑事案件，其审判权也往往为军事机关所剥夺。1915年3月，民国北京政府公布之《修正陆军审判条例》（1921年曾予修正），其中规定有军法会审制度，实际成为军人干预司法的合法依据。虽然陆军部多次电令各省，禁止军政长官任意以军法杀人。〔1〕可是，中央法令并不能有效约束军阀的肆意妄为。甚至，辛亥革命首义元勋、地方高级司法官以及抨击军阀专制的社会名流都成了军人侵越司法权的牺牲品。

五、余论

民初大理院之所以能够在一定限度地推行审判独立，主要有三方面的原因：第一个原因就是大理院采用了西方业已成熟的司法制度、最大限度地维护法官独立。第二个原因在于民初大理院是一个极为精简的机关，推事编制只有三十余人，这样即便是国家财政极为拮据的情况下，也能保障其正常开支；即便是当时中国还极为缺乏高级法律人才，也能够选拔少数司法精英出任审判职务。第三个原因，民初大理院在一定程度上延续了中国古代“法司体制”下司法官的职业传统，即法司虽职属冷曹却以维系天下秩序为职志，中央司法官皆品行清高、操守廉洁。正是上述法制因素和人治传统结合在一起，才使得民初大理院赢得了社会舆论的普遍承认，具有抵御其他机关和当权者专横干涉的能力。

然而，民初大理院在行使独立审判权的过程中，也反映了中国全面实行审判独立的困难。审判独立是法治机制的一部分，只有各个政府机关都依法行使职权才能维护这个机制的有效性。民国初期作为法治国家的根基——宪法和国会皆为军人实力政治所取代，法治的民主基础已经荡然无存；国家中央行政机关频繁更迭，〔2〕行政事务往往为军人所左右；再者，地方各级司法机关得不到财政保障；普遍缺乏专门法律人才，乃至于当时全国将近80%多的县级地方以行政官兼理司法。国家总体法治环境若此，大理院也只能在中央层面实现最低限度的审判独立。

---

〔1〕 张晋藩主编：《中国百年法制大事纵览1900～1999》，法律出版社2001年版，第43页。

〔2〕 民国北京政府从1912年3月第一届内阁到1928年6月最后一届内阁，在16年间经历了32届内阁，更换过59位内阁总理（或代理总理或执政），平均每届内阁存在半年、内阁总理任期3个多月。

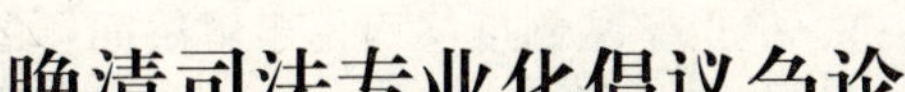

晚清司法专业化倡议刍论

——以丁日昌为中心的考察

林 乾*

一

清代乾隆时期始，由于人口的急遽增长，人与自然的矛盾以人与人之间的紧张关系凸现出来，突出的表现为，官民、邻里、宗亲间的诉讼日益增多，传统的等级伦理型社会日形松解。[1]

在民众法意识增强所驱使的法行为愈演愈烈的情势下，所谓的“鼠牙雀角”之案扮演了诉讼的主角，或者成为其主体，这是否标示出传统申冤型诉讼向近代意义的权利型诉讼转变呢？值得探讨。另一方面，清代的司法体制承往代之弊端并丛集于一身，致使民众的法律诉求与司法体制的冲突愈益激化，嘉道时期，各地积案多者数万起，少者数千起，统全国而略言之，不下百万起，以一案牵连原被中证等十人计，涉及人口当在二十分之一。[2]

在清代司法体制的诸多弊端中，公权力的私属化堪称弊政之尤，清人称“以吏治天下”，而经制吏员尽管属于法律意义上的“在官人役”，但他们没有固定收入，不拿薪水（工食银，中央与地方略有不同），甚至自备资斧；经制吏以外的吏员与衙役更是一个庞大到没有人说得清的群体。他们“挟例以谋利”，这是清人对吏役群体实质职能的定评。换言之，就一般意义而言，清代的司法权并非真正掌握在以行政首长负责制下的各级兼理司法官手中，所谓的“非正印官不得理讼”，所谓的“断罪须具引律令”等等法律规定，在制度的实际运行时显得苍白而颇具讽刺意味。

二

丁日昌是同光时期的著名疆臣、能吏，是曾国藩、李鸿章兴办洋务的主要助手，他廪贡生出身，却位至封疆，平生尤“善折狱”，任江苏巡抚时疏请设局编刻《牧令

---

* 法学博士，中国政法大学法律史学研究院教授，博士生导师。

〔1〕 参见陈宏谋：《培远堂文檄》等。

〔2〕 参见包世臣：《安吴四种·刑》。

书》颁发各州县；又设月报词讼册，清理积案甚有成效，清廷“下其法各省”。[1]

在不遗余力澄清吏治的同时，丁日昌以其洋务派的特有视角，思考的层面显然更深一步。更为可贵的是，他勇于从制度层面提出解决问题的方案。本文所要重点讨论的是，他于同治八年（1869 年）[2] 所上的《力戒因循敬陈管见疏》中“书吏宜整顿”一节，可以说是晚清最早触及传统司法体制及制度层面的一篇非常有价值的大文，他通过对官与吏制度预设的矛盾的分析，提出设律例一科，造就专门法律人才从而构建专业司法队伍的重大创设。

他首先剖析了权归书吏而致积重难返的三大原因：

一是官员在任不久，专业（此处指法律）不精。他说，官之任事，多者四五年，少者不过二三年，而书吏则长子孙于其中。官于律例不过浅尝辄止，治兵者未必知兵，治礼者未尝习礼，而书吏则专门名家，各有所司。夫以视同传舍之官，而驭世长子孙之吏，是欲去弊而不能。专门名家之术，非浅尝辄止者所能窥其底蕴，是虽有弊而不知。此其故由于任不久而术不精也。

二是官员职任太繁而法条太密。官仅一人，朝综兵刑之任，暮有钱谷之司。案仅一事，而有律中之例，有律外之条。同一案也，有贿赂则可援从前已准之案以偿其欲，无贿赂则可援从前已驳之案以神其说。举凡重如邱山，轻如毫毛之事，有费则黑者皆可以为白，无费则白者皆可以为黑。因有弊而设法以防之，乃法甫立，而吏即藉法以售其奸。一人之精神有限，而律例之变化无穷，此其故由于任太繁而法太密也。

三是吏员出身不优，廪禄不厚。汉廷公卿由吏椽出身者不可胜数，今假之以事权，而又限之于流品，是禁其杀人而又授之以刃也。古之贤者何常之有？或出身于版筑，或托足以鱼盐，今书吏孜孜汲汲于案牍之中，其于民事，或较之寻章摘句者有一日之长，而反限之以所至，是绝之而复用之。彼既不能自奋于功名，则必将财利之是求，而且人多廪薄，以有限制之辛工，养无限制之书吏，若奉公守法，则其势不足以自存。此其故由于出身不优，而廪禄不厚也。[3]

三

尽管司法权掌握在书吏手中早已是尽人皆知的事实，但丁日昌敢于拿到最高统治者的桌面上讨论，这仍然需要十足的勇气，更为可贵的是，他在正视现实的基础上，提出解决方案，这就是设法律学科，所有士人都可以考选，从而造就一支专业的司法队为，这已与现代司法理念相近，在他那个时代，无疑具有标识意义，在此

---

〔1〕《清史稿》卷四四八。

〔2〕《抚吴奏稿》卷五记为同治七年，不确。

〔3〕《抚吴奏稿》卷五，第 518 页；《清史列传》卷五十五。二者文字略有不同。

他提出：

臣愚以为宜专设律例一科，三考得隽，然后准充书吏，优给薪水，仍复每年一考，士类皆得入选，数不在多而在精，年限满者优予升转之阶，与正途无异。其有才识闳远者，准本官加结特保。人不以书吏薄之，彼亦庶知自爱。官复久任而专其责，任久则底蕴可尽知，责专则嫌疑不必避。并请旨敕下军机、六部、王大臣，选举精通律例之员，原本会典、则律、例法等书，仿照《四库全书简明目录》之式，分别门类，以律为经，以例为纬，定为画一不变之条，删繁择要，勒成一书，颁行天下，几百有为不出此书范围。在朝廷抱一以式天下，百尔臣工得以确然有所遵守，庶书吏之权将不收而自轻矣。[1]

他正视清代法律大权实际掌握在书吏手中这一事实，因此提出带有破天荒性质的变革方案，即设置律例一科，造就专业化的司法队伍，循名责实，将书吏放到体制内，从而打破用人的资格限制。

专门法律之设，早在魏明帝时，采纳卫觊的建议，设置律博士，但其职责是教授法律，非执掌法律。晋朝为廷尉属官，南朝梁、后魏沿之，但“位视员外郎”，不像法司“皆法冠玄衣朝服”“谓之执方”；[2]《唐六典》称“律学博士掌教文武官八品已下及庶人子之为生者，以律令为专业，格式法例亦兼习之”；又《宋史·百官志》“律学博士掌传授法律及校试之事”至元代而废。[3] 可见，律博士是传授法律及考试法律之官，而非执掌法律的专业职员。到晚清修律时，沈家本特别指出：“法律为专门之学，非俗吏之所能通晓，必有专门之人，斯其析理也精而密，其创制也公而允。”[4]

综上，丁日昌的设律例科，与以往律博士职司传习法律不同，目的在于由通晓律例的专家执掌法律，也就是建立专业司法队伍的意涵。

四

丁日昌是司法队伍专业化的较早的一位倡导者，与思想家不同，他的建议是上呈给最高统治者的，因此，早在同治时期，就有司法变革的动议。但可惜的是，昧于大势的清廷，没有采纳这一建议。致使司法专业化的倡议胎死腹中。中国与司法变革失之交臂。

作为司法专业化倡导者的丁日昌，也有局限。他对诸生习法就持反对态度。当时做幕出身的江宁县令，为了在江苏州县官吏中“普法”，编写了七言律文，经按察

〔1〕《抚吴奏稿》卷五，第518页。
〔2〕《隋书·百官志》。
〔3〕沈家本：《历代刑法考·历代刑官考》。
〔4〕《寄簃文存》卷一“设律博士议”。

使司呈请巡抚丁日昌颁行。但丁却有不同看法，认为在乡塾中让生童“读律不读书”是错误的，因为一旦让人掌握律例奥妙，则不便于官员。他开篇从技术上找问题，称县令的七言律文“大致明白，惜其中渗漏处太多。”每句限以七言，强谐声韵，务便记诵，割裂破碎，生吞活剥，欲其文从字顺，于义无舛，难矣。他告诫县令“所请校刊通颁之处，应毋庸议。如牧令果肯留心律例，苦于卷帙繁多，莫若专就钦定律条，照录成帙，只附录本条内注语，置之案头，以时省览，细心讲贯，遇有审办案牍，再行参考条例，折中至当，自不致蹈疏粗孟浪、畸重畸轻之弊，较之图简便而冀袭取者，功效自有不同。一切私家笺注、坊本流传，概可毋庸寓目，徒滋淆惑。该令素常游幕，敢还质之，以为何如?”

实际上，丁日昌另有顾虑：“至据请圣谕广训及小学义疏外，附讲七言律文及遍颁乡塾，俾童年知警一节，悬书读法，要在各州县视民如伤，于律例中择其易犯各条，恺切讲解，或榜示通衢，未尝不可稍资警惕，若爱民初无实心，则良法仅成具文，不诚无物，其何感之能通？圣人云，民可使由之，不可使知之，此中固有深意存焉。至童年天性未漓，尤在培养德器，束以礼教，自足以美人才而厚风俗。律例一书，善读者以为仁之至、义至尽，至平至正，允协于中，不善读者凿破混沌，便生机械，老庄齐物之旨，其弊尚流为申韩，申韩刻薄之余，其弊将安所底止？童蒙不读书而读律，亦非当务之急也。倘该县既将律文颁发乡塾，亦望即时收回，仰江宁府转饬遵照，仍录报督部堂、藩臬司，并候批示。”[1]

说到底，丁日昌所担心的是百姓一旦知法，就会规避法律，从而对法律秩序构成冲击，这与他主张设律学一科又大异其趣。

---

〔1〕《抚吴公牍》（下册）卷三十八。

社会转型时期的司法所

张德美*

二十世纪八十年代以后，中国乡镇（街道）司法所的出现，体现了国家司法行政权力向基层的延伸。表面上看，这是司法部的推动与基层社会的需求相契合的产物，实际上这种结合却并不完美。一方面，随着基层法律事务的日益繁多，司法所疲于奔命，苦不堪言。另一方面，司法所的“立户列编”问题却迟迟得不到解决。这种尴尬反映了社会转型时期国家司法行政权力向基层延伸时面临的种种问题。

一、司法所的历史

1979年司法行政机关重建以后，地方司法局只设到县（区）一级，基层政权仅配备一名司法助理员。1981年11月18日，司法部出台《司法助理员工作暂行规定》，确定人民公社（镇）、街道办事处设立专职司法助理员，作为基层人民政权的司法行政工作人员。司法助理员在人民公社（镇）、街道办事处和县（区）司法局（科）的领导和基层人民法院的指导下工作。

当时，已有一些沿海省份在乡镇政府创建了司法办公室，直接管理其下设司法所的工作。这一举措得到了司法部的肯定。此后，全国司法所的数量迅速增长，不少地区甚至把是否建立司法所当作有关地区和领导是否重视司法工作的一项重要考核指标，1986年底，全国已建立近万个司法所。[1] 到1995年6月，司法部在山东召开加强县区司法行政工作会议，提出“要把加强司法所建设，实现县区司法行政职能向乡镇（街道）延伸作为强化基层司法行政工作的一项紧迫和重要任务。”[2] 1996年6月24日，司法部下发《关于加强司法所建设的意见》，指出司法所应当建成县、区司法局在乡镇人民政府（街道办事处）的派出机构，是承担乡镇人民政府（街道办事处）管理司法行政工作的职能部门，在县、区司法局和乡镇人民政府（街道办事处）领导下进行工作。主要承担如下职能：①协助基层政府开展依法治理工作和行政执法检查、监督工作；②指导管理人民调解工作，参与重大疑难民间纠纷调解工作；③指导管理基层法律服务工作；④代表乡镇人民政府（街道办事处）处

---

* 法学博士，中国政法大学法律史学研究院副教授。

〔1〕《中国法律年鉴》（1988年），法律出版社1988年版，第715页。

〔2〕《中国法律年鉴》（1996年），法律出版社1997年版，第20页。

理民间纠纷；⑤组织开展普法宣传和法制教育工作；⑥组织开展对刑满释放和解除劳教人员的过渡性安置和帮教工作；⑦参与社会治安综合治理工作；⑧完成上级司法行政机关和乡镇人民政府（街道办事处）交办的其他有关工作。该文件明确了司法所的性质，不再坚持基层人民法院对司法助理员的指导，但司法所仍然担负着多种职能。该文件还提出，鉴于某些司法所机构、编制、财政保障体制等没有得到有关部门认可的状况，在不具备条件单独建立司法所的乡镇（街道），可以实行司法所和基层法律服务所一套人马、两块牌子的体制。

到1996年底，全国乡镇（街道）司法所增加到19 271个[1]，比起当年6月《司法部关于加强司法所建设的意见》出台时全国16 000个司法所的数字，数量的增长可谓惊人。1998年11月19日，司法部下发《关于加强司法所业务规范化建设的意见》，进一步明确司法所作为县区司法局在乡镇人民政府（街道办事处的派出机构的性质及其八项职能）。到1998年底，全国司法所的数量激增到33 290个，占全国乡镇（街道）总数的67.69%。[2]

1999年，全国县乡机构改革启动，一些地区采取了撤并司法所的措施。2000年4月13日司法部《关于进一步加强基层司法所建设的意见》针对一些地区司法行政机关的领导认识不到位，抓司法所建设力度不够，少数地区已出现司法所被撤并的现象，要求各级司法行政机关的一把手要高度重视，亲力亲为，加大与党委、政府及编制部门联系、沟通和协调工作力度，千方百计争取有关部门的关心和支持，根据中央政法委关于加强基层政法队伍建设的要求，做到司法所的机构和队伍在机构改革中只能加强，不能削弱，更不能撤并。已经普遍建立司法所的地区，要全力稳定和巩固司法所，保机构、保编制、保队伍，并力争得到进一步的充实和加强；尚未建立司法所的地区，要加大攻关协调力度，努力创造条件，力争尽快把司法所建立发展起来。2000年，尽管由于部分地区乡镇合并影响了司法所的设置，但司法所总体数量到年底仍然达到40 200个，占全国乡镇（街道）总数的80%，工作人员达94 000人。[3] 以后这个数字基本稳定下来。

二、民间纠纷的解决

从司法所二十多年的历史来看，它的发展主要得益于司法部门的积极推动。至于建设司法所的意义。在2000年4月13日《司法部关于进一步加强基层司法所建设的意见》中指出："新形势下的人民内部矛盾出现的新变化，基层各种涉法问题的不断增多，经济体制改革的深化，市场经济的发展，农村产业结构调整，西部大开发战略的实施，迫切需要进一步强化基层司法所的工作，以满足基层对法律服务和法

---

〔1〕《中国司法行政年鉴》（1997年），法律出版社1998年版，第342页。

〔2〕《中国司法行政年鉴》（2001年），法律出版社2002年版，第16页。

〔3〕《中国司法行政年鉴》（2001年），法律出版社2002年版，第16页。

律保障日益增长的需求。这一切都为司法所的建设和发展提供了难得的历史机遇。长期以来，司法所扎根基层，贴近群众，熟悉民情，具有运用法律手段化解基层矛盾、服务中心工作的职能优势，在维护基层社会稳定、促进改革建设发展方面大有可为。”

不论强调司法所提供法律服务的功能还是强调它在化解基层矛盾方面的作用，都凸显了一个事实，即新形势下基层涉法问题的大量出现。的确，随着社会主义计划经济向市场经济转轨，计划经济下平均主义的分配方式被唾弃，而由市场决定资源分配造成的财富不均，逐渐演化成贫富两极分化状况，社会矛盾以及由此引发的法律纠纷越来越多，而建设司法所是政府化解基层矛盾、维护社会稳定的方法之一。当然，对于经济转型带来的复杂的社会矛盾，政府有责任加以解决，[1] 但这并不意味着政府直接干预是唯一的解决方式。在诉讼爆炸的当代世界，民间纠纷解决对于社会救济和自力救济的依赖程度正在急剧加深，诉讼之外的多元化纠纷解决机制（ADR）越来越受到人们的关注，多元化纠纷解决机制的特征之一就是“性质和形式的民间化或多样化，ADR 以民间性（社会性）为主，同时兼有司法性和行政性 ADR。”[2] 我们在建设法治国家的过程中，尊重司法部门的权威是必要的，但这不应该意味着司法部门对于解决所有纠纷享有垄断的权力，事实它也是无法做到的。不过，目前我们的纠纷解决机制面临着很多问题。

（一）传统的纠纷解决机制不可能重建

在传统的中国社会，地方政权只设置到县级，县官只靠区区几个师爷、衙役，掌管一县所有刑名钱谷事务，可谓头绪万端。民间纠纷当然不少，但很少经过衙门审理。农忙时节，县官依律不处理民事纠纷。除此之间的月份，通常也只是逢三、六、九日才受事词讼。[3]，这样，绝大部分民事案件和轻微刑事案件要通过诉讼之外的途径来解决。乡里的老人、家族族长、退休的士绅承担了这种职能，虽然他们手中没有行政权力，但他们身上所具有的威望弥补了这点不足，百姓相信他们的公正，愿意接受他们的裁决。政府之所以能够把这部分司法权限授予乡里的老人、家族族长、退休的士绅。这样做的方便是显而易见的，政府可以从那些琐碎的民事纠纷中解脱出来，百姓也可避免衙役甚至县太爷借官司需索之苦。至于解决这些纠纷是依

---

〔1〕 国内外学者探讨了政府在建立市场经济过程中的三方面的作用：①政府需要废除管制经济的条例，制定和执行公平竞争规则；②政府需要向可能的失败者提供救助，防止社会动荡；③政府还需要统筹安排国家资源，帮助本国经济在国际市场竞争中获胜。参见潘维：《农民与市场：中国基层政权与乡镇企业》，商务印书馆 2003 年版，第 34 页。

〔2〕 范愉：“以多元化纠纷解决机制保证社会的可持续发展”，载《法律适用》2005 年第 2 期。

〔3〕 根据清代黄六鸿的说法，“凡告期必以三六九日为定”。（清）黄六鸿：《福惠全书》卷一一《刑名部》“放告”，载《官箴书集成》编纂委员会编：《官箴书集成》（三），黄山书社 1997 年版，第 328 页。

据律条，或者习惯，或者家法，要看裁决者的智识，还有双方当事人的承受能力。只要这些细故没有酿成命案，不论如何解决政府都会听之任之。关键在于，这些民间纠纷的裁决者必须具有足够的权威，这种权威或者来源于官场的经历，或者来源于家族地位，或者来源于社会伦理。

当然，这样的时代一去不复返了。新中国成立后，经历了几十年的社会主义改造，家庭生产被改造成集体生产，家族统治被推翻，儒家伦理被摒弃，传统的纠纷解决机制丧失了其存在的社会基础。

（二）具有解纷职能的社会团体力量薄弱

在大多数农村地区实现家庭生产责任制以后，公社生产队组织模式被推翻，乡镇取代公社成为基层行政机关，却无力把触角延伸到每个自然村，以前的生产队丧失了领导生产的功能，缺乏组织的村民很容易成为一盘散沙。“二十世纪七十年代末乡村社会不但在经济框架上突破了旧的计划经济的桎梏，创生出今天依然具有生命力的家庭联产承包责任制，而且在政治、法律、文化上亦出现了对故有秩序的回复，它所直接导致的结果便是一元化社会控制的破产和多元化社会控制的形成：宗法组织、宗教组织、自发的经济文化组织，甚至社会黑恶势力共同成为重整农村社会秩序的重要势力”，与上述组织不同，“只要村委会注重自身的合法性建设而不致成为少数人的利益工具，其正统性权威是很难受到挑战的，乡镇政权的支持也足以使其成为村庄权威之翘楚。”〔1〕九十年代以来，在农村推行的民主选举似乎为村委会合法性提供了坚实的基础。不过，从实施效果来看，虽然“在某些地区产生了积极效果。可在全国范围，‘海选’所导致的问题同解决的问题一样多，这种基层政权‘民主化’是自上而下强制推行的，迄今已达十年之久，眼下依然停滞不前，普及率最多三分之一，而且不是在发达地区，说不上代表‘先进生产力’。”〔2〕不论如何，民主政治的基础在于民众的积极参与，没有民众的参与，自上而下的推动产生不了真正的民主政治。在农村回归家庭耕作以后，农民的政治参与热情普遍低落。当贫富分化带来诸多社会问题的时候，海选的办法似乎无力阻止那些复旧的宗法组织、宗教组织甚至黑恶势力获得统治基层的权力，靠他们能解决问题吗？

城市居民的涣散情况同样不容忽视。“自1990年代以来，城市社会结构随着改革开放及快速城市化进行而改变，这种改变导致的城市基层社会结构与居民福利的变化主要表现为两方面：其一，单位制福利制度作为一个过渡性的制度继续沿用，却由于单位的存在状况差别很大而导致居民福利苦乐不均，相当部分居民由于原单位解散而完全失去福利保障，构成城市社会弱势群体；其二，由于旧城改造、居民

〔1〕魏治勋：“论乡村社会权力结构合法性分析范式——对杜赞奇‘权力文化网络’的批判性重构”，载《求是学刊》2004年第6期。

〔2〕潘维：《农民与市场：中国基层政权与乡镇企业》，商务印书馆2003年版，第404～405页。

收入提高、城乡人口流动加快等原因，居民原有的邻舍关系及亲友关系被破坏，'都市村庄'消失，原来以家庭和亲友等私人网络为基础的福利支持系统破裂，这种现代化带来的'社区解组'，使新社区中的居民相互关系疏离，呈'原子态'。"[1] 城市居民的涣散状况，彰显了加强基层社区的组织与管理的必要性。

（三）司法部门解决纠纷满意度低

当民间纠纷发生时，当事人会选择不同的解决方式。有学者考察了中国农村纠纷的解决情况，经统计发现，"纠纷解决途径与人们对结果的满意程度之间存在相关关系，即选择社会网络解决纠纷的结果达到或超过被访者期望值的比例要高于公共机构，选择政府部门解决纠纷的结果达到或超过被访者期望值的比例要高于司法部门"，"对于这一现象的原因可以从两方面解释，一方面是由于农民对公共机构的运作方式不熟悉（特别是司法部门），他们掌握的可能仅仅是宣传或者是道听途说的一点信息，所以往往怀着很高的期望值，这样在现实结果与期望值之间就容易产生较大的差距。相比之下，农民对社会网络的解决方式很熟悉，所以能比较准确地估计出可能达到的结果，所以现实结果与期望值之间的差距就不会很悬殊。另一方面，相对社会网络来说，选择公共机构解决纠纷往往要花费较大的成本（特别是成本中还包含着破坏熟人社会关系的隐性成本），所以当人们把成本和所得到的收益进行比较时，就会感到不满意。"[2] 其实，对于司法部门的满意度低，除了期望值的因素外，传统法律心理也不容忽视。中国人在传统上更注重结果的正义，越是普通百姓越是如此。中国古代审级无限制，普通民众为了申冤甚至可以告御状，各级官府为了查清真相甚至可以不择手段，无非都是追求所谓杀人偿命、欠债还钱的结果。改革开放以后司法制度的设计，讲究司法机关的分工配合，讲究证据的合法性。一件普通百姓看上去明白不过的案件，可能要在公、检、法机关之间转来转去，好不容易等到了判决，还会遇上连无数专家学者都头疼的执行难的问题，老百姓怎么能够满意呢？当司法运作对于普通民众而言成为一种成本高昂但结果难以期待的过程时，他们也许只能理性地选择回避。

三、司法所的困境

也许确如学者所说的那样，国家把司法向基层社会的全面推进作为提高社会法律意识、建立法治秩序和信念的进路。于是，作为公、检、法、司的派出机构，公安派出所、人民法庭、检察室与司法所一道，构成了我国城乡基层的政法体系。不过，基层司法所在发展过程中却面临种种困境。

---

〔1〕 黎熙元等：《社区建设——理念、实践与模式比较》，商务印书馆2006年版，第140~141页。

〔2〕 郭星华、王平："中国农村的纠纷与解决途径——关于中国农村法律意识与法律行为的实证研究"，载《江苏社会科学》2004年第6期。

（一）多种职能的冲突

1999年3月5日司法部《关于乡镇（街道）司法行政机构建设有关问题的批复》说："司法所履行的各项职能是县区司法局职能在乡镇（街道）的延伸。"就基层司法所的八项职能而言，协助基层政府依法行政，参与社会治安综合治理以及完成上级司法行政机关、乡镇人民政府（街道办事处）交办的其他工作，这些规定并无实质性内容。而指导管理人民调解工作、指导管理基层法律服务工作、组织开展普法宣传和法制教育工作、组织开展对刑满释放和解除劳教人员安置帮教工作，确实称得上司法行政部门的职能的延伸。至于司法所参与重大疑难民间纠纷调解工作，或者代表乡镇人民政府（街道办事处）处理民间纠纷，则已经不是一般意义的司法行政职能了。而在实际工作中常常是"一套人马、两块牌子"或者"三块牌子，一套人马"，即司法所长兼法律服务所长或更兼调解委员会主任的情况，表示司法行政机关在向基层延伸的过程中实现了权力的扩张。

在司法所调解纠纷的时候，对于纠纷双方当事人来说，司法所应该是中立的裁决者，应该在听取双方意见、调查必要证据的基础上，公正地做出处理决定，这个时候，司法所的角色更像是一个法官。事实上，司法所进行调解的程序也和法庭十分相似。苏力注意到了这种相似性："在访问某乡时，我从某乡的司法助理员处理纠纷的卷宗中随便抽取了几份看了看。本来也只是为了过过目，但是一看，就让我感到有点吃惊。整个纠纷处理的程序与法院的卷宗极为相似。卷宗中包含了类似诉状的'我的请求'，类似法官询问笔录的'调查笔录'、'座谈笔录'，类似传票的送达文书和回执，类似庭审记录的'调解笔录'，类似判决书的'处理决定书'；此外还有其他有关的证据材料，包括口头证词和其他书证。比法院的卷宗更多一点儿的是一些实地调查的笔记和座谈笔录，一些地界划分的简图。这些多出来的部分反映的是这种具有行政性的决定要比法院更注重现场勘验，更注重'实质正义'，更少强调'谁主张，谁举证'的程序规则。"[1] 考虑到诉讼法改革前中国诉讼审判的某些职权主义特征和注重实质正义的传统，苏力提到的那点区别是可以忽略不计的。如果我们注意到司法所的角色有和法官相似的一面，那么我们必须要求司法所坚持最基本的程序正义原则。这并不是说司法所一定是不公正的，问题在于，司法所一身多职确有妨害程序正义之虞。

已经有学者注意到"一套人马、两块牌子"之下司法所与法律服务所的共生现象："一方面，作为官方行政机构的基层司法所依赖于法律服务所和法律工作者，甚至可以说法律工作者是在用自己的钱、自己的时间和精力为政府办事。另一方面，法律工作者了从司法所/法律服务所中得到了某种无形或间接的回报。比如法律工作者与政府部门合署办公使其获得了一定的政府/官方色彩，而这一身份的光环使他们

---

[1] 苏力：《送法下乡——中国基层司法制度研究》，中国政法大学出版社2000年版，第312页。

在社区尤其是农村中具有了一定的'权威'，或至少是得到了乡村民众某种认同的分量；同时以带有官方色彩的身份经办大量的司法行政工作，实际上也借此扩大了法律工作者与社区民众的接触范围和影响，从而增加了案源和竞争力。"[1] 在共生的情况下，司法所与法律服务所当然可以各取所需。但是，人们能够想象司法部长兼任某律师事务所主任吗？其实，各级司法行政机关所具有的指导律师和人民调解工作的职能，已经让这些专业性很强的活动难免官方染指的疑虑，而司法所长干脆一身二任或一身三任，这就使司法所作为最基层的政府机关，既不免借法律服务图利之嫌，进一步说，当司法所曾为某个当事人提供法律服务而获取利益以后，他又如何能够在处理该当事人涉及的法律纠纷时，让对方当事人排除对其公正性的合理怀疑呢？

(二) 体制、编制、经费等的困难

学者们坐而论道有时会忽略实际工作中的困难，在2004年9月召开的农村基层法律服务国际研讨会上，来自司法部基层司的陈宣谈到基层法律服务所和司法所的关系时说："司法所面临的主要问题主要是人员少，业务重，增编困难，这样基层法律服务所实际成为司法所履行基层司法行政工作的补充力量。"[2] 从各地司法所的情况来看，普遍存在着体制、人员、经费和编制的问题。比如上海市基层司法所的问题主要表现为：在管理体制上，"主体存在形式多样，多头管理难以理顺。主要存在两种体制，包括司法局的派出机构、街镇的职能部门两种。有三种主要办公模式，即实行两块牌子、一套班子（司法科所、综治办），三块牌子、一套班子（司法科所、综治办、信访办），一块牌子、一套班子（司法科所）三种。这在一定程度上影响了基层司法科所的工作质量"；在人、财、物方面，"软硬件建设不统一，整体工作开展难度大。硬件建设方面存在办公条件满意度不齐整、资金保障不统一等问题。软件建设方面表现为机制建设不完整、人员构成情况复杂。后者集中体现为年龄构成不合理、文化程度偏低、法律专业偏少、编制不统一、存在兼职、法律专业资格人员偏少等。其后果是影响到总体工作开展，全市基层司法行政的整体形象一定程度上不能保证。"[3]

2008年7月17日，来自安徽天长市政协的调查同样发现，当地司法所存在着工作任务繁重而艰巨、人员素质亟待提高、基础设施建设有待完善等问题。而且同样，编制和经费比较缺乏，"按规范化司法所建设要求，每个司法所应配备三名以上在编在岗的专职工作人员，我市缺编十四名。少数司法所至今仍由基层法律服务工作者

---

〔1〕 傅郁林："中国基层法律服务的现状与发展——以农村基层法律服务所为窗口"，载傅郁林主编：《农村基层法律服务研究》，中国政法大学出版社2006年版，第28页。

〔2〕 傅郁林主编：《农村基层法律服务研究》，中国政法大学出版社2006年版，第288页。

〔3〕 参见曹昌祯："试论基层司法行政和社会稳定长效机制的建立"，资料来源：上海市司法行政网，www.justice.gov.cn.

主持工作，不符合现行‘两所’分离的管理体制。我市司法行政系统人员编制总数仍维持在1999年以前的水平，由于没有新增司法助理员编制计划，无法通过公务员考试增加司法助理员，司法所工作人员难以配齐。市镇（街道）两级司法行政工作经费不足，比较困难。”[1]

上述对于基层司法所的调查材料印证了司法部基层司陈宣所说的事实。这真是一件令人感到非常遗憾的事情，受国家领导重视、被司法部大力推动了二三十年的基层司法所，直到今天仍然是一个缺人、缺钱、缺编制的政府机关！问题在哪里呢？傅郁林认为：“农村司法所依赖于法律服务所才能生存，这种困境是中央与地方关系的困境在基层政权中的体现。在基层社会，管理的中央集权向地方转移或回归现象较为明显。所谓‘县官不如现管’。中央系统是条条管理，地方系统是块块管理。条条管职能——通过发放文件或制定政策，块块管财政——通过发放金钱或控制财务。对于基层法律服务工作，司法部只给政策和任务，却无权调配地方财政的支持，司法所作为司法局的分支，而不是乡镇地方政权机关，能否获得地方政权（乡镇和村政府）的支持，完全取决于司法助理员/所长个人的交际能力和当地领导的开明度。司法所常常只有职能而没有财政支持，这是基层法律服务所无法理顺体制的重要原因之一，也是基层各方抱怨最多的问题。如果司法部无力解决这个问题，那么用一纸空文发布命令是难以通行的。”[2]

（三）法律保障的缺乏

让我们再来回顾一下2000年4月13日司法部下发的《关于进一步加强基层司法所建设的意见》，其中有这样一段话：“各级司法行政机关的一把手要高度重视，亲力亲为，加大与党委、政府及编制部门联系、沟通和协调工作力度，千方百计争取有关部门的关心和支持，根据中央政法委关于加强基层政法队伍建设的要求，做到司法所的机构和队伍在机构改革中只能加强，不能削弱，更不能撤并。已经普遍建立司法所的地区，要全力稳定和巩固司法所，保机构、保编制、保队伍，并力争得到进一步的充实和加强；尚未建立司法所的地区，要加大攻关协调力度，努力创造条件，力争尽快把司法所建立发展起来。对于司法所的管理体制和建所模式问题，各地应因地制宜，条件具备的，要力争把司法所建成县区司法局的派出机构，实现县区司法局收编直管；条件不成熟的，可以把司法所作为乡镇政府（街道办事处）的内设职能机构，以乡镇（街道）管理为主，但必须确保县区司法局能实施有效的指导监督，解决管事与管人相脱节的问题，保证其专职专用。各地应积极创造条件，

---

〔1〕参见天长市政协社会法制委员会：“关于我市基层司法所建设情况的调研报告”，资料来源：天长市政协网站，www.tcszx.gov.cn.

〔2〕傅郁林：“中国基层法律服务的现状与发展——以农村基层法律服务所为窗口”，载傅郁林主编：《农村基层法律服务研究》，中国政法大学出版社2006年版，第53页。

逐步实现司法所与法律服务所的分设；尚不具备分设条件的，两所可采取‘合署办公’的模式。凡司法所在县乡机构改革中与其他职能机构合并或合署办公的，应力争保留司法所的职能和司法行政单列编制及专职人员，继续履行基层司法行政各项职能，接受县区司法局的指导。”可以看到，在县乡机构改革导致一些地方撤并司法所之际，司法部下决定决心保机构、保编制、保队伍，不过除了要求各级司法行政机关领导加强与党委、政府及编制部门的联系、沟通和协调以外，司法部并未实际提出任何具体的解决办法。管理体制问题仍然悬而未决，司法所是由县区司法局收编直管还是变成乡镇（街道）职能机构，只能因地制宜。建所模式也没有确定，司法所是与法律服务所分离还是“合署办公”，则要视地方条件而定。现在我们该明白傅郁林所谓“用一纸空文发布命令”的含义了。既然司法部要把基层司法所建设成县（区）司法局的派出机构，就应该出面为司法所建设理顺管理体制、确定人员编制、保障财政经费。如果司法部不能解决，地方各级司法行政机关通过所谓沟通、协调就能解决吗?

到2000年底的时候，全国司法所已逾四万，工作人员已达94 000人，司法所职能繁多，直接面对千家万户。但是，自司法所产生至今二十余年来，有关司法所的法律文件不过是司法部下发的一些意见、批复，还有一些地方政府部门制定的规定性文件。在我国的法律体系中，国务院各部委发布的指示、命令的法律地位和效力低于宪法、法律和行政法规，地方部门的规范性文件更低于地方性法规。以这些文件作为司法所建设的法律依据，并不是一件适当的事情。这也许和中国编制立法滞后的情况有关，长期以来，我国对于行政机构编制没有专门的法律，在实际工作中机构编制管理往往依靠规章、文件等，科学性与权威性不够，难以保障机构编制管理活动的正常进行，已有人大代表认识到这种情况并呼吁国家制定机构编制法。但法律不完善不应该成为任意行为的借口，对于政府更是如此。在古老的唐代，法律已经规定非经奏请、增设职官最重可处徒刑二年〔1〕。就现代法治而言，威廉·韦德认为，法治，“它的基本含义是，任何事件都必须依法而行，将此原则适用于政府时，它要求每个政府当局必须能够证实自己所做的事是有法律授权的，几乎在一切场合这都意味着有议会立法的授权。否则，它们的行为就是侵权行为或侵犯了他人的自由”。〔2〕司法部建设基层司法所的初衷是好的，但全国几万个司法所，近十万工作人员的经费最终还是要由人民来买单。如果没有人民代表的授权，仅仅凭借司法部的一纸命令，其合法性是值得商榷的。这种现状，不论对于基层矛盾的解决，还是对于国家司法行政机关的建设，甚至从长远来看对于国家法治的发展，都是十

〔1〕“诸官有员数，而署置过限及不应置而置，谓非奏授者，一人杖一百，三人加一等，十人徒二年。”《唐律疏议·职制》“诸官员数”条。

〔2〕［英］威廉·韦德：《行政法》，徐炳等译，中国政法大学出版社1997年版，第25页。

分不利的。

在我国，基层司法所的建设，体现了社会转型时期政府为了解决越来越多的民间纠纷所作的努力。当然仅凭政府的努力是不够的，还应该允许甚至鼓励那些具有解决纠纷功能的社会团体的存在并发挥作用。同时，政府应该加强相关立法，为基层司法所的工作提供人、财、物的保障。目前各地司法所捉襟见肘的窘境，与他们的工作缺乏有效的法律依据不无关系。而在这种境况下，司法所工作人员仍然在执行法律、解决纠纷、安置帮教、法律服务等方面做了大量的工作，对于他们的付出，我们没有理由不表示尊重。

民国律师与冤狱赔偿立法：以冤狱赔偿运动为中心

李严成*

冤狱赔偿运动是二十世纪三十年代重大政治事件，也是近代立法史上律师参与立法的重要案例。该事件已经引起史学界的重视，有多项研究成果问世。[1] 但这些成果多从群众运动、民主政治运动的视角，抨击国民党的独裁统治，甚或得出失败的结论，少有从立法和民间社会运动的视角考察，这些结论值得商榷。本文试图以新的视角，考察民国律师参与冤狱赔偿立法的动因以及国家与社会在立法中的互动与博弈，透视律师群体引导民间社会发展以及在推动国家立法中的重要作用，揭示律师群体维护私权、抑制公权不可或缺性地位。

一、冤狱国家赔偿立法：民国律师提案受挫

在法治社会里，公民的权利（私权神圣不可侵犯）由法律规定并予以保护。在公民被侵权时，国家公权力——司法机关通过司法裁判予以救济。然而，司法裁判有时会出现误判、错判甚至侵权，由此造成的损害由国家赔偿。在国家赔偿的过程中，律师的作用不可或缺。律师不仅依法保障公民合法权益，而且在法律不完备或在法律内容上存在不利于公民权利的时候，律师应推动国家制定或修改法律，甚至对违宪或相互冲突的法律主张无效。[2]

法律的制定和颁布主要是由民意代议机关征求民意通过立法程序来完成。但晚清以降的近代中国法律主要移植于西方，虽然在此期间形成了“六法体系”，但并非出自民意而是出于国家主权或统治的需要。

中国移植西方法律体系主要是以私权为中心展开。在传统中国，私权极为模糊，不存在个体绝对权利，即便家长也是如此，社会上对私权极为蔑视，家（户）才是最基本的社会细胞，是独立权利的支点。[3] 私权的法律保护极为缺乏，“处理民事

---

* 中国政法大学法学院博士后。

〔1〕 详细内容参见郑成林：“中华民国律师协会与1930年代冤狱赔偿运动”，载《江汉论坛》2006年第8期。

〔2〕 ［日］河合弘之：《律师职业》，康树华译，法律出版社1987年版。

〔3〕 日本学者兹贺秀三在其《中国家族法原理》中论述“同居共财”时指出，家长对家庭财产不能自由处分，如赠与、否定儿子的承继权，只有为了家庭收益的处分才有效。

纠纷的方法不是以确定的权利为依据，而是在具体的场景中衡量利益是否受到损害，如果有损害则考虑救济方法”。[1] 相反，出于维护和巩固其统治、稳定社会秩序的需要，公权（国家）的法律规定却比较全面。在西方，私权（个体绝对权利）却相当发达，私权神圣是西方市场经济和资本主义社会的基石。早在罗马时代，法学家乌尔比安就划分了公法与私法，规定个人利益为私法保障。公权力在公法明确规定和规范下，不仅要保障私权免受侵权，而且要以私权为依归，即受公民基本权利的约束。晚清以降，随着商品经济的发展和西方文明的影响，尤其是商品交易和流动性的需求，私权模糊性状况开始改变。戊戌变法以后，西方民法开始在中国传播，随之以个人为中心的私权观念开始影响着国人，直到1910年《大清民律草案》的修订，以个人为主体的私权才最终得以在法律上确立。然而，近代私权却没有真正发展起来，对私权有太多的限制，公权却没有适当的约束。[2] 蔑视私权的传统，以及近代落后屈辱归因于民众“自私”和社会“碎片”化，尤其出于收回国家主权的需要，公权和集体权利被置于首要位置，私权处于被抑制地位。再加上西方私权社会化的影响，民国民法典承接《大清民律草案》加强了对私权的限制。南京国民政府正是以“救亡”为借口，无视私权，大量吞并民族资本主义工商业，形成了以蒋、宋、孔、陈四大家族为代表的官僚资本集团，垄断了国家经济命脉。

南京国民政府通过《训政纲领》确立了国民党独裁、专制体制，由国民党中央执行委员会以及中央政治会议掌握最高立法权力，“一切法律概由政治会议议决，凡由政治会议议决之法律概称曰某‘法’”。[3] 立法机关（法制委员会或法制局、立法院）非由选举产生，而由中央执行委员会任命，在中央政治会议指导下行使立法权。私权保障因缺乏政治基本权利的确认和对公权力的限制而无法得到贯彻实施，这种弊端在司法实践中充分暴露出来。为此，民国律师为保障私权、限制公权，进一步完善法律多次提案敦促国民党政府制定冤狱国家赔偿法，但均被以“政治保姆”自居的国民党政府所拒绝。

冤狱赔偿是公权力对私权救济的一种方式，具体指国家对刑事冤案的赔偿，是人民在遭受国家司法官吏违法判决、误判或无辜羁押等所遭受的损害由国家承担赔偿，是西方法律体系中不可或缺的一部分。近代西方民主国家普遍采用冤狱赔偿制度，尤其在十九世纪后半期，法治思想渐趋成熟、完备，公法行为与私法相比受到更多的限制。[4] 正是在这种背景下，挪威、匈牙利在《刑事诉讼法法》、奥地利在《不当处罚赔偿法》、德国在《再审无罪赔偿法》和《对于未决羁押无罪者赔偿法》

---

〔1〕 俞江：“关于‘古代中国有无民法’的再思考”，载《现代法学》2001年第6期。

〔2〕 详细内容参见俞江：《近代中国民法中的私权理论》，北京大学出版社2003年版。

〔3〕 中国台湾“国史馆”中华民国史法律志编纂委员会编：《中华民国史·法律志》，台湾“国史馆”1994年版，第26页。

〔4〕 许宗力：《法与国家权力（一）》，台北元照出版有限公司2006年版，第12页。

中确立了冤狱国家赔偿制度，英美则通过判例方式规定国家赔偿责任制度。中国古代虽有平反冤狱的传统，但与冤狱国家赔偿有着实质性的区别。宋高宗给“无罪者回家所需之钱米，以减少物质上所蒙受的损失”，仅属于帝王的恩惠。明律有加害人对被害人财产赔偿之规定，但无冤狱国家赔偿之办法。近代中国法律近代化向前迈出了一大步，也仅仅在形式上“效颦”西方，其“伟大历史精髓”冤狱国家赔偿制度“竟消灭其间”，[1] 直到民国时期仍没有实质性的进展。实际上，中华民国在西方法律体系移植、“六法体系”构建的法律近代化过程中，冤狱赔偿制度已经进入立法者、法律家以及法律工作者的视野。

法制局首先主张实施冤狱国家赔偿。1928 年 5 月，南京国民政府立法院在制定《刑事诉讼法》时，曾与法制局、最高法院商讨国家错判的责任问题，法制局提议对于羁押或科刑者，如有初审、再审或上诉判决无罪或受不起诉处分，其行为不构成犯罪情形，得由国家赔偿损害。立法院认为司法局提议理由极为充分，但是否写进刑事诉讼法“尚待研究”，结果在 7 月 28 日颁布的《刑事诉讼法》中未予采纳。[2]

当关立法机关及法律家秉承国民党旨意，对于冤狱国家赔偿立法无所作为时，作为私权的维护者律师却一直在为实施冤狱国家赔偿奔走呼号。律师在执业中感受到一些冤狱虽获昭雪，但物质和精神上的损失却得不到补偿，公民权利得不到实质性的保障。受西方冤狱赔偿制度、中国古代平反冤狱传统的启发以及保障私权的需要，极力主张实行冤狱国家赔偿制度。起初，律师界遵循“怀言不出位之戒，居恒于国家大政不欲多所论列”，[3] 多次以提议案的方式建议政府采纳冤狱国家赔偿制度。

在 1931 年 5 月召开的国民会议上，上海律师公会代表联合其他律师公会向大会递呈提案，建议政府对不正当拘留等造成的损害予以赔偿，但“未蒙采纳”。[4] 同年 6 月，律师界在杭州召开中华民国律师协会第三届代表大会，又一致通过《建议政府对于过误裁判实行国家负赔偿责任之制度案》，该决议案认为司法裁判的本质意义在于公平正义，如果国家不正当的裁判使无辜的人民遭受物质和精神上的损害，国家理应承担赔偿责任。西方法治健全之国家尚有冤狱国家赔偿规定，而我国司法制度不健全，更应引进冤狱国家赔偿制度。请求立法院在修正刑事诉讼法时，增加冤狱国家赔偿制度，“以符近世各国刑诉通例，而谋刑事被告人之保障”。但政府仍未采纳。

冤狱国家赔偿制度提议案被搁置，不仅私权无法保障，而且也“为中外所轻

---

〔1〕“中国冤狱赔偿运动史略”，载《上海律师公会报告书》1935 年第 33 期。

〔2〕孙彩霞：“20 世纪 30 年代的冤狱赔偿运动”，载《历史档案》2004 年第 2 期。

〔3〕“上海律师公会为救济国难宣言”，载《上海律师公会报告书》1931 年第 30 期。

〔4〕“律师公会执监会”，载《民国日报》1931 年 5 月 27 日。

视”，妨碍了治外法权的收回，这也是民国政府所不愿看到的。于是，民国律师界从彻底保障人权、澄清吏治、抑冤狱以及收回法权等几个方面，再次递呈提议案请求立法院迅速制定“冤狱赔偿法”。1933年6月，中华民国律师协会在青岛召开第五次代表大会，讨论冤狱国家赔偿制度问题。在这次大会上，由上海律师公会倡导，杭县、吴县律师公会联署，向大会提交《本会应建议立法院制订冤狱赔偿法案》，获大会审查通过，并送呈国民党政府采纳。该提案确定冤狱赔偿范围是指刑事被处刑（确定并执行）、被诬遭刑（判决未确定或确定未执行）以及无辜被诉并在审理期间合法取保候审遭受拒绝或非法羁押所遭受损失，经证实冤屈部分可以申请赔偿。对造成冤屈之自诉人处以诬告罪、虚伪作证人处以伪证罪。对法院、推检各员应承担冤狱责任另拟定办法。

该提案分析了冤狱成因以及冤狱国家赔偿的必要性。提案将冤狱归纳为即过失的冤狱、故意的冤狱以及权威的冤狱三种情形。指出故意的冤狱的危害最大，隐蔽性强，是最可耻的司法病态，权威的冤狱属于政治社会病态而非司法冤狱。冤狱大量出现，主要在于贪官污吏把做官作为生财之道；司法官收入低下，生活无保障，不得不敛财自丰；司法官吏误解了独立审判绝非可任意枉判而不承担责任。设置上诉程序并非所有的案件都必须经过三审程序才能解决，倘使如此，人们既无时间、经历，也未必完全明了法律上诉程序，致使人们权益无故受损。对于司法冤狱，国家既应承担受损责任，也应承担赔偿义务。国家应继承古代惩治司法冤案之传统，借鉴法国、苏联以及日本冤狱惩治与赔偿之办法，制定冤狱赔偿法，以便“司法官吏知其职守，明其责任。对于侦查、审问、处理诸案均应详察案情，依照法理”，实现“据案以处盼，绳法以决罚，无轻重出入之弊，濡疏忽草率之误，庶几吏治澄清，官箴廉洁，于是使民知法律之尊严而孰敢以身试法哉”。

拟定冤狱赔偿程序与办法。关于冤狱提诉与证实程序。除原有刑事诉讼法规定赔偿程序外，应在高等法院所在地或首都所在地设置冤狱赔偿法庭，受冤人提诉需要相当人数或地方团体连署，以及其他保结状。冤狱赔偿的具体办法。对于无辜被罚者免除刑事责任，以每拘押一日赔偿二元计算；对于轻罪重罚者减除其加重部分，已经执行依照无辜遭罚办法赔偿；无辜受罚者还需证明合法取保遭拒为限，并登报恢复名誉。出于纠正吏治的需要，对错误裁判者实行惩戒，可给司法官吏以极大的警示性；关于冤狱赔偿的能力与时效规定。对于冤狱有权要求赔偿的是受冤者本人、配偶、父母、祖父母，时效规定从实际受累之日起一年或二年内。[1] 尽管该提议案切实可行，以及分析了该制度实施的紧迫性、必要性，但民党政府仍无动于衷。

国民党政府之所以拒绝法制局、律师等关于冤狱国家赔偿的建议，在于国家赔偿制度是公权保障私权的具体措施，是从人治走向法治的重要标志之一。中国人治、

---

〔1〕“中华民国律师协会第五届代表大会冤狱赔偿法提案”，载《上海律师公会报告书》第33期。

专制的传统不会因法律近代化及近代社会转型立刻消失。法律近代化并不完全是社会自身发展的结果，在很大程度上是出于收回“国家主权”的需要从西方移植过来，传统惯性的影响远甚于西方，即使西方国家赔偿制度也经历了一个艰难的过程。

十九世纪中叶以前，西方国家对于国家机关及其工作人员的侵权行为，尚没有明确规定承担赔偿责任。英国长期坚持“国王不能为非”的封建传统，在资产阶级革命后三百余年，才制定了《王权诉讼法》，开始承担有限的国家赔偿责任。法国受“主权命令说”的影响，及至十九世纪七十年代以前，除极少数法律特殊规定外，国家概不负赔偿责任。美国堪称民主、法治国家的典范，但在建国一百七十年后即1946年才颁布了《联邦侵权赔偿法》，该法几经修改补充，至今仍在很多方面保留了国家不承担赔偿责任的特权。

受“主权豁免理论”的影响，西方构建的“绝对主权”的国家免责理论，认为“国家是主权者，主权的特征是对一切人无条件地发布命令”，“否则取消了国家主权”。早在十六世纪，法国学者布丹在《国家论》中主张“主权是最高的权力，不受法律限制”。随后又出现了“主权无拘束论”、“绝对主权论”、“主权命令说”、“人民利益论”、“个人责任论”等国家豁免理论。由于在十九世纪以前，公法规定远不如私法完备，国家公权力不受法院审查，直到自十九世纪后半期行政诉讼制度渐趋完备，国家公权力渐被“驯服”。[1] 随着国家职能的迅速扩展，国家的侵权现象也日益增多，伴随着民权运动的高涨，以及国家财力的增长，国家主权豁免理论日渐式微。一些国家被迫放弃国家主权豁免观念，但在很多领域，国家仍享有豁免权，特别是在立法、司法和统治职能等领域，“主权豁免理论”仍具有一定的影响。

显然，冤狱赔偿得到部分官员的支持，但更多的是担心冤狱国家赔偿会使国家公权力受到消极影响。认为它不仅会暴露司法黑暗，损害国家公权（法制）威信，影响治外法权的收回。而且国家财政困难，无力承担冤狱赔偿所需经费。尤其担心合法性资源进一步丧失，使司法黑暗、政治腐败大白于天下，其治权能力会受到质疑而使人民进一步疏离。南京政府为实行专制独裁统治，一方面进行残酷军事镇压，一方面颁布特别法律，用非法律程序对人民镇压，动辄将人民处死或投入监狱，造成了大量的冤假错案，极力掩饰。正是“由于各方面意见难以统一，冤狱赔偿法迟迟未能提交表决”。[2]

二、冤狱赔偿运动与冤狱赔偿立法的互动

无论国民党政府骨子里是怎样实行专制独裁统治，但毕竟在表面上标榜民意、承诺逐步实行民主法治，还不敢明目张胆地实行专制独裁，否则其统治合法性资源进一步丧失，进而危及其统治根基。因此，律师界在多次提议案受挫后，转而发动

---

〔1〕 许宗力：《法与国家权力》（一），台北元照出版有限公司2006年版，第12页。

〔2〕 张仁善：“中国近代法律精英的法治理想”，载《河南省政法管理干部学院学报》2006年第1期。

全国性的民间社会运动，通过舆论和民间压力团体促使国家实施冤狱赔偿制度。

（一）冤狱赔偿运动的组织与规划

1934年9月，律师协会在广州举行第六届代表大会，决定成立冤狱赔偿运动委员会，领导全国冤狱赔偿运动。随后由律师协会执行委员会推举江庸、李洪岳、沈钧儒、李时蕊等四十一人组成，即日，召开第一次常干会议，推举上海律师陈志皋起草冤狱赔偿委员会工作纲要。

同年12月9日，冤狱赔偿委员会在上海召开第二次常干会议，具体筹划冤狱赔偿运动办法。决定：①法学丛刊第三卷第三期刊行冤狱赔偿运动特刊；②编辑通俗简明小册子宣传；③先期在南京招待立法、司法最高当局代表，陈述律师界关于冤狱赔偿之意见；④发表运动宣言；⑤由律师公会召集当地各团体联席会，发挥演讲会、辩论会议及报纸、特刊、播音等宣传作用；⑥拟具定冤狱赔偿法草案提请全国法学界参考；⑦联络全国公团，一致向政府请愿；⑧筹集运动经费。

1935年1月13日，冤狱赔偿委员会第三次常干会议推定陈耀东、刘陆民负责起草冤狱赔偿运动宣言。定于2月14日在南京招待立法、司法最高当局以及在京中外法学专家。[1] 是日，律师协会在南京中央饭店举行宴请招待会议，司法部长王用宾、次长洪陆东、谢建、立法委员兼法制委员会委员长焦易堂、司法院秘书长谢冠生以及法学家共五十人到会。大会首先报告冤狱赔偿法起草经过以及中西冤狱赔偿制度之异同，望司法当局、立法专家对冤狱赔偿运动给予同情和支持。随后司法行政部部长致答谢词肯定冤狱赔偿制度的合理性，决不会因司法经费困难而无视冤狱赔偿，希望以此消弭冤狱，并表达了对冤狱赔偿运动的同情和支持。立法院也发言赞同律师协会主张，肯定该运动是热心为社会服务。[2] 立法、司法当局的肯定和赞同，令冤狱赔偿委员会委员备受鼓舞，信心大增。

4月10日，律师协会冤狱赔偿委员会召开第四次常任干事会议，推定陈志皋等律师起草冤狱赔偿运动宣传纲要，并与章世叶、刘陆民等起草“冤狱赔偿法草案”，送政府参照执行。会议正式确定6月5日为全国冤狱赔偿运动日，每年6月由各律师公会择日举行冤狱赔偿运动。[3] 随后，冤狱赔偿运动委员会在苏州召开全体会议，讨论、审查、通过了《冤狱赔偿法草案》、《冤狱赔偿运动宣言》以及《冤狱赔偿运动工作纲要》。进一步对“六五”冤狱赔偿运动作周密部署。[4]

根据《冤狱赔偿运动工作纲要》，律师协会制订《律师公会冤狱赔偿运动工作大纲》，详细规划了律师公会组织冤狱赔偿运动的具体办法。各律师公会依计划成立冤

---

〔1〕“冤狱赔偿常任干事会”，载《申报》1935年1月14日；“中国冤狱赔偿运动史略”，载《上海律师公会报告书》1935年第33期。

〔2〕“律师协会欢宴司法当局暨立法委员演词汇志”，载《法学丛刊》第3卷第3期。

〔3〕“上海律师公会第二届冤狱赔偿运动周宣言”，载《上海律师公会报告书》1935年第34期。

〔4〕“中国冤狱赔偿运动史略”，载《上海律师公会报告书》1935年第33期。

狱赔偿运动委员会，并确定其主要活动是拟定运动方案，负责与相关机关接洽，引起舆论响应，调查具体冤狱案件。要求各律师公会在冤狱赔偿运动日：①以律师公会名义发表宣言；②在当地或广布电台举行演讲；③要求当地报纸发行冤狱赔偿运动特刊。随时将运动情形向律师协会通报，冤狱赔偿运动委员会活动一直坚持到《冤狱赔偿法》颁布后终止。[1]

（二）第一届冤狱赔偿运动与冤狱赔偿进入立法程序

1935年6月5日，第一届冤狱赔偿运动周开始，全国各地律师公会一致行动，发表宣言，确定运动目标，指出冤狱赔偿可以彰显司法公正，稳定社会秩序和巩固政权。"国家之设刑狱原为惩创罪犯，制止乱源"，"审判官之一言一行，上则系乎国家策治安邦之德信，下则系乎人民生命财产之存亡。直接影响于政府之治乱得失，间接影响于社会之盛衰荣枯"。[2]

在全国冤狱赔偿运动中，江苏、浙江、广东、广西律师公会组织运动规模较大，而上海最具典型性。上海律师公会依计划召开冤狱赔偿运动动员大会，邀请市党政军各机关、农工商学界、法律界、妇女宗教、自由职业团体参加，向入会代表赠送律师协会冤狱赔偿运动宣言、冤狱赔偿法草案、中华民国律师协会冤狱平反调查表、律师协会冤狱赔偿运动工作大纲、律师协会第五届代表大会冤狱赔偿法提案等小册子以及法学丛刊等。大会主席沈钧儒向代表报告冤狱赔偿运动的保障人权、改进司法的意义。指出该制度是欧美各国之通例，世界大势所趋，对于受冤人民之损失，国家应承担赔偿责任。通报了当日江苏各律师公会招待各界以促进国人通力合作之具体情形，请求各代表给予支持。随后，各代表发言均表示支持。市政府代表致词肯定冤狱赔偿是现代文明国家所必需的民权保障制度，在我国社会秩序未臻完善之时，更有倡议之必要，务望国人一致努力，以敦促政府注意与采纳。司法机关代表对我国仅采用西方司法制度新形式而未实行冤狱赔偿表示遗憾，赞同律师界推动实施冤狱赔偿制度，期望早日实现。市商会代表对制造冤狱者表示愤慨，望通过冤狱赔偿加以防止，对律师公会发起运动大加赞许，呼吁国人当追随其后，以达目的。会后，律师公会委派律师分赴各电台、各电影院做宣传工作，并赠送冤狱赔偿运动委员会工作计划等小册子。[3]

在各律师公会的推动下，冤狱赔偿运动得到各地新闻舆论的积极响应，《申报》、《新闻报》、《时事新报》、《晨报》、《民报》、《汉报》、《新江苏报》等撰文支持，影响迅速扩大。它们通告了中国实行冤狱赔偿制度重要性。指出西方国家法制完善尚实行冤狱赔偿制度，我国法治未臻完善，更需要法律保障，高度评价了律师界领导

---

〔1〕“律师公会冤狱赔偿运动工作大纲”，载《法学丛刊》第3卷第3期。

〔2〕“浙江金华律师公会冤狱赔偿运动宣言”，载《上海律师公会报告书》1935年第33期。

〔3〕“律师公会昨日举行冤狱赔偿运动大会”，载《申报》1935年6月6日。

的冤狱赔偿运动“诚盛事也”,[1] 可使冤狱赔偿制度早日实现。[2] 在司法当局正在积极整顿司法，急求实现完整法治之时，律师协会举张冤狱赔偿制度，使人民权益得到保障，故为国人所期望。但冤狱赔偿毕竟属于消极救济，希望司法当局完善司法制度，防止冤狱发生，作积极救济。[3] 也有报纸指出司法冤狱赔偿固然重要，但更重要的是内忧外患，人民生命财产失去保障，过着忍辱蒙羞、苟且偷生之惨痛生活，这比司法冤狱更为严重。所以当务之急在于民族独立、行使主权，一切冤狱方有能力自救，否则，中国人民无法自保，虽有周密法律之救济亦无所裨益。同时，驳斥了实行冤狱赔偿制度会刺激司法机关之公务员阻挠冤狱昭雪以及赔偿之款无从筹措之谬说。[4] 认为律师界发起冤狱赔偿运动绝非出于私心、有意与政府对峙，而是为保障人权，改进司法。由于在司法实践中深知被冤人之损失与痛苦得不到补偿，故敦促政府尤其司法界承担责任，尽量避免冤狱。由此显示，律师界主张冤狱赔偿与政府、法界保障人权之目的是一致的，应该受到嘉奖，并希望政府像律师界一样关心人民疾苦。[5]

第一届全国冤狱赔偿运动周，经各地律师公会积极推进，得到各地报纸、广播电台的配合和支持，获得社会舆论的同情和支持，使冤狱赔偿运动的呼声充溢全国，成为举国关注之事件，初步实现了该运动预期目标，使政府认识到实施冤狱赔偿制度是民心所向，再也不能无动于衷。

1935 年 9 月 16 日，南京国民政府司法院主持召开全国第一次司法会议，除司法官员、各高院法官、法律专家参加会议外，特邀请律师协会以及各律师公会代表参加。会上律师代表再次次提出《冤狱赔偿制度亟应实现》案，经与广州大学《实现冤狱赔偿》案合并讨论，获大会决议通过，送请立法院审核，[6] 10 月，立法院移交刑法委员会立法参考，冤狱赔偿进入立法程序，运动取得初步成效。

为避免刑法委员会参考研究“稽延时日”，全国冤狱赔偿运动委员会于 11 月 10 日在杭州召开第二次全体会议，决定向即将召开的国民党第五次代表大会请愿，请求“即予议定立法原则，转饬国民政府立法院，克期制定冤狱赔偿法，颁布施行”，藉以“伸雪民冤，澄清法治”。一方面电请全国各律师公会及各地冤狱赔偿运动委员会、分会一致行动，致电五全大会呼吁；另一方面推派沈钧儒等晋京携《冤狱赔偿法草案》，赴中央党部，向五全大会请愿，请求在立法院讨论冤狱赔偿法时，允许列

---

〔1〕“本市各报纸对冤狱赔偿运动之评论”，载《律师公会报告书》1935 年第 33 期；“冤狱赔偿运动中各地舆论会录”，载《法学丛刊》1935 年第 7 期。

〔2〕“时评：全国律师协会之冤狱赔偿运动”，载《申报》1935 年 6 月 5 日。

〔3〕“时评”，载《申报》1935 年 6 月 16 日。

〔4〕“冤狱赔偿之事实研究”，载《新闻报》1935 年 6 月 5 日。

〔5〕“冤狱赔偿运动的感想”，载《新闻报》1935 年 5 月 5 日。

〔6〕“律师协会报告司法会议议决案”，载《申报》1935 年 10 月 4 日。

席陈述意见。[1] 律师界的呼吁得到政府回应，在宪法草案中规定了相关内容。

1936年5月5日，国民党公布《中华民国宪法草案》（简称“五五宪草”），规定“凡公务员违法侵害人民之自由或权利者，除依法律惩戒外，应负刑事赔偿责任，被害人民就其所受损害并得依法向国家请求赔偿”，但又规定“非依法律不得限制”，也就是说必须待具体法律制定颁行后，受损害者始得赔偿，如此而来，尽早制订、颁布冤狱赔偿法就显得更加迫切。由于国民党中央拟定11月12日召开国民大会，决定宪法实施问题。于是，冤狱赔偿运动委员会借此机会，决定实施第二届冤狱赔偿运动周，将这次目标“改从立法方面督促其使命之完成，期与行将实施之宪法同其光明”。[2]

（三）第二届冤狱赔偿运动与《无罪被押受刑补偿法》的制定

1936年5月10日，律师协会在江都召集冤狱赔偿运动常任干事第四次会议，布置第二届冤狱赔偿运动事宜：①由沈钧儒赴南京呈文立法院、司法院，再次敦促从速制定“冤狱赔偿法”，同时通知各律师公会一致行动；②决定自6月5日至11日，为第二届冤狱赔偿运动周，各律师公会择日举行活动，联合当地各机关团体，共同推进，以增效力；③各律师公会在五月底以前成立冤狱赔偿运动委员会；④《法学丛刊》编印冤狱赔偿运动专刊，集中力量制造舆论声势，扩大影响。

各律师公会依律师协会统一部署迅速行动起来。上海律师公会于1936年5月25日成立冤狱赔偿运动委员会，具体筹备6月7日冤狱赔偿运动事宜，[3] 决定：①将6月7日定为冤狱赔偿运动日，照上届冤狱赔偿运动办法办理，并在当日招待各界开会，确定招待大会日期、地点、冤狱赔偿运动所需经费等；②电请立法院、司法院从速制定冤狱赔偿法案；③照上届成例放电影幻灯片宣传；④变更律师公会附设贫民法律扶助会章程，使贫民得到更多法律援助；⑤通告各律师将已有冤狱案提供给律师公会汇集成册以便研究；⑥同时奔赴各电台播音宣传；招待电影新闻界播音界游艺界，分别推举负责人接待，选定播音员；⑦推定俞钟骆负责起草大会宣言及宣传纲要；⑧推定陈志皋等负责筹备冤狱赔偿运动委员会开会事宜；⑨推定陆鼎揆等负责撰写报纸社论。并通知所有的上海律师一律参加6月7日冤狱赔偿运动宣传大会。[4]

6月2日晚，上海律师公会在法租界八仙楼招待上海市各日报、播音台、游艺界、影戏院等人士。为促成政府早日制定冤狱赔偿法，请各界于6月7日冤狱赔偿运动日扩大宣传。[5] 正式确定7日下午2时在上海市商会召开冤狱赔偿运动纪念大会，

---

〔1〕“全国律师协会向五全会请愿”，载《申报》1935年11月17日。

〔2〕“上海律师公会第二届冤狱赔偿运动周宣言”，载《上海律师公会报告书》1935年第34期。

〔3〕“上海律师公会筹备冤狱赔偿运动”，载《申报》1936年5月23日。

〔4〕“上海律师公会纪事”，载《上海律师公会报告书》1935年第34期。

〔5〕“律师公会冤狱赔偿运动”，载《申报》1936年6月3日。

招待本市党、政、军、法、学、商、农、工等机关社团共一百二十余单位代表。[1]

6月7日，上海各大报纸发布冤狱赔偿运动消息，通知上海全体律师搜集冤狱材料，提交宣传会议讨论。上海律师公会发表第二届冤狱赔偿运动宣言。[2] 下午三时，第二届冤狱赔偿运动动员大会如期召开，招待上海市各机关团体领袖，散发宣传材料。到会的有淞沪警备司令部、江苏高二分院、上海地方法院、上海第一、二特区地方法院、上海市财政局、上海市农会、会计师公会、法租界纳税人华人会、中华法学会、国货工厂联合会、上海医师公会、第一特区市民会派代表以及上海律师公会代表数十人。大会向代表报告第二届冤狱赔偿运动运动经过、早日实现冤狱赔偿运动的必要性以及要实现的三个目标：①调查全国各地冤狱，制成统计表，送呈政府参考；②收回法权问题；③联合各界促成政府完成冤狱赔偿法规的制定，使与宪法同日施行，以健全国家组织。最后，各机关代表发言均表示支持与赞同，希望冤狱运动早日成功。当日晚上，上海律师公会分派律师到各广播电台以及各电影院宣传，以推动冤狱赔偿法早日制定实施。[3]

如此同时，北平律师公会也成立了冤狱赔偿运动委员会，发表冤狱赔偿运动宣言，指出冤狱赔偿法可保障人民权利，健全国家组织，促进法制改良，表示将冤狱赔偿进行到底。同时致电立法院、司法院以及司法行政部法规研究委员会敦促迅速制定冤狱赔偿法，即日公布施行。浙江金华、江西南昌、湖南长沙、江苏吴县、河南信阳等全国各地同时展开冤狱赔偿运动，敦促中央制定冤狱赔偿法，真正保障人民权利。至此，全国各地掀起了冤狱赔偿运动高潮。

至此，律师界领导的全国冤狱赔偿运动，经过长达六年不懈之努力，得到全国各界一致同情和赞同，形成了举国一致民间社会压力，对促成政府实行该冤狱赔偿制度起到了重大的促进作用，国民党政府不得不对“举国沸腾舆情”有所表示。1937年1月，国民党中央政治会议指令立法院制定、颁布冤狱赔偿法。[4] 立法院遂指定刑法委员会赵琛、林彬、罗鼎负责起草冤狱赔偿法。6月2日，刑法委员会制定《无罪被押受刑补偿法》，全文共十七条。其中规定被告已被羁押或受刑执行有下列情形之一者，得申请赔偿：①侦查结果不予处罚或犯罪嫌疑不足已起诉处分者；②第一审或上诉结果无罪之判决者；但以上两项羁押期间未逾一月者，不得要求补偿。③经再审或非常上诉判定无罪者。明确规定补偿标准以及补偿金由国库负担，但对无罪被押或受刑之事因他人诬告或伪证者，国家有要求该诬告或伪证者偿还所支出之补偿金之权。[5] 虽然该冤狱赔偿法草案与律师界主张还有一定距离，但毕竟

---

〔1〕“冤狱赔偿筹备会昨开二次会议”，载《申报》1936年6月4日。

〔2〕“上海律师公会今日举行冤狱赔偿运动周大会”，载《申报》1936年6月7日。

〔3〕“律师公会昨日举行二届冤狱赔偿运动周”，载《申报》1936年6月8日。

〔4〕“立法院起草冤狱赔偿法”，载《法律评论》第14卷第14期。

〔5〕“冤狱赔偿法初稿完成”，载《法律评论》第14卷第34期。

由立法机构以法律程序起草了冤狱赔偿法。

然而，冤狱赔偿法草案制定，离颁布实施还有一段距离，国民党政府或是为了应付舆论，并不想真正是施行冤狱赔偿制度。立法院于6月25日召开临时会议，决定将《无罪被押受刑补偿法》草案，再交付刑法、法制两委员会审查，显然，延搁了该法案立法公布时间。[1] 于是，律师协会决定发动第三届冤狱赔偿运动周，促使冤狱赔偿法早日颁布实施。1937年6月，律师协会冤狱赔偿运动委员会常任干事会召开第五次会议，决定遵循例举行第三届冤狱赔偿运动周，通知各律师公会积极进行；推举代表晋京，要求立法院公布公布冤狱赔偿法草案，广泛征询意见；发表宣言，表示“本会集全国律师心力，际次三度冤狱赔偿运动之日，原效德意志律师协会于此连续三十年奋斗精神，誓以社会正义法益之抗争，求国家赔偿制度之实现”。[2] 不幸的是，“七七”卢沟桥事变爆发，日本发动了全面侵华战争，为集中力量开展全民族抗战，冤狱赔偿法立法程序被搁置，冤狱赔偿运动也为此中断。

三、冤狱赔偿运动评析

纵观冤狱赔偿运动全过程，这是一次近代立法史上成功的民间社会压力运动，为我们展现了在冤狱赔偿立法中的国家与社会的互动，但也透视了中国法律近代化中的私权与公权错位发展的悖论。

（一）冤狱赔偿运动中的社会与国家互动

冤狱赔偿运动清晰地透视出民国三十年代社会与国家的互动关系画面，凸显了民间社会或市民社会的发展状况以及在社会发展中的地位和作用。

第一，冤狱赔偿运动的市民社会运动性质。冤狱赔偿运动不同于一般性的、群众性的政治运动，它是“市民阶层的代言人”[3] 律师发起的民间社会或市民社会运动，属于国家压力团体之运动，为敦促政府实行冤狱国家赔偿制度，它绝不是为了律师界之私利，是为了保障人权；也不是有意与政府对峙，而是促使国家承担司法机关侵权的赔偿责任，[4] 因而得到各阶层的广泛支持。从市民社会运动的角度讲，它是一次成功的民间社会压力团体运动。但有论者从群众性运动视角考察，认为“参加人数最多的上海律师公会，最盛也不过百余人（包括律师公会成员）”，[5] 缺乏普通民众参加，以此得出冤狱赔偿运动失败的结论。实际上，冤狱赔偿运动是由律师协会领导的，由各律师公会具体执行的、在全国范围内展开，具有相当的普遍性，它主要是通过发起各社会团体组织参加、并对一般民众进行宣传来发挥民间社

---

〔1〕“法讯”，载《法令周刊》1937年第362期。

〔2〕“中华民国律师协会冤狱赔偿运动委员会第三届冤狱赔偿运动宣言”，载《申报》1937年6月17日。

〔3〕详细内容参见［德］马克斯·韦伯：《经济与社会》（上卷），林荣远译，商务印书馆1997年版，第163～169页。

〔4〕“冤狱赔偿运动的感想”，载《新闻报》1935年5月5日。

〔5〕孙彩霞：“20世纪30年代的冤狱赔偿运动”，载《历史档案》2004年第2期。

会舆论压力作用的。如召开宣传大会，宴请各团体代表（包含党政军司法机关代表），通过演讲散发宣传材料来扩大影响。从一开始，律师界就没有单纯发起群众运动的打算，主要通过合法程序、已有的社会组织来动员民众介入。让一般民众了解冤狱赔偿运动主要通过报纸、广播电台以及电影院来扩大宣传的。所以，从该运动的规模来讲是十分巨大的，其影响是空前的，达到了引起政府注意、敦促政府采纳该冤狱赔偿制度之目的。随着冤狱赔偿运动的逐步推进，冤狱赔偿制度也逐渐进入立法程序，最后制定成法律。法律制定与颁布需要一个过程和一定的程序，不可能像政治运动一样迅速达到目标。

第二，冤狱赔偿运动透视了社会动员机制与民间组织的发达，反映了近代社会转型，城市社会合法秩序重构一定程度上的成功。民国初期民间社会承袭了晚清的发展趋势得到进一步发展，南京政府通过立法等措施对各社团进行改组，进而实现社会秩序的重建和控制。在农村组织农会和推行县自治，没有取得实质性的成果，但在城市却取得了成功。从参加上海冤狱赔偿运动的非政府组织来看，其阶层非常广泛，几乎各行各业都有自己的组织并被动员参与其间，对政府的压力作用迅速显现出来，体现了民国三十年代民间组织或市民社会的发达和能量。该冤狱赔偿运动也反映了当时具备了市民社会发挥作用的条件和空间，民国时期报纸新闻媒体、广播电台、电影院等被作为冤狱赔偿运动发声宣传的工具，使广大的民众得以了解运动的目标并参与其中。也正因如此，国家对民间社会或市民社会的诉求才不能无动于衷，如果不是日本全面侵华战争的打断，很有可能通过民间社会压力运动获得成功。

第三，冤狱赔偿运动成功地实现了国家与社会互动。“救亡”是近代中国的主旋律之一，争取民族独立是全国各阶层的压倒一切的首要任务，即国家与社会的共同目标。这种国情决定了近代中国的国家与社会的非对抗与制衡的关系。在冤狱赔偿运动中，国家与社会都将这一制度纳入国家主权中考量，无论是反对还肯定。律师界发动的冤狱赔偿运动并非单纯的市民社会运动，而是将国家与社会都推到运动中来。南京国民政府并不是没有意识到实行冤狱国家赔偿制度的必要性。最先还是南京国民政府法制局提议将冤狱赔偿制度写进刑事诉讼法的，而且也得到国家相关机关的同情和支持。民国律师多次以提案的方式，建议政府采纳冤狱赔偿制度，何以都被政府搁置？这是值得深思的，我们不能仅仅以笼统的国民党独裁专制原因来解释。即使今天刑事国家赔偿制度执行起来仍然十分艰难。

即便如此，律师发起的全国冤狱赔偿运动还是发挥了民间社会压力作用。第一届冤狱赔偿运动就实现了律师协会的初步预期，冤狱赔偿制度议案获得通过，进入立法程序。第二届冤狱赔偿运动，更获取全国各阶层的支持和认同，国民党中央政治会议乃指令立法院制订颁布冤狱赔偿法。

（二）私权与公权的错位发展

近代国权的丧失以及社会“碎片”化等原因，重“国权”轻“民权”大有市场，致使法律近代化路径转向私权与公权的错位发展。这种情形在冤狱赔偿运动中也有所表现。从冤狱赔偿运动规划及其宣传内容来看，本来是为了公权对私权的救济和赔偿，但为了收回丧失的国权（公权），对私权有过多的限制，以致私权救济无法实施。具体表现如下：

第一，冤狱赔偿制度的设计主要源于大陆法系具体源于德国冤狱赔偿法，具有超前性，在宣传上具有变通性。如刑事赔偿原则在宣传上取结果归责原则，但具体操作上以及对外宣传上强调的是违法和过错原则；赔偿范围以结果损失为原则，包括侦查、审问、审判各个环节，但其免责范围过宽，尤其对受害人限制过多，导致对受害人刑事赔偿容易出现“画饼充饥”。

第二，冤狱赔偿不是作为对私权的侵权救济责任，而是作为监督、惩戒责任，失去了对刑事受害人救济的初衷。冤狱赔偿法是西方法律体系的重要组成部分，是人权保障的重要法律，但民国律师主张移植到中国时，其宣传职能重心发生了改变，承载了不堪承受之重。虽然运动强调保障人权，但无论从初期主张冤狱赔偿提案、冤狱赔偿法草案，还是律师协会、律师公会宣言以及广播媒体等舆论宣传都强调冤狱赔偿制度的首要目的是抑冤狱、改良司法、澄清吏治。而且列举了古代昭雪冤狱惩治不法司法官吏的传统以及现实中大量冤狱的事实作为实施该制度的必要性。金华律师公会在冤狱赔偿运动宣言中公然宣称，依据现有法律和冤狱状况，即使实施冤狱赔偿法也无法对有过错的司法官吏实施惩戒，只会“损害于国库”，主张只有在制定冤狱赔偿法的同时制定冤狱惩戒法才能彻底澄清冤狱。[1] 这种对不法司法官吏惩治的宣传，使政府官员担心司法官吏会有意回避责任，逃避惩罚，使冤狱平反更加困难。甚至有媒体认为列强侵略才是最大的冤狱制造者，因此目前的首要任务是争取民族独立。即使今天也有学者从根治司法腐败方面来论及冤狱赔偿制度，“国民政府对于冤狱赔偿运动的漠视，从反面说明，国民政府缺乏根治司法腐败的决心，以及承担赔偿人民利益所受损害的勇气”。[2]

第三，运动规划最大特点是利用舆论，扩大影响，争取国家各机关对冤狱赔偿的支持，从而使国家与社会达成一致，敦促国民党中央尽早实施冤狱赔偿制度。在宣传中，为争取国家各部门的支持，凸现该制度可以稳定社会、巩固政权，[3] 有利于收回法权，赢得民心，而且可以抑制冤狱，减少赔偿款项，打消政府增加财政负

---

〔1〕“浙江金华律师公会冤狱赔偿运动宣言”，载《上海律师公会报告书》1935年第33期。

〔2〕张仁善：“中国近代法律精英的法治理想”，载《河南省政法管理干部学院学报》2006年第1期。

〔3〕律师协会在《中华民国律师协会冤狱赔偿运动宣言》中将人民比作国家的基本细胞，若人民不能合法生存，则“无异于人身之细胞失其生理上之营养，细胞不得其养而人身伤，构成分子不保其生存则国亦不固矣”。

担的顾虑，使冤狱赔偿救济制度沦为政治统治的工具。

第四，公权与私权错位发展。律师界用民间社会压力作用敦促政府采纳源于赔偿制度，虽然取得一定效果，但却付出了沉重的代价。为使冤狱赔偿制度尽快实施，律师宣称冤狱赔偿是为公权而非私权，“绝非仅为个人”、“乃为国家”，“非受支配于个人本位的法律思想，乃受支配于社会本位的法律思想，此尤本会不能郑重为我国人告者也”[1]。近代政府致力于民族独立与富强，民权以及民间社会的发展也必须服从于此目标。重国权（公权）轻民权（私权）大行其道。在这种背景下，以律师为代表的民间社会不仅要承担要保障私权、制衡国家权力的过度扩张的历史使命，而且更重要的是要协助政府完成国家统一和民族独立之目标。近代国家正是借国家主权、民族独立的优先考量来剥夺私权、抑制民间社会力量发展的，实际上二者并非绝对对立的。这些教训值得我们深思和借鉴！

---

〔1〕“中华民国律师协会冤狱赔偿运动宣言”，载《上海律师公会报告书》1935 年第33 期。

中国法律"看不见中国"与三十年代变法

——以全国司法会议为例

江照信*

民国时期四十年，作为中国现代法律发展的黄金时期，以法律形式上的发达与法学人物及其作品的数量为标志，其间无论法律形式还是法律职业均已成形，可以看作是一个中国现代法律体系的形成时期。[1] 然而，以李贵连（1989 年、2000 年、2005 年）、黄源盛（2000 年）、黄宗智（1994 年、1996 年、2001 年、2007 年）为代表，讨论民国法律变迁，定格在三十年代之前；三十年代后，尤以九一八事变之后，危机与乱局同时存在，促使当下学术研究出现一段被忽略的民国法律史。在这里，存在一个基本的问题，即三十年代法律进程是否维持此前变法的连续性，另一方面，又如何理解三十年代法律史的基本事实。本文提出"三十年代变法"的命题，进而论述本文立论所取的研究视角，并对此命题作一初步的梳理。

1932 年 1 月 11 日，湖北广济人居正任职司法院长，至 1948 年 6 月 30 日卸职，共任职司法院十六年半，这正是民国纪年开始至北京政府时代终结三十三任司法总

---

* 香港中文大学史学博士，山东大学法学讲师。

〔1〕 按谢振民著，张知本校订：《中华民国立法史》（正中书局 1937 年版，第 1 页例言）："我国法制代相沿袭，损益可知。惟自清末变法，大陆、英美两法系侵入，遂有显著之革新。至最近数年，所有现代法治国应具备之法律均已先后制定。"民国法律发展近四十年（1912 ~ 1949）的事实，与美国法律体系形成所用的时间大致相当，可以算是一个时间上的巧合，或者可以说，在一个国家或者地区内四十年左右的时间可以形成一种现代法律的形式。请参见 Charles M. Haar, "The Golden Age of American Law—The Formative Era of American Law", Depicted in the Writings of *the Men Who Shaped the Structure of Our Legal System*, New York: George Braziller, Inc., 1965. 该书封面页及前言第 1 页，引罗斯科·庞德语："美国法律的形成时期"，即指 1820 ~ 1860 年之间四十年时间。

长任职时间的总和，[1] 在不足四十年的民国历史上，其意义不仅在于其时间上的事实，而在于与其他任何司法界的人物相比，居正及其思想，更可能具体表征司法的连续性与司法的社会意义。另一方面，居正任职司法院长期间，曾兼任最高法院院长（1932.1~1935.7），司法行政部长（1934.10~1935.1），中华民国法学会理事长（1935.9~1948），朝阳大学董事会董事长（1936~1948），就其影响于三四十年代司法制度扩而大之乃至整个法律制度的进程而言，都是重要而不容忽视的。同样，居正这一历史角色的存在，为我们理解中国三四十年代的变法与法律转型提供了一个可靠的认识视角。

本文即以人物叙事为视角，并以1935年全国司法会议为例，分析考察中国三十年代的法律转型及其问题。本文叙事所引用的文字大部分出自居正先生的各类文集以及同时期各类文论。本文共有四节内容：第一节分析三十年代变法与法律转型的总体状况，以中国法律“看不见中国”与司法困局的两部分为基本内容；第二节重在梳理全国司法会议召开之历史情境，从另一个侧面反映三十年代变法各种历史机遇；第三部分，以中华民国法学会及其纲领为例，厘清全国司法会议对于三十年代变法所产生的影响与意义；第四部分作一简单结论。下文试述之：

第一节 “‘看不见中国’的中国法律”与三十年代之司法困局

光绪二十八年（1902年），“清廷派吕海寰、盛宣怀等在上海修订各国商约。英日美三国均有中国律例与外国一律时，允弃其领事裁判权之议”。[2] 中国法律改革自其肇始，即无时不以中外“一律”为目标，而且在清末至民国的前十五年时间里，司法制度建设很大程度上被视为中国收回法权的惟一途径。这种以收回法权为目的的司法改革，结果很大程度上使法律改良徒具形式，“司法建设，仅及皮毛，无由表

〔1〕 按李公权：《在台任职最久的司法部长》（陈伯中编辑：“郑彦棻八十年”，载《传记文学丛刊》，传记文学出版社1982年版，第45~46页）所言，“中华民国开国以来，历任司法部长……加以考查，计自民国元年元月元日起，由第一任伍廷芳至三十三任罗文干，计十六年又六个月二十天的时间，是北京政府时代，平均每任部长的在职时间，只有半年零一天不足：最长的一位是第五任章宗祥，在职两年四个月十天；最短的一位是第九任江庸，在职仅十八天。都由于当时国事动乱，政局不稳使然”。按此，在事实上，居正司法时期存在一个民国史上最为连续稳定的司法中央权威构成，即居正（司法院长1932~1948年）与谢冠生（司法行政部长1937~1948年）的结合，而所谓司法的进展以及成绩，很多都是由于二者合力的结果。

〔2〕 杨幼炯：“中国司法制度之纵的观察”，载《中华法学杂志》1937年新编第1卷第5、6两号合刊。

现其法治之精神……司法界同人勉强维持现状，改革无由，法院形式仅存”。[1] 司法改革产生的形式与实质，法律与社会之间的矛盾，随着法律制度的整体进步（以立法数量及法院数量为标志）愈见激烈，“以划一无二的法律适用于大不统一的社会，这样决不能使法律适应社会”。[2] 即按居正比较温和的评价：“司法新制行于吾国，在新政中为早。定都南京，试行五院制以来，革新运动更趋积极，民刑诉讼各种重要法典，次第颁行，司法制度，亦粗具规模。惟以旧习与新制不能相应，良法虽颁，美意未着。”[3]

在这里，“收回法权”成为中国司法制度本身改革与进展的负担，这最明显表现在法律形式与实质的关系方面，使得中国司法处于无法克服的形式化窘境：一方面，法律的形式与内容规定几与西洋相同，“对于一些违法行为之处罚，中国与英美相差甚微”；[4] 另一方面，在实质的层面上，“由中国裁判机关、适用中国法令谓之法权自主之恢复也，然吾人并不视此事实为系将中国法律观念规律外人，毋宁认为系将外人之法律观念，规律中国之法律观念”。[5] 按阮毅成氏所论，“我国修订法律。当时所注意的，只是列国的成规，以为只要将他国法律，移入中国，中国立刻便可臻于富强。民国以来，‘变法即可图强’的迷梦虽已打破，但因一切学术，均以仿效他人为时髦。对于中国固有文化，则力倡怀疑精神，欲一一借口重新评定价值而咸加抹杀，法律也不能例外，亦以顺应世界潮流，依据他国立法为唯一原则……中国现行的法律，学者于解释引证之时，不曰此仿德国某法第若干条，即曰仿瑞士某法第若干条。举凡日本、暹罗、土耳其等国法律几乎无一不为我国法律所采用。在别的国家，人民只服从本国一国的法律；而在我国现在因法律乃凑合各国法律而成，人

---

〔1〕 参见覃振：“司法院总理纪念周报告”（1934年11月26日），载张小林：《覃振传》“附录：覃振佚文选”，中华书局2005年版，第252～253页：“我国司法建设已历若干年月，在清末已着手改造，乃派五大臣出国考查。其结果仅采其无系统之条文，以之应用。既未加以整理，复不察其实际需要，大半抄袭原文，而忽略其法意，比之有躯壳而无灵魂。民国成立，倾全力于武力统一，而于法治，则漠然视之。因之司法建设，仅及皮毛，无由表现其法治之精神……司法界同仁勉强维持现状，改革无由，法院形式仅存。”

〔2〕 参见孙晓楼：“法律民族化的检讨”，载《东方杂志》1937年第34卷第7号。

〔3〕 居正：《告全国司法界同仁书》（1940年），参见罗福惠、萧怡编：《居正文集》（第2卷），华中师范大学出版社1989年版，第665页。

〔4〕 观点参见 Thomas F. Millard，“A Comparison of the Punishments for certain offenses under the China Code with the Same offenses under British and American Codes Shows But Slight Differences”；Millard，“The End of Extraterritoriality in China”，Shanghai：The A. B. C. Press，1931，p. 109.

〔5〕《顺天时报》1929年4月28日社论“领事裁判权撤销之深义”，厦门大学图书馆珍藏；季啸风、沈友益主编：《中华民国史史料外编—前日本末次研究所情报资料》（第85册），广西师范大学出版社1996年版，第370页。

民几有须同时遵守德、瑞、暹、土等许多国家法律”。[1] 也就是说，自司法改革以来，不论是否能够收回领事裁判权，中国出现了“‘看不见中国’的中国法律”难题。[2]

民国建立以来，司法因“进行太速，致生出无限之阻力”，[3] 以致司法制度“蒙诟独甚，皆缘前此改革太骤，扩张太过，锐进之余，乃生反动”。[4] 另一方面，“中国今日司法之缺点，多不在司法本身，而在（一）有力者不拥护不尊重司法，（二）不宽予经费而使其穷促莫能有所计划”。[5] 可以说，司法制度自一开始在民国建设与营运，即面临着全面信任危机：“司法独立之命运危若累卵，因国民多数心理渐厌此也”。[6] 对于司法进展最为不幸的是，即使此后无论何种改进的努力，这种对国民于司法的偏见却一直以来根深蒂固。“中国的法院，尚缺少尊严和独立的精神。我们常以为蔑视中国法院的是外国人，不知瞧不起法院的反而是我们中国同胞”。[7] 民众与法律之间所以产生如此深刻的认识冲突，其原因可以主要归结为法律方面的原因，即当时存在着一种“‘看不见中国’的中国法律”。而事实上，法律的确如此。人民以“现在法律因为不是本国的，所以往往人民以为是者，法律以为非；人民以为非者，法律以为是。法律距国民的感情日远，欲人民信仰法律，信仰政府，岂非南辕而北辙？”[8]

---

〔1〕 阮毅成：“怎样建设中国本位的法律”［民国二十四年（1935 年）六月三日在中央广播电台讲，南京政治评论第 156 号］，参见王寿南、陈水逢主编：《岫庐文库》卷四十七，商务印书馆 1980 年版，第 279 页。

〔2〕 阮毅成：“怎样建设中国本位的法律”［民国二十四年（1935 年）六月三日在中央广播电台讲，南京政治评论第 156 号］，参见王寿南、陈水逢主编：《岫庐文库》卷四十七，商务印书馆 1980 年版，第 280 页。

〔3〕 丁文江、赵丰田编：《梁启超年谱长编》，上海人民出版社 1983 年版，第 683 页。

〔4〕 丁文江、赵丰田编：《梁启超年谱长编》，上海人民出版社 1983 年版，第 685 页。

〔5〕 吴昆吾：“中国今日司法不良之最大原因”，载《东方杂志》1935 年第 32 卷第 10 号。

〔6〕 吴昆吾：“中国今日司法不良之最大原因”，载《东方杂志》1935 年第 32 卷第 10 号。

〔7〕 参见居正：《三年来之最高法院》，民国二十二年（1933 年）三月二十六日居正纪念周演讲，第 135 页。

〔8〕 阮毅成：“所企望于全国司法会议者”，载《东方杂志》1935 年第 32 卷第 10 号；有关阮毅成当时之观点的了解，参见阮毅成：《八十忆述》，联经出版事业公司 1984 年版，上册第四篇—教书：“我在中央政治学校（国立政治大学）”，第 343 页。“民国二十四年（1935 年）九月，全国司法会议，在南京举行，我以专家学者身份与会，多所建言。司法院院长居觉生（正）先生对我言：‘曾看到兄写的许多文章，颇有见地，想不到兄竟这样年轻’。他乃于次年元月，聘我任司法院法规委员会会员，为无给职。又约我参加他发起组织的中华民国法学会，命我任主席团主席及常务理事”；又见同书，第 347 页“后记”：“民国七十二年（1983 年）十二月，台北出版的法令月刊，载有陶希圣先生所写的夏虫语冰录，谓‘政校萨孟武、阮毅成诸教授，为一代法政之显学’。”

另一方面，法律徒归于形式之外，"普设法院……又属司法中最艰巨之工作"。[1] 以北京政府时期为例，"终北京政府时代，全国兼理司法之县数恒在百分之九十以上，可谓第一审司法机关，除设有少数地方法院外，十六年间全无任何改进"，[2] 而由于四级三审制或三级三审制[3]的存在，加之法官与法庭数量的短缺，使得法律形式的建设，不论在立法还是司法方面，都因此而无法真正具有实际的充分效能。而相应的，在法律与社会之间的关系以及立法与司法之间的关系亦随之恶化，这最集中表现在社会对于司法制度的不信任，以及同时对于法律形式化的谴责。在此历史情境下，因为审级的制度性缺陷及法官、法庭的数量短缺所生出的对于形式化的阻力，又使法律的改革永无法达到中外一体的形式化要求，这样，民国时期的法律建设，自然而然地陷入了所谓"力小谋大"、[4] "手段打败目的"[5] 的吊诡。

在整个民国时期，司法建设多表现为对法庭与法官的数量建设，法庭与法官数量的增加，本文将这种对于法庭与法官数量上的建设过程，概称为"司法的法庭化"与"司法的法官化"（以取消县长兼理司法为目标）。按照目前所能找到的资料，本文对国民政府1925年至1935年时期在司法法庭化与法官化的努力以表格的形式作出量化：

---

〔1〕 居正：《抗战四年来之司法》，1941年版；参见罗福惠、萧怡编：《居正文集》（第2卷），华中师范大学出版社1989年版，第176页。

〔2〕 王用宾："二十五年来审检制度之变革"，载《中华法学杂志》1936年新编第1号。

〔3〕 按许世英口述，冷枫撰记：《许世英回忆录》，人间世月报社1966年版，第101页。讲清末司法新制采四级三审制之缘由，在于原有县、府、台、部之四级权力之存在，"真正遭遇到困难的，还是在遴选厅丞的人选问题"；第108页。讲于宣统二年（1910年），中国代表团"正代表为京师高等审判厅检察长徐季龙（徐谦）"，许世英为副代表（奉天审判厅厅丞）赴万国监狱暨司法制度会议后，认为"三级审判法正代表了新的司法制度"。

〔4〕 见梁启超：《饮冰室合集》（第11册），中华书局1936年版，第17页。"拟大总统令整顿司法"："而收回法权，尤赖机关之尽善。是用准古酌今，更订新律，析区分级，编制法庭，经划数年，规模粗建，然而成效未着，疑议转繁，或法规与礼俗相盭，反奖奸袤，或程序与事实不调，徒增苛扰。重以草创之初，铺张太速，经费未通盘筹划，已成力小谋大之嫌，人才未宽限养成，不免下驷滥竽之诮。坐是或庭数不敷分配，积案日多，或法官不得贤良，循声莫播，甚则律师交相狼狈，舞文甚于吏胥，相邻多所瞻徇，执讯大乖平恕，豪猾每干网而巧逃，良懦或戴盆而莫愬"。

〔5〕 按1926年时任司法总长马君武"就北京法权会议答记者问"，"（问）初级厅之设立，及地方厅大理分院之增设，其进行计划若何？（答）建设计划，非钱不行。就中国现时局面而言，尚谈不到"［见曾德珪：《马君武文选》（引文原载上海《申报》1926年2月6日），广西师范大学出版社2001年版，第311～312页。"就北京法权会议答记者问"（惩治盗匪法决废除；未完法典只提草案）］，司法建设即按一种"谈不到"的手段，追求一种现实而紧迫的目的；手段打败目的之论，见于《中华民国史史料外编》卷八十五。

表1：法院数量统计表格[1]

年度	小计（包括最高法院）		高等法院	高等分院	地方法院/分院/分庭[2]	县法院/初级审判厅	县长兼理司法	县司法处/司法公所
1935	382		23	66	292		1600[3]	
1934	301		23	34	206	37	1021	73
1933	336		23	32	245	35	1438	38
1932	309		23	31	219	35		
1931	342		28	34	242	37		
1930	320		28	32	220	39		
1929～1927[4]	总量	374	28	32	106	207		
	增量	235	5	6	40	184		
1926	139[5]		23	26	66	23	1800	46

---

[1] 本表制作资料按：居正："二十五年来司法之回顾与展望"（陈三井、居蜜，1998年版，第259～271页）；王用宾："二十五年来审检制度之变革"，载《中华法学杂志》1936年新编第1号，"高等以下各级法院逐年增设数目表（自民国十七年起至二十五年九月止）"；王用宾："近年司法行政之革新运动"，载《中华法学杂志》1937年新编第1卷第5、6两号刊，"民国二十五年以来各省法院设置数目表"；汪辑宝：《民国司法志》，正中书局1954年版，第5～11、14～15页；《中国年鉴》第1回，天一出版社1973～1975年版，第206～207、242～245、251～293页；《影印申报年鉴》1933～1936年、1944年司法统计类表，中国文献出版社1966年版；江庸：《五十年来中国之法制》，申报馆五十周年纪念刊。两处数字需要注意者，按王宠惠所言"（1929年）较之三年前（1926年）各级法院之总数，已增加一倍有余"。王宠惠："二十五年来中国之司法"，载《中华法学杂志》1930年第1卷第1号。与魏道明于1930年新年报告"司法行政过去司法之设施及将来之计划"（载《中央周报》1930年新年增刊）所提供数字相参证。

[2] "分庭"含高等法院分院附设地方庭及地方法院分庭数量。

[3] 此数字按王用宾：《视察华北七省司法报告书》[见四川省档案馆四川省高等法院档案，档案目录号：5-5-5-1，文件名称：四川省高等法院公报，民国二十五年（1936年）一月一日第7期"杂录"，第17页。"现时统计，县长兼理司法区域计一千六百余县"]。

[4] 此三年数字见王宠惠、魏道明所提供数字；自1928年至1936年数字，采用王用宾：《二十五年来审检制度之变革》"高等以下各级法院逐年增设数目表（自民国十七年起至二十五年九月止）"；需要注意，对于"增设"的理解，也同样是应谨慎地接受的，按阮毅成1936年10月谈《法院组织问题》[见阮氏："法语"（下册），载王寿南、陈水逢主编：《岫庐文库》卷四十七，商务印书馆1980年版，第386～387页。]时所论当时法庭数量上的增长："谓法院组织法果已施行欤？这其中仍可以有解释上的问题……观乎施行法院组织法十五省中的地方法院，虽共有一七八所，但其中原有的六十一，改设的一〇六，真正因为施行新法而增设的，不过十一县。至其他大多数县份，固仍一旧贯，仍有县长兼理司法"。

[5] 此数字按照居正：《二十五年来司法之回顾与展望》（陈三井、居蜜，1998年版，第263～268页），与汪辑宝：《民国司法志》（正中书局1954年版，第6页）所提供数字略有出入："终北京政府时代，各省除新疆外，均成立高等庭，共二十一所，高等分庭二十六所，地方庭六十七所。"

（续表）

年度	小计（包括最高法院）	高等法院	高等分院	地方法院/分院/分庭	县法院/初级审判厅	县长兼理司法	县司法处/司法公所
1925	260[1]	23	26	86			
1912	327	19	4	124	179[2]		

表2：法官统计表格[3]

<table>
<tr><th>年份</th><th>录取法官数量</th><th>考试类别</th></tr>
<tr><td>1913</td><td>171</td><td>按法官考试章程，甄拔一次</td></tr>
<tr><td>1916</td><td>38</td><td rowspan="7">1915 年 9 月，公布法官考试令，先后考试五次。</td></tr>
<tr><td>1918</td><td>143</td></tr>
<tr><td>1919</td><td>189</td></tr>
<tr><td rowspan="2">1921</td><td>102</td></tr>
<tr><td>11</td></tr>
<tr><td rowspan="2">1926</td><td>135</td></tr>
<tr><td>50[4]</td></tr>
</table>

〔1〕 按 Chang Yao - tseng（张耀曾：The Chairman of the Commission Extraterritoriality）："Today throughout the whole of China, there exist a Supreme court, a Chief Procuratorate, 23 High Courts, and as many High Procuratorates, 26 Branch High Courts and an equal number of Branch High Procuratorates, 64 district Courts and as many procuratorates, 22 District Divisions, 9 Judicial Departments（审判处）and one Judicial Preparatory Department（司法筹备处）—altogether 260 courts." Chang, The Present Conditions of the Chinese Judiciary and Its Future（Address delivered before the Chinese Social and Political Science Association, December 8th, 1925）.

〔2〕 此数字为居正所采；《世界年鉴》的数字为一九六，但《申报年鉴》与《中国年鉴》均为一七九，两个数字应均包含地方分院数量在内。

〔3〕 本表制作资料按汪辑宝：《民国司法志》，正中书局 1954 年版，第 46 ~ 50 页；王用宾："近年司法行政之革新运动"，载《中华法学杂志》1937 年新编第 1 卷第 5、6 两号刊。"国民政府成立后历届法官考试录取人数表"，其中记载，自 1926 年首次法官考试至 1936 年 9 月，共计经司法官考试及格者为 1190 名。

〔4〕 按照王用宾："近年司法行政之革新运动"，载《中华法学杂志》1937 年新编第 1 卷第 5、6 两号刊。"十五年（1926 年）在广州举行首次法官考试，录取五十人，党化司法，肇基于此。及国民政府奠都南京，继承遗志，十八年（1929 年）一月筹备法官训练所……计自广州国民政府以迄今兹，法官之受其考试训练而出身者，已一千余人矣"。

（续表）

年份	录取法官数量	考试类别
1927	27	此年在鄂，豫，晋同时举行，其他两地不详
1929	172	法官训练所第一届入学考试
1930	42	1930 年 12 月，公布高等考试司法官考试条例。国民政府 1949 前举行正式考试十四次，临时考试十次，甄审铨定考试五次，共二十九次[1]
1932	125	
1933	32	
1935	60	
	18	
	126	

大致而言，从以上两表可以看出：

（1）法庭、法官的数量一直处于短缺状态，[2]"中国的独立司法机关，虽创始与前清光绪末年，但是直到民国十五年各国调查法权委员会调查的时候，全国新式法院之业已成立者，尚未超过一百三十六所。就中第一审法院仅九十一所，按中国人数比例，即四百四十万人口，方有第一审法院一所"。[3]

（2）这样的短缺状况更加剧了法官分配的不均衡，由于法院等级的存在及政治

---

[1] 按照居正"十年来的中国司法界"："此十年中（1927～1936 年）考试录取之法官，共计八百一十八人，连以前计之，约一千四百余人，占全国法官人数三分之二"。参见中国文化建设协会编：《抗战十年前之中国：一九二七至一九三六》，文海出版社 1974 年版，第 78 页；按居正"二十五年来司法之回顾与展望"（陈三井、居蜜，1998 年版，第 267 页），至 1936 年，司法官（包括推事与检察官）总计为 3453 人。

[2] 按学者于 1935 年的观察，这种法官的短缺，原因很大程度上在于政府三十年代开始对法律教育的限制及法官甄选标准的僵化。"观教育部所发表的统计，十九年度（1930 年）国内各大学学生选读法科的只一万六百人，其中尚包有政治、经济、财政、银行、会计、统计、监狱、指纹一切广义的政法科学在内。自十九年度（1930 年）后，政府及限制新法学院或法律系的增设，已有法学院或法律系的招生，则人数自较十九年度（1930 年），有减无增。""自司法行政部订定司法官任用暂行标准以来，所列简任法官资格七种，荐任法官资格十二种，如现任或曾任简任法官，现任或曾任法官三年以上，司法行政官二年以上，致力国民革命十年以上，一切等等，均无使新细胞加入的机会。说者谓依据该项标准，势必非尽将北京政府时代曾任法官者，尽加任用，不足支配；而二十年后，中国将无人具有法官之资格"。参见阮毅成："所企望于全国司法会议者"，载《东方杂志》1935 年第 32 卷第 10 号。

[3] 吴祥麟（绂征）："改进中国司法制度的具体方案"，载《中华法学杂志》1937 年新编第 1 卷第 5、6 两号刊。吴氏国立北京大学法律系毕业，留学欧美，曾任中央公务员惩戒委员会委员，教授，国大代表。

经济的地区差异，使司法制度在空间上的“商埠司法”[1] 特征更加明显。

（3）法官数量在空间分布的密度，在四级三审或三级三审之审级制度受法庭短缺的制约，[2] 影响到整个司法制度的合法性与合理性，这表现在基层司法方面的县长兼理制度，[3] 以及在审判上的同级两审问题[4] 或二级三审问题。[5]

（4）由于上事实的存在，法官因职业而形成的共同体，因法官分布的疏散，不可能形成紧密地联系与交流，更有甚者，法官与法庭可能更容易受到地方权力的控制与摧残。[6]

---

〔1〕“商埠司法”始于“光绪三十三年（1906年），京师及各省通商大埠，逐渐设立审判厅”。参见杨幼炯：“中国司法制度之纵的观察”，载《中华法学杂志》1937年新编第1卷第5、6两号合刊。其结果按陆季蕃氏所论：“现行法能通用于都市，而扞格于乡村的一个重要原因，并不是老百姓不接受，是因经济生活方式不同，不容他们接受。结果就发生法律与社会分离的现象，真能受它保护的，不是多数民众，却是少数富豪大贾和欧化的知识分子。”陆季蕃：“法律之中国本位化”，载《今日评论》1939年第1卷第25号。相近观点亦可见王用宾：“视察华北七省司法报告书”；吴昆吾：“中国今日司法不良之最大原因”，载《东方杂志》1935年第32卷第10号；李祖虞：“司法现制之流弊极其改革”，载《东方杂志》1936年第33卷第24号。

〔2〕参见王用宾：“二十五年来审检制度之变革”，载《中华法学杂志》1936年新编第1号。“四级三审之制，嗣因经费支绌，于民国三年（1914年）裁撤初级厅，复添简易庭于地方厅内，专受理民事案件，所为判决，仍上诉于地方厅，以同一法院强分之为两级，同一法院之裁判强名之为两审，四级名实至此俱亡矣”。

〔3〕县长兼理司法制度，起初为梁启超“以消极的紧缩主义行积极的改进精神”所支持，即认为委任县长兼理司法，可期以变通益民。参见丁文江、赵丰田编：《梁启超年谱长编》，上海人民出版社1983年版，第686页；又按江靖编注：《梁启超致江庸书札》（江庸：《新会梁启超书札》民国十五年，汤志钧、马德铭校订，天津古籍出版社2005年版，第10～11页。“司法事务委任县令问题，所关太鉅，望即招部中参事、司长、秘书详细讨论。大抵一面求不太悖于法理，一面仍求事实上有益于人民……此上翊云吾兄启超”。但事实上，即如汪辑宝所论，“尝谓中国司法权之完整，有三大障碍，一为外国领事裁判制度，一为县长兼理司法，一为司法经费之不统一”（汪辑宝：《民国司法志》，台北正中书局1954年版，第112页），县长兼理司法之制一开始就成为了司法制度改良的负担与司法进展缓慢与问题化的符号。又如吴学义：“全国司法会议之检讨”（载《法律评论》第632期）所记“十年前（1925年左右）京兆某县县长太太，寒冬每亲扶称发给书记办公室生炉火的煤球，久之闻于京兆尹公署，资为笑谈，包办式的家庭化之彻底，可见一斑!”

〔4〕“同级两审问题”，即如上注，指由于法庭与法官的短缺，初级审判在某县完毕后，有上诉者，若二级审判法庭距离太远，以致上诉不经济与加重上诉人负担的情况下，则可以上诉到邻县初级审法庭或者县公署；或者在地方法院内设地方分庭，当事人对地方分庭的初审判决不服者，可以上诉到同一地方法院，另行组织法庭审理上诉。又可参见汪辑宝：《民国司法志》，台北正中书局1954年版，第14～15页。

〔5〕参见郭卫：“现行司法制度之实际谈”，载《中华法学杂志》1937年新编第1卷第5、6两号刊，“论者谓于同一机关内之两法庭强名为两级，于受同一机关推事之审判强名为二审，不如称为二级三审为直截了当”。

〔6〕观点参见朱国南：“奇形怪状的旧司法”；吴献琛：“旧中国所谓‘司法独立’三例”，载中国人民政治协商会议全国委员会文史资料研究委员会编：《文史资料选辑》（第27册），中国文史出版社1960年版合订本，第118～142页。

（5）因此，法官，进而整个司法制度不可能被理性地预期为一种整合社会的力量，而显然司法制度对于政治与社会所期望于司法的作用存在着一个很大的差距。[1]

在此前提下的司法处境，以1935年为例，“我们现时司法状况，除通商巨埠设置法院外，其余各县均由县长兼理司法。现时统计，县长兼理司法区域计一千六百余县，以全国县为一千九百三十四县，设治局四十三比例，已设法院地方，仅占六分之一强。换言之，全国人民尚有六分之五弱，遇有民刑诉讼案件发生时，均不能得法院正式之审判。虽不服县政府裁判仍可上诉或抗告，但就审判经验论，第一审之始基已谬，补救便非易事，结果仍多难获公平之裁判”。[2] 按表内所示，法庭、法官数量的短缺给司法建设带来的阻力一直是不言而喻的事实。

第二节　全国司法会议之历史情境

“看不见中国”的中国法律在事实上的存在，使社会上即发生种种不利于司法与法律进展的情绪与观念，[3] 造成法律认识上的危机，以及因此危机而引起的各种有碍司法发挥效能的危局。1935年元旦司法工作报告，居正以“实在抱歉得很”[4] 作出总结，即表示出对于当时“百孔千疮之司法现象”之失望。而使居正本人，可能也是所有司法界都“最感觉不安的”司法状况，居正列举了三点：一在于领事裁判权问题。“领事裁判权未撤销，致法权完整未能办到，这是司法上第一个缺憾”。[5] 二在于基层司法院的未能建设与完善，“新式法院设立未普遍，致使司法独立精神未能贯彻”。[6] 三在于居正努力于整顿司法，结果却事倍功半：“吾人最终目的，自然是‘案无留积’，然以目前之庭数与推事员额，恐已鞠躬尽瘁无可再进”。[7]

司法制度内这三种缺憾的存在，在表面上看，是可以通过数量增长的形式解决的问题，而实际上，由于司法系统外政治与财政因素的限制，试图谋求数量上的增

---

〔1〕“中国司法制度，徒具革新之名，而没有革新之实。这种情形，无论在形式上——行政机关兼理诉讼，或是在实质上——特殊势力干涉司法，都显然地看得出来”。参见张知本：“中国司法制度的几个问题”，载《中华法学杂志》“中国司法制度专号”1937年新编第1卷第5、6两号合刊。

〔2〕王用宾：《视察华北七省司法报告书》［见四川省档案馆四川省高等法院档案，档案目录号5-5-5-1，文件名称：四川省高等法院公报，民国二十五年（1936年）一月一日第7期“杂录”，第17~18页］；另以1941年为例，“除东北四省，应于收复后另行筹议外，计全国未设有第一审法院者，凡一千三百五十四县”［参见居正：“抗战四年来之司法”，载《居正文集》（上册），1941年版，第176页］，也就是说，法庭数量短缺的问题，解决的可能性甚微。

〔3〕阮毅成：“怎样调节法律与国民感情”，载《时代公论》1933年第52号，参见何勤华、李秀清主编：《国民法学论文精萃》第1卷“基础法律篇”，法律出版社2003年版，第335~336页。

〔4〕居正：“一年来司法之回顾与前瞻”，载《中央周报》1935年第334~335期合刊。

〔5〕居正：“一年来司法之回顾与前瞻”，载《中央周报》1935年第334~335期合刊。

〔6〕居正：“一年来司法之回顾与前瞻”，载《中央周报》1935年第334~335期合刊。

〔7〕居正：“一年来司法之回顾与前瞻”，载《中央周报》1935年第334~335期合刊。

长，恰又是当时司法陷入危机的死结。在此情境下，司法当局如何思考一种出路，则应是一个特别艰难的选择过程。此时，司法的出路有两种不可依赖的因素：一者在于财政，当时财政的困难，已无法为司法提供可以一举成功地解决问题的充分资金支持，也即司法制度的进展不再可能表现在法庭与法官数量及裁判数量上的增长，一者在于政治，当时的政治与外交，随着司法建设在数量上的失败，已无可能基于数量的建设为司法制度赢得完整的主权权力，以致由于领事裁判权的继续存在，使司法建设欲求其他转折，却不可避免仍受数量指标要求的拖累。对于处于当时情境下之司法当局，这又是一个特别吊诡的形势。

此时，居正希望突破困局的出路，"普遍设立新式法院，肃清以行政兼理司法之旧习"，[1] 却正依赖于这种不可依靠的因素。居正认为，即使司法改良需要诸多努力与时间方可根本解决问题，"然就司法本身方面说，则欲求办案迅速，扩充法院，实为不可避免之事"，[2] 而在司法六年计划几乎"徒托空言"[3] 的情况下，所谓普遍设立即仅仅成为了一种希望。

那么，如何又在缺憾与危机的情况下，促进司法的进程哪？在此情境下，居正正式宣称并开始准备全国司法会议："增进司法效能之方法，自然是多方面的，一人之思力有限，所以要集合全国法律实务家与法律学者相与悉心研讨，才可以得到详尽之方法"。[4] 后来的事实证明，召集全国司法会议，是居正为司法进程改良作出的最大贡献，因为此举不尽确立了居正本人及其意识形态主张在司法实务界与学界的地位，同时更因此契机，使司法系统形成了一个可以依赖的社会群体及组织（中华民国法学会），以致无论后来社会出现如何动荡不堪的局面，司法系统仍然能够维持稳定与改良，此次司法会议居功至伟。

在民国司法的两个时期，曾召集过四次司法会议。[5] 按现有的材料，有关全国司法会议的提出可以追溯至民国二年，浙江省第一律师公会（后改称杭县律师公会）会长阮性存"曾发起召开全国司法会议，商定法典，收回法权，而北京政府司法部，

---

〔1〕 居正："一年来司法之回顾与前瞻"，载《中央周报》1935年第334～335期合刊。

〔2〕 居正："一年来司法之回顾与前瞻"，载《中央周报》1935年第334～335期合刊。

〔3〕 居正："一年来司法之回顾与前瞻"，载《中央周报》1935年第334～335期合刊。

〔4〕 居正："一年来司法之回顾与前瞻"，载《中央周报》1935年第334～335期合刊。

〔5〕 汪辑宝：《民国司法志》，正中书局1954年版，第107页。"司法会议"，四次司法会议，分别召集在民国元年（1912年），民国五年（1916年）两次中央司法会议，民国二十四年（1935年）九月全国司法会议，民国三十六年（1947年）十一月全国司法行政检讨会议。有关第二次会议之召开，阮毅成所记与汪不同，"第二次为杭县律师公会所发起，该会于民国十一年（1922年）一月二十一日分北京及广东两大理院，各省监察厅，各地律师公会与各大学，拟集合朝野学者与实务家，于是年五月一日在上海开会"。参见阮毅成："所企望于全国司法会议者"，载《东方杂志》1935年第32卷第10号。

未能果行”。[1] 事至1932年，中华民国律师协会以前司法总长江庸（时为律师协会常务委员）等人提请召集司法会议，以“我国年来法权凌替，法制紊乱……佥以司法法令之改进及司法实务之刷新，乃应为不断努力之事业，须有以此事业为目的之常设机关”。[2] 律师协会的提议后来又多次向司法中枢提出，[3] 不仅如此，协会提出了细致的司法会议组织大纲草案，以及可以说服司法中枢的最为有利的理由。“我国幅员辽阔，各地风俗不同，司法权之运用，不能谓宜于此者即宜于彼。若欲司法制度之因革，于整齐划一之中，寓因应实际生活之意，不能仅恃司法行政官吏以为规划，亟须设置司法会议，集合复杂之经验及理解，异中求同，其理甚明。更以我国司法官吏，因职司应用法律，大都偏于保守，欲期司法与社会进化向适应，无背于世界新法治之潮流，则司法会议其构成分子，于司法实务家外，尤有加入立法家与法学者之必要”。[4] 可以说，律师协会的提议正说出了司法界的苦衷，因为当时对于内忧外困的司法界而言，无论如何试图选择司法改良的出路，已均无法克服现时的困难与信任的危机。显然律师协会为司法当局克服危机提供了唯一可行的出路，这种出路不仅具有司法界愿意听到的理由，而且尤其提供了有意义的解决问题的可能方法。

律师公会的提议，恰逢其时，1934年正是司法系统权力调整开始大张旗鼓的时候，而且经过一年多的努力，不仅就司法院而言，还是居正本人而言，都出现了一个权力高峰的时刻。因为司法中枢完成了一次人事重组，这首先表示在使司法行政

---

〔1〕 阮毅成编：“阮荀伯先生遗集（附：年谱）”，载沈云龙主编：《近代中国史料丛刊》（第53辑），文海出版社；按阮毅成著《召集全国司法会议》一文，则记1932年1月21日，“杭县律师公会，首倡召集司法会议的提议……后来乃改由社会律师公会筹备，于九月二十七日，在上海开成立大会，到会者，记共十二省四十一团体五十九代表。开会三日，分三组审查提案，共通过议案五十件”。参见王寿南、陈水逢主编：《岫庐文库》卷四十七，台湾商务印书馆1980年版，第228～232页。

〔2〕 参见《中华法学杂志》1932年第3卷第8号，第97～98页；此外，按阮毅成：《毅成自撰年谱及自述》卷三，1976年，第323页，“民国二十一年（1932年），我们创办时代公论，我就写过一篇‘召集全国司法会议’专文”。也就是说，在1932年学界与律师界已经对全国司法会议的形式已或多或少达成了共识，之所以在1932年提出，大概可能因为居正新任司法之职，厉行改革，学界与律师界可能认为这是一个可能施行的机会。从这一点上看，居正司法时期从一开始即有诸多改革的力量充实在其中，而居正正好又是一个可以接受与主张司法改革观点的人物，两方面的因素可以决定居正司法时期总体的特征。

〔3〕 参见上海图书馆藏，中国律师协会编：《中国律师协会第五届代表大会特刊》（出版者与出版时间不详）及丘昭文等编：《中国律师协会第六届代表大会特刊》，广州律师协会，1934年。

〔4〕 参见《中华法学杂志》1932年第3卷第8号。

部回归司法院,[1] 迫使罗文干离职,[2] 同时支持王用宾任司法行政部长，及一年后提焦易堂任最高法院长。[3] 加之，覃震之任司法院副院长,[4] 始于1932年居正正式任职司法院长，二人共事司法中枢十五年有余，此时在居正周围都是一心改革司法，并且均具有革命经历，先前却并无任何司法经历而又注重现时问题的友人同僚。

这样，随着司法行政权力重归司法院以及司法权力中枢的人事刷新，在全国司法会议开幕之前，居正可能拥有了其任职以来最佳的时刻，而且事实上，居正及其司法中枢正是在1934年开始，真正地设想与实际努力于司法危机的克服以及寻找基于历史情境的解决出路。按居正后来所记，当时的情况，以"考成考绩计年年，陨越虞贻猛着鞭，岂曰周知勤恤隐，为增见闻广旬宣",[5] 针对法律进程的困局，施一剂猛药。

首先，司法中枢人员自1934年始至全国司法会议之前，纷纷外出考察国内司法实际问题，以及考察国外司法状况：1934年石志泉、洪文澜往日本考察司法,[6] 司

---

[1] 自1931年12月司法行政部划归行政院，使司法院权力严重受到损害，事实上使司法院变成了纯粹的审判机关。凡司法院有所改良司法的设计，大都因为无司法行政及用人权而于司法进程大为不利。按《邵元冲日记》（王仰清、许映湖标注，上海人民出版社1990年版，第939页）1933年，覃震等人即向中全会提出"将司法行政部划归司法院一案，意见甚多，卒不能决"。有关司法院的状况，请参见居正《论司法院在国宪中的地位》一文。

[2] 按《邵元冲日记》（王仰清、许映湖标注，上海人民出版社1990年版，第1156页）所记，1934年10月，张继谈"最近司法行政部改隶司法院实为驱除罗文干，亦即为郑毓秀舞弊案与易培基故宫监守自盗案谋弥缝，宜属觉生（居正）注意云云"。

[3] 焦易堂、王用宾与居正的私人关系，可以追溯至1930年居正蒙冤受羁的日子。按《邵元冲日记》（王仰清、许映湖标注，上海人民出版社1990年版，第597页）记载焦、王曾积极设法营救居正，并约邵元冲于酒店午餐，在座有居正妻钟明志氏，"谈援觉生（居正字）事"。此外，《居正日记书信未刊稿》（谢幼田整理，广西师范大学出版社2004年版）第8册录有焦易堂、覃震当时设法营救居正的通信。

[4] 按《邵元冲日记》（王仰清、许映湖标注，上海人民出版社1990年版，第864~865页）：1932年5月9日，中央政治会议讨论伍朝枢辞司法院长事，决定推居正为院长，覃震副之。虽然未说明居覃配的原因，其中大概有居正的意思在其中。

[5] 居正："梅川谱偈"，载陈三井、居蜜编：《居正先生合集》（上），"中央研究院近代史研究所"，1998年，第126页。

[6] 参见《中华法学杂志》（1935年1月?）"国内要闻"部分，第137~138页。"石志泉考察日本司法情形"："前司法行政部次长石志泉奉司法院命，携司法行政部民事司司长洪文澜赴日本考察司法，业已事毕，于一月一日回京。据石氏谈，此次考察，计费时一月半，在东京一个月，在他处十余日。"

法院副院长覃振赴欧美考察四十余国司法，[1] 次年春始，居正转赴华东视察司法，[2] 夏七月司法行政部长王用宾视察华北七省司法，[3] 规模与密度之大，足证当时改革的决心与准备的充分。

其次，需要注意，自国民党中全会决定于1935年召开国民大会，促使全国法界注意宪法问题，[4] 时任立法院长孙科即提出立宪两个原则“第一，它必须是合于我们的国情的；第二，它必须是合于我们时代的需要的”。[5] 由此在司法界之中，也可能产生诸种改革求新的动向，而此种动向，又因为“经济的国难”，[6] 随着中国国际贸易自1931年以来骤然恶化，可能举步维艰。所有的各个方面，汇聚成为一个“今日之民族问题”。[7] 相应的，此时司法考察转变思考的重心，有诸多的民族主义思想鼓动于其中，“此时立国之要，必在提倡民族历史精神，故于《建国月刊》中，既辑民族主义专号二集”，[8] 而此种种思潮，其根本在于当时时代中之国难感及因为无法清楚出路的困境。“现在民族复兴的声浪，充满了国内。这个运动，确是迫切的需要，但是人们好像拿主意不定……总得不到一个中心条件，树起全民族的信仰，发生全民族很勇敢的力量”。在认识上存在混乱的情况下，民族主义即在此时被强调而成为寻找出路的最可依赖的途径，“我们要挽救这种危亡，便要提倡民族主义，用

---

〔1〕 张小林：《覃振传》“附录：覃振佚文选”，中华书局2005年版，第236～260页。

〔2〕 居正：“梅川谱偈”，载陈三井、居蜜编：《居正先生合集》（上），“中央研究院近代史研究所”，1998年，第127页；王寿南、陈水逢主编：《岫庐文库》卷四十七，台湾商务印书馆1980年版，第368页，阮氏于1936年11月4日在南京专科以上毕业生就业训导讲话所记，居正视察司法日期应该是1936年春：“司法院院长居觉生氏，于本年四月，在司法院扩大纪念周报告亲自视察各省司法感想，并述及改进司法方法……前于此者，尚有去年全国司法会议开会时，所发表的开会辞与闭会辞。”司法会议于1935年9月召开，按此应推居正视察司法日期为1936年，不知居正所记是否有错。本文论述仍按居正《梅川谱偈》所记为准。

〔3〕 王用宾：《视察华北七省司法报告书》，见四川省档案馆四川省高等法院档案，档案目录号5－5－5－1，文件名称：四川省高等法院公报，民国二十五年（1936年）一月一日第七期“杂录”内，第3页记有：“惟因全国司法会议，为期不远，仅有四十余日，可资游览，乃定夏月视察华北，秋月视察长江上下，冬月视察华南”。华北七省包括：山东、河北、察哈尔、绥远、山西、陕西及河南各省。

〔4〕《东方杂志》1933年第30卷第7号，出版“宪法问题专号”，即可以看作是宪法问题在当时社会思潮中的反应。

〔5〕 孙科：“我们需要何种宪法”，载《东方杂志》1933年第30卷第7号。

〔6〕 参见《东方杂志》1933年第30卷第4号“经济的国难”。

〔7〕 孙科：“今日之民族问题”，载《东方杂志》1937年第34卷第1号“民族复兴问题”“慨自九一八事变以还，强邻席卷东北，欲壑侈张，冀鲁晋察绥诸省，危在旦夕。内则灾变迭起，农村枯绝，海关入超与年俱增。瞻望前途，民族问题之严重盖未有甚于此时者”。

〔8〕 王仰清、许映湖标注：《邵元冲日记》，上海人民出版社1990年版，第1068页。

民族精神来救国",[1][2]即在于"恢复民族自信"以及"确立民族共信"。[3]

对于民族主义的强调,很快在司法界见到响应。居正于国府纪念周讲中华民族复兴之前景,民族主义在当时的历史情境,已成为居正本人关注的焦点所在。"今之暴日,比狄何如!这不是被侵略的中华民族已临到一个最大的生死关头吗?"[4]与居正相呼应,覃振在赴欧美考察司法之前,即积极主张要实现"总理的民族主义","复兴民族,拯救国难",[5]是"促成少年中国的实现"[6]条件。因此,覃振认为拯救中国的根本问题,即民族问题。"现在谈到救国,便会想到政治的、经济的、文化的和武力的等等的方面,殊不知构成政治、经济、文化和武力的元素,就是民族;假使民族本身不健全,国家的繁盛是不可能的"。[7]

复兴民族,拯救国难的思想反应在司法界,即容易形成一种司法民族主义的情绪。

基于一些列国内外司法考察,加之鼓动于其间的民族主义思绪,此时在司法中枢产生出明显不同于先前的思想与表达。概言之,召开全国司法会议的提出,既是思想激变中的一个例子,亦是一种"民族主义在政治中的有意识运用",[8]其所要达成的目的,即民族主义在司法中的有意识应用,即如何实现在司法领域内民族主义与政治思潮的结合。

事实上,早在1935年的上半年,在全国司法会议积极筹备之时,正逢有关中国本位文化建设的大讨论如火如荼进行的时刻。当时,"当代名流学者文化巨子全国舆

---

[1] 覃振:"民族复兴运动中对于家族制之回顾",载《东方杂志》1935年第32卷第10号。

[2] 居正征引孙中山"民族主义第三讲"之论点,参见居正:《为什么要重建中国法系》,1946年。参见罗福惠、萧怡编:《居正文集》(第2卷),华中师范大学出版社1989年版,第501页。

[3] 孙科:"今日之民族问题",载《东方杂志》1937年第34卷第1号。

[4] 居正:"中华民族复兴之前途",参见军事新闻社编:"当代党国名人演讲集",载沈云龙主编:《近代中国史料丛刊》(第82辑·民族篇),文海出版社1983年版,第1~4页。

[5] 张小林:《覃振传》"附录:覃振佚文选"部分,中华书局2005年版,第246、247页。(原载于1934年2月27日《中央日报》,1934年2月26日覃振在政府纪念周作专题报告《拯救中国的根本问题》。)

[6] 张小林:《覃振传》"附录:覃振佚文选"部分,中华书局2005年版,第247页。(原载于1934年2月27日《中央日报》,1934年2月26日覃振在政府纪念周作专题报告《拯救中国的根本问题》。)

[7] 张小林:《覃振传》,中华书局2005年版,第245页。

[8] 罗志田:《乱世潜流:民族主义与民国政治》,上海古籍出版社2001年版,第169~174页。

论界权威”参与讨论文化本位问题，[1] 关怀的重心却在现在的中国：“现在的中国人都在徘徊歧路……我们总应该站在中国的立场，时时刻刻的不忘了我们现在要的究竟是什么？同时时时刻刻的去采取别人的长处来补充或充实我们的短处。尤其重要的，就是我们要时时刻刻的认清自己是世界上文明程度很高的民族”。文化建设问题讨论，不论持何种观点，有一个基本共识，即文化问题是一个现时的民族危机问题，“文化界有‘一十宣言’，[2][3] 以为今日世界文化中已不见有中国”。[4] 事实上，“看不见中国”，由一种文化的命题转而描述法律界的现实，在全国司法会议开幕之前，中国本位的语词即因此融入法律界对于中国变法前景的思考：“‘在文化的领域中，看不见中国了’。这两句话，在其他学术方面的真实性如何，不乏怀疑与探讨的人；但若用以说明中国现行的法律，实在是非常确当”。[5]

1935 年 9 月全国司法会议，确立以建立以中国本位新法系为纲领，事实上即是中国文化建设讨论在法律领域的承继与延伸，“把中国本位文化运动渐渐的应用到现

---

〔1〕 参见马方若：《中国文化建设讨论集》，经纬书局 1935 年版，第 1 页。按何（炳松）序：“自从本年一月十日我和九位友人发表了一篇‘中国本位的文化建设宣言’以后，国内贤达群起讨论。有的说我们的主张太过于新，有的说太过于旧，有的说我们的主张太过于调和折中，有的说可以颠扑不破；一时议论风生，颇呈百家争鸣的气象。其实我们的初衷无非想纠正一般盲目复古和盲目西化两种不合此时中国需要的动向，此外别无他意。所以我们的宣言假使能够引起大家注意这两种动向的危险，或者至少能够激起主张这两种动向者再能各加一番反省的功夫，那我们的目的就算达到了。因为我们少数人所能做的只是指出一个可能的方向，至于怎样走向那个方向，达到建设文化的目的，那是我们大家所应同负的责任。”

〔2〕 参见马方若：《中国文化建设讨论集》，经纬书局 1935 年版，何（炳松）序，第 1～2 页。

〔3〕 一十宣言，即 1935 年 1 月 10 日由《文化建设》月刊第 1 卷第 4 期上首先发表，后陆续由各报纸杂志转载，形成全国范围之讨论。一十宣言，内容很短，分三部分：一是没有了中国；二是一个总清算；三是我们怎么办。具体而言，“要言之：中国是既要有自我的认识，也要有世界的眼光，既要有不闭关自守的度量，也要有不盲目模仿的决心。这认识才算得深切的认识。循着这认识前进，那我们的文化建设就应是：不守旧；不盲从。根据中国本位，采取批评态度，应用科学方法来：检讨过去，把握现在，创造将来……用文化的手段产生有光有热的中国，使中国在文化的领域中能恢复过去的光荣，重新占着重要的位置，成为促进世界大同的一支最劲最强的生力军”。参见马方若：《中国文化建设讨论集》，经纬书局 1935 年版，第 1～6 页。

〔4〕 孙科：“今日之民族问题”，载《东方杂志》1937 年第 34 卷第 1 号“民族复兴问题”。

〔5〕 阮毅成：“怎样建设中国本位的法律”[民国二十四年（1935 年）六月三日在中央广播电台讲，原载南京政治评论第一百五十六号]，现载阮氏：“法语”（下册），王寿南、陈水逢主编：《岫庐文库》卷四十七，台湾商务印书馆 1980 年版，第 278 页。

行法律上"。[1] 也可以说，文化建设讨论实时地为居正及其组织的全国司法会议"指出一个可能的方向"，[2] 同时又意味着司法运动开始有了向文化领域的转向。

全国司法会议之召开：

因此，始于1934年11月筹备与积极准备，1935年9月召开的全国司法会议对于司法界而言具有了特殊的意义，而同时又是当年足堪笔之于书的"国家大事"。[3]"此次司法会议，为我国民政府创业以来之盛举，集全国学者专家名宿硕望于一堂，足以绳衍而正谬之机会，诚千载不遇者"。[4] 此次会议开会共五日（十六日至二十日），共有包括司法中枢各长官、各级法院院长首席检察官典狱长、律师公会代表、各法学院代表及聘请之专家等两百余人参加，"以言地域，除新疆、云南等边远省区，因交通不便未能及时赶到外，全国各省市乃至西南各省，均有代表参加。以言人数，一二百人虽不甚多，但观其所代表之机关团体，则可知凡与司法有关系者，均已大致网罗，其范围之广，远非以前司法会议所可比拟，称为'全国司法会议'，可谓名实相符"。[5] 对于全部议案四四六件，[6]"原案通过者三十七案，留供研究者四十一案，送交参考者二百七十七案，保留者四十四案；自行撤案者四案，不成

---

〔1〕 按陆季蕃所论，"最近有些人为抗战建国而憧憬将来法治之实现，由嫌怨现行法的态度，近而持评判的态度，把中国本位文化运动渐渐地应用到现行法律上……我国输入西洋法制虽不比其他科学为迟，但是它的进步却缓，回顾国内新法制的发展史，到现在足有五六十年历史，始终未脱却抄袭和全盘搬运的方式，离由批判而建立新中国法的途径还远，幸而随着敌人的炮火，把沉淀在国内社会文化下层的顽固者震醒——学法律者负有保守性，大有抛弃死记和硬解法律的精神来评判现行法的趋势，这不是很可喜吗?"参见陆季蕃："法律之中国本位化"，载《今日评论》1939年第1卷第25号。

〔2〕 参见马方若：《中国文化建设讨论集》，何（炳松）序，第1页。

〔3〕 参见李振华辑：《近代中国国内外大事记》（民国二十一年至三十年），载沈云龙主编：《近代中国史料丛刊续辑》（670），文海出版社1979年版，第5757～5758页。

〔4〕 王用宾：《视察华北七省司法报告书》，四川省档案馆四川省高等法院档案，档案目录号5－5－5－1，文件名称：四川省高等法院公报，民国二十五年（1936年）一月一日第七期"杂录"，第3～4页。

〔5〕 吴学义："全国司法会议之检讨"，载《法律评论》第630～632期。成就如此，但同时尚须担心其能否实行，吴氏在《法律评论》第632期作如是评："自民初采用新式司法制度，已历二十余年，全国已设地方法院的县市，只占六分之一强。其原因，固由于政治未上轨道，加以内忧外患，司法被人漠视；然经费困难，实为最大难关。即此次司法会议没有勇气、胆量、通过分期筹设全国地方法院案，只敢轻轻的决议交司法行政部'参考'，亦莫非如此……所以对于全国司法会议和最近司法行政部之整顿，改善县长兼理司法的办法，表示极端的失望。"

〔6〕 提案涉及司法问题者，有关司法经费问题者二十五案，司法收入及会计问题者十案，关于司法制度者三十四案，关于法院设置及法官配置问题者十八案，关于司法人员保障任用待遇及俸给问题者二十五条，关于县长兼理司法问题者凡二十案，关于律师问题者十五案，关于司法人员训练及考绩问题者五十六案。详细内容参见《全国司法会议汇编》（1935年9月16日至20日），四川省档案馆四川省高等法院档案，档案目录号5－14－1。

立者一案。凡律令之损益，制度之幸革，灿然大备于是”。[1] 这一切都足以使居正感到欣慰，“自国民政府成立以来，召集司法会议尚属创举。凡关涉司法之重要问题，均付讨论，意义极为重大，同时本会所负之使命，亦极为重大，将来会议结果，在我国司法历史上必占重要之一页”。[2]

居正论全国司法会议之意义：

按照居正于十二年之后的司法行政检讨会议（1947 年）的致词中，认为全国司法会议“虽只有五日，所得到的收获，却是不少。可以说，由于是次会议，重新决定了往后的司法方针，完成了整个的司法制度，即今日之之法治规模，亦莫不由于是次会议而予以奠定”。[3] 至 1935 年，或者说居正任职前四年之结果，按照居正所论，即开启了一个崭新的司法时期：国民政府司法制度之“形成时期”，“国民政府的司法制度，可分为三个时期：又十四年至十七年是草创时期，由十八年至二十四年为整理时期，由二十四年到现在为形成时期”。[4] 第三个时期“司法之要义，就是扩大国家的自由，以保护人民之利益”。[5] 也可以说，在 1935 年开始的“司法形成时期”，以全国司法会议为起点，至少意味着开始了一个“有国家”的中国法律时期，以克服中国法律“看不见中国”困局所引发的认同危机。

第三节 中华民国法学会成立及纲领

全国司法会议所带来最直接的结果，在于此次会议催生出一个可以施行会议共识及促使各项目标实现的固定组织，也是“国内惟一之法学团体”：[6] 该“组织，不特分子特多，几将包有我国全部的司法界人员，法律学的研究者，并扩充于政治学及经济学方面的人才；且除研讨现有的各项法学上问题外，并将集合所有法学的

---

〔1〕《全国司法会议汇编》（1935 年 9 月 16 日至 20 日）“会议始末纪要”，参见四川省档案馆，四川省高等法院档案，档案目录号 5 - 14 - 1。

〔2〕居正：“全国司法会议开会辞”，载《全国司法会议汇编》（1935 年 9 月 16 日至 20 日），参见四川省档案馆，四川省高等法院档案，档案目录号 5 - 14 - 1。

〔3〕居正：《全国司法行政检讨会议致词》（1947 年 11 月 5 日），参见上海图书馆馆藏，司法行政部编：《全国司法行政检讨会议汇编》开幕词部分，“司法院居院长训词”，第 5 ~ 6 页。又参见《居正文集》（下册），第 857 ~ 859 页。

〔4〕居正：“司法改造之三时期与最近司法之兴革”［民国二十五年（1936 年）七月七日在中央无线电广播处演讲］，载《中华法学杂志》1936 年新编第 1 号。

〔5〕同上注。

〔6〕按居正所论：“本会乃国内惟一之法学团体，本会会员率为法学界知名之士与执行法律实务者，故本会之工作与任务，实可谓全国法界之工作与任务，而本会所应努力者，亦正全国法界所应努力之方向。本会在成立时，曾揭举纲领六条，为本会工作之准绳，此纲领实即本会检讨自己策略自己之标准。凡我会员，均当铭之于座右者，并当年会之际，愿再将此纲领提出，以为吾人反省努力之资。”参见居正：“中华民国法学会三届年会献言”，载《中华法学杂志》1945 年第 4 卷第 3 期。

人士，以为中国新法学的建设。这个团体，便是中华民国法学会”。[1]

全国司法会议“公决组织中华民国法学会”，[2] 于全国司法会议闭幕之日，中华民国法学会同时宣告成立：[3] “创设‘中华民国法学会’，以本会议人员为发起，进而求海内法学之士多数参见，俾立永久之机关，徐谋前途之进步。庶赓续此次会议之工作，而完成同人之职责与使命”。[4]

中华民国法学会以建设新法学为目标，典型地表现在中华民国法学会纲领与宣言中。关于法学会纲领，[5] 其文全录如下：

“中华民国法学会纲领：一，确认三民主义为法学最高原理，研究吾国固有法系之制度及思想，以达建立中国本位新法系；二，以民生史观为中心，研究现行立法之得失及改进方法，求与人民生活及民族文化相适应，并谋其进步；三，根据中国社会实际情形，指陈现行司法制度之得失，并研求最有效之改革方案；四，吸收现代法学思想，介绍他国法律制度，均以适合现代中国需要为依归；五，阐扬三民主义之立法精神，参证其他学派之优劣，以增进法界人员对于革命意义及责任之认识；六，普及法律知识，养成国民守法习惯，以转移社会风气，树立法治国家之基础”。[6]

总体而言，中华民国法学会纲领事实上加于法学会一个极为庞大的角色，“本昌明中华民族固有文化之精神，因而研究世界先进法治国家之律令，以期能创造适合

---

〔1〕 阮毅成：“读中华民国法学会纲领”（1936年6月），参见阮毅成：“法语”（下），载王寿南、陈水逢主编：《岫庐文库》卷四十七，台湾商务印书馆1980年版，第284页。

〔2〕 台湾“国史馆”蒋中正“总统”文物（特交档案），函件名称：居正南京寝电，时间：1935年9月27，全文如下：“此次全国会议，公决组织中华民国法学会，一致公推我公任名誉理事长，乞允担任，时加指导。”函后批示：“不必，已复，9月28日，南京居院长觉生兄寝电悉△（复）密。承推为中华民国法学会名誉理事长，不克担任，请另选举为盼。中正△。”

〔3〕 参见《中华法学杂志》1936年新编第1号“中华民国法学会宣言”，记载如下：“本学会依据全国司法会议全体成员共同决议，于会议闭幕之日，在首都成立。会议人员悉为本学会之发起人，免荷图始之任，以举先登之旗，于欢欣自励之余，报远大相期之志，敢撮大端，敬告有道。”

〔4〕《全国司法会议汇编》（1935年9月16日至20日）“全国司法会议宣言”，四川省档案馆，四川省高等法院档案，档案目录号5-14-1。

〔5〕 洪兰友：“中华民国法学会纲领释义”，载《中华法学杂志》1945年第4卷第1期，时值中华法学会成立十周年，“当时参与法学会之出席人员，对于本纲领皆无异议，一致通过。十年后之今日，虽当第二次大战方酣，我国家正从事于空前未有之抵抗侵略战争，社会掀起极大之波动，然而检讨吾人十年前所定之纲领，其正确性不惟无丝毫之丧失，反而更觉其绝对正确，‘法治’与‘民主’已为我国家今后惟一之政治路线，而法学会之纲领，亦成为促进‘法治’与‘民主’所必经之桥梁。”

〔6〕 参见《中华法学杂志》1936年新编第1号，“居院长书本会纲领”，于纲领后，居正加注曰：“上列本会纲领六则为第四次常务理事会议决议，本会之职责与使命及同人所应努力共赴者，俱于此特录于本刊之首，愿与全会同仁共勉之。中华民国二十五年（1936年）七月国民政府成立十一周纪念后三日。”

国情顺应时代之法制，形成与大陆、英美鼎足而三之中华新法系”，[1] 主张“今日唯一办法，即在将固有文化思想发扬而坚强之”，[2] 在深刻的层面上，这意味着在中国正式出现了法律民族化运动，而法学会宣言与纲领之确立，即“中国法律民族化运动之先声”。[3]

全国司法会议召开，中华民国法学会成立，在认识论上，“中国”与“民族”已经成为具有了足够的话语优势，以至于此后体现为新法学的诸种努力，都可以从这两个基本词汇入手，寻求理解当时法律历史的依据。提倡司法民族化，依古今之辨（而非中西之辨）而重国情，在未否定法律普适性的情况下，强调法律作为一个历时的文化系统而非简单共时的法律形式存在，以历史的纬度思考如何促成现时法律系统的自我维系，这事实上构成了三十年代变法在法律认识论上的一个文化转向。

第四节 小 结

在居正司法时期（1932－1948），全国司法会议最为重要的成绩，即中华民国法学会的迅速产生，以及随之而来的“建设中国本位新法系论潮”[4] 在三四十年代持续的展开。在一九三五年，以全国司法会议发轫，以中华民国法学会为组织，以司法界为主体，以民族主义与建设中国本位新法系为认识论，从文化建设的角度解释法律转型所需的连续性与整体性问题，从而奠定了法律民族化运动的意识形态、组织形式与基本内容。三十年代，随着文化建设问题讨论，以民族危机意识为引导，以三民主义以及本国固有文化为内容，所形成司法民族主义的信仰结构[5]，标志着变法运动发生文化上的转型。

从“有国家”到“有中国”，从民族主义思潮至文化建设讨论，基于民族国家现实危局，在法律中重建文化，并重塑法律体系的整体性，这成为以法律民族化运动为内容的三十年代变法最为明显的特征。

---

[1] 参见《中华法学杂志》1936年新编第1号，“中华民国法学会宣言”。

[2] 覃振：《中华民国法学会组织要义》（在上海法政学院演讲）。

[3] 孙晓楼：“法律民族化的检讨”，载《东方杂志》1937年第34卷第7号。

[4] 参见陈顾远：“家族制与中国固有法系之关系”，载《中华法学杂志》1937年第1卷第7期，该文写作日期为1937年1月15日。

[5] 有关司法民族主义信仰结构（belief structure of judicial nationalism）的观点，可以参见G. Edward White, *The Marshall Court & Cultural Change 1815～1835*, Oxford: Oxford University Press, 1991, pp. 2～3.

论近代以来中国亲属法的思想基础

金 眉*

中国的法律传统，向无独立的婚姻家庭法存在，形式上，国家法的相关内容集中规定于刑律的户婚篇，以刑罚的形式表现出来；而在民间，习惯法、礼俗、乡规民约、族规等发挥着重要的调整作用。内容上，传统法有关调整婚姻家庭关系的规范集中体现为长幼尊卑和男尊女卑的家族主义精神。这种固有的法律体系在与近代西方法律遭遇后，转而解体并接受对西方法律的移植，即形式上从诸法合体向法律部门分类转型，内容上从尊卑、性别等差向人格平等转型，从家族权利本位向个人权利本位转型。这是一个长期的历史过程，其间以清末修律、民国南京政府和中华人民共和国的立法为三个重要的阶段。[1]

一

清末修律是由清政府组织的大规模的立法行为，从朝廷宣布变法到最后形成变法修律的指导思想，再到民律及其《亲属编》立法原则的形成，其间充斥着西法移植与国粹存废的激烈争议。有关婚姻家庭法律的编制，则是伴随着民律的起草而开始，因而它的编纂也受到民律编纂原则的制约，在清末王朝消亡的十年左右时间里，《亲属编》的指导思想、立法原则、体系结构逐渐清晰和明确。

最初，变法的正当性和合法性出现在光绪二十六年（1900 年）的皇帝诏令中。是年十二月，逃亡在西安的慈禧太后被迫以皇帝的名义发布《饬内外臣工条陈变法的上谕》，下诏变法，提出：

“世有万古不易之常经，无一成罔变之治法。穷变通久，见于《大易》。损

* 中国政法大学民商经济法学院教授，法学博士。本文系教育部人文社会科学 2006 年一般项目（06JA820042）《中国亲属法的近现代转型——从〈大清民律草案亲属编〉到〈中华人民共和国婚姻法〉》的阶段科研成果。

〔1〕 北洋政府因统治时间短暂，其立法暂且不论。

益可知，著于《论语》。盖不易者三纲五常，昭然如日星之照世；而可变者令甲令乙，不妨如琴瑟之改弦……大抵法久则弊，法弊则更……法令不更，锢习不破，欲求振作，须议更新。”并要求臣下，“各就现在情形，参酌中西政要，举凡朝章国故，吏治民生，学校科举，军政财政，当因当革，当省当并，……如何而国势始兴，如何而人才始出，如何而度支始裕，如何而武备始修，各举所知，各抒己见，通限两个月内悉条议以闻。”[1]

这一诏令的颁发正式宣告了清末变法改制的开始，它以中国古典经书为依据，予以变法在道德上和政治上的正当和必要性，初步形成了清末朝廷变法的指导思想，即在“三纲五常”不变的前提下，谋求变法改制。不过它所设定的纲常不变前提又为后来的立法者设置了一个困难而又矛盾的目标。由于“三纲五常”是建立在血缘等级社会之上的伦理原则和法律原则，寻求建立的是尊卑长幼男女不平等的秩序，而建立在商品经济和市民社会之上的近代民法，其精神和基本原则强调人的平等和契约自由，二者之间必然存在冲突，需要立法者在修律中寻求传统纲常与近代民法基本精神的协调。当然，这种冲突只是清末传统法制与近代西方法则冲突的一个缩影，对清政府而言，整个的变法改制还需要有一个能够保障变法、协调传统纲常与近代西方法律精神取舍的指导思想。

光绪二十八年（1902 年）二月清廷所下的两则上谕确立了解决冲突的指导思想和目标：

“中国律例，自汉唐以来代有增改。我朝《大清律例》一书，折中至当，备极精详。惟是为治之道尤贵因时制宜，今昔情势不同，非参酌适中，不能推行尽善，况近来地利日兴，商务日广，如矿律、路律、商律等类，皆应妥议专条，著各出使大臣查取各国通行律例，咨送外务部，并着责成袁世凯、刘坤一、张之洞慎选熟悉中西律例者，保送数员来京，听候简派，开馆编纂，请旨审定颁发。总期切实平允中外通行，用付通变宜民之至意。”[2]

“著派沈家本、伍廷芳将一切现行律例，按照交涉情形，参酌各国法律，悉心考订，妥为拟议，务期中外通行，有裨治理。”[3]

从上述上谕看，清政府在经历了太平天国运动和八国联军入侵以后，面对王朝摇摇欲坠、内外交困的危局，不得不放弃从前固守陈法的态度，转而寻求以变法修律来谋求图存之道。因此 1902 年的上谕与 1900 年相比，没有再强调“三纲五常”，

---

〔1〕（清）朱寿朋编：《光绪朝东华录》，中华书局 1958 年版，总第 4655 页。

〔2〕《清德宗实录》卷四九五，（清）朱寿朋编：《光绪朝东华录》（第 5 册），中华书局 1958 年版，总第 4864 页。

〔3〕《大清法规大全》卷首，第 1 页。

而是强调“务期中外通行”作为晚清修律总的宗旨。在笔者看来，这表明清政府全方位固守传统纲常的立场已经有所松动，存在由“在传统中变”向“传统外变”的趋势。其间的原因在于传统中国的思想和信仰体系已经无法维持其自我更新和自我完善，更急迫的一个原因在于当时中国社会面临的危机急在外部世界，即要以模仿西方法制实行法制变革来换取国家司法主权的完整，[1] 这一切都不是守旧所能解决。当然，这样说并不意味着清王朝对作为王朝根基的纲常伦理的怀疑、动摇和放弃，[2] 而是说在国家危亡之际，与守旧相比，革新更急。换句话说，在西方强势压迫下，追求皇权延续的价值理念和追求国家主权完整的目标，在一定程度上会导致对传统的价值观念和道德理性的急迫性放缓。但这也决定了清末对西方法律的仿效是不得已而为之。这种基于被迫而形成的修律动力导致在传统纲常调整较少的物质关系领域容易形成移植西方法的共识，而在孕育传统纲常的血缘亲属领域，立法者容易固守传统伦理道德而保留旧制，从而使得清王朝的整个法制改革在涉及财产关系的财产法领域容易变通，而在涉及身份关系的亲属法领域革新受阻维艰。

由于“中外通行”内存矛盾的立法宗旨，朝廷一方面坚持封建礼教意识形态，一方面又要融入近代西方资本主义世界的法律体系。这就给民律及其亲属编的制定设置了一个难题。事实上，由于清政府修订新律是按照王朝政治需要而展开，而不是按照西方欧陆法律体系的构成展开，使得作为民事基本法的民法典一直未能列入立法议程。迟至光绪三十三年（1907 年）四月，作为对报刊舆论呼吁制定民法的回应，清政府民政部上奏《请速定民律折》，内中言：

> “查东西各国法律，有公法私法之分。公法者定国家与人民之关系，即刑法之类是也；私法者定人民与人民之关系，即民法之类是也。二者相因，不可偏废。而刑法所以纠匪僻于已然之后，民法所以防争伪于未然之先，治乎所关，尤为切要。各国民法编制各殊，而要旨宏纲大略相似。举其荦荦大者，如物权法定财产之主权，债权法坚交际之信义，亲族法明伦类之关系，相继法杜继承之纷争，弥不缕析条分，著为定律。临事有率由之准，判决无疑是之文，政通民和，职由于此。中国律例，民刑不分，而民法之称，见于尚书孔传。历代律文，户婚诸条，实近民法，然皆缺焉不完……仰体圣谟，深思职守，窃以为推

---

〔1〕 光绪二十八年（1902 年）清廷与英国续订通商行船条约，内中规定：“中国深欲整顿本国律例，以期与各西国律例改同一律，英国允愿尽力协助以成此举。一俟查悉中国律例情形及其审判办法及一切相关事宜皆臻妥善，英国即允弃其治外法权。”“光绪二十八年（1902 年）八月辛卯”，（清）朱寿朋编：《光绪朝东华录》，中华书局 1958 年版。

〔2〕 事实上，对礼教的重视向为朝廷强调。光绪三十三年（1907 年）九月，朝廷在委任沈家本、俞廉三、英瑞充任修订法律大臣时，下达的任务是：“参考各国成法，体察中国礼教民情，会通参酌，妥慎修订，奏明办理。”（清）朱寿朋编：《光绪朝东华录》（第五册），中华书局 1958 年版，总第 5747 页。

行民政，彻究本源，尤必速定民律，而后良法美意，乃得以挈领提纲，不至无所措手。拟请饬下修律大臣斟酌中土人情政俗，参照各国政法，厘定民律，会同臣部奏准颁行，实为图治之要。”[1]

对此奏折的反映是清政府迅即批复民政部：“如所议行”，将起草民律的职责交由修律大臣和民政部共同承担，[2] 从而正式开始了民律的编纂。但朝廷早先既定的修律宗旨在民律的编修过程中遇到了两个棘手的具体问题：一是如何将朝廷既定的修律宗旨转变为民律具体的修律原则，一是如何确定民律编修的仿效对象？

光绪三十三年（1907 年）九月，针对宪政编查馆所定编纂民法、商法、民事诉讼法期限的奏折，[3] 朝廷颁发谕旨：

“派沈家本、俞廉三、英瑞充修订法律大臣，参考各国成法，体察中国礼教民情，会通参酌，妥慎修订，奏明办理。”[4]

上述谕令所定的“体察中国礼教民情，会通参酌”与朝廷向来主张的“参酌各国法律，务期中外通行”相比，朝廷在部门法的制定中显然表现出较过去强调中国传统伦理的立场，也许这可以视为清政府对当时礼法之争所隐含的对王朝统治的思想和社会基础担忧的一种回应，或者说是对修律中存在的西化方向的一种纠偏。无论如何，它强调了礼教在修律中的地位。自然，它也是民律编修的指导思想。

光绪三十三年（1907 年）六月，法部尚书戴鸿慈在所上《修订法律办法折》中提出清政府编纂法典的主事政策应为“采取各国之法，编纂大清国法律全典，于守成、统一、更新三主义兼而有之”。[5] 同年九月，宪政编查馆采纳了这一主张：“所称主事之政策，在兼用守成、统一、更新三主义，参酌古今，以期蔚成大清法律全典，洵属至当之论，允宜定为准则，昭示中外，为他日收回法权地步”。[6] 不过单就“守成、统一、更新三主义”的顺序看，“守成”居首，而将革新置后，可以说宪政编查馆的立场又较从前修律的指导原则表现出更强调传统的一面。事实上，为了保障礼教在新律的地位，清政府采纳了会议政务处的建议，规定有关礼教的法律条文由学部、法部、修订法律大臣会商议定，[7] 试图从组织机构上保障修律指导思想

---

〔1〕（清）朱寿朋编：《光绪朝东华录》（第五册），中华书局 1958 年版，总第 5664 页。

〔2〕（清）朱寿朋编：《光绪朝东华录》（第五册），中华书局 1958 年版，第 5682 页。

〔3〕宪政编查馆《议覆修订法律办法折》：“拟请仿照各国办法，除刑法一门，业由现在修订法律大臣沈家本奏草案不日告成外，应以编纂民法、商法、民事诉讼法、刑事诉讼法诸法典及附属法为主，以三年为限，所有上列各项草案，一律告成。”

〔4〕《德宗景皇帝实录》，卷五九七。

〔5〕故宫博物院明清档案部编：《清末筹备立宪档案史料》，中华书局 1979 年版，第 840 页。

〔6〕故宫博物院明清档案部编：《清末筹备立宪档案史料》，中华书局 1979 年版，第 850 页。

〔7〕《政治馆报》，光绪三十四年（1908 年）八月初一日，第 300 号。

的落实。

与民律确定编修指导思想同时的一个问题是确定民律编修的仿效对象。戊戌维新之际，国人以及清政府对法典楷模的选择还带有模糊性，在1898年康有为致光绪帝的上书中，我们看到的是宜采罗马、英、美、德、法、日本诸法的主张。这表明康有为对修律仿效对象的选择还处于古今未别、英美法德日不分、东西方并列、以西人为主的状态。[1] 同年，出洋大臣伍廷芳奏请变通成法，朝廷的谕示是令其博考各国律例和日本改定新例，酌拟条款。[2] 直至1902年，朝廷下诏修律也还未确定具体的仿效对象，所肯定的仍是各国法律。[3] 但是袁世凯、刘坤一、张之洞三督在保举沈家本、伍廷芳出任修订法律大臣的奏折中，已经明确提出应该仿效日本法，特别是民法。[4] 但朝廷在此一个多月后所下的上谕并未直接回应三总督的建言，只是在采纳三督推荐的修律大臣的同时，明确了修律的两大基本原则：一是一切现行律例，按照交涉情形，参酌各国法律，悉新考订，妥为拟议；二是确定了修律的目标是务期中外通行，有裨治理。[5] 之所以未作正面的回应，原因可能在于当时的朝廷并不清楚各国法律之间存在的差异。但是自甲午以后，朝廷内外推崇日本维新变法，对日本法的偏好广泛存在于朝野上下。继三督力挺仿效日本法之后，1907年5月，大理院正卿张仁黼在《修订法律请派大臣会奏折》中特别提到了日本的榜样作用：

> "日本法律本属支那法系，而今则取法于德、法诸国，其国势乃日益强。夫礼昭大信，法顺人情，此心此理，原可放诸四海而准，先王法制，本足涵盖环宇。我朝列祖列宗，制作美备，大经大法，超越前古。今我皇太后、皇上更取东西法律和诸一冶，于上年有修订法律之命，将见支那法系，曼衍为印度、罗马、日耳曼新旧诸法系者，复会归于一大法系之中，而成圣朝之法治，故不仅包含法、德，甄陶英、美而已。惟日本特为东亚之先驱，为足以备圣明之

---

〔1〕光绪二十四年（1898年）正月，康有为上书光绪帝："今宜采罗马及英、美、德、法、日本之律，重行施定，不能骤行内地，亦当先行于通商各口。其民法、民律、商法、市则、舶则、讼律、军律、国际公法，西人皆极详明，既不能闭关绝市，则通商交际势不能不措予通行。"转引自刘俊文、池田温主编：《中日文化交流史大系》（法制卷），浙江人民出版社1996年版，第193页。

〔2〕"饬令该大臣，博考各国律例及日本该定新例，酌拟条款，咨送总理衙门考办。"参见《德宗景皇帝实录》卷四二一。

〔3〕"著各出使大臣，查取各国通行律例，咨送外务部。并著责成袁世凯、刘坤一、张之洞，慎选熟悉中西律例者，保送数员来京，听候简派，开馆纂修，请旨审定颁行。总期切实平允，中外通行，用示通变宜民之至意。"参见《德宗实录》卷四八六。

〔4〕"近来日本法律学分门别类，考研亦精，而民法一门，最为西人叹服。该国系同文之邦，其法律博士，多有能读我之会典律例者，且风土人情，与我相近，取资较易。"参见《袁世凯奏议》卷十四，天津古籍出版社1987年版。

〔5〕《大清光绪朝实录》卷四九八。

采择。"[1]

同年11月，翰林院侗读学士朱福詵在《奏慎选私法编别选聘起草客员折》中明确指出中国编订民律应借鉴日本的经验，聘请日本民法学家梅谦次郎帮助中国起草民律草案。[2]

针对朱福诜的奏折，沈家本于光绪三十四年（1908年）在《修订法律大臣沈家本等奏议复〈朱福诜奏慎重私法编别选聘起草客员折〉》中肯定了起草民律应以日本、德国民法为范本：

> "臣等伏查欧洲法学统系约分德、英、法为三派，日本初尚法派，近则模范德派，心慕力追。原奏所陈确有见地，臣等自当择善而从，酌量编订。"

作为共识，修订法律馆聘用已在中国国内担任法律顾问的日本法律家松冈正义负责起草民律草案的前三编，但亲属、继承两编选任具有留洋经历的本国人起草，章宗元、朱献文负责起草亲属编，高种、陈箓负责起草继承编。鉴于亲属和继承的特殊性，清政府又指定亲属、继承两编由修订法律馆与礼学馆会商。1911年9月，修订法律馆将《大清民律草案》前三编上呈御览，同时将民律亲属编草案、继承编草案的"说明稿"交付礼学馆共同商订。但同年10月，辛亥革命爆发，旋即成立的袁世凯新内阁已无礼学馆的机构，短暂的时间让礼学馆实际难以作为，因而实际上清末民律草案的亲属、继承编由修订法律馆独立修订完成。

经历了激烈的争议，清末民律的立法指导思想最后被立法者演绎为法律编辑的四大要旨：

> "一、注重世界最普通之法则。瀛海交通于今为盛，凡都邑、钜埠，无一非商战之场，而华侨之流寓南洋者，生齿日益繁庶，按国际私法，向据其人之本国法办理。如一遇相互之诉讼，彼执大同之成规，我守拘墟之旧习，利害相去，不可以道里计。是编为拯斯弊，凡能力之差异，买卖之规定，以及利率时效等项，悉采用普通之制，以均彼我而保公平。
>
> 二、原本后出最精之法理。学说之精进，由于学说者半，由于经验者半，推之法律亦何莫不然，以故各国法律愈后出者，最为世人注目，义取规随，自殊剽袭，良以学问乃世界所公，并非一国所独也。是编关于法人及土地债务诸规定，采用各国新制，既原于精确之法理，自无凿枘之虞。
>
> 三、求最适于中国民情之法则。立宪国政治几无不同，而民情风俗，一则由于种族之观念，一则由于宗教之支流，则不能强令一致，在泰西大陆尚如此区分，矧其为欧、亚礼教之殊，人事法缘于民情风俗而生，自不能强行规抚，

[1] 故宫博物院明清档案部编：《清末筹备立宪档案史料》，中华书局1979年版，第834页。
[2] 参见张生：《中国近代民法法典化研究》，中国政法大学出版社2004年版，第51、62页。

> 致贻削趾就履之讥。是编凡亲属、婚姻、继承等事，除与立宪相背酌量变通外，或取诸现行法制，或本诸经义，或参诸道德，务期整饬风纪，以维持数千年民彝于不敝。
>
> 四、期于改进上最有利益之法则。文子有言：君者盘也，民者水也，盘圆水圆，盘方水方。是知匡时救弊，贵在转移，拘古牵文，无裨治理，中国法制历史，大抵稗贩陈编，创例盖寡，即以私法而论，验之社交非无事例，征之条教反失定衡，改进无从，遑谋统一。是编有鉴于斯，特设债权、物权详细之区别，庶几循序渐进，冀收一道同风之益。
>
> 以上四者，就其大者言之，此外凡关于民生利用，不遗涓细，依次撰录，借便遵循，而杜争讼。统计全书凡分总则、债权、物权、亲属、继承五编，三十七章。内亲属、继承二编，关涉礼教，钦遵迭次谕旨，会商礼学馆后再行奏进。"〔1〕

上述四大要旨虽然确立了民律编修的具体指导原则，但各准则对应适用的领域是大不相同的：有关"能力之差异，买卖之规定，以及利率时效等项"对应适用的是"注重世界最普通之法则"；"关于法人及土地债务诸规定"，对应适用的是"后出最精之法理"，采用各国新制；债权、物权对应适用的是"改进上最有利益之法则"；至于亲属、婚姻、继承等，对应适用的是"除与立宪相背酌量变通外，或取诸现行法制，或本诸经义，或参诸道德，务期整饬风纪，以维持数千年民彝于不敝。"很显然，在民律所调整的社会关系中，亲属和继承法律被界定为承载传统礼教伦理的领域。这种由编修指导原则所确定的分别适用原则，既是对清政府历次修律指导思想的落实，但它也从根本上决定了民律在结构体系和内容上的分裂。

事实上，《大清民律草案》在形式上采纳了西方法律关于公法与私法相区分、民刑分治的制度，同时模仿德日民法的编纂方法，将有关婚姻家庭关系的法律作为独立的一编加以规定，成为民法典的一个组成部分，从根本上改变了《大清律例》民刑合一和以惩罚手段处理民事关系的法律传统，因而在形式上具有会同中西的特征。但其体系结构则对应于上述要旨的而呈现结构体系上的分裂。民律的前三编为日本民法专家起草，接受了近代民法的基本精神和原则，以革新旧制，顺应世界潮流为目标，为个人本位的立法；而后两编亲属法和继承法则由中国人起草，以符合传统礼教为目标，为家族本位的立法。这种体系结构上的分裂，大大超过了当时既有的《法国民法典》、《德国民法典》和《瑞士民法典》。

亲属编共分五章，采用总分的编纂方法，各章依次为：通则、家制、婚姻、亲

---

〔1〕 宣统三年（1911年）元月，修订法律大臣俞廉三等在进呈《大清民律草案》前三编时，曾奏称本次法律编辑要旨有四。参见故宫博物院明清档案部编：《清末筹备立宪档案史料》，中华书局1979年版，第912～913页。

子、监护、亲属会。其间废除了一些封建婚姻家庭制度，如废除了良贱不婚、“七出三不去”等传统制度，采用了当时近代西方法的夫妻联合财产制和结婚离婚登记制，但是具有纲领作用的通则的内容实为亲属制度的规定，亲属的类别和亲疏远近的确定仍然建立在重男轻女、内亲外亲有别的宗法基础上，夫妻之间、父母子女之间在法律上仍然存在身份和财产关系上的不平等，由此可以说亲属编中法律设置的个人不是具有平等独立地位的个人，相反，他们仍然是具有宗法血缘身份的个人，宗法仍然是法律规定权利义务的出发点。因此，相对于当时已经存在的《法国民法典》、《德国民法典》和《瑞士民法典》，《亲属编》的立法基础仍然是血缘宗法伦理，从这一意义上讲，尽管它在形式上已经采取了西方法的公私法划分，在亲属法中也取消了社会等级对婚姻制度的影响，[1] 但仍保留了基于性别和年龄而形成的男女、长幼身份等级差别，实质上仍是封建宗法意义上的婚姻家庭制度，称其为旧法内部的革新并不为过。

清末之时，一切的变革都是围绕着解除中国被动的国际处境的紧急出路。今天我们回溯往昔时，应该看到这实际上是中国进入近代世界体系的一部分，它是在世界进入民族—国家时代，清政府企图通过皇权主导的行政改革，将帝国直接转化为主权国家，进而以统一的“中国”置身列国并争的世界体系之中。[2] 这种源于外部压力而转生改革动力的皇权改革，决定了清末将改良作为帝国自我转化的途径，即在帝国时代形成的文化认同的基础上将帝国转化为主权国家，这使得法律的转型不可能彻底。

在笔者看来，这种体系结构上的分裂，实际上是中国上层社会在法律转型之际，对维系传统社会的思想根基能否得以传承的忧虑的反映，对这种忧虑，宋育仁在《泰西各国采风记》中有深刻的说明，他认为，如果西学和西教影响扩大，势必动摇中国传统的基础，也动摇传统中国的宇宙观和价值观。他特别提到，如果接受西方知识中的一些根本性预设，而抛弃传统中国的根本依据，使“天为无物，地与五星同为地球，日月星不为三光，五星不配五行，七曜拟于不伦，上祀诬而无理，六经皆虚言，圣人为妄作，”那么传统的真理和秩序将被颠覆，“据此为本，则人身无上下，推之则家无上下，国无上下。从发源处决去天尊地卑，则一切平等，男女均有自主之权，妇不统于夫，子不制于父，族姓无别，人伦无处立根，举宪天法地、顺阴阳、陈五行诸大义一扫而空。”[3] 正是由于古代中国人是由家内伦理推导出国家伦理的恒定性，这种家国一体的关联属性，决定了国家不能放弃自己的根基——礼

[1] 如《大清民律草案·亲属编》废除了传统法中良贱不婚的规定。

[2] 参见汪晖：《现代中国思想的兴起》（上卷），三联书店2004年版，第822页。

[3] 宋育仁：“泰西各国采风记”，载《郭嵩焘等使西记六种》，三联书店1998年版，第388页；葛兆光：《中国思想史》（第2卷）“七世纪至十九世纪中国的知识、思想与信仰”，复旦大学出版社2004年版，第689页。

教传统。

客观地说，亲属编的体系结构根本上受制于当时中国社会的现状。二十世纪初的中国，虽然处于急剧动荡的年代，但社会基层的结构仍然是宗法血缘社会的延续，作为宗法生存基础的小农经济仍然是社会基本的经济形态。宗法的特点是依照出生先后和性别差异决定个人在婚姻家庭中的地位，同理，建立在宗法血缘社会之上的法律精神也是以长幼和性别决定一个人在婚姻和家庭关系中的权利和义务，长幼、男女被置于尊卑不平等的地位，各自承担不平等的权利和义务。正是从这一意义上讲，社会现状制约着修律者不能超越时代，只能采取二元的价值结构体系。

事实上，由亲属编的立法而导致的民律体系结构上的分裂反映了近代以来中国社会一个共同的特质，那就是革新与认同的共存，前者表现为赞同西方文化的工具理性价值，后者表现为对民族传统价值精神的坚持。从表面上看，二者存在矛盾，但是在二十世纪初的主流观点中并不被视为分裂的元素，相反，在民族危机基础上产生的追求国家生存、富强的新价值观所指向的是因民族危机而生的谋求国家自立和民族生存这一群体的、政治的目标，因此立法者完成修律的时候，内心并无道德分裂的感觉。

从当时的世界看，可以仿效的亲属法立法，一是个人主义亲族法，它以1804年法国民法典、1900年德国民法典和1907年瑞士民法典草案为代表；一是家属主义亲属法。前者以个人为社会本位，后者则是以家为社会的基本单位，以日本亲属法为代表。由于清末改制定性为改良，这决定了修律要尽可能地保留帝制时代形成的文化认同，在亲属、继承编的起草中没有采纳欧陆个人主义立法例，而是选择了日本法为楷模。对日本法仿效的原因是复杂的，除去学者们已经指出的，既有当时社会对日本维新成功的认同，又有同洲同文、邻近易往来、取资容易的原因，[1] 笔者还认为，决定这种选择的根本原因是日本亲属法中保留的浓厚的家族主义精神，让清末修律者找到了可以继续延续帝制时代文化的精神依托。其实就清末的修律而言，如同清帝国的其他改革一样，它不是自发而生而是被迫所为，这使得它的改制要尽可能地保留帝制时代的原貌，这种被迫性推动着修律者要在诸国法律中选择最能与帝制时代沟通的法律作为仿效的对象。毫无疑问，仍然保留了家制的日本法给中国的修律者留下了追随的榜样。

二

1927年“四·一二”之后，国共合作破裂，蒋介石集团在南京自立政府，史称南京国民政府（1927～1949年）。与清末和北洋政府时期的立法不同，南京国民政府

---

〔1〕 刘俊文、池田温主编：《中日文化交流史大系》（法制卷），浙江人民出版社1996年版，第194～196页。

的立法是在国民党的直接领导下进行，它体现的是政党的主张。这一时期有关亲属和继承的立法仍然被界定在民法典的体系之内，按照当时的立法程序，首先由立法院的正、副院长拟订民法各编的立法原则，再由立法院将拟订的立法原则提交国民党中央政治会议审议。[1] 民法起草委员会以审议定案的立法原则为立法依据，起草相应的法律条文。[2] 因此，立法必须符合国民党的政党主张，那就是三民主义。

孙中山有关三民主义的主张是建立在对中国社会面临的亡国灭种的社会危机的思考之上。正如孙中山所言，三民主义就是救国主义，目的是促进中国的国际地位平等、政治地位平等、经济地位平等，使中国永久适存于世界。[3] 因此，跟上世界潮流，以平等地位跻身于世界民族之林是三民主义的目标。所以接受西方世界通行的规则是必须的，但是平等、自由、博爱的西方理念在孙中山看来并不完全适合中国的国情，所以他主张的自由是就国家的自由而言，民权则是人民在政治上的地位平等，民生是平均地权。尽管有上述差别，但孙中山仍然认为三民主义并不是民粹主义的主张，而是与林肯所言的“民有”、“民治”、“民享”相通[4]也就是与当时世界潮流相通的主张。他认为恢复民族主义的途径，除了利用宗族建立民族团体外，还包括恢复固有的旧道德。不过为他所肯定的旧道德已经是去除了封建色彩的道德，他对忠孝仁爱信义作了现代解释，认为这是我们民族的精神，优越于外国。[5] 同时认为，欧美有欧美的社会，我们有我们的社会，彼此的人情风土，各不相同，因此之故，改革政治便不能完全仿效欧美。[6] 所以在三民主义的思想体系中，革命的目的是要跟上世界潮流，但现代的目标不排除借用传统的手段。传统与现代并不是割裂的，传统可以有效地转化为现今社会的内核。三民主义主张内存的革命与传统的调和无疑为民法典内部财产法与身份法精神的内在统一奠定了思想基础。

事实上，民法典的制定更多地体现了三民主义的原旨，而不是后来带有政客性的说教。在民法典的起草中，作为政治权力体现的政府与作为知识权威的法律家能够合作的基础是三民主义的信仰和民族复兴的理想。立法院院长胡汉民作为民法典起草的核心人物，实际负责了各编立法原则的拟订。他在相关的演讲和座谈中，多次以立法院院长的身份阐述起草民法典的宗旨，其主要著述有：《三民主义之立法精神与立法方针》、《社会生活之进化与三民主义的立法》、《法律与自由》、《立法工作的三种意见及其他》、《我们立法要具有建设革命的精神》、《立法院的各委员会应怎

---

[1] 一般由中央政治会议指定该会议常务委员或者该会议法律组审议。

[2] 起草完成的法律条文还须提交立法院审议，经三读审议后定稿。之后，立法院将定稿的草案提交国民政府国务会议议决公布，并确定施行日期。

[3] 参见孙中山：《三民主义》，岳麓书社 2000 年版，第 1 页。

[4] 参见孙中山：《三民主义》，岳麓书社 2000 年版，第 273 页。

[5] 参见孙中山：《三民主义》，岳麓书社 2000 年版，第 58、62 页。

[6] 参见孙中山：《三民主义》，岳麓书社 2000 年版，第 133 页。

样努力》、《民法债编的精神》、《民法物权编的精神》、《民法亲属继承两编中家族制度规定之意义》等。内中言论无疑着力寻求三民主义与立法的有机结合，将三民主义转化为平等、自由、博爱的私法精神，实现民法典内部财产法与身份法精神的统一，避免清末修律法律精神上的分裂缺陷。

革命性与传统性都得到了立法者的强调，对此胡汉民先生在《社会生活之进化与三民主义的立法》中有详细的阐述：

> “我国自满清侵入，异族专制，垂二百余年；近复受帝国主义之压迫，备受经济文化之侵略，民族地位低落，政治组织崩坏，人民生计破产，成为整个中国问题。所以孙总理诏示我人，建国治国之最高目的，必须从民族、民权、民生三方面同时并进，以完成民有、民治、民享的新国家，庶不致蹈帝国主义虚伪的民生主义，或个人之资本主义覆辙。然而民有、民治、民享的新国家何以完成？必先以武力扫除建设之障碍；而彻底表现革命主义，尤在于立法。是以无论任何革命，当以法律彻底表现其革命主义。如斯之立法，谓之革命的立法。革命的立法有进取性，所以要迎头赶上世界一切新学理、新事业；革命的立法有改造性，所以不能因袭古代成规，继承外国法系。”
>
> “我国的革命为国民革命，是就整个民族、民权、民生的问题谋解决的革命。即其立法为同时解决整个民族、民权、民生问题而立法，故三民主义的立法与我国古代法律思想不同，与欧美的法律观念相异。盖中国历代制礼立法，完全是立于家族主义的基础上，现在的立法是立于民族利益的基础上，此其不同者一也；从前立法，维护君主专制，而现在的立法，不独拥护人民的利益，且以保障民族精神民权思想民生幸福为中心的一切新组织，此其不同者二也；从前立法，独注意农业社会家族经济之关系，而现在则要注重农业与工业并进的民族经济之关系，此其不同者三也；更从社会组织与国家组织上观察，从来中国的法律，公法与私法相混，可以说私法完全纳于公法之中，此种简陋之法律制度，自不能适应时代之要求；现在三民主义的立法，不独要将公法与私法分清，且将法的基础置于全民族之上，此其不同者四也。总此四端，即为三民主义的立法与中国历代不同之点。”
>
> “至于三民主义的立法与欧美不同者，盖因欧美近代立法的基础，俱以个人为本位，根本上认为个人为法律的对象，《拿破仑法典》可推为代表欧美个人思想的法律制度。迨至十九世纪之末二十世纪之初，其立法趋向始由个人的单位移至社会的单位。惟欧美各国各有其特殊情势，在妥协性的思想占优势之国家，多数因袭从前认个人为社会单位的旧观念，认定个人有天赋的权利，有其不可侵犯的自由。然人的权利与自由，成为人权观念的内容；而人权观念，成为立法的基础。现代虽有稍事变更，亦不过于社会共同福利最低限度内，抑制个人自由，仍偏重于个人自由，忽略社会全体之利益也。此种法律制度较诸我国家

族主义的法律制度尤觉落后。盖我国以家族团体为单位的立法，夙以团体之利益为立法之出发点，不过其团体之构成较现代社会为稍狭耳。三民主义的立法对此尤觉不满，况此种个人单位的法律制度欤？至于改造性的思想占优势之国家，虽已将社会为单位的观念代替个人为单位之思想，惟误认社会生存关系为阶级对立关系，而不知社会生存关系为协动关系，为连带关系，须以整个社会为单位；决不能分化社会，以任何阶级为单位也。即此而观，以上两者之法律观念，均不能适应于现代社会之生存关系，尤与三民主义的精神不相吻合，此三民主义的立法所以与欧美的制度异趣也。"[1]

有关三民主义与国民政府的具体立法如何结合的关键在于确立取舍的标准。这种结合的共同基础是迎头赶上世界一切新学理、新事业，求得中华民族在世界民族中的生存地位。因此，对不合时宜的传统法从体系到结构直至条文进行根本性的改造是民国政府立法的既定目标，而赶上与否的参考标本是外国法。不过对一个强调民族主义的政党来说，如何在立法中协调固有传统与世界潮流的相互关系有时又是十分棘手的。[2] 特别是在亲属领域，面对民族在长期的历史中形成的固有制度和习惯，如何寻找平衡实属难题。不过三民主义为解决这一难题奠定了思想基础。那就是，无论是革命还是守成，都应以顺应世界潮流为标准，但现代的目标不排除借用传统的手段。因此传统与现代并不是割裂的，传统可以转化为为现今社会服务的因素。三民主义主张内存的革命与传统的调和无疑为民法典的内在统一奠定了思想基础。由于三民主义成为了立法精神，其革命的特质就决定了民国民法典对西方私法精神的接受，即自由、平等和博爱的精神成为民法典的法律精神，也就为立法者树立了取舍的价值评判标准。而三民主义与民法典立法的成功结合，形成了统一的法律精神，那就是自由、平等的私法精神贯串于财产法和身份法中，成为民法的普遍原则，这就在民法典的结构上彻底消除了《大清民律草案》与北洋政府《民律草案》在精神上的断裂，[3] 实现了财产法和身份法在法律精神上的同一，从而也在根本上决定了南京民国政府的民法典能够跻身于当时世界的前列。

对西方私法精神的接受表现在民国民法典的诸多方面：

首先是对宗法家族主义的否定。传统的婚姻以“合两姓之好，上以继宗庙，下以继后世”为目的，因而不是为个人而是为家族而设立，个人在婚姻和家庭中只是

---

〔1〕 转引自杨鸿烈：《中国法律思想史》，中国政法大学出版社2004年版，第301~302页。

〔2〕 1930年11月20日，胡汉民在接受《大公报》记者的采访，谈及民法亲属、继承编的制订时，曾就家族制度这一固有传统的核心表示出棘手的心态：“中国家族制度，长短不一，优劣互见。应如何斟酌损益，实为最难解决之问题。本人近来直是舌战群儒两面为难，盖新者以我为旧，旧者以我为新。而我之本意则尽欲保留若干中国家族制度的精神于不坠。”

〔3〕 《大清民律草案》、北洋政府《民律草案》的前三编以自由、平等原则为主导，但有关亲属、继承编则仍然保留了传统宗法的精神，因而在结构和精神上造成了中法与西法的分裂。

被定位为延续家族血缘的角色，制度如此的意义设计决定了个人没有决定自己婚姻的自由。至于相互间的权利与义务，传统的法律是依照长幼有序、男尊女卑的宗法精神建构，亲属是按宗法划分为宗亲、外亲和妻亲，宗亲为本，范围广及九代，而非宗亲不仅在范围上较宗亲窄小得多，而且同样的血亲只是因为男女、内外的宗法划分而亲等不同，由此承担的权利义务也不同。但是民国民法典对宗法精神的亲属和继承法律是一个彻底的颠覆，其制度的设定赋予个人自主决定婚姻而不是由尊长主婚的权利，废除依照宗法划分亲属和计算亲等的做法，采用西方国家通行的男女双系计算法，以亲属产生的来源为标准将亲属划分为配偶、血亲和姻亲三类，同时采用基于父母双系亲属平等的罗马法亲等计算法来计算亲属的亲疏远近。亲属关系的重新定义完全改变了继承中的宗法世代继承秩序，继之废除了宗祧继承，实行单一财产继承制；同时，法律废除有关嫡子、庶子、嗣子一类的宗法称谓，统一按照婚姻生育的标准，将子女划分为婚生和非婚生，从而消除了父母子女关系和继承关系中的宗法因素。

其次是在总则中确立男女平等的原则，并将其贯串于亲属、继承两编具体的家庭身份关系中。在《大清民律草案》和北洋政府《民律草案》中，妻都被规定为限制行为能力人，离婚条件也是男宽女严，亲权的行使则以父亲为先，只有在父亲不能行使时，才由母亲行使，同时在一定范围内承认夫权的存在。但民国民法典否定了既往立法中的男女差别，这不仅体现在关于权利能力与行为能力的规定不分男女，夫妻互为配偶，人格平等，取消妾制，亲属分类和亲等计算男女双系平等，亲权以父母共同行使为基本原则，女子与男子具有同等的继承权，这不仅表现在女子不论已婚未婚，与男子享有同等的继承权，也表现在配偶有相互继承权，寡妇鳏夫对于配偶的遗产享有同等的权利，还表现在各类亲属与被继承的亲等的远近相等，不因性别而有所差异。

最后，民国民法典对西方私法精神的接受还表现在以契约的精神调整夫妻财产关系。法律规定夫妻可以在婚前或者婚后以契约就该法所定的约定财产制中，选择一种为夫妻财产制。具体来说，夫妻财产制分为法定财产制与约定财产制两类，其中又以联合财产制为法定财产制，以共同财产制、统一财产制为和分别财产制为约定财产制。在约定和法定之中，法律视约定的效力高于法定财产制，有约定从约定，无约定则适用法定财产制。

此外，契约精神的确立还带来了婚姻自由原则的确立，由此推演出男女订婚自由、结婚自由和离婚自由的制度。

总之，民国民法典对西方法的接受在十九世纪二三十年代已经走在世界的前列，但这并不排除对中国固有传统的改造性保留。以民法典对家族制度的态度看，宗法制被废除，法律只设家长，其权利较从前大为削弱，另设亲属会议处理相关事宜。可以说，民国民法典对中国国情的考虑和传统的任何保留，也是在迎合与不违背世界潮流的前提下的有选择的保留，它符合了三民主义对传统有效转化的理念。这样的立法使得民国民法典亲属法的某些方面较当时的一些资本主义国家的法律更具革命性和先进性，[1] 比如有关已婚妇女的行为能力的规定、有关婚生子女与非婚生子女的划分、以建立在共同生活基础上的家制取代宗法家族制度，都较日本民法更体现近现代民法的精神。

孙中山由对家族制度存在的留恋而转生利用宗族建民族团体从而恢复民族主义的途径，其《民族主义》第五讲："中国有很坚固的家族和宗族团体，中国人对于家族和宗族的观念是很深的。譬如中国人在路上遇见了，交谈之后，请问贵姓大名，只要彼此知道是同宗，便非常之亲热，便认为同姓的伯叔兄弟，由这种好观念推广出来便可由宗族主义扩充到国族主义。我们失了的民族主义，要想恢复起来，便要有团体，要有很大的团体。我们要结成大团体，便先要有小基础，彼此联合起来，才容易做成功。我们中国可以利用的小基础，就是宗族团体。……依我看起来，中国国民和国家结构的关系，先有家族，再推到宗族，再然后才是国族。这种组织一级一级的放大，有条不紊，大小结构的关系，当中是很实在的。如果用宗族为单位，改良当中的组织，再联合成国族，比较外国用个人为单位，当然容易联络得多。"[2]

强调"中国向来的立法是家族的，欧美向来的立法是个人；而我们现在三民主义的立法乃是社会的。这是三民主义的立法所以异于。历史上的立法精神和今后的趋势之所在，不能不特别注意。"这里的社会概念，尽管与古代的家族观念是有区别的，但其内在的精神取向是相吻合的——都是对个人自由的抛却……封建的传统法律观念在国家至上和社会本位的招牌下就获得新的发展。

虽然民国民法典是汇集政治权威与知识权威的产物，但它的效力又是极为有限的。这首先受制于政权的有效管辖。民国南京政府从形式上看实现了国家权力的统一，但实际上它从未在真正意义上统一过中国。北伐结束，国民政府的势力实际上只限于沿海、沿江的江苏、安徽、浙江等数省，国民党的政权权威受到中共、国民党地方军事实力派和日本三个方面的挑战，尽管它一直在寻求统一的国家权威，并通过法制建设来捍卫和推动国家权威的确立，但政权的割据状态使得法律的权威在区域上显得支离破碎。虽然确立了以党治国的模式，但国民党只是在中央一级实行"以党统政"，省以下则实行党政完全分开，所以在省以下的基层，国民党的组织形同虚设，其影响力很难依靠其组织渗透于社会生活的各个方面，更难以渗入社会基层以影响民众。

与此同时，土改和改造乡村社会的失败，导致未能触动中国社会最基层的宗法

---

[1] 直至第二次世界大战后（1947 年），日本才在民法中修改关于限制妇女行为能力的规定和"庶子、私生子"的称呼。而在欧洲各国，"非法的子女"称呼一直存在于第二次世界大战以后。

[2] 孙中山：《三民主义》，岳麓书社 2000 年版，第 53 页。

土壤，使得中国的乡村仍按着自发演变的轨迹发展，与国民党主观上不断谋求改造乡村的努力相脱离。因此，乡村成为传统习惯势力的堡垒，带有浓厚封建性的习惯在国家法之外发挥着主要作用，而建立在欧美文化基础上的民国民法典，也只能在政统影响所及的狭小范围内有效。

影响民国民法典实行的另一因素是精英化的立法团体对民众生存状态的忽略。此外，缺乏训练有素的司法队伍也是影响法典实施的一个原因。

因此，民国亲属、继承法的制定虽集各国民法之精要，但它作为国民党社会改革的工具，因缺乏实现的社会条件而未实现其既定目标。这一任务的基本完成在历史上是由共产党的革命来实现的。

三

与国民党不同，中国共产党采取了激进的方式改造中国。一个基本的认识是，封建婚姻家庭制度是建立在男性掌握封建财产权基础之上，依靠封建统治的四种权力——政权、族权、神权和夫权维护的反动制度，个人特别是妇女是这种制度的牺牲品。它不仅是家庭痛苦的根源，而且严重地阻碍着社会生产力的发展。私有制和阶级剥削是历史上存在过的一切不合理的婚姻家庭制度的根源，它们将随着私有制和阶级剥削制度的消灭而消灭。所有的婚姻家庭问题的核心是妇女问题。

在早期共产党领导人看来，经济制度的变革是解决一切问题的关键，只有在解决所有制之后，一切才会迎刃而解。[1] 但在毛泽东的思想逻辑中，政治斗争和经济斗争的胜利才是解决婚姻家庭问题的关键。他认为中国的男子受到政权、族权、神权的支配，而女子在此之外，还受到夫权的支配、这代表了全部封建宗法的思想和制度。[2] 因此，作为革命政党的共产党的责任就是将所有在封建婚姻家庭制度支配下的男女群众，特别是妇女解放出来。在所有的改革中，妇女的解放是婚姻家庭制度废旧立新的关键。沿着这样的逻辑，我们可以看到这样一个实现婚姻家庭制度革命的途径：婚姻自由由政治革命→经济革命→妇女解放→新婚姻家庭制度确立。在旧制度的废除和新制度建立的过程中，政治革命无疑发挥着最重要的作用。在十九世纪上半叶，中国革命历经二次国内革命战争、抗日战争和解放战争，虽然各个阶段的具体任务有所不同，但由政治革命带来经济解放，从而实现婚姻家庭领域废旧立新和妇女解放的思想始终未改变，并得到不同阶段的婚姻家庭立法的肯定：

“在封建统治之下，男女婚姻野蛮到无人性，女子所受的压迫与痛苦，比男

---

〔1〕 李大钊就认为：“经济问题的解决，是根本问题。经济问题一旦解决，什么政治问题、法律问题、家族制度问题、女子解放问题、工人解放问题，都可以解决。”李大钊：《李大钊选集》，人民出版社1959年版，第233页。

〔2〕《湖南农民运动考察报告》。

子更甚。只有工农革命胜利，男女从经济上得到第一步解放，男女婚姻关系才随着变更而得到自由。”（1931 年中华苏维埃共和国中央执行委员会第一次会议关于暂行婚姻条例的决议）[1]

“男女在社会上、政治上、经济上、家庭地位上，一律平等，实行严格的一夫一妻制，这是边区新民主主义社会的一种表现，在殖民地、半殖民地，半封建的社会里女子被当作一种商品而买卖，被当作一种奴隶而奴役，“三妻四妾”，成为一些特殊阶级的权利；“男尊女卑”“夫唱妇随”成为封建人物奴役妇女的“天经地义”。所有这些，随着边区新民主主义政治经济的建设，都被粉碎着！妇女解放是社会解放的一个内容，而妇女也只有在社会解放当中才能求得自己的彻底解放。”[2][3]

“婚姻制度是社会细胞的家庭制度底基础，是整个社会制度底一个组成部分。它随着社会的变化而变化，伴着社会整个经济基础和上层建筑的发展而发展。在它底基础上建立起来的作为社会经济单位和社会文化教育单位的家庭制度，在一定程度上也严重地影响到社会生产力底发展。中国人民解放战争和人民革命的伟大胜利，中华人民共和国的光荣诞生，中国人民政治协商会议共同纲领的实施，尤其是土地改革的实行，使中国社会发生了一个根本的变化——由半封建半殖民地社会发展为新民主主义社会的变化。……作为半封建半殖民地的旧中国社会组成部分的旧婚姻制度，不但成了家庭痛苦的一种根源，而且成了社会生活的一条锁链；它不但把占人口半数的绝大多数的妇女投入奴隶生活的深渊，而且也使大多数男子遭受无穷的痛苦。它真正成了新生的社会肌体上已经衰败的细胞，阻碍着新社会健全有力的发展。为着新社会在政治上、经济上和文化上建设力量的增长，特别是为着解开一切束缚生产力发展的枷锁，随着全部社会制度的根本改革，必须把男男女女尤其是妇女从旧婚姻制度这条锁链下也解放出来，并建立一个崭新的合乎新社会发展的婚姻制度。”[4]

共产党人认为婚姻和妇女痛苦的根源在封建制度，婚姻家庭革命就被设想为与民主革命的目标一致，成为共产党改造中国社会的一部分。在第一次国内革命战争时期，虽然没有制定成文的婚姻法规，但通过党的若干会议，已经确立了新民主主义的婚姻家庭基本原则。在根据地时期，每当革命成果被巩固在一定的土地和人口

[1] 韩延龙、常兆儒编：《中国新民主主义革命时期根据地法制文献选编》（第 4 卷），中国社会科学出版社 1984 年版，第 788 页。

[2] 1941 年晋察冀边区行政委员会指示信《关于我们的婚姻条例》。

[3] 韩延龙、常兆儒编：《中国新民主主义革命时期根据地法制文献选编》（第 4 卷），中国社会科学出版社 1984 年版，第 816 页。

[4] 1950 年中央人民政府法制委员会关于中华人民共和国婚姻法起草经过和起草理由的报告。

之后，一批新的婚姻法令就被确定下来。这些法令一以贯之的精神是废除封建主义婚姻制度，实行婚姻自由和妇女解放的婚姻制度。

法令的条文大多在一二十条左右，内容极为简单，在很大程度上更像是政治宣言书，它的目标是要将一种出自政治信念的婚姻家庭生活方式推之于人，因此最初它是为赋予和接受其理想价值的群体而设，但从更广阔的意义讲，它不是立足于历史，而是立足于未来。从结构上看，这些法令大致由三大部分组成：第一部分为总则，规定立法宗旨和基本原则；第二部分主要规定结婚、夫妻的权利义务、离婚及离婚后的子女抚养与财产的处理以及非婚生子女的基本权利等；第三部分为附则，规定本法的解释权和修改权，或通过的机关，以及实施日期。整个法令是以夫妻关系为中心来建构，并不涉及其他亲属关系，子女的权利是依附于离婚而规定。这是一个以夫妻关系为主轴的法律，联系到革命政权并无其他的婚姻家庭条例，这样的制度设计无疑又是在肯定和鼓励个人切断与亲属的联系，因为革命队伍需要的是简单的婚姻关系，父母子女关系因其附属性而被规定于离婚法条中，亲属则是革命不需要发展的社会关系，它被排除在法律调整的范围之外，如此一来，婚姻家庭关系变得简单起来，而宗法家族的纽带在法律上则被彻底割断。缺少亲属内容的法律结构，为新中国成立后制定的婚姻法所继承，延续至今。不过它的后遗症也是存在的，这将在下文提及。

由于革命政党从来不相信既有的婚姻是幸福的，它只相信生活在旧婚姻家庭制度下的人都在受苦，因此将适用于根据地的法律在新中国成立后加以推广，将成千上万的男女从旧制度的压迫下解放出来就成为共产党在政权问题解决后的急迫任务。1949年以后，包括法律在内的国家权威在推动私人生活转型方面起了至关重要的作用，而自上而下推行的新婚姻法运动是以新婚姻法的制定和实施为关键。

与民国南京政府法典制定的一个相同之处是有关婚姻家庭继承的立法是在中国共产党及其所属的政府组织的直接领导下进行，因此，政党的主张也成为婚姻家庭法制定的理论基础。马、恩、列、斯、毛关于婚姻家庭和妇女解放的思想直接成为法律制定的思想基础，而苏联首创的婚姻家庭法独立于民法之外的法典模式和婚姻家庭法学理论为新中国的立法全面接受。事实上，自制定根据地婚姻家庭条例以来至五十年代制定的新婚姻法，在法律原则上都秉承了苏联婚姻家庭法的精神，诸如婚姻是男女自由与自愿的结合、夫妻平等、一夫一妻、保护妇女和儿童等都规定于法律中，法律条文的结构是以夫妻关系为家庭的主轴，婚姻家庭法成为独立于民法之外的部门法。

从一开始，新婚姻法就被界定为是中国人民在赢得革命战争胜利之后，与全国范围进行土地改革同时，进一步肃清封建残余和建立新的社会生活的重大的社会改革,[1] 所以对它的实行，国家采取了自上而下通过群众运动的方式，对新政权的畏惧使得婚姻家庭改革运动能够自上而下顺利推行，结果是婚姻法的宣传普及到了乡村和街道，婚姻家庭的改造计划在意识形态领域十分成功，自由恋爱、男女平等等新观念通过政治教育、宣传机器和民间娱乐活动等被引进城市和农村基层社会。在历次政治运动中，国家发动了对父权、男性中心和传统家庭观念的批判。

国家在推行婚姻家庭改革运动的同时，采取了从经济和政治上消除旧婚姻家庭制度生存土壤的做法。五十年代实行的土地改革，族产被分到个人，宗族仪式被放弃，国家用新的行政机构与干部系统取代了过去以血缘与地方士绅为基础的民间权力体系，而集体化运动的开展结束了家庭拥有土地和其他生产资料的历史，生产由生产队组织的方式直接导致了家长权威的衰落。城市工资制和农村工分制的实行，使得家庭收入的主要来源是劳动力而不是传统意义上的土地等不动产。男女并肩工作，同工同酬，男女平等具有了经济基础。在现实婚姻家庭生活中，夫妻关系逐渐成为家庭关系的主轴，核心家庭成为社会的普遍形式，个人也就日渐独立和自主。

与西方社会的家庭主要是通过工业化和城市化过程中工作与家庭生活分离而私人化不同，中国社会革命的结果是，家庭在从亲缘、宗法的权力下解放出来的同时，又过多受到行政权力的干涉，这在婚姻家庭领域表现为政治对个人家庭生活的过度干预。在集体化和户口制度下，个人对国家形成了依附，而在激进的政治运动年代，国家保持了干预私人生活的合法性。人们在择偶时往往将婚姻与政治清白联系起来，在有关的法律解释中，这种联系得到充分的肯定：

> "基于共同生活（包括共同劳动等）共同事业（包括对新社会、新国家的政治态度等）而引起的相互了解特别友谊所形成的难相互爱情，是男女结婚的基础，也是婚后夫妻关系持续的基础；也就是男女婚姻自由的直接的真实的基础"[2]
>
> "男女结婚，应该是以共同事业（包括对新社会、新国家态度等）共同劳动和共同生活所引起的相互了解与特别友谊所形成的相互爱情为基础底双方本人完全自愿的夫妻关系的结合。"[3]

历史上，男女因政治意见不合或者阶级地位不同都可以提出离婚，这种以政治标准解决婚姻家庭问题的做法在新中国成立后得以延续。[4] 在五六十年代，阶级划分的方法也影响到婚姻家庭纠纷处理的原则。绝大多数婚姻家庭纠纷被划定在人民

[1] 参见《中央人民政府政务院关于检查婚姻法执行情况的指示》(1951 年)。

[2] 参见《关于中华人民共和国婚姻法起草经过和起草理由的报告》(1950 年)。

[3] 参见《关于中华人民共和国婚姻法起草经过和起草理由的报告》(1950 年)。

[4] 参见"湘赣苏区婚姻条例"，载《中国新民主主义革命时期根据地法制文献选编》(第 4 卷)，中国社会科学出版社 1984 年版，第 800 页。

内部矛盾的范畴，但在人民内部矛盾的婚姻家庭纠纷中，又有相当数量被认为是反映着社会主要和资本主义两条道路、两种思想的斗争。个人政治错误的严重与否、有无悔改，不仅决定着婚姻家庭纠纷的性质，还决定着对能否解除婚姻关系的认定。[1] 对民众的怀疑导致了政府要求天下所有的婚姻必须向政府登记，在将男女婚姻视为公私利益统一的大事的同时，国家加强了对个人的控制，结婚需要单位证明，同理，离婚也需要单位证明，单位在个人的婚姻家庭生活中充当了国家干预的角色。[2]

婚姻法倡导家庭成员之间的相互平等，批判父权、夫权和族权，同时却又依赖于传统的养老机制，法律内存的矛盾性使得赡养缺乏一种近乎宗教般的责任。正如有的学者在考察农村婚姻家庭的变迁后所指出的："没有了宗族体制与宗教信念和仪式的支持，所谓父母之恩的观念开始被削弱，上下两代人的关系变得更加理性，更具自我利益的意识。结果，父母再也没有天然的权利要求儿女报答养育之恩，两代人之间变成了一种日常生活中的交换关系。"[3] 而通过法律诉讼的结果只是在经济上帮助解决赡养问题，与之相伴的却往往是亲情的疏远。

在领袖们的思想中，革命被界定为暴动。列宁："革命是什么意思呢？这就是用暴力打破陈旧的上层建筑，即打破那种由于和新的生产关系发生矛盾而一定时期就要瓦解的上层建筑。"[4] 毛泽东："革命不是请客吃饭，不是做文章……革命是暴动，是一个阶级推翻另一个阶级的暴动。"[5] 由于法律被认为是阶级统治的工具，对旧法统维护旧政权的憎恨连带产生了革命与旧法制互不相容的思想。1949 年 2 月，在中华人民共和国成立前夕，中共中央发出了《关于废除国民党的六法全书与确定解放区的司法原则的指示》，明确指出"在无产阶级领导的工农联盟为主体的人民民主专政的政权下，国民党的六法全书应该废除。"华北人民政府旋即颁布了《废除国民党的六法全书及一切反动的法律的训令》，较中共中央的指示又近了一步，这一训令规定"废除国民党的六法全书及一切反动法律"，并宣布"以蔑视与批判态度对待国民党六法全书及欧美、日本等资本主义国家一切反人民的法律，用革命精神来学习马列主义、毛泽东思想的国家观、法律观，学习新民主主义的政策、纲领、法律、

---

〔1〕《中华人民共和国婚姻法基本问题》，中国人民大学民法教研室 1958 年编，收藏于中国政法大学图书馆。

〔2〕《关于中华人民共和国婚姻法起草经过和起草理由的报告》（1950 年）对采用婚姻登记的解释是："人民政府不把人民婚姻问题当作外于社会国家公益的私事，而是看作社会国家的男女组成员间公私利益统一的大事。"直到 2003 年《婚姻登记条例》制定，单位才从婚姻家庭中退出，婚姻家庭重新回归它应有的位置。

〔3〕阎云翔：《私人生活的变革：一个中国村庄里的爱情、家庭与亲密关系》，上海书店 2006 年版，第 207 页。

〔4〕列宁："社会民主党人在民主革命中的两种策略"，载《列宁论国家与法》（第 1 卷），法律出版社 1960 年版，第 142 页。

〔5〕《毛泽东选集》（第 1 卷），人民出版社 1991 年版，第 17 页。

命令、条例、决议，来搜集与研究人民自己的统治经验，制作出新的较完备的法律来。”这样一来，新政府不仅否定了国民党六法全书，还否定了历史上所有对立的法律。拒绝接受旧时代遗产的做法在新中国成立后被推行于大陆地区，对旧法统的全盘否定，有利于自上而下地迅速建立新的婚姻家庭制度，从实行的效果看也是卓有成效的。但在涉及私人婚姻家庭生活的领域，完全用意识形态解决问题的思路并不符合历史的理性。婚姻法与传统彻底决裂的理念，导致了长期以来农村地区国家法与民间习惯的冲突。来自西方的一极——苏俄——的法律观念和制度如何与源自中国人几千年婚姻家庭生活的实践相协安好，将是一个长期棘手的问题。[1]

另一重要问题是法律结构中亲属制度的空缺。自解放区的婚姻法到新中国成立后的第一部婚姻法直至今天，我们的法律体系中一直缺乏规范亲属关系的法律，有关亲属制度的一般性问题，如亲属的范围、种类、亲系、亲等以及计算方法等，现行法律都未涉及，许多时候，相关的法律各自为政，例如关于近亲属的范围，民事法律与刑事法律的规定就存在范围上的差别，关于姻亲的范围也无统一规定；[2] 而一些应当由法律调整的亲属关系又委诸道德调整，难以达到约束和规范的目的。[3] 与这种法律现状相关联的历史背景是新中国成立后组织的异常强大取代家族成为人们工作和生活的基本单位，从宗法血缘中解放出来的个人不再隶属于家族亲属关系，但被纳入各种类型的组织之中，由这些组织满足他们的各种需求，维护他们的利益，同时也控制他们的行为，对组织的依恋取代了对亲属关系的依恋；与此同时，从革命的立场出发，人们容易对亲属关系持消极态度，最终导致立法对亲属关系的漠视。

简要的总结

清末之时，一切的变革都带有被迫和应急的特点。在世界已经进入民族—国家的时代，清政府企图通过皇权主导的行政改革，将帝国直接转化为主权国家，进而以统一的“中国”置身列国并争的世界体系之中。[4] 这种源于外部压力而转生改革动力的皇权改革，决定了清末将改良作为帝国自我转化的途径，即在帝国时代形成的文化认同的基础上将帝国转化为主权国家，这使得法律的转型不可能彻底，在民

〔1〕 事实上，新中国成立后各级司法组织对来自下级法院的各种解答在因应现实问题的同时，在很大程度上也是在弥补与传统联系的不足。

〔2〕 最高人民法院《关于贯彻执行〈中华人民共和国民法通则〉若干问题的意见（试行）》第12条规定：“民法通则中规定的近亲属，包括配偶、父母、子女、兄弟姐妹、祖父母、外祖父母、孙子女、外孙子女。”但《刑事诉讼法》第86条所规定的近亲属则不包括祖父母、外祖父母、孙子女、外孙子女。又如《法官法》和《检察官法》都规定了近姻亲在任职回避的亲属范围内，但《婚姻法》对姻亲的范围并无规定，造成法律适用上的困难。

〔3〕 例如现行法对直系姻亲之间的权利义务就既未尊重传统，也未吸收近代以来男女平权的思想。

〔4〕 参见汪晖：《现代中国思想的兴起》（上卷），三联书店2004年版，第822页。

法典的体系上形成财产法与身份法精神上的割裂。

作为现代政党，共产党和国民党都将婚姻家庭制度的改革作为社会改革的组成部分。民国南京政府民法典的制定是以三民主义为指导思想。在三民主义的思想体系中，革命的目的是要跟上世界潮流，但不排除借用传统的手段。三民主义内存的革命与传统的调和无疑为民法典内部财产法与身份法精神的内在统一奠定了思想基础，避免了清末修律法律精神上的分裂缺陷。但是由于政权管辖的有限以及国民党土改和改造乡村社会的失败，导致未能触动中国社会最基层的宗法土壤，乡村成为传统习惯势力的堡垒，带有浓厚封建性的习惯在国家法之外发挥着主要作用，而建立在欧美文化基础上的民国民法典，也只能在政统影响所及的狭小范围内有效。

与国民党的软弱无能不同，共产党采取了激进的方式改造中国婚姻家庭制度。革命年代积累的群众运动经验在新中国成立后被充分运用于旧制度的废除和制度的建立中。与意识形态领域改革的同时，土地制度的改革从根本上消除了宗法社会存在的土壤，个人从家族的身份里解放出来，但与此同时，在相当长的一段时期内，婚姻家庭法律受到来自国家政治力量的干预。而习惯的力量又在广大的农村地区存在，形成国家法与民间习惯至今在一定程度上的冲突。

回顾历史，客观地看，国共两党领导下的婚姻家庭法律改革，作为二十世纪政党社会改革的一部分，都是为改造中国社会所作的努力。只是激进的方式也许更适合改造中国这样一个封建传统根深蒂固的社会。事实证明，新中国成立以后以国家权威推动个人婚姻家庭生活转型的做法是行之有效的。这又验证了中国社会不同于西方历史发展的一个规律，那就是，中国社会的变革往往不是由经济基础的变革引起，而是由政治革命直接推动。

清末民初商会的仲裁权

江 眺*

很多学者将清末民初的商事仲裁权视为一个整体。[1] 但笔者认为，这两个时期的商事仲裁权在法律属性上是完全不同的。清末商会的商事仲裁权尚未法律化，性质上仍然属于民间私力救济手段；而民初由于商会仲裁权的法律化，使它的性质从实质上变为一种公力救济手段。

一、清末：商会仲裁权仍属民间私力救济

（一）清末商会仲裁权产生的背景

1. 商会力量的壮大。清末商会作为工商业者自己的社团组织，它的产生一方面是随着工业化程度的扩大，商人力量壮大的结果，另一方面也是当时官商双方在利益交汇趋同的情况下，力图消除相互隔膜，共同振兴实业的产物。清政府对于商会寄予厚望，希望能够通过办商会来达到沟通官商关系的目的。“商会者所以通商情、保商，利有联络，而无诈虞。各国能孜孜请求者，其商务之兴如操左券。中国历来商业务紊未请求，不特官与商隔阂，即官与商亦不相闻问，不特彼业与此业隔阂，即同业之商亦不相闻问。计近数十年间开辟商埠至今三十余处，各国群趋争利而华商势涣力散，相形见绌，坐使利权旁落，浸成绝大漏。故论商务于今日实与海禁未驰以前情事迥异。……则今日当务之急，非设立商会不为功夫。商会之要义约有二端，一曰剔除内弊，一曰考虑外情。”[2] 商人们对于设立商会也抱有很大希望，苏州绅商在呈请准设商会的禀文中，即曾指出“朝廷轸念时局，洞烛外情，特设商务专部。……大部又奏请特派参议大员驰赴行省，劝设商会，以其内外上下联成一气，实行保护商人、振兴实业政策，务俾商业进步，日有起功，以与各国争衡，驰逐于商界之中，此诚富强之至计焉。”[3]

商会的成立，改变了此前商家个人和行帮的落后形象，通过商会有史以来第一

---

* 中国社会科学院法学研究所博士后，华侨大学法学院副教授。

[1] 刘红娟：“近代中国商会商事公断处职能研究的启示”，载《社会科学战线》2006 年第 3 期；郑成林：“清末民初商事仲裁制度的演进及其社会功能”，载《天津社会科学》2003 年第 2 期；任云兰：“论近代中国商会的商事仲裁职能”，载《中国经济史研究》1995 年第 4 期。

[2] “商会简明章程”，载《大清法规大全》，实业部，卷七。

[3] 《苏州商会档案汇编》，华中师范大学出版社 1991 年版，第 68 页。

次将各业分散的工商业者凝聚成为一个相对统一的整体。商务总会通过分会和分所，层层联结和渗透，跨出省垣成为网罗府厅州县更多资本家的轴心，进而改变了各行业和地区间工商业者互不联系的分散孤立状况。从全国范围看，各省的商务总会虽至互不统属，但在比较重要的实践活动中也遥相呼应，密切配合，又使全国的工商业者建立起虽比较松散却令人瞩目的政治经济网络。因此，商会的成立是分散的工商业者初步聚集形成为一支独立阶级队伍的重要标志。同时，商会系由清廷饬令谕允成立，经商部颁给关防大印，享有合法的社会地位。这样工商业者从此即可通过商会以社团“法人”的新姿态，斡旋于官场之间。[1]

2. 商事习惯调查的展开与商人法律意识的提高。有鉴于修律中因为法律移植所产生的问题，清政府开始了对商事习惯进行系统调查的活动，此次调查又是官、商双方结合进行的。在商人一方，自1907年上海首次商法讨论会后便开始由各地商会着手进行，主要调查合伙经营方面的经商习惯，为商法的修订做准备。政府方面的商习惯调查，亦启动于1907年。是年五月，大理院正卿张仁就修订法律上书清廷，指出：“凡民法商法修订开始，皆当广为调查各省民情风俗，所习为故常，而于法律不相违悖，且为法律所许者，即前条所谓不成文法，并将民商事习惯调查视为编纂民商法典之要义也。”[2] 该奏折已明确将民间习惯视为不成文法，将民事习惯调查视为制订民商法典的重要环节之一。

调查主要以两种方式进行，首先，根据需要派员赴各地调查考察民事、商事习惯；其次，由修订法律馆拟定调查问题，颁发各省调查局及各县，各地调查人员依据拟定的问题搜集各地习惯，然后将答复清册总报送修订法律馆。而官方的商事习惯调查，在极大程度上是依靠各地商会进行的。在时任法律馆纂修的朱汝珍致苏州商会张履谦的书信中谈到，“弟承修订法律大臣奏派调查各省商事习惯，为编订商法之预备”，“盖商法含有世界性质，各国大抵从同。然因国民经济之程度作事实之习惯，亦往往有独异之处。吾国地大物博，商事尤极繁琐。今编制商法，不取裁外国则反乎从同之倾向，徒取裁外国与吾国习惯相应，恐又不能得推行。敝馆先从事调查，实虑及此。……弟由沪而苏，见贵省行商皆有同业规条，团体所集，恒能自为裁判，扩而充之，即吾国商法之泉源。”[3]

商习惯调查得到商会的支持，苏州商会于接到调查的同年四月就颁布了《苏商总会研究商习惯简章》。[4]《简章》第一条宗旨中就明确规定，“研究关于苏地各业之习惯，分类条答，以备法部修律之条陈，而保商人之权利。”此时的商人们对于商

---

〔1〕 马敏、朱英：《传统与近代的二重变奏——晚清苏州商会个案研究》，巴蜀书社1993年版，第149～150页。

〔2〕《清实录》，卷五七三。

〔3〕《苏州商会档案汇编》，华中师范大学出版社1991年版，第248页。

〔4〕《苏州商会档案汇编》，华中师范大学出版社1991年版，第255～256页。

事立法必须依赖于商事习惯，不仅有较清楚的意识，并充分表达了自己的意愿，在中国首次大规模的商习惯调查中扮演了重要的角色。

（二）商会理案及其局限性

1. 商会裁判权的确立。调解商事纠纷、受理商事案件，是清末商会保护商人利益的一项重要措施，也是商会在经济方面的重要职能之一。商会成立之前，商事裁判权掌握在官府衙门手中，工商户遇有商事纠纷，负责处理此类案件的各级衙门通常视这类纠纷为钱债细故，要么久拖不决，经年不理，要么违背事理，随兴处理。主事之官吏“熟商务而通情者甚鲜，且其升迁黜陟商不能议”。绝大多数又只知“以抑商为主，或且以肥己为心，故商务之中一涉官场，必多窒碍”。[1] 鉴于商人们对于官府的不满，清政府于1904年颁行《商会简明章程》，赋予了商会调解商事纠纷的权利。章程第十五条规定，“凡华商遇有纠葛，可赴商会告知总理，定期邀集各董秉公理论，以众公端，如两造尚不折服，任其具禀地方官核办。”[2] 自此，商会的调处商事纠纷得到清政府法律上的认可。1906年7月，商部更颁发商会理结讼案统一格式，要求商会从速理结商事纠纷。“凡遇各业此等倒欠钱债讼案，一以竭力劝导，从速理结，以息讼累为宗旨。故凡有赴商局控追以及奉督宪发饬讯之案，皆由议员饬由该会各业商董遵照奏定章程，传齐中证，开会集议，凭两造当面秉公议劝理结，俾其勿延讼累。”[3]

商会理案的最大特点是破除了旧有的等级森严、刑讯逼供的衙门积习，以理服人，秉公断案，主要采取倾听原、被告双方申辩，以及深入调查研究，剖明道理的办法来调解息讼。在理案的依据上，商会一般依据商事习惯或公认的道德准则，但有时也据引《公司律》等刚颁行的商事法规。“判决例如习惯法，不便适用即取现行之商律及破产律为裁判之资助。”[4] 在实践中收到很好的效果，广受商人的欢迎。“现综计该会自开办至今理结此等钱债讼案，盖已不下数十余起，而其中时有曾经纠讼于地方衙门经年未结之案，乃至一该会评论之间，两造皆输情而遵理结者，功效所在，进步日臻。”[5]

2. 商会理案的局限性。商会兴办商事裁判所处理商事纠纷的做法，虽然在实践中发挥了很大的作用，但它同时也威胁到地方官的司法权限，引发清政府的危机感，导致了清政府开始对商会权力进行限制，因而这种作用也带有很大的局限性。

1909年2月，农商会为此添设裁判员，开始收回商事裁判权。“本局既有保护商会之责，自应设法维持。现添设裁判员一缺，专管商务词讼。凡商会所不能调处之

〔1〕“书税务司理财要略后”，载《江南商务报》第2期。

〔2〕《大清法规大全》，实业部，卷七。

〔3〕《苏州商会档案汇编》，华中师范大学出版社1991年版，第522～523页。

〔4〕“四川成都商会商事裁判所规则”，载《华商联合报》第17期。

〔5〕《苏州商会档案汇编》，华中师范大学出版社1991年版，第523页。

诉讼，或移请局裁判，或由各商民直接具控者，均由本局裁判员禀承审断，以期随到随讯，随讯随结，涤净官气，无扰商民。业将情形详奉两院宪批准照办，嗣后全省商民凡关于商界之诉讼，或经商会调处而不折服，或不愿商会调处者，唯其向本局具禀申诉，听候示期集讯。其有刑盗重大案件，仍由各商民自赴本管有司衙门控告，本局概不受理，以清界限。"[1] 1911 年，清政府通令全国商会，商事诉讼一体由审判厅处理，"嗣后遇有商民诉讼，凡省城商埠，应赴审判厅呈诉，未设审判厅地方应仍赴府州县呈诉。上控案件，本部及劝业道概不受理。庶司法行政机关不致混淆，惟以前未结之商事讼案，自文到后，限三个月仍由劝业道转饬各府州县从速讯结，报部核销，以清积案，毋得再行延缓"。[2] 至此，商会裁判权又重新被清政府收回。

二、民初：商会仲裁权的法律化

（一）商事公断处的成立

民国二年一月二十八日，北京司法工商两部颁布的《商事公断章程》[3] 规定，"商事公断处应附设于各商会"，"公断处对于商人间商事之争议立于仲裁地位，以息讼和解为主旨"。由此而成立的商事公断处标志着商事仲裁的法律化。章程依据国际上关于仲裁的原理，规定了商事公断处的组织、权限及公断程序。

公断处受理的案件只限于两类，一类是未起诉前双方当事人合意申请仲裁，另一类是起诉后由法院委托调处者。对于已经起诉的案件，无论是出于商人申请或法院委托，在双方同意的前提下，可以向法院撤回起诉。公断处的仲裁裁决必须经双方当事人同意始发生法律效力，如当事人不愿遵守仲裁裁决仍可以提起诉讼。发生法律效力的仲裁裁决，"应为强制执行者须函请管辖法院为之宣言"。对于所争议的事实，评议员于公断前询问当事人，必要时可以亲自或委托调查，可以询问证人、鉴定人，但无强制权。

商事公断处的成立使商会仲裁权由民间自力救济手段演变为公力救济手段，商会通过行使法律赋予的仲裁权，在商事纠纷中仲裁裁判，将商法与商事习惯进行了沟通，推动了商事法律本土化的进程。

（二）关于商事公断处的权限争议

由于《商事公断处章程》中规定的商事仲裁权非常有限，因此不为各地商会所接受。《商事公断处章程》中规定的商事仲裁权却不为各地商会所接受，他们纷纷要求修改，扩大商会的仲裁权。如山东商会联合会就提出，为了商事公断处的权力，首先需要修改既有章程，规定公断处享有"调查实权"，即调查证据权和调查财产

---

〔1〕《苏州商会档案汇编》，华中师范大学出版社 1991 年版，第 528 页。

〔2〕《苏州商会档案汇编》，华中师范大学出版社 1991 年版，第 529 页。

〔3〕《农商司法部会同修正商事公断处章程及办事细则》，国家图书馆藏。

权。河南总商会提议，商事公断处应成为“辅佐法院机关”，直接参与处理债务诉讼。在公断执行上，如商事公断处认为“当事人有逃匿之虞”时，有权将其移送法院“暂为拘押候审”。[1] 对于商会的意见，政府虽对章程进行了修改并于民国三年九月二十一日颁行了《商事公断处办事细则》，但并没有从根本上改变商事公断处作为仲裁机构的权限。

政府与商会关于商事公断处的争议表现了双方在司法观念上重大分歧。由官方主导的制度化目标是要尽快实现所谓司法与行政的分离，建立独立的司法裁判系统，既不受官厅所控制，也尽量排除来自民间的干扰，这正是官方要求建立限于商事仲裁的商事公断处的真意。然而，商会方面则希望能够更加尊重商人的权利，获取更多商事裁判权，让商人自己来决定自己的命运。所以在商人看来，它是对司法自治权的限制。对政府而言，却是司法规范化、法制化的必然结果。且从本质上讲，司法的强制性是国家权力的象征，商会作为商人的组织拥有司法权，即使只有很小的部分，也是对国家权力的侵渔，并可能影响到司法机关的权威，必不能为政府所接受。但商事公断处的成立，作为商事仲裁制度化和法律化的标志，成为中国商事仲裁制度的开端，加快了近代商事立法与商事习惯在适用中的融合。商会通过行使法律赋予的仲裁权，在商事纠纷中仲裁裁判，将商法与商事习惯进行了沟通，推动了商事法律本土化的进程。

与诉讼严格的程序要件和规范的证据要求不同的是，商事仲裁无论在审判方式还是法律适用上都采用了较为灵活的方式。这不仅符合商会自身的特色，且更契合中国传统文化中“息讼”的理念。上海总商会商事公断处方椒伯在其就职演说中，谈到商事公断处的性质时即认为，“商事公断处为商业上之仲裁机关，凡遇商人因商行为发生争议，得请商事公断处公平断定之，实寓息事宁人之意。”[2] 以上海商事公断处的成员为例，处长方椒伯为上海东陆银行经理，评议员宋淑章为上海中国银行经理，王震为大连轮埠公司董事，穆湘玥为厚生纺织公司经理，钱永铭为上海交通银行经理，乐俊宝为上海泰昌木器号经理等等。从公断处成员的职业可以看出，他们均来自金融界和实业界，他们对于商法的理解带有他们从实践中得来的经验和认识，因此他们对法律的运用更好的沟通了法律与习惯的界限，更容易为商人们所理解和接受。

以“张士英与施仲篪债务纠葛一案”，商事公断处即是用商事习惯的标准来对法律进行补充和解释。永丰丝茧号于民国六年开设，程錢莱四股，施仲篪两股，沈子康一股，井田两股，日野原一股，每股股银一千两，立有合同。施仲篪为经理，但亏损严重，欠德昶庄等往业银九万七千余两，押款银七万九千余两。德昶庄等要求

---

〔1〕《全国商会联合会报》，第十一、十二合期。

〔2〕《上海总商会商事公断处报告》，第1页。

五位股东共同负担债务，但永丰号称其股权已经发生了变动，原有合同已撤销，归并施仲篪一人独自经营，因营业关系，对外不便表示。公断处依据法律和商事习惯认为，永丰号的股东变更不具有对外的法律效力，仍应由全体股东共同偿还。“按诸惯例，商号股东之拆动或归并，必须经过种种手续，而无以簿据为唯一证据。……况股份归并后既未另加记号，又未登报声明，绝无对抗第三者之效力之可言。本处详核案情证据，诸通行习惯，对于该号批销议据之行为认为不发生法律上之效果。”[1]

从以上可以看出，相对于诉讼中对程序和证据的严格要求，商事仲裁在处理商事纠纷时则拥有更大的弹性，也因此更贴近了商人们的需求。“商人因商事间之争议，每开讼端，法律诚足以保护人权而程序繁多，往往经年累月，案悬不结，诉讼费用所耗算，而废时失业尤不可胜计。光阴多，钱因此丧失不亦大可衰耶。国家为便利商人计，参照各国商事裁判所先例，特设商事公断处，为商人另辟解决争议之捷径。凡在公断处请求公断之事种种繁重之手续无多数之费用，一经公断处得以迅速之解决又无拖累之害，设或不服得诉于法庭，故商事公断处在商人实有特别之便利。”[2] 在商会主持下的商事仲裁中，商法同商事习惯以特有的方式融合在一起。

三、结论

与从中世纪的商人法发展而来的近代西方商法不同的是，中国的商事法律走过的从移植到融合的过程。而清末民初商会仲裁权的演变从宏观上说，只是法律近代化过程中的一个片断，甚至不是最重要的片断。但透过这个片断，我们看见传统习惯与现代西方法律观念冲突与融合的过程，我们也看到了商会作为商人利益的代表者，在商法近代化过程中所做的努力。作为商事法律的主体，商会让单纯枯燥的商法条文与复杂多变的商事实践联系在一起，通过仲裁权的方式在两者间进行沟通。作为商法中与政府立法权的博弈者，商会对于商事法律的近代化的作用是值得更多的关注和重视的。

---

〔1〕《上海总商会商事公断处报告》，第15~17页。

〔2〕《上海总商会商事公断处报告》，第2页。

历史视野中的农地利用权制度继受

毛永俊*

前言

从历史考察的结果看，法律继受现象在世界各国间普遍存在，甚至成为推动一国法律变革与发展的重要力量。法律继受不仅是移植外国法律，而且还包括固有法与移植法的整合；其继受目的是实现法律的本土化，最终推动法律制度创新。近代以降，为收回治外法权与实现法治强国的理想，自清末修律开始，大量引入大陆法系国家的民事法律理论和移植其民事法律制度，民法迈上近代化道路。古代中国以农立国，在农地利用制度方面，从国家法层面和民间法层面都有相应的规范，特别是在民间法方面形成了独具特点的制度体系。《大清民律草案》开始移植大陆法系法律，开永佃权制度继受之初体验。民国初年，政局动荡，大理院肩负着法律近代化的重任，运用永佃权理论改造固有法，永佃权制度继受走向深入。途经1925年《民国民律二草案》，到1930年《民国民法典》物权编实施时，永佃权制度全面本土化并最终定型，实现了农地利用权制度的近代转型。2007年，大陆地区《物权法》中正式规定土地承包经营权；而在台湾地区用益物权已于2010年1月5日完成修法程序，农育权正式取代永佃权，农地利用权继受已出现超越，迈向制度创新征途。农地利用权的演变过程，犹如近代以来民法继受的一个缩影。反映了近代以来民事立法过程中，是如何处理法律的继承、移植、整合与创新问题。自《大清民律草案》草拟起算，中国民法继受已逾百年。考察我国农地利用权继受的历史沿革，进而探讨民法继受的有关问题将有两个方面意义：首先是厘清我国农地利用权制度的演变；其次，有利于对近代以来农地利用权制度的继受作出客观公正的评价。

一、固有法上的“永佃权”考辨

回顾历史，我国古代以农立国，对土地租佃关系无论是在国家法还是在民间法（习惯）上均有规范，当然，国家法层面更多是基于税赋与刑罚的考虑。在《汉书·食货志》中就记载了“分益制”的租佃关系，其所引用董仲舒之言：“或耕豪民之

* 贵州师范大学法学院讲师，中国政法大学2008级博士研究生。

田，见税什九”，意思为由主佃各取农田产量的一半。北宋魏泰《东轩笔录》出现“佃”的记载：宋廷欲将太祖时籍没的汜水官吏李诚之田变卖，因地价过高，无人承买。汜水县县蔚侯叔献劝佃户出钱，帮助李诚孙买回此田，以便佃户可“常为佃户，不失居业”。[1] 在《宋会要辑稿》中有也不少记载，如宋太宗时期，“至道二年闰七月，诏：‘邢州先请射草地，并令拨归牧龙坊，自余荒闲田土，听民请射。’先是，诏应荒闲田土，许民请射充永业”。[2] 1025 年（仁宗天圣三年），“淮南制置发运使方仲荀言：‘福州官庄与人户私产田，一例止纳二税，中田亩钱四文，米八升；下田亩钱三文七分，米七升四勺，若只依例别定租课，增起升斗，经久输纳不易，兼从初给帖，明言官中却要不得占吝。臣欲乞以本处最下田价，卖与见佃户。’”[3] 公元 1069 年（神宗熙宁二年），三司上书言：“天下屯田省庄，皆子孙相承，租佃岁久，兼每亩所出子豆斗比田税数倍”。[4] 以上记载中“常为佃户，不失居业”、“许民请射充永业”等与永佃权相类似，说明从宋朝开始出现了类似永佃权的新租佃关系即“永佃”关系。

这种新租佃关系进一步发展，在江南逐渐形成了一种新的土地习惯，即“一田两主”制。到明清两代极为盛行，其名称有多种称法，如“田面”、“灰肥田”、“客田”、“小皮”、“小卖”、“小租”、“小耕”、“永佃”等等。甚至民国建立以后，于热河、山东、江苏、浙江、安徽、江西、湖北、湖南、福建等地仍然普遍存在。

中国幅员辽阔，可谓十里不同风，百里不同俗。同一问题在不同地区会有不同的处理习惯，要全面准确归纳“永佃”关系确属困难。但大体而言，固有法上的“永佃”主要内容为：其一，佃户需支付小额佃租，对他人的土地可以永远耕作，如无欠租，不得撤销，甚至即使欠租也不得撤销，即为“不得曾租夺佃”。其二，本耕作权可自由出卖、赠与、分割、典质、继承，不受土地所有人的变更的影响，俗称“倒东不倒佃”、“换东不换佃”、“买租不买佃”。其三，若置荒岁，可以请求适当减免地租。

综上，如果用大陆法系之物权理论分析，在“永佃”关系中，佃户所有拥有的权利，从效力和内容上看具有物权效力，与永佃权的效力相类似。但是从性质上看，相对于“田底”、“主田”、“大皮”、“田骨”、“大租”等来说，固有法上佃户所有用的权利类似分割所有权，与属于用益物权性质的永佃权又有着不同。因此，我国固有法上的永佃制与永佃权在功能上相似，但内涵和外延不同。

---

〔1〕（清）徐松：《宋会要辑稿》，中华书局 1957 年版，第 7136 页。

〔2〕（清）徐松：《宋会要辑稿》，中华书局 1957 年版，第 6074 页。

〔3〕（清）徐松：《宋会要辑稿》，中华书局 1957 年版，第 6076 页。

〔4〕（清）徐松：《宋会要辑稿》，中华书局 1957 年版，第 5723 页。

二、《大清民律草案》——永佃权继受初体验

1907年，清廷民政部奏请速定民律。当年九月，任命沈家本、俞廉三、英瑞为修订法律大臣。要求他们参考各国成法，体察中国礼教民情，主持修订民律。沈家本也于1908年10月奏请清廷聘用日本法学家，在注重世界最普通之法则、原本后出最精之法理、求最适于中国民情之法则、期于改进上最有利益之法则四条原则的指导下，与日本法学博士志田钾太郎、松冈义正等人“依据调查之资料，参照各国之法例，斟酌各省之报告，详慎草订，完成民律总则、债权、物权三编草案。”[1] 而其他两编因为“关涉礼教”，则交给法律馆和礼学馆共同编订。《大清民律草案》全稿于1911年8月完成。该草案分总则、债权、物权、亲属和继承五编。第三编物权规定“永佃权”一章，共有条文十六条（第一千零八十六条至第一千一百零一条）。本草案主要以德、日民法典为参照。但德国永佃权主要是存在于地方邦法中，民法典中无永佃权的规定，且该章起草者主要为日本法学家，因此“永佃权”章主要仿效日本民法典第五章“永小作权”。其主要内容包括：

第一，永佃权的定义。即第一千零八六条：“永佃权人得支付佃租，而于他人土地为耕作或收畜。”（仿日本民法第二百七十条）

第二，永佃权设定的书面形式。第一千零八十八条：“以契约设定永佃权者，须立设定书据。”

第三，永佃权的存续期间。第一千零八九条：“永佃权存续期间，为二十年以上五十年以下。若设定期间在五十年以上者，短缩为五十年。永佃权之设定得更新之。但其期间自更新时起，不得过五十年。（第一款）前项情形，若法令有特别规定者，不适用之。（第二款）”第一千零九十条：“设定行为未定永佃权存续期间者，除关于期间有特别习惯外，概作三十年。”（仿日本民法第二百七十八条）

第四，永佃权的效力。规定永佃权人的权利（仿日民民法第二百七十条、二百七十二）主要有：使用收益权（第一千零八六条）、处分权（第一零九一条、第一零九二条）、相邻权（第一千零九十三条）等。规定永佃权人的义务（仿日民民法第二百七十条、二百七十一条、二百七十三条、二百七十四条）：其一，主要为永佃权人得支付佃租，除非有特别习惯，否则，虽因不可抗力使收益受损时，也不得请求免除佃租或减少租额（第一零九六条）；其二，永佃权人不得实施使土地产生永久损害之变更（第一零九五条）；其三，永佃权人的义务还准用租赁之规定（第一零九四条）等。

第五，永佃权的消灭（第一千零九十七条至第一千一百零一条）。

考查《大清民律草案》立法背景，首先，是固有法上存在缺陷，即缺乏系统的民事理论与民法制度。其次，清末继受外国法的一个主要动机为收回治外法权，而

---

〔1〕 谢振民：《中华民国立法史》（下），中国政法大学出版社2000年版，第744页。

收回法权的前提为“整顿律例，以期与各国改同一律”。基于以上立法背景，以移植外国法为主是近代中国法律继受的必然选择。《大清民律草案》永佃权章按照大陆法系完全所有权的理论构架，主要仿日本民法永小作权，以继受外国法为主，在当时来说不无不当。而且，在许多条文中增加“有特别习惯”或“若无特别习惯”的规定，以此来缓和固有法与继受法的冲突，力求在注重世界最普通之法则、原本后出最精之法理、求最适于中国民情之法则、期于改进上最有利益之法则四者之间找到平衡。如永佃权不得让与特别习惯（第一千零九一条），不得将土地租贷于他人特别习惯（第一千零九二条），可得永久损害之变更特别习惯（第一千零九五条），减免佃租的特别习惯（第一千零九六条），禁止抛弃永佃权之特别习惯（第一千零九九条），禁止撤佃之特别习惯（第一千一百条）等。当然，由于固有法上的“永佃”关系中，佃户享有的权利类似分割所有权，与大陆法系物权法的完全所有权理论基础相冲突，为保证整个物权理论体系的一致性，以及物权法的逻辑自恰性，固有法上的内容又不能全部纳入其中，这也是应有之理。

纵观整个中国法制史，一个重要现象是私法规范立法不足，没有一套完整的理论体系与制度体系。清末在草拟《大清民律草案》时，选择移植日本永小作权，以弥补固有法上的这一不足，应无可厚非。其中永佃权章中有六个条文通过“特别习惯”的例外，以之来整合移植法与固有法的冲突。整个永佃权内容中，固有法与继受法也大多能调和，其整合也基本算成功的。《大清民律草案》开始了近代中国永佃权继受之初体验。在永佃权方面也至少有三个方面的意义：其一，建构了近代中国的永佃权理论体系，是之前永佃权研究的一个总结，也使以后的民法学研究具有直接对象。其二，为以后永佃权立法提供文本参考，《民国民律二草》、《民国民法典》无不参考其中的条文。即使在今天，依然具有参考价值。其三，开始了如何处理近代民法继受的探索。

三、民初大理院判例要旨——永佃权继受的新实践

民国肇端，在北京宣誓就任临时大总统的袁世凯于 1912 年三月十一日颁令：“现在民国法律未经议定颁布，所有从前施行之法律及新刑律，除与民国国体抵触各条，应失效力之外，余均暂行援用，以资信守，此令。”之后，参议院以《大清民律草案》并未公布为理由，未批准援用；而是于 1912 年四月三日议决：“嗣后，凡有关民事案件，应乃依照前清现行刑律中各条理办理”。[1] 依《法院编制法》前段规定：“大理院院长有统一解释法令必应处置之权。”因此，大理院解释法令的解释例，经大理院院长许可刊布者，有拘束下级法院的效力。民国二年（1913）大理院发布民二年上字第 64 号判例，“本院查判断民事案件，应先依法律所规定，法律无明文者依习惯法，无习惯法者，依条理。”由此可知，民初民事法源包括法律（《大清现

〔1〕 北京政府印铸局编：《法令辑览》，1917 年版。

行刑律》的民事有效部分、民国民事特别法），习惯，条理三种。从此，也开始了固有法与大陆法系民法理论的博弈。大理院在这场博弈中扮演了决定者角色，大理院的推事们最后偏向了“条理”一边。

对永佃权部分，《大清现行刑律》与民事特别法中有关本身规定较少，固有法层面上看，在民间发挥规范功能的还是习惯。《大清民律草案》由于是当时民事法学研究的一个总结，其学理地位无可厚非，获得作为条理援用的可能性。实则当时大理院推事们在处理有关永佃权案件时，主要是按照大陆法系永佃权理论特别是以《大清民律草案》中的规定为参考，以此对固有法进行改造。从《大理院判例要旨汇编》基本是按照《大清民律草案》的结构编纂，就可窥见一斑。其次，从判例要旨与《大清民律草案》条文内容比较，也可以得出相似的结论。因此，在这场博弈中大陆法系永佃权学理无疑取得主导地位。

纵观民初大理院民事《判例要旨汇编》，有关永佃权判例要旨几乎涵盖了永佃权的主要内容。民国二年（1913 年），大理院的判例上字第一三七号“（永）佃权成立应具备一定要件”，[1] 开始了从司法的角度弥补永佃权立法的空白，也开始了由司法机关推动发继受进程的实践。之后，民国三年（1914 年）大理院的上字第三〇五号判例“（永）佃权本系物权性质，无论业主更换何人，当然永久存在不受影响；（现租则系债权性质，仅对于原业主得以主张。如新业主并未允租，当然无强求之权）”。[2] 确认了永佃权的（用益）物权性质，也区别了永佃权与租赁的不同。有关永佃权的设定方式，大理院早期的判例也多有涉及，如民国五年（1916 年）上字第七九二号、民国七年（1918 年）上字第一二六五号、和民国八年（1919 年）上字第二七七号等均做了界定。[3]

对于永佃权人的转让与转租权，大理院判例基本上是根据《大清民律草案》内容处理，如，大理院民国二年（1913 年）上字第一四〇号判决就确认：“佃权人得处分其权利”。民国四年（1915 年）上字第二五二号更为明确地指出“佃权得以转让”。[4] 民国七年（1918 年）上字第九八三号判决又进一步指出“佃权人得以佃地转租。”[5]

关于土地所有权人是否可以撤佃的问题，大理院在民国上字第一四〇号判决书中指出：“不按期交租者，可以撤佃”[6] 民国二年（1913 年）上字第一四〇号判决，大理院在随后的民国四年（1915 年）上字第五八二号等判决上，更进一步明确

〔1〕《大理院判决例全集》，世界书局印行 1933 年版，第 273 页。

〔2〕《大理院判决例全集》，世界书局印行 1933 年版，第 273 页。

〔3〕郭卫、周定枚：《六法判解理由汇编》（第一册），上海法学编译社 1933 年版，第 452 页。

〔4〕郭卫、周定枚：《六法判解理由汇编》（第一册），上海法学编译社 1933 年版，第 452 页。

〔5〕郭卫、周定枚：《六法判解理由汇编》（第一册），上海法学编译社 1933 年版，第 453 页。

〔6〕郭卫、周定枚：《六法判解理由汇编》（第一册），上海法学编译社 1933 年版，第 454 页。

了这一立场："佃租经催告而不付得令退佃。"[1]

大理院解释例也肯定了永佃权人改变土地用途的权利："永佃权人苟于所佃之地，就用法不为有害土地之变更，并原约又无限制者，应准佃权人自由改种。"[2]

另外，民国初期民法继受的另一成果还有《民国民律二草案》。本草案永佃权置于物权编第四章，从第八百六十条至第八百七十五条，共十个条文。通过与《大清民律草案》逐条对比，有关永佃权的规定主要参照前者，并无实质上变化变化。

民国初期，因《大清民律草案》未来得及公布，清朝政府已覆灭，未得以法律的法源地位正式援用。《大清民律草案》所确立的内容仅具学理之性质。又因时局动荡、政府更迭，立法机关不能正常履行职责，形式意义的民事立法处于停滞状态。而时代不幸中之所幸为高层司法界特别是大理院总的来说业务素质较高，操行也值得信赖。如梁启超先生评价："十年来，国家机关之举措，无一不令人气尽，稍足于系中外之望者，司法界而已。"因而把永佃权制度用于规范社会生活，解决民事纠纷的重任，主要由北洋政府最高司法审判机构大理院肩负。大理院以民事判例要旨和大理院解释例为途径，根据永佃权理论架构，对固有法上的永佃制度进行改造。大理院以上判例要旨和解释例，涵盖了永佃权制度的绝大部分内容，对于在司法实践中确立起中国的永佃权制度，把清末以来民法继受继续推向深入，功不可没。大理院有关永佃权的判例要旨和解释例不仅弥补立法的空白，更重要的是实践了一条由司法机关推动民法继受与民法发展的新途径。

四、《民国民法典》——永佃权全面本土化

1929 年 1 月，南京国民政府立法院成立民法起草委员会。先由中国国民党执行委员会政治会议通过民法物权编立法原则十四项送交立法院草拟物权编，具体包括采行物权法定主义，不动产物权变动要件之生效主义，所有权取得时效制度、动产善意取得、所有权社会化、永佃与租赁的区别、佃权人不可抗力的免责等原则。立法院起草委员会委员傅秉常、史尚宽、林彬、焦易堂、郑毓秀根据国民党中央政治会议之原则拟就物权编草案，于 1929 年 11 月 30 日公布，1930 年 5 月 5 日施行。本编以德、瑞、日立法例为直接蓝本，采德国"潘德克顿"体系，冠以通则为首，共分为通则、所有权、地上权、永佃权、地役权、抵押权、质权、典权、占有九章。民国民法典物权编仍列"永佃权"一章（第四章），共九条（第八百四十二条至八百五十条）。

《民国民法》"永佃权"章与前两部民律草案相比，其整体架构相似。但内容有重大变化，主要变化如下：

1. 永佃权之租赁拟制。第八百四十二条第二款："永佃权之设定，定有期限者，

[1] 《民国元年至十六年现行法有效大理院判决例全集》，世界书局发行 1933 年版，第 273 页。

[2] 郭卫、周定枚：《六法判解理由汇编》（第一册），上海法学编译社 1933 年版，第 452 页。

视为租赁，适用关于租赁之规定。”

2．永佃权的存续期间改为永久。第八百四十二条第一款：“称永佃权者，谓支付佃租永久在他人土地上为耕作或牧畜之权。”理由为：其一，立法者将“永佃权”之“永”，理解为“永久”；《民国民法》第八百四十二条之说明，“谨按至永佃权之设定行为，既属永久，自应不定期限，方符永佃权之要件。”其二，为实现“耕者有其田”的目的；其三，根据我国历来之习惯。〔1〕

3．支付佃租的变化。第八百四十四条：“永佃权人因不可抗力，致其收益减少或全无者，得请求减少或免除佃租。”自罗马法开始，就有永佃权人虽因不可抗力于收益受损失时，不得请求免除佃租或减少租额的规定。但《民国民法》却重新阐释法理依据，并参考民情，一反传统，于第八百四十四条规定永佃权人因不可抗力，致其收益减少或全无者，得请求减少或免除佃租。其理由为：其一，出于“保护经济上之弱者”，“以昭公允”〔2〕其二，应基本符合民情。根据民国初期的习惯调查，如江苏江北各县习惯：“查江北普通习惯……永佃权人受他人之土地为耕作者，遇丰年并不多加，若置荒岁，则需向土地所有者议予折减，至永佃权存续之期间，契约上并无一定之年限，殆有永久之性质，但永佃权人怠于支付佃租时，土地所有权人得消减永佃权。”〔3〕台湾谢在全先生也认为，《民国民法》第八百四十四条“与一般习惯相符，例如江苏省之松江及其北部各县，江西省南部各县，浙江省顺县遇有水患虫荒等凶年时，得请求减免租金”。〔4〕

4．对永佃土地出租的限制。第八百四十五条第一款：“永佃权人不得将土地出租于他人。”日本民法第二百七十二条、《大清民律草案》第一千零九十二条、《民国民律二草》第八百六十八条均有可以将土地出租于他人的内容。《民国民法》却规定永佃权人不得将土地出租于他人。具体理由为：“然如将土地出租于他人耕作或牧畜，藉以从中渔利，则与土地所有人原意不符，且对于土地利用实有妨害。”〔5〕当中国历史步入南京国民政府时代，民事理论研究成果更加丰硕，民事立法经验积累丰富，民事立法技术更加娴熟。民法继受在移植外国法理制度更具选择性，对待固有法传统态度更加公允。固有法与移植法的整合尤为成功。《民国民法》作为中国历史上第一部正式民法典，其立法文本得到较高评价。著名民法学者梅仲协先生认为是“集现代各国民法之精英，弃其糟粕，诚巨制也。”〔6〕当代谢怀栻先生也说“这

〔1〕郭卫、周定枚：《六法判解理由汇编》（第一册），上海法学编译社1933年版，第566页。

〔2〕林纪东等：《新编六法参照法令判解全书》，五南图书出版公司1986年版，第187页。

〔3〕前南京国民政府司法行政部编：《民事习惯调查报告录》，胡旭晟、夏新华、李交法点校，中国政法大学出版社1998年版，第285页。

〔4〕谢在全：《民法物权论》（上），中国政法大学出版社1999年版，第398、409、410页。

〔5〕林纪东等：《新编六法参照法令判解全书》，五南图书出版公司1986年版，第194页。

〔6〕梅仲协：《民法要义》，中国政法大学出版社1998年版，第194页。

部民法即使在当时，与世界同时代的各国民法，也可并肩而立。至于它在改革数千年的法制方面，在中国开创中国司法制度与司法文化方面，较之法国民法犹有过之，这是中华民族可以引以自豪的民法典。”[1] 即使是美国学者庞德先生，对《民国民法典》也不得不认为“中国法典制定是很好的，民法与民事诉讼法足以跻于最优良的现代法典之林。”[2]《民国民法典》之永佃权章在《民律二草》的基础上，根据当时土地与农业政策，参照司法实务与理论研究成果制订而成。同时，永佃权的一个重要取向就是加强对佃农的保护。永佃权的以上主要变化中，期限之永久与固有法上的“永佃”习惯更加接近，也是实现“耕者有其田”三民主义中民生主义之重要内容，而三民主义本身的就属中国因素。对减免佃租的允许也是从尊崇固有习惯之考虑。为禁止从中渔利而对永佃权人禁止出租土地做限制，也极富本国特色。永佃权的整个制度既不突破大陆法系物权法中完全所有权的理论，又更多地吸收固有法的内容。《民国民法》永佃权制度因而得以定型并全面本土化。

当然，有一点必须予以说明，也即是既然《民国民法》中的规定如此精良，为何在《民国民法》物权编施行后，固有法上的“永佃”习惯在民间仍然广泛存在？也就是说永佃权的规定在民间并未得到认可。实然，法律创制与施行有着密切联系，但法律创制与法律施行是两个方面的问题。法律施行效果取决于多个方面的因素，有民众法律意识，社会安定状况，国家司法机关的行动能力等等。法律文本与法律施行效果之间的逻辑关系是必要条件关系，而非充分条件关系，申言之，好的法律施行效果必须依赖好的法律文本；但有好的法律文本不必然产生好的施行效果。因此，不能因为施行效果的不尽如人意而否定法律文本本身的优良。

五、余论

法律继受是推动法律变革与发展的一个重要力量。在法律继受时常常面临以下难题：一方面要尽可能照顾到固有法上的规定，防止法律与社会生活脱节；另一方面要保证所继受的法律体系的完整性与法典内部的逻辑自恰性。因此，如何做好固有法与移植法的整合，最终实现法律的本土化与法律制度创新，始终成为贯穿近代以来民事立法过程中的一条主线。

近代以前，中西法律自成体系，无论是在法律观念、法律制度，还是在法律分类乃至法律用语上都有自己的特点，中国固有法上不存在永佃权一语，但有与永佃权相类似的制度。

《大清民律草案》开始了近代民法继受的初体验，从总体上说，在固有法与移植法的整合上做得差强人意。但就具体的法律制度而言，其继受又是较为成功的，在永佃权方面，《大清民律草案》构建起永佃权的理论体系，是之前永佃权研究的一次

---

〔1〕 易继明主编：《私法》第二辑第一卷，北京大学出版社 2002 年版。

〔2〕 台湾地区“司法行政部”编辑：《中华民国法制史料汇编》（下册），1976 年刊行。

全面总结，也成为后世永佃权立法的参照等。应因时、因地、因事具体分析不同部分的继受，对其评价不能一概而论，以免失其公允。

民国初年，在形式意义的民事立法上并无多少建树。然大理院的每一民事判决均具有法律上意见之表明，大理院十几年来在权衡中西法理所取得的经验和成就，为南京国民政府民事立法打下坚实基础。大理院关于永佃权的判例要旨和解释例不仅弥补永佃权立法空白，使永佃权制度继受推向深入；更开辟了一条由司法机关推动民事法律转型的道路。特别是在民事立法不成熟的国家和地区，这种司法先行的实践时至今日仍然具有借鉴意义。

南京国民政府时期，民事立法既能照顾到整个民事理论体系的完整性与逻辑自恰性，又能兼顾固有法上的成熟制度，民事法律继受令人称道，民事立法的本土化程度得到空前提高。永佃权制度全面本土化并最终定型，实现了农地利用权制度的转型。不能因永佃权实施效果不尽如人意而否定立法的精良。

与债权法相比，物权法由于与本民族文化关系更为密切，固有法属性也更强。2007 年，大陆地区《物权法》中正式规定土地承包经营权；而在台湾地区用益物权已于 2010 年 1 月 5 日完成修法程序，农育权正式取代永佃权，农地利用权继受已出现超越，迈向制度创新征途。

第四篇

他山之石，可以攻玉：外国社会转型与法律变革

社会转型、法律改革与和谐：优士丁尼法典的启示

［意］桑德罗·斯奇巴尼* 著　陈汉** 译

一

我们可以将整个罗马法发展大体地分为三个阶段：形成阶段，即从罗马法起源到优士丁尼法典编纂（也即从公元前八世纪到公元后六世纪）；第二阶段，即罗马法与中世纪其他法律制度共存的阶段（从公元七世纪到十四世纪）；第三阶段：大革命与现代民法典制定阶段。最后这个阶段迄今尚未完全结束（从公元十五世纪到今天）。

如果从时间上来看，优士丁尼的法典编纂工作出现在罗马法起源直到今天这整个历史过程的中间。优士丁尼的法典编纂工作标志着罗马法第一阶段的结束。这项编纂工作事实上是将此前几个世纪的法学成果汇为一体，并且影响了随后的几个世纪，最终将罗马法发展成为各个民族都能适用的一个重要法系。在优士丁尼编纂的法典之后，又出现了近现代的民法的法典化。罗马法系也被称作法典化的法系，就是因为这个法系最大的特征就是法律的法典化。

在优士丁尼编纂的法典中，强调了法律体系中最为核心的部分就是法律原则（D. 1，2，1）；在法律体系中，不管发生什么变革与更新，作为原则的那部分法总是保留不变的：即使社会发生重大的发展转系与变迁，法律体系本身也在不断地发展，但是总有一些基本的原则在发展的同时还是保留着最初的那部分根基。在这里，我有必要重新回顾一下罗马法形成初期奠定优士丁尼法典的一些历史事件。

二

在罗马法形成初期，我们可以发现当时的社会关系较为紧张，并且这种紧张关

* 意大利罗马第一大学罗马法教授。

** 意大利罗马第二大学法学博士，中国政法大学民商经济法学院副教授。

系也反映到了法律的制定层面。很有意思的一点是，从罗马建城直到公元四世纪，法学家笔下“法”（iura）这个术语总是以复数形式出现，这也就意味着若干种法或者规范的结合体。与“法”的复合型相对应的，则是当时社会阶层的多元性：这些社会阶层之间关系有时候相互尊重，有时候相互发生严重的冲突。

如果我们再回顾一下古罗马的社会[1]，特别是罗马建城初期，我们就会发现，罗马的家庭体制、部落群体都是多元化的，这些因素构成了一个政治—法律—宗教的联合体。在联合体内部，每个群体都有各自的习惯、宗教信仰、内部纠纷裁判机制；在家庭内部，家父（Pater Familias）拥有的家父权是调整所有家庭成员之间关系的基础；每个家庭都有自己的“领土”（heredium）[2]。这些家庭或者家族构成的群体之间则是通过家父来进行交往的。这种早期的以家庭、家族为核心形成的民族在与别的民族交往之时，有些采用了民族内部的交往方式；另外一些则采用了准城邦的形式。所有这些民族之间的关系，都是在“多元法统”的背景之下发展的。城邦的正式建立意味着一次深刻的社会转型的完成，与之相应的，则是罗马市民法（ius civile）的形成，也就是罗马市民的法，罗马城邦的法。这个时期的罗马市民法，其实是各种习惯、习俗的综合体；当时的法律掌握在以宗教祭司团体形式出现的一批法学家手中，这些祭司们属于当时城邦的一个官方机构[3]。

在王政时期，除了罗马原有的居民之外，也迁来了众多的外来移民。公元前六世纪随着王政的垮台，在原住民的后代（贵族）与移民的后代（平民）之间发生了严重的社会紧张和冲突。平民们被认为是罗马市民的组成部分，并且也被允许参加各种会议，但是被排除在了统治区之外。这种紧张与冲突造成了著名的平民撤退事件（公元前493年），同时也产生了“追求贵族阶层与平民阶层之间的和谐共处”这样的社会需求[4]。这种追求不同阶层之间的和谐的需求，最终带来了保民官这一职位的设立。保民官由平民选举产生，虽然不属于政府组成部分，但是保民官拥有“冻结”政府组织权力的权利。这些不同阶层的群体的共存以及他们追求和谐的背景，最终促成了一部伟大的法律的诞生，即《十二表法》。这部法律不仅仅是“所有

---

〔1〕 参见［意］格罗索：《罗马法史》，黄风译，中国政法大学出版社1994年版。

〔2〕 这个词的拉丁语也有“遗产”的意思。因为最初每个家庭所占的土地是不可转让的，只有在继承关系中才能传给下一代。

〔3〕 后世一般认为（D. 1，2，2，1），尽管在早期——即王政时期——就制定了若干法律，但是作为罗马法重要渊源的法律出现在共和时期。这些重要法律的出台，与社会转型及不同阶层群体之间的冲突关系密切。

〔4〕 根据李维的论述，贵族与平民两大阶层之间斗争较为严重，尽管并没有使用“社会对立与分裂”这样的用语。然而根据西塞罗的论述，冲突存在但是有限，更主要的是首先追求“处于领导地位的贵族”与“骑士”阶层之间的和谐共处，然后是追求“所有正直的人”之间的和谐共处。

公法与私法的法律渊源"[1]，而且也构成了随后几个世纪法律的基础，并且是"法典化"思想的开端。

这部法律特别强调了其制定的目的，即"使得所有罗马市民之间达成自由、公正"[2]。

"公正（*aequitas*）"是法的经典定义"法是善良与公正的艺术"（D. 1,1,1pr.）中所强调的两个基本价值之一。

而"自由（*libertas*）"则有三个含义：①自由意味着人与人之间关系的自由，即反对人与人之间的奴役；②自由意味着群体、民族之间的自由，即反对一个民族对另外一个民族的奴役与支配；③自由意味着在共和制度之下，所有的权力归于罗马市民，不能建立专政的君主制度。

"和谐"（*concordia*）一词是由词根"心"（cuore）与前缀"联合"（con）组成的，其本意是把不同的心联结在一起的意思。"群体之间的和谐"（concordia ordinum）这一表述，在当时是指贵族与平民两大阶层之间实现所有人之间的平等，反对一个阶层对另外一个阶层的奴役与支配（平民阶层因为遭受压迫与奴役，曾经威胁过要撤出罗马城去建立另外一个城市，最后双方达成妥协废除一方对另一方的奴役）；最后群体之间的和谐也指禁止一项凌驾于所有公民之上的权力[3]。

保民宜的设立，通过临时冻结政府的统治权的方式，防止了权力滥用。随着《十二表法》的制定，所有的市民，尽管主要来自两个不同的社会阶层，但是对他们适用相同的法律。我们可以说，尽管客观上始终存在贵族与平民两大阶层，尽管他们之间的对立有时候会异常的激烈，但是一部法律使得他们成为同一个城邦下的市民，法律成为他们的共同表述。我们可以说，法典化正是在两个阶层冲突的背景下形成的一种动态平衡的结果，这种平衡是那些追求平等的阶层所要求的结果，借用法学家彭波尼的话说就是："《十二表法》意味着一个新的罗马城邦的诞生"（D. 1,2,2,4）。《十二表法》，以及蕴含在《十二表法》之中的"法律体现民众意愿"这样的原则，让法学家们在谈论法的渊源的时候，总是把制定法放在了第一位（Gai. 1,3; D. 1,1,7pr.）。与制定法相对应的另外一个法律渊源，则是当时依靠法学家们的权威

---

〔1〕这是李维在3，34，6中所表述的。王涣生教授翻译的中文版本正在出版过程中。李维认为《十二表法》需要进行解释，解释并不是为了进行一般性的补充，而是在没有完全抛弃习惯法的基础上进行进一步的细化。

〔2〕参见 Livio 3,31,7。

〔3〕在这样的背景下人们总是谈论这样的一种说法（李维，2.32），即一个阶层复杂且相互之间存在竞争关系的社会与一个各个阶层达成一致的社会的比较。在这样的背景下，斗争也是各阶层和谐共处的前期准备。

发展起来的法学(Gai. 1,7)[1]。尽管历史对其少有提及，但是法律或者说法典作为各个不同阶层为追求和谐共处而进行斗争的工具，在我们的罗马法体系中曾经存在是一个不争的事实[2]，而法学家们则总是承担了为所有的人发展法律、保护各个阶层民众之间平等的重任[3]。

随着罗马城的不断扩大与发展，罗马与其他民族之间的商业贸易往来越来越频繁，形成了另外一个新兴的社会阶层，这个阶层代表了需要法律保护的新的经济、人文利益，同时也需要一些新的规范：在这样的背景下，市民法之外又出现了裁判官法(D. 1,1,7,1)。裁判官不是一位严格意义上的法官，因为他只是确定在解决争议之时需要适用的法律而不具体判案；每位裁判官在其上任之初，都将这些法律公布在告示之中。最初，裁判官法只是作为市民法的一种例外，只适用于罗马市民与外国人之间的法律关系。在裁判官法与市民法之间，并不存在着绝对的、严重的对立；但是裁判官法与市民法所针对的社会群体，毕竟在社会、经济、文化等方面存在着相当大的差异，并且两个阶层群体之间也存在着一定的竞争关系。在这样的背景下，在市民法之外又出现了能够普遍适用于罗马市民与其他外国人的万民法[4]。同时，随着裁判官的告示越来越多，这些告示慢慢地几乎收集了一个罗马市民或者一个外国人所拥有的或者能够在诉讼中主张的所有权利（D. 1，2，2，10）；甚至可以说，告示逐渐成为了一部每年都进行修订的法典。这种“修订更新”能够使法律适应当时罗马逐渐向外部世界（确切地说是地中海）扩张、不断出现新事物这样的时代背景，也使得原本罗马人的法律能够适用于各个不同的民族。

适用于各个民族的法，古老的罗马家庭、部落习惯，市民法，万民法，在万民法思想上发展起来的自然法，荣誉法，所有这些都是罗马人意义上的复数形式的法的表现：即法是若干类规则的综合。法的多元性，是社会阶层多元性的体现。但是这些不同的阶层，在斗争中形成了一定的整体性。这种整体性体现在了法学家们审慎的工作之中——他们需要将各种不同渊源的法律进行内部协调。

在公元后的最初的几个世纪，罗马帝国又经历了一次深刻的社会转型：即将亚平宁半岛的法律制度与帝国在地中海其他地区的领土上——即所谓的行省的法律制度逐渐统一。最初的时候，亚平宁半岛之外帝国统治下的外国人都可以向罗马的司法机构提出上述；随着这种上述情形越来越常见，越来越多的外国人取得了罗马市

---

〔1〕 关于法学家的地位，参见［意］斯奇巴尼：“法学家：法的创立者”，薛军译，载《比较法研究》2004 年第 3 期。

〔2〕 关于阶层斗争与法律之间的关系，参见 F. Serra, Diritto privato, economia e società nella storia di Roma. 1, Dalla società gentilizia alle origini dell' economia schiavistica, 那不勒斯 2006 年版。

〔3〕 关于法学家的工作方式与一切法律以人为核心，参见斯奇巴尼：La codificazione del diritto romano comune，第二版，都灵 1999 年版。

〔4〕 Gai. 1,1 = D. 1,1,9; D. 1,1,1,4; D. 1,1,2; D. 1,1,3; D. 1,1,4.

民籍；但是应当指出的是，即使后来通过谕令承认所有在罗马帝国统治下的居民都享有罗马市民籍，这种形式上地位的平等化并不必然直接带来适用完全相同的法律。同时，在这个时期，市民法与裁判官法之间的分裂也消失了，两者适用对象之间的差别不复存在。

在行省范围内，日常生活中适用罗马法主要是在公元四世纪，主要的事由是当时罗马帝国的首都动迁，以及在法律上将亚平宁半岛与行省平等对待。君士坦丁堡的建立是一件具有划时代意义的历史事件，新首都的建立并没有抹去罗马的地位。根据西塞罗的观点，所谓的共和就是为了共同的目的以及所有的群体同意而建立起来的一个共合体[1]。地方性的习惯还是在相当程度上继续有效的，罗马法与这些习惯之间的冲突的结果是：确认了这些习惯拥有低于法律的效力。

罗马帝国统治下的各个区域之间——特别是西部的拉丁地区与东部的希腊地区之间存在紧张关系。从法律上解决这种紧张关系的方式，就是将法适用于所有的人、所有的民族。从历史沿革来看，在早期法中，这是“共同法”，后来发展成万民法；而到了法典化时期，则是通过法典化这样的手段制定“所有人都同意的法”。

公元五世纪，迪奥多西二世（TeodosioII，401～450年）做了将所有的法律统一在一部法典中这一设想的第一次尝试；但是他的雄心勃勃的计划不得不削减为一部不完整的法典，即只是将他颁布的谕令做了整理（《迪奥西多法典》，公元438～439年[2]），而对其他的法律渊源则只是做了一个索引[3]。这部作品具有一定的标志性意义：在公元三世纪的危机之后，法学界也遭遇了相当大的危机，正是在迪奥多西二世的努力下，法学再次得到了振兴。优士丁尼其实是借助了这些成果。尤士丁尼启用了一些伟大的法学家来工作，这些法学家们其实也是站在他们前人的肩膀上工作的。

三

优士丁尼在公元六世纪的时候编纂了三部法典：《优士丁尼法典》、《学说汇纂》与《法学阶梯》。这三部作品汇集了当时的所有立法类的文件与法学家的作品，其目的是将此前所有的法律以新的形式确定下来[4]。

在这里我想强调的一点是，这些法典不仅仅是法学家工作的成果，也有立法者

---

〔1〕 这是西塞罗在《论共和国》（1，25，39）这个片段中所阐述的。中文参见王涣生教授所译：《论共和国》，上海人民出版社2006年版。

〔2〕 CTh.1,1,6.

〔3〕 CTh. 1,4.

〔4〕 关于优士丁尼的法典编纂，参见［意］桑德罗．斯奇巴尼选编：《正义与法》（民法大全选译），黄风译，中国政法大学出版社1992年版。

的功劳。也就是说，这些法典是两者结合的成果。

优士丁尼的法典编纂工作的目标是：通过让法院判案更为简捷与培养更好的法学家这两种途径来追求更高的正义。所谓正义，是指能够持续、恒定地赋予每个人他所应得到的权利。借用乌尔比安的话说，法来源于正义，法是善良与公正的艺术（D. 1,1,1pr.）。也就是说，法律融合了道德与公正。而对所有人平等地适用法律这一原则从《十二表法》开始到优士丁尼法典编纂前后一千年都是法律所追求的目标。

优士丁尼的法典试图精简法律文本，并且追求法典内部的体系化，其具体的目标是：将各个原则、规则、规范都按照一定的逻辑排列，并且杜绝法典内部的矛盾之处。整个体系的出发点是人，法典赋予所有人同样的法律地位，取消了罗马市民与外国人之间的区分，试图取消男女之间的不平等，尽管在当时限于社会时代背景无法完全地取消奴隶制度。这些法典，就如我前面已经提到过的那样，并没有丢失它们的传统；同时也并不是一成不变的，而是吸纳了一些新东西。在这样的精神——即将所有的一切都包含进去并且将它们统一化——的指导下，优士丁尼所编纂的法典完善了将各类规范进行系统化整合的进程，并且使之能够满足所有人潜在的需求，使得从技术上让“作为共同法的罗马法”成为一种可能。这种将法典定位为一个体系化的整体的做法并不意味着取消市民法、万民法与自然法，同时不同区域的人适用不同的民法也是可行的。

在颁布优士丁尼《法学阶梯》的谕令中，我们发现了一个非常有价值的术语：“和谐”（*consonantia*）。这个词指这部法律能够改变原先存在的众多法律文本之间的混乱状况。我们在颁布优士丁尼《学说汇纂》的谕令中也能找到这个词，在这个谕令中它是指在《学说汇纂》这部法律中，不再有矛盾之处，也不再有重复规定之处。如此讲究法律内部的协调一致性，即概念、原则、规则、法律制度之间的内部协调性，是“法律应当是一个体系”这样的思想的一个表现。关于这个思想，早在公元前1世纪初法学家穆奇（Quinto Mucio）的作品中就已经体现出来了。穆奇通过归纳-演绎的方式将所有的法律制度编成一个整体(D. 1,2,2,41)。在穆奇之后的几十年后，又出现了《汇编》一书，这部作品就是按照一定的逻辑顺序将法律汇编成册的。在同一时期，西塞罗也曾谈到要将法律进行体系化编纂；而吉尔苏（Celso）这位法学家则用了“ars”——即“体系”——这个术语来形容法律[1]。另外，吉尔苏也说过：“在没有考察法律的全部内容，而只引用了该法律的细微部分就进行评价和解答在法律上看是不正确的。”（D. 1，3，24）这一论断其实就是“要对法律进行整体解释”这一解释方法的体现（Const. Tanta 1，17，2，18）。

这种体系性表现为其内部要素之间的协调一致性；体系化的目的是为了实现正义，建立一个正义的社会，实现善良与公正，追求自由。优士丁尼的法典是实现上

---

〔1〕［意］西塞罗：《论演说家》（1，42，187）。

述目标的工具，这些法典通过其内在的体系化与外在的整体性来实现为所有人服务这样的目标。这些法典也体现了将正义的实现与各个社会阶层之间的和谐共处连接起来的一种努力。

四

在君士坦丁堡时期，即所谓的第二个罗马城时期，所有法典的语言是拉丁语；然后这些法典也被翻译成了其他语言：最初是希腊语，最后也传到了莫斯科。罗马法在意大利境内的传播最初是在拉维纳（Ravenna），几个世纪后是在博洛尼亚。以博洛尼亚大学为主要阵地的罗马法的复兴，培养了一大批的法学家。这些法学家都以博洛尼亚大学为模式再次传播罗马法，使得罗马法进入了整个欧洲，与当时中世纪的其他法律制度并驾齐驱（最远甚至传到了不列颠群岛）。

从注释法学派到评论法学派，再到人文主义：这些学派都是从第二个千年的最初的几个世纪重新谈论“法是善良与公正的艺术”这一古老的话题，而优士丁尼编纂的法典与罗马的法学家们一直是关注的重心。

五

随着航海技术进步带来的地理知识的丰富，以及“新大陆”的被发现，罗马法进入了一个新的时期，即出现了新的法典化运动；而罗马法的适用范围也超越了罗马帝国而进入了“从太阳升起的地方直到太阳落山之处”，即扩展到了整个世界范围。这个法典化过程超越了封建社会的束缚，也超越了封建法律制度与罗马法之间的对立。经过上述超越，以优士丁尼法典为参考范本，并且吸收了其后罗马法体系的发展成果，新的法典化运动得到了实现。

在自然法学派以及德国的潘德克顿法学派的影响下，最初形成的是1769年葡萄牙的《Lei da Boa Razo》以及1794年的《普鲁士民法典》。《普鲁士民法典》是启蒙思想产生后的第一部民法典，但是当时的社会还是一个等级社会（贵族、资本家、农民），而且中世纪的影响也在某些法律制度中得到保留。这部《普鲁士民法典》的诞生，一定程度上是法学家们与立法者们共同努力的结果。但是两者之间的“合作”随后就被“国家立法权的绝对权威”这样的思想所替代。这种国家所垄断的立法权，与共同法、法学家的地位以及习惯法都是存在着一定的冲突的。

1804年的《拿破仑民法典》是一部政治革命性的法典，这部法典取消了所有残余的封建法律制度（同期的其他法律还包括1806年的《商法典》，1807年的《民事诉讼法典》，1808年的《刑事诉讼法典》与1810年的《刑法典》）。这也是一部民众的法律，一部宣扬所有权的法律，一部宣扬个人自由的法律。同时，随着《拿破仑民法典》的诞生，也结束了此前在法国部分地区适用成文法，部分地区采用习惯法这样的分裂局面，因此这也是与法国的共和制度相适应的一部法典。罗马法在优士丁尼时期得到了法典化的编纂，而《拿破仑民法典》则是对罗马法的一次重新界定与归纳，同时这部法典也属于若干个伟大的法学家们努力的成果（Domat, Pothier, Portalis）：这些法学家们用一种非常深刻的方式重新将罗马法与时代相结合。这也是《拿破仑民法典》被法国之外的众多国家所接受的一个重要的基础（这部法律除了在法国之外，还在意大利境内的那不勒斯、摩登纳、都灵、1865 年的意大利王国、西班牙等地得到继受）[1]。优士丁尼的法典，在当时被认为可以作为新的法典化运动的基础，这在 1811 年的《奥地利民法典》中得到了体现，该法典也受到了自然法学派的巨大影响。

拉丁美洲的法典化运动开始于 1825 年的海地（圣多明戈），随后还有 1852 年的《秘鲁民法典》等。随着这些法典的诞生，拉丁美洲以一种特有的方式继受了拥有悠久传统的罗马法系。拉丁美洲的罗马法，作为整个罗马法系的一个亚体系，具有自身的特征，并且在很大程度上要归功于一些伟大的法学家：其中有《智利民法典》之父 A. Bello；有 A. Teixeira de Freitas（1858 年的《民法汇编》与 1860 ~ 1865 年的《民法典草案》）；有 D. Vélez Sarsfield（1871 年）的《阿根廷民法典》，C. Bevilaqua（1917 年的《巴西民法典》）[2]。这些民法典都实现了一个特殊的目标：确认独立成果，同时也确认了拉丁美洲加入了罗马法体系并且成为了整个罗马法系下一个相对独立的亚体系（其实南美洲主要是西班牙与葡萄牙的殖民地，而罗马对此并没有多少影响，但是罗马法为所有的拉丁美洲的居民与国家提供了一种共同的法律语言，提供了一种统一与权利保护的工具）。最后我想指出的一点是，在拉丁美洲的立法中，当罗马法系进入之初，就对那些属于原住民的部分制度给予了特别的关注，也即确认了法律承认一定范围的习俗。

潘德克顿法学派的集大成者萨维尼写下了《当代罗马法体系》这一系列作品。萨维尼重新解读了优士丁尼的诸法典，并且对“体系的构成”及其发展做了极大的关注；同时他也吸收了十七世纪理性主义的成果，强调了法律的科学性在于概念的界定之上，并且认为这些概念可以为严格的制定法主义所服务。与潘德克顿法学派影响下的《德国民法典》同期的还有 1896 年的《德国商法典》。在《德国民法典》之后又有 1907 年的《瑞士民法典》，后者相较于前者拥有不少新鲜之处，即将私法、民法与商法融为一体。1942 年的《意大利民法典》大体上也追随了《德国民法典》，

---

〔1〕 在这些后来受《拿破仑民法典》影响的国家内，一直存在着取消等级与地方主义的要求，就此我想简单地举一个例子：1798 年在米兰批准的一项法律中这么说：“在意大利北部，存在着超过 400 个的不同的城邦邦约，在各个邦约之间也不乏矛盾之处。这种邦约之间的差异性的存在合理吗？难道不能像罗马法那样采用共和制度，取消那些分别适用于不同群体的人的诸多不同的法律？”这种平等化与一体化的过程最初是从将邻近地区的立法进行统一化开始的。

〔2〕 其中《智利民法典》与《阿根廷民法典》都由中国学者徐涤宇翻译。

但也不乏其独特之处：《意大利民法典》在一定程度上超越了十九世纪的个人主义思潮，更加注重社会生活的现实以及人与人之间存在的客观差异[1]。

确切地说，并不是诸多的法典导致国家垄断了立法权，而是这些法典的制定是国家垄断立法权的表现。在国家、民族主义的影响下，每个国家制定了自己的法典，法典的国家化与体系所要求的结构上的统一性产生了一定的冲突。这种冲突最终产生了一定的危机，这时候，即使是那些法典国家化的支持者们，也认可了制定“所有人的共同法”的必要性。

十月革命带来了众多的变革，其中最为重要的一项是以追求尽快的工业化为目标而进行的社会大变革。莫斯科其实是深受希腊时期的罗马法影响的一个地方，并且博洛尼亚所传播过来的重读优士丁尼法典这样的传统也深深影响了苏联。在这样的背景下，苏联先后于1922年、1964年制定了民法典；除了法典化之外，其对罗马法的研究也不甘落后，于1984年翻译了《学说汇纂》。1995~2008年，俄罗斯修订了民法典，同时也重新翻译了《学说汇纂》。

穆斯林国家对罗马法的继受尚属于小范围：穆斯林国家对罗马法的继受恰恰出现在十九世纪末反对在自己的领土上适用一种外来法的那个年代（埃及于1875年、1883年先后制定过法典）。1948年，埃及制定了一部意义重大的民法典。在那个年代，穆斯林国家对罗马法的研究并不是一个孤立的偶然现象，比如当时埃及就翻译了优士丁尼的《法学阶梯》。现在穆斯林国家进行法典化的活动还在继续，罗马法与穆斯林法的对话还有较大的发展空间。

1898年的《日本民法典》（同期的还有1890年的《民事诉讼法典》与1898年的《商法典》）是在一种特定的目的下产生的对罗马法的继受：排除领事裁判权、保护主权的完整。法国法与德国法在当时的日本法典特别是《日本民法典》的制定过程中起过非常重要的影响（日本于1873年、1878年与1890年分别制定过民法典草案；1890年的草案还被批准了，但是没有生效实施）；在当时日本的大学里，也讲授法国法与德国法（Windscheid 与 Dernburg 的作品被翻译成日文）。这里我还要强调的一点是：1874年在东京帝国大学设立了一个罗马法的教席（当时讲授的是优士丁尼的《法学阶梯》），并且有这样的说法：“要想成为一个学识渊博的学者，如果不学习与理解罗马法的话，就不可能真正深刻地理解现代欧洲的法律。总之我们可以说，最初是法学理论的传播，随后才是对欧洲立法的接受。”（Norio Kamiya）现在我不再详细地谈论日本法随后的发展，只想提及的一点是：在第二次世界大战之后，日本也受到了来自美国的普通法的影响。

在这里我不能详细地谈论罗马法在中国传播的所有历史事件。虽然1911年的

---

〔1〕关于《意大利民法典》，已经由费安玲、丁玫两位教授翻译成中文了。本人在1998年的《比较法研究》中曾经著文专门介绍过意大利民法典的中文翻译问题。

《大清民律》（草案）最初制定的本意是为了排除领事裁判权、收复国家主权，但是它毕竟在客观上继受了罗马法。当时南京国民政府司法部的顾问庞德——这位与罗马法并无渊源的法学家，高度评价了《中华民国民法典》，并且将之与十三世纪意大利的罗马法复兴的影响联系在了一起。这是一个非常有力的证据，见证了在远东地区是罗马法传统而非普通法系得到了传播与认可。事实上，罗马法系的重要特征——即法律的体系化以及法学理论的丰富性——使得这个法系能够更快地适应那些从以道德、习惯以及社会控制为中心向现代法制发展的国家，而以英美为代表的普通法系则缺乏这种法律的体系性[1]。

六

法学的任务是建构与完善法律体系以及体系内部的协调一致性。优士丁尼把法学家们定位为“法典的缔造者”（conditores）。事实上，所谓的法典，就是将法通过一定的法律技巧整理在一起；法典一方面需要法学家们参与制定，另一方面还需要法学家们对其进行解释。法典不是立法者的作品，也不是法学家们的普通作品——在普通作品中他们可以解释法律而不负任何的责任。法典本身需要法学家的大力参与。而立法者通过其权力，使得以立法者名义颁布的法律更具有持久性，使得这些法律原则、规则、制度的集合体能够为“公正与自由”服务。自由在不同的语境下有不同的含义，社会中存在着弱势群体需要保护，这些都需要一部统一的法律来解决。借用罗马法学家彭波尼的话来说，法学家们总是承担着这样的责任——持续不断地完善既有的法律。追求体系的完整性，以及法律内部体系的和谐一致性，这些都是法学家们工作的目标，而法学家们工作的最终目标则是实现正义——所谓正义，就是分配给每个人以其权利的稳定的、普遍的意愿。(J. 1,1pr.)

---

〔1〕 参见［美］罗斯科·庞德：“中国、欧洲的罗马法”，载《Koschaker 研究文集》，米兰，1954 年，第 441 页及后。

历史变迁中美国宪法平等原则的经济观察

——从《独立宣言》到《美国宪法》

曾尔恕*

美国著名的历史学家查尔斯·A. 比尔德在《美国宪法的经济观》中，以经济史观对1787年制定的美国宪法背后的决定力量进行分析，得出“宪法在基本上是一项经济文件，它的基本观念是：基本的私人财产权先于政府而存在，在道德上不受人民多数的干涉”[1] 的结论。尽管比尔德对美国宪法的某些解释及依据的史料受到过某些批评和质疑，但是他所提出的论点以及分析方法却仍然予研究美国宪法以启发。从美国宪法性文件《独立宣言》、《邦联条例》到1787年《美国宪法》及至于今，美国宪法的经济内容在美国历史发展的各个时期演绎出丰富的含义，表现出不同的原则和价值取向。本文试探讨美国社会的初始转型时期，为了促进美国届时的发展目标，美国宪法的平等原则在经济内容及其含义上的变化，以及它们对美国政治法律制度的影响。

一、与英国人同样平等的经济权利(《独立宣言》)

1776年7月4日，北美大陆会议通过《独立宣言》，代表北美十三个殖民地对英国宣告独立。《独立宣言》郑重申明了“不言而喻”的真理：“人人生而平等，他们都从他们的‘造物主’那边被赋予了某些不可转让的权利，其中包括生命权、自由权和追求幸福的权利”，从而为美国宪法奠定了思想基础。

在《独立宣言》所伸张的天赋权利中，平等的权利是首要的不言而喻的天赋权利，也是导致北美殖民地革命的直接动因。十七世纪中叶，重商主义的经济学说盛极一时，在其影响下，英国形成对殖民地进行掠夺和控制的经济政策。从1660年到1673年，英国通过一系列贸易和航海条例。这些条例包含的原则主要是：英国同它的殖民地之间的一切贸易必须由英国或英属殖民地的船只承办；凡输入殖民地的一切欧洲商品，都必须先运到英国经英方征税后方可再装运；凡法律中列举的某些殖民地产品，如烟草、糖、棉、蓝靛只许运销英国。为了加强对殖民地的经济管理，1675年英国还在殖民地设立了“贵族贸易委员会”。然而，这些限制殖民地贸易的政

---

* 中国政法大学教授，博士生导师。

〔1〕［美］查尔斯·A. 比尔德：《美国宪法的经济观》，何希齐译，商务印书馆1984年版，第226页。

策并没有能够阻止各殖民地在条例颁布后的一个世纪里的成长和繁荣，殖民地对英国经济却变得至关重要。1700 年，北美殖民地的人口是257 060人，六十年后激增至 1 593 625 人。[1] 人口的增长为英国大量的制造品提供了销售市场，反过来又为英国提供了大量的廉价原材料。因此，不是北美殖民地经济需要依赖英国，恰恰相反，由于北美殖民地在英国的贸易中发挥了重要作用，英国的经济正迅速地变为越来越依赖于北美殖民地。在 1756 ~ 1763 年的英法“七年战争”中英国花费了巨额战争经费，并且购买了整个法兰西的加拿大和除路易斯安那以外密西西比河以东的所有土地。据估计，“保卫这样一个美利坚帝国需要一支一万人的常驻军队，每年需要三十万英镑的军费”。[2] 战争中，财政的枯竭，使格伦维尔盯上了殖民地的税收。1764 年，格伦维尔向下议院提出包括《税收法令》（即《糖税法》）和《印花税法》在内的一系列关于从美洲取得收入的决议案。《税收法令》的序言坦言：“在国王陛下的美洲领地征取税收，以支付各该领地之防卫、保护与安全费用。”[3] 该法令对输入美洲各殖民地的外国食糖和欧洲的奢侈品如酒、丝、麻课征各种附加税；它列举规定了更多的殖民地商品，如皮革和皮制品只能向英国输出；它撤销了各殖民地原曾享有的某些免税待遇。《印花税法》是英国议会向殖民地征收的关税以外首次课加于殖民地的直接税。该法令规定一切报纸、大幅印刷品、小册子、证书、商业票据、期票、债券、广告、历书、租约、法律文件以及诸如此类的其他文件，都必须附贴印花税票。印花税的全部收入将在英国议会的指导下用于殖民地，并且仅限于供“各殖民地之防卫、保护与安全”之用。违抗法令者，应受不设陪审团的海军法庭审判。1763 年英国殖民当局还颁布“宣告令”禁止殖民地人民到西部去购买土地和定居，并宣布在北美建立包括东佛罗里达、西佛罗里达、魁北克和格林纳达在内的四个新的行政管理区域，将其以西的土地保留给印第安人，并由英国军队维持秩序。英国明目张胆地对北美殖民地实行的经济控制和掠夺政策，不但使殖民地各阶层人民的财产权受到不同程度的损害，直接影响到北美经济的发展，并且威胁和打击了那些企图到西部扩张的北美农场主和商人的利益，严重损害了殖民地政府的管理权。

1763 年以前，北美人民并没有独立的想法，一般人仍把自己看做是英王的臣民、大英帝国平等的成员，与英国人同族同语，生活在同一宪法之下。他们相信“英国宪法一直是‘英国自由制度的精华’、‘人权自由的守护神……国家安定的基石’、‘智慧累计的纪念碑’和来自世界的赞美”。[4] 他们认为根据《大宪章》和英国人“与生俱来”的权利，原本享有与英国人同样的不得被剥夺的权利和自由。就在 1763

---

〔1〕 Thomas Paine, *Common Sense*, edited with an Introduction by Isaac Kramnick, p. 12.

〔2〕 Thomas Paine, *Common Sense*, edited with an Introduction by Isaac Kramnick, p. 13.

〔3〕 ［美］塞缪尔·埃利奥特·莫里森等：《美利坚共和国的成长》（上卷），南开大学历史系美国史研究室译，天津人民出版社 1980 年版，第 187 页。

〔4〕 Gordon S. Wood, *The Creation of the American Republic* 1776 ~ 1787, New York, London, 1972, p. 11.

年，本杰明·富兰克林在英国下议院被问及殖民地对大不列颠的态度时的回答仍是：殖民地人民认为英国政府是世界上最好的政府，殖民地人民“愿意服从国王政府，在所有法庭内，服从议会制订的法令”，“对大不列颠，对它的法律、习惯、风俗，他们都不只尊重，而且深爱，甚至狂热地喜爱着显著促进贸易发展的不列颠的时尚商品”。[1] 那么究竟是什么伤害了北美人民对英国的尊敬和热爱之情，使他们与英国的关系严重变质，以至十二年后发展到开战的地步呢？美国霍普金斯大学教授杰克·哥瑞恩（Jack Greene）指出，尽管表面平静，在1660年至1760年这一个世纪中，英国和殖民地之间已经发生了重要的结构性的变化，正是这种变化造成双方关系的紧张并为美国革命提供了前提条件。[2] 实际上，大多数殖民地已经具备了自治的先决条件，殖民地当地的精英都有效地支配了当地的政治和社会生活，各殖民地都拥有了本地的行政和政治权力的自治中心，特别重要的是，每个殖民地都有了经由选举的议会下院。因此，“在大革命发生前的这个世纪中，殖民地的美利坚人比起他们英国的表兄更广泛地参与了政治的进程”。[3] 1763年后英国政府的所作所为使殖民地人民警醒地认识到，他们的母国其实并不承认他们是大英帝国的子民，他们与英国人并不生活在同一个宪法原则之下。“在英国的政治体制中，北美只是属于从属地位。只有符合英国本身的目标时，英国才会考虑到这个国家的利益。因此，在任何不能增进它的利益的情况下，它自身的利益就会促使它压制我们的成长，或者至少要进行干涉阻挠。”[4] 按照英国宪法传统的自由观念，税收应当来自臣民自愿的输捐，而非政府的课征，既然各殖民地在英国议会中并不享有代表权，按照“无代表不征税”的宪法原则，《税收法》就实在是祖制的大变。1765年10月，北美殖民地各主要城市的代表集会于纽约城，宣言反对《印花税法》，并经一致同意发表决议：“国王陛下之殖民地忠顺臣民，有权享受在英国国内出生之臣民所有继承权利与自由”；“就人民的自由而言，不可或缺的真理是，它同样是英国人原已拥有的权利，即未经本人或代表同意，政府不得征税”；“唯殖民地的议员才是人民自己推选的代表。除非经由当地立法机关批准，任何人从未亦不得对他们合法征税”；“殖民地上缴军需，是他们自愿献给王室的礼品，若将殖民地人民的财产交纳于国王陛下，势必与大英帝国人民共同享有的英国宪法的原则与精神相背离”。[5]

在美洲殖民地人民团结一致的反抗之下，商业暂时陷于停顿，北美洲同英国的贸易在1765年夏季减少了三十万英镑，《印花税法》无法付诸实施。英国政府被迫

---

〔1〕 Thomas Paine, *Common Sense*, edited with an Introduction by Isaac Kramnick, p. 10.

〔2〕 Thomas Paine, *Common Sense*, edited with an Introduction by Isaac Kramnick, p. 11.

〔3〕 Thomas Paine, *Common Sense*, edited with an Introduction by Isaac Kramnick, p. 11.

〔4〕 Thomas Paine, *Common Sense*, edited with an Introduction by Isaac Kramnick, p. 93.

〔5〕 David E. Shi and Holly A. Mayer, *For the Record: A Documentary History of America*, Volume 1, Stamp Act Congress from Declaration of Rights and Grievances of the Colonies, 1765.

做出让步，于1766年3月17日撤销《印花税法》。但在同时却颁布《公告令》，申明英国议会是不列颠帝国的最高立法机关，绝不会放弃对殖民地享有的的立法权。1767年，英国议会制定《汤森税法》，规定对输入北美殖民地的进口商品强征新一轮的关税，再次触犯“无代表不征税”原则，在殖民地再度掀起抗议风潮，再次引发了美洲人民对于英国宪法的全面讨论，美洲革命一触即发。时任英国下院议员的爱德蒙·柏克规劝英国政府就此收手：“你的计划，并没有带来岁入，只引来了不满、混乱与不服从；美洲人既执意要抗拒你，则我敢说，你就是血流成河、趟着过眼深的鲜血走到最后，也只能回到你起步的老地方；也就是说，去无处征税了。”〔1〕

美国人民为独立而进行的战争，又是一种法律斗争，“或者说，它至少是以解决法律问题的名义发动起来的。导致革命的冲突，主要是对在英国宪法下对殖民地地位的解释不同的冲突”。〔2〕尽管英美之间围绕英国在殖民地的一系列立法展开的、对于殖民地的地位的斗争与辩论，其立场观点是截然对立的，然而，美洲殖民地人民用以与英国政府辩论的武器，却是英国宪法的原则。

《独立宣言》的经济观是平等的经济观，在它痛斥和列举的英国殖民者对北美人民犯下的种种“恶贯满盈”的罪行中，关于侵犯财产权的内容占有相当的比重。其中包括：“他一向抑制各州人口的增加；为此目的，他阻止批准‘外籍人归化法案’；他又拒绝批准其他的鼓励人民移殖的法令，并且更提高了新的‘土地分配法令’中的限制条例”；“他滥设了许多新的官职，派了大批的官吏到这边来钳制我们人民，并且盘食我们的民脂民膏”；“他割断我们与世界各地的贸易”；他不得到我们的允许就向我们强迫征税”。历数的种种英国人的罪行都在控诉不平等的压迫，都在表达北美人民期望平等地进入世界自由贸易和自由市场的迫切要求，以及有产者捍卫他们的既得财产权的坚定决心。在这里，“平等”所强调的是殖民地与英国的关系并非是宗主国与附属国的依附关系，而是美洲人应当平等的享有与英国人同样的权利和自由。深受卢梭精神影响的《独立宣言》通篇高扬的正是平等的法律原则，因为如果没有平等就没有权利可言。就文化基础而言，以上帝面前人人平等的预设作为构建新秩序的规则既是一种思考方式，也在西方的民主传统中有深厚的基础。《独立宣言》提出的“所有的人生而平等的预设是以圣经传统为基础的，即在上帝面前人们处于根本平等的地位。”〔3〕一个值得注意的事实是，美洲人与英国人是同一民族，还是两个不同的民族，一直是独立战争前美洲殖民地居民与英国政府之间的争论要点之一。在《独立宣言》发表二十年前的奥尔巴尼会议上，〔4〕殖民地人民还曾经拒

〔1〕［英］爱德蒙·柏克：《美洲三书》，缪哲选译，商务印书馆2003年版，第63页。

〔2〕Bernard Schwartz, *The Law in America: A History*, New York, 1974, p. 2.

〔3〕［美］文森特·奥斯特罗姆：《美国联邦主义》，王建勋译，上海三联书店2003年版，第58页。

〔4〕1754年各殖民地的代表在奥尔巴尼开会，讨论组成各殖民地之间的一个永久性联盟。各殖民地议会拒绝了会议计划的这一行动。

绝过关于联合的建议，而《独立宣言》的序言中使用了“一个民族必须解除其与另一个民族之间迄今所存在着的政治联系”的辞语。这表明英国人已经被作为“另一个民族”，而北美殖民地人民自己则是作为一个独立的共同体的“一个民族”。正如英国牛津大学教授J. R. 波尔的评价：“英属北美殖民地的人民不仅是最早摆脱旧世界取得独立的欧洲殖民帝国的臣民，而且他们也是最早把国家的存在建立在抽象的道义原则之上的民族。人人生而平等的原则难解难分地融入了大陆会议为殖民地反叛英王以及美利坚合众国作为一个独立的国家存在而提供根据的道义基础之中。人们反对英国统治的诉求是集体提出的……然而，提出这种集体享有平等的要求的人受到了个体主义动机的驱动和个体主义思想的鼓舞。通过同样的行动，他们要求作为自由个体的权利：享有平等的自由、平等的权利以及这些权利赋予他们的平等地反对他们生活于其中的政府的权利。”[1]“美利坚民族意识诞生于争取平等的斗争。”[2]

二、各州主权平等之下的经济权利（《邦联条例》）

鉴于美洲革命中建立的大陆会议不能作为日常的政府机构行使权力，《独立宣言》发表一年后，1777年11月15日，大陆会议经过冗长的辩论终于通过了由约翰·迪金森起草的《邦联和永久联合条例》（简称《邦联条例》）。《邦联条例》借鉴了以契约建立殖民地联合政府组织的经验，规定“互约组织一个巩固的友谊同盟”，并称这一联合的同盟为“美利坚合众国”。但邦联所带来的却仍然是十三个国家，而并非是一个国家。《邦联条例》共有十三条条文，其中规定：“各州保留其主权、自由和独立以及未经邦联授予邦联国会的各项权力、司法权和权利”（第二条），“各州为共同防卫、自由保障与共同福利，互约组织一个巩固的友谊同盟”（第三条），“各州互相之间承认其自由公民在他州得享受与其本州公民相同的权利，对于赋税以及财产转移不得歧视，对于邦联财产亦如此，各州互相之间引渡罪犯”（第四条）。可以看出，刚刚独立的北美各州，以平等一切权利的精神塑造的《邦联条例》的灵魂或核心是各州。对此，有学者评价《邦联条例》表现出的是那些凭武力推翻邪恶的旧事物的人们很少持有的谨慎态度。“他们惟恐他们用鲜血和财富作代价所得的结果，只不过是以一个暴君代替一个暴君而已。”[3]

除了殖民地各州政权树立的榜样外，《邦联条例》之所以选择各州互约联合的形式还有两方面的原因：一方面是当时的美国人以英国对殖民地的压迫为例，认为政府离一个社会越远，就越可能对这个社会施行暴政，因此人民的自由权利由地方政

---

[1] [英] J. R. 波尔：《美国平等的历程》，张聚国译，商务印书馆2007年版，第1页。

[2] [英] J. R. 波尔：《美国平等的历程》，张聚国译，商务印书馆2007年版，第26页。

[3] [美] 丹尼尔·布尔斯廷：《美国人建国历程》，中国对外翻译出版公司译，三联书店1993年版，第500页。

府来维护比较安全。他们“相信共和制政府不适于广阔的地区。在幅员辽阔的共和国里，中央立法机构不可避免地会远离其大多数的选民，而且终将逃脱选民的控制，不再是共和体制的了”。[1] 另一方面，面对充满侵略性的大国随时可能发动的进攻，一个小的共和国的力量是不足以抵御的。如何解决共和国的范围与共和国的生存的困难呢？汉密尔顿在他的论文中详尽引述了孟德斯鸠在《论法的精神》中对联邦政府的讨论，其中涉及“邦联”。孟德斯鸠主张，联邦共和国创造的政体“既具有共和政体的内在优点，又具有君主政体的对外力量”，“这种政府形式是一种协约。依据这种协约，几个小邦联合起来，打算建立一个更大的国家，并且同意作这个国家的成员。所以联邦共和国就是几个社会联合而产生的新社会，这个社会还可以因其他新成员的加入而扩大，直到他们的力量能够为这个联合体提供保障的程度为止”。[2] 此外，《邦联条例》之所以仍然维持十三州独立时的国家形态，也有美国自身传统的缘由。独立以前，美国人既是英国的臣民，又是马萨诸塞、纽约、弗吉尼亚或另外某个殖民地的公民。即使在《独立宣言》最后誊清的文本的标题中亦将这个文件称为《美利坚合众国十三州共同宣言》，并且在宣言的行文中没有一处提到国家，所有的地方都以各州作为称谓。在结尾段落中，《独立宣言》宣告：这些联合殖民地从此成为自由独立的国家；作为独立的国家，他们享有全权去宣战、媾和、缔结同盟、建立商务关系和采取独立国家有权采取的一切其他行动。所以，独立后的长时间内，美国人思维和行事的习惯仍将州当作国家。“他们基本的、持续的忠诚还是倾注于他们自己的殖民地，即现在的某一个州。”[3] 以至在1787年的制宪会议上，康涅狄格的代表宣称：“我的幸福取决于我的州政府的存在，正如一个新生儿需要依赖他的母亲获得营养一样。”[4]

为维护各州的经济利益，《邦联条例》在规定国会享有订立条约和同盟的“独有的绝对权力”时，特别规定这一权力必须得到九个州的同意，并且特别就管理经济的范围作出禁止性的限制：“不能订立商约区禁止各州立法机关对外国人征收其本州人民所应负担的入口税，或阻碍其禁止任何种类货物或商品的输出或输入”；“不得铸造货币，不得规定货币的价值，不得确定保卫合众国或某州的安全与福利所必需的款项和费用，不得发行证券或信用借款，不得拨用款项，不得决定建筑或购买战舰的数目，或征募海陆军的数目”（第九条）。总之，邦联国会“如果没有合众国国

---

〔1〕［美］J. 布卢姆等：《美国的历程》（上册），杨国标等译，商务印书馆1988年版，191页。

〔2〕Hamilton Madison Jay, *The Federalist Papers*, Introduction by Clinton Rossiter, New American Library, 1961, p. 74.

〔3〕［美］丹尼尔·布尔斯廷：《美国人建国历程》，中国对外翻译出版公司译，三联书店1993年版，第495页。

〔4〕［美］丹尼尔·布尔斯廷：《美国人建国历程》，中国对外翻译出版公司译，三联书店1993年版，第497页。

会多数投票赞成，则除天天延会外，不能决定任何其他问题”（第九条）。

由于主权在各州，各州是邦联政府权威的唯一来源，邦联政府依赖于各州，因此，在各州之间商业竞争激烈的情况下，各州各自的经济与财产权利受到垄断性保护，对从他州输入的消费品一律征收重税，一些州径自开放自由港，对欧洲货物进口免征关税，而邦联政府则完全没有进行征税或者筹集收入的权力。政府“向十三个独立的州提出征款要求（Requisitions）［以偿付开支］，这取决于每一个州议会是否遵守的善意；或者，如果它遵守，是在什么时间、以什么方式”。[1] 其结果便是：“国库是空虚的，联邦信用陷入低潮，公共负担在增长，公共信用在崩溃”。[2] 在签署《独立宣言》的1776年，英国的经济学家亚当·斯密（Adam Smith）发表《国富论》，解释殖民统治带给欧洲的经济利益：“对于那些在美洲建立殖民地的国家而言，美洲为它们国内的剩余产品提供了广阔的销售市场，相关产业随之发展起来；对于那些没能够在美洲建立殖民地的国家而言，美洲产品输入欧洲大市场后，必定在各国之间周转，同各国生产的商品进行交换，这也相当于为这些国家的产业发展提供了有力的市场支撑。而且，欧洲各国的产业都得到发展之后，它们各自的年产物都相应增加，势必促进彼此间贸易的发展。”[3] 按照这一经济理论，美洲独立前，英国控制殖民地贸易的目的就是为了增加它的财富，迫使殖民地成为依赖于宗主国的消费者。

《巴黎条约》的签订结束了美英之间的战争，“但是战争的后果似乎正在破坏国家的经济。虽然独立使美国不再受英国航海法管辖了，但是英国下议院通过的新法切断了美国同西印度群岛的贸易关系，而西印度群岛则是殖民地一个主要贸易伙伴。到1781年，新兴的合众国负债达四千万美元，濒临破产”。[4] 据统计，在1781年到1786年间，各州向邦联国库缴纳的款额平均每年五十万元，连应付政府的经常性开支也不够，更不用说支付战费和外债利息了。[5] 尽管就这一事项邦联国会向各州发出一次次吁请，各州仍然置若罔闻。更严重的是，邦联缺乏管理对外贸易或国内贸易的权力。在各州之间，某个州为了自己的商业利益所采取的措施，往往遭到他州的对抗或拒绝。“如果某州为了维护自己的政府和资源而征收关税，它的邻近州就有许多诱惑去采取自由贸易制度，将更大份额的国内外贸易吸引到它那里去。”[6] 包

---

〔1〕［美］约瑟夫·斯托里：《美国宪法评注》，毛国权译，上海三联书店2006年版，第108页。

〔2〕［美］约瑟夫·斯托里：《美国宪法评注》，毛国权译，上海三联书店2006年版，第108页。

〔3〕［英］亚当·斯密：《国富论》，张兴等编译，北京出版社2007年版，第130页。

〔4〕［美］玛丽·莫斯特：《美国宪法实现良治的基础》，刘永艳、宁春辉译，中共党史出版社2006年版，第99页。

〔5〕［美］塞缪尔·埃利奥特·莫里森：《美利坚共和国的成长》（上卷），南开大学历史系美国研究室译，天津人民出版社1980年版，第305页。

〔6〕［美］约瑟夫·斯托里：《美国宪法评注》，毛国权译，上海三联书店2006年版，第110页。

括英国在内的西欧商人趁机向十三个州倾销货物，邦联根本无力还击。英国勋爵谢菲尔德曾论证说，英国现在能够吞并美国的商业，而无需付出管理的费用，也无需对美国的利益作出让步："我们全国的大目标是尽可能多多增加水手和航运，议会应当力求使全部英美贸易由英国船只来承运。北美绝不可能进行报复。要使北美各州作为一个国家行动起来，那不会是一件很容易的事情。我们无须把它们当作一个国家而对之提心吊胆。"[1] 面对当时美利坚的工业大受打击，金融通货大量外流，经济萎缩、物价腾涨的状况，华盛顿曾发出深深感叹："美国，对那些她正努力要与其达成贸易条约的国家看来，没有贯彻条约的手段，必然是非常可鄙的。它们必然看到、并且要感受到，是合众国还是单独的各州，是最适合它们目的的主权者。一句话，今天我们是一个国家，明天就是十三个。谁会以这样的条件来对待我们?"[2] 在比尔德的《美国宪法的经济观》中引述的1787年8月29日费城的一篇通讯中有如下记述："各州不事修路和疏浚河道，它们观望中央政府是否将担任这种必要的修浚。贸易和制造公司停止装运和制造，观望全国性的商业条例究竟会给他们的商务以多大的保护和奖励。合法的高利贷封闭或窖存他们的资金，观望新政府是否将使他们避免遭受纸币和姑息立法的侵害……希望解放而移殖于边境的贫苦农民与被压迫的佃农，观望政府是否将保护他们不受印第安人的侵害。"[3] 这段文字不但揭示了当时美国人对新政府的期待程度和失落的心态，也描绘出由于《邦联条例》赋予邦联中央的权力有限，并且确认各州保持其主权和独立，包括经济壁垒所造成的状况。

三、多元结构下的经济目标（《联邦宪法》）

随着时间的推移，邦联体制运作的情况使它作为联盟纽带或政府持久架构的效能遭到了普遍、频繁的质疑，美国的命运进入到一个非常关键的时期。

建立一个什么样的政府才可以确保美国人的权利和自由呢？那些熟谙英国的普通法传统的法学家和政治理论家，在起草美国宪法的时候自然将先前他们与大不列颠的冗长的争议，将他们理解的英国的法治原则，将渊源深远的由更高级法支配常规立法的观念，将殖民地的管理经验和对《邦联条例》的理解融会在他们对新政府的本质的讨论之中。经制宪会议激烈的争议，根据妥协方案制定出的宪法草案，于1787年9月17日由三十九名代表签字通过，然后提交邦联国会送各州批准。联邦宪法规定美国的国家结构形式是联邦制，联邦是由各州组成的。那么宪法的基础究竟是什么呢？按照美国建国之初州权派对宪法的理解，宪法仍然是各州之间的契约，

---

〔1〕［美］塞缪尔·埃利奥特·莫里森：《美利坚共和国的成长》（上卷），南开大学历史系美国研究室译，天津人民出版社1980年版，第301页。

〔2〕［美］约瑟夫·斯托里：《美国宪法评注》，毛国权译，上海三联书店2006年版，第111页。

〔3〕［美］查尔斯·A. 比尔德：《美国宪法的经济观》，何希齐译，商务印书馆1984年版，第45～46页。

由各州给予联邦政府以有限权力。当某项权力应当给予联邦政府还是由各州保留有歧异时，应当以有利于契约当事人即各州为解决标准。联邦派则坚决反对宪法是各州之间的契约的观点，他们认为：联邦政府和州政府事实上只不过是人民的不同代理人，权力只能归于人民，“一个政府无论在什么时候组织和怎样组织起来，人民为了授予它必要的权力，就必须把某些天赋权利转让给它”。〔1〕尽管宪法序言中“我们美利坚合众国人民”的词语并没有清楚地表达出“人民”是指联合起来的美利坚人民还是指各州人民，以至在后来引起理解上的歧异。但是，可以肯定的是宪法确立了政治含义上的人民主权原则，美利坚人民作为一个整体发展的历史从此开始。

1787年《美国宪法》的序言中写道：“我们美利坚合众国人民，为了组织更完备的联盟，树立公平和正义，保障国内的安宁，建立共同的国防，增进公共福利，并保证我们以及后代的自由幸福，特制定美利坚合众国宪法。”这表明，在宪法所要达到的目的中，安全的考虑是一以贯之的首要的考虑，是宪法与《邦联条例》之间产生连接的核心内容。然而，与维护邦联“安全”的含义不同的是，面对依赖《邦联条例》所设定的各州拥有主权的政治资源，新宪法所要解决的第一个难题，“就是将主权划分得既能使组成联邦的各州继续在一切与本周的繁荣有关的事物上管理自己，又能使联邦所代表的全国政府仍然是一个整体和满足全国性的需要”。〔2〕美国宪法联邦制的设计并不只是关注解决联邦中央与各州的分权问题，而是如有学者的评论：联邦宪法的起草者们所欲实现的并不是为了民主而使美国安全，而是为了美国而使民主安全。自由与安全的价值观在两部宪法文献的制定与更替中，创造出了新型的国家结构形式——联邦制，而它的贡献就是“在美国的复合共和国里，人民交出的权力首先分给两种不同的政府，然后把各政府分得的那部分权力再分给几个分立的部门。因此，人民的权利就有了双重保障。两种政府将互相控制，同时各政府又自己控制自己”。〔3〕

为了实现在全国范围内建立统一的经济区域，协调联邦和各州的关系免受狭隘地区主义的破坏，保障经济的平衡发展，进而维护国家安全，宪法在联邦与各州的立法范围上做出分配，其中涉及多项经济财产制度。

《美国宪法》第一条规定立法权，共十款，其篇幅约占全文的一半。其中第八款关于国会的权力，列举了十七项。涉及经济方面的立法权包括：课税及征收关税；募集国债、铸造货币及规定度量衡制度；监督州际贸易、对外贸易以及与印第安部落贸易；设立邮政；制定破产法律；保护著作权和专利权；惩罚伪造货币的罪行。

---

〔1〕［美］汉密尔顿、杰伊、麦迪逊：《联邦党人文集》，程逢如、在汉、舒逊译，商务印书馆1980年版，第7页。

〔2〕［法］托克维尔：《美国的民主》（上卷），董果良译，商务印书馆1988年版，第127页。

〔3〕［美］汉密尔顿、杰伊、麦迪逊：《联邦党人文集》，程逢如、在汉、舒逊译，商务印书馆1980年版，第265～266页。

对于各州的立法权，宪法第一条第十款则规定一系列禁止性条款包括：不得订立条约、同盟或者联盟；不得铸造货币；不得发行信用券；不得以非金银币之物作为偿付债务的法定货币；不得制定损害契约义务的法律。宪法之所以对各州权力的限制范围作出规定，是因为：其一，在联邦政府组成之时，各州就失去了在国际市场上作为独立国家的地位，各州无权与外国谈判，也不得以国家的名义与外国发生直接关系。其二，在当时州权强大的情况下，公众的期待是消除分裂不和的旧仇宿怨，建立强大、持久的联盟，以便保证在共同行动上协调一致，使联盟处于安全与和睦之中。

征税权是宪法列举的国会的第一项权力。《美国宪法》第一条第八款规定："国会有权规定并征收税金、捐税、关税和其他赋税，用以偿付国债并为合众国的共同防御和全民福利提供经费；但是各种捐税、关税和其他赋税，在合众国内应统一征收。"由是可见：其一，规定国会征税的宪法目标是：偿还债务；供给国防需要；增加全民福利。其二，与邦联征税的方式不同的是，在联邦制下，"联邦所统治的不是各州，而只是各州的公民。在联邦要征税时，它不是向各州（比如说马萨诸塞）政府征收，而是向州的居民征收"。[1] 其三，为了防止各州重导邦联时的覆辙，通过税收壁垒分裂联邦，宪法要求各种税金、捐税、关税必须统一，以在合众国范围内建立统一的经济区域。根据最高法院的解释，所谓"统一"征税是指地域上的统一，即同一项目的税收在全国应当实行一律的税率，联邦不得通过较低的关税率给予一州商港优越于他州商港的特惠。与此同时，在宪法第一条第九款中列举了两项限制性规定："除非按本宪法所规定的人口调查或统计之比例，不得征收任何人口税或其他直接税；对各州输出之货物，不得课税"。[2]

在赋予联邦以广泛的征税权的同时，宪法明确限制各州的征税权："未经国会同意，各州不得对进口货物或出口货物征收任何税款（宪法第一条第十款）。"除宪法文本规定禁止各州擅自对进出口征税外，联邦最高法院通过对宪法"必要和适当"条款的解释、关于联邦对州际贸易和对外贸易的管辖权以及对"法律正当程序"条款的解析，创制出一系列原则限制各州的征税权。其中，首先是限制各州对联邦机构的征税权。其理由早在1819年的"麦卡洛克诉马里兰州"（McCulloch v. Mary-

---

〔1〕［法］托克维尔：《美国的民主》（上卷），董果良译，商务印书馆1988年版，第176页。

〔2〕前一项宪法限制在19世纪末曾引起所得税是否是直接税的激烈争论。1895年美国联邦最高法院在"包洛克诉农民贷款信托公司"（Pollock v. Farmmer's Loan Trust Co.，1895）案中对直接税的概念做出扩大解释，将直接税的范围扩大到一切财产税，这一宪法解释限制了联邦的征税权范围。并且，根据宪法规定联邦的所有直接税必须按人口比例分配于各州，这使得征收联邦所得税实际成为不可能。直到1913年宪法第16条修正案得到多数州的批准，才在实际上取消了对联邦征税权的限制。（宪法第16条修正案规定："国会有权对任何来源的收入课征所得税，无须在各州按比例进行分配，也无须考虑任何人口普查或人口统计数。"）

land; 1918）案中，最高法院首席法官马歇尔（John Marshall，1755 ~ 1835）就已经指出，归纳起来有两点：其一，课税权包含着一种破坏性的权力，容许州对联邦机构征税，无异于容忍州任意控制联邦的生存。他援引了1790年汉密尔顿（Alexander Hamilton，1755 ~ 1804）在创设国家银行时的报告中提出的“默示权”理论，强调一个“有益的对宪法的解释”必须考虑给予国会一定的、实际操作的“任意性”权力。他说：“假如各州可以对政府再行使其权力时使用的一个工具征税，它们也就可以对其他一切工具征税。它们可以对邮政征税，对造币厂征税，对专利权征税，对海关文件征税，对诉讼程序征税，它们可以对政府使用的一切工具征税，达到使政府全部目的落空的极端。”向联邦的机构征税的问题“是一个最高地位的问题：如果各州对联邦政府使用的各种工具征税的权利获得承认，那么，宣告宪法和依宪法制定的法律为全国最高法只不过是空的、无意义的慷慨陈词罢了。”其二，虽然联邦政府和各州政府的征税权被公认是共同行使的，但是联邦与各州是有区别的。各州人民及各州本身在州议会中都有代表，当他们对各州的特许机构征税时，他们是对他们的选民征税；这些税必须是划一的。但是当一州对联邦政府的业务征税时，它是对一个由其他州与他们本州为了他们的利益建立的政府的措施采取行动。“在整体对部分的行动与部分对整体的行动之间——被宣告为至高无上的政府的法律与如果违反这些法律就不是至高无上的政府的那些法律之间，永远存在区别，并且永远必须存在区别。”因此，联邦最高法院的结论是“确信各州无权通过征税或其他手段拖延、阻碍、留难或以任何方式控制国会为了行使授予联邦政府的权力而制定的合乎宪法的法律的实施。我们认为，这是宪法所宣告的那种最高地位的不可避免的结果。”[1]

国会征税权的规定和限制州的征税权的宪法规定，与宪法的其他规定一样体现出权力“制衡”的特质。斯托里的评价是：“它建立在全面和积极的警觉之上，这种警觉预料到了危害的可能性，只要可行，就会积极地防卫任何可能危及各州的权力行使。如果遗漏了这种关税统一性的规定，尽管这种权力［征收关税］从未被滥用来伤害合众国中较弱的州（这只是一个假设，历史上从未十分可靠或确切地向我们证明这一点）；然而在实践意义上，这种权力自身就足以毁灭宪法中大多数其他各项限制性条文的价值。纽约和宾夕法尼亚可以与南部各州轻松地联合起来，摧毁新英格兰的全部航运。新英格兰和西部各州不同性质的联合，就可以击败南部各州的农业；不同性质的联合也可以打击制造业的关键利益。因此该项条文固有的政治智慧以及可以消除恐慌、抑止不满的趋势，确立了它的普遍适当性。”[2]

邦联政府软弱无力及最后终结的原因之一是州际贸易战和竞争。如果联邦要发

---

〔1〕［美］斯坦利·I. 库特勒编著：《最高法院与宪法》，朱曾文、林铮译，商务印书馆2006年版，第58页。

〔2〕［美］约瑟夫·斯托里：《美国宪法评注》，毛国权译，上海三联书店2006年版，第300页。

挥它作为一个巨大的共同市场的潜力，各州的法律与规章制度必须服从统一的全国政府。为此目的，《美国宪法》第一条第八款规定国会有权“管理与外国的、州与州之间的，以及对印第安部落的贸易”，该条款被称作“贸易条款”。虽然国会的权力是宪法直接授予的，然而，什么是宪法所称的“贸易”？怎样“管理”？国会管理州际贸易和对外贸易的权限有多大？国会这一权力是专有的吗？所有这些问题都并不明确。尽管宪法的这一规定在十七世纪八十年代就受到人们的普遍关注，但直到1824年的“吉本斯诉奥格登”案（Gibbons v. Ogden，1824）发生，“贸易条款”的性质才受到检验。1808年，纽约州将该州水域的汽船航行垄断权授予利文斯和富尔顿。他们两人将新泽西与纽约之间的水域的航行权转租给奥格登。佐治亚州的吉本斯根据1793年《联邦沿海航行法》获得联邦许可证，于1818年创办一家轮船公司进行竞争。翌年，奥格登从州法院取得一道禁制令，吉本斯遂向联邦最高法院提起上诉。在该案中首席法官马歇尔对“贸易”和国会管理州际贸易的含义和范围作出解释。他宣布所谓“Commerce”不只是“贸易”，它是指“intercourse”，即各州之间的“交流”和“关系”，它涵盖所有分支中国与国之间及各地之间的商业往来，并制定实行往来的规章制度以进行管理。在该案中“贸易”也包括“航行”。这样，联邦最高法院作出如下裁决：首先，所谓“贸易”不只是超越州界的货物买卖，还应当包括各州之间、各州内不同地区之间和各商业部门之间的贸易往来，其中包括航运和其他商业关系。其次，国会调整贸易的权力与其他国会既得权力一样，应在最高程度内行使，“除了宪法规定的以外，它不承认任何限制。”最后，国会调整贸易的权力应扩大解释为还包括全国性的“福利”在内。联邦最高法院对“贸易条款”的解释否认了州垄断其水域的轮船航运权，扩大了联邦管理州际商业权力的范围，从而阻止了各州间毁灭性的经济竞争，对于全国的交通发展起到极大的促进作用。正如当时新泽西的一家报纸评论：“水域至今终于自由了！”[1] 航运独占解除后，全美各主要河流，汽船通行无阻，主要港口进出的汽船络绎不绝。数年之后，美国的火车也得以在全国纵横畅行。进入二十世纪后，最高法院更从“贸易条款”中引申出联邦国会对“合众国通航水域”的全部权力，包括通过“合理改善”可供通航的水域。最高法院认为：这些水域“由国家计划和控制”，国会对这些水域的管辖权，“与贸易的需要一样广泛”，“洪涝保护、流域发展、通过使用电力改善水域的经费的回收等等，都是……贸易控制的组成部分”。[2]

这里有两个问题需要说明：其一，如果各州依据它们的一般“警察权”行使权力，联邦在“州际贸易和对外贸易”方面的权力能在多大程度上抑制州的权力呢？最高法院在“库利诉费城港管理委员会”案（Cooly v. Board of Wardens of Port of

---

〔1〕 朱瑞祥：《美国联邦最高法院判例史程》，台湾黎明文化事业公司1984年版，第49页。

〔2〕［美］卡尔威因、帕尔德森：《美国宪法释义》，徐卫东等译，华夏出版社1989年版，第86页。

Philadelphia，1851）中提出一项原则，现在称作“库利原则”。该项原则的含义是指：某项立法的合法性取决于该项立法所调整的内容，如果它涉及的立法主要是地方事务，那么该项立法可以存在下去，反之则无效。判词中说：“宪法授予国会的贸易权力并不包含任何文字，去明确排除各州对贸易事务行使权力。如果各州受到排除，那一定是由于权力的性质：对国会的授权，要求各州不应具有类似权力。”〔1〕其二，如果各州企图调整某项商业活动，而该项活动也是联邦政府所调整的，那么宪法第六条“至高无上条款”（即“本宪法和依本宪法所制定的合众国的法律，以及根据合众国的权力已缔结或将缔结的一切条约，都是全国的最高法律；每个州的法官都应受其约束，即使州的宪法和法律中有与之相抵触的内容”）就发挥作用。这方面的判例多不胜数。

根据宪法授权，美国国会在1887年和1890年相继通过《州际贸易法》和《谢尔曼反托拉斯法》，对国家经济进行有系统地干预。《州际贸易法》规定设立州际贸易委员会，它有权调节通过铁路或水路从事客运或货运的公司，有权禁止一切不公正或不合理的运费以及歧视性收费。《谢尔曼反托拉斯法》是作为“保护贸易和商业免受非法限制和垄断之害的法案”被通过的，其中第一、二条是最关键的条款。第一条规定：任何以托拉斯或其他形式作出的契约、联合或共谋，如被用以限制州际或与外国间的贸易或商业，均属违法。第二条规定：任何垄断或企图垄断，或与他人联合或共谋垄断州际间或与外国间的贸易或商业之任何一部分者，均被视为刑事犯罪。《谢尔曼反托拉斯法》是美国联邦政府第一次明确宣布对付垄断的公共政策的法律。正如最高法院的布莱克法官在反托拉斯的判决中指出的：“《谢尔曼法》基于的前提是，无限制的竞争力的相互作用将产生最佳的经济资源分配、最低的价格、最高的质量和最大的物质进步。由此所提供的环境将有助于保持我们民主的政治和社会制度”。〔2〕此后联邦政府又于1914年颁布了《克莱顿反托拉斯法》和《联邦贸易委员会法》使联邦管理州际贸易和对外贸易的法律更加完善。

四、余论

从《独立宣言》到《邦联条例》再到美国宪法，可以看到的是美国人民对宪法的性质和地位认知的不断深化，宪法的内容和政治原则在历史变革中不断被检验和修正，从抽象的原则到被具体化，从而为推动美国的政治体制改革和美国社会的各种利益的竞争及发展提供条件。在美国历史发展的不同阶段，美国宪法的经济内容凸显出的权利平等原则在不断地变位，私法问题所具有的政治含义饱含在公法之中，由争取获得与宗主国平等的地位、摆脱殖民控制，求得自身独立的经济发展；到在

---

〔1〕张千帆：《西方宪政体系》，中国政法大学出版社2000年版，第138页。

〔2〕［美］马歇尔·C. 霍华德：《美国反托拉斯法与贸易法规》，孙南申译，中国社会科学出版社1991年版，第3页。

维护各州的平等的主权地位的目标之下对经济管理范围的限制；再到联邦制多元体制下的联邦与各州之间由权力分配决定的经济利益分配。美国联邦最高法院的法官霍姆斯（Oliver Wendel Holmes. Jr）曾经说过：为了懂得法律是什么，我们必须懂得它曾经是什么和会要变成什么。通过对于历史变革之中美国宪法平等原则的经济察，又一次印证了保证法律变革成功的重要机制是：立法者必须重视从历史性的惯例中，接受那些有利于形成新的制度和发展出新的规则以适应新的需要的传统因素。因为“一种体制，它在无间断连续使用的情况下，能为裁决私人相互之间和私人与国家之间的纠纷发展新法规，正由于显然与过去有逻辑性联系，因而表现得可靠而且合理。这样一种体制便使得调节、改革和通权达变都成为可能”。[1] 虽然美国宪法的变化表现出的是一个没有历史负担的、矢志创造新世界的民族对届时历史状况的适应能力，然而，在这些变化之间仍然明显地保持着法律传统的连续性，固守着他们最基本的价值观，即生命、自由、财产。

---

〔1〕［美］泰格、利维：《法律与资本主义的兴起》，纪琨译，学林出版社1996年版，第263页。

法治的勃兴？

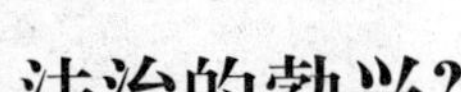

——前苏东国家法律转型（1989~2008年）

俞 飞*

二十世纪八十年代末九十年代初，前苏联东欧国家同时在政治经济领域进行了规模宏大的结构性转型，政治上逐步与西欧主流政治体制接轨，经济上开始大力推行私有化政策，力图在短时间内建成市场经济体制。在前苏东国家政经体制双重转型的大背景中，其宪法和法律制度的演变也格外引人注目。东欧剧变十七年后，尘埃落定，通过分析这期间各国在宪法和法律制度方面所进行的大规模移植，审视其法律转型的实效，比较各国在此领域的成败得失，时机已经成熟。国际学术界围绕前苏东国家法律转型的讨论和研究十分丰富，我国学者由于语言等多方面的客观原因，加之对转型国家法律改革的兴趣与熟悉程度远远不如美国、德国、日本等国，所以一直未能很好地加以分析。笔者尝试从法律移植和法律转型的视角，剖析前苏东国家在法律移植现象背后的理论之争，最后以各国宪法法院从无到有的显著进步，阐述各国在公私法领域中引入的法治新理念，透视东中欧法律转型的深层特质，展望其发展前景。

一、从法律移植到法律转型

1989年是二战之后欧洲历史的分水岭，随着柏林墙的倒塌，以及华约、经互会的解散，前苏东国家选择回归西欧主流政治经济模式，开始了史无前例的政治经济双重转型。在宪法和法律制度层面，一系列重大变革令人眼花缭乱，学者们兴奋地在这些转型国家发现了法律转型的实验室和比较法研究的金矿。

英国文豪莎士比亚在剧作《亨利六世》中所描绘的人物曾说过这样一句名言：我们要做的第一件事，就是杀死所有的律师。[1] 与此形成鲜明对照，在前苏东国家进入转型期后，来自外国的律师和法学家却成为座上宾，受到热烈欢迎，他们穿梭访问各国首都，为政府立法事宜献计献策。东中欧国家要想实现加入欧盟的夙愿，就必须在法律方面作出重大改革，与欧盟的相关法律法规协调一致。这十几年前苏

---

* 中国政法大学中德法学院讲师。

〔1〕《亨利六世》第四幕第二场。莎士比亚作品中有2/3涉及法庭剧，他往往对律师大加嘲讽，可想而知当时律师形象极其不佳。

东国家所进行的大规模立法工作，在人类历史上史无前例，一时间立法的狂飙突进备受瞩目。

二十世纪九十年代伊始美国、德国、法国政府与欧共体——后来的欧盟、世界银行、国际货币基金组织派出大批专家学者前往上述国家提供相关法律改革建议，大规模的法律援助项目使得前苏东国家成为九十年代第二波法律和发展运动的主战场。以公法为例，这期间前苏东国家陆续引进的诸多宪政制度——总统制、议会制、半总统制以及宪法法院、人权委员会和议会监察专员等等，可谓洋洋大观，十分先进，一时间不少人也随之对前苏东国家宪政和法治的前景颇为乐观。

国际学术界普遍将冷战结束后，东中欧与前苏联地区出现的二十七个国家称之为后共产主义国家或者转型国家，在这十七年的发展和建设中，前者与后者之间转型成效差异显著，出现了严重的两极分化趋势，已经不能再笼统的探讨东中欧与前苏联地区的法律转型模式，一般地说前苏联地区——波罗的海三国除外，法律转型的道路更为艰难曲折，其原因待下文再作深入研究。大部分东中欧国家——包括波罗的海三国的法律转型则要平稳许多，大体说来符合了众多学者当年的预测。值得一提的是，东中欧国家也非铁板一块，前南斯拉夫各国由于巴尔干战争的负面影响，法治理念在这些国家依然遥不可及。而在其他前苏东国家，无论是政治家还是普通民众，法治观念已开始深入人心，宪法文化悄然成型，这一点在波兰和匈牙利表现得尤其突出，匈牙利宪法法院更被很多学者认为是世界上最强有力的违宪审查机构，在本国的政治生活中作用举足轻重，相对而言阿尔巴尼亚、罗马尼亚等国的法治进展则要逊色不少。但是不容讳言，如果与老牌民主国家相比，东中欧国家的法治进程显然还有很长的一段路要走，其法律转型也仅仅迈出了最初的几步，必须正视其未来发展所面临的诸多障碍和风险。有鉴于此，美国著名政治学者斯蒂芬·霍姆斯忧心忡忡地指出："前苏东国家的全方位转型史无前例，对这一进程的最终结果也我们不甚了了，无法保证各国的转型一定能够取得成功。"[1]

无论是罗马尼亚、阿尔巴尼亚，还是俄罗斯与白俄罗斯，前苏东国家在立法中都十分强调倚重外国经济学家和法学家的指导，这一点在商事立法活动表现得更加突出。不仅爱沙尼亚中央银行法、波兰担保法和保加利亚证券市场监管法，连乌克兰宪法与俄罗斯破产法也是由外国学者一手包办。其实法律移植古已有之，其历史几乎与法律的历史一样悠久。欧洲殖民者在其殖民地大肆移植其母国法律，可谓第一波大规模法律移植。二战结束之后，美国为对抗当时的社会主义阵营，在广大发展中国家开展"法律和发展运动"，则是另一场著名的法律移植。而这十几年的前苏东国家法律改革不啻于第二波法律和发展运动，当然在这次法律移植中，西欧各国

---

〔1〕 Holmes and Stephen, "Cultural Legacies or State Collapse? Probing the Postcommunist Dilemma", Michael Mandelbaum (ed.), *Postcommunism: Four Perspectives, Council on Foreign Relations,* New York, p. 22.

的影响越来越大，几乎与美国的作用不相上下。

值得一提的是，不仅是美国、德国、法国等国政府热心于向前苏东国家推销本国法律制度，以国际货币基金组织、世界银行、经济合作与发展组织为代表的国际机构，再加上福特基金会、索罗斯开放社会研究院等非政府组织也纷纷设立前苏东国家法律援助项目，美国律师协会下属的中东欧法律计划（CEELI）就是其中具有代表性的一例。[1] 前苏东国家法律改革中尤其重视商事立法，例如国际货币基金组织致力于在上述国家推动会计标准、证券市场监管、破产法、公司治理、银行保险市场监管与国际惯例接轨，理由是将国际惯例引入各国法律体系，能够改善各国法律基础设施和招商环境，促进各国经济发展。问题是单纯法律移植效果不佳，以前殖民地国家移植的法律很多沦为漂亮的摆设，今天前苏东国家也无法避免法律移植所出现的种种问题。移植的法律能否与本国现有的其他法律协调非常关键，如果无法顺利整合，则会出现排斥反应，造成前功尽弃。此外法律的实施和执行比立法更为重要，除了少数技术性法律可以在全世界通用，大部分法律术语在适用中必须考虑本国国情。当然不是所有的法律移植都注定失败，在法律转型的大背景下，只有各国根据实际情况自主选择所移植的法律，通过改造和转化，才能将其纳入本国法律体系，降低法律移植可能带来的风险和负面效应。

比较法学者关于法律移植的争论最早要上溯到二十世纪七十年代开始的佛兰德教授和沃森教授的学术之争，二者对于国家法和社会的关系，看法截然不同。佛兰德教授指出法律和社会存在内在的关联，法律无法同其服务的社会相分离，不能想当然地认为法律规则和制度就可以随立法者的意志而成功移植。法律制度多多少少已经嵌入整个民族的日常生活中，虽然不是完全不可移植，但是不同法律制度的可移植性确实有着程度上的重大差异。他进而提出确定法律移植可行性的两阶段程序：首先要分析移出国相关法律和社会政治环境的关系，其次是比较移出国和移入国社会政治环境的异同。他特别指出，公法制度尤其难以移植。[2] 沃森教授则对此表示异议，他针锋相对的认为法律与其所在的社会并无必然联系，法律在很大程度上是自主的，有其独立的生命。立法者观察他国的法律制度，觉得有其可取之处，完全可以采取拿来主义为我所用。[3] 在沃森教授看来，一种法律之所以为他国移植主要是凭借其自身的独特优势。

在前苏东国家进行大规模法律移植的过程中，关于法律移植的争论再度成为学术热点。各国在政治与经济的急剧变迁时，法律体系也自然发生深刻的变化，各国立法者出于融入欧洲联盟和吸引外资的需要，大规模法律移植势在必行，关键是确

---

〔1〕 http://www.abanet.org/ceeli/.

〔2〕 See Otto Freund, "On Use and Misuse of Comparative Law", *Modern Law Review*, 37(1974), p. 17.

〔3〕 Alan Watson, "Comparative Law and Legal Change", *Cambridge L. J.*, 37(1978), pp. 313 ~314, 321.

定移植的法律是否能够在本国存活，进而发挥应有的作用。西方发达国家解决类似问题的成功经验为什么不能为后进国家所效仿，此外各国在法律协调化上的竞争也愈演愈烈，压力之大可以想象。欧盟向候选国提出的入盟前提条件就是全方位的法律改革——法律移植显然是其题中应有之义。

转型后前苏东国家在民商法领域改革力度之大，举世罕见，以民法典为例，一场规模宏大的民法典编纂运动在前苏东国家陆续展开，有学者对之作出高度评价——六世纪优士丁尼的法典编纂运动和十九世纪纵横欧洲、拉丁美洲、非洲和亚洲的法典编纂运动之后的最大的一场法典编纂运动，涉及的国家最多。[1] 在商法方面，各种立法更是令人眼花缭乱，西方国家的先进法律也影响最大。但是西方发达国家在商事立法上存在显著的差异，例如商事法律是否需要法典化各国就意见不一。商事立法涉及公私法既多且杂，一部法典要加以涵盖，确实难度很大。今天世界各国商法无不受到经济全球化的冲击，国际商事立法协调化大潮汹涌澎湃。学者指出商事立法必须强调法律的安定性和可预期性。部分前苏东国家的商事立法也问题丛生，难谓成功。无论如何，这场转型国家民商法改革的大潮背后，法治的复兴乃是深层动因。

如果说大规模的法律移植是前苏东国家法治发展中的第一阶段，那么随着法律移植正反两方面效果得以体现，人们日益感受到下一步则有必要推动全方位的法律转型。沃森教授早就指出，法律移植往往会导致出现法律转型。[2] 法律转型在学者眼中，是指一国法律体系渐进变迁成一种全新的规范性框架，旧法律逐渐消失，由新法律取而代之，特别强调该国法律文化、法律意识、执法和司法制度与新的法律发生同步嬗变。[3] 转型一词在经济学和政治学中十分流行，在法学中则很少有人关注。其实法律转型古已有之，法律转型不同于革命后的宪法与法律断裂——后者属于法律革命，法律转型则只是一种温和的演化过程。一国法律制度在转型期逐渐融入新成分，吸收新的法治原则，最终形成一个全新的法律体系。对于前苏东国家的法律转型有学者将其划分为四个阶段：政治自由化阶段、法律激活阶段、法律巩固阶段和法律实施阶段。[4] 东中欧各国为了早日加入欧盟。其法律转型的速度比前苏

---

〔1〕 http://www.civillaw.com.cn/weizhang/default.asp?id=7738，徐国栋：“东欧剧变后前苏联集团国家的民商法典和民商立法（一）”，这篇文章资料完整，为汉语学术界目前对此问题研究的最高成果。未来我国民法典在某些方面也可以适当借鉴前苏东国家的新民法典。

〔2〕 Watson and Alan, *Legal Transplants, An Approach to Comparative Law*, 2nd edition, Athens: University of Georgia Press, 1993, p. 116.

〔3〕 Priban J., Roberts P. and Young J. R., *Systems of Justice in Transition: Central European Experiences Since* 1989, Ashgate Publishing, Aldershot, 2003, p. 1.

〔4〕 Anders Fogelklou & Fredrik Sterze, *Consolidating Legal Reform in Central & Eastern Europe, Stockholm;* Uppsala: Justus, pp. 14 ~ 15.

联国家要快上很多，基本上以波兰、捷克为代表的欧盟新成员国已经初步完成法律转型。

前苏东国家今天的法律转型可以从理论的高度加以分析，以韦伯和埃尔利希的法社会学思想来透视，不难看出法律无法与所在社会日常生活相分离，而只是对后者的日益分化的曲折反映。前苏东国家的法律转型既有特殊性，也具有普遍意义，广大第三世界国家面临的问题与前苏东国家不无共性。它们都不同于今天的西方社会——法治基本上已经实现制度化和程序化。法治最好理解成上述国家超越转型阶段，迈向公民社会的不二法门。由此观之，通过对前苏东国家的法律转型的理论反思，有助于我们更好地研究各国政治、经济和文化的变迁过程，理解这场人类历史上大转型的深远意义，而不是拘泥于数个转型的理想类型，陷入无聊的争论当中。

民主化、私有化和法律化过程三位一体，且同时进行，构成前苏东国家今天法律转型的深层背景。以前学者只关注法律移植，对法律的社会背景、法律文化和司法环境重视不够。只有从法律转型的角度，认识到前苏东国家在欧盟扩大化与法律常态化——法律摆脱政治的强烈影响，获得相对自主性——的双重作用下，法律转型的必然性和曲折性，才能冷静地探讨法律转型过程中所遭遇的诸多问题。

由于在旧体制中，政治一开始就渗透到经济、文化与生活各个领域当中，操纵控制一切，造成一个看上去十分政治化的社会，其实由于广大民众疏离厌恶政治，导致根本没有正常政治存在的可能。这也是转型开始之后，众多前苏东国家却对要建设的新制度全无准备，快速的法律变迁往往让广大民众一时间难以作出反应，不知所措，民众的迷惑和不适应及随之而来的政治犬儒主义大行其道，对于法律转型的顺利进行产生消极影响。在前民主德国和俄罗斯这一点都很明显。

从旧时代的“社会主义法制”转变到西方式的宪政法治，这场转型史无前例，学者们也不可能事前就提出多少有价值的建议，造成转型期各国也付出了不少代价。甚至可以说转型期各种法律法规数量激增，是造成法律转型混乱不堪的罪魁祸首。法出多门，新法与旧法往往又互相冲突，广大民众对此无所适从，干脆拒绝再与法律系统打交道，不愿与其发生任何关系，这就是转型期的一大教训，识者不可不察。前民主德国再被联邦德国——世界公认的法治国——统一后，面对各领域突然出现的众多新法律规范，前东德民众却深感不安和怨恨。[1] 毕竟在旧体制下，一切都是那么的简单和熟悉，无怪乎在转型期忧郁和沮丧在全社会是如此的流行和普遍。

关于前苏东国家的法律转型，学术界一开始就有两种观点：制度乐观论和文化悲观论。前者强调改革派政治家完全可以在制度建设、法律移植上大有作为，重要的是让制度发挥作用。后者则指出不同国家由于文化差异性，会导致移植的法律和制度走样变形，简言之文化决定命运。自然而然地，制度乐观论者不厌其烦地探讨

---

〔1〕 Herbert L. Bernstein, “Germany's Unification and its Discontents”, *Duke Law Magazine*, Winter, 1995, pp. 4 ~ 5.

追求最优的法律和政治制度——总统制还是议会制，私有化、人权法案等等。而文化悲观论者对于前者的制度比较和实验抱有怀疑和警惕的情绪，认为新移植的法律制度总是难以生根，传统的法律文化会同化、腐蚀甚至扼杀引进的国外宪政制度。一般地说，这两种观点作为理想类型，并不能表示绝大部分学者的观点是如此的两极化。以至水火不相容。但是理想类型可以帮助我们来认识不同学者分析同一问题的基本预设。对于不成功乃至失败的法律移植和法律转型，制度乐观论者常将其归咎于政治家在制度选择和制度实验中经验不足，求好心切，结果适得其反，好心办坏事。文化悲观论者则表示移植的法律制度失灵不足为奇，文化障碍本来就难以在短时间内加以克服。[1]

这十七年前苏东国家的丰富实践已经证明这两种观点都存在严重不足，无法指导各国的法律转型进程。制度到底是什么？法学家和律师首先想到的自然是法律。前苏东国家在转型期，相关宪法和法律制度如雨后春笋般出现，立法数量之多，速度之快，真可谓人类历史上罕见的宪政和法律大跃进。但是学术界对于法律制度发挥特定作用的政治、经济和社会条件缺乏足够深入的研究，导致不少法律对于社会实践全无影响，甚至产生负面影响和消极作用，这一点在前苏东国家表现得淋漓尽致。一开始转型国家难免对于移植的外国法律产生不切实际的期待，从政治家到普通民众都以为只要移植的新法律出台，就能限制政府的权力，保障个人的基本权利和自由，促进市场经济和公民社会的发展。在他们心中，新法律应该体现中立、公正、非人格化的特性，只要法律完备，法治的实现就指日可待。美国、德国法治的发展历史不正是如此吗？但是他们大错特错之处就在于将法律移植和法律转型混为一谈，一个国家从国外移植具体的专门法律确实可以，但是一个缺少法治传统的国家却不能简单地从国外引进和移植法治！前苏东国家在公私法的重建方面——其立法成就固然十分可观，新民法典与新宪法的创制，新宪法法院的运作无一不体现出各国在法治建设上的决心和信念。但是要想分析法律移植和法律转型的短期效果与长期影响，则需要更多的时间来评价这一复杂的历史进程。

通过比较前苏东国家在宪政问题上的重大抉择——是制定新宪法还是修改旧宪法，有助于我们来认识法律转型的高度复杂性与环境制约性。某些国家基本沿用旧宪法，当然也进行了不同程度的增修工作，例如匈牙利等国，但并不影响本国宪政转型的顺利完成。波兰在1997年新宪法出台前，整个政治转型期适用的小宪法也是建立在原来苏联斯大林宪法的基础之上。[2] 而前苏联解体后出现的独联体国家几乎全部制定新宪法，尽管在人权保障的条文上出现重大变化，但是其实际效果却不能

---

〔1〕 Krygier, Martin, "Is There Constitutionalism After Communism?", *International Journal of Sociology Institutional Optimism, Cultural Pessimism and the Rule of Law*, 26 (1997), pp. 17 ~ 24.

〔2〕 Priban J. and Young J. R., *The Rule of Law in Central Europe*, Ashgate, Aldershot, 1999, pp. 6 ~ 7.

与波兰、匈牙利等国相提并论。学者深刻地指出洋洋大观的宪法权利无助于人权保障水平的提升，理想与实践的强烈反差只会造成社会的犬儒化。即使天衣无缝的宪法也不能避免自身的致命弱点——需要由人解释，而不能自行实施。学者公认一个社会其宪法文化的成熟与缺失，决定该国的宪政成败。遗憾的是人们对于宪法文化的研究十分薄弱，更不用说在如何培育与呵护转型国家的宪法文化这一重大问题上，学者们也意见不一。

在转型过程中，急于求成的心态非常普遍：德国基本法既然如此的成功，不妨在本国一试，美国乔治亚州的刑法为什么不能移植到格鲁吉亚？转型国家不可避免的文化自卑是其中一个重要原因，反正我们百事不如人，干脆来个法律"全盘西化"，毕竟这要胜过自高自大，拒绝学习国外成功的法律制度。某些西方法律专家尽管并无恶意，但是出自对本国法律制度的盲目自信，加之对前苏东国家具体国情的无知，所提出的法律改革建议与各国的实际需要南辕北辙，相去甚远。此外传统上大部分法学家将法律看成是普世性的社会工程技术，客观上也加深了对法律效果的误解。行动中的法远远不是书本上的法，法律离不开社会上各种文化因素的配合，这一切法学家和律师既不熟悉，也无多少兴趣。而在前苏东国家法律和宪政转型中扮演重要作用的经济学家，由于受到新自由主义经济学的强烈影响，丝毫不质疑其经济人的基本假设，仿佛几十年的旧体制在一夜之间已经完全消失，没有任何影响。新出台的相关法律只要设计好激励机制，按经济人模式行事的前苏东国家公民就一定能遵守执行。结果是某些法律与公民的行为完全脱节，形同虚设。当然不容否认，从西方引进的不少法律制度也让以前信息闭塞的前苏东国家学者与民众眼界大开。

法律制度的成功运作同样需要良好的法律"基础设施"：一只训练有素的律师队伍，超然独立、广受信赖的司法部门，良好的法律教育体系等等。以上几个方面在前苏东国家历史上几乎从来没有出现，各国的任务相当艰巨复杂，不能指望在短短的的十几年时间里就产生奇迹。以宪法审查制度为例，除了南斯拉夫、波兰等少数国家以前曾设立专门的宪法监督机构——在当时的条件下，也难以有所作为，各国在宪法法院的制度建设可谓从零开始，缺少强有力的传统来支持。

值得欣喜的是法律制度移植的好消息也屡见不鲜，波兰的议会监察专员就极为成功。波兰法学家以斯堪的那维亚各国的议会监察专员制度为样板，八十年代初大胆移植至波兰，其成效之显著，甚至超出当初设计者的期望。[1] 波兰和匈牙利移植宪法法院制度极为成功，匈牙利宪法法院在国际上很快就声誉鹊起，无不表明法律移植能够减少落后国家创新的成本，拉近与先进国家的距离，实现法律制度的大跃进。无需法社会学家的过多提醒，今天的法学者已深深认识到法律离不开诸多社会

〔1〕 Elcock, Howard, "The Polish Ombudsman and the Transition to Democracy", *International and Comparative Law Quarterly*, 45(1996), pp. 684 ~690.

因素的支持与配合，法治与宪政的成功更是这样。

目前出现的新制度乐观论者强调制度并不是他们忽视文化的重要性，而是他们对转型期出现的制度弱化和国家退出趋势忧心忡忡。国家崩溃并不表示政治自由化的胜利，如果在政治民主化的过程中国家消失了，国家民主化意义何在？没有国家也没有了制度化的权利保障，问题是国家的哪些权力对于公民的权利保障不可或缺，这些权利又该如何加以制度化？弱国家未必是民众之福，更非自由主义的巨大成就。

新文化悲观论者针锋相对地指出，从历史的角度来看，不少中东欧国家，更不用说前苏联加盟共和国缺乏民主、自由和法治的传统，中产阶级远未形成，受到天主教和东正教的影响很大，缺乏新教精神，社会宽容度不高。法律在这些国家的地位远比西欧国家来得低，在民众心中法律是国家统治的工具，而不是保护个人权利的屏障。在旧体制中，掌权者口含天宪，完全控制了“高级法”，而社会中的普通民众完全抱持法律实证主义态度，法律义务与道德义务完全无关。西方国家对第三世界国家如何发展法治或许能够提供些高招，但是对于前“发达社会主义国家”几乎一筹莫展。

著名学者亨廷顿更明确表示只有西方文明世界才会享有法治，其他文明出现法治的机会微乎其微。[1] 美国政治学者普特南指出中东欧国家公民传统十分脆弱，后来又几乎扼杀殆尽本来就不多的社会资本，他悲观地预言意大利黑手党四处横行的巴勒莫就是莫斯科的明天。[2] 如果公民社会必须要有深厚的历史资源，那么对任何将政治变迁寄希望于制度改革的人来说，这都是不祥之兆。如果以学者亨廷顿的文明判断标准，属于西方基督教（含天主教）文明的波兰、捷克和匈牙利要比信奉东正教的塞尔维亚和俄罗斯更有机会实现法治和宪政，至于信仰伊斯兰教的前苏联中亚五国则希望渺茫。所以简单的将这些国家称之为后共产主义国家已经过时，各国目前的差距已不可以道里计。但是对不同文化的敏感性不应无限解释成文化决定论，前者会鼓励人们推动渐进的社会工程，后者只会使人绝望泄气，无所作为。人们不必幻想能完全摆脱本国文化的影响，但却可以积极的推动文化变迁。文化悲观论解释历史事件或许不乏用处，但预测未来却常常失灵，这一点，在各国宪法法院的运作上可以看得十分清楚。

二、宪法法院的崛起

东欧剧变和苏联解体之后，原来实行由国家最高权力机关负责违宪审查的东欧各国和独联体各成员国，几乎无一例外的选择移植西方国家违宪审查体制，如俄罗斯、乌克兰、匈牙利等。其中绝大部分国家实行德国式的宪法法院体制，只有爱沙

---

〔1〕［美］亨廷顿：《文明的冲突与世界秩序的重建》，周琪等译，新华出版社1999年版，第61页。

〔2〕Robert D. Putnam, Robert Leonardi, Raffaella Y. Nanetti, *Making Democracy Work*, Princeton University Press, 1994, p. 183.

尼亚采取美国式的司法审查模式，哈萨克斯坦仿效法国模式设立宪法委员会来实施违宪审查。

在法官来源及任期上，前苏东国家宪法法院与普通法院有着显著的差异，前者大部分来自法学教授，连任一般不得超过一届，独立性要远远强于与国家公务员无异的普通法院法官，后者的社会评价也远远赶不上法学教授，更不用说宪法法院法官。宪法法院在政治转型期往往表现得十分活跃，以波兰为例，从1990年1月1日到1994年6月30日，波兰宪法法院共受理申请宣布法律违宪案五十二起，其中四十项议会法律被判违反宪法无效。[1]

转型的前苏东国家以前都属于社会主义法系，受到前苏联法律制度的深远影响，在很长一段时间内法律理论中盛行的是法律工具论——法律是暴力专政的工具。而司法机构缺少独立性，在政治上也没有太大影响。总体上说社会主义法系类似民法法系，其纠问制审判程序与英美法系中的对抗制大异其趣。此外社会主义法系也不承认先例制度，无法接受法官造法。其法律理论一向认为国家代表了人民的意志，三权分立没有必要。所以除了南斯拉夫、波兰等国，其他前苏东国家在转型前并不存在违宪审查制度。而南斯拉夫、波兰等国的司法审查制度，也往往无法落到实处，发挥应有的作用。因此司法能动主义在政治转型前缺少政治空间和社会条件的配合。前苏联时期行政部门对司法的干涉众所周知，形象的说法将其称之为“电话司法”[2]——党委书记和行政领导直接干预案件审理——从一个侧面说明法官的判决离司法独立尚有不小的差距，更不用说司法能动主义。

转型开始后，前苏东国家各政治机构的权力得以重新配置，司法机构特别是宪法法院的政治地位有了显著提高。各国新宪法中大多规定宪法法院的权限和司法独立原则，在一系列重大案件中宪法法院的独立性均经受住考验，其政治中立性和专业精神广获好评。当然各国总统、议会和行政部门并不总是认同宪法法院的判决，双方的争议也时有发生。在实践中各国宪法法院的运行效果差异也很明显，前苏联加盟共和国的表现就远远比不上东中欧国家，甚至在某些国家宪法法院能否生存下去也不乏疑问，由于宪法法院法官所作的大胆判决触怒了国家总统，白俄罗斯总统卢卡申科先是置之不理，后来又迫使敢于坚持司法独立的宪法法院法官辞职，哈萨克斯坦总统纳扎尔巴耶夫干脆将本国宪法法院体制降格为宪法委员会，俄罗斯总统叶利钦在“炮打白宫”之后，一度停止本国宪法法院的工作长达十八个月之久。[3]

---

〔1〕 Herman Schwartz, *The Struggle for Constitutional Justice in Post – Communist Europe*, The University of Chicago Press, 2000, p.56.

〔2〕 Joachim J. Savelsberg, “Symposium Introduction: Law, Democracy, and Society: Contradictions, Law, and State Socialism”, *Law & Social Inquiry*, 52(2000), p.1036.

〔3〕 Herman Schwartz, *The Struggle for Constitutional Justice in Post – Communist Europe*, The University of Chicago Press, 2000, p.238.

在学者眼中匈牙利宪法法院一直是转型国家中最为成功的宪法法院。匈牙利宪法法院前首席法官绍约姆表示宪法法院是国家无形宪法的捍卫者，匈牙利宪法学教授沙荷也指出宪法法院作为本国民主体制基础——社会共识的保护神。[1] 而宪法法院所作的宪法解释，其地位在实践中类似昔日的高级法，就像凯尔森当年提出的基本规范在等级森严的法律规范体系中地位至高无上一样，这种具有强烈规范性意义的宪法解释可以说是自然法的流风遗韵。在转型国家法律去意识形态化的今天，基本人权的宪法化不仅仅是顺应了国际社会强化人权保障的潮流，也是以新法治的超验理念来驯服旧法律实证主义这头野兽。转型国家新宪政主义的高级法背景在转型期已经呼之欲出，例如匈牙利宪法法院在其一系列重要判决中清楚表明，一切意识形态与指导思想均已从宪法文本中放逐，取而代之的是基本权利的位阶体系至高无上。法治超越于政治之上，这一原则同法律安定性原则同等重要。换言之，宪法的融贯性和法律的安定性已经成为转型法院所念兹在兹的安身立命之本。匈牙利宪法法院首席法官绍约姆宣称维护宪法的融贯性是其追求的首要目标，而这也是匈牙利无形宪法的灵魂之所在。[2] 今天的法治国已经演变成宪政法治国和人权法治国，而法治的复兴则表示转型国家已经从意识形态宪法阶段演化至后意识形态宪法阶段。

各国宪法法院面对无法回避而又复杂棘手的转型正义问题时，所采取的处理方式迥然不同，捷克宪法法院对于清洗旧体制官员法案的合宪性持肯定态度，而匈牙利宪法法院则断然作出违宪的判决。虽然两国宪法法院的判决意见大相径庭，二者却有着一个共同点就是都在判决书中不约而同地以法治原则作为法院审判的根本准则。值得注意的是匈牙利和波兰宪法法院都强调：本国在政治转型中保留了旧体制法律的连续性，而排斥法律体系的突然断裂。学者所言匈牙利“合法的革命”常为人引用，[3] 而波兰对旧体制宪法的修改而非废弃——转型期适用的小宪法，也是一个熟悉的例证。

众所周知。法院传统上是坚持不告不理原则的司法机关，不同于议会与行政部门分别掌握财政预算权和执法权，宪法法院本身也具有同其他法院类似的消极特性，为什么宪法法院能够在转型期坚持司法能动主义？为什么同样信奉司法能动主义，某些宪法法院取得了突出成绩，另一些宪法法院却表现平平？

由于宪法法院是在转型期成立的全新机构，与过去的历史没有多少瓜葛，所以

---

〔1〕 Andras Sajo，“Reading the Invisible Constitution：Judicial Review in Hungary”，*Oxford Journal of Legal Studies*，2（1995），p. 257.

〔2〕 Lászlό Sόlyom and Georg Brunner, *Constitutional Judiciary in a New Democracy: The Hungarian Constitutional Court,* University of Michigan Press, 2000, p. 41. Priban J. and Young J. R., *The Rule of Law in Central Europe,* Ashgate, Aldershot, 1999, pp. 56 ~ 81.

〔3〕 Béla K. Király & András Bozóki, *Lawful Revolution in Hungary, 1989 ~ 1994*, New York: Columbia University Press.

长期以来对政治持强烈不信任态度的普通民众一般对其评价甚高，在多次民意调查中，宪法法院的信任度总是遥遥领先，远高于议会和行政部门。由于民众可以通过宪法诉愿的形式来表达政治诉求，一般认为宪法法院才是法治和人权的真正保障者。以匈牙利宪法法院和俄罗斯宪法法院为例，虽然二者被比较宪法学者一个捧到天上，一个贬到地下，其实二者的共同点要比人们想象得要多。两家法院都力图在不同的政治经济和法律环境中保障人权，实施分权原则。之所以匈牙利宪法法院能取得巨大成功，而俄罗斯宪法法院则表现不尽如人意，主要原因是各国政治的容忍度完全不同。第一届俄罗斯宪法法院院长佐尔金常被人批评为不当介入叶利钦总统与国家杜马的权力之争，犯下致命错误，匈牙利宪法法院前首席法官绍约姆强势的领导作风和自觉的理论追求被人赞誉为活着的马歇尔大法官，其实平心而论，学者们的评价略失公正。以目前的情形来看，法官绍约姆离任后的匈牙利宪法法院已经变得小心翼翼，[1] 无论是年度判决数量还是对政治的影响力都较以前大为逊色；而获得新生的俄罗斯宪法法院则稳扎稳打，政治地位逐渐回升。有人夸张的说匈牙利宪法法院目前好景不再，陷入被政治遗忘的困境，而俄罗斯宪法法院则渐入佳境，佐尔金法官也东山再起，重新担任俄罗斯宪法法院院长，看来最好的回答是拭目以待历史的发展，而不要过早得出结论。

为什么在这短短的十几年时间，大部前苏东国家的宪法法院基本上成功的扮演了各自国家中人权保障者的角色，发挥了民主转型临门一脚的重大作用，并在民众中获得了极高的信任呢？首要的原因就在于宪法法院大胆的坚持司法能动主义，参与处理一系列高度敏感的政治、社会和经济问题——从转型正义问题、死刑存废、私有化方案到社会保障改革以及政府机构权限之争等等，不一而足。在全球司法权力扩张和法官统治兴起的大背景下，转型法院司法能动主义的积极作用自然要加以肯定，但也不能不正视学术界针对司法能动主义所提出的批评意见。

针对司法能动主义，美国宪法学者最常见的批评就是反多数决难题：一个非民选的机构何以如此自信的以违宪为名，否决民选议会其立法的效力，其实批评家犯下一个不易察觉的错误，他们将现实中的宪法法院与理想化的立法机构加以比较，自然得出结论，前者缺乏民主正当性，实际上各国立法机构由于利益集团的影响，已经严重扭曲对民意的回应。相形之下，宪法法院在坚持宪法解释的融贯性和追求人权保障等方面，确实能够发挥独有的优势。以东中欧这些转型国家为例，广大民众对只追求选票的政客很快就不再信任，选举投票率急剧下降；而向普通人开放的宪法诉愿能够帮助人们抒发不满情绪，促进政治参与，司法审查制度得以迅猛发展。事实胜于雄辩，各国民众对宪法法院的高度信赖就是明证，这难道不是更好的正当

---

[1] 绍约姆·拉斯洛院长于2005年8月5日担任匈牙利总统，他在1990年至1998年担任宪法法院院长时的表现受到广泛称赞。

性指标？例如，1995年匈牙利宪法法院否决政府极不受人欢迎的经济改革一揽子计划后，其民意支持度高升至90%，而政府的信任度跌至20%以下。[1] 匈牙利宪法法院的所作所为，根本不是理论上所谓的反多数决与反民主，而恰好反映了广大民众的心声。宪法法院的民主回应性，实践表明要远远高于变化无常的政客，就是第一届俄罗斯宪法法院也只是想限制叶利钦总统的滥用职权行径，后者虽然以铁腕手段停止宪法法院的运作，最后叶利钦总统辞职时的民意支持度还是降到历史最低点。普京总统上台后，其法律专政的口号大受欢迎，俄罗斯宪法法院也得到普京总统的大力支持，每年一万五千件左右的民众宪法诉愿足以表明很多俄罗斯人对宪法法院在人权保障上充满信心。[2]

除非学者抱有成见——宪法法院必然不民主或者存在民主赤字，在当今的转型国家中宪法法院往往更具民主正当性。转型国家的普通民众早就发现，无论投谁的票，最后的政策都换汤不换药，人们对选举的热情大为下降，而发现宪法法院比选票更有影响力。转型国家中宪法法院同美国最高法院不同，其受理案件的门槛很低，甚至无须律师来代理。现在人们公认宪法法院在转型期与其说是民主的障碍，不如说是民主制度的稳定器。

为什么转型国家宪法法院的司法能动主义对民主巩固产生正面影响？比较法学和比较政治学由于种种原因一直未能很好地加以研究。下文将深入分析这一重要但往往被人忽视的问题。转型国家中独立的司法机构对于摆脱威权体制，建设宪法文化至关重要，特别是新成立的宪法法院已被历史证明是转型国家得以实现法治的必要条件。司法机关与宪法法院如果缺乏权威，不能独立作出公正判决，民主体制的正当性就会大为削弱。宪法法院对议会立法和政府决策的违宪审查，本身就是三权分立原则的最好体现。

司法能动主义与司法独立息息相关，美国学者夏皮罗认为独立司法机构的历史原型最早可追溯至由中立的第三方解决争议纠纷，法官必须保持中立，不偏不倚方能实现司法独立，而不能先入为主，产生任何预断。[3] 更为重要的是，法院不能对涉讼的政府加以偏袒，必须与政治保持距离。在民众的心目中，司法机关与宪法法院不应是政府的下属机构，在其作出独立判决时，不应考虑其他非法律因素，也不会在事后遭到政府部门的报复和抵制。当然独立的司法也不意味着政府一旦涉讼，则必然会被法院判决败诉，相反政府部门正当的行政行为和议会的合宪立法应该得到司法部门和宪法法院的支持与肯定。司法独立并不意味着司法部门和宪法法院可

---

〔1〕 Martin Krygier and Adam Czarnota, *The Rule of Law after Communism: Problems and Prospects in East – Central Europe*, Ashgate/Dartmouth Publishing Co., 1999, p.64.

〔2〕 “Putin for increasing trust in court system”, http://www.newsfromrussia.com/main/2004/04/15/53431.html.

〔3〕 Martin Shapiro, *Courts: A Comparative and Political Analysis*, the University of Chicago Press, 1981, p.1.

以任意干涉政府部门的合理决策，而仅仅表示司法部门和宪法法院不应在强大的政治压力下违心地作出有失公正的判决。

正常情况下，只有在司法独立获得保障之后，才会为司法能动主义提供大展身手的舞台。司法能动主义的定义，一般地说是指对于违反宪法的议会立法和政府法规，司法机关敢于以违宪审查的方式宣布其无效。在东中欧转型国家，司法能动主义显示出某些新的特征，这些国家的宪法法院很少判决整部法律因违反宪法而失去效力，而更乐于宣布所审查的法律部分违宪无效，或者因程序方面的原因相关法律不能适用。美国学者指出："这些国家的宪法法院往往将公共政策争议转化为宪法解释问题，以合乎法律的方式回避政治问题，通过宪法原则、文本、程序和规则加以解决。"〔1〕

宪法法院发挥制衡作用的主要方式，是宣布议会和因政府的法律和法规违宪而失效。但是宪法法院的法官必须在行使违法审查时，显示出高度的政治智慧，避免过分干涉敏感的政治问题，否则后果不堪设想。司法独立原则下的司法能动主义的边界何在？如何拿捏才能恰到好处，确实是一门艺术，不容小视。另一方面，在司法不独立的情况下，也会出现被扭曲的司法能动主义。在少数转型国家司法能动主义会被大权在握的总统所利用和滥用，例如阿塞拜疆总统和白俄罗斯总统，都曾操纵本国宪法法院宣告议会通过的限制总统权力的法律违宪失效。这些反常现象不由使人深思在宪法法院制度背后深层的法治问题。

三、法治何以勃兴？

前苏东国家的法律转型在十七年后，可谓几家欢乐几家愁。已经和即将加入欧盟的东中欧诸国，风雨之后终见彩虹，其前景十分乐观喜人。而俄罗斯与中亚等国法治变革，则尚未完成任务，仍需付出巨大努力。否则极有可能止步不前，陷入困境。

这其中又以俄罗斯的法治进展备受瞩目。〔2〕俄罗斯不仅是最大最重要的转型国家，其地缘政治意义和国际影响力也是举足轻重。俄罗斯如何摆脱之前所处的黑手党资本主义阶段，专家们所开出的诸多药方一大共同点就是厉行法治，转型国家要想成功实现政治经济的双重转变就绝对不能忽略法治建设。前苏联加盟共和国在进行令人眼花缭乱的法律移植后，效果不尽如人意。现在看来重新制定宪法和法律其实难度不大，而与之配套的制度性改革才是成功的关键，后者非常复杂，且短期内难见成效。对法官、律师和政府官员的重新培训必不可少，整个司法体制、警察系

---

〔1〕 Herman Schwartz, *The Struggle for Constitutional Justice in Post – Communist Europe*, The University of Chicago Press, 2000, p. 5.

〔2〕 Jeffrey Kahn, "The Search for The Rule of Law in Russia", *Georgetown Journal of International Law*, 37 (2006), pp. 353 ~ 409.

统和监狱制度要进行全面改革，普通公民尤其是政府官员也要同步提高法治意识。

法治成功的主要障碍还不是转型国家资金短缺，人才不足，而是重构政治环境和提高公民的法律意识非一日之功。一个犬儒主义的社会与官员腐败盛行的国度要实行法治难度之大可想而知。政治转型中产生的精英是否愿意在实践中遵守法治的要求，也不能期待过高。纵然西方国家，出于种种目的乐于在法律援助上拔出大笔资金，但这也不能代替转型国家自身的政治意愿。前苏东国家法律文化的培育非短时间可以见到成效，以前过于重视自上而下的法律变革，忽视了自下而上的法律转型。如果美国等国的法治发展经验可以作为后进国家的指导，自下而上的法律变迁其重要性绝对不能低估。

二十世纪九十年代初期，前苏东国家法律改革的重要性还未受到今天这样的重视，各国尚忙于处理私有化、通货膨胀与财政收入等更为迫切的经济问题。但是人们也朦胧感觉私有财产权与契约自由不能缺少法律制度的保障，除了建设市场经济的要求，民主体制的制度化客观上也需要透明高效的法律框架。十七年之后，人们已经深刻认识到法治对国家重建所起的关键作用。而法治的全部内涵不仅仅是指立法日益完善，更重要的是法律得以实施和民众法律意识的提高。一个独立公正、不偏不倚的司法部门其意义不容低估，强化和提高司法部门的地位有利于为经济发展创造良好的法律环境，对保障人权更是至关重要。如果说旧体制下，法律只是统治阶级的镇压工具，政治决定和政府行为基本不受法律约束，不存在司法独立，司法部门也只能听命于行政机关。今天这一切无疑已经发生根本变化，各国新宪法几乎无一例外的规定了司法独立，强调三权分立，禁止议会和政府干涉司法事务。对于法官的遴选、任免和收入等任职保障作出详细规定，司法部门的财政预算均加以单列，成立司法委员会实施法官自我管理等等。对于市场经济中遇到的诸多新问题和新案件，为了提高司法裁判水平，摩尔多瓦、罗马尼亚和拉脱维亚等国纷纷设置司法研修中心，对法官加强业务培训。一国的法治状况与法官的素质紧密联系在一起，法官素质不提高，法治一定遥遥无期。法律改革不可能一蹴而就，需要时间、承诺和耐心。正是因为法治之途漫长艰辛，各国政府更不可无动于衷，白白浪费时间，因为民众今天就有权获得正义。[1] 而这对转型国家的司法人员素质提出了严肃的挑战，必须将提高法学教育水平，强化律师素质提到议事日程上来。

法学教育是法治建设中的重要一环，如果法学教育迟迟不上轨道，法治事业很难取得实效。获得长足进展。在前苏东国家的法学院中，传统的国家与法的理论逐渐淡出历史舞台，各转型国家法学院普遍在低年级开设法理学概论，高年纪讲授法哲学——以德国经典法哲学为主。民法中的计划经济原则与刑法中的国家、集体财

---

〔1〕 “Ten years of Legal Transition Autumn 2002 Law in Transition”, http://siteresources. worldbank. org/ECAE-XT/Resources/ljr_ eca. pdf.

产优先保护原则，在市场经济大潮的无情冲击下，也迅速消失。值得一提的是，法学家凯尔森的政治立场虽然极端反共，在旧体制下，他的法律规范体系理论在法学院却被奉为权威。政治经济转型之后，凯尔森的观点受到严重挑战，非实证主义法律理论——各种（新）自然法理论，从富勒、德沃金到罗尔斯与诺齐克，自由主义法理学迅速在理论法学取得主导地位，德沃金的法律不仅是规则，同时还包括原则的理论尤其得到重视。值得一提的是目前在法学流派多元的前苏东国家已不存在官方指定的唯一法律教材。各种商法课程如雨后春笋般涌现，从破产法、银行法到国际贸易法不一而足，成为法学教育中最为热门的领域。

至于律师业的发展同样引人注目，在旧体制下，律师的政治地位低下，收入微薄。有才华的法学院学生更愿意毕业后担任检察官。在私有化开始之后，社会对律师的需求量激增，同时不同律师群体间的两极分化也很明显，从美国、德国留学回来的年轻律师投身竞争激烈的法律服务市场，为大型国际律师事务效力。他们所处理的诸多业务——公司并购、资产重组、上市交易等，在过去简直闻所未闻。而中小律师事务在业务上则处于下风，无法与其竞争。至于市场经济下的新生事物——公司法务律师的兴起，意义不凡，前景也颇为看好。同时刑事辩护律师的作用也发生重大变化，伴随着一系列新型犯罪如有组织犯罪、白领犯罪的涌现以及刑事诉讼法的修改，他们所承担的责任与过去不可同日而语。

值得一提的是法治不是包治百病的灵丹妙药，大量问题法治也无力加以解决，更不可能单独解决好。[1] 法治与民主、自由等其他人们珍视的价值时而发生冲突，甚至法治自己也会产生问题。在前苏东国家关于法治是否要求废除死刑；或者给予少数民族特殊地位，保障其语言权和生活方式等等问题，往往在社会上引起强烈争议，难以形成共识。[2] 这从一个侧面提醒人们不能忽视法治背后公民社会所起的重大作用，离开公民社会的支持和参与，法治就无法真正的在全社会得以推行，甚至徒有虚名。由此可见公民社会在国家法治建设中的作用非同一般，可惜这一简单的常识往往受人忽略。一个国家公民社会如果处于不成熟的状态，那么法治的前景就很不乐观。与西方国家成熟的公民社会传统相比，前苏东国家的公民社会很不发达，俄罗斯等前苏联加盟共和国的情况尤其如此。在转型后也有学者惊呼公民社会已经

---

〔1〕 Martin Krygier, “Marxism and the Rule of Law: Reflections after the Collapse of Communism”, *Law & Social Inquiry*, 4(1990), p.645.

〔2〕 “Ten Years of Legal Transition Autumn 2002 Law in Transition”, http://siteresources.worldbank.org/ECAEXT/Resources/ljr_eca.pdf.

未老先衰。[1] 当然各国的情况千差万别，以克罗地亚为例，该国公民社会团体大力推动本国信息自由法的制定，以召开国际研讨会的形式集思广益。政府也能做到从善如流，主动采用民间立法草案，略加修改后该法案最终在议会获得通过。[2]

公民社会传统历来强大的国家如波兰，在转型的过程中所取得的成就最为显著。法治从来就不是官方的专利，如果没有民众的参与和支持，也就不可能实现真正的法治。另外对于俄罗斯和中亚国家，法治事业迟迟无法取得根本性突破的一大不利原因在于这些国家在今后很长一段时间内无望加入欧盟，导致外部施加的压力和内部产生的动力均严重不足。这也是离西欧各国越远的前苏东国家法治状况越不佳的深层原因。2004 年世界银行对二十七个转型国家法治指标所作的统计显示，与世界各国平均法治水平相比，东中欧国家与前苏联加盟共和国出现了两极分化。[3] 后者在法治建设方面依然任重而道远。值得欣慰的是市场经济客观上呼唤和推动了法治的深入发展，市场经济的基本要素无论是财产权还是契约都有赖于法治的保障——公正高效的第三方实施和维护法律。而法治的缺失会严重阻碍公司、银行和工会的正常运行，更不用说政府对市场的调控——市场监管、税收制度与货币政策等等必然扭曲变形。经济全球化客观上要求政府提供透明、问责、公平和稳定的投资环境，这一点转型国家感受最深。转型国家同时还面临腐败和犯罪的严峻挑战，对此法治无疑也是能够大显身手，有助于解决上述问题。或许前苏东国家的民众对于最佳的政治、经济模式还争执不下，但是他们对法治却异口同声的表达欢迎之意。这也是前苏东国家法治事业虽然遇到种种困难险阻，却始终坚持不懈的动力之源。

问题在于法治何以勃兴？法治的勃兴最终要落实在法律转型之上，纵观取得成功的东中欧国家，人们不难总结如下的经验：要实现法治的勃兴，就必须尽全力完成法律的转型。法律转型的第一步是废除早已过时的旧法律，制定适合国情的新法律。法律移植理论能够对此发挥积极作用，在商法方面的改革上文已经加以介绍，重要的是随之而来在刑法方面要针对反垄断法、银行监管法等制定新刑法条款，以及反洗钱法等单行立法保障市场经济的健康发展。第二步则是强化执法机构建设，使其更为高效、公正和问责，切实推动法律转型。法官、警察的收入和地位要加以提高，同时还要增强其职业道德水平，改善法律教育，扩大非诉讼纠纷解决方式的适用，提高广大律师、检察官的职业素质。第三步则是推动政府带头遵守法律，实

---

〔1〕 Howard, Marc Morje, “The Weakness of Post - communist Civil Society”, *Journal of Democracy* 1(2002), p. 157. 作者批评 90 年代初的西方学者将东欧国家的公民社会看得过于理想化。可参见其同名专著第四章所作的精彩分析：*The Weakness of Civil Society in Post - Communist Europe*, Cambridge University Press, 2003, pp. 57 ~91.

〔2〕 “NGO Advocacy Efforts Lead to Adoption of Freedom of Information Act by Croatian Parliament”, http://aed.hr/en/story.asp?storyID =013.

〔3〕 http://info.worldbank.org/governance/kkz2004/mc_ region.aspht.

现真正意义上的司法独立，推动法律制度的最终转型。各级政府官员要做到不干涉司法部门的决策，尊重和执行法官的判决。杜绝昔日官员超越于法律之上的陋习，废除不合理不透明的内部规定，真正实现法律面前人人平等。以上几个方面很大程度上要取决于政治领导人调整心态，率先垂范。当然广大民众和非政府组织也能在其中扮演重要作用。毕竟法治太重要了，以致不能把它全交给律师和法官等法律人。

东中欧国家在这方面的表现总体来说可圈可点，各国大多已经废除前苏联时期的陈旧法律，转而向法治先进国家看齐，建设新的法律制度。众多政府官员也承认法律的权威至高无上，尊重司法独立，这都是法律转型好的开始。例如捷克在司法独立上取得的巨大进步，有口皆碑；而匈牙利在二十世纪九十年代后期推行的全方位司法改革，其成效显著也是不争的事实。虽然在少数国家法治的进展依然举步维艰，但是整体上大部分中东欧国家的法治前景依然光明。而俄罗斯及大部分独联体国家——波罗的海三国除外，其法治的发展令人担忧，除了商事立法领域取得了若干进步，其法律制度和执法机构都还保留了大量的旧体制痕迹。俄罗斯在法治建设上如果徘徊不前，其长期稳定发展充满隐忧。现在唯一可以断言的是俄罗斯等国的法律转型过程要比学者当初设想的还要漫长坎坷。

法律转型的第二步和第三步是个长期的过程，且收效不易。外国推动的法律移植不能代替本国政治人物的政治意愿和决心，第三步尤为重要，如果做不到，则可能前功尽弃。政府模范守法和执法是落实法治的试金石，同时这也需要耐心和时间，不能急于求成。从法治先进国家的经验来看，成功的法治建设总需要数代人的时间才能真正实现。前苏东国家的法治事业更不会是一帆风顺，但是其目前的成就和有利条件使人对各国的法治前景可以保持审慎乐观。1989 年柏林墙倒塌后，英籍德裔学者达伦多夫曾说出一句名言："政治体制改革需要六个月，市场经济建设需要六年，而民众心灵和思想的革命则需要六十年。"[1] 法治建设固然不必等待一个甲子，但也不可能立竿见影，一抓就灵。这或许是前苏东国家法律转型给人们的最大启示。但是事在人为，前苏东国家法治的勃兴——特别是宪法法院在这十七年间所取得的惊人成就，让人们有理由相信一分耕耘，一分收获。

---

〔1〕 转引自"The Transformation of Hearts and Minds in Eastern Europe", *Cato Journal*, 2(1997), pp. 229 ~ 230. 作者为捷克宪法法院法官 *Vojtech Cepl*。

论十九世纪以来德国“法治国”理念的演进

李道刚*

德意志“法治国”从提出至今，可谓历经沧桑，在当今的宪政和学术讨论中广为流传，对其本质意涵却仍常有争论。焦点是：国家之于公民侵害的形式及范围，以及为维护法治国家所应采取的必要措施，即依法行政问题。

过去一般认为，法治国意味着在一个国家中实行“依法律而统治”，所谓 rule by law。当下所谈的“法治”多为英美国家普遍认同的 rule of law，或者“法律的自治”，所谓“autonomy of law”。而德意志法治国（Rechtsstaat）的理念对我们建构中的法治国家则更有现实意义。[1] 因为德意志“法”（Recht）的概念较之英美实证主义的 law 无疑多了“正义”的本体内涵。而事实上，法治的真正对立面并非“人治”，而是“专制”和“恣意”。笔者以为，要理解德国宪政法秩序的理论基础，应当首先循着德意志国家学说史的思路，并以与此相关联的、从契约论时代延续至今的法制实践为脉络。[2] 按德意志的理念和实践，国家的演进经历五个阶段：十八世纪以前的理想国，十九世纪的警察国，二十世纪上半叶的法治国，二战后的社会国，以及未来的文化国。法治国内涵的变迁，涉及的是从俾斯麦统治下的警察国，经魏玛时代的自由法治国（施密特：人民法治国），以及纳粹标榜的民族法治国，直到战后《基本法》意义上的社会法治国（社会国）。德国宪法（《基本法》）序言中所提及的人民立宪机关权限之“合法性”的实现，肇始于古希腊，历经了漫长的历史。启蒙运动之后，德意志法治国的路线一度沿着康德前进。康德之后的法制史，特别是黑格尔的法哲学思想也对理解德意志法治国的特性具重要意义。一方面《基本法》（宪法）框架下的法治国因袭了曾为纳粹所破坏的德意志宪政传统；另一方面，作为

---

* 法学博士，山东大学法学院教授。

〔1〕 关于两类法治的基本异同，参见马长山：《国家、市民社会与法治》，商务印书馆 2001 年版，第 101 ~ 112 页。

〔2〕 关于这一历史情况，详见郑永流：“德国‘法治国’思想和制度的起源与变迁”，载夏勇编：《公法》（第二卷），法律出版社 2000 年版，第 37 ~ 78 页。

对历史教训反思成果的《基本法》又赋予现代法治国新的内涵。法治国是德国宪政制度的基本标志，然而宪法却从未对法治国的概念作出详尽的阐述。法治国更是一项蕴含丰富的独立的法治原则，其要素在宪法中多有体现，与其他内容相互关联。《基本法》第二十八条言及“民主的、社会的法治国”就是意图将这三要素建立联系。

一、德意志法权国家与制度形而上学

法治国的概念产生于十九世纪市民社会同君主专制国家的斗争中。可以说，法治国与市民社会的概念紧密相连。因此，法治国一开始是以“市民的法治国”的形态出现的。市民社会的产生是在经济和文化等领域里的个人自由和自决权口号下的一场“社会革命”。法国的市民社会是通过1789年的暴力革命实现，德国则通过1806年以后的社会改良实现。

十九世纪的法治国原则是市民社会的法治理想和法益的集中体现，与十八世纪专制国家的理念相比，无疑是一种进步。然而，当时的德意志学界对法治国涵义的理解却不尽相同。自由主义者认为，法治国是指将社会中一切财产关系视作法律关系的国家，民族主义者认为是指“理性的国家”。在启蒙运动的影响下，对法治国的概念逐步形成共识：国家权力以法为界限，以达到限制王权的目的。随着十九世纪初，王权在德意志土地上重新恢复，欧洲的中心成为自由主义与保守主义争斗的场所。

自由主义认为，法治国是基于理性的全体人民的意志，而统治国家的目的无他，仅仅在于确保市民社会所有成员的自由与安全。同时，按洛克的思想，国家公权的实施必须受法律的支配，也即要有全体民众的认可。因为，立法者与执行者的权力实为国民之前所让渡。孟德斯鸠认为，国家中公民的自由乃是政治自由，即法律之下的自由。这种自由理念被德国人接受。在德意志，康德首倡“法权国家”（即法治国）。[1] 康德并不属于激进的自由主义者，毕竟他的“一元规则义务论”实际上还是因袭了传统的“一元神命论”。他承认上帝的存在，因此强调“绝对命令”对人内在和外在行为的规范和导向，但是另一方面，他也受到英、法革命思想的影响，德国改良的自由主义由他发端。康德认为，国家是人类群体在法制下的组合：国民即是平等地处于法律规范之内，并拥有表决权的个人与他人。国家可被看作某种法的

---

〔1〕 康德“法权国家”“Rechtsstaat”中的“Recht”有很多含义，“法”、“法律”、“权利”、“合理”等，也有“正义”的意思。英文中把“Recht”翻译成“权利”，这样的译法虽有偏颇，却反映了战后德国对康德思想的某种意义上的回归。其实在康德原来的概念中，“Recht”就是“法”，它主要有两层含义：一是客观的“法”，一是主观的“法”。客观的法是指法律、秩序；主观的法是指主体的权利。二者之间并不存在矛盾。康德讲的“Recht”不仅与主体的外在实践、规范相关联，与伦理、道德相区别；同时它又是划分一个自由与另一个自由的界限，只是从这个角度来看，“法”与“权利”概念的外延不完全重合。

秩序，其存在的合理性取决于国民对它的认同。公法是为人民而设置的法律体系。后者出于一个共同的意愿，以法的形式结合，相互影响，用宪法来保障正义与自由。[1]

黑格尔发展了康德主体自由的思想，并且揭示了其危险性：无限制的自由必然导致不自由（《法哲学原理》第二百五十七、二百五十八节）。黑格尔认为，法是自由意志的定在，而国家则构成定在的共性，个人意志服从法律，以此扬弃自由和必然的对立。自在和自为的国家是一个伦理共同体和自由的现实，而后者是理性的绝对目的。[2] 黑格尔所处的时代虽然晚于康德，但与之相比却较为保守，甚至有倒退的意味。从国家与个人间关系言，他的人性观的进步性显然不及康德。康德重视人的“尊严”（Wuerde），强调人的价值，认为人是目的而非工具。黑格尔似乎没有强调人的尊严这一点，他提出的“尊荣”（Ehre）的概念与“尊严”不同，是与人的身份而非位格（persona）有着直接的关系。但黑格尔的思想在以后的发展中对整个德国司法制度的影响亦非常之大，这种影响甚至从战后一直持续到现在。原因是他的“国家主义思想”具有一定的开放性（放在黑格尔的“历史长河”中来看，“国家”作为客观精神发展的最高阶段也是要不断地向前发展的，绝不会一成不变）。不过，黑格尔国家主义思想的背后隐藏着另一层涵义，即“民族国家”实际上又是“民族”的代名词。黑格尔在普鲁士就任柏林大学教授时曾在演说中强调“民族精神”（Nationaler Geist），他认为德意志民族精神比英美现代化的物质文明更高，而且会转化成更为强大的物质力量。英法有先进的枪炮，而德意志却以民族精神为武器，德国人正是靠这种“民族精神”自立于欧洲民族之林的。[3] 正是由于当时的民族意识的日益高涨，才压倒了自由主义的各种政治诉求。此外，工业革命的既得利益者——资产阶级反对实质的自由平等，加上专制主义残余势力依然十分顽固，致使1848年的“保罗教会法”作为德国历史上第一部民主宪法的努力最终失败。在之后很长一段时间中，德国法律实证主义盛行，自然法思想受排斥，法治国的实质被抽空，仅仅流于形式。[4]

作为形式法治国理论重要创始人之一的费·尤·施塔尔（1802～1861年）认为，

---

〔1〕 参见［德］康德：《康德历史哲学论文集》，李明辉译，台湾联经事业出版公司2002年版，第11～13、217～218页。

〔2〕 参见［加］查尔斯·泰勒：《黑格尔》，张国清、朱进东译，译林出版社2002年版，第674～677页；另见［德］赫尔穆特·科殷：《法哲学》，林荣远译，华夏出版社2002年版，第32～35页。

〔3〕 参见［德］黑格尔：《哲学史讲演录》（第1卷），三联书店1956年版，第1～3页。事实上，历史上的德国在受到英美自由主义思潮的侵袭时，确曾以“民族精神”来抵御，德意志“民族精神”与英美“自由主义”的斗争一直延续到战后，这是非常值得注意的一点。

〔4〕 ［爱］凯利：《西方法律思想简史》，王笑红等译，法律出版社2002年版，第296页；［美］博登海默：《法理学：法律哲学与法律方法》，邓正来译，中国政法大学出版社1999年版，第80页。

法治国是依法律的方法，正确规定并保障国家功能和公民自由的界限，国家是一个伦理实体，君王本身也是这个实体中的一分子，而其统治目的则是执行神的旨意，促进民族的兴盛。因此，国家行为可以涉及共同体中民众生活的方方面面，君权神授。所以，形式的法治国并非将国家的目的定位在法的实现方面，而是以法律为国家存在的基本条件。[1] 施氏理论颇受普鲁士威廉二世国王和议会保守主义议员的青睐，并对"铁血宰相"俾斯麦的施政方针产生了极大的影响。到1871年德意志帝国成立之时，以自由主义立场诠释"法治国"内涵的人已寥寥无几，而形式法治国为实现国家目的的手段的理论一时间成为显学。这一时期出台的"宪法"的保守性可想而知。形式法治国的历史作用在于保证实现国家目的过程中的合法性。国家功能在那时的德意志帝国虽体现在立法、行政和司法各方面，但国家行为的合法性在学理上的探讨，却仅集中在行政方面，即依法行政的问题，也即只保证依法行政原则得以实施。这从德国行政法学家奥·迈耶的名言："宪法短命，行政法永存"[2] 的名言里可见一斑。施塔尔将拥有主权的国王简单地等同于国家主权，国王的权力来自于神法，除此之外，别无任何限制可言。人民在政治上的自由也以对君主的服从为前提。因此，有学者认为形式法治国是以近代的标签，对封建专制主义势力所为的包装。形式法治国的理论将国家的目的与达成目的的手段（法律）分离，在行政权执行国家目的时，其手段只须依法律即可为之，而不过问法律的实质内容。因此，造成对国家权力无从批判的现象。纳粹所谓的"合法的革命"，就完全暴露出形式法治国的弊端。在形式法治国的制度设计上，因未强调保障人权的重要，所以议会议员虽负有保障人民权利的义务，但该任务却不被重视。形式法治国的行政只负有执行神的旨意和促进民族发展的使命。[3]

二、卡尔·施米特的市民法治国

1919年至1933年是魏玛共和国时期。施米特的政治法学理论设计多采论战的形式，批评锋芒一开始就指向魏玛共和国。他认为，魏玛政治是自由民主的退化，同时也消解了（市民）法治国的秩序。施米特既反对议会主义、也反对君主立宪，目的是要在没有矛盾冲突的社会中，建构不偏不倚的国家公权力，而当时社会多元的利益冲突正危害着这种公权力。施米特对自由民主制度的批判是激烈的，论证又极其晦涩。他将市民法治国的理念理想化，然后再以此为尺度去衡量魏玛共和国的政治现实。这就必然导致两个错误的结论：魏玛共和国是没落的、市民法治国的理念也是过时的。对议会民主的法治国的误读，使得施米特去追求一种新的国家形式：

---

〔1〕 参见［德］里伯尔主编：《古今政治理论》，沃尔措克出版社1991年版，第344～362页。

〔2〕 参见陈新民：《公法学札记》，中国政法大学出版社2001年版，第3页。原译作"宪法消逝，行政法长存"。

〔3〕 参见［德］奥托·迈耶：《德国行政法》，刘飞译，商务印书馆2002年版，第56～65页。

由元首代表人民统一意志的集权国家。这是民主的唯一可能的政治现实。也就是说，真正的民主只有在领袖国家中才能实现。领袖国家是对立法国家的超越。[1] 施米特对极权主义及其历史根源的分析的学术价值较少地在于对领袖国家存在的必要性论证，而更多地在于他将现实与一种理论建立了联系，并加以论证。这种理论解释了紧急状态下，国家元首宣布战争状态，和其他重大决策以及所有的政策性规范的合法性问题。[2] 他的理论后来部分的被纳粹所利用。1933 年，以希特勒为首的“国家社会主义工人党”（简称“纳粹”）利用德国工人对《凡尔赛条约》的不满和全球性的经济危机，钻了魏玛共和国宪法体制不健全的空子，取得统治权，对内实行法西斯暴政，对外侵略扩张，彻底背弃了自由民主、宪政、法治的基本原则。纳粹法律意识形态有两个基本内容：种族纯化和领袖权威。国家（民族）社会主义因而成为自由主义的直接对立面。卡尔·施米特被视为以纳粹的法律意识形态批判自由民主制度的“急先锋”。

施米特的市民法治国学说对政治目的和手段作了明确区分，形成“朋友—敌人”模式。然而，朋友和敌人的角色都非一成不变，会随着政治斗争的需要不断变化。划分目的是联合朋友对敌人实施“残酷斗争，无情打击”。这种斗争的策略使得对待同一阵营的“变节分子”异常凶狠。施米特的“朋友—敌人”模式与其说是一种理论，不如说是当时东西方政治现实的写照（罗姆事件如此，布哈林冤案如此，长征前苏区的肃反也是如此）。施米特的国家学说基本上可看作天主教神学政治论的翻版：其“朋友”和“敌人”处在完全对抗性的矛盾之中，他们你死我活、水火不相容，没有任何调和的余地。[3]

施米特认为，法的最终基础并非凯尔森的“基本规范”，而是实施具有法律拘束力的最后决定的权威或主权。国家作为人民的政治单位，目的就在于克服多元、实现整合。国家不仅是一个规范系统，而且是若干机关合一的形态。内部各自独立自主的机关受国家秩序的保护。集权国家唯拥有完整的主权，才能保障行动的效力。国家与社会的不断融合使得国家逐渐失去其“中性”地位，从而形成在所有生活领域内，社会的全面自我组织和管理。在这里，国家并非规则的集合，相反，规则是国家秩序的手段。与凯尔森的设想不同，施米特认为，国家与法律不能完全兼容，秩序的稳定性与规范在不断更新，形成紧张关系，并且使立法者和法律的适用者陷入两难的境地：要么接受现有制度，要么打碎旧的国家机器（合法革命）。按施米特

---

〔1〕 二十年代后期，施米特将批评的矛头指向领袖国家，从而为其以后与纳粹的“过结”埋下伏笔。

〔2〕 参见［英］韦恩·莫里森：《法理学——从古希腊到后现代》，李桂林等译，武汉大学出版社 2003 年版，第 326 页。

〔3〕 参见［美］汉斯·凯尔森：《上帝与国家》，林国荣译，载刘小枫选编：《施米特与政治法学》，上海三联书店 2002 年版，第 318 ~ 319 页；另见［德］海茵利希·迈尔：《隐匿的对话——施米特与施特劳斯》，朱雁冰、汪庆华等译，华夏出版社 2002 年版，第 26 ~ 30 页。

的理解，宪政国家，如魏玛共和国中的国家行政权相对于议会的立法权应具有独立性，同时，阶级社会应向人民共同体转变。《魏玛共和国宪法》第四十八条体现了政治权力的正当性：帝国总统由人民选举，是其政治全权代表。他是国家的政治领袖，超然于代表不同阶层利益的议会之上。施米特将“全民公投”民主的正当性视为总统行使职权的前提。他称帝国总统是宪法的真正守护者，不仅从宪法意义上，而且也是从政治意义上而言的。帝国总统实际上是作为政治整体的人民团结的保障。[1]

针对自由主义的代表制，施米特提出政治单元中（相对于抽象概念的）具体人民的自我认同，认为人民的平等应是实质的平等，民主国家的意义应从实质平等的原则中去认识。实质平等消解了统治者和被统治者的区别，因为两者保障国家统一的意愿是相同的。结果是：民族越平等，政权就越巩固。因此，专制国家不过是统治者和被统治者民主认同的高级形式而已。施米特理论中的人民概念的内涵和外延均不十分清晰。一方面，人民在具体的历史环境中被多元地分裂为不同的利益团体，作为国家权威的对立面而存在；另一方面，正是这些具有不同利益的人民又必须联合起来，以做出首尾一致的政治决策。如用全民公决的方式合法选出总统，并由总统以代理人和主权者的身份，通过专政排除政治对立面。[2]

民主国家的基础并非一项任意的契约，而是人民的所谓“同质性”。民主平等的实质内容是民族的团结和统一，以及民族的共同意志。民主即是在民族团结之下，人民的同质性定在。所以，施米特认为，当代的所谓专政只有在民主的基础之上才有实现的可能。这就意味着，以公决为基础的民主，从其政治本质而言，与专政并无大的区分。[3] 因为，两者的政治形式都是以所有国家公民的实质平等为依托的。而国家公民又是以鼓掌通过的方式，成为统一政治意志的载体。至于确保公民私生活的某些法治国家的合宪的、正当的措施，则被施米特当作“纯粹”民主的障碍。无论“纯粹的民主”还是“纯粹的专政”都只能在全面的政治统一的意义上加以理解。因为，只有在政治统一中，主权的政治决策权才能是无限的。

三、《基本法》意义上的社会法治国

第二次世界大战结束后，从1949年5月23日起，在西德颁布实行的《基本法》是建立实质法治国的尝试。所谓“实质法治国”乃是行使国家权力要受到法的价值的约束，而为了对此奉行不渝，法的效力等级必须比国家共同体内的任何法律都要高，并且应在宪法法院的司法判例中得到确认。事实上，实质法治国在于冲破实证法的限制，以确保所谓“天赋人权”之实现。德国在纳粹统治结束后，建立了新型

---

〔1〕 参见［英］韦恩·莫里森：《法理学——从古希腊到后现代》，李桂林等译，武汉大学出版社2003年版，第324~327页。

〔2〕 详见陈新民：《公法学札记》，中国政法大学出版社2001年版，第113~124页。

〔3〕 参见［德］海茵利希·迈尔：《隐匿的对话——施米特与施特劳斯》，朱雁冰、汪庆华等译，华夏出版社2002年版，第82~84页。

的国家制度，标志就是《基本法》（Grundgesetz）的诞生。[1] 虽然制宪委员会的成员大多不是民选代表，而是由过去魏玛共和国时期的一些旧官僚、法学家、政治家等组成，宪法理念上不可避免地带有《魏玛共和国宪法》的印记，但由于战后德国人的政治共识、特别是美国和其他西方盟国的影响，《基本法》的民主性是毋庸置疑的。前文提到，德国历史上共有1848年"保罗教会法"和1919年《魏玛共和国宪法》两部民主宪法，还有一部是保守的"俾斯麦宪法"。用现代的眼光观察1919年的宪法，虽具民主性，但有明显的缺陷，如总统权力太大，地方权力太小；在保护人权、公民权的机制上缺乏可诉性，不能直接约束如行政、立法、司法这样一些国家机关的行为，换言之，这些权力机关，在人民的基本权利受到侵害的时候，实际的保障措施不能落实，是其要害所在。1948年制宪委员会在南德召开会议，制宪的过程中，在讨论德国实行联邦制的时候，碰到这样一个难题，即联邦参议院的性质问题。联邦议院（众议院）采取的是法国国民议会的形式，而参议院究竟是采取英国式的上议院还是美国式的参议院形式，成了战后德国是否真正实行联邦制的敏感问题。这时西占领区的最高司令官发布了命令（史称《法兰克福文件》），主要内容是责成德国人务必实行"联邦制"。从上述例证可以看出，自由主义思想正是在战后这种特殊的历史背景下，随着制度重建又进入了德国，其影响之大与一百年前相比，显然已不能同日而语了。《基本法》选择了这样的模式不仅是战后德国人对战争的反思，同时也是德国人为了保全民族生存，被迫向美英自由主义做出的最为彻底的一次重大妥协。

事实上，美英自由主义是以人格主义的自由主义的样态在战后德国扎根的。人格主义的自由主义思想被看作是康德对现代德国政治哲学和国家哲学最大的贡献，同时又是沟通海洋和大陆法文化的重要媒介，因而也成为贯穿于《基本法》的总的精神。如第一条规定："人的尊严不可侵犯，尊重和保护此尊严乃一切国家公权力的责任。"令许多人感到困惑的是，自由经济制度并未随着英美的"枪炮"进入德国。《基本法》第二十条对德国的国家性质这样定位："德国是社会的、民主的、自由的联邦国家"。关于德国的经济制度只字未提。德国在纳粹时期实行的是统治经济，也就是管制性、指令性的经济，战后势必面临采取什么样的经济模式的抉择。在当时

---

〔1〕 之前根据战胜国对德国问题的处理，德国被划分为两个占区：英美法三国控制的西占区即以后的西德和苏联控制的东占区即以后的东德。在西德实行非纳粹化、非工业化、非军事化的过程中，美国逐步认识到，实施非纳粹化是正确的，而且是向德国输出自由主义的极好时机，但搞垮德国却极为不利，毕竟过去的敌人"纳粹德国"已不复存在，最大的敌人变成了"北极熊"——苏联，因此针对德国的非工业化进程停止了，转而要扶植德国，进行经济援助，同时建立新的国家秩序。详见［美］埃德温·哈特里奇：《第四帝国的崛起》，范益世译，世界知识出版社1982年版，第60～100页。战后第三帝国消亡，国家权力实际上已经委托给了占领军。联邦德国的国家权力重建因从地方实行自治开始，这也是德国的政治文化传统，从基层政权组织建设到州，最后到联邦一级。

德国制宪的元老当中，德国巴伐利亚州基督教社会联盟（CSU）的党魁路德维希·艾哈德被誉为社会市场经济之父，该党派后与CDU（基督教民主联盟）组成联盟党。还在地下组织抵抗希特勒的时期，艾哈德就开始构想社会市场经济的模式。[1] 但是在讨论《基本法》的时候，联盟党的整体立场同社会民主党发生冲突。制宪会议中举足轻重的这两个两大政党在选择经济制度模式的问题上针锋相对、互不退让。但为了德国的利益，在一个富有传奇色彩的早餐上，两党最终达成经济模式不入宪的妥协。这样，由于这个问题太重要，反倒没能进入宪法。[2] 似乎是历史进程的阴错阳差使得后世的人们不得不接受这样的事实。德国联邦宪法法院在其判决中列举法治国的基本要素的时候也屡屡将经济制度排除在外。这就意味着，实行某种特定的经济制度不被认为是实现社会法治国的必要条件。[3]

当代德国宪政法治国最重要的核心内容是“自由—民主根本制度”。即在个人自由与国家限制之间作出价值选择时，体现出一种德国式的“中庸之道”，又与康德的“自律”思想密切相关，对自由的“限制”和“反限制”方面，重点在于防止“反限制”侵害自由的本质核心。《基本法》第十八条规定：凡是自由权利的行使破坏了联邦德国自由民主的根本制度，同时也危及国家的生存，这种自由就要被克减、中止、甚至取缔。这可以从许多判决和司法实践中看到。比较典型的是历史上的“党禁案”。吸取了纳粹时期的教训，《基本法》第二十一条保护政党的合法权利。1952年有个右翼党派，名称和纳粹非常接近，被禁止。四年以后，德国的一个主张暴力革命的共产党也成了被禁止的对象。这两个政党，一个极右，一个极左，均不在“法律自由”的框架之内。[4] 而二十世纪九十年代初，在德国曾发生大规模的排外现象，“光头党”（主要在前东德地区）和其他一些右翼党活动很猖獗，司法部门却并没有立即采取行动加以制止。这一情形曾引起误解：德国是否对“左翼”过于严厉，而对“右翼”过于宽容，实际并非如此。德国作为宪政的法治国，采取对公民自由权的限制措施时，十分谨慎。政党的活动违反了宪法的规定，只有通过合法手段取得确凿证据以后，才能被禁。纳粹党通过“国会纵火案”嫁祸于当时最有竞争力的台尔曼的共产党组织，并将其从议会中除掉。“自卫民主”机制的建立正是吸取了纳粹时期的这一教训。“禁党”就其本质而言，有违民主的发展，既是奉行民主就应宽容形形色色的思想、观点和行为。但如果民主所宽容的对象危害到民主制度的

---

〔1〕 参见陆世澄：《德国文化与现代化》，辽海出版社1999年版，第207～209页。

〔2〕 参见李道刚：“‘基本法’的产生”，载《联邦德国研究》1992年第2期。

〔3〕 据此，笔者于2002年10月9至11日在由中国人民大学举办的《法律与社会》的国际学术研讨会上提出，良好的法治与特定的经济模式之间并无必然联系的观点，得到美国麻省理工学院法社会学教授西尔比的支持。不过，她的立场是从打破资产阶级企图垄断法治资源的角度出发的。虽然是个人意见，但似乎多少可以印证欧美学界对此问题已有某些共识。

〔4〕 参见刘兆兴：《德国联邦宪法法院总论》，法律出版社1998年版，第265～268页。

本身，那么，“民主”就不得不起来“反戈一击。”对此，德国联邦宪法法院是这样讲的：“在包涵所有政治思想的宽容原则和政治体制的某些不可剥夺之价值之间，《基本法》代表着一种取得调和的自觉努力。第二十一条并不与宪法的任何基本原则相矛盾，而是仅仅表达了立法者基于具体历史经验的诉求：国家不能够对党派保持中立。在此意义上，《基本法》首创了自卫民主。这一宪法价值拘束联邦宪法法院。”[1] 这一精神不仅成为历届宪法法院，同时也是整个德国法学界的共识。

四、结束语

那么，依据当代宪政法治国的理念，法治国究竟应该具备哪些要素呢？德国联邦宪法法院通过一系列的判决将《基本法》中的规定，归纳为七项：一是对基本人权和人的尊严的维护；二是人民主权思想，也就是卢梭的“主权在民”或“一切权力从人民出发”；三是分权，即三权分立，相互制衡；四是政府的责任，代议制国家中政府之于民意代表的责任；五是依法行政，包括法律优先、法律保留和“对称性”原则等；六是司法独立；七是保障多党平等竞争的机制。首先，实质法治国，强调不得以立法或修宪加以限制基本权利，以求达成国家公民的人格发展以及社会正义的目标。其次，重视基本人权。立法者的功能在于创造并维持符合人类尊严的法律。人的尊严不仅要求法律承认私法上及政治上的权利，而且要求国家机关提供必要和足以发达其人格的社会、经济、教育、文化各方面的设施。对立法机构加以限制的条款必须明定在宪法中。法治国必须遵守法律面前人人平等的原则，不得干涉思想表达、良心、信仰自由，设置人权保障的机关。再次，限制行政权，且法治国的行政权必须负担积极的功能（给付行政），用微税完成社会福利。德国当代的宪政法治国已经从“依法律而统治”的传统法治国模式变为“社会法治国”。[2]

德意志宪政的道路从（国家本位的）警察国或法制国，逐步演进为（市民的）形式法治国，再转变为实质的社会法治国，或叫社会国，就是《基本法》现在的模式。但这个基本模式也是开放的，还要向前发展，德国国家伦理构想的最终目标是实现文化国。[3]

---

〔1〕［德］于尔根·施瓦伯选编：《德国联邦宪法法院裁决集》，汉堡大学出版社 1988 年版，第 326 页。

〔2〕全新的社会法治国模式：国家从统治、管制的角色转变为合作、辅助的角色。德国传统的公营事业，如铁路、邮政和交通已实行私有化，将来的航空安全的管理和检查也不再是由国家，而是由社会团体负责。侵害公民权利所涉及的关系不再是垂直的，即国家和个人的关系。参见［德］沃尔夫·施托贝尔：“经济监督和银行监督——论在合作和辅助国家的新经济监督法”，喻文光译，载米健主编：《中德法学学术论文集》（第一辑），法律出版社 2003 年版，第 564～584 页。

〔3〕类似中国孔子的“无讼”、老子的“小国寡民”和“无为而治”的理想境界。在现今欧洲的一些小国，开车出门如果严重违反交通规则，出了车祸，肇事者周末必须自觉去坐禁闭。从这类“自罚”，以及欧洲国家普遍取消死刑的举措中，或许多多少少可以看到“文化国”的影子。

法律转型中的外来法文化

——以中日法制的近代化为视角

李 青*

中国传统法律向近代法制转型是近代中国社会转型的历史必然。鸦片战争后，中国的自给自足的自然经济结构受到严重破坏，社会关系发生了重大变化，西方物质和文化的强行进入，使近代中国社会的经济、政治、文化开始向资本主义转型。法制是以社会为基础的，是社会关系的反映，伴随着中国社会向资本主义文明世界的转变，法律作为一种不可或缺的社会规范，必然会与中国社会经济、政治、文化的变化而同步发展。在这个逻辑发展的进程中，西方法文化与中国传统法文化所带来的前所未有的法文化冲突贯穿始终，从洋务派的仿行西法、中体西用，到维新派的君主立宪、三权分立，到晚清法律变革，无一不是在法文化冲突过程中，逐渐吸收、融合，实现对适应新的社会条件的法律文化体系的整合或重建，进而使法律获得新的生命力。

在这方面，中国和近邻日本无疑有很多相似之处。十九世纪中期，中国和日本分别走上了近代化的法律发展道路。无论是从外来冲击而引发的收回治外法权和富国强兵的主要动机角度，还是从路径选择即引进外来法文化所面临的本国法律传统与外来法文化之间的矛盾层面考察，都可以发现诸多相似之处。然而，虽有相似性却产生了大不相同的结果：日本在第一次世界大战前后就已基本实现法制的近代化，〔1〕而中国的法制近代化的进程不仅比日本缓慢，而且其近代化的程度更远低于日本。有学者认为造成中日法制近代化的进程及其结果不同原因在于，法制近代化开展之前的商品经济发育程度、社会结构以及法制近代化进程中保守力量的影响等等方面的差异。笔者以为，两个国家对外来法文化态度的不同对于两种法制近代化的进程及其最后的结局迥异，同样有着不可忽视的影响。

一、对外来法文化作用的认识

中日两国法制的近代化都是在西方列强的武力威胁、本国传统的统治方式难以为继的时代背景下展开的。因此，两国法制近代化从一开始就表现出强烈的目的性

---

* 法学博士，中国政法大学法律史学研究院副教授。

〔1〕［日］大竹秀男、牧英正：《日本法制史》，青林书院 1985 年版，第 292 ~ 328 页。

即维护主权的完整和民族的独立。

首先，收回治外法权都是两国进行法制改革的重要原因。自1853年美国人培理受总统的派遣，率船到达日本，向日本政府提出开放国门的要求以后，日本先后于1854年和1857年分别与美国、英国、荷兰、俄罗斯等国签订了《亲善条约》和《安政条约》，被迫给予外国最惠国待遇，尤其是承认外国的领事裁判权，接受协定关税制，[1] 从而丧失了司法和海关主权。在与外国交往过程中德川幕府表现出的无能和一系列不平等条约的签订给日本社会带来的经济和社会秩序的变化，最终使明治维新得以兴起，并获得了成功。明治维新以后，日本政府力图通过修改不平等条约来收回治外法权，但西方列强认为日本的法律过于落后，提出须待日本法律与西方法律趋于一致以后，方可考虑放弃治外法权。这一提议对日本的法制改革产生了直接的导向作用。对于日本来说，收回治外法权的唯一出路就是进行法制改革，而且这种改革必须以西方法文化为参照。

近代中国的法制改革也有着与日本相同的动因。一方面，鸦片战争以后，救亡图存的压力迫使晚清开明的士大夫乃至晚清政府不断地进行反思，其范围从器物逐渐扩大到制度，并在制度层面进行调整；另一方面，日本通过法制改革逐步收回治外法权的成功经验以及士大夫对中外法律文化的交流的观察和反思，都使法制改革与收回治外法权发生了严密的逻辑关联，如沈家本就认为一旦中国法律“与各国无大悬绝”，[2] 并可“通行中外”，法权自然“渐可挽回”。[3] 由此开始了以西方法文化为范式的法制改革。

其次，两国都以富国强兵为法制改革的根本目的。相对来说，尽管日本面临西方列强的威胁较中国为晚，但按照西方法文化的标准来进行法制改革的思想却比中国出现的更早，十九世纪六十年代，以越前藩主松平春岳和土佐下级武士坂本龙马为代表的激进派，就已经在初步了解欧美政治制度的基础上，提出将日本的“尊王论”和西方议会政治相结合，作为挽救日本民族危机的唯一手段，这一设想在1868年明治政府的《五条誓文》中得到体现。[4] 明治维新以后，随着中央权威的稳固，开展系统的法制改革借以富国强兵，已成为当政者的基本认识。作为法制改革主持者之一的制度取调局长官江腾新平就曾指出，日本与西方国家“并立之根本在于富强，富强之根本在于正国民之地位……严婚姻、出生、死亡之法，定继承、赠送、遗产之法，严动产及不动产之借贷、买卖、共有之法，定私有代有共有之法，而听讼始得敏正。加之国法精详，刑法公正，断狱始得清明。此之谓正国民之地位也。

[1] ［日］石井孝：《日本开国史》，吉川弘文馆1922年版，第346页。

[2] “虚拟死罪改为流徒折”，载《寄簃文存》卷一。

[3] “删除律例内重法折”，载《寄簃文存》卷一。

[4] 于桂芬：《西风东渐——中日摄取西方文化的比较研究》，商务印书馆2001年版，第193页。

于是民心安宁，财用流通，国民乃深信政府，乃保全其权利，以致各立久远之目的，图宏大之事业”。[1] 在这一思路的指引下，日本开始了较为全面而系统的法制改革，内容涉及宪法、刑事法、治安法、民法、商法、财经与产业立法、土地立法、教育立法、法院组织和诉讼制度等各个领域，范围之广，程度之深，均为本国前所未有。应该说，至第一次世界大战为止，日本已大致完成了法制近代化的基本任务。

在中国，长期封闭的环境使中国人在鸦片战争后的最初反思，只是器物不如人而已。甲午之役，中国竟然败于先前如同本国一样处于落后状态的日本时，人们才认识到西方国家和日本之所以强大，根本的原因在于制度上的优越。在这种社会背景之下，积极宣传和介绍西方制度文明的维新派才得以登上政治舞台，并开展了轰轰烈烈的戊戌维新运动。尽管由于晚清政府内部保守力量的过于强大和维新运动准备的不足，这一制度改革的尝试最终以失败告终，但它为清末新政和晚清修律提供了思想上和舆论上的准备。

1900年的庚子之乱，不仅使国家遭受惨重损害，也使满清王朝无法照旧统治下去了，被迫宣布实行新政，要“参酌各国法律”，以挽救其摇摇欲坠的统治地位。此时，“采用西法”，“所以为富强之谋”[2] 成为晚清朝野的共识，如主持晚清修律的沈家本就对日本通过法制改革而“国势骎骎日盛”，进而成为“亚东之强国”[3] 的经验表示极大的认同。在这种浓厚的实用主义风潮鼓荡之下，晚清政府引进外来法文化和开展的法制改革当然首先从与富国强兵紧密相关的领域开始，如属于商法的《钦定大清商律》（包括《商人通例》和《公司律》）和《破产律》，不仅为上层统治者所关注，而且是制定过程最短、出台最早、争议最小的法律；他如刑律和诉讼法的制定，则较为缓慢，其间所产生的争执也是十分突出的，如在《大清新刑律》制定过程中就爆发了著名的“礼法之争”，使得晚清时期所建立起来的各法律部门之间在完善和发达的程度上是参差不齐的，法律体系的整体水平也低于同时期的日本法制。

除收回治外法权和富国强兵以外，日本还将引进外来法文化看作是提升本民族法律意识水平的重要渠道。明治新政权建立以后，便以“求知识于世界”、“文明开化”为口号，掀起了大规模的摄取西方文化的运动。如当时著名的思想家和教育家福泽谕吉不仅对欧洲各国的政治、经济、社会、文化进行全面的介绍，而且利用西方启蒙思想家的理论，对封建制度和旧伦理道德观念进行了猛烈的抨击，主张“一国之独立，基于一身之独立”，[4] 争取国家的独立和发展，必须以维护人的自由和

---

〔1〕［日］江藤新平：《辞司法卿表》，转引自［日］信夫清三郎：《日本政治史》（第二卷），周启乾等译，上海译文出版社1988年版，第276页。

〔2〕“遵旨筹议变法谨拟整顿中法十二条折”，载《张文襄公全集·奏稿五十三》。

〔3〕“删除律例内重法折”，载《寄簃文存》卷一。

〔4〕［日］福泽谕吉：《劝学篇》，群力译，商务印书馆1958年版，第1页。

生存权为目的。福泽谕吉等人的宣传和介绍，对于西方自由主义思想在日本的传播，提升日本民众的权利意识水平，推行文明开化政策起了积极的作用。而其后在日本兴起的自由民权运动，不仅锻炼了日本人民争取权利的斗争经验，而且迫使明治政府不得不答应制定宪法，给国民以一定限度的基本人权。由此可见，西方法文化对于近代日本政治和社会生活的文明化起到了积极的推动作用，使日本的法制近代化没有只停留在制度改革层面，还深入到了民众的法律观念之中。而这一点是中国法制近代化所没有的。

总之，中日两国法制近代化在涉及的范围和深入程度及彻底性等方面是有着明显差异的。产生这种差异的原因之一是两国对西方法文化的认识水平和基本态度上存在着较大的区别。就对西方法文化的认识水平而言，以刑法为例，在日本刑法典制定前后，在保阿索那特的培育下，日本出现了第一批具有近代意识的刑法学家和江木衷的刑法学理论；而在中国，《大清新刑律》制定过程中，作为主持人的沈家本所运用的理论武器仍然是传统的仁政思想和明刑弼教理论。[1] 以对西方法文化的基本态度而言，中日两国也有很大的不同。如前所述，日本的江腾新平在论证法制改革与富国强兵关系时，引进了国民地位和权利，强调要通过保护国民的私有财产，使国民深信政府，进而“图宏大之事业”；而中国也主张要引进西法借以为“富强之谋”的张之洞却声称：“故知君臣之纲，则民权之说不可行也；知父子之纲，则父子同罪免丧废祀之说不可行也；知夫妇之纲，则男女平等之说不可行也。”[2] 可以说，中国引进外来法文化，其目的是使国家强盛，而日本则更多地考虑到了社会的进步。再从法制改革的进程考察，日本的法制近代化是政府与社会共同推进的，[3] 因而得以一直持续进行；而中国的法制改革经常受到清政府的干预，[4] 因而其近代化进程经历了较多的曲折和反复，使得中国法制改革的广度和深度远不及于日本。

二、对本国法文化与外来法文化关系的认识

在法制近代化以前，中日两国都是有着东方传统的国家，而且在政治、经济和文化领域中具有浓厚的封建色彩。在封建君主专制主义的法律体系中，既没有民意立法机关产生的可能性，也没有近代法治主义原则生成的土壤，因此，代表近代法

---

〔1〕 如“治国之道，以仁政为先”（“删除律例内重法折”，载《寄簃文存》卷一）；“化民之道，固在政教，不在刑威”（“死刑唯一说”，载《寄簃文存》卷三）等。

〔2〕《劝学篇·明纲》。

〔3〕 如19世纪七八十年代爆发的自由民权运动，就在很大程度上推动了近代日本的宪政发展。

〔4〕 如沈家本主持修订的《大清新刑律》草案，被清政府定性为“背弃礼教”，并受到后者的警告：“刑法之源，本乎礼教，中外各国礼教不同，故刑法亦因之而异，中国素重纲常……良以三纲五常……实为数千年相传之国粹，立国之大本。今寰海大通，国际每多交涉，固不宜墨守故常，致失通变宜民之意，但只可采彼所长，益我所短，凡我旧律义关伦常诸条，不可率行变革，庶以维天理民彝于不敝。该大臣务本此意，以为修改宗旨，是为至要。”参见故宫博物院明清档案部编：《清末筹备立宪档案史料》，《修改新刑律不可变革义关伦常诸条谕》，中华书局1979年版，第858页。

制文明的民主、宪政、法治、人权、司法独立、议会制等原则和制度，都无法从本国传统法律文化中形成，而必须从西方引进。由此就使得中日两国的法制近代化进程中必然会产生本国法文化与外来法文化之间的碰撞乃至冲突。如何认识和处理两种法文化之间的关系，是两国法制近代化所必须解决的关键问题。正是在这一方面，中日两国表现出鲜明的差别；同样正是这种差别导致了两国法制近代化进程呈现出不同的样态，并产生了不同的结果。

由于中国社会长期处于一种封闭的文化体系之中，中国法律在漫长的历史发展过程中，只有纵向的传承，而没有横向的比较吸收；加上统治者严格遵循“夷夏之防”的传统，对“以夷变夏”保持着高度的警觉，尤其是清朝统治者坚持闭关锁国的政策，使得统治集团中形成了傲慢自大的民族心理和顽固保守的政治态度。在这种封闭的文化氛围和天朝大国的盲目乐观心态之中，人们无从发现本民族文化的某些缺陷，不愿也不屑于承认其他民族文化中的某些优越之处，何谈主动地吸收和借鉴外来文化中的合理要素。即使到了鸦片战争以后，中国被迫引进西方文化之时，人们也不愿坦然接受本民族文化的落后。在法制改革过程中，改革者在大量引进西方法文化要素之时，为了摆脱人们“以夷变夏”的诘难，提出了“西法中源”的理论。按照这种理论，竟然把从西方法文化中引进的近代法制原则和制度，说成是中国古已有之，只不过现今人们忘却了这一传统；改革者所做的事情无非是恢复古制而已，因而不是“以夷变夏”。如张之洞列举了《中庸》、《周礼》、《论语》、《大学》、《左传》及《汉书》等古籍中的大量内容，并与西方的制度相附会，证明中国“圣经之奥义”，“可以通西法之要指”；[1] 沈家本也声称“西法之中，固有与古法相同者”，[2] 如“法治主义，古人早有持此说者”，[3] “司法独立非惟欧西通行之实例，亦我中国固有之良规”，[4] 等等。

如果说，“西法中源”理论是打着恢复古制的招牌，行改革传统法制之实，因而实际上是有利于推进中国法制近代化进程的；那么，另一种理论即“中体西用”论则鼓吹“先以中学固其根柢，端其识趣”，再“择西学之可以补我阙者用之，西政之可以起吾疾者取之”。[5] 正是基于“编纂法律，有体有用，先体后用”的体用理论，张之洞才痛斥沈家本所支持修订的《刑事民事诉讼法》草案“袭西俗财产之制，坏中国名教之防，启男女平等之风，悖圣贤修齐之教，纲论法斁，隐患实深”。[6]

其实，无论是“西法中源”论还是“中体西用”论，它们的共同之处都在于不

---

〔1〕《劝学篇·会通》。

〔2〕“裁判访问录序”，载《寄簃文存》卷六。

〔3〕“新译法规大全序”，载《寄簃文存》卷六。

〔4〕“进呈诉讼法拟请先行试办折”，载《光绪新法令》第十九册。

〔5〕《劝学篇·循序》。

〔6〕“遵旨覆议新编刑事民事诉讼法折”，载《张文襄公全集》卷六十九。

愿承认中国传统法文化的缺陷，更无法接受用西方法文化来取代中国传统法文化主导地位的任何方案。因此，中国的法制近代化在晚清时期不可能是全面和深入的。

但在日本，关于本国法律传统与外来法文化的关系，基本上没有成为关键的问题。日本自古以来就有向外国学习的传统，其语言文学和政治法律文化等都是在学习中国的基础上，结合其本国具体情况创制而成。这种对于外来文明所显现的强烈的好奇心和功利现实的拿来主义的价值观，为日本在各个历史时期积极引进外来文化消除了心理上的障碍。早在七世纪的“大化改新”时期，日本便大规模移植中国隋唐法制，并逐渐认识到，吸收外来法律文化并加以发扬光大对发展本国的法律是一个极好的捷径。而一旦认识到本国源于中国的儒家文化和封建法制不敌西方法制文明之时，“脱亚入欧”、“泰西主义”便是全社会的共同选择。在这样一种积极学习外来法文化合理因素的社会氛围中，日本勇于承认本民族法文化的不足乃至落后，进而吸收更先进的法文化。近代日本的思想家和教育家福泽谕吉就坦然承认“日本的文明落后于西洋”。[1]

人类文化交流的历史已经证明，只有勇于承认本民族文化的不足，才会积极进取，采纳外来文化的先进性因素。近代日本正是这样。当十九世纪五六十年代，人们对于欧美制度的理解虽然不够，但开始尝试着将这些制度运用于日本，[2] 1866年，土佐下级武士坂本龙马就曾提出过所谓的“船中八策”，要“设上下议政局，置议员，参赞万机，万机应决于公议”。[3] 在“把我国变成欧洲化的帝国，把我国人变成欧洲化的人民”的社会风潮推动下，明治维新以后成立的新政府所开展的法制改革便以革弃中法（即废除从中国引进的已遵循千年的封建法律制度）、引进西法（即采用西方的近代法律制度）为核心内容，尽管在此期间，日本国内也有人对革弃中法、引进西法的政策表示反对，侮蔑文明开化是“以美为母，以法为父”，“拼命崇拜西洋”，以致“礼义廉耻扫地”。[4] 但明治政府对这些谬论逐一进行了批驳，坚持推进法制改革，从而使日本的法制近代化得以迅速启动和平稳推进。

不固守传统法制，敢于正视本民族传统法文化的缺陷和不足，以欣赏的态度看待外来法文化的优越之处，这种理性而开放的文化心态为日本政府和社会积极进取的法制改革思路奠定了良好的思想基础。正是在这种心态和广泛的社会支持下，明治政府大胆而全面地摒除现有法制中不合理成分、吸收西方法文化的先进性因素，从而实现了近代日本法制的转型。而中国却囿于“祖宗之法不可变”的文化保守心理，不愿正视中国传统法文化在近代中国的不合时宜性，在借鉴和移植西方法律制

---

〔1〕［日］福泽谕吉：《文明论概略》，北京编译社译，商务印书馆1959年版，第168页。

〔2〕［日］绵贯哲雄：《闭锁的日本》，大明堂昭和四十八年（1973年）版，第70页。

〔3〕《幕末维新的内战》，第189页。

〔4〕《明治文化全集》第二卷，日本评论社1928年版，第201页。

度和原则时总是运用各种理论进行掩饰。结果虽然在规范层面引进了西方法文化的先进性制度和原则，但整个社会缺乏对这些引进的外来法文化因素进行严谨的理论论证和批评，只能是被嫁接到中国本土的法文化之中，无法形成本土和外来法文化的融合。

三、对外来法文化的吸收和改造

如前所述，中国和日本的法制近代化都采用了外源性的道路，都是外来法文化冲击的结果，因此，法律移植就成为两国法制近代化的重要环节。无论是日本在明治维新以后建立的较为全面和完整的六法体系，还是晚清时期建立的不很完整和成熟的近代法律体系，都是仿效和移植西方尤其是大陆法系国家法律制度和原则的产物。对于法制近代化而言，法律移植只是其中的一个环节。因为尽管移植来的西方法文化具有时代先进性，但它与接受国人民的传统法律价值观和法律思维方式以及道德认识水平之间存在着明显的距离。尤其是对于属于儒家文化支配的中国和日本这样的东方国家，来自西方的法文化不啻是完全异质的。因此，要想使引进的西方法文化因素能够植根于东方文化的土壤之中，最为关键的就是要在不降低其时代先进性的前提之下，对这些法文化因素进行适当的改造、修正乃至创新；从而使引进的法律制度和原则得以实现本土化，并得以积淀下来，成为本民族法律文化的一部分。只有这样，才是成功的法律移植，也才能实现法制近代化的最优效果。

如何实现对外来法文化的吸收和改造的统一，是中国和日本共同面临的问题。由于对外来法文化的基本态度和对法制改革的理论认识水平有所不同，两国在处理这一问题所经历的过程是不同的。大致来说，日本所走过的路较为平稳，而中国则多有曲折乃至反复。

日本在近代以前就有较长的摄取外来法文化的历史，因而在处理吸收和改造外来法文化方面积累了丰富的经验。如“大化改新”时期，日本大规模移植中国隋唐法制之时，就对移植进来的中国法文化进行了一定的修正和限制，将《唐律疏议》中的“八议”改为“六议”，删去“议勤”和“议宾”；将“十恶”改为“八虐”，删去“不睦”和“内乱”；流刑不计里数，而分为近流、中流和远流三等。[1] 再如，尽管日本社会很早就接受了儒家思想，但与此同时也出现了对儒家思想进行批判的思潮。如德川幕府统治时期的思想家山鹿素行就对儒家的政治伦理化的倾向进行了批评，他坚决主张，不能以道德去衡量政治的世界，政治世界有它自己固有的理法。[2] 有了这样成熟的吸收和改造外来法文化经验，当着手进行法制改革，实现从传统法制向近代法制转型的时候，日本政府和社会就可以驾轻就熟地对西方法文化中的制度和原则进行有理有节的修正和限定。以民法为例，在民法典编纂过程中，

〔1〕 张晋藩：《中国古代法律制度》，中国广播电视出版社1992年版，第482页。

〔2〕 ［日］尾藤正英：《日中文化比较论》，王家骅译，浙江人民出版社1992年版，第191页。

坚持完全引进西方法文化的理论与强调保留更多传统法文化的主张，围绕着民法典在对外来法文化的吸收和改造问题上展开了长达十八年之久的论争。而正是这种论争使民法典对外来法文化的吸收和改造达到了最为和谐的境界。

1870年日本开始着手编纂民法典，时任制度取调局长官的江腾新平在请法学家箕作麟祥翻译法国民法时强调，只求速译，即使错误也在所不计。[1] 至1875年，时任司法卿的大木乔则提出要以“性法”——即自然法——为编纂民法典的指导思想。但这种指导思想受到了人们的怀疑和批评，他们所编纂的受法国民法强烈影响的民法草案因舆论和政府的反对而未能出台。当时盛行的另一种思路是民法典的编纂应当吸收“古来传统美事”。1874年左院在编纂民法典时，不仅参考了法国民法，而且大量参考了日本古代法令以及传统的风俗习惯，并按这一思路完成了自己的民法草案，这一草案对以后明治民法的家族法有很大影响，但由于1875年左院被撤销，这一草案无果而终。

可以看出，如何实现外来法文化的吸收和改造，在日本编纂民法典之初也是存在着一定的迷惘，即便是在1890年完成的民法典当中，这个问题仍然没有得到很好的解决。这个以法国民法典为母法而制定的民法典，其中个人主义、民主主义思想非常浓厚，与日本国情相差太大，反对者指责该法典对日本固有的风俗习惯缺乏周全的考虑；尤其是民法典中的人事编，反对者认为它破坏了日本固有的家族制度。由此而引发了“民法典论争”，最后以延期实施而告终，实际宣告了该民法典的流产。

只有到了编纂明治民法时，对外来法文化的吸收和改造才有了一个较为满意的解决方案。在1893年设立的法典调查委员会中，既有主张更多吸收外来法文化的梅谦次郎，也有主张对外来法文化进行更多限制而更多维护传统法文化的穗积陈重；在组织上体现出对外来法文化的引进和限制的协调；从编纂出来的民法典的体例和内容上看，也卓有成效地解决了这个问题。如新民法典在总体上虽然采纳了德国民法典的体例模式，但考虑到日本资本主义发育还不够成熟的现状，立法者将德国民法典中债权与物权的顺序颠倒过来，即将物权置于债权之前，以强调物权的优越性和作为债权的产生依据；从内容看，新民法典废除了旧民法典中用益权的规定并将旧民法典中属于物权的借贷权放到债权部分，同时又增加了法人的规定，前者体现了对旧有习惯的尊重，后者顺应了社会发展的需要。新民法典在解决外来法文化的吸收和改造方面应当算是一个成功的典范。

与日本相比，近代以前的中国既没有吸收外来法文化的实践，更缺乏这一方面的理论和思想。即使是在晚清时期不得不在实践中引进西方法文化之时，仍然不能用理性的眼光和冷静的心态去研究引进和改造外来法文化的诸多理论问题了。救亡

---

〔1〕［日］宫川澄：《旧民法与明治民法》，青木书店1965年版，第58页。

图存的强烈心理刺激与法制改革思想与理论的匮乏，使晚清时期的法制改革步伐显得异常仓促，在吸收和改造西方法文化方面尤为如此。

同样以民法典的编纂为例，尽管《大清民律草案》的立法者宣布要以“注重世界最普通之法则，原本后出最精确之法理，求最适合中国民情之法，期于改进上最有利益之法”为指导思想，在制定者的构成上也注重将对外来法文化的吸收和改造相协调，〔1〕在制定过程中还注意调查吸收流行于各地的民事习惯，但由于理论准备的不足和制定过程的仓促，〔2〕这部民律草案在吸收和改造外来法文化方面存在着较多的缺陷。其中最为突出的是对于外来法文化基本上只有吸收而没有改造，从法典制订者的人员结构来看，民法典的总则、物权、债权三编由深谙西方法文化的日本学者松冈义正起草，自然是体现了“注重世界最普通之法则”的基本要求，但却牺牲了“求最适合中国民情之法”的目标。实际上，中国古代虽然没有编纂出系统的民法典，但商品经济的发展却催生了中国古代民法的逐步成熟。尤其是在明清时期，随着商品交换的频繁和交换对象范围的扩大，国家的民事立法也朝向完整和系统的方向发展，至于民间的民事习惯，更是数不胜数。可以说，中国古代已经形成了适合中国社会民情和国情的民商事法律规范体系。但作为外国人的松冈氏是不清楚这一点的，由此，《大清民律草案》中的财产法部分大量抄袭德、日等国民法典的法律条文，对中国传统的民商事习惯法不予理睬就不会让人感到意外了。其中，受到后世学者严厉批评的就是《大清民律草案》“物权”编中仿效德国规定了中国人并不熟悉的“不动产质权”，而在中国具有悠久历史并在当时社会普遍遵行的典权制度，在民律草案中却不见其踪影。再如草案中关于外国法人地位的规定，在西方列强通过不平等条约所控制下的丧失了完整主权的晚清中国，赋予外国法人与本国法人的同等地位实际上是为外国资本家在中国进行不平等的竞争提供便利，其结果只能是强化外国资本的垄断地位，而沉重打击中国的民族工商业。再就民法典的体例而言，《大清民律草案》仿照德国民法典将债权置于物权之前，实际上忽略了近代中国商品经济发育还不成熟的现状，生搬硬套地将外来文化塞入中国法律体系之中，其结果是用外部形式的时代先进性换取了规范内容的社会适应性。由此可见，《大清民律草案》在吸收和改造外来法文化方面并没有取得如日本民法典那样值得借鉴的经验。

四、简短的结论

作为法律发展的一个历史阶段，法制近代化已经成为过去。但中日两国法制近

---

〔1〕根据安排，民法典的总则、物权、债权三编由日本法学学士松冈义正起草，亲属编和继承编由修订法律馆会同礼学馆起草。这种安排很鲜明地体现了希望维持吸收外来法文化和保留中国传统法文化之间的协调企图。

〔2〕《大清民律草案》从光绪三十四年（1908年）十月开始制定，到宣统三年（1911年）编纂完成，前后仅用了四年的时间。在这期间，没有出现如日本民法典编纂过程中那样激烈而持久的大规模论战，表现出中国知识界对于外来法文化的吸收和改造问题认识上的不足。

代化的基本经历却给我们留下了深刻而丰富的经验和教训。这种经验和教训对于当前中国的法制现代化建设，具有十分宝贵的借鉴意义。

首先，法制近代化与社会的思想开放程度是紧密相关的。中日两国的法制近代化都属于外源性的道路，两国的法制改革必须以外来的法文化为参照，实现从传统法制向近代法制的转型。因此，要想使这种转型平稳的推进，就必须有对本国法文化和外来法文化较为深刻和全面的了解和把握，进而选择适于本国法制发展的合理性因素，最终实现两种法文化的融合。这就要求整个社会必须对外来法文化持有一种开放和学习的态度，只有这样，才能发现本民族法文化的缺陷和不足，了解外来法文化所特有的优越之处，进而积极吸收和借鉴其中的合理性因素，补充本民族法文化体系中的齲隙，借以最大限度地实现法律调整功能。日本正是因为经常性地学习和吸收外来法文化的积极因素，并不断地将学得的文化要素与本国的法制改革和建设相结合，使本国的法文化处于一种不断发展和进化的态势，才得以在明治维新以后迅速实现“脱亚入欧”，使本国的法制发展纳入世界法制近代化的潮流当中。而中国一直无视外部世界的迅速发展趋势，对外来文化保持着拒斥的姿态，固守本民族不合时宜的传统；即便是在遭受着列强的欺凌，为了救亡图存而不得不引进外来法文化改革传统法制的时候，或者因为保守势力过于强大，或者因为社会民众对引进的先进法文化缺乏了解和认同而经常化为虚文。

正反两方面的经验和教训告诉我们，法律发展的首要前提就是保证法文化交流渠道的畅通，整个社会层面能以开放的心态和积极进取的精神，不断学习他人之长，以补己短。只有这样，才能顺应法律发展的必然规律，积极主动地推动法律的不断发展。

其次，法制近代化与整个社会法律观念的近代化紧密相关。法制近代化并不是仅如字面意思所理解的，是法律制度的近代化，而是包括法律制度、法律设施、法律观念等全方面由传统向近代转型。其中，法律观念的转型是至关重要的。因为先进的观念可以帮助人们发现现有法律制度中的缺陷和设计新的更合理的制度和原则，而且先进的观念是先进法律得以实现的思想和心理基础。只有整个社会的法律观念实现了近代化，引进的先进法文化和制定的法律才能符合人们的道德价值观，得到人们的心理认同和自觉遵守，使法律运作的力量源泉存在于社会。在这方面，日本提供了成功的借鉴。

日本的法制改革没有仅仅停留在政治领域，而是作为一场全社会范围的思想解放运动；或者说，近代日本的法制改革既是国家的，也是社会的。在法制改革实践中的具体表现就是在引进外来法文化的同时，还注意通过改革旧的教育制度和发展新闻出版事业的方式，使先进的法文化在全社会得到广泛的传播。如同神田孝平所指出的，“人民之风气若至好论国事，则知识渐开，渐通外国事情，渐晓机要之事务，渐生经国之材，国运渐隆，是经文明各国之实践明确无疑者”。[1] 正是因为执政者特别重视用西方法文化对日本民众的启蒙，才使得西方资产阶级思想在近代日本社会产生了广泛的影响。其中最明显的事例就是十九世纪七十年代以后爆发的自由民权运动。这场运动就是以西方的资产阶级思想特别是天赋人权思想为依据的，在全社会兴起的一场资产阶级民主运动。这场运动在一定程度上扩大了明治维新改革的广度和深度，促进了近代日本宪政制度的发展，因此，对日本的法制近代化产生了积极的推动作用。就整体而言，日本的法制近代化能够获得持续推进和平稳发展，全社会所具有的先进法律观念的支持，应该是其中的一个重要原因。

与此形成鲜明对比的是晚清乃至中国以后的法制近代化运动。从这场运动的发起者、参与者和运动所希望达到的目标，都可以明显地看出，这是一场政府主持的政治运动，运动的发起者是政府，参与者是一些政治精英，希望达到的目的是使国家摆脱受西方列强欺凌的境地，实现民族独立和国家富强，至于人民的权利和利益并没有纳入法制改革主持者的考虑范围之中——至少在晚清时期就是如此，运动的发起者也不屑于发动广大人民，更谈不上采取某些措施去灌输某些先进的法律观念。因此，引进的外来法文化与广大人民的法律观念呈现出油与水的游离状态。没有深厚的思想基础，这就是中国法制近代化进程异常曲折和反复的主要原因之一。

最后，两国法制近代化的程度与外来法文化的引进与改造之间的协调性紧密相关。从文化交流的角度观察，中日两国的法制近代化实际上就表现为外来法文化的引进和改造两个环节。前者是前提，没有引进就不会有改造；后者是关键，引进的法文化因素必须与母体相协调，由于中国传统的法文化与西方法文化是两种异质的法制文明，要想使引进的法文化与中国的本土文化共存乃至以后的融合，就必须对引进的内容做适当的修正，以使其适合本土的文化形态。在这方面，中日两国都提供了值得吸取的经验和教训。

---

〔1〕《明治文化全集》(第五卷)，日本评论社1928年版，第66页。

从20世纪初《青鞜》的论争到现代女性主义理论和法学

[日] 松田惠美子*

近年来，常有法律学者指出：女性主义理论的观点，对于法学理论的展开有很重要的影响。而最近“近代法”的研究中，部分学者重新探讨了“主体”概念。其实在重新探讨近代法制度下“主体”的概念时，女性主义理论的观点有很重要的意义。

在日本，谈到女性主义就会提到《青鞜》这本杂志，它是在明治末期到大正初期（1911~1916年）所出版，当时很多女性在《青鞜》上讨论许多问题，并提出自己的看法。这个时代是所谓“大正民主”时代，即在日本很多一般民众活跃活动的时代。

本文将先介绍在日本女性主义萌芽的20世纪初，日本女性有什么看法，以及现代的日本女性主义理论有何展开，接着笔者将厘清现代女性主义理论与日本的法学理论在“主体”的概念上有密切的关联，亦即“主体”并不是从前的自律性、理性的主体，即所谓“近代的主体”。“主体”是从多方面去捕捉现实的人们所呈现的“动的主体”（不固定的主体）或是“物语的主体”（叙述性的主体）。这种看法跟现代的女性主义理论有什么关联，通过分析这个问题，笔者尝试厘清女性主义理论和法学间的关系。

一、《青鞜》的论争

本章中将观《青鞜》中的女性所讨论的议题，如此，我们可以掌握对当时的女性而言，什么是社会上存在的重大问题。以下，将介绍《青鞜》中的三大论争：亦即贞操论争、堕胎论争、废娼（废止娼妓）论争。

（一）贞操论争

贞操论争最初是从生田花世《食べゐことと贞操と》（《反响》1914年9月号）这一篇文章开始的，内容大致是：以前我公司的主任强迫我跟他发生关系，当时对我而言，生活、活下去是现实的问题，因此我无法拒绝我的上司，为了自己跟弟弟的生活，我不得不舍弃我的贞操。经过这件事以及日后的经验我明白在这个社会中

---

* 日本名城大学法学部教授。

女性要独立自主是相当困难的，现在的日本的家庭制度、社会制度让女性陷入困境，对于没有财产或没有职业的女性而言，在生活与贞操之间，多数人不得不优先选择生活。

对于生田花世的看法，《青鞜》等杂志登载了反对的看法，例如安田皐月《生きゐ事と贞操と—反响九月号“食べゐことと贞操と”を哲谎んで》（《青鞜》4卷ll号，1914年12月）、伊藤野枝《贞操に就ぃての杂感》（《青鞜》5卷2号，1915年2月）、平冢らぃてぅ《处女の真価》（《新公论》1915年3月号）等。

将她们的意见综合如下：要求女性要守贞操，是一种历史上人为的习俗，而且是为了满足男性的欲望。学习新知识的女性不应该被这种没有根据的习俗所束缚，生田花世正是被这种人为的习俗所拘束，因此她无法摆脱女性是弱者的想法，而很自然希望有人能对她伸出援手。

《青鞜》的女性们严厉批判有知识的女性却被旧思想所束缚，她们明确指出当代的社会是由满足男性欲望的道德、习惯、法律、制度等所构成的，然而她们却未注意到正因为男性亦认为这种社会结构是理所当然，才会产生种种问题，亦即生田花世指出了社会上男性支配和女性从属的权力关系，因此所生的问题之一就是“食べゐことと贞操と”（生活和贞操之间的矛盾）。但《青鞜》的女性却没有注意到这一点，而批评生田花世被旧习惯所拘束，没有改革意识，也因此《青鞜》的女性们没有讨论如何解决社会上所发生的问题，只是讨论女性的意识改革。

（二）堕胎论争

这个论争是由原田皐月《狱中の女より男に》（《青鞜》5卷6号，1915年6月）所开启的。这篇文章是以因堕胎而入狱的女性，写给同居男性的一封信所呈现，故事是虚构的，信中入狱的女主角说：我知道我没有资格当母亲，但是我却怀孕了，我认为这是我的错，但我并不认为堕胎是不对的；怀孕的时候，我未曾感觉到我的身体里面有生命或是别的人格，我只感觉到这是我的附属物。我没有听说过有人因为割掉自己的胳膊而受刑的，的确胳膊没有单独的生命，而胎儿有自己的生命，胳膊与胎儿是不一样的，但胎儿离开母体的同时，有了自己的生命、人格，生下孩子后，父母无微不至照顾孩子、提升孩子的能力，正因为明白这种重大的责任，在现阶段我没有能力负担，因而不得不堕胎。

对这篇文章很多人提出意见。譬如伊藤野枝《私信—野上弥生样へ》（《青鞜》5卷6号，1915年6月）、平冢らぃてぅ《个人としての生活と性としての生活との间の争斗に就ぃて（野枝さんに）》（《青鞜》5卷8号，1915年8月）、山田ゎか《堕胎に就て—松本悟郎氏の《青鞜》の発売禁止读をんで》（《青鞜》5卷8号，1915年8月）等。

从原田的小说及伊藤、平冢、山田等的意见中，我们可以看到以下的讨论：决定堕胎与否是母亲的权限吗？无法养育小孩仍要生产，这不是一种不负责任的做法吗？应该重视生命吗？孩子跟母亲是不一样的人格吗？有没有跟母亲不一样的命运？生育小孩和母亲自己人生间的矛盾，我们该如何解决？自由谈恋爱的同时生孩子是否成为必须承担的义务？生产前是否应具备当父母的资格？尚未有资格的人是否应该控制自己的欲望？诸如此类，等等。

《青鞜》的女性提出并讨论以上种种问题，但是她们没有指出男性也负有责任这一点，其实男性在怀孕中扮演了不可欠缺的角色。

（三）废娼（废止娼妓）论争

废娼论争是由伊藤野枝《傲慢狭量にして不徹底なゐ日本妇人の公共事业に就て伊藤野枝氏に与ふ》（《青鞜》5卷U号，1915年12月）一文所开始的。这篇文章中，伊藤尝试指出中上层阶级的女性所进行的慈善活动之问题，认为她们想要废除娼妓并不是一件容易的事情。

对伊藤的看法提出批评的是：青山（婚后改姓山川）菊荣《日本妇人の社会事业に就て伊藤野枝氏に与ふ》（《青鞜》6卷1号，1916年1月），其无法认同伊藤所提出废娼不可能的看法，并指出伊藤在论理论述上的不足。

再来看看两人的争点。伊藤并非肯定公娼制度，而是批评那些认为可以轻易废除公娼制度的中上层阶级女性们的肤浅性；然而青山并未正确理解伊藤的主张，一直说废除公娼制度是很重要的，因此伊藤的主张和青山主张的论点并不一样，论争的收获并不多。

但是从两人的论争中，可以看到几个有趣的看法。首先是青山认为，卖淫之所以会存在是社会迫使女性不得不为，如果惩罚作为被害人的女性，则是社会的双重错误，共犯的男性亦应被处以同一罪。这些主张显示了青山也意识到，生田花世所指出的日本社会结构压迫女性的问题，且不只是女性，男性也有问题。同时青山也认为要消除卖淫现象，必须先解决贫穷问题、性的解放以及教育的改革和普及。

而伊藤依照自己的直觉认为中上阶层的女性自主思考能力很薄弱。如果可以对这样的看法提出一些根据的话，我想问：男性支配－女性从属这种权力关系的社会结构，导致了女性在成长过程中习惯依从男性，这种依存心理弱化女性自主思考的能力吗？我们应检讨这个问题。

以上我们概观了《青鞜》的三大论争，由此我们可以了解在20世纪初的大正时期，《青鞜》的女性们就意识到人为的压迫女性的社会结构，并对此进行各种批判。

二、现代的女性主义动向和法学

从第一章大正时期《青鞜》女性们的观点来看，她们意识到了社会结构中男性支配－女性从属的权力关系，并批评这样的社会结构和权力关系。现代女性主义在学问的领域中，给了我们很多理论上的重要依据，使我们知道产生男女权力关系的压迫，其实是存在于生活中的各种方面。也就是以男性与女性所做的性区别，产生了男性压迫女性的社会结构，跟这种压迫结构类似的压迫结构，是根据人种、民族、

贫富等种种理由而产生的，现代女性主义让我们知道这样的现实。女性主义讨论根源性问题，法学也议论根源性问题，因此两者的议论趋势上有共通点。以下将考察其中之一的“主体”问题。

与“主体”有密切关联的是自我决定权的问题。女性主义在讨论怀孕、堕胎、生殖医疗、卖淫等有关性与爱的问题时，常会谈到“自我决定权”。例如若尾教授透过检讨明治时期以后的性产业及相关的法律制度，清楚呈现出从事性劳动的女性，即使表面上看来有自我决定的形式，但事实上女性并非自己作出决定，也就是其只不过是在不得不允诺从事性劳动的情况下，由女性所做的决定，女性无法有其他的选择。又如江原教授指出面临不孕治疗或堕胎的女性们，是在“家父长制社会”结构所产生的压力下，被迫去决定，这些女性并非由自己作出决定，而是在无言的压力下，强迫做出一定的决定。她又提到本来怀孕和生产，除了女性外，她的丈夫及其他人当然也有关系，但现在的社会结构却只叫女性一个人对怀孕和生产负责。江原教授主张我们应看清这样的现实，进而思考女性的自我决定权问题。

若尾教授与江原教授都关注“自我决定”问题，其实这与“主体”问题有很重要的关系。譬如冈野教授以美国女性主义理论和美国的案件，来解释有关自我决定的主体问题。冈野教授说：在美国，决定堕胎与否为宪法上隐私权的一种，在一定的条件下，是允许堕胎的。有一个案例是一位美国女性因手术费高昂，及自身健康上的问题等，无法堕胎，不得不生产，结果这个女性被认为是自己决定要生孩子。冈野教授认为人们忽视了这个女性所无法解决的问题，而假定她是自律的主体，认为最后是她自己决定要生产的，但这样合理吗？竹村教授则分析了美国女性主义理论家 Judith Butler 关于主体的看法，竹村教授阐明对于“自律性的主体”表示怀疑的意义。

根据竹村教授的分析成果，来重新探讨“主体”的概念时，就会明白“主体”并不是自律性的、自立性的、或者是理性的。竹村教授指出的“主体”是跟“近代”的前提“自律性、理性的主体”并不一样。以“自我决定”来说，不是自律性、理性的主体，而是这种主体决定就是“自我决定”。的确依照若尾、江原、冈野教授的看法，很多女性在社会各样的压力下被迫作决定，在这之中我们看不出来“自律性、理性的主体自己决定”的事实。

其实关于如上所述的“主体”、“自我决定”等问题，近年来在法学领域也受到关注。例如日本法社会学学会2003年至2005年的一系列研讨会，就是在探讨“主体”和“自我决定”的问题；而在《法社会学の可能性》（2004年出版）一书中，也有部分学者对此问题进行探讨。学者们探讨现实社会上存在的不自律性、不自立性、不理性的主体问题，还探讨这种主体自我决定的问题等。然而最难的问题是：法律制度的重要因素就是安定性和普遍性，与怀疑固定、变动不能的存在的看法连结的“主体”概念，如何与重视安定性、普遍性的法律制度接合？

以上现代女性主义跟很多学问领域有密切关系，就法学领域来说，在“主体”和“自我决定”的看法上，女性主义和法学有共通点。

三、结语

在战前的日本，包含大正时期的20世纪前半的一段时期，称之为“大正民主”时代，这段时期有一般人民的活跃活动，其中之一就是《青鞜》的女性们的活动。以平冢らいてう在《青鞜》创刊号所发表“元始女性は太阳であった”一文为代表的《青鞜》女性们的文章，激励了当时的日本女性。这些日本女性主义萌芽时期的女性们已经知道社会结构导致男性支配和女性从属的权力关系。

在复杂化和多元化的现代社会，现代女性主义比《青鞜》时期的女性主义，不仅在理论方面发达，而且跟各种学问领域有密切的关系，法学也不例外。关于“主体”和“自我决定”的看法，女性主义和法学的部分动向有共通点，并且这些讨论对于重新探讨“近代法”有相当重要的关联。[1]

---

〔1〕 包含此点以及关于以上更详细的内容请参考松田惠美子：《〈青鞜〉论争から人と法へ》(2007年)。

动产物权法领域的法律协调

陈晓敏* 罗冠男**

尽管财产法或许是私法中各国制度差异最大的一块，这种深刻的差异以及财产法规范自身的僵硬性导致在该领域内不同法律制度体系协调的困难。但是，毫无疑问，统一市场的实现需要协调各国关于财产法的规范及保护，确立容易识别的、稳定的和可预期的财产秩序，并为促进财产在更大范围内的流通，实现资源的有效配置和利用提供前提和保障。

目前，各国在财产法领域所作的法律协调的努力，如果不能说是没有，也是十分有限的。例如，欧盟公约就是将所有权法部分保留给各成员国自行规范。[1] 欧盟在这一问题上所持的态度显然是可以理解的。财产法尽管与合同法一样处于现代民事法律实践的中心，但它更多的应当从体系和历史的角度去认识，不可能通过一个与内国法制度观念不同的国际公约来实现在共同体层面的统一调整。[2] 在财产法这样一个重要领域内的统一规则的构建，首先必须在不同国家内形成共同的法律观念，或者至少是在法律技术层面上构建能够彼此兼容的制度。[3] 因此，尽管在对私人所有权的尊重上，大陆法系国家具有共同的法律文化传统，建立在罗马法基础上的大陆法系传统的法律模式无论在大陆法系还是英美法系的许多国家法律制度中，都显示出对于调整资本主义生产方式的适当性，[4] 但处在不同社会经济结构之下的国家对财产本身的界定、物权类型的确认、土地权属结构的安排以及大陆法系与英美法

---

* 中南财经政法大学讲师，吉林大学民商法学博士生。

** 罗马第二大学罗马法学博士生。

〔1〕《罗马公约》第二百九十五条规定，“本公约对各成员国既有的所有权法律制度完全不干预”。

〔2〕 MARIO TRIMARCHI, I beni e la proprietà, in Il diritto privato dell'unione europea, I, a cura di ANTONIO TIZZANO, TORINO, p. 162.

〔3〕 MARIO TRIMARCHI, I beni e la proprietà, in Il diritto privato dell'unione europea, I, a cura di ANTONIO TIZZANO, TORINO, p. 162.

〔4〕［意］里查尔德·卡尔蒂利：“土地承包经营权与中国土地的利用”，陈晓敏译，载《私法研究》2009 年第 7 期。

系国家之间关于所有权制度结构的差异等，都使得财产法领域的规范协调尤其困难。然而，这并不意味着在这一领域内的法律协调完全不可能。事实上，为了实现商品、人员、服务以及资本自由流通的共同市场，财产法领域的规范统一与协调是不可能完全被绕开的。[1]

目前，在财产法领域，关于动产担保交易法的统一和协调已被一些国际组织纳入其工作计划之中。在这个课题框架内，学者们围绕两个重要的方面展开研究工作：动产的所有权转让和动产担保。这些工作已经取得了一些初步的成果，但尚未最终完成。

一、动产所有权移转规范的协调

通常跨境贸易中关于财产规则适用物之所在地法，当事人不能通过协议选择所适用的法律。依照冲突法规则足以解决问题，并不存在统一规范的必要。但一个统一的冲突法规则并没有触及到真正的问题所在，即各国法律制度差异所导致的交易的不安全性，以及一些国家的司法实践对动产担保的设立以及强化持开放的态度，并通过国家立法体系推动其优先规则，而在另一些法律秩序中则可能对此采取完全相反的立场和政策。[2]

基于合同而引起的物权变动就处于合同和物权的十字路口上。[3] 物权变动的不同模式不仅影响到当事人能否取得所有权，风险的转移问题，还涉及到破产、第三人善意取得，以及通过所有权设立的各种担保等情形中的权利分配问题。

（一）欧洲国家的法律规定

关于以合同为基础的动产所有权的转让，欧洲大陆内部主要存在两种权利转移模式：合意主义模式与交付主义模式。

依据合意原则，当事人之间形成的具有权利转移意思的合同直接具有使所有权从转让人移转给受让人的物权效力。这一原则可以上溯至罗马后古典法时代的法律实践，尤其在尤士丁尼的编纂中寻找到痕迹。在近代民法中它最初是在1804年法国民法典被确立。[4]

---

〔1〕 Christian von Bar, "A Common Frame of Reference for European Private Law—Academic Efforts and Political Realities", *Electronic Journal of Comparative Law*, vol. 12. 1 (May 2008), in http://www.ejcl.org/121/art121-27.pdf, p. 6ss.

〔2〕 Roy Goode, "The Cape Town Convention on international interests in mobile equipment, in Towards a European civil code", edited by A. S. Hartkamp, E. H. Hondius, *Kluwer Law International*, 2004. pp. 757 ~ 758.

〔3〕 Ulrich Drobnig, "Transfer of property, in Towards a European civil code", edited by A. S. Hartkamp, E. H. Hondius, *Kluwer Law International*, 2004. p. 725.

〔4〕《法国民法典》第七百一十一条规定："财产所有权，得因……债的效果而取得或转移"，第一千一百三十八条也再次确认了简单合意就能转移所有权，即使标的物或者价金尚未交付。译文参考《法国民法典》，李浩培等译，商务印书馆1979年版。下同。

意大利民法典也采用了合意主义的转让模式，[1] 民法典第一千三百七十六条明确规定了以特定物所有权转让等为标的的契约的物权效力，前提是只要该合意本身是合法有效的。

英国1979年货物买卖法区分了绝对买卖合同和附条件买卖合同。[2] 在前一情形，货物的所有权在订立合同时就转移给买受人；而在后一情形，当事人仅就货物所有权在将来某一时间或某种条件下转移给买受人达成合意。[3] 显然，它也采用的是合意主义物权变动模式。

采用合意主义原则的物权变动模式面临的一个重要问题是，出于保护善意第三人的需要，这些国家都区分了所有权移转在当事人与对第三人的效力。即仅仅依合意发生的物权变动只在当事人之间发生效力，不能对抗第三人。因此，在交付之前如果出卖人将该物又转让给其他人，依据法国法[4] 和意大利法，[5] 只要财产已经交付，并且后一买受人是善意的，他就可以取得该物的所有权。英国货物买卖法对此也做了类似的规定。[6] 这样，交付或者登记的公示形式就对物权变动产生了实质性的影响。因此，仅仅合意就能产生所有权转让的效力这一规范只是在当事人之间有效，或者更确切地说，只在损害赔偿层面具有意义。[7]

根据交付原则，所有权的转移除了要在当事人之间具有转移所有权的合意外，

---

[1] 意大利1942年《民法典》第一千三百七十六条规定，在以特定物所有权的转让、物权的设立或转让或以其他权利的转让为标的的契约中，根据当事人合法表示的同意的效力，发生所有权或其他权利的转让和取得。

[2] 英国《1979年货物买卖法》第二条第三款规定，买卖合同分绝对买卖合同与附条件买卖合同。

[3] 买卖的合同种类取决于当事人的意思，缔约人意思不明确时，依据该法第十八条第一款规定，如果是一个不附条件的买卖合同，所有权在合同订立时转移。

[4] 《法国民法典》第一千一百四十一条规定，如对于二人负担先后给付或交付同一动产物件的债务时，二人中已得该物交付之人，虽其取得权利在后，但如其占有为善意的占有时，应认其权利优先于另一人的权利，并应认其为该物的所有人。

[5] 意大利1942年《民法典》第一千一百五十五条规定，某人相继向数人转让同一动产的，受让人中善意取得占有的人，即使根据取得证书上记载的日期是后取得这一权利的，对其他受让人而言仍享有优先权。

[6] 英国《1979年货物买卖法》第二十四条规定，如果卖方将货物出售后继续占有货物或货物所有权凭证、并由其或其商务代理人将货物或货物所有权凭证以任何出卖、质押或其他方式处分并交付或转移给买方之外的第三人，只要该第三人是善意的，并对前一交易行为不知情，则卖方或其商务代理人所实施之交付或转移行为可被视为与得到货主明示授权后的行为具有同等效力。译文参考“英国《1979年货物买卖法》”，屈文生、石伟译，载《华中法律评论》2009年第4卷。

[7] Mario Talmanca, *la compravendita tra l'effetto obbligatorio e il trasferimento di proprietà*, 2007年意大利罗马法课程班讲稿。

还必须交付或转移占有。交付原则起源于罗马古典法时期的法律传统,[1] 将发生债的效力的契约与所有权取得的方式分离，债务契约在名义（titulus）和取得模式（modus）的对立中,[2] 仅具有前者的效力。采用这一物权变动模式的典型代表是德国与荷兰。[3]

可以确定的是，无论是法国和意大利采用的合意主义，还是德国、荷兰采用的交付主义，都可以在罗马法上找到其渊源。但各国在统一国内法的法典化过程中不同的倾向选择，导致了它们在这一制度上的隔阂。因此，我们今天在统一动产物权变动法律规范的问题上，必须重新面对这两种模式，分析其差异与共性，实现二者的沟通和协调。

事实上，这二者的差异并不如看上去的那样不可调和。依照意思主义，虽然合意就可发生所有权变动，但仅仅在交付后才能对抗第三人，也即原受让人所取得的所有权并没有物权通常的强势地位，他仍可能因他人善意取得而丧失所有权，而仅仅能够请求损害赔偿。在这一模式下，除涉及到当事人之间利益安排的风险分配等有可能与交付主义模式的法律后果不同外，其他方面二者的法律效果几乎是一致的。而即使对于这一差异也是可以通过当事人的明确约定予以排除的。因此，尽管二者采用了不同的规范模式和结构，但对法律实践的后果并未形成多少实质影响。

总体而言，对于这两种物权变动模式，交付主义模式在理论逻辑上显然更加清晰明确，它无需对物权变动在当事人之间的效力和对第三人的效力之间作出区分，维护了物权概念的统一。[4] 但采纳交付主义模式的国家又常常走的更远。例如德国[5] 和荷兰[6] 都从物权变动的基础关系中抽象出一个物权合同，形成基础合同与物权合同相区分的原则。基础合同仅规定转移所有权的义务，只有物权合同才能产生转移所有权的效力，因此，涉及到物权变动都必须要有物权合同存在，即使其在实

---

〔1〕 D. 41, 1, 9, 3，盖尤斯：《论日常事务》第2卷，根据万民法，交付给我们的物为我们所有。因为没有什么比尊重想将其物转让给另一个人的所有权人的意志更符合自然的公平。译文参见《物与物权》，范怀俊译，中国政法大学出版社1993年版。下同。

〔2〕 D. 41, 1, 31, pr.，保罗：《论告示》第31卷：单纯交付永远不会使所有权移转；若先有出卖或其他正当原因而后据此为交付，则会使所有权移转。

〔3〕《德国民法典》第九百二十九条规定：为让与动产的所有权必须由所有权人将物交付与受让人，并就所有权的移转由双方成立合意。1992年的《荷兰新民法典》中关于交付主义的规定如下：一项财产所有权的转让必须按照有处分权人的有效名义进行交付（Art. 3：84 par. 1）。

〔4〕 前引 Ulrich Drobnig 文，第733页。

〔5〕《德国民法典》第九百二十九条规定了动产所有权转移中物权合同必须具备的内容：转让人作为所有权人必须与受让人就转移所有权成立合意（第九百二十九条第一款）。

〔6〕 荷兰的法律关于物权合同的规定不及《德国民法典》那样具体明确。荷兰新民法典只是要求“交付必须依据一个合法的名义”（Art. 3：84 par. 1 BW）。

践中仅仅是作为一个条款包含在基础合同之中。[1] 此外，德国法还进一步区分了物权合同与基础合同的效力，实行无因性原则。但欧洲大多数国家都不了解也不打算采纳这一复杂抽象的物权合同。因为在这些国家中，它们没有采用物权合同以及相应的无因性原则，而运用不同的制度，例如善意取得制度，同样能够很好的处理对善意第三人的保护以及交易安全的维护等问题。此外，合意主义模式将是否采纳交付或者登记的决定权交由当事人决定，相对于交付主义模式强制公示的规范，在一定程度上更有利于交易的便捷与交易成本的缩减。

关于以合同为基础的动产所有权转移，鉴于上述两种模式各自存在的利弊，学者建议，未来的欧洲民法典应该遵循两个规则：[2] 其一，除非另有约定，有形动产所有权的转让必须以向受让人交付为条件；其二，除非另有约定，所有权转让的有效性应当以规定所有权转让的债权合同存在和有效为条件。

2005 年公布的欧洲民法典草案关于动产转让的规定部分的接受了这一建议，对动产转让规定了三个要件：其一，转让人有权或者被授权转让该动产的所有权；其二，交付或者替代交付，或者约定所有权转移的时间；其三，转移所有权的义务。显然，草案采用了合意加交付的物权变动原则，并且规定所有权的转让在当事人之间和对第三人都发生效力。[3] 但该草案并没有进一步采用物权变动的无因性原则，而是规定所有权转让的发生直接取决于债务合同的效力，当作为基础的债权关系无效时，不发生所有权转让的效力。[4]

（二）中国物权法

物权变动模式的选择，是我国物权法制定过程中争议最多的问题之一。尤其是在是否有必要采纳德国的物权行为理论，以及选择公示公信原则还是善意取得制度来保护第三人的信赖利益等方面，学者产生了较大的分歧。

在物权法出台之前，民法通则、合同法、担保法以及其他法律法规中关于物权变动的规则并没有形成统一的体系，不同规范彼此抵触，龃龉之处不仅导致了解释上的歧义，在实践中也产生了许多问题。《民法通则》第七十二条原则性地规定，依合同等方式取得的财产所有权从财产交付时起转移。依此，物权变动采用的是交付主义模式，单纯合意并不产生所有权转移效力。但依据合同法第五十一条和一百三十二条，物权的变动应该和债权的变动又是同时发生效果，或者说，物权的变动应

---

〔1〕 前引 Ulrich Drobnig 文，第 734 页。

〔2〕 前引 Ulrich Drobnig 文，第 740 页。译文参考“论物权变动”，于海涌译，载梁慧星主编：《民商法论丛》第 22 卷，金桥文化出版（香港）有限公司 2002 年版。

〔3〕 2005 年柏林草案第 4 稿第 8 卷第 2：202 第 1 款规定，第 2：201 条规定的由所有权人或者有处分权人实施的所有权移转时，该移转在当事人之间发生效力，并具有对抗第三人的效力。

〔4〕 2005 年柏林草案第 4 稿第 8 卷第 2：203 第 1 款规定，当动产通过合同被转让，该合同按照本法典的规定属于无效、未生效或者被禁止的合同时，所有权不发生转移，或者被视为从未发生转移。

该受到债权变动的效力的约束。这种不区分物权变动效果与债权效力的结果，就出现了为学者所诟病的立法偏差，[1] 即将物权变动的要件作为其基础合同的生效要件，如《担保法》第四十二条所规定的情形：抵押合同应该登记，不登记就不生效，质押合同在交付占有时才生效，没有交付占有就不生效。

因此，在新的物权法起草过程中，学者对物权变动模式的选择进行了广泛讨论。最终，2007 年颁布的新物权法第二十三条明确规定动产所有权的转让自交付时生效，采纳交付主义模式。并且新物权法还对物权变动的结果与债权合同本身的效力进行了区分，[2] 此外，它也规定了善意取得制度保护交易中的第三人的信赖利益。[3][4] 可以看出，我国新物权法关于动产所有权转让的规定在一定程度上体现了与欧洲民法典草案的相关规定趋同的趋势，同时，在物权变动的结果与基础合同关系的区分上采用了类似于德国无因性原则的做法。

（三）拉美国家的物权变动规则

在拉美国家，罗马法成为其法律统一的基础。这些国家的民法典在制定过程中都受到了罗马法制度的深刻影响。[5] 这一影响在所有权转让制度中同样反映出来。拉美国家民法典中的动产所有权转让几乎都采用了合意加交付主义模式，尽管在具体规定上有差异，但这些规定也几乎都可以找到其在罗马法上的根据。

巴西民法典对动产所有权的转让要求必须交付，第一千二百六十七条规定，“非经交付，法律行为并不移转物件的所有权”。但它没有采用物权变动的无因性原则，相反，所有权变动与原因行为的效力紧密相连，原因行为无效直接导致不发生所有权转移。[6] 而且在原权利人与第三人的利益之间，民法典更倾向于对前者的保护。第一千二百六十八条第一款规定了善意取得制度，但善意第三人取得该所有权仍须以转让人后来取得了该标的物的所有权为前提。[7]

---

〔1〕 孙宪忠：“我国物权法中物权变动规则的法理评述”，载《法学研究》2008 年第 3 期。

〔2〕 第二十三条规定：“动产物权的设立和转让，自交付时发生效力，但法律另有规定的除外。”

〔3〕 第十五条规定：“当事人之间订立有关设立、变更、转让和消灭不动产物权的合同，除法律另有规定或者合同另有约定外，自合同成立时生效；未办理物权登记的，不影响合同效力。”

〔4〕 第一百零六条规定：“无处分权人将不动产或者动产转让给受让人的，所有权人有权追回；除法律另有规定外，符合下列情形的，受让人取得该不动产或者动产的所有权：（一）受让人受让该不动产或者动产时是善意的；（二）以合理的价格转让；（三）转让的不动产或者动产依照法律规定应当登记的已经登记，不需要登记的已经交付给受让人。”

〔5〕 Sandro Schipani, *La codificazione del diritto romano commune*, G. Giappichelli editore, 1996, p. 59ss.

〔6〕 第一千二百六十八条第二款：“以无效的法律行为作为原因行为的交付，不移转所有权。”

〔7〕 第一千二百六十八条第一款：“如取得人为诚信，且转让人后来取得了标的的所有权的，视为在发生交付时完成所有权移转。”

阿根廷民法典亦要求交付转移所有权。[1] 民法典第二千六百零二条还规定，交付应具有移转所有权的充分（权利）依据，其立法依据可以在罗马法文献《学说汇纂》的片段 D. 41，1，31 中找到。第二千六百零三条规定，唯一能通过交付而被移转的权利，应为交付人自己的权利，其罗马法依据也可以在《学说汇纂》的文献片段 D. 50，17，54 以及 D. 41，1，20 中看到。

智利民法典中同样保留了物权变动的罗马法规则。根据这样的规则，特殊的原因行为对于动产物权变动的发生是必要的，[2] 因此，仅仅具有法国民法典第一千一百零一条和第一千一百三十八条或意大利民法典第一千三百二十一条和第一千三百二十五条规定的合意作为原因是不够的；仅仅具有德国民法典第八百七十三条规定的抽象行为也是不够的。[3]

对拉美地区这几个典型国家民法典中物权变动制度的考察可以发现，其在所有权转让的规定总体上具有一致性，即以罗马法上的交付为依据，同时仅交付本身单独并不能发生所有权转移，还要求有效的原因行为存在，也即交付与原因相结合才能产生物权变动的效果。这一模式体现了对法国和意大利意思主义模式与德国交付主义模式的结合或者折中。

二、动产担保领域内的法律协调与统一

鉴于动产自身的便捷灵活与价值的增长，而且无论对于企业和个人而言都更容易取得，动产担保权利自十九世纪最后二三十年以来，其重要作用日益凸显。尤其是非占有动产担保已经具有了绝对重要性。[4] 此外，在现代融资制度中，金融体系也要求构建一个明晰确定的法律框架来支持以动产担保为媒介实现有效的信贷，这成为动产担保法现代化的直接动力。

（一）动产担保领域的立法与实践

动产担保源于罗马法上的转移占有担保，即质权制度。[5] 今天，几乎所有大陆法系国家的民法典都规定了这一担保制度。在有的国家民法典中，质权甚至是唯一的动产担保形式。而除质权以外的其他动产担保类型则是较晚才出现的新的制度，其法律规范大多是在民法典之外，通过特别法或者判例实践逐步发展起来的，并没

---

〔1〕 第二千六百零一条规定，为通过移转占有的交付取得被移交之物的所有权，应由具有转让能力的所有权人实施该交付，而物之受领人应有取得能力。第二千六百零二条　交付应具有移转所有权的充分（权利）依据。

〔2〕 第六百七十五条第一款，让渡的有效，尚需有转移所有权的援引，如出售、互易、赠与等。

〔3〕 ［意］桑德罗·斯奇巴尼："在智利、厄瓜多尔、哥伦比亚生效的安德雷斯·贝略民法典"，载《智利共和国民法典》，金桥文化出版有限公司 2002 年版，中译本序言第 14 页。

〔4〕 前引 Ulrich Drobnig 文，第 741 页。

〔5〕 罗马法上，先有质权后有抵押权，但抵押权与质权并无严格的区别，两者不仅性质相同，而且大抵受同一原则支配，因而将两者并称为质权的情况，亦属常有。参见陈本寒："动产担保制度比较研究"，载《国际法与比较法论丛》2008 年第 6 辑。

有形成统一的体系。各国关于动产担保的类型，例如以占有标的物为必要之质权及不以占有标的物为必要之动产抵押权、附条件买卖、信托收据、工厂质权、应收账款担保权等非占有型担保权，不仅在所确认的类型和名称上各不相同，在其设立条件、优先顺位以及执行方式等方面也各有出入。

德国民法典仅规定了质权这一种占有性动产担保物权。借助所有权设立的非占有担保物权是在民法典颁布之后，通过法院的司法实践发展起来的。〔1〕但德国没有对其规定任何公示形式。此外，德国法还依据物权客体特定的原则，不允许设立对担保物进行一般性描述的动产担保物权。因此，它虽然允许在存货以及应收账款上设置担保物权，但由于前述原则的规定，在很大程度上限制了这两种动产担保物权的适用与发展。德国。德国的模式曾被一些法律体系源于德国民法典的国家效仿（包括奥地利、日本以及一些中欧和东欧国家如保加利亚、匈牙利和斯洛伐克），但近年来这些国家（奥地利除外）的动产担保体制改革使其逐渐脱离了德国模式。日本也实行了建立在英国浮动担保基础之上的企业担保制。〔2〕

与之形成鲜明对比的是，法国无论在立法架构还是方法上都采取了完全不同的路径。它在二十世纪通过一系列立法确立了非占有担保，采用登记取代占有作为公示方式，并依照资产类型的差异规定了不同的登记部门。但不是所有类型的动产担保的设立都需要进行登记，如所有权保留就无须登记。其2006年民法典修订增加了对非占有担保的一般规定，同时规定了登记制度。但这一修订仅仅是对新增担保类型的规定，并未将其与之前规定的担保类型整合为一个有机整体，每种新的动产担保物权都有其特定的规则。〔3〕此外，它也禁止当事人的自力救济，在担保权的实现上强化了法院的干预。法国的模式为许多受法国法律传统影响的国家，例如拉丁美洲国家等所采纳。〔4〕

意大利民法典关于动产担保规定了质权和留置权。长期以来由于担保物权规范的严格性，以及实践中对担保债权的倚重，使得司法判例较少关注担保物权。〔5〕但法学理论和司法实践的发展也承认了非占有质权、担保目的的所有权转让和融资租赁等动产担保类型。〔6〕

---

〔1〕 Rolf Serick, *Le garanzie mobiliari nel diritto tedesco*, Giuffré, 1990, p. 113.

〔2〕 参见世界银行组织2007年公布的《担保法和登记机构改革：国际最佳实践以及中国案例》，第xix页。

〔3〕 Harry C. Sigman, Eva – Maria Kieninger, "Cross – Border Security over Tangibles", Berlin, New York (Sellier de Gruyter) 2009, p. 5.

〔4〕 世界银行组织2007年公布的《担保法和登记机构改革：国际最佳实践以及中国案例》，第xix页。

〔5〕 Lelio Barbiera, "Autonomia privata e garanzie reali: un rapporto difficile, sclerotizzato da chiusure specialistiche e da dogmi tradizionali passivamente accettati", in *La civilistica italiana dagli anni '50 ad oggi tra crisi dogmatica e riforme legislative*, Cedam, 1991, p. 844.

〔6〕 Guido Alpa, *Manuale di diritto privato, quinta edizione*, Cedam, 2007, p. 1385ss.

欧洲大陆法系国家在动产担保交易领域纷杂的法律规范局面给跨境贸易中担保的设立带来了种种不便。而国际贸易的发展，尤其是信贷市场的需求，迫切的需要建立一个统一的、明确的和有效的动产担保法律框架来为之提供支持。

比较而言，英美法国家的动产担保交易法律体系相对更为成熟和灵活。美国早在上世纪五十年代初就制定了统一的动产担保交易法。其《统一商法典》第九章以单一的通用型动产担保物权统摄各种担保权利类型，为其设立统一的适用规则体系与公示系统，明确其优先顺位。这一法律框架体系已在商业实践中被证明是富有成效的。英国在动产担保领域也实行宽松和灵活的立法政策。它在十九世纪中期创立了浮动担保概念，允许担保物权自动附着于债权人未来的和浮动的资产之上。浮动担保为之后在北美发展的统一化模式奠定了基础。[1]

动产担保制度主要是基于商业需求，而不是法律传统的驱动发展起来的事实使得突破不同法系与法律制度之间的差异，实现这一领域内的法律协调与共识更加容易。事实上，动产担保领域也是两大法系实质分歧较小的法律部门。在这一领域，法律传统的影响并不像在其他领域那样深远和具有决定意义。而且，这种融合的趋势也已经初现端倪，传统的大陆法系国家开始逐步引入起源于英美法系国家的担保制度，如浮动担保制度等；而美国统一商法典也采用了大陆法系的法典化形式等都显著的反映出这一趋势。

（二）动产担保领域的法律统一与协调

为适应现代国际经济发展的需求，各种国际组织在这一领域的法律协调和统一上做了许多尝试。例如，欧洲开发银行（The European Bank for Reconstruction and Development）因应东欧国家建立新的融资制度需要，于1994年公布之欧洲银行担保交易示范法（Model Law on Secured Transactions）；亚洲发展银行在考察中国、印度、巴基斯坦、泰国及印度尼西亚等五国之动产担保制度后，2000年发表之《亚洲担保交易法律改革：释放担保物之潜能》（Secured Transactions Law Reform in Asia: Unleashing the Potential of Collateral）；2002年美洲国家组织（The Organization of American States）为拉美国家通过的美洲担保交易示范法典（Model Inter - American Law on Secured Transactions）；国际统一私法协会（Unidroit）2001年通过的《移动设备国际利益公约》及其相关议定书（Convention on International Interests in Mobile Equipment）；联合国国际贸易委员会（UNCITRAL）2002年成立工作小组开始筹备，至2008年底新近通过的《担保交易法之立法指南》（legislative guide on secured transactions），等等。

1. 欧洲经济共同体很早就开始了在这一领域内的法律统一和协调工作，不仅有

---

〔1〕 世界银行组织2007年公布的《担保法和登记机构改革：国际最佳实践以及中国案例》，第xviii页以下。

专门针对某一项动产担保（例如所有权保留）的统一规范草案，也有更广泛的针对整个动产担保领域的法律统一计划。但目前为止，由于种种原因，大多数方案最终都被搁置了。[1]

1968 年联合国国际贸易委员会授权对世界各主要国家的担保权利制度进行研究，该项研究被委托给德国马普学会（Max Planck Institute）的乌尔里希·德隆波里希（Ulrich Drobnig）教授所领导的工作小组。[2] 鉴于存在的种种障碍，该工作小组的研究最后认为目前尚无必要立即制定示范法。但实现这一领域内法律统一和协调的努力并没有因此停止，也从未被放弃过。

2. 目前，关于动产担保领域内的法律统一和协调工作已经取得了一些初步的成果，典型的如联合国国际贸易委员会 2008 年通过的《担保立法指南》，国际统一私法协会 2001 年通过的《移动设备国际利益公约》，以及欧洲开发银行 1994 年公布的《担保交易示范法》等。其中，除了针对特定领域的《移动设备国际利益公约》，另外两部法律协调方案都采用了“软法”的形式，即不强制要求成员国批准通过，而只是提出某一法律方案，为各国内法的解释适用以及相关立法的完善提供参考。但这些法律方案所采用的通用型动产担保物权的概念性原则，承认统一化模式中有关动产担保物权设立、对抗第三方的效力和实现的基本原则等必然会对动产担保领域的法律实践和国内立法产生影响，这就使得它们能够更加迅速和实际的被引入到各国内法制度中去，从而为动产担保领域的法律协调提供了准备和缓冲。

在已取得的法律成果中，无论是针对特定领域的法律统一，还是针对整个动产担保领域的法律协调，都是以建立实用且富有效率的担保交易制度为其要旨。本着这一宗旨，这些法律方案在具体的技术层面都采取了更加灵活和开放的策略。由此

---

[1] 从 1973 年到 1980 年，欧共体曾多次尝试至少解决成员国之间因不承认担保权产生的一些最紧迫的问题。1973 年出台了“关于承认非转移占有动产担保和动产所有权保留条款的规定”草案。之后这一方案因成员国在登记制度上未达成一致被搁置。1979 年至 1980 年欧共体委员会再次尝试解决这一问题，但这次仅限于所有权保留领域。这一努力后于 1980 年停止，主要是因为欧洲理事会开始致力于形成承认所有权保留国际公约，但这一尝试之后同样也归于失败。最终采用的 2000 年 5 月颁布的欧盟国际破产公约（EU Convention on International Insolvency）对此做了很有限的规范，即在某一成员国境内开始的破产程序不影响债权人对位于该国境外动产的权利。最近的努力是新的支付指令旨在促进各成员国至少保障对破产买受人简单所有权保留的效力。欧盟委员会和欧洲议会试图在所有权保留问题上形成最低共识，即只要在货物交付之前书面约定了所有权保留条款，就可在执行或者破产等情形对抗买受人的债权人，但这一努力最终也是徒劳一场。See Eva - Maria Kieninger, “Introduction: security rights in movable property within the common market and the approach of the study”, in *Security Rights in Movable Property in European Private Law*, Cambridge University Press, 2004, pp. 22 ~23.

[2] 这项研究最终实际上仅局限于非转移占有担保制度的比较考察和研究。这一研究范围的限缩显然是由于后者相对于传统的，以占有为条件的担保方式在现代国际商业贸易中所具有的重要性和应用的普遍性所决定的。

也反映出现代国际动产担保制度立法上的一些显著趋势：其一，这三部法律都尽量囊括可以作为担保物的客体，不同于各国内法对担保物的范围设立诸多限制的做法。例如，三部法律方案都承认将来取得的物可以作为担保物。其二，确立快捷简便的设定担保权的方式，降低融资成本，包括对不转移占有担保类型的确立，在发挥物的担保功能的同时，又不使担保设定人丧失对物的利用；简化公示形式，如通过设立登记备案制度，简化登记程序和内容，以最简程序实现公示功能。其三，确立明确的优先次序规则。在这一规则体系中，公示制度发挥了基础的关键作用，即以权利公示的先后顺序作为确立优先顺位规则的实质依据。例如，联合国担保法指南以通知备案之登记或占有为担保权之公示方法，故按照通知备案或占有之先后确定其优先次序。其四，建立快捷、有效、低成本的执行机制，包括对自力救济的承认和司法程序的简化，以保障动产担保物权的有效实现。

此外，这些法律方案还在协调不同法系和不同法律规范模式的各国内法方面做了大量的努力。本文仅考察两个方面的具体例子予以说明。

协调的努力之一：设立关于担保制度的统一法律

因为动产担保物权是晚近才发展起来的制度，各国因经济和法律制度的差异，对相同功能的制度可能冠以不同名称，在性质定位、设立要求、实现方式等方面的规范上均非一致。此前，欧洲经济共同体的几次法律统一工作都将所有权保留以及融资租赁与其他担保类型相区分，分别规范，因各国彼此分歧过大，最终导致了法律协调方案的流产。而现代经济要求能够便捷、低成本、安全的实现担保，都有赖于担保法自身的明确性和可预期性。因此，一部统一的担保法制度就成为了必要。

可以看到的是，这几部最终获得成功的法律方案都没有过于纠缠于概念差异，而是将所有以担保为目的或功能的制度都纳入同一法律之中，统一规范。例如，为克服不同国家担保制度中的概念差异所带来的困难，移动设备国际利益公约采用了北美的“功能主义”措施，从而将出售人的所有权保留的权利以及租赁担保权都纳入到担保权的范畴之中。联合国国际贸易委员会的担保法指南也指出，指南设想的制度是一种单一的担保交易制度，包括范围最广的资产、当事人、附担保债务、担保权和其他权利以及融资做法。欧洲开发银行的示范法[1]使用了一个统一的概念charge来指称所有的担保，它不仅涵盖了如质权这类大陆法系国家的典型担保形式，

---

〔1〕该示范法本身就是比较法研究的结果，受到多个法律体系的影响。该法制定的一个指导原则就是要形成一个能够与作为许多中东欧国家法律体系基础的大陆法系概念相兼容的文本，同时也要利用英美法系中发展出的适应现代金融技术的许多有益方案。See Frederique Dahan, John Simpson, “The European Bank for Reconstruction and Development's Secured Transactions Project: a model law and ten core principles for a modern secured transactions law in countries of Central and Eastern Europe (and elsewhere)”, in *Security Rights in Movable Property in European Private Law*, edited by Eva - Maria Kieninger, Cambridge University Press, 2004, pp. 100 ~ 101.

也包含了像浮动担保这样的英美法国家的担保类型。

协调的努力之二：公示制度

各国在动产担保领域内的具体制度规范方面存在许多分歧，为法律的协调统一形成了重重的障碍。其中之一就是那些规定了公示的内国法律体系与未对此提出要求的法律体系之间的分野。这一障碍并不单纯是法律方面的基于不同法律秩序中基本原则和规范的不可调和的差异，而更主要的是一种立法政策上的障碍，其解决途径受到多种变量的影响，其中也包括企业主阶层的游说。[1]

公示制度在于保护交易的安全，每一种公示制度都要耗费一定的资源，公示也可以看作是权利状态的透明度。[2] 公示制度的反对者认为，在现代信用经济中，当事人可以假定资产设有出贷人担保权或者资产所有权为出卖人所保留。因此，没有必要普遍要求公示非占有式担保权以保护第三人。然而，这势必会导致信贷的成本增加，使得交易相对人需要通过广泛、耗时且高成本的调查来避免风险。而公示则可以提供一个相对简单的机制，使有担保的债权人能够以证据证明其担保权的存在和设定时间。因此，基于这一考虑，最终这些法律协调方案都在不同程度和方式上规定了公示要求。

移动设备国际权益公约规定了担保权须在国际登记处登记公示才能对抗第三人。这一规定没有受到实行非公示制度的国家，例如德国的反对，或许是因为该公约所涉及的担保物（船舶、航空器、汽车等）在各国都已被纳入登记制度之下，在各国国内的现行法法律体系中都已经是被接受的做法。[3]

欧洲开发银行的示范法尽管引入了许多大陆法系以外的担保类型，但在公示原则上仍严格的奉行了大陆法系的原则。除所有权保留制度以外，所有的担保权都需要以占有或者登记为公示形式。

然而在公示问题上，即使能够克服不同国家立法政策上的分歧，也还存在技术层面上的困难。因为大多数动产很难予以逐一详细描述，再加上动产本身的流动性与非长久固定性，很难照搬现行的不动产物权登记制度。[4] 为解决此种困难，欧洲开发银行的示范法、美洲担保法典以及移动设备国际权益公约、联合国国际贸易委员会的担保立法指南都采用了源于英美法的登记备案制度。在此制度下，登记仅仅旨在提示某项动产上已有某人的担保权存在之信息，第三人由此可查知担保权具体所涉及的标的物，以及与之相关的该动产担保交易的当事人。若须进一步了解该担

---

〔1〕 Bianca Cassandro Sulpasso, Comparazione giuridica ed unificazione delle legislazioni: le garanzie mobiliari, in Saggio di diritto commerciale Europeo, *a cura di Diego Corapi*, Edizioni Scientifiche Italiane, 1995, p. 350.

〔2〕 关涛："作为动产担保方式之一的让与担保"，载《政法论丛》2008 年第 2 期。

〔3〕 前引 Bianca Cassandro Sulpasso 文，第 354 页。

〔4〕 谢在全："动产担保制度之最近发展"，载法学丛刊杂志社主编：《跨世纪法学新思维》，元照出版公司 2006 年版。

保物权的详细内容，则需向担保人或担保权人查询。通知备案仅需由担保权人一方向登记机关为担保权设定之简明通知，而其申报内容仅为足以使第三人获知担保权之性质及范围所必须之基本讯息，任何人都可在担保权备查系统中进行登记及查询。因之，此种登记方式具有简化登记程序、减少登记机关管理及档案之负担、降低登记错误之风险、减少担保权人之交易费用及提高担保人财产之私密性等优点。[1]

（三）中国的动产担保制度

世界银行组织2005年公布的《全球商业环境报告》对145个国家有关企业经营的规制情况进行了评估。报告显示，中国的政策法规在整体上对投资者是友好的，唯一的例外是在支持信贷市场的法律和制度方面。[2] 这反映了中国动产担保法律制度在满足国际贸易和信贷市场需求方面准备不足。而在我国这样一个处于经济转型期的国家，动产担保制度的完善对于推动经济发展，尤其是解决中小企业的融资问题无疑具有重要意义。

亚洲发展银行的研究报告指出了中国现行担保法（1995年）所存在的一些不足:[3]

第一，可供担保的资产范围狭窄。非转移占有性抵押只能设立在“机器、交通运输工具和其他资产”之上。[4] 无形的担保物限于特定金融票据有权利凭证的权利以及特定的知识产权。此外排除了使用未来资产和浮动资产作担保物的可能。

第二，对动产担保物权的设立有诸多的规范性要求，有些甚至是明显不合理的，如规定登记作为担保合同的生效要件。

第三，缺乏统一的公示系统。登记机构依照担保物的类型分设于不同部门，一些动产则因无法确定具体管辖部门而无处登记。各登记机构彼此信息不联通导致其公示功能减弱，并因此失去了作为确定优先顺位依据的功能。此外，登记机构对担保合同的实质审查也进一步增加了担保权设立的时间和费用成本。

第四，动产担保物权实现程序繁冗且高成本。

针对担保法存在的弊端，2007年新颁布的物权法在整合担保法律规范，促进担

---

〔1〕 谢在全：“动产担保制度之最近发展”，载法学丛刊杂志社主编：《跨世纪法学新思维》，台湾2006年版。

〔2〕《2005全球商业环境报告：消除发展的障碍》，转引自世界银行组织2007年公布的《担保法和登记机构改革：国际最佳实践以及中国案例》，第xvi页。

〔3〕 世界银行组织2007年公布的《担保法和登记机构改革：国际最佳实践以及中国案例》，第xxi页以下。

〔4〕《担保法》第三十四条：“下列财产可以抵押：（一）抵押人所有的房屋和其他地上定着物；（二）抵押人所有的机器、交通运输工具和其他财产；（三）抵押人依法有权处分的国有的土地使用权、房屋和其他地上定着物；（四）抵押人依法有权处分的国有的机器、交通运输工具和其他财产；（五）抵押人依法承包并经发包方同意抵押的荒山、荒沟、荒丘、荒滩等荒地的土地使用权；（六）依法可以抵押的其他财产。”

保法的现代化及与该制度发展的国际趋势相协调的方向做了许多努力。这尤其体现在两个方面：

第一，针对登记部门分散化导致的高成本与不安全因素，物权法特别规定了实行统一的登记制度，其中就包括登记机构的统一。[1] 并对登记机构的权限进行了限制，例如不得要求对不动产进行评估等。[2] 而且，登记机构负有提供查询、复制登记资料的义务。[3] 此外，物权法还区分了合同生效与物权变动的要件，依照物权法第十五条的规定，动产担保合同自成立时生效，未登记不影响该合同的效力。[4]

第二，扩大了可设立动产担保物权的客体范围，旨在拓宽企业的融资渠道。物权法一百八十条第七项关于能够设立抵押权客体范围的规定，以及第二百零九条关于质权客体范围的规定都是采取从反面排除的方法，规定只要法律、行政法规未禁止设立抵押或者质权的财产都可以设立担保物权。因此，依照私法中“法无禁止即自由”的原理，只要法律法规未明确禁止，就可以设立动产担保，这实际上大大扩展了动产担保的客体物范围。此外，新物权法还将应收账款（第二百二十三条第六项）和基金份额（第二百二十三条第四项）纳入了权利质权范畴，并规定以应收账款和基金份额为客体的担保物权的设立，需要订立书面合同，并以登记作为公示形式。[5] 登记为其权利成立要件。

总体而言，新物权法相对于1995年的担保法做了部分的改进，但超越的地方不多，尤其是在作为担保物权客体的动产范围以及担保物权类型的确立上持保守态度。例如物权法除了承认应收账款以及“正在建造的建筑物、船舶、航空器”（第一百八十条第五项）、“企业、个体工商户、农业生产经营者将有的生产设备、原材料、半成品、产品”（第一百八十一条）可作为担保物以外，囿于担保物权标的物的特定性原则，并没有明确肯定将来取得的财产能够作为担保权的客体。对于实践中产生的一些新的担保类型也没有予以确认和调整。此外，在简化登记程序和事项、明确不同担保权利之间的优先顺位以及担保权的实现等方面，物权法的进展也甚微。可以认为，新物权法没有完成动产担保制度体系化和现代化的任务。这一任务可能需要留待实践经验积累以及学理上的深入研究之后，通过单独的特别立法来实现。

---

〔1〕《物权法》第十条第一款：“不动产登记，由不动产所在地的登记机构办理。”

〔2〕《物权法》第十三条：“登记机构不得有下列行为：（一）要求对不动产进行评估；（二）以年检等名义进行重复登记；（三）超出登记职责范围的其他行为。”

〔3〕《物权法》第十八条：“权利人、利害关系人可以申请查询、复制登记资料，登记机构应当提供。”

〔4〕《物权法》第十五条：“当事人之间订立有关设立、变更、转让和消灭不动产物权的合同，除法律另有规定或者合同另有约定外，自合同成立时生效；未办理物权登记的，不影响合同效力。”

〔5〕《物权法》第二百二十六条：“以基金份额、股权出质的，当事人应当订立书面合同。以基金份额、证券登记结算机构登记的股权出质的，质权自证券登记结算机构办理出质登记时设立；……”第二百二十八条第一款：“以应收账款出质的，当事人应当订立书面合同。质权自信贷征信机构办理出质登记时设立。”

三、结论

物权法领域尽管相对于合同或者公司等商事领域的法律协调更加困难，但纵观不同国际组织或者共同体在动产物权法的法律协调方面所取得的成果，可以看到，在这一领域内的法律协调或者统一并非不可能，有时对于共同市场的建立和运转而言甚至是必需的。这是因为，物权法所调整的内容不仅在于明确物的归属以定纷止争，同样也涉及到交易规则和秩序的确立。因此，物权法的协调与统一工作也是从与贸易直接相关的动产所有权转移以及动产担保领域开始的。

在已经取得的动产物权法协调与统一的成果中，尤其是在动产担保领域，像联合国国际贸易委员会的《担保立法指南》，以及欧洲开发银行的《担保交易示范法》等“软法”克服了传统国际公约或者国际法的僵硬性与高成本，体现出其灵活与韧性，更容易为内国法所接受，以及为当事人选择适用，因而更适合承担法律协调与统一的角色与功能。此外，这些法律协调与统一方案在立法政策上也更加务实与灵活。例如在动产物权变动模式的选择及其生效要件的规范上，一方面追求交易安全与便捷，另一方面有选择性的放弃了德国法中的物权变动无因性理论。法律协调旨在通过对不同国家内国法的动产物权制度进行比较研究，以寻求它们在具体制度上的衔接点，追求法律制度或方案的实际效果，而不过分拘泥于逻辑理论。这些法律协调方案所采取的立法政策与法律技术上体现出的趋势无疑将为我国物权法相关制度的适用和完善提供有益的启示与借鉴。

图书在版编目（CIP）数据

社会转型与法律秩序的重建 / 朱勇主编.—北京：中国政法大学出版社，2009.9

ISBN 978-7-5620-3562-6

Ⅰ.社… Ⅱ.朱… Ⅲ.法律-国际学术会议-文集 Ⅳ.D9-53

中国版本图书馆CIP数据核字(2009)第155146号

书　　名　社会转型与法律秩序的重建

SHEHUI ZHUANXING YU FALǗ ZHIXU DE CHONGJIAN

出版发行　中国政法大学出版社(北京市海淀区西土城路 25 号)

北京 100088 信箱 8034 分箱　邮编 100088　zf5620@263.net

http://www.cuplpress.com (网络实名：中国政法大学出版社)

(010) 58908285(总编室) 58908325(发行部) 58908334(邮购部)

承　　印　固安华明印刷厂

规　　格　787×960　16 开本　27.75 印张　525 千字

版　　本　2011 年 1 月第 1 版　2011 年 1 月第 1 次印刷

书　　号　ISBN 978-7-5620-3562-6/D・3522

定　　价　49.00 元